# 인재개발의 이슈와 동향

## Exploring HRD 2

정재삼 편저

교육과학사

## 인더스트리 5.0 시대의 인재개발을 생각하며

우리의 시간과 공간은 우주 속에 일어나는 모든 것에 영향을 주고받는다. 대략 138억 년 전에 빅뱅(big bang)에 의하여 특이점(特異點)이 생기면서 현재의 우주가 형성되었고, 암흑 물질과 암흑 에너지의 상호작용에 의하여 계속적으로 우주가 수축되거나 팽창되어 가고 있다고 한다. 이 우주 속에 태양계가 있고 지구가 존재한다. 우리가 사는 지구는 46억 년 전(지질학적 시대) 탄생하였고 다섯 번의 대격변기를 거쳐서 250만 년 전 지구에 초기 인류가 출현하였다고 추정된다. 세월이 흘러 우리 인간은 선사시대와 역사시대를 거치며 이러한 시간과 공간 속에서 오늘에 이르렀다.

어떤 미래학자들은 현시대의 4차산업혁명(4IR)으로 인해 AI, Robot와 같은 첨단 테크놀로지가 인간을 대체하고, 강한 AI가 인간을 능력을 넘어서는 技術的 特異點(technological singularity)이 생긴다는 우려를 해왔다. 이 우려와는 달리, 2021년 유럽연합 집행위원회의 〈인더스트리 5.0에 관한 보고서〉에 의하면 협력로봇(cobot)을 포함하는 첨단 테크놀로지가 인간의 삶의 질을 향상시키는 "인간중심" 접근방식을 특징으로 한다. 인더스트리 5.0은 테크놀로지와 인간이 조화롭게 융합되어 그 효율성과 인간가치의 균형을 이루는 새로운 시대를 제시하고 인간 친화적인 협업 모델을 추구한다. 우리는 어느 때보다도 인재(人材, talent)가 중요한 시기에 살고 있다. 아무리 첨단 테크놀로지가 현재의 지능정보사회에서 중요한 역할을 한다 해도 우리의 삶과 세상을 변화시키는 주체는 우리 사람, 인적자본, 인적자원, 즉 우리 인재임에 틀림없을 것이다.

인재개발(HRD)이라는 용어는 1964년에 Harbison과 Myers에 의하여 최초로 정의가 내려졌다고 하지만, 우리가 개념적으로 알고 있는 "人材開發"은 언제, 어디에서 시작했을까? 기록으로 입증할 수는 없지만 아마도 선사시대에 수렵 채집하고 유목하며 정착해온 가족 단위나 종족이 해왔을 것이다. 선사 시대부터 오늘의 역사 시대에 이르기까지 그 유구한 시간의 흐름 속에서 인간의 삶과 지식, 조직의 변화를 위한 몸부림이 얼마나 많았을까? 여기에는 의식주를 해결하기 위한 몸부림, 전쟁에서 이기기 위한 몸부림뿐만 아니라, 교육, 직장생활, 건강증진, 사회복지, 국가정책 등 개인과 조직, 그리고 사회와 국가, 국제적 수준에서 時의 고금과 洋의 동서를 막론하고 일어났고 앞으로도 그럴 것이다.

이 책, 「인재개발의 이슈와 동향(Exploring HRD 2)」은 2022년의 「모두를 위한 인재개발(Exploring HRD 1)」에 이어 출판하게 되었다. 이 2권의 책은 필자가 본격적으로 인재개발에 관심을 가졌던 1980년대 초반부터 40여 년 동안 국내외 학교기관, 공공부문과 민간부문의 산 경험을 바탕으로 전문서적 출판을 고려하면서, 인재개발 분야의 전문가들에게 원고를 의뢰하고 검토하면서 편집한 결과물이다. 실제로 몇 년 전에 시작된 본 편집자의 교재개발 프로젝트에 인재개발 전문가분들이 보내주신 옥고들이 HRD의 핵심 내용, 등장하는 주요 이슈와 연구 동향을 고르게 포함하고 있어서 50여 편으로 구성된 방대한 핸드북으로 시작했지만, 하나로 묶기가 생각보다 힘들어 어쩔 수 없이 집필자들의 양해하에 두 개의 책으로 나누어 출판하게 되었다. 지금까지 마음에 쌓여있던 묵은 짐을 벗는 듯하여 가슴이 후련하기도 하다.

이 책에서는 전문가들이 집필해주신 인재개발 원고들을 2부로 구성했다. 제1부는 "HRD의 주요 이슈"를 다룬다. 여기는 인더스트리 5.0시대의 인재경영, 적응적 학습(adaptive learning), 애자일 퍼포먼스(agile performance), 뉴리더 온보딩, 코칭과 멘터링, 학습분석학, 인력분석학, 메타버스기반 교육과 인재개발, 인공지능기반 교육서비스 현황, HRD 전문가 윤리 등으로 구성된다. 제2부는 "부문별 HRD와 연구 동향"을 다룬다. 여기에는 공공부문의 HRD, 공적개발원조와 HRD, 사회적 기업과 HRD, 이문화와 글로벌 교육, 노년교육과 HRD, 조직과 HRD의 연구철학, HRD 연구방법론, HRD 연구의 경향과 이슈, 조직학습 연구, 비형식 학습의 전이설계, 뇌과학기반 학습, 몰입 연구의 이슈와 방향, 긍정심리학과 긍정탐구 등으로 구성된다.

이 책이 교육테크놀로지, 교육학, 평생교육, 사회교육, 심리학, 경영학, 사회학, 경제학, 행정학, 과학기술학 등 교육과 인재개발(HRD) 분야를 공부하는 대학생과 대학원생들, 그리고 인재개발 프로그램을 개발하고 운영하는 현장의 각 분야에서 종사하는 분들에게 일말의 도움이 되었으면 한다. 인재개발 분야의 전문가들의 귀중한 원고 내용으로 구성되어 있지만, 현장 종사자나 독자의 입장에서 보면 이 책의 도처에 흡족하지 못한 부분이 많을 것으로 예상된다. 이러한 점에 대해서는 독자 여러분의 질책을 받아들여 개선하여 나갈 것임을 약속드린다. 잘못된 내용을 지적하시거나 개선 방향을 충고하실 분은 전자메일(chungj@ewha.ac.kr)로 연락주시길 기대한다.

본 편집자는 이 책을 정리하면서 감사를 드려야 할 분들께 이 자리를 빌려 고마운 마음을 전하고 싶다. 먼저 귀중한 원고를 보내주시고도 묵묵히 기다려 주신 각 챕터의 집필자분들인 최 욱 교수님, 양은하 대표님, 김나리 교수님, 김동호 교수님, 김상준 교수님, 최민선 박사님, 이재영 교수님, 이현영 박사님, 이유진 대표님, 박성훈 박사님, 한정란 교수님, 오석영 교수님, 임두헌 교수님, 송해덕 교수님, 이성흠 박사님, 오은정 교수님, 송지훈 교수님, 그리고 금혜진 교수님과 원고 집필과 정리에 도움을 주신 대학원생들께 심심한 감사를 드린다. 이화의 학문공동체에서 30년이 넘도록 가까이 음으로 양으로 도와주신 선·후배와 동료 교수님들과, 여러 해에 걸쳐서 인재개발 관련 강좌에 참여하면서 불명료한 아이디어들을 공부하고 토론해 온 이화여자대학교 교육테크놀로지와 인재개발 분야의 수많은 대학원생들과 학부생들에게도 감사함을 전한다.

필자의 졸고를 여러 해 동안 인내하며 기다려주신 교육과학사의 한정주 사장님을 비롯한 임직원 여러분께도 깊이 감사드린다. 여러 번 원고를 모으고 교정을 꾸준히 도와준 정다희 선생님, 김도연 학생, 손현아 학생, 그리고 바쁜 와중에도 마지막 순간까지 서슴없이 마무리를 도와준 이세영 선생님, 조은혜 선생님, 하지은 선생님, 문경림 선생님께 특별히 고마움을 느낀다. 마지막으로, 40여 년 동안 불편을 감내하면서 묵묵히 후원해준 사랑스런 아내에게도 항상 감사하고 존경하고 있음을 여기에 밝힌다.

2024년 8월 24일
뜨거운 여름의 끝자락에 이화교정에서
정 재 삼

## 제2부 부문별 HRD와 연구 동향

# 제1부

# HRD의 주요 이슈

# 제1장

정재삼(이화여자대학교)

# 인더스트리 5.0 시대의 인재경영

## 목표

1. 산업혁명의 의미와 각 산업혁명의 특징을 설명할 수 있다.
2. 4차산업혁명(4IR)과 인더스트리 5.0 시대의 특징을 설명할 수 있다.
3. 4IR-인더스트리 5.0 시대의 업무환경의 변화를 설명할 수 있다.
4. 4IR-인더스트리 5.0 시대의 인재경영 방법 및 방향을 제시할 수 있다.

## 핵심용어

산업혁명, 4차산업혁명(4IR), 인더스트리 5.0, 인공지능(AI), 리스킬링, 업스킬링, 클라우드서비스, 사물인터넷, 빅데이터, 공유경제학, 3D프린팅, 일자리변화, 인재분석학(HR Analytics)

이제 '제4차 산업혁명(4IR)'은 디지털 테크놀로지 발전의 대명사가 되었다. 우리는 AI를 포함하는 디지털 테크놀로지로 인해 삶의 변화를 경험하며 살아가고 있다. 먼저 표준국어대사전에서 산업혁명의 "혁명"이라는 단어의 의미를 살펴보면 "혁명(革命, revolution)"은 세 가지의 의미를 가진다. 첫 번째 의미는 헌법의 범위를 벗어나 국가 기초, 사회 제도, 경제 제도, 조직 따위를 근본적으로 고치는 일, 두 번째 의미는 이전의 왕통을 뒤집고 다른 왕통이 대신하여 통치하는 일, 세 번째 의미는 이전의 관습이나 제도, 방식 따위를 단번에 깨뜨리고 질적으로 새로운 것을 급격하게 세우는 일로 정의된다. 바로 이 세 번째 의미가 4차 산업혁명 속에 내포된 의미이다.

현재의 관점에서 가장 최근에 논의되고 있는 제4차 산업혁명(4IR)은 독일의 "인더스트리 4.0"에서 시작되었다. 독일의 하이테크 전략을 2010년 수정·보완하여 발표한 '하이테크 전략 2020'의 실행계획 중 하나로서, 2011년 1월 추진이 결정된 프로젝트의 명칭이 바로 「Industry 4.0」이다. 인더스트리 4.0은 디지털 테크놀로지가 기반이 된 사물, 데이터 및 서비스에 인터넷을 활용하여 나타낼 산업 영역에서의 준비와 대응을 주요 내용으로 한다.

이후, 2016년 1월 스위스 다보스에서 개최된 세계경제포럼(World Economic Forum, WEF)[1)]에서 「The Future of Jobs」[2)]라는 보고서가 발표되었고, "제4차 산업혁명"이라는 키워드를 명시하였다. 이 보고서에서는 전 세계 7세 아이들 중 65%가 현재 존재하지 않는 새로운 형태의 직업을 가지게 될 것이며, 노동시장에서 710만 개의 일자리가 사라지고 200만 개의 새로운 일자리가 생겨날 것이라고 예측하였다.

Schwab[3)]는 2015년 12월, 「Foreign Affairs」[4)]에서 제4차 산업혁명에 대해 언급하

1) WEF는 국제 민간회의로 기업인, 경제학자, 저널리스트, 정치인 등이 모여 세계 경제에 대해 토론하고 연구하는 비영리재단

2) 이 보고서는 미국의 Bank of America와 영국의 Oxford University의 연구팀이 조사한 자료가 바탕이 됨.

3) Klaus Schwab: 독일의 엔지니어, 경제학자이며 세계경제포럼(WEF)의 창립자

고, 2016년 「제4차 산업혁명」을 출간하였다. 「제4차 산업혁명」에서는 4차 산업의 정의, 기술(technology), 영향력, 기술적, 사회적 이슈에 대한 논의와 더불어 설문조사까지 포괄적으로 다루었다.

2021년에 유럽연합 집행위원회에서 "인더스트리 5.0"에 관한 보고서를 발표했다. 이 보고서에 의하면, 협력로봇(collaboration robot, COBOT)을 포함한 첨단 테크놀로지가 인간의 삶의 질을 향상시키는 "인간중심" 접근방식을 특징으로 한다. 인더스트리 5.0은 테크놀로지와 인간이 조화롭게 융합되어 그 효율성과 인간 가치의 균형을 이루는 새로운 시대를 제시하고 인간 친화적인 협업모델을 추구한다. 인더스트리 5.0을 제5차 산업혁명(5IR)으로 명명하는 학자나 전문가들도 있지만(Mathur, Dadas, & Sharma, 2022; SAP, 2024), 여기서는 인더스트리 5.0이 4IR의 테크놀로지를 기반으로 해서 사람들과 협력에 초점을 두기 때문에 4차 산업혁명의 범주 내에 두고 그 연장선상에서 "4.5IR"시대 정도로 보기로 한다.

이 4IR-인더스트리 5.0 시대에 인재 또는 인적자원(Human Resource)의 역할 역시 재정의가 필요하다. 그렇기에 빠른 변혁의 시기에 HR의 지속 가능한 발전을 위한 인재의 개발과 관리에 대한 깊이 있는 논의가 필요한 시점이다. 따라서 이 장에서는 인재경영(HRM)의 관점에서 4IR과 인더스트리 5.0이 주는 의미와 영향에 대해 알아보고, 인재경영의 사례와 연구 동향을 바탕으로 앞으로 나아갈 방향에 대해 논의하고자 한다. 이 노력이 모든 사람에게 기회를 주는 변화를 이끄는 새로운 시대의 인재의 역할을 재정의하는 토대가 되길 기대한다.

4) Foreign Affairs는 미국외교협회의 격월간 발행 잡지(https://www.foreignaffairs.com).

# 1. 산업혁명의 의미

## 1) 산업혁명의 개요

수렵과 채집 생활을 하던 인류가 농경 생활을 시작하면서 인류에게 큰 변화가 생겼다. 가축을 키우고 식량을 재배하게 되면서, 정착하여 마을을 이루고 인구도 늘어나 도시가 생성되기 시작한 것이다. 이렇게 시작된 농경 생활은 "농업혁명"으로 명명되었으며 인간과 가축이 함께 생산하고, 운송하고, 먼 거리의 사람들과 의사소통도 가능하게 되었다. 이러한 인간과 가축의 노력은 이후 계속해서 발전하면서 삶의 더 큰 변화를 일으켰고 산업혁명까지 이어졌다.

산업혁명이라는 용어는 Toynbee[5)]의 「18세기 영국 산업혁명 강의」라는 저서를 통해 널리 알려졌다(Ashton, 1997; Toynbee, 1884; Allen, 2007 재인용). 기존의 산업혁명은 혁명의 한 세대를 마무리한 후, 학자들에 의해 정의되었다. Schwab(2016)는 그의 저서 「제4차 산업혁명」에서 [그림 1-1]과 같이 4차례의 산업혁명을 정의하였다.

| 산업혁명(IR) | 연도 | 관련서명 |
|---|---|---|
| **1차** | 1784 | **증기, 물, 기계 생산 장비** |
| **2차** | 1870 | **노동의 분립, 전기, 대량 생산** |
| **3차** | 1969 | **전자공학, 정보기술, 자동화 생산** |
| **4차** | **?** | **사이버 물리 시스템** |

[그림 1-1] 산업혁명의 계보. 출처: Davis(2016)

5) Arnold Toynbee(1889~1975) 영국의 역사가, 역사 철학자, 런던 스쿨의 국제사 연구 교수

1760~1840년경의 제1차 산업혁명(1IR)은 철도 건설과 증기기관의 발명을 바탕으로 한 기계에 의한 생산의 시작이고, 제2차 산업혁명(2IR)은 19세기 말~20세기 초의 전기와 공장의 생산・조립 라인의 출현을 통한 대량생산의 시기이다. 제3차 산업혁명(3IR)은 1960년대에 시작되어 반도체와 메인프레임 컴퓨팅, PC(1970~1980년대), 인터넷(1990년대)이 그 발달을 주도하였다고 밝혔다. 현재 우리는 제4차 산업(4IR)의 시작점에 있으며, 디지털 혁명을 기반으로 21세기의 출범과 함께 시작되었으며 유비쿼터스, 모바일 인터넷, 작고 강력한 센서, 인공지능과 기계학습이라는 기술적 특징을 가지고 있다.

## 2) 산업혁명의 역사와 특징

산업혁명을 바라보는 시각과 정의는 명확하지 않기 때문에, 산업혁명을 구분하는 과거의 기준이 무엇이었는지 전반적으로 이해해야 각 산업혁명의 의미도 명확하게 이해할 수 있을 것이다. 송성수(2017)는 각 산업혁명의 역사적 맥락을 제시하고, 제4차 산업혁명에 대해 용어의 기원과 의미, 특징과 그 영향을 논의하였다(표 1-1 참조).

〈표 1-1〉 산업혁명의 의미 및 특징과 영향

| 산업혁명 | 용어의 기원과 의미 | 특징과 영향 |
| --- | --- | --- |
| 1IR (과학혁명) | • 1906년 Mantoux[6]의 '18세기의 산업혁명'<br>• 18세기 중엽~19세기 중엽, 영국 중심의 변화<br>• 기술: 도구 → 기계로 대체<br>• 조직: 가내수공업 → 공장제 정착<br>• 경제: 영국 내 시장, 해외 식민지 바탕의 자본 축적<br>• 사회: 산업자본가, 임금노동자 계급 형성<br>• 농업사회에서 공업사회로 재편 | • 연료의 석탄 대체/증기기관의 상업화<br>• 제반공업 → 기술혁신, 조직혁신<br>• 교통수단의 발전(도로, 운하, 철도)<br>• 핵심기술: 와트의 증기기관과 방직기의 결합(1787년)<br>• 개별적인 기술혁신의 상호연관 자본주의 경제를 통해 확대 재생산<br>• 공업적 기반, 인구와 소득 지속 증가 |

| 산업혁명 | 용어의 기원과 의미 | 특징과 영향 |
|---|---|---|
| 2IR (기술혁명) | • 1910년 Geddes[7]의 '도시의 진화' 사용<br>• 1990년 Chandler[8]의 '규모와 범위' 2차 산업혁명 용어 채택<br>• 1870~1920년 전개, 독일과 미국의 추격<br>• 기술혁신을 통한 산업의 변혁<br>• 대기업의 등장, 기술의 주도권이 독일과 미국으로 이동<br>• 기술혁신에 과학의 활용 | • technological system(기술시스템)의 출현(전력 시스템, 통신 시스템, 대량생산 시스템)<br>• 신소재(강철, 화학물질), 새로운 동력(신소재, 전기와 내연기관), 공장의 기계화 및 분업, 통신의 등장<br>• 기업체의 연구소 설립('산업적 연구' 수행): 과학과 기술의 상호작용 가능한 제도적 공간 마련, 기술지식을 체계화한 공학(engineering) 출현 → 인류사회의 기술 의존도 상승 |
| 3IR (정보혁명) | • Bell[9]: 탈산업사회의 시작, 서비스 경제의 발전 주장(1973), '3차 기술혁명' 용어 사용(1989)<br>• Toffler[10]: 제1물결, 제2물결, 제3물결 구분(1980)<br>• 정보혁명(information revolution) 용어로 재해석 → '지식혁명', '네트워크 혁명' 유사 | • 최초의 범용 전자식 컴퓨터 개발 → 지속적인 발전을 통한 상업화<br>• 인터넷의 출현 (TCP/IP) → World Wide Web의 개발<br>• 다른 분야의 기술 결합 혹은 융합 현상 가시화 → digital convergence의 출현<br>• 과학이 기술로 현실화(시간 격차 줄임)<br>• 기업가정신을 가진 리더의 벤처기업 등장 및 대기업 진화 |

출처: 송성수(2017)의 논의내용을 표로 재구성

송성수(2017)의 연구에서는 "산업혁명이 성립하기 위해서는 어떤 조건이 갖추어

6) Paul Mantoux(1877~1956): 프랑스 역사학자, '18세기의 산업혁명' 저술.

7) Patrick Geddes(1854~1932): 영국의 생물학자, 사회학자, 실증주의자, 지리학자, 박애주의자 및 선구적인 도시 계획가.

8) Alfred Chandler Jr.(1918~2007): Harvard Business School, Johns Hopkins University 의 경영사 교수, 산업화의 비즈니스와 경제사 재정의

9) Daniel Bell(1919~2011): 미국의 사회학자, 작가, 편집자, 하버드 대학교 교수로 후기 산업주의 연구에 기여. 20세기 자본주의의 발전이 문화 영역과 경제적 영역 사이의 모순을 초래했다고 주장

10) Alvin Toffler(1928~2016): 미국의 작가, 미래학자 겸 저술가, 디지털 혁명, 통신 혁명, 사회 혁명, 기업 혁명과 기술적 특이성에 대해 저술

져야 하는가?"라는 질문과 함께 ① 해당 산업혁명을 선도하는 핵심기술이 존재할 것, ② 핵심기술이 다른 기술혁신과 연결되면서 포괄적인 연쇄 효과를 유발할 것, ③ 해당 산업혁명으로 인한 경제적 구조의 변화가 이전의 시기와 구분될 것, ④ 사회문화적 차원에서 이전의 시기와 구분되는 변화가 있는 것으로 구분의 조건을 제시하였다. 이처럼 산업혁명은 패러다임을 변화시킨 거시적인 측면의 혁신을 의미하는 것으로 확인할 수 있다. 이러한 조건에 따라 현재 시대를 표명하는 제4차 산업혁명이라는 표현이 타당한 것인지, 이러한 제4차 산업혁명(4IR)은 기존 시대와 어떠한 차이점이 있는지 확인해 볼 필요가 있다.

## 2. 4IR-인더스트리 5.0 시대의 특징

### 1) 제4차 산업혁명의 시작

각 산업혁명에 새롭게 출현한 기술(technology)은 시대의 문제를 해결하고 변화와 발전을 이끌어 왔다. 이 변화는 기술뿐만 아니라 삶의 방식과 일자리, 일하는 방식도 모두 바꿔버린 혁신이었다. 그렇기에 각 산업혁명의 단계들은 뚜렷하고 가시적인 변화의 시대를 만들어가는 패러다임이며, 제4차 산업혁명(4IR)으로 현재의 혁신적 패러다임을 공유하기 위해서는 제3차 산업혁명(3IR)과의 뚜렷한 구분이 필요할 것이다.

제3차 산업혁명은 과학과 기술이 함께 융합한 정보혁명(information revolution)의 출현으로 제2차 산업혁명(2IR)과 구분된다. 정보기술은 통신기술과 컴퓨터 기술이 결합하여 인터넷으로 발전하였으며, 1994년 Netscape[11]라는 웹 브라우저가 보편화되면서 인터넷은 인류의 필수품으로 정착되었다. 이후 검색엔진이 등장하여 언

11) Netscape Navigator는 버전 1.0에서 4.8까지의 Netscape 웹 브라우저(1994~2007년)

제든 웹에 접속하면 정보를 검색하고 공유할 수 있게 되었고, 검색엔진들은 오늘날 포털 사이트의 토대가 되었다. 또한, 온라인 커뮤니티의 형성으로 전 세계의 사람들이 시간과 공간의 구애 없이 서로 의견을 주고받을 수 있게 되었으며, 인터넷 상점도 활성화되었다. 이렇게 제3차 산업혁명은 대표하는 핵심기술을 토대로 다른 분야와의 기술이 융합되며 발전했다. 이렇게 정보사회가 더 확대되고 산업은 서비스 중심으로 확장되었다.

세계경제포럼에서는 더 나아가 제4차 산업혁명(4IR)의 등장을 선언하였다(WEF, 2016).[12] 이때 정의된 제4차 산업혁명은 '디지털 혁명(제3차 산업혁명, 3IR)에 기반하여 물리적 공간, 디지털적 공간 및 생물학적 공간의 경계가 희석되는 기술융합의 시대'이다. 사이버 물리 시스템(Cyber-Physical System, CPS)[13]에 기반한 제4차 산업혁명은 전 세계의 산업구조 및 시장경제 모델에 커다란 영향을 미칠 것으로 전망하였다. 제4차 산업혁명을 이끄는 주요한 테크놀로지는 새로운 것이 아닌, 이전의 산업혁명에서 개발되고 축적된 테크놀로지와 제3차 산업혁명의 디지털 역량을 기반으로 한다. 제4차 산업혁명의 기술이 제3차 산업혁명과 구분되는 가장 분명하고 확실한 측면은 디지털 시스템의 확장과 변화로 본다(Schwab, 2018).

### 2) 제4차 산업혁명의 기술

세계경제포럼은 2014년 다보스 포럼에서 사람과 사물이 네트워크를 통해 상호작용하는 사회에 주목하였으며, 2015년의 보고서에서 제시한 소프트웨어와 서비스의 메가트랜드는 〈표 1-2〉와 같다(WEF, 2015).

12) Nicholas Davis: Emerging Tech 교수, UTS의 Human Technology Institute(HTI) 고문 및 공동소장, 혁신 책임자. 스위스 제네바에서 열린 세계경제포럼에서 "4차 산업 혁명"에 대한 포럼을 리드함.

13) 물리적 현실세계에 속한 사람과 센서 및 액추에이터를 인터넷 서비스, 인공지능시스템, 각종 정보망이 존재하는 사이버 세계와 연결해주는 매개체

〈표 1-2〉 6대 메가트렌드 (WEF, 2015)

| 6대 메가트렌드(The Six Megatrends) | |
|---|---|
| 사람과 인터넷 | • 사람과 사람, 정보와 세계가 연결되는 방식의 변화<br>• 센서와 다양한 디지털 테크놀로지를 통해 사물과 연결되는 방식의 새로운 등장과 변화 |
| 컴퓨팅, 통신, 클라우드서비스 | • 유비쿼터스 컴퓨팅 가능, 클라우드 서비스의 활용으로 저장 용량의 무한대 |
| 사물인터넷 | • 더 작고, 저렴한 스마트 센서를 통한 사물과 사물 연결 |
| 인공지능과 빅데이터 | • 데이터의 증폭 및 활용, 컴퓨터 시스템 및 소프트웨어 기반의 문제 해결 능력 향상<br>• 인공지능 및 로봇이 의사결정, 직무에 투입 |
| 공유 경제에 대한 신뢰 | • 인터넷 기반의 네트워크와 플랫폼 사회·경제적 모델 전환<br>• 블록체인 기술을 통한 재정, 계약, 투표 등 역할의 대체 |
| 3D프린팅 기술 발전 | • 3D프린팅 기술 등의 발전으로 개인적으로 생산 가능 → 생산과정의 변화 |

Gartner(2022)[14]의 「Hype Cycle for Emerging Technologies」의 보고서에서는 '지속적으로 진화하는 인간과 기계의 관계'를 강조하며, 사물인터넷(internet of things, IoT), 빅데이터(big data)[15], 상황인지 컴퓨팅(context-aware computing) 등의 다양한 신기술의 등장을 예측하였다(Gartner, 2014). 사물인터넷, 클라우드 컴퓨팅(cloud computing)[16] 등 정보통신기술(ICT)의 발전과 확산을 통해 인간과 인간, 인간과 사물, 사물과 사물이 기하급수적으로 연결되는 '초연결성(hyper-connected)'을 가진다. 산업시장에서도 딥러닝(deep learning)[17] 등의 기계학습과 빅데이터에 기반한 인공지능(AI)에 관련된 시장이 급성장하고 있으며, 인공지능과 빅데이터의 연계 및

14) Gartner: 정보 기술(IT) 연구 및 컨설팅 회사(https://www.gartner.com). 매년 비즈니스와 사회에 영향을 미칠 새로운 테크놀로지에 대한 보고서 「Hype Cycle for Emerging Technologies」를 발표
15) 거대한 규모(volume), 빠른 속도(velocity), 높은 다양성(variety)을 특징으로 하는 데이터
16) 인터넷을 통해 액세스할 수 있는 서버와 서버에서 작동하는 소프트웨어와 데이터베이스
17) 머신러닝의 한 방법으로, 학습 과정 동안 인공 신경망으로서 예시 데이터에서 얻은 일반적인 규칙을 독립적으로 훈련함.

융합으로 인해 기술 및 산업구조의 '초지능화(hyper-intelligent)'의 특성을 지닌다.

세계경제포럼의 연구와 글로벌의제위원회에서는 다양한 결과물을 바탕으로 제4차 산업혁명을 이끄는 핵심기술을 소개한다. 모든 신개발과 신기술의 공통적인 특징은 디지털화와 정보통신기술의 광범위한 힘을 활용하는 것으로 정의하였으며 물리학 기술(physical technology), 디지털 기술(digital technology), 생물학 기술(biological technology)로 구분하였다(Schwab, 2016).

최근의 Gartner(2022)의 신기술 하이프 사이클(Hype Cycle for Emerging Technologies) 보고서에서는 [그림 1-2]와 같이 신기술을 3가지 주제로 구분하여 제안하였다. ① 몰입형 경험의 진화/확대와 고객 경험을 통해 새로운 디지털화 노력, 제품, 서비스를 제공하며, ② AI 자동화의 가속화로 특화된 AI 모델이 생성되며 이를 통해 개발 및 교육에 AI를 적용하여 인간의 역할이 소비자와 평가자, 감독자가 될 것이며, ③ 최적화된 디지털 테크놀로지의 적용을 통해 제품, 서비스 및 솔루션의 제공이 최적화 및 가속화되어 비즈니스 운영의 지속가능성이 향상될 것으로 예측하였다.

Gartner IT Symposium/Xpo에서 발표한 2023년 테크놀로지 동향을 살펴보면 제4차 산업혁명(4IR)을 이끄는 테크놀로지가 최적화, 규모, 개척자 영역에서 지속적으로 발전하고 있음을 확인할 수 있다(Gartner, 2022). 첫째, 최적화(optimize)는 IT 시스템을 최적화하여 안정성을 높이고, 데이터 기반의 의사결정을 개선하고, 프로덕션에서 인공지능 시스템의 가치와 무결성을 유지한다. 최적화의 하위요소에는 ① 디지털 면역 시스템 구축, ② 관찰 가능성의 응용, ③ AI 신뢰 및 리스크 보안 관리 등이 포함된다. 둘째, 규모(scale)는 테크놀로지를 통해 수직적 제품 제공의 가속화를 촉진하고 제품 제공 속도를 상승시키며 모든 곳에서의 연결을 가능하게 한다. 규모의 하위요소에는 ④ 산업 클라우드 플랫폼, ⑤ 플랫폼 엔지니어링, ⑥ 무선의 가치 실현 등이 포함된다. 셋째, 개척자(pioneer)는 비즈니스 모델을 변경하고, 직원 및 고객의 참여를 재창조하고, 새로운 가상 시장을 활용하기 위한 전략을 가속화 한다. 개척자의 하위요소에는 ⑦ 슈퍼앱, ⑧ 적응형 AI, ⑨ 메타버스 등이 포함된다. 그리고 넷째, 지속 가능한 기술(sustainable technology)을 통해 IT 서비스의 에너지와 효율성을 높이는 솔루션 프로그램 워크로 추적성, 분석, 배출 관리 소프트웨어 및 AI 기술을 통해 기업의 지속가능성을 가능하게 하는 프레임워크를 제공한다.

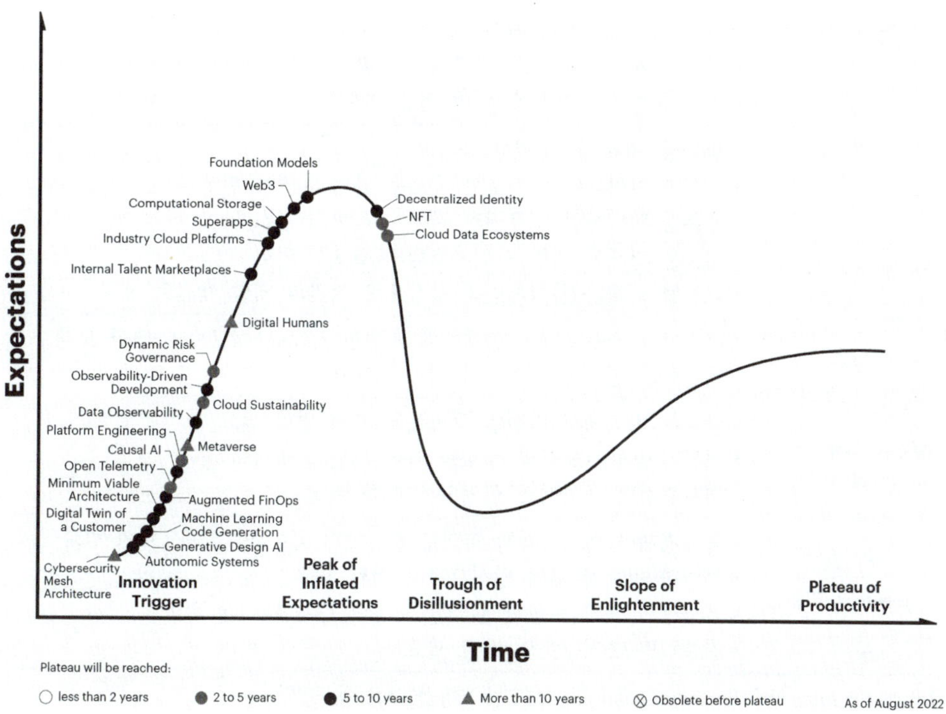


[그림 1-2] 신기술의 하이프 사이클(Gartner, 2022)

### 3) 제4차 산업혁명의 사회 · 경제적 영향력

세계경제포럼(WEF)이 2016년에 제시한 제4차 산업혁명이 사회·경제에 미치는 영향력에 대해 조사보고서의 내용은 〈표 1-3〉과 같다.

〈표 1-3〉 4IR의 사회 · 경제적 영향 및 전망

| 주제 | 영향 및 전망 |
|---|---|
| 업무환경 및 방식의 변화 | • 직업 및 일의 성격의 변화, 많은 직업의 대체와 새로운 직업의 창출<br>• 새롭게 등장할 기술 관련 직업의 빠른 전환에 대한 어려움과 부작용 예상 |
| 보안 | • 애플리케이션 경제로의 진화를 통한 새로운 데이터 발생, 기존의 보안영역 제거<br>• 가상공간에서 윤리적인 문제의 해결방안에 대한 논의가 필요 |
| 투명성, 신뢰, 프라이버시 | • 온라인에서의 공유, 협업, 교류 증가<br>• 신뢰, 투명성, 프라이버시 중요성 인식<br>• 서비스 제공자와 사용자 간의 새로운 방식의 모색 필요<br>• 현재 프레임워크의 개선 및 법규 필요 |
| 경제 | • 생산성, 효율성, 창의성 증가<br>• 혁신과 아이디어에 기초한 새로운 유형의 경제 탄생<br>• 공유경제를 통한 소유권과 자본 고착화의 감소 예상<br>• 새로운 경제를 위한 사회시스템의 필요성 인식<br>• 디지털 화폐와 블록체인의 등장으로 기관의 역할 재검토 요구 |
| 정부 | • 디지털과 소프트웨어 플랫폼에 기반한 새로운 정부로의 변화 모색<br>• 개인화된 원스톱 서비스의 제공 필요 |
| 조직, 커뮤니티, 개인 | • 탑다운 방식에서 바텀업 구조로의 조직 변화 필요<br>• 커뮤니케이션 도구와 정보를 가진 개인의 영향력 증가<br>• 의사결정의 투명성과 협의의 일상화 예상 |
| 소유권의 변화 | • 공유경제와 협업경제의 확대로 소유에서 공유 및 접근으로의 변화 인식<br>• 유연한 경제적 삶의 방식으로의 전환 요구<br>• 유연성의 증가를 통한 취약한 노동력 증가를 이끌 위험<br>• 전통적인 조직구조의 점검 필요 |

출처: WEF(2016)의 「The Future of Jobs」 보고서 내용을 표로 재구성함

이처럼 4IR에 따라 산업 및 일자리 지형이 빠르게 변화하고 있고, 반복적이고 단순한 분야의 업무부터 로봇과 AI로 빠르게 대체될 것을 예측할 수 있다. 하지만 인간만이 가지고 있는 능력인 창의성, 비판적 사고, 복합적 문제 해결 등은 더욱 강조되고 있다. 자동화, 인공지능과 같은 테크놀로지와 기계의 발전으로 노동력이 대체되더라도 창의성, 혁신성 등과 같은 인간 고유의 능력과 영역은 자동화되지 않을

것으로 전망한다. 따라서 이러한 4IR 시대에서 기술 및 기계와 차별화되는 인간의 역량과 능력을 개발하고 함양하도록 관리하는 HR의 역할의 중요성 또한 커질 것이라 기대한다.

### 4) 인더스트리 5.0의 등장과 핵심 가치

앞에서 논의된 [그림 1-1]과 〈표 1-1〉 내용과 같이 제1차 산업혁명부터 제4차 산업혁명에 이르기까지 테크놀로지의 발전에 따라서 인간의 노력을 줄이기 위하여 기존의 상황에 새로운 생산방법이 도입되었다. 이러한 생산 기법과 테크놀로지의 완전한 공정 변화를 "산업혁명"이라고 한다(Ashton, 1997). 산업혁명은 생산, 경제, 생활기준에 엄청난 증가를 가져왔다. 이러한 기술적 진보는 생산력 증가, 생산 체제의 변화뿐만 아니라 정치, 경제, 사회에 근본적 변화와 혁신적 사고를 촉발시켰다.

〈표 1-4〉는 인더스트리 1.0에서부터 인더스트리 5.0까지 산업(industry)의 진화 및 발전과정을 보여준다. 인더스트리 1.0은 증기기관과 수차 도입으로 수작업에서 "기계화" 공정 전환을, 인더스트리 2.0은 전기와 조립라인 도입으로 상품의 "대량생산"을, 인더스트리 3.0은 컴퓨터와 인터넷 등 ICT 도입으로 "자동화" 공정을, 인더스트리 4.0은 AI와 IoT 등을 바탕으로 한 융합지능시스템, 사이버물리시스템으로 "디지털화" 공정을, 그리고 인더스트리 5.0은 cobot(인간-기계 협력로봇)나 디지털 트윈 도입으로 "인간중심의 맞춤화/개인화" 공정을 가져왔다.

〈표 1-4〉 산업의 진화, 시기, 초점 영역 및 도전 과제

| 산업 진화 | 시기 | 초점 영역 | 도전 과제 | 비고 |
|---|---|---|---|---|
| 인더스트리 1.0<br>(I1.0 기계화) | 18세기<br>(1780s) | 증기와 수력 공장, 철산업, 광업, 농업 | 오염, 긴작업시간, 빈약한 작업조건 | 제1차 산업혁명<br>(1IR) |
| 인더스트리 2.0<br>(I2.0 대량생산) | 19세기<br>(1870s) | 전기, 강철/철도, 터어빈, 통신, 석유 | 고비용, 작업기회 감소 | 제2차 산업혁명<br>(2IR) |

| 산업 진화 | 시기 | 초점 영역 | 도전 과제 | 비고 |
|---|---|---|---|---|
| 인더스트리 3.0 (I3.0 자동화) | 20세기 (1970s) | 컴퓨터(PLC), 인터넷, 무선통신, ICT, 재생 에너지 | 전력 남용과 소비 | 제3차 산업혁명 (3IR) |
| 인더스트리 4.0 (I4.0 디지털화) | 21세기 (2010s-) | 지능시스템(AI, IoT)을 갖춘 모든 생산 산업 | 사이버 공격 위험, 긴작업시간, 스킬 부족 | 제4차 산업혁명 (4IR) |
| 인더스트리 5.0 (I5.0 맞춤화)[18] | 21~22세기 (2020s-) | 인간-기계가 협력(cobot) 하는 모든 산업 | 사이버 공격 위험, 숙련자 부족, 규제의 어려움 | |

인더스트리 1.0에서 인더스트리 4.0까지는 기술(technology) 중심의 변화였지만, 인더스트리 5.0은 가치 중심의 변화로 볼 수 있다. 인더스트리 4.0은 효율성을 재고하기 위하여 스마트 테크놀로지(디지털 전환과 기계 네트워킹)을 극대화하는데 초점을 두지만, 인더스트리 5.0은 행복과 복지와 같은 사람들이 얻을 수 있는 가치에 초점을 둔다. 인더스트리 5.0은 인간 중심의 AI와 IoT의 융합을 통하여, 사람과 기계(AI)가 협력해서 새로운 가치, 인간 중심의 지속가능한 사회를 창출하고 구축하는 것이다.

인더스트리 5.0의 본질 또는 핵심 가치는 인간 중심(human center), 지속가능성(sustainability), 회복탄력성(resilience)에 있다. 인더스트리 5.0은 인간 삶의 질 향상과 인간 중심의 가치를 추구한다. 기술발전이 인간의 삶에 긍정적인 영향을 미칠 수 있도록 사회시스템을 구축해야 한다. 또한 인더스트리 5.0은 지구의 환경 보호와 지속가능한 발전을 목표로 삼는다. 기술발전을 통하여 다양한 환경문제를 해결하고 미래세대에게 건강한 지구를 물려주어야 한다. 인더스트리 5.0 시대에는 좌절하지 않고 다시 일어설 수 있는 능력이 필요하다. 다양한 역경, 시련, 실패를 도약의 발판으로 삼아서 더 높이 뛸 수 있는 "마음의 근육"을 키워야한다.

18) 인더스트리 5.0을 "제5차 산업혁명(5IR)"으로 보는 견해도 있지만, 이 글에서는 인더스트리 5.0(I5.0)을 제5차 산업혁명보다는 제4차 산업혁명(4IR)의 연장선으로 보고 인더스트리 4.0의 특징에 인간중심과 자연친화의 아이디어를 추가한 것으로 봄.

# 3. 4IR-인더스트리 5.0과 인재경영

이러한 시대에 인적자원의 패러다임이 전환되며 인공지능(AI)과 분석학(analytics) 기반으로 인재의 경영과 개발(HRM, HRD)에 연계되고 있다. 우리는 전반적인 HR 관점에서 4IR과 인더스트리 5.0의 동향을 인식할 필요가 있다. 여기에서는 "업무환경 및 방식의 변화" 키워드를 중심으로 기술(technology)과 인간 고유의 능력을 잘 융합한 HR의 관점으로 현재의 동향을 살피고 앞으로 나아갈 방향에 대해 함께 논의하고자 한다.

## 1) 업무환경 및 방식의 변화

### (1) 일자리의 변화

자동화가 일의 본질을 바꾸며 일자리도 변화하고 있다. 이러한 변화에 대해 낙관적 입장을 가진 사람들은 기술의 발전이 혁신을 통해 생산성을 높이고 시장을 확대하며 새로운 수요를 창출하여 일자리를 확대한다고 주장한다. 하지만, 비관론적인 입장의 사람들은 업무가 기계화·자동화 또는 디지털화로 대체되어 일자리가 줄고 대량실업이 발생하여 사회적 문제가 될 것으로 본다.

어떠한 업종에 종사하는 사람이든 형태의 가치를 전달하기 위해 일련의 핵심 스킬을 사용한다. 일자리는 가치에 대한 고객의 인식이 핵심 스킬과 가치의 형태라는 두 개의 영역에서 변동하면서 진화한다. 업무의 유형과 숙련도를 기준으로 스킬의 대체 가능성은 업무의 핵심 스킬이 얼마나 쉽게 대체될 수 있는가와 일의 가치가 전달되는 방식의 변화로 구분할 수 있다(Latham & Humberd, 2018). Latham과 Humberd는 연구를 통해 각 직종의 핵심 스킬과 가치형태에 가해지는 위협 정도를 측정하여 자동화가 일자리에 미치는 영향을 4가지 방식으로 구분하였다. 이 4가지

방식은 파괴, 대체, 해체, 지속이며 이를 통해 근로자들은 자신의 일자리가 진화하는 방향과 그 이면에 있는 요인들을 숙지해야 한다. 근로자들이 빠른 변화에 적응하기 위해 일자리의 4가지 변화를 이해한 후 자신이 종사하는 업종에서 어떠한 형태의 가치를 전달할 것인지, 어떠한 핵심 가치를 사용할 것인지 선택할 것을 제안하였다. 자동화가 일자리에 미치는 영향과 직업의 유형을 [그림 1-3]과 같이 정리하였다.

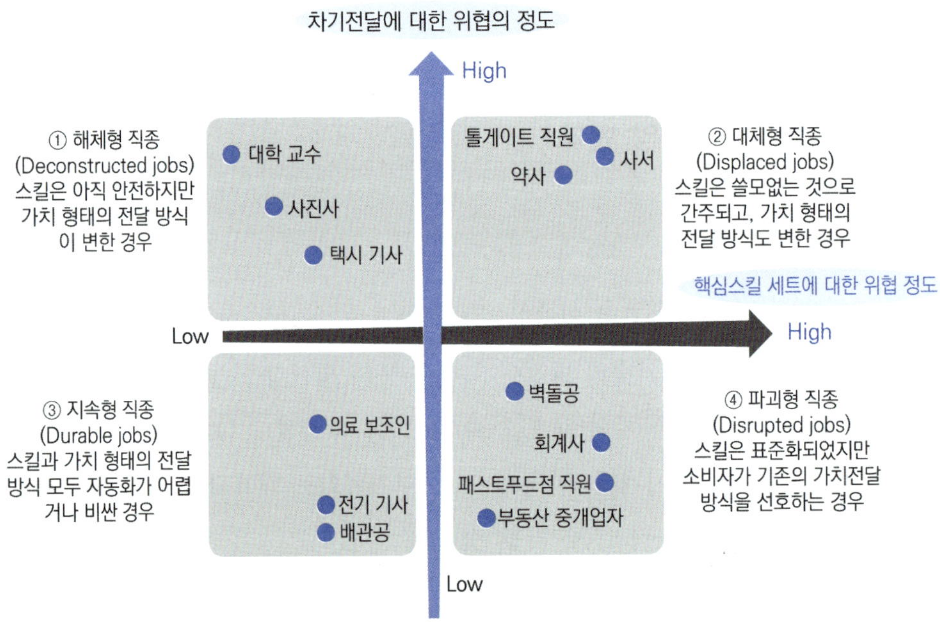


**[그림 1-3]** 자동화에 취약한 직업의 유형

출처: Latham & Humberd(2018)의 내용 재구성

① 해체형 직종(Deconstructed Jobs): 해체의 경우는 핵심 스킬이 안전하게 유지되지만, 가치의 제공 형태가 위협을 받는다고 보았다. 예를 들어 차량 운전 서비스를 제공하는 사람들의 경우에는 운전의 스킬이 고객에게 제공되는 가

치이자 서비스의 중심이 된다. 또한, 사진사나 교수의 경우도 그들이 지닌 스킬이 가치이자 서비스의 중심이다. 스킬은 여전히 중요하지만 서비스 전달 방식에 대한 고객의 선호는 바뀌고 있다. 새로운 가치 형태의 변화에 순응하여 발전하지 않으면 결국 폐기될 수 있기에 업무의 스킬을 새로운 가치 형태에 맞게 조정해야 할 필요가 있다.

② 대체형 직종(Displaced Jobs): 대체의 경우는 핵심 스킬이 쓸모없어지면서 가치 형태도 완전히 바뀐다. 사례로 제시된 직종인 톨게이트 요금소의 직원들은 이미 이러한 대체 과정을 겪었으며, 고도로 숙련된 기술이 필요한 전문직인 약사도 예외는 아니다. 사람이 제공하는 가치와 핵심 스킬이 점점 더 자동화된 프로세스로 처리되고 있기 때문이다. 이렇게 자동화로 대체될 근로자들은 재교육을 통해 상대적으로 안정적인 가치 형태와 관련도 높은 스킬을 습득해야 한다.

③ 지속형 직종(Durable Jobs): 지속형의 경우는 핵심 스킬과 가치 형태 모두에 심각한 위협이 없는 직종을 의미한다. 예로 설명된 전기기사나 배관공은 지속성이 높은 직종이다. 이러한 업무는 기계적으로 반복되는 경우가 거의 없이 가치를 동일한 형태로 전달할 수 있는 기술을 개발하기에는 높은 비용이 요구된다. 지속형 직종에 속한 사람들에게 가장 중요한 것은 현실에 안주하지 않는 태도이다. 소비자의 향후 선호도로 인해 그 직종의 핵심 스킬이나 가치 형태가 위협받을 가능성은 없는지, 다른 경로로 이동할 수 있는지를 파악하고 검토해야 할 필요가 있다.

④ 파괴형 직종(Disrupted Jobs): 파괴형의 경우는 핵심 스킬은 표준화되고, 소비자가 동일한 형태로 가치를 제공받는 것을 선호할 때 발생한다. 파괴는 효율성의 증대로 상품이나 서비스의 생산 비용이 낮아진 다음 이어지는데, 예를 들어 패스트푸드점의 경우 음식의 준비과정부터 만드는 방법까지 고도로 표준화되어 있으므로 자동화될 수 있다. 이렇게 된다면 패스트푸드점에 근무하

는 직원들의 직무가 모두 파괴될 것이다. 부동산 중개인이나 변호사와 같이 매우 숙련된 핵심 스킬이 필요한 직종들도 마찬가지이다. 단순 업무들이 자동화되고 고객들은 여전히 서비스를 이용하고자 하기 때문에 위협에 약하다고 볼 수 있다. 변화에 적응하기 위해 과도기적 역할을 찾을 필요가 있으며, 프로세스가 자동화되는 과정에서 서비스 가치가 기존 형태로 최종 소비자에게 전달될 수 있게 노력해야 한다.

### (2) 일의 변화, 인간과 AI

현 시대의 사회구조적 변화를 이끌어가는 대표적인 기술로는 인공지능(AI)과 디지털화, 빅데이터를 꼽을 수 있다. 이 중 AI가 어떻게 업무에 적용되고 사람과 협력하는지, 그로 인한 작업 과정의 변화는 어떻게 구분 지을 수 있을지를 Ryuji(2020)의 아이디어를 바탕으로 논의하고자 한다. 〈표 1-5〉는 사람과 AI가 함께 일하는 단계와 분업 스타일을 정리한 표이다. 일의 주체와 주도권을 사람과 AI의 비중에 따라 구분하고 분업 스타일을 일자형, T자형, O자형, 역T자형, I자형의 다섯 가지로 구분한다.

① 일자형: 사람만이 일하는 형태로서 관리 업무나 창의적인 업무가 대표적이다.

② T자형: 사람이 중심이 되어 원래 하던 업무를 AI가 대행하거나 보조하는 것으로 AI 활용에 대한 지식의 유무로 업무의 효율이 달라질 수 있다. 접객이나 영업, 교육 및 기획/집필 업무가 대표적이며, AI는 업무에 따라 다르나 실행형, 대화형, 식별형, 예측형 등으로 구분하여 활용할 수 있다.

③ O자형: 사람이 원래 할 수 없었던 것을 AI가 확장해 주는 형태로서, 고도의 전문업무, 예측분석 업무, 의료 등 업무의 전문성과 경험이 필요한 영역이다.

④ 역T자형: AI가 중심이 되어 업무를 수행하고, 부족한 부분은 사람이 보조하는 분업의 스타일이다. AI가 중심이 되는 업무를 위해 사람이 사전 준비를 하거

나, AI의 결과물을 사람이 최종적으로 확인하여 불완전함을 보완하는 데 사용된다.

⑤ I자형: AI가 사람의 일을 완전하게 대신하며 주문이나 회계, 감시 업무 등에 적용된다.

〈표 1-5〉 일의 주체와 스타일

| 중심 | 명칭 | 일의 주체 | 일의 분업 스타일 | 일의 의미 |
|---|---|---|---|---|
| 사람 중심 | 사람<br>(일자형) | 사람 | AI 없이 사람이 업무를 수행 | 사람만이 할 수 있는 일<br>(사람이 변함없이 해오던 일) |
| | 사람 / AI<br>(T자형) | 사람+AI | AI가 사람의 일을 보조하는 형태 | 사람이 하던 일을 AI가 보조하여 효율적으로 처리<br>(AI가 사람을 보조하는 일) |
| ↕ | AI / 사람<br>(O자형) | 사람+AI | AI가 사람의 일을 확장하는 형태 | 사람이 할 수 없는 일을 AI가 처리하여 협력적으로 처리<br>(AI가 확장하는 일) |
| AI 중심 | AI / 사람<br>(역T자형) | AI+사람 | 사람이 AI의 일을 보조 | AI가 할 수 없는 일을 사람이 돕는 형태<br>(사람이 AI를 보조하는 일) |
| | AI<br>(I자형) | AI | AI가 완전히 사람의 일을 수행 | 새로운 일의 탄생, AI로 인해 사라지는 일 |

출처: Ryuji(2020)의 내용 재구성

### (3) 일하는 방식의 변화

기술적 변화 외에도 일하는 방식의 변화로 일의 변화를 정의하는 관점도 있다. 일하는 방식의 프레임은 크게 일(work), 일을 수행하는 사람(workforce), 일이 수행되는 장소(workplace)라는 경영환경의 변화에 따른다(그림 1-4 참조). 일의 변화는 새로운 일, 역할의 탄생을 의미한다. 새로운 일을 수행하는 사람은 수행 역량을 지속적으로 개발해나가야 하며, 일이 수행되는 장소는 기술 기반의 하이브리드(hybrid) 방식을 활성화하는 조건을 갖춰야 한다(조성일, 2022).

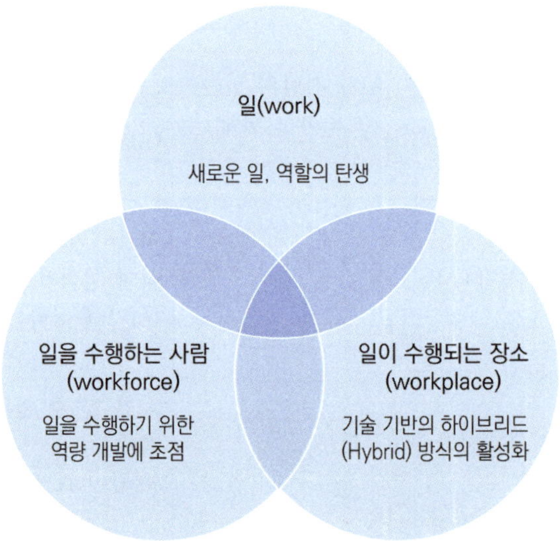


**[그림 1-4]** 일하는 방식의 프레임

출처: 조성일(2022) 내용 재구성

코로나19의 영향으로 재택근무가 활성화되고, 업무 효용성에 기반한 혼합 하이브리드 방식의 확산을 요구하는 시대적 요구가 커지고 있다. 일하는 방식의 프레임 변화는 수행방식의 변화를 이끌어내고 있으며, 이에 따라 스킬을 향상시키기 위한 교육을 강화하는 것이 필요한 시점이다. 이 중 특히 디지털 리터러시 및 데이터 기반의 의사결정을 높이는 IT 관련 스킬 교육의 필요성은 더욱 커지고 있다. 이를 위해 최근 HRD 분야에서는 Re-Skilling[19]과 Up-Skilling[20] 교육이 지속적으로 확산되고 있다.

## 2) 인재경영에 주는 시사점

### (1) 미래인재의 핵심 역량

미래 역량을 함양하는 교육은 '지식'이 아닌 '역량'을 기르는 것에 초점을 맞추어야 한다. 역량 교육은 고용률과 국가 경쟁력을 증진할 수 있는 수단이자, 평생교육의 기반으로 전망된다. OECD(2017)에서는 역량을 지식, 스킬, 태도, 가치가 결합된 것으로 정의하였으며 '도구의 지적 활용', '사회적 상호작용', '자율적 행위'를 강조하였다.

세계경제포럼(WEF, 2016)이 발표한 보고서에서는 미래 인재의 핵심 역량을 인지적 능력과 신체적 능력으로 구분하고, 기본 역량을 직무내용 역량과 직무처리 역량으로 나누어 제시하였다. 또한 다기능 역량을 사회적 역량, 시스템 역량, 자원 관리 역량, 과학기술 역량의 네 가지로 구분하였으며, 미래에는 다양한 직무의 역량 중 설득력, 감성지능, 협업 능력 등의 사회적 관계 스킬의 중요성이 매우 커질 것으로 예상하였다.

또한 미래 직무에 요구되는 역량에 대한 능력을 가장 중요한 1순위부터 9순위까지 제시하였다.

① 실세계의 정의되지 않은 복잡한 문제를 해결하는 문제해결능력

19) 리스킬링: 다른 업무를 수행할 수 있도록 새로운 스킬을 배우는 것
20) 업스킬링: 같은 일을 더 잘하거나 복잡한 역할의 수행을 위해 숙련도를 높이는 것

② 다른 사람들과의 협업과 설득, 교육의 능력인 사회적 스킬 능력
③ 적극적으로 정보를 얻어 합리적으로 추론할 수 있는 프로세스 스킬 능력
④ 시스템을 파악하여 좋은 조건을 찾는 능력
⑤ 서로 다른 규칙을 창조적으로 결합하는 인지 능력
⑥ 목적을 위해 자금, 시간 등을 효율적으로 사용하는 자원 관리 스킬 능력
⑦ 기기를 관리하고 프로그래밍하는 전문적인 능력
⑧ 디지털 콘텐츠를 통해 표현하고 서술하는 능력
⑨ 물건을 정교하게 다루거나 힘을 쓰는 능력

### (2) 리스킬링과 업스킬링

세계경제포럼(WEF, 2020)에서는 4차 산업혁명(4IR)으로 기술과 비즈니스 모델의 빠른 진화에 따라 2022년까지 현재 업무를 수행하는 핵심 스킬의 42%가 새로운 스킬로 교체되고, 2030년에는 현 직무의 1/3이 영향을 받을 것으로 예측하였다. McKinsey(2020)의 보고서에서는 설문에 참여한 응답자(경영진과 관리자들)의 90%가 조직의 스킬 격차[21]를 경험했거나 향후 5년 이내에 격차가 발생할 것을 예상한다고 발표했다. 응답자의 30%만이 이러한 스킬의 격차에 대처할 준비가 되어있을 것이라고 응답하였으며, 이에 기업은 미래에 필요한 인재의 부족을 인식하고 새로운 스킬에 기반한 업무능력을 갖춘 인재 영입에 어려움을 겪고 있다.

이렇게 업무를 수행하는 스킬이 빠르게 변화하는 상황에서 생존하기 위해서는 요구되는 스킬을 빠르게 진단하고, 이를 직원의 직무에 빠르게 적용하는 리스킬링, 업스킬링을 향상시켜야 한다. 리스킬링은 다른 업무를 수행할 수 있도록 새로운 스킬을 배우는 것을 말한다. 업스킬링은 같은 일을 더 잘하거나 복잡한 역할을 수행

21) 스킬 격차(skill gap): 스킬 발전에 따른 사업 환경의 변화로 인해 조직이 필요로 하는 역량과 구성원이 가진 역량이 차이 나는 현상

가능하도록 숙련도를 높이는 것을 말한다. 그러나 리스킬링과 업스킬링을 시행함에 있어 항상 문제로 제시되는 것은 적합한 교육과정의 선택과 제공이다. 테크놀로지와 비즈니스 모델이 지속적으로 급속한 진화의 과정을 거치며 스킬의 격차와 관련된 문제를 다루는 적합한 교육과정을 선택하는 것은 필수적이다. 성공적인 리스킬링과 업스킬링을 위해 경영환경에 필요한 스킬과 보유한 스킬의 격차를 파악하고, 인력의 보유 스킬, 관심 영역, 학습역량 등을 분석하는 인적자원 데이터가 필요하다. 이를 통해 직원의 성과 데이터, 보유 스킬의 시장 경쟁력, 미래 예상 가능 수요, 경쟁업체의 보상 수준, 회사 성장 기여도를 객관적으로 평가하여 보상을 제공함으로써 이탈을 방지하고 이탈로 발생할 수 있는 비용(신규 채용 비용 등)을 줄일 수 있다(McKinsey, 2020).

### (3) 인적자원 데이터 활용(HR Analytics)

인재경영에서 인적자원 데이터의 중요성이 강조되고 있다. 조직에서는 채용, 육성, 성과관리, 승진 대상자 선정, 보상, 이직 예측 등과 같이 조직이 당면한 인재경영와 관련된 이슈에 인사/인재/사람 분석학(HR/People Analytics)을 활용하여 문제에 대한 답을 찾으려는 노력을 하고 있으며, 이에 대한 학계와 현장의 관심이 높아지고 있다(정재삼 외, 2022).

인적자원 데이터를 통해 인재경영에 대한 폭넓은 데이터를 확보하고, 전략적 의사결정을 지원 및 예측하는 것은 매우 중요하다. 실제로 Google, Xerox 등과 같은 글로벌 선진 기업들은 채용, 배치, 육성, 보상 등 인사와 관련한 중요한 의사결정에 HR/People Analytics를 활용하여 경영성과에 긍정적인 결과를 이끌어내었다. 이와 같이 기업의 인적자원 데이터를 활용한 GE와 IBM의 인재경영 사례를 살펴보면서 나아갈 방향을 함께 논의하고자 한다.

### [GE의 사례]

GE는 직원 30만 명 중 50%가 5년 이하의 경력을 갖고 있으며 디지털 테크놀로지에 능숙하다. 직급에 관계없이 모든 직원이 사용 가능한 보편적 매칭 알고리즘(generic matching algorithm) 기반 셀프서비스 애플리케이션(4개 유형)을 통해 인적자원 프로세스를 강화하고 있다(Prokesch, 2017). 이는 인적자원 데이터를 기반으로 직원 맞춤형 교육프로그램 및 다양한 학습 방법을 제안하여 직원의 적극적 참여를 유도한다. 또한 AI 기반 디지털 큐레이션을 통해 직원 개개인의 인사정보, 관심 영역, 학습 수준 등을 고려한 맞춤형 콘텐츠 제공이 가능하다는 장점을 가진다.

① 경력 및 승계 서비스: 직원들 과거의 이동 데이터와 직무기술서 기반의 직무 연관성 데이터를 활용하여 조직 내의 잠재적 기회를 발견하고, 직원의 직무 이력을 기반으로 GE 내부의 가능한 포지션과 다음 직무에 대한 추천 제공

② 교육 및 훈련 서비스: 온・오프라인 강좌와 도서 목록 등을 제시하고, 개개인의 직급과 직무에 맞는 우선순위 과제나 유용한 학습 도구를 추천함. 큐레이션을 통해 개인에게 맞추어진 교육과 훈련을 안내 및 제공하며 교육 이후 성과 앱과 연동하여 상사의 피드백 공유

③ 인재 확보 서비스: 인재 선발에 활용될 보너스, 승진, 연수 성적 등의 결과 데이터를 분석하고, 보유 스킬과 전공, 경력이 유사한 글로벌 임직원 간의 기업 내 디지털 기반 학습공동체인 CoP(Community of Practice)의 활성화를 도움. 이를 통해 잠재적 퇴사자를 예측하고 조기 대응할 수 있어 이직률 최소화.

④ 조직문화 서비스: 퇴사자의 면담, 설문조사, 조직설계 등을 통해 수집된 데이터를 가지고 미세한 조직문화까지 관리, 지원함. 이를 통해 직원들이 직접 자신의 경력을 관리하고 필요한 학습 과정과 경험을 공유하며 능동적으로 문제해결의 방법 탐구.

### [IBM의 사례]

IBM의 사례는 성과평가, 업무매칭, 커리어, 맞춤형 교육플랫폼의 4가지로 구분된다. 직원의 성과 데이터, 보유기술의 시장 경쟁력, 미래 예상 가능 수요, 경쟁업체의 보상 수준, 회사 성장 기여도를 객관적으로 평가하여 보상을 제공함으로써 이탈을 방지하고 이탈로 발생할 수 있는 비용(신규 채용 비용 등)을 줄이고 있다.

① IBM CogniPay: 역량 기반 보상을 제공하기 위해 직원의 성과를 평가하고 동종 기업의 보상 수준, 해당 기술의 수요 등을 바탕으로 적정한 보상이 이루어지도록 하는 서비스

② IBM Blue Matching: 담당 업무를 변경하고자 하는 직원에게 현재 근무지, 급여의 수준, 역할, 경력 등을 고려하여 이동 가능한 사내 직무를 예측하여 주는 서비스

③ IBM-MYCA(My Career Advisor): 직원의 현재 역량과 업무 경력을 기반으로 이동 가능한 커리어 옵션을 추천하고, 필요한 기술 교육을 코칭하는 맞춤형 경력코칭 서비스로서, 리스킬과 업스킬에 따라 업무능력이 향상될 때 상응하는 보상을 제공하여 인재 이탈 방지.

④ IBM-Your Learning: 적시적 학습이 요구되는 마이크로 학습 환경에서 최적화된 학습경험을 제공하는 개인화된 교육플랫폼

세상을 뒤흔들고 변화의 불을 지핀 산업혁명은 오랜 지구의 역사 속에서 4~5차례 이루어진 것으로 정의되고 있지만, 그 기간은 점점 단축되어 오고 있다. 즉, 패러다임의 변화는 예측할 수 없을 정도로 빠르게 발생하고 있으며 우리의 현실과 가까운 미래에서는 불확실성과 혁신이 더욱 대두될 것임을 암시한다. 그렇기에 이러한 변화의 시대에서 생존하기 위해 조직과 개인 모두 끊임없이 변화하고 학습하고 발전해나가야 할 것이다. 조직은 변화하는 업무환경과 일자리, 일하는 방식에 대해

깊이 있게 이해해야 하며, 인재경영 방법의 혁신을 꾀해야 할 것이다. 그 과정에서 리스킬링과 업스킬링을 통해 개인들의 핵심 역량도 민첩하게 변화시켜야 한다. 4IR과 인더스트리 5.0의 시대에서 새로운 테크놀로지의 발전은 일자리의 모습과 인간의 역할을 완전히 변화시키겠지만 그 과정에서 인적자원은 가장 인간다운 역할을 찾아가게 될 것이다. 이러한 흐름 속에서 인적자원 데이터를 확보하고 이를 활용하는 방안을 탐색할 때, 기술과 인간이 최적으로 상호작용하는 방향을 모색해나갈 수 있을 것으로 기대한다.

# 참고문헌

레이 커즈와일 (2007). 특이점이 온다(The singularity is near). 김영사.

리처드 서스킨드 (2016). 제4차 산업혁명시대 전문직의 미래. 와이즈베리.

송성수 (2017). 산업혁명의 역사적 전개와 4차 산업혁명론의 위상. 과학기술학연구, 17(2), 5-40.

이인식 외(2023). 인더스트리 5.0: 지속성장하는 혁신적 미래산업의 이해. 인문공간.

이조식 (1993). 인공지능의 철학. 고려대학교 출판부.

정재삼, 조예인, 양하영, 진명화, 박효성, 이재영 (2022). 국내 HR Analytics 연구에서 활용한 데이터와 분석방법에 대한 체계적 문헌고찰. 한국콘텐츠학회논문지, 22(9), 614-627.

조성일 (2022). 일의 미래, 체질 개선을 통한 대응이 필요하다. POSRI 이슈리포트, 2022(2), 1-5.

허희옥 외 (2017). 인공지능 시대의 인간지능과 학습. 교육철학연구, 39(1), 101-132.

Allen, R. (2007). *The industrial revolution: A very short introduction*. Oxford University Press.

Ashton, T. (1997). *The industrial revolution 1760-1830*. Oxford University Press.

Davis, N. (2016). *What is the fourth industrial revolution?*. Retrieved from https://www.weforum.org/agenda/2016/01/what-is-the-fourth-industrial-revolution (11.12.22).

Gartner (2014). *Hype Cycle for Emerging Technologies Maps the Journey to Digital Business*. Retrieved from https://www.gartner.com/en/newsroom/press-releases/2014-08-11-gartners-2014-hype-cycle-for-emerging-technologies-maps-the-journey-to-digital-business.

Gartner (2022). *Top 10 Strategic Technology Trends for 2023*. Retrieved from https://www.gartner.com/en/articles/gartner-top-10-strategic-technology-trends -for-2023.

Gartner (2022). *What's New in the Hype Cycle for Emerging Technologies*. Retrieved from https://www.gartner.com/en/articles/what-s-new-in-the-2022-gartner-hype-cycle-for-emerging-technologies.

KCREN (2017). 대한민국의 4차 산업혁명.

Latham, S., & Humberd, B. (2018). Four ways jobs will respond to automation. *MIT Sloan Management Review, 60(1)*, 11-14.

Mathur, A., Dabas, A., & Sharma, N. (2022). Evolution from industry 1.0 to industry 5.0. *4th International Conference on Advances in Computing, Communication Control and Networking (ICAC3N)*.

Prokesch, S. (2017). Reinventing talent management how GE uses analytics to guide a more digital, far flung workforce by Steven Prokesch. *Harvard Business Review, 95(5)*, 54-55.

Ryuji, N. (2020). AI 시대 문과생은 이렇게 일합니다 (전종훈 역). 시그마북스.

SAP (2024). AI 기반의 미래가 우리 곁에. Retrived from https://www.sap.com/korea/insights/industry-5-0.html

Schwab, K. (2016). 제4차 산업혁명(송경진 역). 새로운현재.

Schwab, K. (2018). 제4차 산업혁명 THE NEXT(김민주, 이엽 역). 새로운현재.

World Economic Forum (2016). *The future of jobs: Employment, skills and workforce strategy for the fourth industrial revolution*. Global Challenge Insight Report.

World Economic Forum (2020). *The future of jobs report 2020*. Retrieved from Geneva.

## 요약

21세기를 살아가는 우리는 디지털 혁명을 기반으로 시작된 제4차 산업과 인더스트리 5.0의 출발선에 서 있다. 세계경제포럼에서 정의한 제4차 산업혁명(4IR)은 '디지털 혁명(제3차 산업혁명, 3IR)에 기반하여 물리적 공간, 디지털적 공간 및 생물학적 공간의 경계가 희석되는 기술융합의 시대'로서 유비쿼터스, 모바일 인터넷, 작고 강력한 센서, 인공지능이라는 기술적 특징을 가지고 있다. 여기에다가 인더스트리 5.0은 테크놀로지와 인간이 자유롭게 융합되어 그 효율성과 인간 가치의 균형을 이루는 인단 친화적인 협업모델을 추구한다. 4IR과 인더스트리 5.0은 업무환경 및 방식의 변화, 보안, 투명성 · 신뢰 · 프라이버시, 경제, 정부, 조직 · 커뮤니티 · 개인, 소유권의 변화 등 사회 경제 전반적으로 영향력을 미치고 있다. 이렇게 변화하는 사회 속에서는 일의 가치가 전달되는 방식의 변화와 핵심 역량이 대체될 가능성에 따라 일자리를 해체형 직종, 대체형 직종, 지속형 직종, 파괴형 직종으로 구분할 수 있다. 그리고 일의 주체와 주도권을 인간과 AI 중 누가 갖느냐에 따라 일자형, T자형, O자형, 역T자형, I자형으로 일이 변화할 것이다. 일, 일을 수행하는 사람, 일이 수행되는 장소의 경영적 변화에 따른 일하는 방식의 프레임 변화도 전망된다. 미래 직무에는 여러 가지 역량을 요구한다. 새로운 시대의 변화에 빠르게 발맞춰나가기 위해서는 다른 업무를 수행할 수 있도록 새로운 스킬을 배우는 리스킬링과 같은 일을 더 잘하거나 복잡한 역할을 수행할 수 있도록 숙련도를 높이는 업스킬링이 필요하다. 이렇듯 지속적으로 변화하는 4IR과 인더스트리 5.0 시대에 채용, 배치, 육성, 성과관리, 승진 대상자 선정, 이직 예측 등과 같이 조직이 당면한 인재경영의 이슈는 인재/사람분석학(HR Analytics)을 활용하여 문제에 대한 답을 찾으려는 노력을 해나가야 할 것이다.

## 탐구 질문

1. 산업혁명을 구분하는 가장 중요한 기준은 무엇이라고 생각하는가?
2. 4차 산업혁명(4IR)과 인더스트리 5.0의 가장 큰 특징은 무엇이라고 생각하는가?
3. 4IR-인더스트리 5.0 시대의 테크놀로지 발전으로 인간의 일자리나 업무 수행은 어떻게 변화할 것으로 전망하는가?
4. 4IR-인더스트리 5.0 시대에서 가장 필요한 HR의 역량은 무엇이라고 생각하며, 이를 위해 어떻게 인재경영을 해야 하는가?

## / 저자 소개 /

**정재삼(chungj@ewha.ac.kr)**

1995년 이후 이화여자대학교 교수로 교수설계, 프로그램평가, 인재개발 분야를 연구지도해옴. 한국교육공학회(KSET) 회장, 한국기업교육학회(KSLP) 회장, 대한리더십학회(KAL) 부회장을 역임함. 한국인재경영대상 심사위원, 한국인재경영연구원 전문위원으로 활동 중이며 NHRD 프로젝트 책임연구자, 정부와 민간부문 인재개발 정책심의 및 평가위원 역할 수행함. 관심 분야는 적응적 학습(adaptive learning)과 신속한 수행성과(agile performance), 전략적 인재개발(strategic talent development)임. 최근 저서로는 교수의 으뜸원리, 리더십개론, 모두를 위한 인재개발(Exploring HRD 1), 교육과 인재개발을 위한 프로그램평가의 과정, 미래사회를 위한 교육의 방법과 테크놀로지, 모두를 위한 프로그램개발, 애자일 퍼포먼스 테크놀로지 등이 포함됨.

* 이 장의 원고준비에 이세영 선생과 조은혜 선생의 큰 공헌이 있었음.

# 제2장

정재삼/이세영(이화여자대학교)

# 적응형 학습

### 목표

1. 적응형 학습의 개념과 기반이 되는 이론의 특징을 설명할 수 있다.
2. 기술의 발전에 따른 적응형 학습의 변화과정과 맥락적 의미를 설명할 수 있다.
3. AI 기반의 적응형 학습 기술의 단계 및 특징 그리고 특징적 요소들을 설명할 수 있다.
4. 적응형 학습의 적용 사례를 통해 적응형 학습의 미래 발전 방향을 논의할 수 있다.

### 핵심용어

적응형 학습, 적응형 기술, 컴퓨터보조 수업(CAI), 지능형 컴퓨터보조수업(ICAI), 웹기반 교육(WBI), 이러닝(e-Learning), 학습관리시스템(LMS), 학습 데이터, 개인 맞춤형 학습, 코스웨어, 적성-처치 상호작용(ATI), 학습경로, 학습경험

# 1. 적응형 학습 개요

## 1) 적응형 학습(Adaptive Learning)의 의미

적응(適應, adaptation)의 사전적 의미는 "일정한 조건이나 환경에 맞추어 응하거나 알맞게 되는 것"을 의미한다. 또한 생물이 주위 환경에 적합하도록 형태적, 심리학적으로 변화하는 것이나 그런 과정을 뜻한다. 적응의 의미를 인간으로 한정해 적용하면 우리가 논하고자 하는 "적응형 학습 또는 적응적 학습"의 의미를 좀 더 이해하기 쉬울 것이다. 인간은 인류가 시작된 고대의 농경사회부터 제4차 산업혁명(4IR)의 시대로 명명된 현재에 이르기까지 다양하게 변화하는 주위 환경과 테크놀로지에 따라 매우 빠르고 다양한 적응을 경험하고 배우면서 살아가고 있다. 인간이 환경에 적응하고 발전, 성장하면서 적응의 의미가 교육으로 연결되어 산업화 시대의 시작부터는 교수자 중심의 집단 수업으로 발전되어 왔다. 산업화 시대가 더욱 발전함에 따라 테크놀로지와 환경도 계속 변화하고 이에 따른 교육 패러다임도 변화되었다. 이 과정을 통해 학습자의 특성이나 학습환경의 특성을 고려한 '적응적 학습'에 대한 관심이 높아지고 심리학, 교육학, 컴퓨터 교육, 교육테크놀로지, 학습과학 등에서 다양한 방법과 관점으로 논의되며 발전하였다.

오늘날의 적응형 학습은 컴퓨터를 활용해 학습자 개개인의 요구에 맞는 개별화된 학습으로 학습자 개인의 학습 수준과 학습방식을 고려하여 이루어지는 맞춤형 이러닝(e-learning)으로 정의된다(Gartner, 2022). 2016년 Horizon report에서는 학습자들이 가진 정보와 지식을 바탕으로 구체적이고 개인화된 교육 경험을 제공하며 적응형 소프트웨어와 트래킹 애플리케이션에 의해 학습 활동이 모니터링되는 하이브리드 및 온라인 학습 환경에 가장 적합하다고 밝혔다(Vaida, 2020). 알고리즘, 과정 분석, 지식 및 성격 테스트에서 얻은 평가 정보, 학생의 피드백, 교사의 피드백 및 비디오, 사진, 텍스트, 애니메이션과 같은 다양한 형식의 정보를 기반으로 숙달된 사람이나 특정 수준의 전문성 달성을 위해 학습에 어려움을 겪고 있는 사람들에게 교육적 처방과 새로운 학습 정보를 제공한다(Becker et al., 2017).

적응형 학습의 특징과 의의를 학습자와 교수자가 얻는 장점으로 구분할 수 있다. 학습자가 얻을 수 있는 장점은 ① 선수지식을 통해 빠르게 학습하고 새로운 내용의 학습 전 학습 내용의 숙달이 가능하고, ② 수업이 단순히 평균 수준에 맞추어 진행되지 않고 개별화되며, ③ 개별 학습자가 추구하는 학습방식의 차별화를 통해 학습자의 특성에 맞는 교육적 원리나 순서를 적용하여 학습 효과를 극대화할 수 있으며(이재무, 2014), ④ 학생들은 자신의 학습을 개인화할 기회를 얻어 역량을 높일 수 있다는 것이다(Dziuban et al., 2017). 교수자가 얻을 수 있는 장점은 ① 교육 현장에서 교수자가 개개인의 디바이스로 수집된 학습 활동 데이터를 통해 학습 이해도를 파악하고, ② 학습 촉진을 위해 게임, 동영상, 음악 등을 적절히 사용할 수 있으며, ③ 피드백을 보내 학습 성과를 올릴 수 있게 도울 수 있고, ④ 학생이 수업 내용을 얼마나 이해하는지, 무엇을 잘하는지 등을 파악하여 맞춤형 교육을 할 수 있으며(Becker et al., 2017; Vaida, 2020), ⑤ 학생들의 요구를 더 쉽게 모니터링하고 성적 데이터를 효과적으로 확인할 수 있고, ⑥ 데이터 분석을 통해 하위권 학생과 상위권 학생의 발생 사항을 예측하거나, 학생의 학습 위험 신호를 사전 감지하여 교수자의 개입이 가능하다(Becker et al., 2017)는 것이다.

EDUCAUSE[1)]의 2020년 보고서에서는 적응형 테크놀로지가 개별 맞춤형 학습을 지원할 수 있는 주요한 요소로 활용된다고 하였다. 적응형 테크놀로지(코스웨어), 개인 맞춤형 학습, 적응형 학습의 중요성을 언급하였다. 첫째, 개인 맞춤형 학습은 학습자의 개별 요구에 맞춰 교육과정 경험을 보다 세밀하게 조정하고자 하는 일반적인 교수·학습 관행이다. 개별 학습자의 목표, 배경 지식의 차이에 대한 이유, 주

1) 비영리 협회인 EDUCAUSE는 IT 사용을 통해 고등교육을 발전시키는 기술, 학계, 산업 및 캠퍼스 리더의 커뮤니티로 교육과 기술에 관련된 Horizon Report를 발표하고 있다. https://www.educause.edu

제에 대한 열정과 관심, 과목에 대한 이해 정도 등에 따라 학습 전략, 솔루션, 처방을 구성하는 것이다. 둘째, 적응형 학습은 적응형 기술을 기반으로 한 개인화된 맞춤 학습의 한 종류이다. 학습자 개별의 고유한 학습 요구를 해결하기 위해 맞춤형 자원과 활동을 제공한다. 셋째, 적응형 테크놀로지(코스웨어)[2)]는 디지털 플랫폼과 애플리케이션을 지칭하며, 자동조정 및 강사 개입을 통해 학습자 성과의 향상을 돕는 방식이다. 학습자 개인의 능력이나 테크놀로지에 따라 강의 내용의 수준이나 학습의 유형을 동적으로 조정한다. 능동적인 학습을 장려하고, 학습 능력이 떨어지는 학생들을 식별하며, 학습 완성도에 영향을 미치는 요소를 평가함으로써 학습자들을 분명하고 논리적인 학습경로에 올려놓는 것이다.

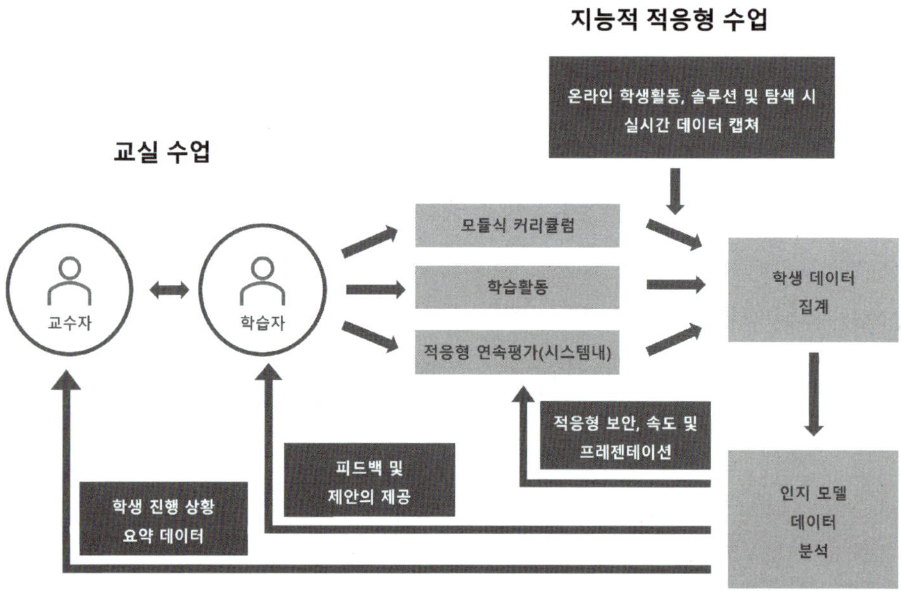


[그림 2-1] 지능적 적응형 시스템 모형. 출처: Hwang et al.(2015)

2) 코스웨어는 'course(교육과정, 교과목)'와 'software(소프트웨어)'의 합성어로 교육 내용과 절차, 방법을 담고 있는 컴퓨터 소프트웨어를 의미한다. 코스웨어는 학습방법과 전략에 따른 일련의 학습 절차(instruction)를 담고 있어야 하며 내용은 주로 교육과정에 있는 교과목 내용을 중심으로 한다.

[그림 2-1]은 적응형 학습시스템이 교사-학생-시스템 간에 어떻게 작용되는지를 보여준다. 이와 같이 개별 맞춤화 학습의 한 종류로 적응형 학습이 이루어지고 적응형 학습을 뒷받침하기 위해서는 적응형 테크놀로지가 필요하다. 적응형 학습의 활용 테크놀로지의 예로는 클라우드 서비스, 빅데이터, 인공지능, 가상현실 등의 ICT 테크놀로지가 있으며 이를 통해 학습자와의 상호작용을 교수설계에 적용한다. 이러한 적응적 학습을 적응형 테크놀로지를 기반으로 개별화된 학습의 종류로 살펴보고, 적응형 학습의 역사와 그 뿌리에 대해 논의하고자 한다.

## 2) 적응형 학습의 뿌리

### (1) 소크라테스와 공자의 맞춤형 교육

적응형 학습의 시작과 인류 역사에 대해 논의하면, 그 시작은 돌도끼 등의 도구를 사용하기 시작한 때부터라고 추측해볼 수 있다. 형식적인 학습은 아니나 생존을 위해 가족 또는 부족 내의 배움으로부터 시작하여 사냥, 도구를 만들고 관리하는 방법, 농사를 짓는 방법 등을 통해 환경에 적응해 가면서 각자의 개별화 학습, 맞춤형 학습, 적응형 학습이 그들의 삶과 생활 속에서 경험을 통해 진행되었을 것이다. 제도화된 교육에 대해 거슬러 올라가면 고대 그리스부터로 교육의 시작을 보는 것이 일반적인 견해이다.

철학자 소크라테스는 지식은 교수자가 강제적으로 학습자에게 주입하는 것이 아니라 학습자 스스로 생각하고 깨달을 수 있게 하는 것이라고 여겼다. 그는 대화법 또는 산파술을 통해 상대편에게 질문을 던져 스스로 무지를 깨닫게 함으로써 사물에 대한 올바른 개념을 깨달아 지식으로 이끄는 방식을 사용하였다. 동양의 공자는 제자들이 같은 질문을 하면 이에 대해 각기 다른 대답을 하였는데, 이것은 제자 개개인의 능력과 수준에 맞는 교육을 하려는 의도였다. 공자는 제자들의 특성을 잘 파악하여, 그들이 잘 이해할 수 있는 방향으로 설명해 준 것이다. 즉, 공자의 교육관은 개개인의 능력과 실력을 고려하는 학습 방법의 중요성을 보여주었다. 동서양의 고대 철학자들로부터 현재의 교육전문가들에 이르기까지, 보편적 원리는 알맞은 교육을 제공할 때, 학습자들에게는 의미 있는 학습이 이루어질 수 있다는 점이다.

### (2) 20세기의 적응형 학습을 위한 교육적 시도

산업혁명 이후 20세기에 들어서며 Dewey와 같은 교육학자들이 활동하며 현대 교육의 틀이 잡히기 시작했다. Dewey는 1902년 그의 저서 "아동과 교육과정(child and curriculum)"에서 단일한 종류의 커리큘럼 개발이 학습자의 개별적인 특성, 변화, 경험을 무시하거나 최소화하는 융통성 없는 교육을 초래한다고 주장하였다. Thorndike(1911)는 그의 저서 "개별성(individuality)"에서 한 학급 내의 학생들 사이의 차이를 인정하는 교육의 전문화와 다양한 학습에 대한 커리큘럼의 전문화를 주장하였다. 학자들에 의해 학습자의 특성과 배경 변수는 개인에게 수업을 적용하고 교육 방법과 절차가 그러한 특성과 변수에 맞게 어떻게 조정되어야 하는지 고려되어야 함이 강조되었다(Cronbach, 1971; Cronbach & Snow, 1977; Federico, 1980; Snow & Swanson, 1992).

초기 적응형 학습의 양상은 학제적 관점에서 다양하게 주장되었다. 이탈리아의 교육학자이자 정신과 의사였던 몬테소리(Montessori)[3]는 로마대학교의 부속병원 정신과 조수로 장애인 및 지적 장애인을 처음 접하고, 이후 장애 어린이에게 의학적 처방과 더불어 교육적인 처방의 필요성을 인식하였다. 국립 장애인학교의 책임자로 1906년경 3~6세의 빈민가의 어린이 60명을 지도하며 "몬테소리 교육법(The Montessori Method)"을 고안하였다. 그녀는 아동이 자기 발전의 가능성을 가지고 있으며, 교육을 통해 아동이 자유롭게 자기표현과 자기 발전을 하게 해야 함을 주

3) Maria Montessori(1870-1952). 자료 출처: https://montessoriparenting.org

장하였다. 또한, 지적 장애 어린이가 놀잇감을 가지고 학습을 하는 것을 확인하고 '감각 훈련 놀잇감(creative materials)'을 발견하였다. 그녀의 제자인 파크허스트[4]는 몬테소리와 1년을 함께 지낸 후, 인간의 학습 과정을 고려하여 The Dalton Plan을 개발하였다. The Dalton Plan을 통해 전통적인 수업의 방법이 아닌 각 학생이 프로그램을 자신의 필요, 관심 및 능력에 맞게 조정하는 개별화 학습을 적용하고, 이 프로그램을 통해 학생의 독립성과 신뢰성을 높였으며, 사회적 기술의 향상을 보고하였다(Sheridan, 1926).

1970년대 후반 미국심리학회(American Psychological Association, APA)의 교육의 딜레마에 대한 해결책으로 제시한 체계적인 적응 교육에서부터 적응형 학습이 시작되었다고 보는 연구자들도 있다. Glaser와 Snow는 적응형 학습을 공통의 목표뿐만 아니라, 개인의 목표 달성을 위한 학습 요구를 해결하기 위한 수단으로 보았다. 집단에서 학생들의 차이를 수용하고 육성할 것을 요구하고, 교사들은 개인에게 맞는 교육을 해야 함을 주장하였다. 또한, 학생들이 어떤 교육을 받든 스스로 적응할 수 있도록 지도하는 것에 중점을 두어야 함을 강조하였다(Glaser, 1977; Snow, 1980). 적응형 학습의 세 가지 필수 요소로 ① 학습을 위한 다양한 대안과 선택할 수 있는 많은 목표 제공, ② 학습자가 자신의 학습을 위한 대안에 제공하는 능력을 활용 및 개발하고 특정 재능과 강점 및 약점에 적응 ③ 교육 기회의 요구 충족, 복잡한 세계에서 필요한 기술을 개발할 수 있는 개인의 능력 강화를 제시하였다(Glaser, 1977).

기존의 전통적 학습과 구별되는 적응형 학습의 개념으로는 Bloom이 제시한 완전학습을 가능하게 하는 학습법이 의미가 있다. Bloom의 완전학습(Mastery Learning, ML)과 Keller의 개별화 수업체제(Personalized System of Instruction, PSI)가 현대적인 개별화, 맞춤형, 적응형 학습의 교육철학적 시초가 되었다(표 2-1 참조). 이러

4) Helen Parkhurst(1887-1973) 자료 출처: https://littledalton.com/helen-parkhurst

한 접근방식은 "더 느린 학생들이 빠른 학생들처럼 배우는 것"에 도움이 된다 (Block & Burns, 1976).

〈표 2-1〉 Bloom의 완전학습과 Keller의 개별화 수업체제

<table>
<tr><th>Bloom의 완전학습(ML)</th><th>Keller의 개별화 수업체제(PSI)</th></tr>
<tr><td>① 학습자 과제 완료 시 필요한 절차이해</td><td>① 학습자가 자신의 속도로 학습</td></tr>
<tr><td>② 학습에 대한 구체적 목표 제공</td><td>② 다음 수업으로 넘어가기 전 평가를 통해 최소 90%의 정확도 달성</td></tr>
<tr><td>③ 과목이 분절되어 학습자들 수업 후 평가</td><td>③ 수업은 '동기부여의 수단'</td></tr>
<tr><td>④ 학생의 노력을 높이기 위해 그룹으로 작업</td><td>④ 교사와 학생은 교과서와 학습 가이드를 잘 활용</td></tr>
<tr><td>⑤ 교수자는 각 평가 후 학생에게 피드백 제공</td><td rowspan="2">⑤ 교사와 학생은 반복적인 테스트, 즉각적인 채점, 지속적인 개인 지도 및 진행 상황의 추적을 통해 학습</td></tr>
<tr><td>⑥ 교수자는 학습자들에게 더 배울 수 있는 추가 시간 제공</td></tr>
<tr><td>학습자는 적절한 조건이 주어지면 모든 작업을 마스터할 수 있으며 맞춤형 개별화가 교수학습을 효과적으로 만들 수 있다(Bloom, 1971).</td><td>수업의 개별화와 학습자 통제 수업을 강조하는 학습 기술로 교육이 학생의 필요와 능력에 따라 설계되어야 한다(Keller, 1968).</td></tr>
</table>

Education Week 보고서는 Bloom의 완전학습(ML)의 접근 방식과 Keller의 개별화 수업체제(PSI)를 통해 학생들에게 그들이 어디로 가고 있는지, 무엇을 배울 것으로 기대되는지에 대한 명확한 아이디어를 제공하고, 다른 개별화된 교육방법과 마찬가지로 PSI가 학생이 자신의 속도로 과정 자료를 통해 이동할 수 있도록 하며 학생이 숙달된 학습을 요구한다고 보고 아래와 같은 전략을 제시하였다(Herold, 2016). 그 전략에는 ① 교육을 나누어 작은 학습 단위로 구분하고, ② 과정의 각 체크포인트에서 학생 이해도를 테스트하며, ③ 교수자의 즉각적 피드백을 제공하고, ④ 학습자 개개인이 자신만의 속도를 조절하여 배울 수 있는 환경을 제공하며, ⑤ 초기 전략의 효과가 없을 시, 대체 학습의 기회를 제공한다 등이 포함된다.

학교교육에서 교육과정을 개별 학습자에게 적용함으로써, 다양한 학생들의 능력을 수용하는 여러 가지 적응시스템을 개발되었다(Reiser, 1987). 제시된 계획의 적응 기능은 학생이 자신의 속도로 교육 자료를 진행할 수 있다고 보았다. 거시 적응형 학습은 수업의 더 큰 부분에 대한 운영의 차별화를 돕기 위해 수업 내에서 사용되고, 반복적인 시퀀스를 포함한다(Corno & Snow, 1986). Corno와 Snow(1986)는 거시적 적응형 학습에서 적응 교수의 목표와 학생의 적성에 따라 활동 선택에 체계적인 지침을 제공하기 위한 적응교수 분류법을 개발하였으며, 학습과 관련된 적성을 ① 지적 능력 및 이전의 성취도 ② 인지 및 학습 스타일 ③ 학습동기 및 관련 성격 특성으로 구분하였다. 수업 중재(활동)도 ① 발견 학습과 같이 학생 능력 향상 및 학습자의 적성을 활용하는 활성화 ② 모델링 ③ 참가자 모델링 ④ 단계별 직접 지시 4가지로 구분하였다.

적응형 학습을 적성-처치 상호 작용(Aptitude Treatment Interaction, ATI)의 연구결과, 즉 학습자의 개별화된 특성에서부터 보는 견해도 있다. ATI는 다양한 적성 조합을 가진 학습자를 위한 교육에 대한 반응을 가장 잘 예측하는 치료 조합이 무엇인지 이해하고자 하였으며, 적성을 주어진 치료에서 성공 확률을 높이거나 방해하는 개별 학습자의 특성으로 정의했다(Cronbach & Snow, 1977). 적성을 특정 상황에서 학습할 준비로 재정의하며(Snow, 1980) 적응형 학습을 학습자의 차이에 맞게 환경 조건을 조정하는 교육(Corno & Snow, 1986)으로 정의하였다. 적응형 학습의 이론은 그룹 환경 내에서 다른 학생들을 가르치는 것이며, 교사의 이해를 바탕으로 개별 학습자의 요구와 공통 목표의 균형을 맞추며 정교화되고 확장되었다(Randi & Corno, 2005). 적응형 학습에서 교사는 학급 전반에 걸쳐 기술을 활용하고, 학생들이 경험을 공유하며, 적성의 개발을 돕는 것에 목표가 있다(Corno, 2008). 적응형 학습을 전개하기 위해 개별 학생의 인지-정보처리 특성에 이상적으로 부합될 수 있는 수업 처방이 필요하며, 수업의 최종 목표를 달성하는 데 필요한 최적의 교수 자료들을 개별적 학습자에게 제공하기 위해 학습자의 요구 수준의 개인차를 판단하는 총체적 과정이다.

마이크로(micro) 적응형 학습에서도 적성-처치 상호작용에 관한 연구를 제시하고 있다. 대표적인 예로는 '일대일 튜터링'이 있으며, 교사는 사전지식, 지적 능력 및 동기부여를 포함하여 학생의 학습능력에 대한 자신의 판단에 따라 수업하기 가장 적합한 정보를 선택한다. 이후 학생의 학습 과정을 지속하여 모니터링하고 진단하며 다음 교육 활동을 결정하고 질문, 피드백, 설명을 통해 학생의 학습을 극대화할 수 있다. 마이크로 적응형 학습에서 튜터링의 교육적 효과는 충분히 입증되었지만(Bloom, 1984), 체계적 지침은 거의 개발되지 않았으며 대부분 튜터링 활동은 주어진 과제에 대한 학습자의 학습 요구와 능력에 대한 튜터의 직관적인 판단으로 결정되었다. 필수 요소로 지속적인 진단이 있으며, 학습자의 학습 요구와 진단에 기초한 교육적 처방은 일련의 프로세스를 통해 진단 및 규범 프로세스의 중요성을 강조하였다.

매크로(macro) 적응형 모형과 달리 마이크로 적응형 모형은 학습자 능력과 특성의 시간적 특성을 지침 치료가 처방되는 진단 정보의 주요 소스로 사용한다. 따라서 마이크로 적응형 모형의 속성은 매크로 적응형 모형과 대조되는 동적 특성으로 학습 과제에 필요한 내용 및 행동 유형을 참조하여 학생의 성과에 대응하는 데 있어 모형화 또는 프로그래밍된 지침이다(Merrill & Boutwell, 1973). 마이크로 적응형 학습시스템은 지능형 개인교수시스템(ITS) 개발을 위한 인공지능(AI)까지 적용하여 발전하고 있다. 적응형 학습의 모형은 특정 모형이나 학습이론에 기반을 두고 있다. 학습환경의 적응이 다소 정교하나 초기의 프로그램형 교육모형은 주로 직관에 기반을 두고 그 적응이 원시적이었다는 점에서 프로그래밍된 교육기법과 다르다. 매크로 적응형 학습과 마이크로 적응형 학습은 테크놀로지 기반의 온라인 적응형 학습을 통해 발달해 왔으며, 〈표 2-2〉와 같이 정리할 수 있다.

〈표 2-2〉 매크로와 마이크로 적응형 학습 비교

| 매크로 적응형 학습 | 마이크로 적응형 학습 |
| --- | --- |
| • 학습의 과정에서 발생하는 개인화<br>• 모든 학습자는 같은 교육프로그램을 진행하나 과정의 구조 다양<br>• 학습의 결과와 주어진 스킬의 습득 수준에 따라 다른 순서로 학습 모듈 제공<br>• 특정 영역에서 학습자의 지식이 부족한 경우 필요에 따라 추가 학습 제공<br>• 자신에게 맞는 속도로 자유롭게 학습 가능<br>• 학습자가 같은 능력을 얻을 수 있지만 다른 속도와 자신만의 경로를 따라 목표에 도달 | • 학습 자체의 개별화<br>• 단순히 학습의 순서가 변경되지 않고 실제 다른 콘텐츠 제공<br>• 학습자는 서로 다른 모듈을 제공받고, 다른 평가를 받음<br>• 학습 스타일을 고려하여 학습자의 선호도와 진행 상황 및 지식의 습득 여부의 데이터를 고려<br>• 학습자는 자신에게 가장 유용한 스킬을 짧은 시간 내에 효율적으로 습득<br>• 학습자는 서로 다른 스킬을 습득 |

적응형 교육 시스템은 주어진 학습자의 수행 기록을 가지고 교육 행동의 순서를 변화 가능한 능력이 있으며 주어진 목표를 달성하는 데 필요한 최적의 교육량과 시간을 선택하는 전략이 필수 요소이다(Rothen & Tennyson, 1977). 적응형 학습을 구체적으로 교육에 적용하고자 하는 노력도 계속되었다. 적응형 학습을 구체적으로 적용한 관점으로 컴퓨터보조수업(Computer-Assisted Instruction, CAI)이 있다. CAI를 연구하는 학자들은 1925년 Pressey[5]의 교수 기계(teaching machine)를 그 시초로 본다. 학생들에게 내는 객관식 질문(MCQ)을 관리하기 위한 아이디어를 시작으로 제작되었으며, 최초의 가르치는 기계이자, 결과에 대한 지식이 학습의 원리라는 것을 보여주었다. 가르치는 기계는 학습자에게 피드백을 통해 정답과 오답을 알려 주었으며 지속적인 개선을 통해 발전시켰고 프로그래밍 학습의 중요한 출발점으로

5) 오하이오 주립 대학의 심리학 교수인 Sydney Pressey가 1925년 개발. 타자기와 같은 모양을 하고 있으며 기계의 테스트에 대한 질문에 따라 학습자가 정답번호가 표시된 키를 눌러 표시한다. 정답을 맞추기 전에는 새로운 질문이 나타나지 않아 학생이 질문에 대한 정답을 찾아내야 한다. 보상으로 사탕이 주어지는데, 학생들이 연속 정답의 횟수를 지정하면 간헐적인 강화와 보상을 제공한다. 출처: https://www.si.edu/object/pressey-teaching-machine:nmah_1367149

보았다(Benjamin, 1988). 1954년 Skinner[6]는 자신의 '조작적 조건화' 이론 적용을 위해 개발한 학습 프로그램과 기계로 철자와 산수를 가르치는 것뿐만 아니라 강화하는 교수기계(teaching machine)를 시연하였다. 보통의 학교 교실에서 각각 학생들의 성취도가 다르고, 이들에 대한 강화는 학교에서 개인마다 교수기계가 이를 보완할 것을 주장하였으며, 개별화 학습은 작은 단계로 쪼개져 이루어져야 한다고도 주장했다(Benjamin, 1988).

이후, 1950년대 후반에는 초기 컴퓨터 사용이 가능했으며 기계 교육을 위한 기계 장치보다 더 나은 플랫폼의 제공을 제안하였다. 1960년대 미국 스탠퍼드 대학의 교육자들과 IBM(International Business Machines Corporation) 간의 협력을 통해 학교 관리의 효율성을 높이기 위해 적용된 컴퓨터를 직접 수업 매체로 활용하기 시작하였다. 개별화 학습, 지능형 튜터(Intelligent Tutoring)로 불리며 1970년대부터 개념적으로 주목받기 시작했다(Carbonell, 1970).

### (3) 현재의 적응형 학습

1990년대와 2000년대 디지털 테크놀로지의 발전으로 이러닝 영역에서 학습자 맞춤형 교육이 적용되고, 고등교육기관이나 기업교육 현장에서도 학습관리시스템(Learning Management System)이 도입되어 활용되고 있다. 더 나아가 인공지능을 기반으로 한 적응형 학습 AI의 출현으로 AI 기반 학습관리 시스템이 학습자의 학습 시간, 학습패턴을 분석하여 상호작용이 가능하고 학습의 콘텐츠도 마이크로러닝으로 제공되며 더욱 적응형 학습의 의도와 효과를 확인할 수 있게 되었다. AI 테크놀로지를 활용한 학습 플랫폼을 통해 학습자가 프로필을 작성하고 학습을 시작하면 학습관리시스템은 학습자의 기술, 선호도, 학습에 소요된 시간, 성과 데이터 등을

6) 피츠버그 대학의 심리학자 BF Skinner가 1954년 개발. 교수기계(티칭 머신)는 프로그램학습에서 프로그램화된 교재를 사용하여 학습지도 개별화를 가능하게 하는 교구

수집하고, AI 엔진을 통해 수집한 데이터를 처리하고 학습자의 행동 패턴을 구축한다(그림 2-2 참조). 적응형 학습의 이론과 더불어 시대적 변화를 통해 완전 학습을 위한 고민은 컴퓨터의 발명과 발전과 데이터의 학습분석을 바탕으로 AI의 테크놀로지를 통해 모든 학습자에게 강점, 약점, 목표 및 참여 패턴에 맞게 특별히 만들어진 개인화된 과정을 제공할 수 있게 되었다.

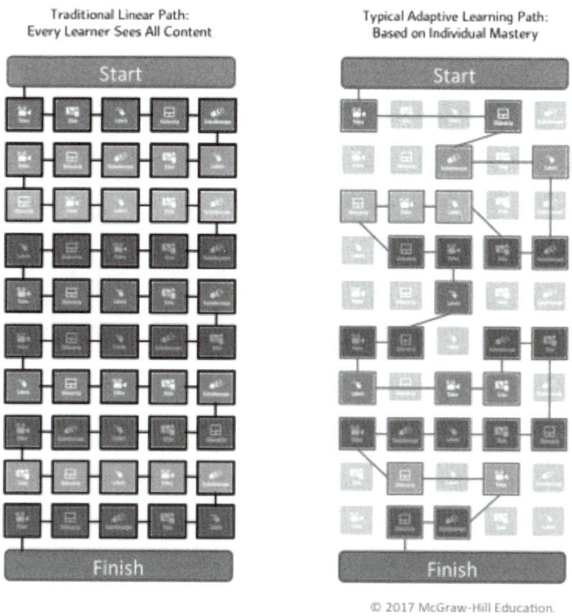


[그림 2-2] 학습자의 개별적 적응형 학습 과정

출처: McGraw-Hill Education

## 2. 적응형 학습과 테크놀로지

앞서 언급한 바와 같이 1970년대 이후 개인 컴퓨터가 교육현장에 적용되면서 개별화 학습이 실현되었다고 보았다. 지속적인 테크놀로지 발전을 기반으로 컴퓨터

기반수업(CBI)은 지속적인 관심을 받았으며 적응적 수업을 본격적으로 시작했다. 다양한 테크놀로지와 시스템이 개발되면서 적응형 학습시스템은 오늘의 AI기반의 적응형 테크놀로지로 발전하여 현재에 이르러 다양한 형태로 교육현장에서 적용되고 있다.

### 1) 적응형 학습과 테크놀로지의 발전

#### (1) 컴퓨터기반 수업(Computer-Based Instruction)

컴퓨터기반 수업(CBI)은 가장 광범위한 용어이며 훈련 및 실습, 자습서, 시뮬레이션, 교육 관리, 보충 연습, 프로그래밍, 데이터베이스 개발, 워드 프로세서를 사용한 쓰기 및 기타 응용 프로그램 등을 의미한다. 개별수업을 지원하는 것이다. 이것은 컴퓨터가 학습자에게 전달되는 정보를 구조화하여 '교사'를 지원하는 역할을 한다고 할 수 있다. 수업의 과정에서 학생의 정보 처리 유형에 따라 수업의 과정을 최적화하며 수업의 처방을 수행한다.

CBI의 효과는 다양한 연구의 사례에서 확인할 수 있다. 컴퓨터 기반 교육을 적용하면 학습자는 ① 학습의 흐름이나 학습을 스스로 결정할 수 있고, ② 학습에 체계적으로 접근이 가능하며, ③ 학습의 효과가 증진되고, ④ 학습 시간을 단축할 수 있다(Steinberg, 1977). 교수 방법으로서의 장점은 ① 효율적인 교수-학습과정의 제공, ② 흥미로운 학습 경험의 제공, ③ 상호작용적인 학습환경의 제공 ④ 추가적인 심화 학습 활동의 제공을 들 수 있다. CBI의 장점은 교육·훈련 환경에서 경제적, 시간적 효율성을 가지고 있다는 것이다(Gleason, 1985). CBI의 장점을 비용의 효율성과 능률성으로 구분할 수 있다. 비용의 효율성 측면으로는 ① 훈련시간의 절약, ② 교사의 지도 능력에 대한 비판 감소, ③ 고가나 위험한 기구 사용에 대한 요구 감소, ④ 최신 수업자료 제공이 있다. 능률성의 측면으로는 ① 우수한 수업의 지속 제공, ② 원격교육 시 고도의 질적 교육 제공, ③ 직업적, 과업수행 지향적 수업 제공, ④ 수업의 개별화 기능을 들 수 있다(박성익, 1988).

CBI를 설계할 때, 컴퓨터의 기능과 관련되어 컴퓨터보조수업(Computer-Assisted Instruction)과 컴퓨터관리수업(Computer-Managed Instruction)으로 구분할 수 있다. 컴퓨터보조수업(CAI)은 컴퓨터를 사용하여 교육자료를 제시하고 진행되는 학습을 모니터링하는 대화형 교육기술이다. CAI를 통해 개별 학생들의 특별한 요구를 충족하며 개별화된 교육을 제공하는 것에 목적을 둔다. CAI에는 학습자와 상호작용을 통해 학습을 촉진하는 다양한 교육 모드를 적용한다. 하드웨어, 소프트웨어, 코스웨어[7]를 통해 실시된다.

CAI의 유형은 ① 훈련과 연습을 통해 학생들에게 제시된 기술의 반복적 연습 기회와 숙달을 위한 추가 연습 기회 제공 ② 튜토리얼 활동을 통해 정보의 제시와 드릴 및 연습, 게임 및 시뮬레이션을 포함한 다양한 형태의 작업으로의 확장 ③ 게임 소프트웨어를 통해 컴퓨터와의 대결 ④ 시뮬레이션 소프트웨어로 비용, 위험 없는 경험 제공 ⑤ 디스커버리로 대규모 데이터베이스를 제공하여 학습자의 데이터 탐색을 통해 분석, 비교, 추론 및 평가 촉진 ⑥ 문제 해결 기술과 전략의 개발 촉진 등이 있다.

CAI의 장점으로 ① 학습자와 컴퓨터의 일대일 상호작용, ② 학습자의 동기부여, ③ 다양한 옵션의 실험 가능, ④ 즉각적인 응답/즉각적인 피드백, ⑤ 학습자 진도에 맞춘 개별 진행, ⑥ 느린 학습자에 대한 배려, ⑦ 학습자에 대한 개별적 관심, ⑧ 멀티미디어를 통한 내용 이해와 개념 이해, ⑨ 학습자 스스로 언제, 어디서 무엇을 배울지 결정할 수 있는 자기 주도 학습의 제공이 있다. CAI의 단점은 ① 학습자의 주의를 산만하게 할 수 있으며, ② 시스템의 구현에 비용이 많이 들고, ③ 기술의 빠른 발전으로 자료 및 콘텐츠, 시스템의 업데이트가 어려우며, ④ 학습자와 교수자

7) 학습촉진을 위한 교수환경을 위해 설계된 소프트웨어

모두 기술에 대한 과도한 의존의 위험이 있다(박성익, 1988; Baker, 2022; Gleason, 1985).

컴퓨터관리수업(CMI)은 컴퓨터를 사용하여 학습 목표, 학습 자원 및 학습자 성과 평가를 제공하는 교육 전략이다. 일반적으로 학습자의 성적관리, 인적사항 정보관리, 학업진도를 분석하여 정보 제공, 학습자 개별의 특성에 맞게 최적화하는 과정이다. CMI는 개별화 학습을 수행하는 데 기초가 되는 운영과정이나 절차를 도와주는 정보관리체제이다. 가장 정교한 수준의 컴퓨터 관리 수업은 ① 학습자의 현재 지식 수준 평가 ② 학습자의 강점이나 약점 진단 ③ 학습자의 상황을 진단하고 교정하기 위한 학습 활동 처방 ④ 학습자의 진행 상황을 지속적으로 모니터링할 수 있다는 장점이 있다(박성익, 1988).

컴퓨터기반훈련(Computer-Based Training, CBT)은 코스웨어로 지칭되며 단일 개념이나 하나의 레슨 또는 한 단원이나 전체 코스를 대상으로 가르치고 연습하고 평가할 수 있다. CBI가 가지는 특징은 내용에 대한 완전학습에 초점을 두고(Mello et al., 2008) 자신의 속도에 맞추어 자료에 집중할 수 있다. CBT 코스웨어는 지적인 튜터링 체제를 통합하여 구조화된 학습 영역 내의 학습 안내와 연습 그리고 평가를 다루고 있다. CBT는 교수자 촉진 수업, 잘 설계된 협력학습의 기회, 블렌디드 형식, 구성주의적인 접근 등과 연계하여 학습자 중심의 수업에 기여할 수 있다(Mello et al., 2008).

### (2) 지능형 컴퓨터보조수업(Intelligent Computer-Assisted Instruction)

지능형 컴퓨터보조수업(ICAI)은 지능형 교수체제(Intelligent Tutoring System, ITS)와 같은 의미로 사용되고, 교사가 진행하는 것과 유사한 수준의 개별화 수업을 컴퓨터 보조 수업으로 실현하는 교수체제를 의미한다. 또 하나의 지능형 교수시스템(ITS)도 컴퓨터를 사용하여 맞춤형 학습을 제공하려는 목적으로 개발되었다. 교사의 개입 없이 학습자에게 즉시 맞춤화된 교육 또는 피드백을 제공하는 것을 목표로 하는 컴퓨터 시스템이다. 초기에는 실제 교수-학습 현장에서의 활용은 어려웠다. 하드웨어적, 경제적, 시간적인 제한점을 가지고 있으며 교육용 시스템임에도 ITS의 연구자들이 주로 컴퓨터 공학, 전산학, 인지 시스템 분야에서 연구를 하고 있어 실제 교육현장의 활용연구가 많지 않다(백영균, 1989)는 문제점이 대두되었다. 다양한 관점에서 적응형 학습의 필요성이 인식되고 연구가 진행되었지만, 컴퓨터 성능의 한계로 한동안 진전이 없었다. 2010년 이후 인공지능의 Deep Learning 기술의 발달과 웹을 통한 정보전달이 늘어나면서 인공지능 기반의 개별화 시스템이 교육현장에서 활용되기 시작하였다.

### (3) 웹기반 수업(Web-Based Instruction)과 이러닝

정보기술의 발달은 교육의 새로운 패러다임을 만들어내며 학습 및 교육 매체로서의 웹은 잘 설계된 자원의 생성을 지원하였다. 1990년대 중반 이후 인터넷(Internet)의 보급으로 네트워크가 인터넷을 통해 연결되고 2000년대가 시작되며 World Wide Web의 속성과 자원을 활용하여 주요 교육적 수단이 되었다. 구성주의 및 협력 학습환경 내에서 구현된 인지 지향적 교육전략을 적용하여 웹기반 수업(WBI)이 발전하기 시작했다(Khan, 1997). WBI는 학습이 촉진되고 지원되는 의미 있는 학습환경을 만들기 위해 World Wide Web의 특성과 리소스를 활용하는 하이퍼미디어 기반 교육 프로그램으로 정의한다(Khan, 1997).

WBI의 발전으로 교육 개발자들은 이 새로운 교육의 방법을 어떻게 교육에 활용할 수 있을지 고민하였다. E-mail과 웹 브라우저, HTML 기술과 미디어 스트리밍 등의 기술이 교육을 발전시켰으며 교수자, 지식 중심으로 진행된 기존의 전통적 교육방식의 변화를 일으켰다. 이것은 지식의 전달 방식과 상호작용, 교육 환경의 변화를 이끌었다. 적응형 웹 기반 수업의 연구를 통해 학습자들의 상호작용을 지원하기 위한 통합적 환경으로 적응형 웹기반 학습을 제안하였다. 적응형 웹 기반 수업을 통해 학습자의 사전 경험과 학습환경과의 상호작용을 분석하고 학습내용과 순서, 계열 등에 대한 개별화된 인지적 안내와 지원을 통해 적극적으로 학습과정에 개입할 수 있다. 이를 통해 학습자의 지식 구성을 촉진할 수 있다. 하이퍼미디어적이고 학습자 통제적 특성에 기반을 둔 웹 기반의 적응형 학습은 스스로의 학습내용과 경로를 결정하고 탐색할 수 있는 학습 환경을 제공한다(권혁일, 2000).

이러닝(e-Learning)은 도입 초기 대기업 교육을 중심으로 기업의 새로운 교육훈련 요구에 대응하려는 시도에서 출발하였으며, 노동부의 정책적 지원을 기반으로 기업훈련으로 인식하여 발전하게 되었다. 또한, EU, 미국, 영국 등에서는 교육의 혁신 추구, 학교와 지역 간 네트워크, 교육의 소외계층 지원, 교원의 ICT 활용 능력 강화를 위해 적극적으로 초·중등 교육의 현장에서도 교육의 기회와 장소를 확장하는 교육 방법으로 적용하고 있으며(조인진 외, 2005) 교육과 훈련을 기반으로 학습의 증진을 위해 사용하는 것을 의미한다. 대부분 기업과 학교에서 활용되는 컴퓨터 기반 교육, 인터넷 교육, 사이버교육, 네트워크 교육 등의 개념이 이에 해당하며, 현재 e-learning으로 불리는 대부분의 교육과정을 말한다. 기업이나 학교에 따라 교육과정의 운영과 관리를 위해 학습관리 시스템(Learning Management System)을 도입하고 있다. 또한, e-Learning은 조직의 다른 시스템, 지식 경영 시스템, 전사적 자원관리 시스템(Enterprise Resource Planning)과 같은 생산성 향상을 위한 시스템이 e-Learning의 교육과정들과 연계되어 학습자의 학습 능력 향상을 위해 사용된다.

### (4) 학습 관리 시스템(Learning Management System)

학습관리시스템(LMS)은 e-Learning 환경에서 학습자에게 콘텐츠를 제공하고, 관리를 통해 학습자의 교육과 훈련 활동의 역량을 향상하며, 학습자의 학습을 지원하고 관리하는 시스템이다(Watsons, 2007).

학습자의 학습활동과 더불어 정보 제공, 기록 관리, 상호작용을 지원하는 도구로 교육용 콘텐츠와는 다르다. LMS는 이론적 학습(theoretical), 자기 진행형(self-paced), 개인별 학습(individual learning)에 적합한 학습환경을 제공한다. 액세스할 수 있는 중앙 저장소에서 과정 및 기타 교육자료를 호스팅하고, 전문적인 평가에 사용할 수 있는 개인의 진행 상황 및 성과 기록을 저장하며, 관리자가 직원의 요구에 따라 교육 자료를 사용자 기반으로 개인화할 수 있도록 지원한다(김용, 2014; 남창우, 조다은, 2020). 학생 개개인이 시간, 장소에 제한 없이 학습이 가능한 시스템으로 온라인에서 강의, 진도, 과제, 출석, 성적 등 학습을 진행할 수 있는 사이버 공간이며, 학습 과정과 이력을 관리하는 시스템의 역할을 한다(윤승배 외, 2021). 기술의 발달로 새로운 학습형태가 등장하면서 LMS는 학습자가 자신의 학습 활동을 관리, 성찰, 모니터링할 수 있게 되었으며 LMS 시스템은 학습자와의 상호작용과 학습 데이터를 통해 개별 학습을 지원하고 맞춤형 정보를 제공할 수 있게 되었다(손경아, 우영희, 2010).

웹 기반 교육을 통해 개별 학습을 지원하고 맞춤형 정보를 제공하며 e-Learning은 맞춤형 온라인 학습으로 진화하고 있다. 학습 관리 시스템(LMS)으로 개별화된 학습을 제공하며 적응형 학습의 기반이 마련되었다. LMS에서는 추천 시스템을 사용하여 학습자에게 적절한 학습을 제안한다. 인공지능(Artificial intelligence; AI)의 적용으로 학습의 콘텐츠를 개인화하여 학습 과정을 더 빠르고 효과적으로 진행할 수 있으며, 이것은 교육 시간의 단축, 비용의 절감, 인적자원의 생산성 향상으로 이어지고 있다(Baraishuk, 2021).

### (5) 학습 데이터의 분석

학습 데이터는 학습과 학습이 일어나는 환경을 이해하고 최적화하기 위해 학습자와 학습상황에 관한 데이터를 측정, 수집, 분석, 보고하는 것이라고 정의된다

(Long & Siemens, 2011). 데이터 학습분석학 관점에서 활용될 수 있는 데이터의 유형을 학습 흔적 데이터, 학습자 생성데이터, 교수자 및 튜터 생성데이터, 학습분석 데이터 등으로 구분하여 개념화하였다(성은모 외, 2015). 학습 분석은 학습 데이터들을 통해 학생들의 개인화된 학습경험의 설계를 돕는 데 활용된다. 이를 통해 학생들의 약점과 가지고 있는 지식 및 기술 격차를 파악하고 학생들의 인지를 측정하고 그들의 능력을 이해한다. AI와 빅데이터를 기반으로 한 학습분석을 기반으로 적응형 학습플랫폼을 통해 개별화된 학습의 경험을 제공한다. 적응형 개인 맞춤형 학습경로 생성은 학습 환경 설계에서 중요한 연구 주제이고(Raj & Renumol, 2022), 온라인 학습시스템을 위해 학습자 데이터에 숨겨진 새로운 패턴을 추출하는 것이 중요하다. 학습자는 자신의 학습 습관에 대한 빅데이터 기능으로 개별 학습 패턴을 발견할 수 있으며(Chen & Zhang, 2014), 학습 환경에서 생성된 데이터는 시스템에 피드백되어 학습 평가 및 모니터링에 기여할 수 있다(Sachan & Saroha, 2022).

### (6) AI 기반의 적응형 학습

AI 기반의 적응형 학습은 컴퓨터 알고리즘과 AI를 사용하여 학습자와의 상호 작용을 조율하고 각 학습자의 고유한 요구를 해결하기 위해 맞춤형 리소스와 학습 활동을 제공하는 교육 방법(Baraishuk, 2021)이다. 학습자별로 맞춤화된 학습 플랫폼을 구현하며 ① 학습자의 관심사에 기반한 콘텐츠만 사용할 수 있고, ② 선호하는 e-Learning 콘텐츠의 유형이나 학습자의 선호도를 감지하여 개인화 경로를 구축하여 참여도를 높일 수 있으며, ③ 개별 학습의 속도를 조절하여 모든 학습자가 스스로 학습에 필요한 주제와 기술을 마스터하는 시간을 확보할 수 있고, ④ 학습자의 학습 수준을 고려한 AI 기반의 스킬맵[8]을 적용하여 학습자가 원하는 결과를 빠르

8) 스킬 맵은 조직의 직원이 가진 스킬 세트, 지식, 특징을 그룹화한 것으로 회사/조직이 직원의 기대 성과를 설정하거나 올리는 데 도움을 준다. 스킬을 통해 직원은 조직의 기대에 맞는 행동을 할 수 있다.

게 달성하고, ⑤ 즉각적인 피드백을 통해 학습자 자신의 성과와 진행 상황을 실시간으로 이해가능하며, 형성평가, 퀴즈 및 지식 점검을 통해 이루어진다(Baraishuk, 2021).

살펴본 바와 같이 적응적 학습은 적응적 학습 시스템(adaptive learning system)에서 지능형 학습 플랫폼을 포함한 AI 기반으로 진화하고 있다. 빅데이터 기반의 적응적 학습 시스템은 학습자의 수행결과물, 학습시간, 참여횟수 등 학생의 모든 학습활동을 빅데이터로 처리하고, 이러한 데이터를 체계적으로 분석하고 학생의 강점, 약점, 수준, 흥미 등을 고려하여 적절히 안내해 주는 시스템으로 정교화되어 가고 있다(김성열 외, 2017).

## 2) 적응형 학습 시스템(Adaptive Learning Systems)

적응형 학습 시스템(ALS)이 빠르게 등장하고 있다. 적응형 학습 시스템은 개인화된 학습 수준에서 차별화된 교육을 가능하게 하는 것에 목적을 두고 있다. 적응형 지능을 활용하는 진단 및 형성 평가설계에 대한 새로운 접근방식이 점점 보편화되고 있다(Pugliese, 2016).

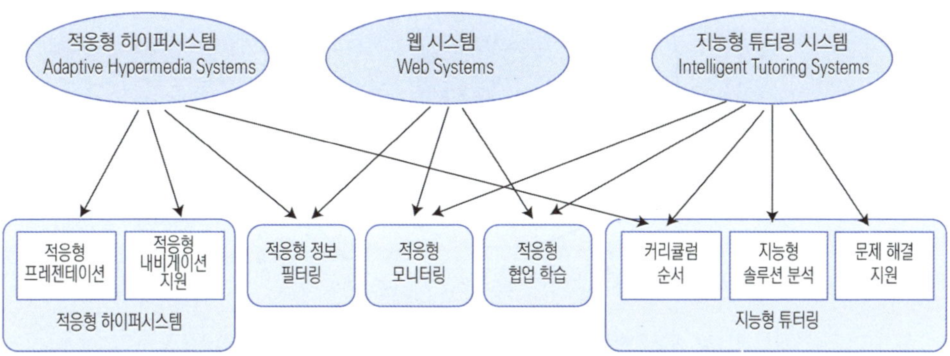


[그림 2-3] 적응형 학습 시스템의 기원과 분류. 출처: Brusilovsky & Peylo(2003)

적응형 학습 시스템은 ① 자동 및 강사 개입을 통해 학습자의 성과를 가속화 하는 방식으로 개별 학생의 능력 또는 기술 달성에 따라 과정 콘텐츠의 수준 또는 유형에 동적으로 조정되도록 설계되고, ② 다양한 학생 학습 능력, 다양한 학생 배경 및 리소스 제한과 같은 학습 문제를 해결하는 데 도움을 준다. ③ 기계학습 시스템의 의도는 숙련도를 사용하고 학생이 실제로 무엇을 알고 있는지 판단하고, ④ 정확하고 논리적으로 학생들을 순차적 학습 경로를 통해 규정된 학습 결과 및 기술 숙달로 이동시키는 것에 있다. 적응형 시스템은 학생 중심 설계를 제공함으로써 교육을 학생 서비스로 전환하며, 학습자 중심 기능은 학생 관리에 목적을 둔 기존 교실 지원 모델과는 다르다. [그림 2-4]의 적응형 로직 모형과 같이 적응형 학습 시스템은 콘텐츠, 평가 및 역량 프레임워크의 세 가지가 통합되고 상호 의존적인 영역으로 구분되어 구성된다(Pugliese, 2016).

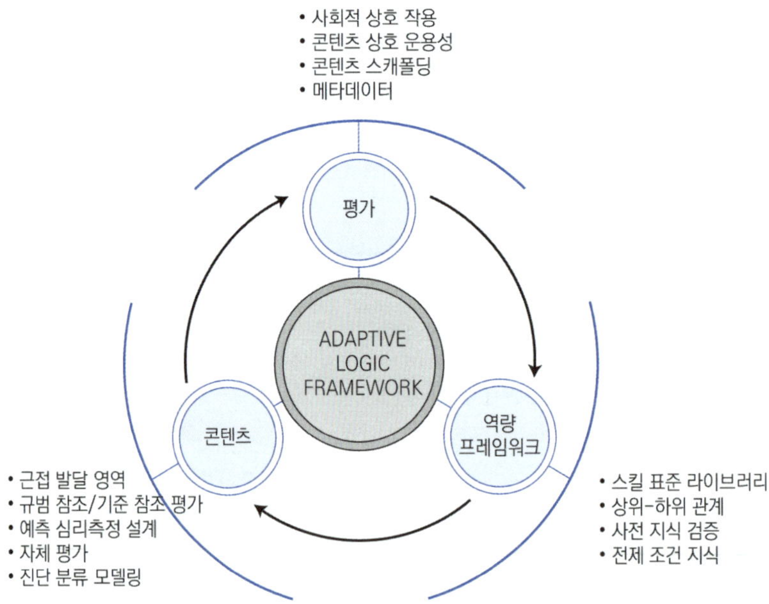


[그림 2-4] 적응형 로직 모형(Adaptive Logic Model)

출처: The Action Lab, EdPlus, Arizona State University

### 3) AI 기반의 적응형 테크놀로지

적응형 테크놀로지는 개인 맞춤형 학습을 지원할 수 있는 중요한 것이다. 적응형 테크놀로지의 기반이 되는 인공지능(Artificial intelligence, AI)은 학습하고 적응하는 컴퓨터 프로그래밍을 말한다. 또한, 지능적인 인간의 행동을 모방하도록 학습된 모든 종류의 컴퓨터 시스템을 의미한다. 지난 10년간 AI는 컴퓨터의 성능 향상과 기계학습(Machine Learning, ML) 기술 도입을 통해 빠른 변화를 주도하였다.

#### (1) 적응형 테크놀로지의 단계

AI를 기반으로 한 적응형 테크놀로지는 LMS 시스템에 AI를 통합하며, 학습자를 위한 개인화된 콘텐츠를 제공한다. 또한, 데이터와의 상호작용을 통해 어떠한 학습의 주제에 집중해야 하는지 파악할 수 있다. 적응형 테크놀로지는 학생의 개별화된 맞춤 학습 경험을 제공하기 위해 [그림 2-5]의 세 단계를 기반으로 작동한다(Baraishuk, 2021).

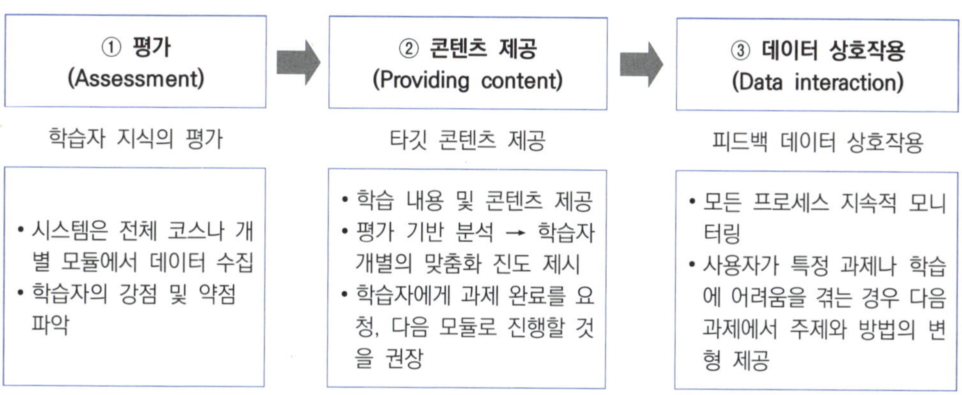


[그림 2-5] AI 기반의 적응형 학습의 3단계

## (2) 적응형 학습에서의 AI 테크놀로지

다양한 AI 기반의 테크놀로지가 학습자의 개인별 맞춤화된 적응형 학습에서 활용되는 형태를 논의할 필요가 있다. 적응형 학습에서 활용되는 기계학습은 4세대 기계학습을 의미하며, 적응형 기계학습이라고 부른다. 이러한 적응형 기계학습은 가장 중요한 상황 시 사람의 도움이 필요하며, 새로운 데이터가 제공되는 한 자율적인 학습이 가능하다. 적응형 기계학습은 특성상 항상 최신 상태를 유지하며 시스템은 하나의 특정 기능에 묶이지 않고 변화하는 환경에 적응한다(Baraishuk, 2021).

〈표 2-3〉 적응형 학습에 활용되는 AI 테크놀로지

| 명칭 | 의미 | 적응형 학습에서의 활용사례 |
|---|---|---|
| 기계학습(Machine learning, ML) | AI가 데이터와 경험을 통해 스스로 학습하는 기술 | • 학습자 데이터 자동화 및 분석<br>• 예측 모델 생성 |
| 딥러닝(Deep learning) | 머신러닝의 특정한 분야, 연속된 층(layer)에서 의미 있는 표현을 배우며, 데이터로부터 표현을 학습하는 새로운 방식 | • 복잡한 알고리즘과 강력한 컴퓨팅 사용, 데이터 학습<br>• 교육 데이터 분석 |
| 로보틱스(Robotics) | 공학 및 과학의 한 분야로 로봇의 설계, 조립, 작동, 사용 및 로봇의 제어, 센서 피드백, 정보 처리를 위한 컴퓨터 시스템 | • 감지 센서 부착 로봇으로 학생 개별지도<br>• 개별화된 학습 요구 해결 |
| 컴퓨터 비전(Computer vision) | 컴퓨터가 디지털 이미지와 비디오로부터 유용한 정보를 얻고, 인식된 정보를 기반으로 학습 | • 증강현실, 이미지 처리, 얼굴 탐지 및 객체 탐지 시스템을 통해 온라인 평가 프로텍션 및 분석 학습 |
| 자연어 처리(Natural language processing: NLP) | 인간과 유사한 방식으로 인간의 언어와 텍스트를 이해할 수 있는 컴퓨터 시스템 | • 특별한 도움이 필요한 학습자가 언어를 빨리 읽거나 말하고 배울 수 있게 도움 |

Baraishuk(2021) 표로 재구성

기존의 기계학습과 4세대의 적응형 기계학습을 구분하는 첫 번째 차이점은 채널수의 차이다. 기계학습에는 두 개의 채널이 존재하는데 하나는 학습용으로, 다른 하나는 예측용으로 사용된다. 두 개의 채널로 인해 프로세스 구현에 많은 시간이 소요된다. 그에 비해 적응형 시스템은 단일 채널로 데이터를 수집하고 동시에 학습하므로 전체 프로세스가 빠르게 진행된다. 두 번째 차이점은 기존 기계학습은 정적 환경을 기반으로 일부 변경 사항을 적용하면 심각한 오류가 발생할 수 있다. 시스템 동작을 변경하려면 많은 리소스가 필요하다. 적응형 기계 학습은 주요 기능인 적응성을 기반으로 동작을 즉시 변경한다. 세 번째 차이점은 적응형 기계학습이 이전 데이터를 통해 스스로 학습할 수 있다는 것이다. 이를 통해 시스템의 예측 정확도를 높일 수 있다(Baraishuk, 2021).

### 4) 개인화된 학습경험에 적용되는 AI

적응형 학습 플랫폼의 등장으로 학습자의 고유한 지식과 학습 스타일을 고려하게 되었으며, 전통적인 오프라인 및 온라인 수업을 통한 학습경험을 제공할 수 있게 되었다. 개인화된 학습경험의 제공에 필요한 적응형 학습 플랫폼 내의 AI의 기능이 제공되고 있다.

〈표 2-4〉 AI의 활용 및 적용

| AI 활용 | 기능 및 적용 |
|---|---|
| AI 기반 콘텐츠 추천 | • 플랫폼 내에서 학습자의 진행 상황 확인<br>• 학습자의 이전 학습행동 및 성과 추적<br>• 최적의 학습자료 추천<br>• 학습자의 지식 수준에 해당하는 과제부터 학습 과정 시작 |
| AI 추천 엔진을 통한 맞춤형 학습 경로 구축 | • 학습자가 학습해야 할 기술과 원하는 업무를 위한 데이터 수집<br>• 현재 학습해야 할 기술 세트를 작업 요구사항에 연결<br>• 학습자에게 누락된 기술을 강조 후 필요한 기술 관련 학습 과정 추천<br>• 데이터를 통한 학습자 개별 학습 경로 생성<br>• 학습자의 성과, 스킬셋, 선호하는 콘텐츠를 통한 지속적인 데이터 수집을 |

| AI 활용 | 기능 및 적용 |
| --- | --- |
| | 통해 학습자에게 자동 학습 경로 제안<br>• 학습자 대시보드를 통해 인기 콘텐츠 및 인기 있는 주제 및 관련 코스의 선별된 추천목록 제공<br>• 과정의 완료 후 새로운 교육과정 제시 |
| AI 챗봇을 통한 지원 | • LMS 및 플랫폼 내의 챗봇을 통해 관리자, 강사 또는 멘토가 학습자의 질문에 즉각적인 답변 제공<br>• 학습 안내 및 알림 전송을 통해 능동적 학습 촉진<br>• 가상 튜터의 기능으로 문자 메시지 및 음성 명령으로 학습자와 상호작용 |
| AI를 통한 자동화된 지식 확인 | • 학습자의 과정 완료 후 자동으로 학습결과 확인<br>• 지식의 점검을 통해 학습자의 강점과 약점을 제시하는 자동 보고서 작성<br>• AI 엔진을 통해 학습자의 약점을 보완하기 위한 재수강 모듈 추천<br>• 지식 점검의 결과에 따라 추천 콘텐츠 및 학습 경로 구성 |
| AI 기반 모니터링 및 보고 | • AI 기반 학습관리 시스템을 통해 비즈니스 이해관리자, 교수자에게 성과 데이터 제공(예: 최고 및 최저 성적과 목록, 학습자의 숙달된 기술, 학습이 완료된 모듈 등의 데이터)<br>• 학습자의 학습통계를 통해 학습의 상황을 정리하고 기업의 경우 잠재적 기술 격차를 해소할 수 있는 해결 방법 제공 |

출처: Baraishuk(2021) 표로 재구성

## 3. 적응형 학습의 적용

### 1) 초 · 중 · 고(K-12) 및 과목별 학습의 사례

#### (1) 칸아카데미

처음 소개할 적응형 학습의 사례는 칸아카데미이다. 칸아카데미(Khan Academy,[9] https://www.khanacademy.org)는 대규모 온라인 공개강좌(MOOC, Massive Open

9) 모든 아이들은 배울 수 있는 기회를 가져야 한다는 목표를 가지고 만들어진 비영리 단체 및 사이트. 2016년부터 한국어 서비스 시작, 통계조사에 따르면 미국 선생님의 90%가 칸아카데미 활용이 효과적이었다고 보고함.

Online Courses)의 일종으로 살만 칸이 2008년 설립한 맞춤형 무료 온라인 교육 서비스이다. "모든 아이들은 배울 수 있는 기회를 가져야 한다"라는 목표를 가지고, 유치원부터 대학기초 수준까지 수학, 생물, 화학, 물리, 경제, 금융, 역사, 문법, 코딩 등 다양한 교육 과정을 제공한다. 학습자의 개별 니즈와 수준에 맞게 스스로 선택하여 활용할 수 있다. 현재 36개국 이상의 언어로 제공하고 있으며 전 세계적으로 월 380만 명 이상이 방문하고 학습한다.

칸아카데미는 ① 동영상 학습 콘텐츠를 무료로 제공하고, ② 각 과정마다 과제와 테스트를 학습자에게 제시하고, ③ 결과의 분석을 통해 학생의 학습 수준 측정 및 맞춤형 코칭에 활용하고 있다. ④ 학생은 '자기 주도 학습관리 시스템(Self-Motivated Learning Management System)'의 대시보드를 통해 자신의 현재 학습 내용 및 진도 등을 확인할 수 있다. ⑤ 학습 동기를 유발하고 참여를 돕기 위해 학습 포인트나 배지 제도를 적용하고, ⑥ 개인 수준 외에도 교사를 중심으로 한 학급 단위의 학습 참여가 가능하다. ⑦ 교사는 학급 단위의 개인별 학습 진도 파악을 통해 학습 코칭의 역할을 강화할 수 있어 ⑧ 학생의 개인학습뿐 아니라 학교 교육 과정의 접목도 가능하다(출처: 칸아카데미 https://ko.khanacademy.org 홈페이지).

### (2) 칸아카데미 학습결과 연구사례

2018 ConStat U.S. Online Education Customer Survey에 따르면, 1503명을 조사한 결과 응답자의 90%가 칸아카데미의 온라인 학습자료가 효과가 있었음을 밝혔다. 또한, 85%의 응답자가 대학을 준비하는 데 도움을 얻었으며, 교사 응답자 중 88%가 칸아카데미의 교육을 신뢰할 수 있다고 하였다. 〈표 2-5〉는 학습 결과의 연구사례이다.

〈표 2-5〉 칸아카데미 온라인 학습결과 연구사례

| 연구 기관 | 대상 | 연구 사례 |
|---|---|---|
| Long Beach Unified School District(남부 캘리포니아) | 중학생 5,348명 | • 일주일에 한 번의 수학 수업 칸아카데미로 학습<br>• 평가 시험인 Smarter Balanced Mathematics Assessment에서 22점(.20 ES) 높은 점수를 보임<br>• 칸아카데미를 활용하지 않은 학생들보다 약 2배 높은 점수 |
| 아이다호주 학교(FSG) | 선생님 173명<br>학생 10,500명 | • 2013년부터 2014년까지 1년간 칸아카데미 시범 운영<br>• 본인 학년 수준의 수학 수업을 60% 완료한 학생 대상 NWEA MAP(미국 학업 성취도 평가)에서 예상한 수준보다 1.8배 이상 점수 상승을 확인 |
| SRI International 20개의 공립학교, 사립학교, 자율형 공립학교 | 선생님 70명<br>학생 2,000명 | • 2012~2013년 칸아카데미를 활용<br>• 예상한 테스트 점수보다 성적 상승결과<br>• 수학에 대한 걱정을 줄이고, 자신감을 높이는 등의 긍정적인 효과를 확인 |
| 칸아카데미 & College Board (SAT 시험 주관) | 학생 약 250,000명 | • 2017년 PSAT/NMSQT와 SAT 간 점수 차이 분석<br>• 칸아카데미의 SAT Official Practice 6~8시간 학습<br>• PSAT/NMSQT에서 SAT까지 평균 90점 향상 확인 |
| 다섯 개 주의 12개의 커뮤니티 칼리지 기초 수학 수업(뉴잉글랜드 고등교육위원회) | 학생 1,226명 대상 | • 2년 동안 연구를 진행<br>• 칸아카데미 연습 시간과 마스터리는 Accuplacer 대수학 테스트 점수와 코스 통과율을 높이는 데 긍정적인 효과 확인 |

* 칸아카데미 홈페이지 공유 연구사례 표로 재구성

초·중·고(K-12) 및 과목별 학습의 사례를 통해 적응형 학습은 ① 사용 가능한 데이터를 분석하여 학습자에게 맞춤화된 학습 경험을 제공하며, 성적 상승결과를 얻는다. ② 적응형 학습의 형성평가로 얻은 학습자의 학습 데이터를 분석하여 학습자의 학습동기를 높이고 학습 지속 의지를 촉진한다. ③ 학습자의 몰입을 돕고, 지식의 격차를 줄일 수 있다. ④ 교육 시간을 줄여 학습자의 시간 효율성을 높일 수 있다. ⑤ 학습자의 강점과 약점을 이해하며 더 나은 학습 경험을 제공하고 학습의 데이터를 확보할 수 있으며, 그 외에도 다양한 학습의 경험을 제공하는 것을 확인하였다.

## 2) 고등교육의 적응형 학습 사례

### (1) eAdvisor(애리조나 주립대학교)

미국의 애리조나 주립대학교(Arizona State University)에서는 정보화 기술을 기반으로 적응형 학습자 관리 프로그램인 ① eAdvisor 프로그램을[10] 개발하여 운영하고 있다. ② 프로그램을 통해 학생들의 출석, 학습 진행 상황, 과제 제출 등을 저장하여 ③ 개별 학생의 맞춤 정보를 제공한다. ④ 학생의 학습 속도가 늦을 경우, 경고나 수강취소의 기회와 대안도 제시한다. ⑤ 피드백이나 SNS의 정보를 수집, 분석하여 학생들의 적성을 파악하고 스스로 적합한 전공의 선택을 할 수 있도록 돕는다. 또한, ⑥ 학생 스스로 자신의 주전공과 5개의 추가 전공도 선택하여 다양한 강의를 폭넓게 경험하고 최종 전공을 선택하여 학위를 취득할 수 있다(출처: https://www.asu.edu/academics 홈페이지).

### (2) MyMath(애리조나 주립대학교)

클라우드 기반의 ① 학습분석 서비스인 '마이매스(MyMath)' 온라인 서비스를 통해 ② 기초 수학 강좌에 대한 학생의 학습 행동(점수, 속도, 정확성, 기록, 지체되는 부분, 점수를 잃는 부분 등)을 분석해 ③ 학생의 해당 항목별 이해 정도를 평가하고, ④ 좋은 학습 방법 등을 파악한다. ⑤ 분석된 데이터를 기반으로 학생별 수준에 맞춤화된 속도로 수업을 진행할 수 있도록 지원한다. ⑥ 교수자는 학생 개인의 성적 현황, 이해 정도 및 그룹별 이해 정도와 추세 등을 분석한 리포트를 실시간으로 확인하고 추가적인 도움이 필요한 학생에게 보충 자료를 제공하는 역할을 수행한다. 서비스 도입 이후 애리조나 주립대는 기초 수학 과정 통과 학생 비율이 64%에

---

10) https://www.asu.edu/academics 홈페이지. ASU는 21세기 학습자를 위해 설계된 학업의 경험을 제공한다.

서 75%로 증가하고, 중도 포기 학생 비율이 16%에서 7%로 감소했고 조기 수료 학생 비율을 한 명도 없었던 0%에서 45%로 증가시켰다(출처: https://www.asu.edu/academics 홈페이지).

### (3) Intellipath(Colorado Technical University)

적응형 학습은 이 대학의 장기 교육계획의 중요한 구성요소이다. 약 82%인 800명의 교수들이 이 대학의 적응형 학습 플랫폼인 Intellipath를 사용한다. 추적 연구에 따르면, ① 학생들은 자료에 대한 이해와 함께 학습을 빠르게 진행하면서 학습에 대한 통제력을 높였고, ② 수업에 대한 흥미로운 반응을 나타냈으며, ③ 어려운 영역(과목)을 온전히 이해하는 데 자신감을 보였다. 예를 들어, 대학 대수학 과정을 수강하는 학생이 일반 분수 연산은 잘하더라도 분수로 된 선형 방정식을 푸는 데는 취약할 수 있으나, ④ Intellipath는 각 학생의 강점을 진단하여 ⑤ 과정의 진행방식을 변경하면서 ⑥ 각 학생이 취약한 부분에 좀 더 많은 시간을 집중할 수 있도록 조절한다(Horizon report, 2018).

### (4) PASS(Open University Australia, OUA)

PASS(Personalized Adaptive Study Success) 프로젝트를 진행하며 ① 학생들의 학습경로 식별을 지원하는 OUA의 온라인 학습환경 및 지원 시스템에 내장된 PASS는 ② 고객관계 관리시스템, ③ 학습관리시스템, ④ 교육과정 프로파일에서 생성된 데이터를 분석하여 ⑤ 맞춤형 대시보드를 통해 학습 권고사항을 제시한다. ⑥ 대시보드는 학생 진도 추적 외에도 ⑦ 필요한 학습 활동들을 권고하고, ⑧ 코스의 완료 수준을 예측하며, ⑨ 학습자들에게 콘텐츠를 동적으로 추천한다. 적응형 학습에 관한 기존의 많은 문헌들이 적절한 개별 학습(individual learning)에 초점을 맞추고 있지만 새로운 적응형 학습 기술들은 협력학습 촉진 가능성도 보여준다. 예를 들어, 온라인 학습환경의 새로운 도구들은 사용자들을 공통 관심사를 가진 사람들끼리 자동으로 분류하고, 이용자의 관심과 웹 탐색 습관을 기반으로 정보 소스를 추천할 수 있다. 이와 유사하게 이 보고서에서는 협력학습에서 인공지능(AI)의 역할을 강조하고 있다. 적응형 그룹을 형성할 때 AI를 이용하면 과제 해결에 가장 적합한 학생 그룹을 만들 수 있는데, 학습자들을 인지능력이나 관심사에 따라 서로 연결할 수도 있고, 상호 보완이 필요한 지식과 스킬을 기반으로 분류할 수도 있다(Becker et al., 2018).

대학에서의 적응형 학습 사례를 통해 비효율적이고 획일적인 학습패턴에서 고도로 개인화된 적응형 학습으로 전환하는 것을 확인하였다. 학습자들의 등록 및 유지율을 높여 중퇴할 위험이 있는 학생을 식별하고 적절하게 지원할 수 있었다. 또한, 학생들의 지식 격차를 찾아 신속하게 조치를 취할 수 있는 학습자 성과 진행상황을 추적할 수 있다. 이를 통해 디지털 혁신을 일으켜 학습자들의 학습 경험을 개선하고 미래의 직업을 준비하는 데 도움이 되었다.

### 3) HRD 적응형 학습 사례

인재개발 또는 인적자원개발(HRD)의 적응형 학습 사례이다. IBM은 데이터 및 AI의 기술로 통합된 인간 중심 비즈니스 전략을 사용하여 리더십 개발을 지원하고, 미래를 위한 기술을 측정하고, 평가 및 성장시킬 수 있도록 돕는 것이 인재개발이라고 정의하였다(IBM, 2021).

IBM(Intelligent Workflows for Talent Management)에서 제공한 한 보고서에 따르면, 적응형 플랫폼은 전략적으로 직원에게 맞춤형 경험을 제공하여 현재 직무, 교육성취도, 선호하는 학습 방법을 고려한 개인화된 방식의 역량을 개발한다. Watson Talent는 기업이 인재를 채용, 교육 및 개발할 수 있도록 지원하는 HR 인력 관리

솔루션이다(출처: https://www.ibm. com/consulting/talent-acquisition). 인지 컴퓨팅과 클라우드 플랫폼, 다양한 학습경험을 제공하고 분석하는 기술로 구성되어 있으며 주요 기능은 Watson 채용 지원자 비서, Watson 채용, Watson 경력 코치, 온보딩, 교육, 경력개발, 보상관리, 성과관리로 구성된다(박미혜, 박정열, 2022).

① 인사시스템은 직원의 맞춤형 경험 제공을 위해 챗봇으로 수집된 직원들의 정형, 비정형 빅데이터를 통해 전체 인사시스템을 분석한다. 채용 단계에서는 채용시스템에 각 부서에서 필요한 직무와 스킬들을 자세히 기입하고 지원자가 채용시스템에 이력서를 제출하면 지원자의 스킬셋을 분석해 직무와의 매칭 정도를 파악하고 가장 적합한 직무를 추천한다. 지원자의 성향을 AI로 분석하는 '퍼스널리티 인사이트(Personality Insights)', 지원자들의 질문에 24시간 답변해 주는 챗봇 '와블리', 입사도우미 챗봇 '온버디' 등을 이용해 채용 경험을 향상한다(Rosenbaum, 2019).

② 육성 단계에서는 구성원들의 경력 관리 및 스킬 개발을 도와주는 인공지능 솔루션인 '마이카(MYCA, My Career Advisor)'를 활용한다. 마이카는 직원들이 언제 어디서나 참여할 수 있는 모바일 챗봇으로 구성원들의 개별화된 스킬셋을 분석, 개인별 경력개발 로드맵을 제시한다. Myca는 사용자를 인터뷰하고 요구 사항을 이해하며 가장 일반적으로 묻는 경력 관련 질문에 대해 즉각적이고 개인화된 경력 조언을 제공한다. Career Coach는 코그너티브 컴퓨팅을 활용하여 개인 진로를 안내하고 상황에 맞는 커뮤니케이션과 개인에 맞는 맞춤형 경력 콘텐츠를 제공한다.

③ AI 왓슨을 탑재한 자가학습 플랫폼인 'Your Learning'을 도입해 구성원들에게 본인의 직무와 관심 스킬에 따른 개인 맞춤형 학습경험을 제공하고 있다. 개인화된 학습 서비스를 위해 IBM Cognitive, 인공지능 Watson의 서비스 및 고급 분석을 통해 학습자 개인에게 빠르게 대응하는 개인화된 학습 환경과 거리나 시간에 제약 없는 학습 기회가 제공된다. 또 디지털 인증제도를 함께 도

입, 직무별 또는 스킬별 특정 과정을 이수한 직원에게는 디지털 배지를 부여해 디지털 네이티브인 학습자들이 효과적으로 학습할 수 있다. 훈련된 지능형 에이전트[11]인 Watson은 모든 피드백을 분석하고 주제와 감정을 신속하게 분류하여 큐레이터와 지원팀에게 제공한다. 이를 통해 언제든 대화형 질문을 하고 답을 얻을 수 있다(IBM, 2017).

IBM의 사례는 효과적인 개인화 적응 학습 시스템의 개발 및 적용을 통해 인적자원 개발의 맥락에서 개별화된 적응형 학습을 통해 학습 경험을 제공하고 자신의 디지털 경로를 통해 학습을 설계할 수 있다는 것에 의미가 있다.

## 4. 적응형 학습의 효과

### 1) 적응형 학습의 정책적 효과

적응형 학습 테크놀로지를 통해 독자적인 적응형 학습 플랫폼 개발이 이루어졌다. 적응형 학습의 미래를 설계하기 위해 민간 기업과 교육기관이 함께 참여하는 계획들이 늘고 있다. Gates Foundation의 맞춤형 학습계획(Personalized Learning Initiatives)이 이 분야에서 가장 적극적인 사례로 보인다. 2016년 Horizon report에 의하면 ALMAP(Adaptive Learning Market Acceleration Grant Program)을 통해 지원을 받은 대학들은 서로 다른 교육 방법으로 20개 이상의 코스웨어에서 적응형 학습 플랫폼을 연구하고 있다(Johnson et al., 2016). University of Phoenix는 적응형 학

11) 에이전트는 특정한 목적을 위해 사용자를 대신해서 작업을 수행하는 자율적 프로세스. 에이전트는 독자적으로 존재하지 않고 어떤 환경의 일부이거나 그 안에서 동작하는 시스템이다. 에이전트는 자신의 목적을 가지고 목적달성을 추구하는 능동적 자세를 지니며, 에이전트의 행동 결과로 환경의 변화를 일으킨다.

습 플랫폼(Academic Activity Stream) 개발에 수십억 달러를 투자했으며 2013년에 특허를 취득했다. 표현 방식이나 기능은 소셜네트워크와 유사하지만 학생의 관심, 수행 이력, 학습 목표 등을 기반으로 랭킹 정보를 제공한다(Fain, 2014; Johnson, 2016).

적응형 학습(adaptive learning)은 소프트웨어와 트래킹 애플리케이션에 의해 학습 활동이 모니터링 되는 하이브리드 및 온라인 학습환경에 적합하다. 학습기업들은 교과서와 코스 자료를 기반으로 한 학습 서비스의 개선을 위해 적응형 학습에 집중하고 있다. 교육 출판사인 Pearson이 적응형 학습 전문 기업인 Knewton과 팀을 이루어 개발한 MyLab을 통해 Arizona State University(ASU)의 과학과 경영 전공 학생 수천 명이 이 시스템을 사용한다. MyLab은 학생들의 코스 자료의 이해에 대한 성공과 실패를 예측하여 적절한 가이드도 제공한다. 수집된 데이터는 학생이 비디오와 텍스트와 같은 온라인 자료를 활용한 시간과 시험 및 과제 평가 결과와의 상관관계를 보여준다. 학생 행동에 대한 패턴을 파악한 후에 주제에 대한 지식을 넓힐 수 있도록 각 학습자에게 맞춤형 콘텐츠를 추천한다. Knewton과 Pearson의 파트너십을 통해 개발된 적응형 학습 플랫폼은 Arizona State University의 Developmental Math 과목에 적용되었는데 전통적인 코스보다 학생의 성취 수준이 높았다(Johnson et al., 2016).

적응형 학습 기업인 CogBooks와 Arizona State University는 플립드 생물학 입문 수업과 두 개의 온라인 역사 강좌를 통해 차세대 적응형 코스웨어의 영향성을 연구했다. 한 학기 동안 CogBook을 사용한 학생들의 학습 성공률은 76%에서 94%로 증가했고, 낙오 비율은 15%에서 1.5%로 감소했다. Adaptive Learning Market Acceleration Grant Program(ALMAP)은 몇몇 통합된 코스웨어의 성적이 평균적인 코스웨어의 성적보다 약간 높다는 결과를 보여준다. 일반 강의 형태에서 적응형 혼합 수업으로 전환했을 때와 온라인 과정에서 비적응형 학습 환경을 적응형 학습환경으로 전환했을 때 모두 학생의 학습에서 긍정적인 결과가 도출되었다(Becker et al., 2017). 적응형 학습 기술은 대학을 더 비용 효율적으로 만들고 있다. 노스캐롤라이나주의한 커뮤니티 칼리지에서는 Gates Foundation이 후원하는 차세대 코스웨어 챌린지 프로젝트에 참여하여 Smart Sparrow의 BioBeyond 기술을 적용하였다. 한 생물학 강사에 따르면, 적응형 테크놀로지를 통해 기관이 더 비싼 기존의 실험실 키트 및 교과서를 대체할 수 있었고, 각 학생들에게 거의 200달러를 절약하게 했다(Becker et al., 2018).

McGraw-Hill Education과 Hanover Research가 수행한 조사("The Impact of Technology on College Student Study Habits")에 따르면 조사에 참여한 2,600명의 대학생 중 87%가 학업 성취를 높이는 데 데이터 분석이 긍정적인 역할을 했다고 응답하였다. 75%의 학생들은 새로운 개념을 이해하는 능력을 기르는 데 적응형 학습 기술이 매우 또는 절대적으로 도움이 되었다고 응답하였고, 68%는 새로운 개념을 더 잘 이해하는 데 도움이 되었다고 응답했다(Johnson et al., 2016). 2016년 Campus Computing Project의 연례 설문조사에서 고등교육 CIO 중 96%는 적응형 학습 기술이 학습 성과의 향상 가능성이 크다는 점에 동의했다. 영국에서도 정책 그룹인 Higher Education Commission은 적응형 학습 시스템에 내재된 분석 학습의 엄청난 잠재력에 주목하고 있으며 최고의 교육기관이 갖추어야 할 윤리와 필요를 기반으로 학생과 연결된 적응형 도구 개발에 관심이 있다. 노르웨이 교육부에 제출된 고등교육 분야 ICT 전략 제안에서도 적응형 학습이 핵심 개발 영역으로 강조되고 있다(Becker et al., 2017). 최근 영국의 혁신 재단 Nesta가 발간한 보고서에는 고등교육 분야에서 디지털 테크놀로지 활용의 발전을 진단하였다.

적응형 학습에 관한 기존의 많은 연구들은 적절한 개별 학습에 초점을 맞추고 있으나, 새로운 적응형 학습 테크놀로지는 협력학습 촉진 가능성도 보여줌을 밝혔다. 온라인 학습 환경의 새로운 도구들은 사용자들을 공통 관심사를 가진 사람들끼리 자동으로 분류하고, 이용자의 관심과 웹 탐색 습관을 기반으로 정보 소스 추천이 가능하다. 협력학습에서 인공지능(AI)의 역할을 강조하였으며, 적응형 그룹을 형성할 때 AI를 이용하면 과제 해결에 가장 적합한 학생 그룹을 만들 수 있으며 학습자들을 인지 능력이나 관심사에 따라 서로 연결할 수도 있고, 상호 보완이 필요한 지식과 스킬을 기반으로 분류할 수 있다(Becker et al., 2018).

### 2) 적응형 테크놀로지에 대한 우려 사항

적응형 학습 시스템은 학생들의 정의적 학습(affective learning)에 소홀해질 가능성이 있으며(Naykki et al., 2019) 학생들이 온라인 적응 학습을 하는 동안 다른 것을 하는 것을 막을 수 있을 만큼의 기술이 필요하다는 단점도 제기되었다(Phillips et al., 2020). 그러나 가장 큰 단점은 적응형 학습 시스템의 기술적인 완성도가 교수학습의 질을 좌우하게 된다는 점에 있다. 적응형 학습은 세부적인 교육과정과 학습 목표를 지원하는 콘텐츠를 구축하는 데 상당한 시간과 기술력을 필요로 한다(Becker et al., 2017). 초기 구현 비용이 매우 높지만, 적절한 지원이 어렵거나 시스템을 안착하는 데 많은 정보와 교육 시간이 필요할 수도 있다(Freda, 2016). 질 높은 이러닝 시스템의 부족, 정의적 영역 교육의 어려움, 교육의 강제성 부족, 상호작용 부족, 개인차 고려 부족, 콘텐츠의 낮은 질, 학습 동기 유발 및 동기 지속성 부족, 평가 및 피드백 부족, 학습자 통제 어려움 등의 문제가 나타나고 있다고 지적한 바 있다. 또한 교사들이 온라인 적응 학습전략을 이해하고 고전적 수업과 통합할 수 있도록 하는 데 지속적인 지원이 요구된다(이재무, 2014; Phillips et al., 2020). 비용과 적응형 기술의 기반이 되는 학습과 컴퓨터 과학이 완벽하게 발전되지 않았다는 점을 확인할 수 있다. 커리큘럼이나 개인별 학습 과정을 재설계하기 위해서는 교수자의 참여, 교직원, 콘텐츠의 준비, 기술과 다음의 재설계 과정을 위해 과정의 평가 프로그램이 필요하다. 개인의 정보 보호와 학생 데이터의 윤리적 사용에 대해 판단과 깊이 있는 연구가 필요하다.

적응형 학습이 많은 장점을 가지고 있지만, 모두를 위해 공평하고 포용성 있게 설계될 수 있도록 논의가 필요하다. 적응형 학습 플랫폼을 개발하는 공급업체는 연구 및 개발 단계에서 오랜 시간이 필요할 수 있기 때문에 설계 및 기술이 대학 맥락의 범위를 확실히 해야 한다. 적응형 학습 테크놀로지는 공급업체와 파트너 간의 개방적이고 협력적인 관계가 잘 유지될 때 성공할 수 있다. 플랫폼이 결정을 내리는 방법, 학습자에게 피드백과 지침을 제공하는 방법, 학습 방향에 영향을 미치는 방법, 학생을 지원하는 방법 및 사용가능한 데이터가 포함된다. 학습자의 학습 향상이라는 공통의 목표를 가지고 자신이 배우고 경험한 것을 공유하는 협력적 파트너십을 통해 교육 설계자 및 강사에서 연구원 및 관리자에 이르기까지 기관 내 다양한 역할을 지원해야 할 것이다.

요즘 인더스트리 5.0에 대한 관심과 논의가 뜨겁다. 2018년 5월의 Pure Accelerate Conference의 기조연설에서 MIT Media Lab에 있는 AI전문가 Darling은 '인공지능(AI)'와 '인간지능(HI)'은 서로 다르다고 주장했다. 물론 AI를 의인화시켜 인간의 대체와 종말을 우려하는 목소리와 특이점(singularity)의 두려움에 대한 반박일 것이다. AI가 스스로 의지를 가지고 '강한 인공지능(strong AI)'의 비약적 발전으로 인간지능(HI)보다 더 똑똑해질 수 있다는 두려움이 나오고 있지만, 우리는 AI를 '인간을 돕는 파트너'로 생각해야 할 것이다.

운전할 때 사용하는 내비게이션 앱을 통해 교통패턴을 분석하는 것처럼, 이미 AI는 우리의 일터와 가정 등 다양한 영역에 보급되어 있다. AI는 지치지 않고 일할 수도 있고 빠른 길을 찾거나 스팸메일 필터링에도 효과적이다. AI는 과학, 기억력, 패턴 인식, 데이터 분석 등에서 인간보다 뛰어나 체스, 게임 등에서 우수한 결과를 보이고 있다. 그럼에도 AI는 상황과 문맥을 이해해 인간처럼 사고하지 못한다. 인간이 과거 가축, 동물을 활용해 인간이 갖지 못한 역량을 확충했듯이 이제는 AI를 이러한 방식으로 이용해야 한다. 인더스트리 5.0 철학처럼 AI도 일종의 '인간의 파트너'로 봐야한다. 인간은 로봇도 살아있는 생물처럼 대하는 심리를 보이고 있는데,

동물을 대신해 노인들의 심리치료에 인형 로봇을 이용하기도 한다. 인간이 처음에 증기기관, 기계, 전기, 컴퓨터, 인터넷을 처음 발견했을 때 무한한 가능성이 펼쳐졌었다. 다양한 배경을 가진 연구자들, 특히 교육전문가, 교육테크놀로지 전문가들이 AI의 장점과 단점을 파악하여 인간의 교육과 인재개발에 같이 갈 수 있는 훌륭한 파트너로 만들어야 한다.

학교교육, 민간부문과 공공부문의 교육현장에서 교육의 대상자를 면밀히 분석하고 실질적으로 작동하는 교육의 목적, 내용, 방법, 평가, 그리고 환경을 적극적으로 검토하여 AI 테크놀로지, 빅데이터와 분석학을 활용하여 인간 맞춤형의 '적응적 학습과 개인의 맞춤화 학습'을 실현해 나가야한다. 뿐만 아니라, 다양한 배경을 가진 전문가들이 최근의 테크놀로지 변화로 인한 사회, 인간, 지식의 근본 문제를 파악하고 우리시대의 교육적 과제를 다루는 소통의 길을 만들어 인간지능과 인공지능의 개발 방향에 대하여 비판적 성찰과 대안탐색을 추구해야 할 시기이다.

## 참고문헌


권혁일 (2000). 적응적 웹 기반 수업의 학습 효과성 고찰. 교육공학연구, 16(4), 23-50.

김성열, 한유경, 정제영(2017). 지능정보기술 맞춤형 교육서비스 지원 방안 연구. 교육부.

남창우, 조다은 (2020). 대학교육 지원을 위한 오픈소스 LMS 기능지표 개발. 평생학습사회, 16(2), 137-164.

박미혜, 박정열(2022). 에듀테크 산업에서 인공지능을 활용한 사례 비교-IBM Watson Talent 와 Riiid R. Inside 중심으로. 교육공학연구, 38(2), 333-368.

박성익(1988). 컴퓨터 보조 학습의 개관. 대한공업교육학회지, 13(1), 1-9.

백영균(1989). 전문가시스템: 교육에서의 접근방향. 교육공학연구, 5(1), 79-91.

손경아, 우영희(2010). 요구분석을 통한 원격교육기관 학습관리시스템 비교분석 및 개선방안 도출. 평생학습사회, 6(2), 127-149.

이재무(2014). Rossett 모형을 적용한 적응형 이러닝 시스템을 위한 요구 분석. 한국콘텐츠학회논문지, 14(6), 529-538.

최민선, 정재삼(2019). 적응형 학습 상황에 활용된 학습분석 테크놀로지: 국내외 사례연구를 중심으로. 한국교육공학회 학술대회발표자료집, 2019(1), 215-221.

하병환, 조현숙, 김영문(2009). 이러닝의 학습동기 및 학업성과 영향요인에 관한 연구. 인터넷전자상거래연구, 9(3), 69-92.

Adams Becker, S., Cummins, M., Davis, A., Freeman, A., Hall Giesinger, C., & Ananthanarayanan, V. (2017). *NMC Horizon Report: 2017 Higher Education Edition*. New Media Consortium.

Alexander, B., Ashford-Rowe, K., Barajas-Murphy, N., Dobbin, G., Knott, J., McCormack, M., ... & Weber, N. (2019). *EDUCAUSE horizon report. Higher Education Edition*. Louisville, Co: Educause.

Alshammari, A. (2019). The impact of e-readiness on elearning success in Saudi Arabian Higher Education Institutions.

Arizona State University. (n.d.). *Arizona State University*. https://www.asu.edu/

Baraishuk, D. (2021). *Adaptive Learning AI Technology in Education*. Belitsoft. https://www.edweek.org/technology/technology-in-education-an-overview/2016/02

Baker, P. (2022). *Computer-Assisted Learning: Pros and Cons*. Bairesdev. https://www.

edweek.org/technology/technology-in-education-an-overview/2016/02

Becker, S. A., Brown, M., Dahlstrom, E., Davis, A., DePaul, K., Diaz, V., & Pomerantz, J. (2018). *Horizon report 2018 higher education edition brought to you by educause* (pp. 1-54). EDUCAUSE.

Becker, S. A., Cummins, M., Davis, A., Freeman, A., Hall, C. G., & Ananthanarayanan, V. (2017). *NMC horizon report: 2017 higher education edition* (pp. 1-60). The New Media Consortium.

Becker, S. A., Brown, M., Dahlstrom, E., Davis, A., DePaul, K., Diaz, V., & Pomerantz, J. (2018). *Horizon report 2018 higher education edition brought to you by educause* (pp. 1-54). Educause.

Benjamin, L. T. (1988). A history of teaching machines. *American Psychologist, 43*(9), 703.

Block, J. H., & Burns, R. B. (1976). Mastery learning. *Review of Research in Education, 4*, 3-49.

Bloom, B. S. (1971). *Handbook on formative and summative evaluation of student learning*.

Bloom, H. S. (1984). Accounting for no-shows in experimental evaluation designs. *Evaluation review, 8*(2), 225-246.

Brown, M., McCormack, M., Reeves, J., Brook, D. C., Grajek, S., Alexander, B., ... & Weber, N. (2020). *2020 educause horizon report teaching and learning edition* (pp. 2-58). Educause.

Brusilovsky, P. and Peylo, C. (2003) Adaptive and Intelligent Web-based Educational Systems. *International Journal of Artificial Intelligence in Education* (Vol. 13, pp. 156-169).

Brusilovsky, P., Karagiannidis, C., & Sampson, D. (2004). Layered evaluation of adaptive learning systems. *International Journal of Continuing Engineering Education and Life Long Learning, 14*(4-5), 402-421.

Carbonell, J. R. (1970). AI in CAI: An artificial-intelligence approach to computer-assisted instruction. *IEEE transactions on man-machine systems, 11*(4), 190-202.

Colorado Technical University. (n.d.). *Colorado Technical University*. https://www.coloradotech.edu/

Chen, C. P., & Zhang, C. Y. (2014). Data-intensive applications, challenges, techniques and technologies: A survey on Big Data. *Information Sciences, 275*, 314-347.

Corno, L. Y. N. (2008). On teaching adaptively. *Educational Psychologist, 43*(3), 161-173.

Corno, L., & Snow, E. R. (1986). Adapting teaching to individual differences among learners. In M. C. Wittrock (Ed.), *Handbook of research on teaching* (3rd ed.). New York: Macmillan.

Cronbach, L. J. (1971). How can instruction be adapted to individual differences? In R. A.Weisgerber(Ed.), *Perspective in individualized learning*. Itasca, IL: Peacock

Cronbach, L. J., & Snow, R. E. (1977). *Aptitudes and instructional methods: A handbook for research on interactions*. New York: Irvington.

D'Mello, S., Jackson, T., Craig, S., Morgan, B., Chipman, P., White, H., ... & Graesser, A. (2008). AutoTutor detects and responds to learners affective and cognitive states. In *Workshop on emotional and cognitive issues at the international conference on intelligent tutoring systems* (pp. 306-308).

Dewey, J. (1902/1964). The child and the curriculum. In R. D. Archambault(Ed.), *John Dewey on education: Selected writings*. NewYork: Modern Library.

Dziuban, C., Moskal, P., Johnson, C., & Evans, D. (2017). Adaptive learning: A tale of two contexts. *Current Issues in Emerging eLearning, 4*(1), 3.

Esposito, G., Freda, M. F., & Picione, R. D. L. (2016). Reflexivity or "reflexivities" in higher education: Conceptualizing unique reflexive process. In *Working with underachieving students in Higher Education* (pp. 32-42). Routledge.

Fain, P. (2014). *Learning to Adapt*. Insidehighered. https://www.insidehighered.com/news/2014/06/13/profits-lead-way-adaptive-learning-becomes-more-popular

Federico, P. (1980). Adaptive instruction: Trends and issues. In R. E. Snow, P. Federico, & W. E. Montague (Eds.), *Aptitude, learning and instruction, Vol. 1: Cognitive process analyses of aptitude*. Mahwah, NJ: Lawrence, Erlbaum Associates.

Glaser, R. (1977). *Adaptive education: Individual diversity and learning*. New York

Gleason, M. M. (1985). *A comparison of two CAI approaches in teaching math word problems to handicapped learners*. University of Oregon.

González-Calero, J. A., Arnau, D., & Laserna-Belenguer, B. (2015). Influence of additive and multiplicative structure and direction of comparison on the reversal error. *Educational Studies in Mathematics, 89*, 133-147.

Herold, B. (2016). *Adaptive Learning Platforms: Creating a Path for Success*. Edweek. https://www.edweek.org/technology/technology-in-education-an-overview/2016/02.

Hwang, G. J., Lai, C. L., & Wang, S. Y. (2015). Seamless flipped learning: a mobile technology-enhanced flipped classroom with effective learning strategies. *Journal of Computers in Education, 2*, 449-473.

Hwang, seong. (2021). *Adaptive Learning*. Medium. https://medium.com/blended-learnings/adaptive-learning-e52d53413b3b

Hwang, G. J., Xie, H., Wah, B. W., & Gašević, D. (2020). Vision, challenges, roles and research issues of Artificial Intelligence in Education. *Computers and Education: Artificial Intelligence, 1*, 100001.

IBM. (2017) *IBM's Your Learning and Watson—Together a game changer in learning*. https://www.ibm.com/downloads/cas/G8DVQ9MB.

IBM. (2019). *The enterprise guide to closing the skills gap*. IBM Institute for Business Value.

IBM. (2021). *Talent management consulting.* https://www.ibm.com/consulting/talent-management

Johnson, C. (2016). *Adaptive Learning Platforms: Creating a Path for Success*. Educause. https://er.educause.edu/articles/2016/3/adaptive-learning-platforms-creating-a-path-for-success

Johnson, L., Becker, S. A., Cummins, M., Estrada, V., Freeman, A., & Hall, C. (2016). *NMC horizon report: 2016 higher education edition* (pp. 1-50). The New Media Consortium.

Kerr, P. (2016). Adaptive Learning. *ELT Journal, 70*(1), 88-93.

Khan Academy. (n.d.). *Khan Academy*. https://ko.khanacademy.org/

Khan, B. H. (Ed.). (1997). ***Web-based instruction.*** Educational Technology.

Long, P., & Siemens, G. (2011). *What is Learning Analytics?*. In ACM.

Merrill, M. D., & Boutwell, R. C. (1973). 4: Instructional Development: Methodology and Research. *Review of research in education, 1*(1), 95-131.

Näykki, P., Laru, J., Vuopala, E., Siklander, P., & Järvelä, S. (2019). Affective learning in digital education—case studies of social networking systems, games for learning, and digital fabrication. In *Frontiers in Education* (Vol. 4, p. 128). Frontiers Media SA.

Phillips, A., Pane, J. F., Reumann-Moore, R., & Shenbanjo, O. (2020). Implementing an adaptive intelligent tutoring system as an instructional supplement. *Educational Technology Research and Development, 68*(3), 1409-1437.

Pugliese, L. (2016). *Adaptive Learning Systems: Surviving the Storm*. Educause.

https://er.educause.edu/articles/2016/10/adaptive-learning-systems-surviving-the-storm

Raj, N. S., & Renumol, V. G. (2022). An improved adaptive learning path recommendation model driven by real-time learning analytics. *Journal of Computers in Education*, 1-28.

Randi, J., & Corno, L. (2005). Teaching and learner variation. *British Psychological Society*.

Reiser, R. A. (1987). Instructional technology: A history. *Instructional technology: foundations*, 11-48.

Sachan, D., & Saroha, K. (2022). A Review of Adaptive and Intelligent Online Learning Systems. *ICT Analysis and Applications*, 251-262.

Siemens, G., & Long, P. (2011). Penetrating the fog: Analytics in learning and education. *EDUCAUSE review, 46*(5), 30.

Snow, E. R. (1980). Aptitude, learner control, and adaptive instruction. *Educational Psychologist, 15*, 151–158.

Snow, E. R., & Swanson, J. (1992). Instructional psychology: Aptitude, adaptation, andassessment. *Annual Review of Psychology, 43*, 583626.

Steinberg, E. R. (1977). Review of student control in computer-assisted instruction. *Journal of Computer-Based Instruction*.

Tennyson, R. D., & Rothen, W. (1977). Pretask and on-task adaptive design strategies for selecting number of instances in concept acquisition. *Journal of Educational Psychology, 69*(5), 586.

Thorndike, E. L. (1911). *Individuality*. Boston: Houghton Mifflin Co.

Vaida, S. (2020). A brief analysis of the pros and cons of online adaptive learning and education. *Studia Universitatis Babes-Bolyai-Psychologia-Paedagogia, 65*(1), 31-39.

Watsons, W. R., & Watsons, S. L. (2007). An argument for clarity: What are learning management systems, what are they not, and what should they become?. *TechTrends: Linking Research & Practice to Improve Learning, 51*(2), 28-34.

Winkler, S. (2021). *Privacy Management for Student Data in Higher Education Learning Analytics Applications*.

## 요약

적응형 학습은 학습자 개개인의 요구, 학습수준, 학습 방식을 고려해 맞춤형으로 이루어지는 학습을 의미한다. 이는 학습자에 대한 데이터를 바탕으로 구체적이고 개인화된 교육 경험을 제공하는 목적을 가지며, 적응형 테크놀로지의 발전을 토대로 구현가능하다. 적응형 학습은 적응형 테크놀로지의 발전과정에 따라 지속적으로 발전해왔다. 환경에 적응하는 최적의 생존 방식, 동서양의 개별화 학습에 대한 학제적 논의, 장애인 및 빈민가 아동과 같은 특정 학습자를 대상으로 하는 학습 방식 개발 등 기존의 전통적 학습과 구별되는 대안적 학습으로 발전해온다. 이 과정을 거쳐 현대의 적응형 학습은 Bloom의 완전학습과 Keller의 개별화 수업체제의 철학이 되고, 디지털 테크놀로지와 결합하여 이러닝 영역으로 실현된다. 컴퓨터를 수단으로 사용했던 컴퓨터 기반 교육(CBI)을 넘어 지능형 컴퓨터 지원 수업(ICAI), 웹기반 교육(WBI), 학습관리시스템(LMS), 학습데이터 분석, AI 기반 적응형 학습으로 발전해오며 학습자 행동 패턴에 맞춤화된 개인화 과정을 제공한다. 적응형 학습은 새로운 개념을 이해하는 데 효과적이며, 공통의 관심사를 지닌 학습자를 연결하여 협력 학습을 가능하게 한다. 다만, 적응형 학습 콘텐츠 구축은 높은 기술력과 많은 비용과 시간이 요구된다는 도전적 상황에 대면하고 있으며 고전적 수업과 통합해야 하는 숙제도 남아 있다. 따라서 적응형 학습의 발전을 위해서는 그 무엇보다 관련 기관 및 관련자들의 협력적 파트너십이 필요할 것이다.

## 탐구 질문

1. 적응형 학습을 어떻게 정의할 수 있는가?
2. AI 기반의 적응형 학습이 가지는 가장 큰 장점은 무엇이라고 생각하는가?
3. 오늘날의 적응형 학습의 한계점은 무엇이며, 그 해결책은 무엇인가?
4. 미래에서 적응형 학습은 어떻게 발전해나갈 것으로 전망하는가?

## / 저자 소개 /

**정재삼(chungj@ewha.ac.kr)**

1995년 이후 이화여자대학교 교수로 교수설계, 프로그램평가, 인재개발 분야를 연구지도해옴. 한국교육공학회(KSET) 회장, 한국기업교육학회(KSLP) 회장, 대한리더십학회(KAL) 부회장을 역임함. 한국인재경영대상 심사위원, 한국인재경영연구원 전문위원으로 활동 중이며 NHRD 프로젝트 책임연구자, 정부와 민간부문 인재개발 정책심의 및 평가위원 역할 수행함. 관심 분야는 적응적 학습(adaptive learning)과 신속한 수행성과(agile performance), 전략적 인재개발(strategic talent development)임. 최근 저서로는 교수의 으뜸원리, 리더십개론, 모두를 위한 인재개발(Exploring HRD 1), 교육과 인재개발을 위한 프로그램평가의 과정, 미래사회를 위한 교육의 방법과 테크놀로지, 모두를 위한 프로그램개발, 애자일 퍼포먼스 테크놀로지 등이 포함됨.

**이세영(ljk230@gmail.com)**

이화여자대학교 교육공학과 HRD박사과정을 수료하였으며, 구글 이노베이터 및 트레이너로 경희대학교 경영대학원 메타버스 비즈니스 전공에서 게이미피케이션 및 AI·개인화 경험디자인 과목을 강의하고 있음. 평생교육현장에서 디지털 역량 관련 교육 프로그램 개발 및 교육 및 컨설팅을 하고 있으며, 주요 관심 및 연구 분야는 평생 교육 및 학습을 위한 디지털 역량, AI기반의 적응형 학습, 게이미피케이션, 교수전략 및 교수 설계 등임.

# 제3장

정재삼/조은혜(이화여자대학교)

# 애자일 퍼포먼스

## 목표

1. 애자일의 협의적, 광의적 의미를 설명할 수 있다.
2. 애자일 개발론 방법들을 조직에 적용할 수 있다.
3. 애자일 퍼포먼스를 향상하기 위한 방향을 제시할 수 있다.
4. 애자일 인적 자원 관리(HR)의 방향을 제시할 수 있다.
5. 애자일 조직을 위한 교육의 방향을 제시할 수 있다.

## 핵심용어

애자일(agile), 애자일 퍼포먼스(agile performance), 애질리티(agility), 소프트웨어 개발론, 애자일 경영, 애자일 코치, 스크럼, 칸반, XP, 플로(Flow), 애자일 HR

## 1. 새로운 경영 패러다임의 등장, 애자일(Agile)

20세기 혁신 기업의 대표이자 일본 하이테크 제조업의 상징이었던 소니(SONY)는 21세기에 들어와 거듭되는 주가 폭락과 구조조정으로 기업의 위상이 쇠퇴하게 되었다. 반면, 소니와 마찬가지로 20세기를 대표하는 혁신 기업이었던 마이크로소프트(Microsoft)는 여전히 우리의 삶에서 중요한 가치를 제공하는 글로벌 기업으로 그 명성을 떨치고 있다. 새로운 세기에 들어오면서 글로벌 기업으로 손꼽히던 소니와 마이크로소프트의 운명이 다른 길로 접어들게 된 이유는 무엇이었을까? 소니는 과도한 사업 확장으로 경영 위기가 찾아온 시기에 위기를 극복하는 대안으로 사업부와 제품담당 조직을 독립적으로 운영하는 경영 시스템을 도입한다. 이를 통해 각 사업부가 독립성을 확보하여 변화에 신속하게 대응하기를 기대하였으나, 그 결과는 예상 밖이었다. 사업부 간의 소통이 어려워지면서 협업을 기대하기 어려워졌고, 사업부에서 개별로 연구한 기술을 다른 부서에서 사용할 수 없게 만드는 사태에 이르게 된 것이다. 이러한 경영의 난을 극복하지 못한 소니는 지속적으로 조직원을 감축하면서 아시아 기업 중 최고 규모의 구조조정에 이르게 된다(최인한, 2012).

새로운 세기를 앞두고 마이크로소프트 역시 변화에 빠르게 대처하기 위해 사업 조직을 독립적으로 운용하는 경영 구조로 전환하였고, 조직 내 경쟁 구도가 형성되는 결과에 봉착하였다. 이러한 문제를 해결하기 위해 마이크로소프트의 3대 CEO인 사티아 나델라는 새로운 조직문화의 이식을 시도한다. 사티아 나델라는 "공감(empathy), 성장(growth), 성취(achievement)"의 가치 키워드를 전사에 공유하고, 조직 부서 간 혹은 구성원 간의 자유로운 쌍방향의 소통이 가능하게 만들었다(Nadella, 2018). 그 결과 마이크로소프트는 글로벌 시장 조사업체 칸타(Kantar)에서 선정한 2022년 글로벌 브랜드 가치가 높은 기업 4위로 꼽히며 혁신 기업의 선두로 달려가고 있다.

이와 같은 조직의 위기를 극복하기 위한 혁신은 소니와 마이크로소프트에만 요구된 것이 아니다. 코로나 19 이후 세계 경제는 변동적(volatile)이고 불확실(uncertain)하며 복잡(complex)하고 모호(ambiguous)한 V.U.C.A 시대라고 불린다. 경제를 넘어 모든 사회 분야들은 빠르게 변화하고 불안정하기에 VUCA 시대의 생존을 위해 조직들은 더욱더 빠른, 높은 수준의 혁신을 요구받는다(이종구, 2021). 소니와 마이크로소프트 모두 빠르게 변화하는 시대적 흐름을 따라가기 위해 기존의 전통 조직구조에서 탈피해 새로운 조직 구조를 형성하는 혁신적인 기업이었다. 그렇지만 그 혁신의 성공은 구조적 변화를 넘어 시스템과 가치의 융합이 이루어졌는지에 달려있었다. 그리고 그 가치의 중심에는 애자일(Agile)이 있었다. 변화에 발맞춰 민첩하게 혁신을 꾀하고 성장하는 기업으로 나아가는 애자일 전환(Agile transportation)은 신흥 기업의 출현과 기존 기업의 몰락을 결정하는 열쇠가 되었던 것이다(장재웅, 상효이재, 2019). 그렇기에 마이크로소프트는 애자일 열풍을 일으키는 애자일 조직의 대표 주자로 손꼽히고 있다.

이러한 가치와 시스템의 융합을 추구하는 새로운 경영 패러다임은 '애자일 경영'으로 통칭되며 전 세계 기업들의 뜨거운 화두로 등장하게 되었다. 애자일에 열광하는 세계의 흐름 속에서 한국 기업들도 예외는 아니다. 2022년 신한은행, KB국민은행, 우리은행, 하나은행, NH농협은행의 신년사에서는 공통적으로 애자일이 등장하였다. 부서 간의 경계를 허물고 필요에 따라 민첩하게 구성하는 조직 문화를 지향한다는 의미로서 각 은행들은 애자일 조직을 필두로 디지털 전환을 이끌어내겠다는 포부를 드러냈다. SK텔레콤, KT, LG유플러스 등 국내 이동통신 3사의 2022년 신년사에서도 애자일은 빠지지 않았다. 이처럼 불확실한 사회에서 조직의 생존을 위한 혁신의 수단으로서 애자일 경영은 하나의 유행처럼 퍼져 가고, 조직들은 최신의 기술과 데이터를 활용해 변화에 발맞춰 기민하고 효율적으로 조직을 운영하기 위한 방향을 모색한다.

그러나 이러한 변화의 한편에서는 애자일 조직이 되기 위한 애자일 전환이 어떻게 이루어져야 하는 것인지 벽에 부딪히고 방향성을 잃은 기업의 사례들도 쏟아지고 있는 것이 현실이다. 그럼에도 불구하고 기업들이 애자일에 열광하는 이유는 무엇일까? 애자일이란 무엇이며 성공적으로 애자일 조직으로 전환한다는 것은 어떻게 가능한 일일까? 이러한 질문의 답을 찾아보기 위해 우선적으로 애자일의 발전과정을 살펴보고자 한다.

### 1) 애자일의 시작: 애자일 소프트웨어 개발 선언

빠르게 변화하는 비즈니스 경쟁 환경에서 능동적으로 대응하고 적응하는 민첩함(agility)이자 성장의 마인드셋(mindset)으로 정의되는 애자일은 소프트웨어 개발 분야에서의 혁신적인 경영법을 의미하는 용어로 사용되기 시작했다(탁제운 외, 2019). 2001년 미국 유타주에서 17명의 소프트웨어 개발자들이 발표한 애자일 소프트웨어 개발 선언(Manifesto for Agile Software Development)[1]은 애자일 용어가 함의하는 가치를 명시하고 있다. 이는 전통적인 모델인 폭포수 모델(waterfall model)에서 벗어나 유연하고 적응성이 뛰어난 새로운 소프트웨어 개발 철학을 담고 있다. 선언문에서는 4가지 핵심 가치(표 3-1 참조)와 이를 실현하기 위한 12가지 원칙(표 3-2 참조)을 제시하며 구체적인 방향과 방법까지 제시한다.

〈표 3-1〉 애자일 소프트웨어 개발 선언의 4가지 핵심가치

| | 추구 가치 | 기존 가치 |
|---|---|---|
| 1 | 개인과 상호작용 | 공정과 도구 |
| 2 | 작동하는 소프트웨어 | 포괄적인 문서 |
| 3 | 고객과의 협력 | 계약 협상 |
| 4 | 변화에 대응하기 | 계획에 따르기 |

1) https://agilemanifesto.org/

이 선언문에서 사용된 애자일은 작동하는 소프트웨어(working software)를 출시해 고객과 시장의 피드백을 받아 제품을 수정하거나 보완하는 민첩한 방법을 의미한다. 그렇기에 제품을 만들고 시장에 내놓고 피드백을 받아 보완하는 모든 과정에서의 민첩성을 의미하는 애자일리티를 높이는 것이 핵심이다. 따라서 빠른 의사결정을 위해 팀과 개인 단위로 의사결정의 주체를 이동시킨다. 선언문 속 변화에 기민하고 효율적으로 대응하는 소프트웨어 개발 철학과 이행 방식은 소프트웨어 개발 방법론을 넘어 새로운 경영 패러다임을 구성하는 기저가 되었다.

〈표 3-2〉 애자일 선언 이면의 원칙

| | |
|---|---|
| 1 | 우리의 최우선 순위는, 가치 있는 소프트웨어를 일찍 그리고 지속적으로 전달해서 고객을 만족시키는 것이다. |
| 2 | 비록 개발의 후반부일지라도 요구사항 변경을 환영하라.<br>애자일 프로세스들은 변화를 활용해 고객의 경쟁력에 도움이 되게 한다. |
| 3 | 작동하는 소프트웨어를 자주 전달하라.<br>두어 주에서 두어 개월의 간격으로 하되 더 짧은 기간을 선호하라. |
| 4 | 비즈니스 쪽의 사람들과 개발자들은 프로젝트 전체에 걸쳐 날마다 함께 일해야 한다. |
| 5 | 동기가 부여된 개인들 중심으로 프로젝트를 구성하라. 그들이 필요로 하는 환경과 지원을 주고 그들이 일을 끝내리라고 신뢰하라. |
| 6 | 개발팀으로, 또 개발팀 내부에서 정보를 전하는 가장 효율적이고 효과적인 방법은 면대면 대화이다. |
| 7 | 작동하는 소프트웨어가 진척의 주된 척도이다. |
| 8 | 애자일 프로세스들은 지속 가능한 개발을 장려한다.<br>스폰서, 개발자, 사용자는 일정한 속도를 계속 유지할 수 있어야 한다. |
| 9 | 기술적 탁월성과 좋은 설계에 대한 지속적 관심이 기민함을 높인다. |
| 10 | 단순성이 — 안 하는 일의 양을 최대화하는 기술이 — 필수적이다. |
| 11 | 최고의 아키텍처, 요구사항, 설계는 자기 조직적인 팀에서 창발한다. |
| 12 | 팀은 정기적으로 어떻게 더 효과적이 될지 숙고하고,<br>이에 따라 팀의 행동을 조율하고 조정한다. |

### 2) 애자일의 발전

애자일 선언을 통해 발표된 애자일의 가치들은 경쟁과 불확실성의 시대에서 새로운 경영 방식으로 부상한다. 소규모 단위의 소프트웨어 개발팀을 중심으로 애자일 방식을 적용한 일부 스타트업이 급진적으로 성장하게 되면서 신흥 혁신 기업들에서 공통적으로 나타나는 업무 방식은 경영자들의 관심을 끌게 된다. 이러한 신흥 혁신 기업들은 애자일 방법론의 철학, 문화를 업무 방식과 시스템에 접목해서 변화에 빠르고 민첩하게 대응해나가며 비약적인 발전을 이끌어내고 있었다. 애자일을 수용해 성공적인 결과를 이끌어낸 조직들은 공통적인 세 가지 특징을 보인다(Denning, 2018a).

첫째, 작은 팀의 법칙이다. 애자일 실무자들로 구성된 팀은 소규모이며 자율성을 보장받고, 다양한 기능을 혼합한다. 작은 단위의 업무를 짧은 단위의 업무 사이클로 진행하면서 고객과 시장에서 지속적으로 피드백을 받아야 한다는 사고방식을 공유한다. 그러면서 팀원들은 상호 신뢰하며 몰입하고 이는 성과로 이어진다.

둘째, 고객의 법칙이다. 소규모의 고성과 팀을 지속하는 데 성공한 애자일 조직은 고객에게 관심을 집중하기 시작했다. 뉴 노멀(New Normal)과 뷰카(VUCA) 시대 시장의 주도권은 고객에게 넘어갔고, 고객들은 다양하고 눈높이에 맞는 빠른 결과물을 촉구하기 시작하였다. 그러면서 애자일 조직은 고객에게 지속적으로 새로운 가치를 창출하는 데 전력을 집중한다.

셋째, 네트워크의 법칙이다. 애자일 조직에서는 경영자와 팀을 공동의 목표를 위해 협력하는 네트워크로 인식한다. 기민하게 움직이는 고성과 팀의 존재도 조직의 운영 방식과 불일치한다면 성공하는 것이 불가능하다. 그렇기에 조직 전체가 애자일을 진정으로 수용하여 팀들이 네트워크를 형성하는 유기체로 상호작용하는 것이 애자일 경영의 핵심이자 최종 목표이다.

이러한 애자일은 개발 프로세스 관리 능력, 생산성, 제품 및 코드의 품질 개선, 팀

응집력과 만족도의 영역을 향상시키며(Dyba & Dingsoyr, 2008), 프로젝트의 효율성, 이해당사자의 만족도, 프로젝트 성과 측면에서도 유의한 영향을 미친다(Serrador & Pinto, 2015). 이렇게 경영적 측면에서의 효과성을 인정받고 성공적인 애자일 전환이 이루어지는 사례들이 속출하면서 애자일은 다양한 조직과 경영 환경에 접목할 수 있는 가능성을 높게 평가받게 되었다.

## 2. 애자일(Agile)의 의미

애자일을 접목하거나 애자일로 전환하는 기업들의 성공 신화는 다른 조직들에 벤치마킹할 귀감이 된다. 그러나 다른 기업의 애자일 방식을 자신의 조직에 그대로 접목하는 것은 이미 다수의 실패 사례로 검증된 부적합한 경영 방식이다. 이보다는 각 조직에 최적화된 애자일 방식을 고민하고 애자일 전환을 이끌어내는 맞춤화된 접근이 필요하며, 이는 애자일의 의미를 올바르게 이해하는 것이 전제되어야 한다. 일반적으로 애자일을 바라보는 관점은 소프트웨어 개발 방법론으로 바라보는 관점과 경영 패러다임으로 바라보는 관점으로 구분된다(장재웅, 상효이재, 2019).

### 1) 협의의 애자일 관점(애자일 방법론)

애자일을 소프트웨어 개발 방법론으로 바라보는 협의의 관점은 일반적으로 국내 경영 환경에서 애자일을 도입하고 조직에 확산시키는 사례들에서 찾아볼 수 있다. 애자일 방법론(Agile methodology)은 진행 상황이 명확하게 눈에 보이지 않고, 수시로 변경되는 고객의 요구사항을 빠르게 반영해야 하는 소프트웨어 개발 분야에서 전통적 개발 방법론의 대안으로 떠올랐다(김정수, 김승철, 2016).

다만 애자일 방법론은 고객의 요구를 적기에 맞추고 정해진 예산 안에서 효율성을 극대화하는 것이 중요하여 소프트웨어 개발 이외의 업무에 이 방법론을 그대로 적용하기는 어렵다는 한계가 있다. 대표적으로 활용하는 애자일 방법론은 스크럼(Scrum), 칸반(Kanban), XP(eXtreme Programming) 등이 있다.

### (1) 스크럼(Scrum)

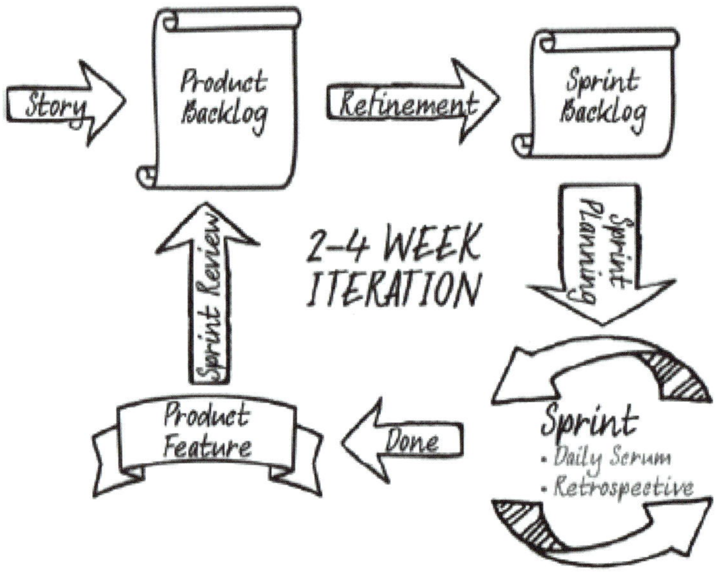


**[그림 3-1]** 스크럼 업무 플로 기본모형[2)]

스크럼은 설계-개발-검증의 소프트웨어 개발 프로세스를 2~4주 단위의 일정한 짧은 주기(sprint)로 반복하여 실행하는 개발 방법론이다. 제품 책임자(product owner)는 제품 백로그(product backlog)[3)]에 스토리(story)[4)]를 작성해 개선(refinement)하며, 우선순위를 지정하고 미래에 필요할 것으로 예측되는 디테일(detail)을 추가한다.

2) Winter, B. (2015). p.98
3) 제품에 포함되어야 하는 기능의 우선순위 목록
4) 개발 제품의 타깃 고객/사용자, 목적/목표, 필요/욕구를 작성한 문장

이렇게 완성된 스프린트 백로그(sprint backlog)[5]를 스프린트 플래닝(sprint planning) 미팅 중 개발 팀에게 전달한다. 개발 팀은 가능한 한 많은 스토리의 개발에 몰두한다. 스프린트 기간을 통해 팀은 매일 데일리 스크럼(daily scrum)[6]을 진행하고, 스프린트가 끝난 시점에 스프린트 회고(retrospective)[7]를 통해 어떻게 업무를 수행했는지 되돌아본다. 또한 개발된 기능들이 고객에게 적합한지 검증한다. 스프린트 검토(sprint review)[8] 동안 공유된 피드백은 후속 제품 백로그에 반영한다. 이렇게 상호작용적인 스크럼이 점진적으로 발전해가기 위해서는 제품 책임자와 개발 팀원들을 조율하고 관리하는 스크럼 마스터(scrum master)의 역할이 필수적이다(Winter, 2015). 스크럼은 팀의 생산성과 창의성을 높여 가능한 가장 높은 상품의 가치를 고객에게 제공하는 것이 목적이기에 IT 업계를 선두로 R&D 등의 제품 개발 측면에서 각광받게 되면서 신제품 개발 관리를 위한 대안으로 떠올랐다(권오성, 이철규, 2017). 삼성 SDS는 스크럼을 적용해 성공적으로 애자일 전환을 이루어낸 대표적인 국내 대기업이다. 2007년, 교육부의 신NEIS 시스템 구축 사업에 참여한 개발자들이 주도적으로 스크럼 프로세스를 적용해 프로젝트를 성공적으로 수행하고 전사에 애자일 방법론을 적용한 프로젝트들이 연이어 성공했다. 이에 힘입어 2015년 삼성 SDS 개발 조직에서는 약 20명의 애자일 개발자들을 중심으로 ACT(Agile core team)를 구축하여 본격적으로 애자일 전환을 도모했다. 2019년 ACT는 120명 규모까지 확장되며 개발 조직 내의 소조직 단위로 애자일 확산을 이끌고 있다.

5) 제품 백로그에서 결정된 우선순위를 기반으로 스프린트 팀원들이 스프린트 동안 해야 하는 일의 목록
6) 매일 모여서 일의 진척사항, 직면한 문제를 이야기하는 시간
7) 마지막 스프린트의 검사를 통한 스크럼 팀의 상호작용, 프로세스, 도구 및 개발 완료 등의 점검
8) 팀원, 고객(client), 실사용자(user) 등 이해관계자들이 모여서 이야기하는 시간

### (2) 칸반(Kanban)

칸반은 상품 스케줄링 시스템으로서, 개발자에게 업무를 적절하게 배분하고 관리하기 위한 도구이다. 1940년대 초반 일본의 도요타 임원들이 미국의 슈퍼마켓에서 상품이 팔리는 속도에 따라 진열대에 제품을 다시 채워 놓는 것을 보고 아이디어를 얻어 개발되었으며, 자동차 생산 공장에 적용하게 되었다(박상용, 한창호, 2014). 이는 스크럼 보드(Scrum board)의 일종으로서 화이트보드, 메모보드와 같은 실제 게시판이나 디지털 보드로 구현된다. 일반적으로 요구사항(Requested), 진행사항(In-Progress), 완료사항(Done)의 3단계로 구성되며 프로젝트 특성에 따라 단계를 변경할 수 있다.

칸반 보드는 스티커, 티켓 등의 시각적 카드를 활용해 개별 작업(Task) 단위를 시각화해 관리한다(그림 3-2 참조). 또한 진행 중인 작업 제한(WIP Limit)으로 한 열에 포함할 수 있는 최대 카드를 제한한다. 예를 들어 WIP Limit이 3인 경우, 해당 열에는 카드를 3개 이상 붙일 수 없다. 이렇게 최대치의 수만큼 카드가 붙어 있는 경우에는 붙여둔 카드를 해결해 다음 단계로 보내야 한다. 그렇기에 업무의 병목 현상을 노출시키고 업무 흐름(Work flow)을 최대화할 수 있다. 이는 현재 너무 많은 작업을 이행 약정하고 있음을 보여주는 경고 신호가 되기도 한다. 작업을 시작하는 시점과 고객에게 제품을 제공하는 시점을 모두 보여주어 최대한 빨리 고객에게 제품을 제공할 수 있도록 업무의 속도를 높이는 데 기여한다(Schwaber & Sutherland, 2020). 이처럼 칸반은 일의 우선순위와 처리 과정, 문제 발생 여부를 확인하고 대처하기에 적합하다. 또한 팀원들의 정보 교환과 의사소통을 용이하게 하여 피드백을 하거나 협동심을 증진하는 데 효과적이다.

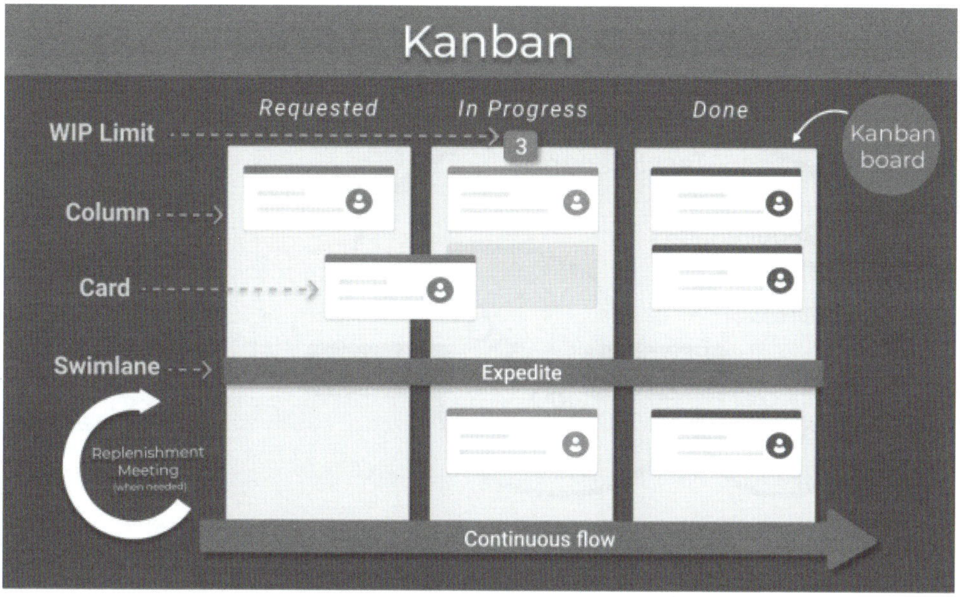


[그림 3-2] 칸반 보드(Kanban Board)[9)]

## (3) XP(eXtreme Programming)

1990년대 Kent Beck에 의해 창시된 XP는 짧은 주기의 반복(iteration)을 통해 요구 변화에 신속하게 대응하여 고객 중심의 고품질 소프트웨어를 전달하는 기법이다. XP는 고객의 요구사항을 시나리오로 표현한 사용자 스토리(user story)를 기능 단위로 구성한다(그림 3-3 참조). 몇 개의 스토리를 적용하여 부분적으로 기능이 완료된 제품을 제공하는 릴리스 계획(release planning)을 수립하고 부분 혹은 전체 개발 완료 시점을 결정한다. 이를 평가하기 위해 어려운 요구사항이나 잠재 솔루션을 고려한 간단한 프로그램(spike)을 만들어 사용자 스토리의 신뢰성을 높이고 기술 문제의 위험성을 감소시킨다.

9) Schwaber, K. & Sutherland, J. (2013). p.18

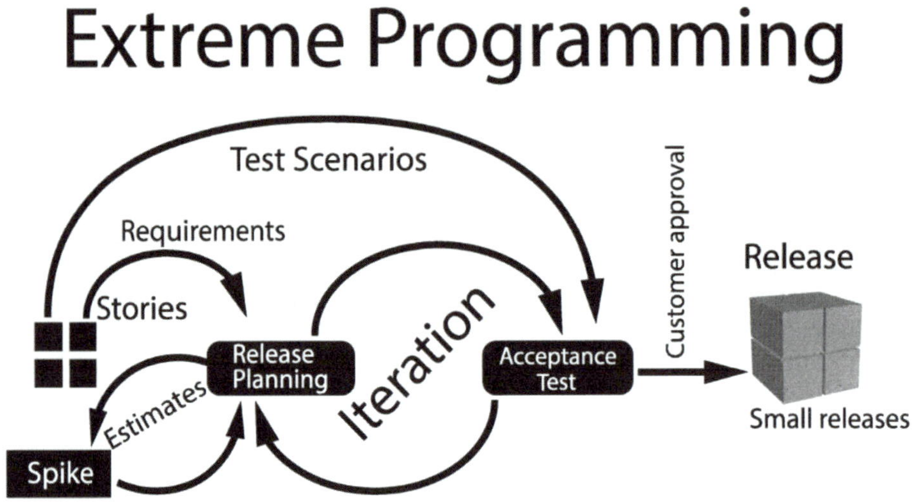


[그림 3-3] Extreme Programming Process[10)]

앞서 계획한 릴리스를 세분화하여 1~3주간 기간으로 반복 진행(iteration)한다. 1개의 이터레이션 안에서 계획된 릴리스 단위의 부분 완료 제품이 구현되면 승인 검사(acceptance test)를 진행한다. 이는 고객이 직접 수행하며, 오류 발생 시 다음 이터레이션에 포함시킨다. 승인 검사 과정에서 새로운 요구사항이 작성되거나 요구사항의 우선순위가 변경될 수 있다. 이 테스트가 완료되면 다음 이터레이션을 수행하고 여러 번 소프트웨어를 통합(continuous integration)하여 완료되면 최종 테스트 수행 후 릴리스한다(한동준, 한혁수, 2008). 이러한 프로세스로 진행되는 소규모 릴리스는 고객의 반응을 기능별로 세분화하여 확인할 수 있기에 고객의 요구사항에 조금 더 유연하게 대처할 수 있고 프로젝트의 방향 이탈을 방지한다.

10) https://www.digite.com/agile/extreme-programming-xp/

## 2) 광의의 애자일 관점(애자일 경영)

애자일을 소프트웨어 개발 방법론으로 인식하며 도입한 기업들은 일부 조직의 성과를 바탕으로 조직 내에서 애자일의 자연스러운 확산을 기대하지만, 여전히 대다수의 기업에서는 개발 조직 등의 소수 조직에서만 애자일을 적용한다는 한계를 보인다. 따라서 애자일을 조직 전사에서 공유하고 업무에 적용하기 위해서는 조직문화 관점에서 애자일 경영 패러다임을 받아들여야 한다. 즉 애자일 경영은 조직 내에서 애자일이 어떤 행동과 결과를 유발할지 규명하고, 새로운 조직문화를 구축하기 위해 조직을 변화시키고 관리하는 것을 의미한다. 이를 위해서는 애자일 방법론 이상의 포괄적인 접근과 노력이 필요하다. 조직에 최적화된 애자일 문화, 조직의 성공을 위해 필요한 조직의 가치와 행동을 정의하고 실천 및 유도하는 리더십이 요구된다. 이를 통해 조직의 전략과 프로세스, 구조가 유기적으로 상호작용하며 혁신을 이끌어낼 수 있다(표 3-3 참조).

애자일이 조직 문화로서 기능하기 위해서는 애자일 문화를 정립하기에 적합한 문화 유형을 아는 것이 우선시되어야 한다. 이를 위해 애자일 연구자들은 조직심리학자 윌리엄 슈나이더가 제시한 조직문화 모델(Schneider, 1994)을 토대로 애자일에 적합한 문화 유형을 파악했다(Sahota, 2012). 슈나이더는 조직의 의사결정 방법(인간 중심, 기업 중심), 관심사(현실 중심, 미래 지향)에 따라 4가지 유형으로 조직문화를 구분하고 조직은 4가지 유형 중 하나를 지배적 문화로 보유하고 있다고 보았다.

첫 번째로 통제 중심 문화(control)는 조직원에 대한 강력한 지배력을 수단으로 목표를 달성한다. 권위주의적인 리더는 조직원을 표준화, 규격화하여 다루며, 안정적이고 예측 가능한 비즈니스 환경을 구축할 수 있다. 두 번째로 능력 중심 문화(competence)에서 조직은 우수한 결과 창출을 위해 가장 적합한 조직원에게 명확한 목표를 부여한다. 각 조직원은 전문가로서 대우받고, 과정보다는 결과에 따라

평가받는다. 세 번째로 협력 중심 문화(collaboration)에서는 조직원들의 협력과 시너지를 강조한다. 그렇기에 상호 신뢰를 구축하는 리더의 역할이 필요하며, 조직원들의 개성과 다양성을 인정받는다. 네 번째로 배양 중심 문화(cultivation)에서는 조직원의 학습과 성장을 추구하며, 구성원의 잠재력을 이끌어내는 리더십과 성장하고자 하는 신념과 과정에 가치를 부여한다.

〈표 3-3〉 애자일 확산을 위한 방법 비교[11]

| | 협의의 애자일 방법론 확산 | 광의의 애자일 경영 확산 |
|---|---|---|
| 방식 | • 시범조직 운영 | • 리더십 주도의 문화적 변화·관리 |
| 주요 과정 | • 소프트웨어 개발 환경에 맞는 조직 선별<br>• 애자일 코치 중심의 시범 도입<br>• 애자일 방법(스크럼, 칸반, XP 등) 및 관련 가치, 원칙 교육/체화 | • 리더십 각성<br>• 조직에 필요한 성공/문화/가치 재정의<br>• 전략/구조/프로세스 연결<br>• 총체적 변화 과정의 다이내믹스 관리 (협의의 애자일은 전술, 부분집합) |
| 주도 | • 애자일 코치(애자일 담당자) | • 리더십 파이프라인 전체 변화에 자발적으로 기여하고자 하는 조직 구성원 (애자일 코치) |
| 효과 | • (시범조직의) 비교적 빠른 변화<br>• 효과성 검증 가능 | • 조직 전체의 근본적 체질 개선<br>• 관리의 혁신 가능 |
| 한계 | • 시범조직에 한한 '특수 케이스'<br>• 조직의 '섬'으로 인식되어 조직 전반의 확산에 제한<br>• 시범조직 도입과 애자일 경영 확산은 별개 문제로 인식, 작동 | • 권위적, 위계적 문화 일변도의 한국 기업문화 특성상 리더십 차원의 각성 및 통합<br>• 애자일 코치화가 쉽지 않아 관리 혁신의 속도 제한 기능 |

조직문화 유형을 중심으로 마이클 스페이드(Michael Spayd)가 2010년 실시한 '애자일 문화 조사'에 따르면 애자일 방법론을 수행한 조직들은 통제(3%), 능력(9%)보다는 배양(41%), 협력(47%)의 문화로 수렴하는 경향을 보인다. 이는 협력적이거나

11) 장재웅, 상효이재(2019). p.54

성장을 중요시하는 조직 문화에서 애자일이 구현될 수 있음을 보여주기에 애자일 경영이 정착하기 위해서는 업무 스타일부터 리더십, 구조, 전략, 프로세스 등 총체적인 변화가 필요함을 의미한다.

그렇다면 애자일을 조직문화로, 새로운 시대의 경영 패러다임의 대안으로 흡수하기 위해서는 어떻게 나아가야 할까? 애자일에 대한 방법론적 접근과 경영학적 철학을 함께 담아낸 애자일 퍼포먼스 향상 시스템을 살펴보며 애자일 퍼포먼스의 방향성을 모색해보고자 한다.

## 3. 애자일 퍼포먼스 향상

애자일 퍼포먼스 향상은 HPT(human performance technology)와 애자일을 최적으로 융합하는 방법론적이면서 가치론적인 접근이다. 앞서 살펴보았듯 애자일 방법론적 접근은 업무 단위를 작게 쪼개거나, 반복해서 전달하거나, 점진적으로 향상한다는 특징을 가진다. 반면 HPT는 요구사항을 재구성하고, 전단분석 및 원인분석을 한다. 이 두 관점은 공통적으로 가치와 성과 창출을 강조하며, 고객과의 협동을 중시한다. 애자일과 HPT의 특징과 공통점을 모두 구현하는 것을 애자일 퍼포먼스 향상이라 하며, 애자일 시스템 향상을 위한 주체로는 고객, 상품 책임자, 개발 팀이 있다. 상품의 최종 사용자인 고객은 창출물의 가치를, 상품 책임자는 창출물에 포함되어야 하는 기능의 우선순위(backlog)를, 개발 팀은 완성을 위한 업무 방식을 결정한다. 세 주체가 각자의 역할에 충실하지 못하거나 생산적으로 협업하지 않는다면 플로가 깨져 요구된 가치를 전달하지 못할 것이다. 그렇기에 고객, 상품 책임자, 개발팀의 책임감, 플로, 협동을 향상시키는 것은 애자일 퍼포먼스 향상을 위해 필수적이다(Winter, 2015).

### 1) 책임감(Responsibility)

애자일 선언문에서 제시한 '변화에 대응하기'를 실현하기 위해서는 고객과 협동하는 책임감이 전제되어야 한다. 고객은 그들의 마음을 바꿀 권리가 있기에 조직은 그 변화에 따라야 하는 의무가 있는 것이다. 그렇기에 계획을 고수하기보다는 변화에 따라 대처하는 것도 애자일 퍼포먼스를 이끌어내기 위해 필요한 책임감의 일종이다. 또한, 조직의 시스템 안에서 외부 환경에 대한 반응성(Responsiveness), 조직 외부에서 발생하는 변화에 빠르게 반응하는 태도를 가지는 것도 책임감으로 볼 수 있다.

### 2) 플로우(Flow)

고객, 상품 책임자, 개발 팀이 성과를 창출하기 위해 플로우를 유지하는 것은 필수적이다. 플로우는 세 집단의 관계나 역할에 따라 작업 플로우, 정보 플로우, 아티큘레이션 플로우로 구분할 수 있다. 작업 플로우(work flow)는 상품 책임자와 개발 팀이 업무에 몰입하여 고객의 승인을 획득하는 과정이며, 효과적인 작업 플로우는 빠른 속도로 성과를 달성하는 결과로 이어진다. 정보 플로우(information flow)는 업무를 완수하기 위해 필요한 데이터를 공유하는 움직임을 의미하며, 상품 책임자는 백로그를 재정의하고, 고객의 피드백을 통해 개발팀은 지속적으로 향상시켜 나가며 백로그의 품질을 높인다. 세 번째로 아티큘레이션 플로우(articulation flow)는 성과를 위해 고객, 상품 책임자, 개발팀에서 표출해야 하는 것을 의미한다. 고객은 필요로 하는 사업적 가치나 성과를, 상품 책임자는 고객의 가치에서 파생된 스토리를, 개발 팀은 스토리의 요구사항을 만족하는 결과물을 이끌어내는 코드를 표현해야 한다. 이러한 과정이 잘 이루어질 때 가시적이고 재무적인 성과를 이끌어낼 수 있다.

플로우를 향상시키는 것은 애자일을 적용하고 성과를 이끌어내는 과정에서 필수

불가결하다. 각각의 플로우가 원활하게 흘러가기 위해서는 상품 책임자와 개발팀은 일을 하기 위한 충분한 정보를 갖추는 등 준비(readiness)가 되어야 한다. 또한 업무를 반복적으로 향상시켜나감에 있어 지속 가능한 속도를 유지(sustainable pace)하는 것도 필요하다. 이와 함께 사용자의 수행, 조건, 요구사항에 대해 스토리로 기술하는 포맷(story-writing format)을 갖추고 공유한다면 고객 중심적 가치 파악에 용이할 수 있다.

### 3) 협동(Collaboration)

"팀은 정기적으로 어떻게 더 효과적이 될지 숙고하고, 이에 따라 팀의 행동을 조율하고 조정한다." 협동은 애자일 선언문에서도 강조한 애자일의 중요한 가치이다. 애자일에서 추구하는 협동은 고객, 상품책임자, 개발 팀의 관계에 따라 다른 모습으로 구현된다. 고객과 상품 책임자의 관계에서는 고객의 가치를 상품 책임자가 진단하여 백로그에 반영해야 한다. 상품 책임자와 개발팀의 관계에서는 상품 책임자가 백로그의 우선순위와 상품의 비전을 정하고 개발팀에서는 이를 구현하도록 헌신해야 한다. 개발팀과 고객의 관계에서 개발팀은 요구사항을 반영하고 스프린트 리뷰를 거치며, 고객은 이를 사용해보고 피드백해야 한다. 이렇게 상품 책임자, 개발팀, 고객은 각각의 관계에 따라 요구되는 협동을 이행해야 하고, 이를 통해 고객 만족이라는 궁극적인 가치를 이끌어낼 수 있다.

## 4. 애자일 인재관리(Agile People Management)

애자일 경영이 정착하고 혁신을 위한 도약을 하기 위해서는 애자일 조직에서의 인적자원 관리 역시 변화가 필요하다. 조직에서 수행하는 HR은 전통적(traditional)

HR, 애자일 라이트(Agile-lite) HR, 애자일 역량 관리(Agile talent management)로 발전해왔다(Denning, 2018b). 전통적 HR은 조직원을 활용 가능한 노동 자원으로 보고 상명하달식 전략의 효율성을 향상시키기 위해 비용 감축을 추구하는 방향으로 이루어졌다. 이러한 전통적인 HR의 한계를 극복하기 위한 프로세스로 등장한 애자일 라이트 HR은 더 나은 HR 수행을 위해 실현 가능한 초기 행위들을 제시하였다. 애자일 전략을 공식화하기 위해 각광받기 시작한 애자일 역량 관리는 고객에게 더 큰 가치를 제공하고자 하는 비즈니스 목표를 가진 조직에서 필수적인 경영관리 방법으로서, 조직 구성원의 수행 관리를 책임진다.

이렇게 애자일 경영에서의 인적자원 관리는 전통적 HR에서 그 의미와 수행 방식이 변화해오고 있다. 따라서 전통적 HR에서 어떠한 흐름으로 발전해 가고 있는지 구체적으로 살펴보고, 애자일 조직 내에서 최고의 퍼포먼스를 이끌어낼 수 있는 인적자원 관리 방법은 무엇인지 논의해보고자 한다.

### 1) 전통적 HR의 변화

20세기 후반에 조직 간의 경쟁이 치열해지면서, 기업들은 오프쇼링(offshoring)[12]과 구조조정(downsizing)과 같은 인력 관리 방침을 감행한다. 전통적 HR에서는 조직원을 자원으로 취급하고 이해관계자의 가치를 최대화하는 것을 우선순위로 두었다. 그렇기에 인원 감축과 같은 방식으로 비용 효율성을 최대치로 끌어올려 최고경영자의 요구사항을 이행하는 데 주력하였다. 이러한 인력 배치는 공공연하게 활용되었으나, 세계화와 자유화, IT 기술의 발달, 고객 중심의 시장이 형성되면서 기존의 HR 방식을 고수하는 것은 조직의 생존을 위협하게 되었다. 이제 고객은 각자의 고유한 개성을 지닌 개별 단위이기에, 현시대의 기업들은 각 개별의 고객들이

12) 기업들이 경비를 절감하기 위해 생산, 용역, 일자리를 해외로 내보내는 아웃소싱의 일종

갖고 있는 요구에 맞춤화하며 상호 관계를 형성하여 함께 가치를 만들어가야 하는 과제에 맞닥뜨리게 되었다. 새로운 세계의 기업들은 즉각적이고 밀접하며 갈등 없는 가치를 생성해야 하는데 느리게 움직이는 상명하달식 관료체계와 능력주의 조직에서는 불가능하다.

변혁의 시대에서 최고의 수행과 성과를 결정하는 것은 핵심 인재(talent)이다. 초보자와 전문가 간의 퍼포먼스의 차이는 평균적으로 1:8 이상이며, 극단적으로는 1:100에 이르기도 한다는 연구가 있다(Dennig, 2018d). 이렇게 핵심 인재를 확보하기 위한 인적자원 관리는 차등적인 경제적 보상으로 주로 이루어졌다. 하지만 금전적 보상은 핵심인재를 확보하기 위한 하나의 수단에 불과하다. 핵심 인재는 그들의 아이디어를 듣지 않는 강압적인 관리 시스템이 있거나 상사의 전문성이 부족한 경우 언제든지 자유롭게 조직을 떠날 수 있다. 그렇기에 핵심 역량은 전략의 우위에 있어야 한다. 조직들은 과거의 방식을 고수하며 전략에 몰두하기보다는 빠른 의사결정 또는 급변하는 상황에서 부상하기 위해 필요한 핵심 역량인 민첩성(agility)에 관심을 가져야 한다. 핵심 역량은 가치를 생산하는 원동력이자 조직의 최우선 어젠다이다. 팀에게 권한과 자율권을 넘기는 것은 조직의 전략과 핵심 역량을 지속적이고 민첩하게 연결할 수 있는 최고의 방법이다. 이렇게 핵심 역량의 확보 및 관리의 필요성이 부각되면서 기업들은 전통적 HR 수행의 한계를 극복할 대안을 모색하기 시작한다.

### 2) 변화의 시작, Agile-lite HR

전통적 HR 수행을 향상하기 위한 첫 번째 단계로서 일부 회사들은 애자일 라이트 프로세스를 탐색했다(Denning, 2018d). Cappelli(2018)에 따르면 애자일 라이트(Agile-lite)는 애자일 방식을 완전히 적용하지 않은 기업에서 사용할 수 있는 방식을 의미한다. 이 단계에서 사용할 수 있는 구체적인 인적자원 관리 방법은 〈표 3-

4)와 같다.

애자일 라이트 HR은 잠재적으로 좋은 아이디어들을 포함하고 있지만, 눈앞에 닥친 도전들을 처리하기 위해서는 최적의 방식으로 보기는 어렵다. 따라서 고객 가치와 혁신을 창조하기 위한 자기관리(self-management) 팀 문화를 촉진하기 위해 HR뿐만 아니라 다른 관리 영역까지 확장한 인적자원 관리의 근본적인 변화가 요구된다.

〈표 3-4〉 HR 수행을 위한 향상된 프로세스[13)]

| HR 분야 | HR 수행 방식 |
|---|---|
| 퍼포먼스 평가 | • 퍼포먼스 평가 횟수 증가(프로젝트 단위로 평가 시행)<br>• 지속적인 피드백 제공<br>• 기능별로 구분된 퍼포먼스 사이클 방식 제공<br>• 개발에 대한 논의와 평가 구분<br>• 역량 교정 세션 제거 |
| 코칭 | • 관리자의 코칭 기술 증진에 투자<br>• 관리자가 구성원에게 더 좋은 피드백을 제공하도록 돕고, 조직 내부의 코칭 능력을 향상시킬 수 있는 전일제 코치 전문가 고용 |
| 팀 | • 팀을 위한 다각적인 피드백 제공<br>• 문제를 초기에 식별하고 해결하는데 도움이 되는 관리자의 투입<br>• 조직원에서 팀 리더, 감독까지 이르는 상향식 피드백 실현<br>• 감독자, 동료, 고객이 즉각적인 피드백을 할 수 있는 앱(App) 제공<br>• 독립적으로 운영할 수 있는 일선 결정 권한 부여 |
| 보상 | • 발생한 성과의 이익에 따른 성과급 지급<br>• 지식 근로자(knowledge workers)의 연간 인상 제거 및 직무별 보상 조정 횟수 증대<br>• 개별 보너스 제거 및 기본급 증대 |
| 채용 | • 모든 채용의 선행조건에 교차 기능(cross-functional) 역량 제시 |
| 교육 | • 조직원들이 필요할 때 쉽게 접근할 수 있는 온라인 학습 모듈 제시<br>• 학습 어드바이스를 제공하는 인공지능 기술 사용 |

13) Denning, S. (2018b). p.5. (번역 및 재구성)

### 3) 애자일 역량 관리(Agile Talent Management)

Barton 외(2018)에 따르면, 핵심 역량을 이끌어내는 애자일 기업들은 4가지 주요 요인들을 보유하고 있었다. 첫 번째, 민첩성의 개발이다. 민첩성(agility)이란 예측할 수 없는 트렌드와 산업의 재편과 혁신에 신속하게 적응할 수 있는 능력을 의미한다. 애자일 관리에서는 구조적으로 더 많은 사람들이 고객 대면 업무에 배치되고 기업의 전략 방향을 감독하는 데 집중하는 인력은 줄어들 것이다. 그렇기에 업무 과정에서 필요한 대다수의 결정권은 팀과 개인에게 권한이 위임될 것이며(Charan et al., 2018), 이는 민첩한 의사결정 실행을 이루어낼 수 있다.

두 번째, 핵심 역량의 배치를 관리하는 내부 시장이다. 전통적인 계층 구조로는 핵심 역량과 자원을 사업과 시장의 경계를 가로지르는 작은 단위의 팀에 제공하는 것이 필요한 시장에서 성공할 수 없다. 시장 중심의 조직을 형성하는 것은 처음에는 급진적으로 보일 수 있다. 그러나 이러한 시장 주도적인 유연한 조직으로서 다양한 분야의 기업들이 이익을 내고 있는 현실이다.

세 번째, 업무의 의미를 풍부하게 부여한다. 안전하기만 한 업무 환경은 창의적 인재의 진정한 잠재력을 이끌어내지 못한다. 예측할 수 없는 경제에서 번창하기 위해 필요한 훌륭한 인재들을 끌어들이고 유지하지 못할 것이다. Facebook, Haier와 같은 글로벌 혁신 기업의 조직원들은 이익보다 해결책을 먼저 생각한다. 해결책 우선 접근(solution-first approach)은 시장이 얼마나 빨리 변화할 수 있는지 적절하고 유연하게 파악하며, 빠르게 피벗(pivot)[14]할 수 있는 능력이다.

네 번째, 조직의 문화에 대한 이해이다. 업무의 의미를 창조하는 것은 조직의 문화에 달려있다. CEO는 조직의 시스템을 이해하고 지속적으로 측정 및 모니터링해야 한다. 최고 경영진과 이사들은 핵심 역량 향상을 위한 지속적인 성장의 필요성과 조

14) 서비스, 제품 등에 대한 시장의 반응이 좋지 않은 경우 비즈니스 모델의 방향을 전환하는 경영 방식

직의 한계점에 대해서 인지하고 있으나, 회사에 가치를 부여한 조직원이 누구인지 잘 알고 있지 못하는 것이 현실이다. 매킨지(Mckinsey)에 따르면 고위 임원의 약 70%가 조직에서 가장 영향력 있는 사람에 대해 잘 알고 있지 못하다고 한다(Barton et al., 2018).

그렇기에 조직의 인재에 대한 전반적인 이해가 필요하며 인재 채용, 배치 및 개발에 중점을 두는 방향으로 발전해야 한다. 무엇보다 조직에서 업무가 발생하는 방식을 안내하는 일련의 규범을 정의하는 것이 필요하다. 가이드라인은 아이디어를 가치로 전환하는 데 사용할 프로세스와 행동에 대한 기본 규칙이며, 함께 일하는 모든 사람들이 공동의 목표를 공유하는 소통 도구이다. 이를 통해 자유로운 토론과 비평의 분위기를 조성하고 구조적인 변화를 이끌어내는 사고방식을 육성할 수 있다(표 3-5 참조).

〈표 3-5〉 인적자원 관리 모델의 특징[15)]

| 인적 관리 유형 | 전통적 HR | Agile-lite HR | Agile 인적 관리 |
|---|---|---|---|
| 관리의 본질 | 관료주의 | 일부 향상된 관료주의 또는 능력주의 | 애자일 관리 |
| 명칭 | Human Resources, HR | HR, Talent management | People, Talent or Talent & Experience |
| 보고 대상 | 재무 책임자, 최고 운영 책임자 | 최고 운영 책임자 | 최고 경영자, 사업부 책임자 |
| 운영 방식 | 통제자 | 통제자, 촉진자 | 비즈니스 파트너 |
| 관계 | 상명하달식 통제 | 상명하달식 통제, 프로세스 향상을 위한 개선 | 다각적 |
| 주요 목표 | 효율성, 비용 삭감 | 직원 사기 향상 | 고객 중심적 마인드셋과 영감을 주는 동료 강화 |

15) Denning, S. (2018b), p.9. (번역)

| 인적 관리 유형 | 전통적 HR | Agile-lite HR | Agile 인적 관리 |
|---|---|---|---|
| HR 목표 대상 | 최고 경영진 | 최고 경영진 | 외부 고객 |
| 포커스 | 상명하달식 지시 실행 및 최고 경영자를 보호하기 위한 구조조정 | 강화된 HR 프로세스 탐색 | 지속적인 혁신을 통한 고객 가치 강화를 제공하는 조직을 지원 |
| 업무 방식 | 지시 실행 | 프로젝트, 계획 시행 | 지속적으로 개선되는 제품 목록 (포트폴리오) 제공 |
| 부가가치 | 비용 절감 | 직원 사기 문제 완화 | 고객 중심 가치와 영감을 주는 동료 |
| 주요 단점 | 조직에서의 관리에 대한 두려움과 혐오, 혁신의 부족 | 사기가 떨어지는 근본적인 원인 제거 불가능 | 도입의 어려움 기존 관행, 가치, 리더십에 긴장감 부여 |
| 피드백 주기 | 매년 | 매년, 분기별, 수시 | 연간/반기별 조합, 수시 |
| 피드백 주도권 | 상부 | 상부, 조직원 | 조직원 |
| 피드백 방향 | 상명하달 | 상명하달, 모든 방향 | 모든 방향 |
| 퍼포먼스 평가 방식 | 퍼포먼스 파악 | 다양함 | 팀의 건강을 향상시키는 팀 자체의 개선 지원 |
| 평가 목적 | 저성과자 추리기 | 효율성과 효과성 증진 | 고객 중심 가치 강화 |
| 퍼포먼스 평가에서 관리자의 역할 | 명령 및 통제 (저성과자 판단 및 제거) | 조직 기준 실행 | 조직원이 피드백을 이해하고 빠르게 학습하도록 지원 |
| 성과-보상 가이드라인 | 성과 순위 판단 | 랭킹 비율에 대한 하향식 기준, 금전적 보상 | 관리자의 유연한 결정 |
| 경쟁 금지 조항의 사용 | 사용 | 확인 불가 | 사용하지 않음 |

## 5. 애자일 조직을 위한 교육

전 세계를 무대로 급격하게 변화하고 있는 혁신의 물결 속에서 기민하게 수행하며 고성과를 이끌어내는 애자일 인재란 무엇일까? 애자일 조직으로 성공한 기업에서 정립한 인재의 역량은 '업무에 대한 책임감, 자기주도적인 능동성, 탁월함 추구'로 꼽고 있다. 우선 애자일 인재는 자신이 하는 일 자체에 대해 가치를 부여하고 일을 수행하는 과정에 주목하기에 타인의 인정보다는 자기 자신의 만족을 추구한다. 그렇기에 직무 전문가로서 성장하기 위해 자신에 대해 객관적으로 파악하고 비판과 피드백에 열린 자세로 받아들이고 협동을 추구하며 결과를 공유한다. 이렇듯 조직에서는 각 조직의 애자일 문화를 구현할 수 있는 인재상을 규정하고 이를 기준으로 전반적으로 인재 역량의 편차를 최소화할 수 있는 시스템과 문화를 구축해나가야 한다. 시스템과 문화는 고정된 것이 아니라 지속 가능한 성장을 이끌어내도록 유연해야 하며, 이를 토대로 조직과 인재는 꾸준히 학습하며 함께 성장해나가야 할 것이다.

애자일에서 추구하는 효과적인 교육이란 일을 하면서 동시에 학습하고, 학습한 것을 업무에 응용하는 프로세스로 이루어지기에, 일방향적으로 교육 내용과 커리큘럼을 구성하고 일정을 고정하여 강제하는 시스템은 일상적이고 상시적인 학습을 방해하는 장애물이 될 수 있다. 애자일에서의 학습 시스템은 실제 현장의 문제를 해결하는 데 필요한 학습 기회, 아이디어를 제공하는 사람, 프로그램을 즉각적으로 연결하는 것이 핵심이다. 문제가 발생하면 문제를 해결하는 방향으로 자신에게 필요한 학습이 무엇인지 바로 떠올릴 수 있고, 이러한 학습을 수행할 수 있는 플랫폼과 네트워크를 제공받아야 한다. 그렇기에 애자일 경영에서의 교육은 구성원들이 학습 과정에서 자발적으로 참여하고 쉽게 접근할 수 있게 해야 하며, 학습자 스스로 학습 생태계를 구축하는 열린 플랫폼을 설계하는 것이 중요하다.

애자일에서의 교육이란 자기 주도 학습과 성장을 지원하고, 성과를 유발하기 위한 하나의 전략적 수단이다. 어떠한 것이 닥쳐올지 모르는 불확실한 실재에서 어떠한 환경에 처할지라도 필요한 것을 빠르게 배우고 적응하며, 성장해나가는 조직과 구성원이 될 수 있도록 지원하는 것이 애자일 조직이 지속해서 생존해나가는 발판이 될 것이다.

## 참고문헌


권오성, 이철규(2017). 국내 중소제조기업의 제품 개발 프로세스에 대한 애자일 방식의 적합성 연구: 전문가 델파이 조사를 중심으로. 중소기업연구, 39(4), 79-108.

김정수, 김승철(2016). 소프트웨어 개발 프로젝트에서 애자일 활용 수준이 프로젝트성과에 미치는 영향. 대한설비관리학회지, 21(2), 65-78.

박상용, 한창호(2014). 칸반보드를 활용한 스마트디자인워킹 시스템 연구. 한국디자인지식학회, 31, 21-30.

이종구(2021). VUCA 비즈니스의 세계. 융합경험리뷰, 25, 48-50.

장재웅, 상효이재(2019). 네이키드 애자일 경영의 눈으로 애자일 바라보기. 미래의창.

최인한(2012). 일본기업 재발견: 일본을 알면 미래가 보인다. 중앙경제평론사.

탁제운, 정영재, 신제구(2019). 참여적 의사결정과 구성원 민첩성(agility)의 관계: 역할확장 자기효능감과 성장 마인드셋의 역할. 대한경영학회, 32(10), 1727-1757.

한동준, 한혁수(2008). CMMI 기반의 XP를 위한 형상 관리 프로세스 구축 지침. 인터넷정보학회논문지, 107-118.

Barton, D., Carey, D., & Charan, R. (2018 March 6). An agenda for the talent-first CEO. McKinsey Quarterly. https://www.mckinsey.com/capabilities/people-and-organizational-performance/our-insights/an-agenda-for-the-talent-first-ceo

Charan, R., Barton, D., & Carey, D. (2018). *Talent Wins: The new playbook for putting people first*. Harvard Business Review Press, Kindle Edition.

Denning, S. (2018). 애자일, 민첩하고 유연한 조직의 비밀 (박설영 역). 어크로스.

Denning, S. (2018). The emergence of Agile people management. *Strategy & Leadership, 46*(4), 3-10.

Denning, S. (2018, January 02). Why Agile Is Eating The World. *Forbes*. https://www.forbes.com/sites/stevedenning/2018/01/02/why-agile-is-eating-the-world%E2%80%8B%E2%80%8B/

Denning, S. (2018, March 11). Can HR Be Agile?. *Forbes*. www.forbes.com/sites/stevedenning/2018/03/11/can-hr-become-agile/#2020e47c4ae3

Dyba, T., & Dingsoyr, T. (2008). Empirical studies of agile software development: A systematic review, *Information and Software Technology, 50*(9, 10), 833-859.

Nadella, S. (2018). 마이크로소프트의 영혼을 되찾은 사티아 나델라의 위대한 도전 (최윤희 역). 흐름출판.

Sahota, M. (2012). *An agile adoption and transformation survival guide: Working with organizational culture*, InfoQ.

Schneider, W. E. (1994). *The reengineering alternative: A plan for making your current culture work*. Richard D Irwin.

Schwaber, K., & Sutherland, J. (2020). *The scrum guide, The Definitive Guide to Scrum: The Rules of the Game*, creativecommons.org.

Serrador, P., & Pinto, J. K. (2015). Does Agile work?: A quantitative analysis of agile project success. *International Journal of Project Management, 33*, 1040-1051.

Winter, B. (2015). *Agile performance improvement: The new synergy of agile and human performance technology*. CA Press.

## 요약

불명확하고 빠르게 변화하는 시대의 요구사항을 충족하고 조직의 생존을 모색하기 위해 소프트웨어 개발 방법론으로 대두되기 시작한 애자일(Agile)은 개발 분야를 넘어 새로운 경영 패러다임으로 떠오르고 있다. 애자일을 개발 방법론으로 보는 협의의 관점에서는 스크럼, 칸반, XP와 같은 방법을 적용해 효율적이고 기민하게 소통하며 제품을 개발한다. 애자일을 경영 패러다임으로 보는 광의의 관점에서는 애자일 문화와 이를 이끌어내는 리더십, 조직의 전략과 프로세스, 구조의 상호 작용에 주목한다. 이러한 애자일 조직을 정립하고 애자일 퍼포먼스를 향상하기 위해서는 책임감과 플로, 협동을 높이는 접근이 필요할 것이다. 상명하달식으로 의사결정하고 조직원을 자원으로 취급한 과거의 전통적 인적자원 관리 방법은 급격하게 변화하는 고객의 요구사항을 빠르게 충족해야 하는 경쟁 속에서 더 이상 적절하지 않다. 그렇기에 인적자원 관리 역시 애자일 전환을 통한 애자일 역량 관리로 나아가야 한다. 그 안에서 애자일 인재로서 스스로에게 필요한 학습을 주도하고, 이를 업무에 바로 접목할 수 있는 학습 시스템을 구축하는 것이 애자일 조직의 성과를 이끌어내는 HRD의 방향이 될 것이다.

## 탐구 질문

1. 현시대의 기업 및 조직에서 애자일을 적용하기 위해 가장 효과적인 방법은 무엇이며, 이를 통해 어떠한 성과를 기대할 수 있는가?
2. 애자일 조직의 발전을 위해 HRD 분야에서 필요한 변화와 HRD의 역할은 무엇인가?
3. 애자일 조직으로의 전환의 성공 사례와 실패 사례로는 무엇이 있는가?

## / 저자 소개 /

**정재삼(chungj@ewha.ac.kr)**

1995년 이후 이화여자대학교 교수로 교수설계, 프로그램평가, 인재개발 분야를 연구지도해옴. 한국교육공학회(KSET) 회장, 한국기업교육학회(KSLP) 회장, 대한리더십학회(KAL) 부회장을 역임함. 한국인재경영대상 심사위원, 한국인재경영연구원 전문위원으로 활동 중이며 NHRD 프로젝트 책임연구자, 정부와 민간부문 인재개발 정책심의 및 평가위원 역할 수행함. 관심 분야는 적응적 학습(adaptive learning)과 신속한 수행성과(agile performance), 전략적 인재개발(strategic talent development)임. 최근 저서로는 교수의 으뜸원리, 리더십개론, 모두를 위한 인재개발(Exploring HRD 1), 교육과 인재개발을 위한 프로그램평가의 과정, 미래사회를 위한 교육의 방법과 테크놀로지, 모두를 위한 프로그램개발, 애자일 퍼포먼스 테크놀로지 등이 포함됨.

**조은혜(grace0994094@gmail.com)**

이화여자대학교 교육공학과 석사로 교수설계 프리랜서 및 입시지도 컨설턴트로 활동중에 있음. 국내 기업 세스코 인재개발부서의 LMS팀에서 온라인 과정 교수설계로 근무하였으며 현재는 다양한 과정의 교육과정을 설계하고 대입 전략 교육 방향을 컨설팅하고 있음. 주요 관심 및 연구 분야는 조직문화, 온라인 교육, 무형식 학습, 몰입, 이직의도 등임.

# 제4장

최 욱(경인교육대학교)

# 뉴리더 온보딩

## 목표

1. HRD가 직면하고 있는 뉴리더에 관한 이슈를 탐색할 수 있다.
2. 뉴리더 온보딩의 효과성에 대한 인식을 제고할 수 있다.
3. 온보딩을 위한 HR의 전략적 제휴의 필요성을 제시할 수 있다.
4. 온보딩의 성공적 실행을 위한 기반원리를 규명할 수 있다.
5. 온보딩을 위한 전방위적인 실행전략을 구체화할 수 있다.

## 핵심용어

온보딩(onboarding), 조기 전력화, 신임리더 실패요인, 온보딩의 효과, HR의 전략적 제휴, 처음 90일(The First 90 Days), 실사면담(due diligence interview), 불문율(unwritten rules), team assimilation, 전환지원, 이해관계자(stakeholders), HRD의 패러다임

국내・외 경제, 사회에서 상존하는 급격한 변화의 요구와 불가분의 관계 속에서 기업체와 공공기관의 경영 환경은 지속 가능 발전과 고객 만족이라는 명제하에 끊임없이 도전하고 성공 전략을 창출해야 하는 현실에 직면해 있다. 이에 대해 능동적이고 미래지향적으로 대처하고 지원해야 하는 인적자원개발 담당자에게 가장 중요한 책무가, 교육과 함께 수반되는 다양한 프로그램을 리더와 구성원에게 제공하여 그들의 역량향상을 통해 조직의 목표달성에 기여하는 것이라는 거대 담론에 대해서는 반박이나 대안의 여지가 없을 것이다. 하지만 현재 조직과 기관의 구성원이 직면하고 있는 내・외부의 지속적인 도전과 직결된 구체적인 주요 이슈나 현안에 대해서는 백가쟁명의 다양한 주장이 제기되고 있다.

이렇게 다양한 시각에서 인재개발 관련 이슈와 현안들이 대두되는 것은 현장 전문가와 학자들 사이에서 공통된 언어 및 관점을 기반으로 통합된 의견 일치가 이루어지지 않은 면도 있지만, 인재개발의 대상으로 통칭되는 리더와 구성원의 다차원적인 특성이 존재함에 기인된다. 즉, 기업체와 공공기관에서의 리더 및 개인 구성원 차원에서의 역할과 책무(roles and responsibilities)의 다양성과 함께 내・외부 환경변화와의 관계에서 나타나는 다채로운 역동성이 존재하며, 그러한 역학 구조에서 인재개발 부서가 자유로울 수 없기 때문이다. 그러므로 합일화된 인적 자원 개발의 주요 현안과 실행전략을 수립하는 것 자체가 그 효용성과 실현가능성 차원에서 인정받기는 어려울 것이다. 그보다는 많은—가능하면 대다수—기업체와 공공기관에서 구성원의 역량 개발과 성과향상을 통한 조직 목표달성을 위해 HRD가 직면하고 있는 주요 이슈들을 업무현장을 기반으로 규명하고, 그에 대한 효과적인 실행 전략들을 처방, 제시하는 것이 현업에서 더 설득력 있는 접근방법이 될 것이다.

이에 본 장은 모든 기업체와 공공기관의 인재개발 부서가 직면하고 있는 핵심 현안을 탐색하여 서술하고, 그에 대한 해결방안이 될 수 있는 실행전략을 구체적으로 제시하는 것을 목적으로 하고 있다. 특히 여기에서는 HRD 담당자가 인재개발 성공 전략을 수립하는 데 실제적으로 경험하는 현업의 문제 상황 및 난제와 연계하여 적재적소로 적용 가능한 형태로 성공 전략을 제공하는 데 주안점을 두고 있다.

이러한 맥락에서, 기업체에서는 여전히 엄청난 비용이 다각도로 리더 교육에 투여되고 있지만, 경영층이 원하는 변화 및 성과는 상당히 미미한 사태가 매년 반복적으로 발생하고 있다. 또한 50개 기업의 1500여 명의 리더들에 대한 조사연구 결과, 그들의 75%가 자신 회사의 교육/개발 기능(function)에 불만족한다고 응답했다. 그러므로 기업은 '거대한 교육 훈련 강도의 피해자(victims of the great training robbery)'라고 칭해도 과언이 아니다(Beer, Finnström, & Schrader, 2016). 신임리더 교육도 이러한 질곡에서 예외가 될 수는 없을 것이다. 리더교육이 성과로 이어지지 못하는 가장 큰 이유는 교육 후 현업에 복귀하여 리더십이 예전의 모습을 답습하고 다시 퇴행되기 때문이다. 이러한 폐해를 최소화하기 위해서 HRD에 정말로 필요한 것은, 교육과 개발에 대한 사고방식을 바꾸는 것이다. 이와 관련하여, "신임리더가 자신에게 새롭게 부과되는 태도/행동을 업무에서 직접 적용, 연습, 학습할 수 있도록 HRD가 '현장 맥락(context)'을 제공했는가?", 그리고 "이를 위해 교육 이외에 체계적이고 실체적인 자문 및 코칭(consulting and coaching)을 HRD가 제공했는가?"에 모두 "아니다(no)"라고 대답한다면, 그 회사는 신임리더 교육에 과도한 투자를 하고 있는 것이고, 신임리더의 조기 전력화에 실패하고 있다고 평가할 수 있다(Beer, Finnström, & Schrader, 2016).

이러한 관점에서, 본 장에서는 조직 전반의 성패와 직결된 모든 신임리더의 조기 전력화를 통한 조직 장악과 성과 창출을 위해 필요한 체계적인 지원에 관한 이슈를 탐색하고 그 해결 방안을 구체적이고 실체적으로 모색해보고자 한다.

## 1. 뉴리더 조기 전력화: 이슈

초임 관리자는, 승진 직전 구성원으로서는 최고의 성과자였겠지만 최고의 리더가 된다는 보장은 없다. 관리자가 되기 위해서는 탁월한 '실무자(technician)' 그 이상의 능력이 요구되기 때문이다(Belker, McCormick, Topchik, 2018). 설상가상으로 이러한 신임리더들은 주로 자신이 경험한 관리자들의 나쁜 습관을 본받으며 리더가 되는 법을 배우게 된다. 그렇게 되면서 그들은 구태의연하고 비능률적인 리더십 체제에 합류해 버린다. 이로 인한 폐해는 고스란히 담당 구성원들에게 전가되면서 조직성과에 악영향 요인으로 작용하게 된다(Winters & Arzooman, 2018). 일례로, Agilent Technologies는 신규임원의 50%가 채용 3년 내에 사임하여 신입사원의 이직 비용보다 최대 40배까지의 손실을 가져왔다. 이 회사는 이러한 문제에 대해 원인을 진단하고 해결책을 강구하게 되었다. 이의 일환으로, 지난 수년 동안 실패한 신임임원들을 대상으로 360도 평가를 실시하였다. 이와 함께, 관련 이해당사자(stakeholders)를 대상으로 실시된 현장 조사 연구를 통해 분석한 결과 아래와 같은 주요 실패요인들을 도출하였다(Allen, 2005).

(1) 현저한 성과 미흡

(2) 전략적 사고 결여

(3) 지나친 혁신: 무조건적인 변화 추진

(4) 조직 문화 차원의 갈등

(5) 임원 업무에 대한 이해와 자신의 능력 연결 부족

(6) 내부 네트워크 부족: 외부 채용의 경우

(7) 주요 이해 당사자에 관한 파악 능력 부재

(8) 이전과 다른 업무에 대한 역할 인식 부족

(9) 업무 우선순위 파악 문제

(10) 성과에 대한 조급증

(11) 의사소통 및 관계형성 문제

(12) 인적, 물적 자원 부족

(13) 실패요인에 대한 정보 부족

그러나 위에서 제기된 실패 요인들은 1차적이고 피상적인 증세(symptoms)일 뿐이고, 이러한 실패 징후들의 대부분을 초래한 근본 원인(root causes)은 신임임원들의 개인적인 능력차에서도 기인되었지만, 실제로 이 임원들을 위한 '전략적이고 체계적인 온보딩 부재' 때문에 야기된 것이라고 판명되었다(Allen, 2005). 여기서 '온보딩'이란 조직의 새로운 구성원(신임리더, 경력/신입사원 등)들의 조기 전력화(ramp-up productivity)와 핵심인재 관리를 위해 임명/채용 초기에 집중적이고 지속적으로 HR(human resources) 차원에서 전방위적인 지원, 안내를 제공하는 프로그램 및 과정을 의미한다(Tremble & Abram, 2015).

이러한 온보딩(onboarding)의 혜택을 받지 못해 실패한 한 신임리더는 면담에서, "나 홀로 난관을 극복하며 헤쳐 나가야만 했고, 누구도 귀띔해주지 않았다!(It seems expected that I would land on my feet and go for it. Nobody whispers me!)"라고 불만을 토로했다(Allen, 2005). 신규리더는 자신을 승진시켜준 예전 업무능력 및 태도에서 환골탈태하여, 새롭게 요구되는 역량 및 역할을 구비한 변화된 모습을 보여주어야 한다. 그러나 이를 외면하고 이전의 성공에만 적합한 구태의 사고방식 및 기법에 여전히 의존하고, 이와 더불어 새로운 조직문화 및 관계형성에 적응하지 못하면 '실패한 리더의 길(derailers of leadership)'로 들어서게 된다. HRD는 신규리더가 이러한 곤경에 빠져 조직에 심각한 피해를 야기하기 전에, 새로운 역할과 책무에서 성공하도록 다각도의 코칭과 도움을 제공해주어야 한다(McGill, Clarke, & Sheffield, 2019).

그러나 대부분의 기업체에서는 고급인재를 탐색, 채용하는 데에 상당한 노력과 비용을 들이고 나서, 필요한 후속 조치 없이 이러한 투자가 성공하기를 방관하고 희구하기만 한다(Burroughs, 2011). 특히, 대부분의 조직에서는 '알아서 생존하는 방식(sink or swim)'의 신임관리자 교육만을 제공하는 것으로 HRD의 소임을 다했다고 치부하고 있다(Belker, McCormick, & Topchik, 2018). 이러한 교육만을 이수하고 새로운 관리자의 길에 내던져진 리더가 직면하는 상황은, 지뢰밭에 아무런 대비 없이 나서는 것과 같다고 비유될 수 있다. 즉, 지뢰는 발 닿는 곳 어디든 존재하고, 탐지장비 없이는 찾아내기가 어렵고, 폭발하고 나서야 지뢰임을 인식하지만 이미 엄청난 피해를 초래한 후가 된다(Bradt, Check, & Lawler, 2022). 비록 신임리더가 교육을 통해 상당한 리더십 역량을 구비했더라도, 어느 누구도 아무런 내·외부 '지뢰'가 담당 조직에 없는 '진공' 상태의 부서환경에 처할 수 없게 된다. 그러므로 내부 승진이나 외부 채용을 막론하고, 신임리더가 초기 실수를 최소화하고 성공적으로 안착할 수 있도록 HRD가 교육을 넘어 업무 환경 차원(contextual clues)에서의 체계적이고 실체적인 안내와 지원을 제공해주어야 한다(Orr, 2013).

22개국의 18개 업종에서 150명의 신임임원을 대상으로 실시된 The Institute of Executive Development와 Alexcel Group의 공동 조사연구에 의하면, 2년 내 해당 리더가 실패하여 퇴사한 비율이 내부 승진인 경우 전체의 23%, 외부 채용의 경우 평균 30%에 달했다(Winters & Arzooman, 2018). Agilent Technologies의 경우에도 신규임원의 50%가 채용 3년 내에 퇴사당하고, 특히 신임임원의 40%는 18개월 내에 사직했다(Allen, 2005). 또 다른 사례들에서, 신임 경영층(chief executives)의 1/3에서 반 정도가 18개월 내에 실패한다고 추정하고 있다(Devine & Nieuwstraten, 2021). 우리나라 100대 기업의 경우, 신임임원들 중 32.83%가 2년 내에 퇴직하며, 세부적으로 1년 차 퇴직은 17.35%, 2년 차 퇴직은 15.48%로 나타났다(아인스파트너, 2010).

이러한 실패로 인해 발생된 손실 차원에서, 일반사원의 채용비용은 1인당 4000달러가 소요되는 반면, 신임임원의 인당 비용은 평균 5만 달러 이상이 허비되었다(Davilla & PinaRamirez, 2018). Agilent Technologies에서 자체 사정한 결과 신임임원의 퇴직으로 인해 전사적으로 발생된 피해를 비용으로 환산하면, 신입사원 퇴직보다 최대 40배까지 소요되는 것으로 나타났다(Allen, 2005). 그리고 Watkins (2013)가 분석, 제시한 신규리더의 실패 사례 연구에서, 한 회사의 신임리더의 실패 비용이 평균 2백7십만 달러이었고, 또 다른 회사에서 실패한 신임리더의 중차대한 실수로 인해 약 7~8백만 달러의 손실을 가져왔다. 또한 신임임원의 온보딩 실패로 신제품 출시가 지연되어 약 1억 달러의 손해를 끼친 사례도 있었다. 특히 실패한 신규관리자로 인해 야기된 비용은 자신들의 기본급에 평균 24배가 된다는 연구결과도 보고되었다(Watkins, 2013).

## 2. 뉴리더 조기 전력화: 효과성

온보딩을 신규리더들에게 적용한 Capital One의 Chief Learning Officer인 T. Forbes는, 이 체제로 인해 조직에서 구성원의 업무 몰입도를 올려주고, 생산성을 높이며, 자신의 일에서 즐거움을 찾게 해줄 뿐만 아니라, 리더를 포함한 해당 구성원, 특히 회사의 미래까지 밝게 해주는 모두를 위한 'win-win'이라고 주장했다. 즉, 온보딩은 리더십에서 중차대한 요소이자 핵심 조직문화이다. 이것이 제대로 이루어지지 못하면, 조직의 많은 구성원들에게 금전적 가치와 함께 그 이상의 고통을 다면적으로 안겨준다. 그에 반해, 온보딩이 성공적으로 실행되면 그 혜택은 경이롭다. 리더뿐만 아니라 해당 팀, 그리고 더 나아가 전체 조직을 긍정적으로 변화시키게 된다(Bradt, Check, & Lawler, 2022). 이를 입증해주는 Bank of America 사례에서, 신임임원 온보딩 프로그램으로 신임 임원 실패율이 12%로 감소되었다. 이는 동종업계 평균 실패율인 40%와 극명하게 비교되며, 이로 인한 조직의 피해 예방 및 다각도의 편익(benefits) 발생은 상당한 수준이라고 평가할 수 있다(Misra & Cude, 2009). 또한 신규리더 온보딩이 성공적으로 정착되면, 실패로 인한 퇴직으로 야기된 다양한 비용과 손실의 절감 및 예방, 지식경영의 활성화, 생산성 향상, 업무 열정도 증대 등의 경영 성과를 낼 수 있다는 다수의 현장 연구 결과가 제시되었다 (Stein & Christiansen, 2010).

Aberdeen Group(2006)의 조사연구에 의하면, 온보딩을 실시한 기업들이 신임리더의 재직률(retention rate)이 52% 향상되었을 뿐만 아니라 생산성도 60%가 상승하였다. 그에 따른 고객만족도도 53%나 높아졌다. 이로 인해 장기적으로 그들의 업무만족도 및 조직헌신도(organizational commitment)도 올라가는 효과를 거두었다. 같은 맥락에서, Watkins(2013)가 분석한 온보딩 프로그램을 성공적으로 수행한 회사들에서, 신임관리자가 기존의 성공적인 관리자 수준으로 조기 전력화(breakeven point)되는 시기가 40%나 앞당겨졌다. 이에 따른 실체적인 성과로 1,400%(1:14)의 ROI(Return On Investment)가 산출되었다. 이렇게 온보딩은 신규리더에게 조직에서 부과되는 목표와 기대를 명확화하고, 다양한 이해당사자들과의 긍정적 관계를 형성시켜줄 뿐만 아니라 조직에 대한 충성도를 높여주어 퇴사율도 감소시켜준다 (Ross, Huang, & Jones, 2014).

의료계에서도 온보딩의 효과가 다각도로 나타나고 있다. 한 병원의 신임 간호팀장을 위한 온보딩이 성공적으로 실행되어, 실시 1년 후의 이직률에서 지난 5년 평균인 23.5%에 비해 무려 5% 이하로 감소하는 성과를 창출했다. 이렇게 60명의 신임관리자들 중에 약 19%가 더 재직하게 되는 성과향상으로 말미암아, 각 리더의 부서별로 평균 92,000달러의 비용이 절감되었다. 이에 더해 채용 및 교육에 소요된 HR의 직·간접비용에서는 총 1,020,000달러의 금전적 혜택을 조직에 가져왔다. 이와 함께, 연말의 360도 평가에서 온보딩으로 인해 95%의 신임팀장이 직무 및 리더십 역량, 생산성, 업무자신감(confidence) 등에서 향상되었다는 결과를 보여주었다. 또 다른 병원의 사례에서, 신임 재무총괄 책임자(CFO: Chief Finance Officer)는 효과적인 온보딩 프로그램을 통해, 초기에 실패한 전임자의 폐해로 인한 부서의 고질적인 문제를 극복하여 연말의 360도 평가 결과, 기존의 최고 CFO(permanent incumbent

CFO) 수준으로 업무를 수행하고 기대 이상의 '조기성과(early wins)'를 창출했다고 인정받았다. 이로 인해 구성원의 업무 열정도(engagement)도 양수겸장으로 상승하는 효과를 보게 되었다(Anderson & Garman, 2014). 또한 신임 의사리더(new physician-leaders)를 위한 온보딩을 실시한 결과, 임상 및 연구 업무관리에서 조기전력화가 성공적으로 이루어졌다고 평가되었다. 특히 온보딩을 경험한 의사 관리자들은 '나는 온보딩 프로그램을 동료관리자들에게 권유하고 싶다'라는 설문 항목에 대해 5점 척도에서 평균 4.92로 압도적인 지지를 보여주었다. 이러한 성과로 이 병원에서 온보딩의 실시 범위가 전사적으로 광폭화되는 긍정적인 변화도 이끌게 되었다(Stoller, Barker, & FitzSimons, 2013).

한편, 내부 승진 리더의 경우에 장기간 해당 부서에 몸담아 있어 조직의 생리 및 구성원에 대해 충분한 이해와 관계정립이 이루어졌다고 치부하는 경우가 비일비재하다. 이로 인해 HR과 해당 신임리더가 공히 온보딩이 불필요해 보인다는 착각에 매몰될 수 있다. 그러나 내부 승진 리더의 경우에도 비록 새로운 업무가 예전 일과 같거나 유사하더라도, 예전 역할 및 임무와는 사뭇 다른 형태의 역량과 리더십을 필요로 하는 새로운 영역의 '역동 관계(dynamics)'가 담당 부서 내·외부에 존재하게 된다(Bradt, Check, & Lawler, 2022). 그러므로 이들은 온보딩을 통해 예전 업무에서 경험하지 못한 다양한 도전과 난관을 제대로 인식하고 극복할 수 있는 체계적인 移行支援(transition support)의 혜택을 받을 수 있다(Devine & Nieuwstraten, 2021).

## 3. 뉴리더 온보딩의 실행전략: '첫 90일'

Watkins(2003, 2013)는 신임리더가 처음 90일 동안 자신이 담당한 새로운 조직을 성공적으로 파악하고 리더로서 확실한 입지를 확보했느냐의 여부가 관리자로서 지속적인 성공을 이끌어 나가는 데 관건이 된다고 주장하였다. 특히 기업체뿐만 아니라 미국 공공부문에서는 매년 250,000명 이상의 신임관리자가 임명되면서 대외적으로는 각자 더 높은 수준의 대국민 서비스, 다방면의 이해관계자들, 다변화되고 다층적인 정치환경 등에 대처해야 하는 새로운 도전에 지속적으로 직면하게 된다. 이에 더해 자신의 부서 대내적으로 새로운 역할과 책무에 안착해야 하는 전환의 덫(transition traps)을 조기에 탈피해야 하는 이중고를 겪게 된다(Daly, Watkins, & Reavis, 2006). 그러나 많은 기업체와 공공기관에서 이렇게 중차대한 온보딩이 등한시되는 현실에 대해 Watkins(2013)는 신임리더가 새로운 역할과 임무로 좀 더 효과적이고 효율적으로 移行하고 적응하는 데 필요한 충분한 체제와 지원이 거의 존재하지 않고 있다는 사실이 개탄스럽다고 역설하고 있다(Byford, Watkins, & Triantogiannis, 2017). 즉, 신임리더가 처음 90일에 조직을 제대로 장악하지 못하면 실패의 길을 걷게 된다. 그러므로 신임관리자의 새로운 조직에서 안착과 함께 조기 전력화를 가속화시킬 수 있는 실체적이고 표준화된 온보딩 체계의 적용은 조직에 큰 성과를 가져올 것이다(Watkins, 2013, 2022). 신임리더가 초기에 이런 위험과 곤경에 처하는 데도 인습적이고 격화파양(隔靴爬癢) 수준의 HRD의 교육과 HRM의 안내는 새로운 역할과 책임을 성공적으로 수행하는 데 실체적인 도움을 제공하지 못하고 있다.

이와 같은 맥락에서 Devine과 Nieuwstraten(2021)은 신임리더가 업무를 시작한 첫 100일이 온보딩을 통해 위기관리를 성공적으로 영위하는 데 중요한 이정표가 된다고 역설했다. 이를 위해 100일 동안의 로드맵(roadmap)을 리더 스스로가 작성하여 체계적인 계획하에 조직에 연착륙하도록 HR이 지원해 주어야 한다(Devine & Nieuwstraten, 2021). 이외의 다양한 문헌에서도, 새로운 조직에의 안착을 위해 필요한 효과적인 온보딩 체제의 일환으로 첫 30일부터 1년까지의 중대한 시점별로 신임 리더가 이행해야 할 구체적인 실행전략이 체계적으로 제시되고 있다(Betof & Betof, 2010; Bradt, Check, & Lawler, 2022; Daly, Watkins, & Reavis, 2006; Hagerman, Christiansen, & Stein, 2015; Tremble & Abram, 2015; Tynan, 2010, 2017; Watkins,

2013, 2022).

HRD의 온보딩 담당자인 Miller(2011)는 Spectrum Health에서 새로 임명된 리더들에게 기존의 신임리더 교육을 실행한 후에 아무런 '후속 지원' 없이 조직의 리더라는 생경한 직위에 방기됨으로써 다양한 조직의 문제가 반복되는 것을 해결하기 위해 온보딩 프로그램을 실시하게 되었다. 우선 이 프로그램의 체계 수립을 위해 위에서 언급된 Watkins의 'The first 90 days' 이론에 입각하여 요구분석이 실시되었다. 즉, 요구분석의 자료 수집 시에 주로 작년에 임명된 신임리더들을 대상으로 다음과 같은 질문들을 추가, 제기하면서 교육 체계를 수립하여 기존의 신임 관리자교육을 조기 전력화 차원에서 전면 개편시켰다.

- 처음 90일 내에 신임리더가 조기 전력화되기 위해서 어떤 역량(지식/스킬/태도/역할)이 필요한가?
- 처음 90일 내에 성공적인 관리자가 되기 위해 교육 실시 후 어떤 지속적 지원이 이루어져야 하는가?

그리고 교육의 현장 적용성을 가늠하기 위해 교육 3개월 후에 설문조사를 통해 1) 어떤 교육 내용을 업무에 적용했는가?, 2) 적용해서 어떤 변화와 성과가 있었는가?, 3) 어떤 교육 내용이 현업에서 불필요한가? 등의 추가 질문으로 평가 자료를 수집하여 새로운 리더가 90일 이내 조직의 관리자로 자리매김하는 데 진정한 역할을 하는 교육이 되도록 지속적으로 개선하였다. 이와 더불어 90일 이내의 성공을 위한 지속적 지원 차원으로, 새로 임명된 각 리더가 사내 재무 전문가를 면대면으로 1시간 반 동안 만나 담당 부서의 성과와 직결된 재무 관련 코칭을 받도록 하였다. 그리고 관리자의 핵심 인재 관리를 위해 채용 담당과의 개별 자문이 모든 신임리더에게 가능하도록 주선해주었다(Miller, 2011).

또한 매월 '경영층과의 만남(management meeting)'에서 신임 관리자끼리 성공/실패담을 상호 공유함과 동시에, 초임리더 시절에 'The first 90 days'를 성공적으로 헤쳐 나가서 성공가도를 걷고 있는 고위 관리자(senior leaders)들과의 패널 토론을 마련하였다. 이 토론회에서 아래의 질문들을 신임 리더와 고위 관리자들에게 공히 사전에 제공하였다. 그래서 신임 관리자들은 지난 한 달 동안 자신들이 겪어오면서 절실했던 상황과 직결된 질문을 아래에서 선정하여 기자회견의 형태로 초청 연사인 고위 관리자들에게 제기하여 그들의 현장 경험과 성공담을 전수받는 계기가 되었다. 또한 고위 관리자도 미리 제공된 아래의 질문들과 관련하여 사전에 답변을 준비해올 수 있었다(Miller, 2011).

- 우리 회사에서 리더로서 그렇게 성공한 비결?
- 어떤 부분(people/processes/products)에서 조기성과(early wins)가 필요?
- 신임 리더 역할에 빨리 적응하기 위해 해야 할 일은?
- 신임 리더 시절 어떤 일로 좌절했으며, 어떻게 극복?
- 신임 리더로서의 역할을 성공적으로 수행하는 데 가장 중요한 기술/강점?
- 구성원에서 관리자 역할로 전환하면서 겪은 성공담/실패담?
- 신임 리더로서 성공하기 위해 상사들에게 어떤 점을 문의?
- 이전과 다른 업종의 회사로 와서 겪은 애로 사항?
- 조직 내에서 네트워킹을 잘 구축할 수 있는 방법?
- 구성원의 동기 부여는 어떻게?
- 구성원과 성공적인 의사소통은 어떻게?
- 구성원의 성과에 대한 인정을 저렴하고(low or no cost)도 효과적으로 어떻게?
- 팀원들과 신뢰를 쌓기 위해 어떻게 해야 합니까? 비정규 직원과는?
- 신임 리더 시절, 360도 평가에서 받은 최고의 찬사? 최악의 혹평은?
- 변화/혁신에 대해 어떻게 대처?
- 신임 리더가 된 그 다음 해에 겪었던 가장 큰 도전과제(challenges)?
- 신임 리더 시절 이것은 정말 후회스럽다(I really regret doing this……)
- 다시 신임 리더가 된다면 이렇게 하고 싶다(If I had to do it differently……)

## 4. 뉴리더 온보딩의 실행전략: HR의 전략적 제휴

인재 양성과 그를 통한 조직의 성과 향상은 인적자원 개발 부서에 주어진 거부할 수 없는 요구이자 버거운 도전이다. 이러한 조직의 인적 자산을 다루는 일은 다양한 이해 당사자들이 관계되면서 나타나는 역동성으로 인해 HRD 단독으로 그 부담을 지고 소기의 성과를 달성하기에는 역부족이다. 이에 대해 Peterson(2008)은 HRD가 인사부서와 전략적 동반자 관계(strategic partnership)를 맺는 것이 인적 자원 개발의 응집 효과(synergy effects)를 가장 극대화할 수 있는 길이라고 역설하였다. 여기서 그는 인력 개발 부서와 HRM이 조직에서 인적 자원의 가치를 향상시키고 조직 전체의 성과 향상에 공헌하게 만든다는 면에서 동일 업무 구조에 속해 있기 때문에 협업 없이 각자 업무를 수행하는 silo식의 체제에서 시급히 탈피해야 한다고 주장하였다. 그리고 그는 HRD와 HRM이 전략적 동반자 관계를 통해 조직 구성원, 전략, 성과를 유기적으로 연결시키고 조직의 성과 창출에 전향적으로 기여하는 일에 공동보조를 취할 필요가 있다고 제안했다.

이런 관점에서 HR의 서비스를 제공받는 조직의 일선 부서에서, 직군과 지위 고하를 막론하고 대부분의 구성원들이 이구동성으로 지적하는 사항은, 인사와 교육부서가 유사한 성과 창출에 대해 따로 접근하는 비능률을 보여주고 있으며, 같이 연합해서 현업 부서에 HR 서비스를 제공하는 것이 응집 효과 차원에서 더 효과적이고 효율적인 운영 체계라는 것이다. 이와 관련하여 Robinson과 동료연구자들(2015)은 인적자원의 성과 향상은 교육부서의 노력만으로는 부족하며 인사부서의 전향적인 역할이 반드시 필요하다고 강조하였다. 즉, 이들이 상호 협력하고 응집력을 발휘하면 각자 독단적으로 노력했을 때보다 월등한 결과가 나온다면서 HRD와 인사부서의 전략적 제휴 필요성을 강조하였다. 이런 관점에서 HRD가 인재 양성의 임무를 독단의 목소리와 역량으로 성공적으로 수행하기에도 상당히 어려울뿐더러, 설령 그렇게 접근하더라도 조직 내에서 원하는 성과를 내지 못했을 때에 혼자서 속죄양이 되는 우를 범하지 말아야 하는 면에서도 HRM과의 전략적 제휴는 필수불가결한 HRD의 역할이며 임무이다.

이러한 측면에서 Allen(2005)은 Agilent Technologies의 신임임원들을 대상으로 한 온보딩 체제를 실시하였다. 이 담당자는 프로그램 개발을 위해 기존의 온보딩을 성공적으로 시행하고 있는 GE, Johnson & Johnson, Bank of America, American Express, Cisco, GM, Jack in the Box 등을 벤치마킹(benchmarking)하였고, 'Corporate Leadership Council' 등 온보딩 관련 유용한 정보를 제공하는 웹사이트에서 프로그램 체계와 전략에 대한 유용한 정보를 입수하였다. 이를 바탕으로 개발된 Agilent Technologies의 신임임원 온보딩 프로그램은 특히 교육과 인사부서의 유기적 협업 관계 속에서 크게 3단계로 실행되었다. 그 첫 단계로, 'Pre-Boarding'이라는 명칭하에 임원으로 임명된 바로 그 시점부터 사내 인트라넷으로 신임임원에게 전체적인 업무 파악을 위해 필수불가결하고 유용한 자료와 정보('About Agilent, Your business, Your network, Your job and team')를 체계화하여 제공하였다. 그리고 이 프로그램의 핵심인 두 번째 단계인 '90-day Plan'에서는, 일단 출근 첫날 (불가능 시에는 30일 이내) 온보딩 담당 HR 직원, 채용팀장, 해당 임원이 삼자대면을 통해 'The first 90 days' 동안의 성공적인 안착을 위해 개별 온보딩 계획서(roadmap)를 작성했다. 이러한 계획의 일환으로, 각 신임임원은 'Team transition meeting(부서 전환 회의)'을 자신 부서 구성원들에게 실시하였다. 이 회의는 두 단계의 활동으로 이루어지는데, 먼저 첫 단계는 'Silent observer'이다. 여기서 구성원들은 '우리 부문/부서가 직면한 핵심 이슈와 도전 과제'에 대해 브레인스톰 방식으로 도출한다. 이때 임원은 시종일관 어떤 개입도 없이 철저히 경청자의 입장에서 구성원들의 의견을 듣게 된다. 이렇게 구성원의 의견들이 모두 경청되고 정리된 후에 비로소 말미에 구성들의 의견을 바탕으로 관리자로서 자신의 포부와 의견을 피력한다. 이렇게 하는 이유는 최고의 관리자 코치(leader coach)로 인정받고 있는 M. Goldsmith의 주장과 연계하여 생각해볼 수 있다. Goldsmith가 수 많은 리더들을 코칭하면서 내린 결론은 성공적인 관리자가 되기 위해서는 '훌륭한 경청자'가 되어야 하며, 인내심을 가지고 구성원의 의견을 충분히 '그저 입 다물고 경청(just shut-up and listen)' 한 후에 피드백하는 자세가 필요하다는 것이다(Goldsmith, 2010).

두 번째 활동은 'Meet the press'의 방법으로 진행되었다. 여기서 임원은 기자회견의 형태로 구성원들이 질문하는 상사의 관리 방식에 대해 구체적으로 답변해주면서 그들이 임원의 리더십 방식을 사전에 파악하여 적응할 수 있는 기회를 제공해주었다. 또한 각 신임임원이 계획서에 따라 온보딩을 실행해 나가면서 직면하게 되는 심리적인 어려움을 최소화하기 위해 코칭을 제공하였다. 의무 사항이 아닌 자원하는 임원에 한하여 외부 전문 코치가 직무나 리더십과는 무관한 심리 상담 차원에서 지원해주었다.

이 전략을 시행하면서 자원하는 임원이 그리 많지 않으리라 생각했던 예상과는 달리 90% 이상의 신임임원들이 외부 전문 코치의 심리 상담을 받았다는 사실은 많은 새로운 리더들이 얼마나 온보딩을 절실하게 필요로 하는가를 반증하는 것이다. 그래서 이 코칭 전략은 상당한 호응과 함께 호평을 받았다. 이러한 코칭은 이 온보딩 프로그램의 세 번째 단계인 신임 초기 1년 동안 지속되었다. 또한 이 단계는 첫 6개월, 12개월이 되는 시점에 온보딩 담당 HR 직원, 채용팀장, 해당 임원이 삼자대면을 통해 온보딩의 완성을 위해 중간 점검하고 필요한 지원을 협의/제공하는 형태로 진행되었다(Allen, 2005).

위의 사례에서도 Watkins(2003, 2013, 2022)의 '처음 90일의 원리(The first 90 days)'하에 온보딩 프로그램을 개발/운영하는 것을 보면, 동일한 원칙을 적용했던 Spectrum Health의 사례와 함께 이제 모든 신임리더를 위한 '처음 90일' 전략은 중요한 동향이자 확고한 HR 역량으로 자리매김하고 있다고 해도 과언이 아닐 것이다. 그리고 처음 90일에 집중하지만 온보딩의 완성 시기는 두 사례 공히 첫 1년 동안의 기간을 두고 지속적인 지원을 제공한다는 차원에서 시사점을 찾아낼 수 있다.

한편, E. W. Scripps Company에서는 [그림 4-1]과 같이, 온보딩이 신규리더의 경력관리에서 임명 직후 교육과 연계된 필수불가결한 요소로 구현, 실행되고 있다. 또한 신규 리더 온보딩을 위해 구성원의 경력관리에 관여하고 있는 모든 HR부서들이 전략적으로 제휴하여 채용, 교육, 성과관리, 경력기획 등을 통합적으로 인재관리하는 차원에서 접근하고 있다(Hildal & McDonald, 2022).

[그림 4-1] E. W. Scripps Company의 Integrated talent management (Hildal & McDonald, 2022)

## 5. 뉴리더 온보딩의 실행전략: 실사 면담(Due diligence interview)

신규리더는 출근 첫날부터 모든 업무에서 자신을 둘러싼 다양한 집단으로부터의 기대로 인해 발생되는 역학관계에 놓이게 된다. 이로 말미암아 신임리더가 실패하는 가장 큰 공통원인은 자신의 새로운 리더십 직무에 관해 '오판(misreading)'하는 것이다. 그러므로 자신이 신임리더로 직면하게 될 상황을 면밀하게 이해하는 것이 성공적 역할 전환에 중차대한 선행 필수 요건이다(Watkins, 2013). 그러므로 사전에 직속상사(the leader's direct boss), 부서 업무의 최측근(direct reports), 그 외 주요 팀 구성원들, 조직 내·외부의 다양한 이해관계자들로부터 실사면담(due diligence interview)을 통해 현장의 소리를 경청해야 한다(Belker, McCormick, & Topchik, 2018; Bradt, Check, & Lawler, 2022; Davilla & Pina-Ramirez, 2018; Devine & Nieuwstraten, 2021; Watkins, 2013).

### 1) 직속상사와 면담

신임관리자는 자신의 담당부서 및 직속상사에 대해 잘 알고 있다고 자신하더라도 최소한 출근 첫 주에 직속상사의 기대에 관해 공식 논의하는 면담을 반드시 성사시켜야 한다(Watkins, 2022). 왜냐하면 신임리더는 자신이 기대하는 역할과 책임을 직속상사의 그것에 부합시키고 균형을 맞추는 작업을 반드시 수행해야 하기 때문이다(Harvard Business Review Press, 2008). 상당히 조용하고 가타부타 말이 없는 상사를 특히 조심해야 한다. 당신의 상사가 아무런 말을 하지 않은 반면에, 그(그녀)는 당신에 대해 항상 지켜보고 있고 의중에 두고 있다. 그러므로 이런 직속상사의 속내를 밖으로 드러내도록 해야 성공의 주춧돌을 놓을 수 있다(Betof & Betof, 2010). 이러한 직속 상사와의 단순 상견례가 아닌 공식회동을 통해 기대사항을 명확화하고 목표의식을 확고히 하는 실사면담만이 온보딩 성공의 핵심 요인이 될 수 있다(Ross, Huang, & Jones, 2014).

이 면담에서 먼저 다루어야 할 것은 첫 90일, 6개월, 9개월, 1년의 각 시점에서 필수 이행 사항(must-do priority)을 협의, 확정하는 것이다(Betof & Betof, 2010). 그리고 각 시점별로 논의해야 할 기대의제(expectations agenda)는 〈표 4-1〉과 같다(Betof & Betof, 2010; Belker, McCormick, & Topchik, 2018; Bradt, Check, & Lawler, 2022; Stein & Christiansen, 2010; Watkins, 2022).

〈표 4-1〉 각 시점별 기대 의제

| 유지/발전 사업/업무 (Sustaining-Success) | | | |
|---|---|---|---|
| 핵심 Challenges/Opportunities | | | |
| 기대 성과 | | | |
| Support from Boss(es) | | | |
| Hot buttons | | | |

위의 〈표 4-1〉의 '유지/발전 사업/업무(Sustaining-success)'에 관한 기대 논의사항과 함께 다루어야 할 병행의제들은 '개선/변혁 사업/업무(Turn-around/Realignment)', '신규 추진 사업/업무(Start-up)' 등이 있다(Betof & Betof, 2010; Belker, McCormick, & Topchik, 2018; Bradt, Check, & Lawler, 2022; Watkins, 2022). 이러한 직속상사와의 면담에 관한 다른 접근방식 차원에서 Devine과 Nieuwstraten(2021)은 외부 코치(external coach)의 주재를 기반으로 실시되는 삼자대면(tripartite meeting) 방법을 구체적으로 제시하고 있다.

## 2) 부서원 및 이해관계자들과의 면담

이와 관련하여, 거의 예외 없이 대부분의 신임리더들은 내부 승진이나 외부 채용을 막론하고 즉각적인 임무 수행 의욕 때문에 담당 부서원 및 주요 이해당사자로부터 피드백이나 멘토링을 거의 받지 않으려는 경향을 보인다고 Bank of America에서 온보딩을 실행한 HR담당자인 Misra와 Cude(2009)는 주장했다. 하지만 처음 몇 달 동안에 필수불가결한 신임리더의 핵심 성공 척도는 현장의 소리를 경청/반영하고 조직 내・외부에서 전방위로 튼실한 관계의 공고한 기반을 다지는 것이다(Devine & Nieuwstraten, 2021). 이와 반대로, 실사면담을 통해 필요한 정보를 신임리더가 미리 파악하지 못해 문제가 발생했을 때는 이미 심각한 상황이 되어 되돌리기에는 이미 늦어버리게 된다(Bradt & Davis, 2014). 특히 자신이 담당 부서에 대해 정통하고 있다고 자신하더라도 기본적이고 상식적인 질문을 던지는 데에도 주저하지 말아야 한다. 실제로 그와 관련한 구성원 및 이해당사자들의 응답에서 들은 것에 대해 놀라게 될 것이다(Bradt, Check, & Lawler, 2022). 이러한 실사면담은 다음에 제시된 실사면담 대상 파악, 실사면담 계획 수립, 면담 실시 등 3단계의 체계적인 절차와 방법으로 접근될 수 있다(Betof & Betof, 2010; Bradt, Check, & Lawler, 2022; Sims, 2010; Winters & Arzooman, 2018; Stein & Christiansen, 2010; Watkins, 2013, 2022).

### (1) 실사면담 대상 파악

우선 위에서 서술된 직속상사와의 면담에서, 처음 90일 성공에 결정적 영향을 미치기 때문에, 반드시 미리 만나서 필요한 것을 파악하고 networking해야 할 내・외부 핵심 이해당사자들에 대한 의견, 정보를 적극적으로 얻어내야 한다. 또한 이에 대해, 담당 부서에서 2년 이상 근무해서 부서 내・외부 업무 및 환경에 정통한 구성원(hands-on staff)과 함께 신임리더를 최근에 지낸(2년 이내) 동급관리자, 고위관리자 등도 개별 및 집단면담을 통해 파악하여 대상자를 확정해야 한다. 이와 함께, 각 이해관계자의 가치/필요성, 각 관계자로부터의 필수 파악 내용(what to ask) 등도 기록해두어야 한다. 이에 관한 Shell, John Deere, Bank of America 등 대기업 및 여러 공공기관의 사례에 비추어보면, 실사면담 대상자수는 약 20~30명 내외가 적정하다. 이러한 면담 대상자들은 대부분 아래와 같이 구성된다(Belker, McCormick, & Topchik, 2018; Misra, & Cude, 2009; Tynan, 2010, 2017; Watkins, 2013, 2022).

① 직속상사 이외에 관련 부서의 상사들(Any senior leaders)

② 관련 부서의 동급 리더들

③ 최근에 퇴직하거나 부서를 옮긴 전임자, 전 팀원, 퇴직자

④ 협력업체, 고객(사)

⑤ 기타 핵심 외부관계자: 노조, 정부 기관, 경쟁사, 시민단체(NGO) 등

### (2) 실사면담 계획 수립

이러한 실사면담은 1주일 만에 성사되는 것이 아니라, 통상 1개월 이상의 기간을 두고 첫 30~60일에 순차적인 계획하에 진행된다. 이를 위해, 만남 순서를 정하는데, 순서의 가장 중요한 기준은 첫 30일 내에 시급히 만나야 할 대상자를 구분해내는 것이다. 그리고 최소한 60일 이내에는 위의 모든 대상자들과 실사면담을 완료해야 한다. 이러한 면담은 정보를 얻는 취지뿐만 아니라 그들과의 지속적으로 우호적인 관계 정립도 필요하므로, 졸속으로 진행하거나 특정 대상을 제외시키지 말고 계획대로 충실히 진행되어야 한다. 그러므로 당사자의 장소에 방문하는 원칙하에, 사전 약속을 통해 1시간 이상을 확보하여 밀도 있는 면담이 되도록 해야 한다(Tynan, 2010, 2017). 특히 신임리더가 마케팅(marketing), 재무, 운영(operations), 연구개발 등 다양한 기능들이 포함된 부서들을 포괄적으로 담당한다면, 각각의 역량 분야를

아우르며 다룰 줄 알아야 한다. 특히, 각 기능의 핵심 용어로 말하고, 각 업무에 적합한 질문을 제기할 줄 알아야 한다. 그런데 이는 초임 전사적 리더(enterprise leaders)에게는 상당히 벅찬 과제이다. 그러므로 해당 기능에 근무하면서 그 구성원들을 잘 알고 존중할만한 팀원들의 의견, 정보를 기능별로 구하고 자신의 온보딩에 반영해야 한다(Watkins, 2012, 2022).

### (3) 면담 실시

이해관계자들과의 모든 면담은 사전에 면밀하게 준비된 질문지를 기반으로 실행되어야 소기의 성과를 거둘 수 있다. 그리고 당사자가 질문에 대해 충분한 시간을 가지고 준비할 수 있도록 약속을 정한 후에 질문지를 면담 전에 미리 보내줄 필요가 있다. 모든 당사자와의 면담 질문지의 기본 형태는 다음과 같다(Belker, McCormick, & Topchik, 2018; Bradt, Check, & Lawler, 2022; Davilla & Pina-Ramirez, 2018; Sims, 2010; Stein & Christiansen, 2010; Tynan, 2010, 2017; Watkins, 2013, 2022; Winters & Arzooman, 2018).

① 저희 부서에 대해 어떻게 생각하십니까?: 포괄 질문으로 시작
② 신임리더인 저의 핵심 역할과 책무(key roles & responsibilities)?
③ 내 부서의 강점?: 각 People, Process, Product/Service
④ 문제점/개선사항?: 각 People, Process, Product/Service
⑤ 내 부서가 직면한 올해 가장 큰 이슈 또는 business challenges(조직 내/외부 포함)? 그리고 대처 방안?
⑥ 당신이 제 자리에 있다면, 이 부서의 성공을 위해 무엇을 가장 먼저(initial take) 하시겠습니까?
⑦ 부서 성공에 지대한 영향을 미치는 사람? 내부 및 외부, 상부 및 유관부서, 비공식 조직 등

⑧ 그 외 위의 질문과 관련해서 유용한 정보를 제공할 대상자 또는 자료(내・외부)?

⑨ 면담 과정 및 결과에 따라 추가 질문 제기

위의 기본형의 질문과 더불어, 담당 부서의 전임관리자뿐만 아니라 전 팀원(최근), 최근 퇴직자 등이 면담 대상자인 경우에는 아래와 같은 추가 질문을 제기할 필요가 있다. 여기서 유의할 것은, 동일질문에 대해 다양한 견해, 반론 등이 제기되기 때문에 응답 내용에 대한 상호검증을 기반으로 면담결과를 도출해야 한다는 것이다(Belker, McCormick, & Topchik, 2018; Bradt, Check, & Lawler, 2022; Davilla & Pina-Ramirez, 2018; Sims, 2010; Stein & Christiansen, 2010; Tynan, 2010, 2017; Watkins, 2013, 2022; Winters & Arzooman, 2018).

① 부서 성공에 지렛대(leverage)가 될 구성원? 이유?

② 역량 개발이 필요한 구성원? 이유?

③ 부서 내 비공식리더(opinion leaders)?

④ 부서의 중대 사안에 대한 의사 결정 과정? 누가 영향력 행사?

⑤ 1~2년 더 이 부서에 있었다면 꼭 하고 싶었던 일은?

⑥ 그 팀에 있으면서 가장 어려웠던 일(업무, 인간관계, 내・외부 상황 등)?

⑦ 더 잘할 수 있었는데 상당히 아쉬웠다고 생각되었던 것(업무, 인간관계, 내・외부 상황 대처 등)?

⑧ 새로운 리더이기 때문에 예전과 똑같이 반복할 수 있는 실수?

그리고 신임리더가 자신의 역할을 성공적으로 수행하고 싶다면, 조직에서 일을 성사시키는 데 핵심적으로 영향을 미치는 '불문율(unwritten/unspoken rules)'을 반드시 이해하고 있어야 한다. 또한 신규관리자는 특히 처음 60일 이내에 자신의 조직 내・외의 비공식 역학관계(informal power structure)를 파악하고, 그 속에서 어떻게 일해야 하는가를 알아내야 한다. 이에 관해서는, 담당 부서에서 2년 이상 근무해서 부서 내·외부 업무 및 환경에 정통한 구성원(hands-on staff), 그리고 전임 관리자, 전 팀원, 최근 퇴직자 등과의 면담을 통해 정보를 취득할 필요가 대두된다. 이들과의 면담에서 제기할 추가 질문들은 다음과 같다(Betof & Betof, 2010; Sims, 2010; Winters & Arzooman, 2018).

① 현 직속상사로부터 업무 승인을 얻을 수 있는 최선의 방책은?
- 상사 지시 업무의 처리 시 반드시 지켜야 할 점?
- 선호하는 업무스타일? 보고 방식, 커뮤니케이션, 리더십, 자원 관리 등
- 상사(들)가 부여하는 재량권 범위?
- 결정 내리기 전에 상사와 반드시 협의할 사항 및 범위?
- 직속상사에게 해서는 안 될 금기사항(hot buttons)?
- 상사의 신뢰를 받고 있어서 지속적으로 협의/협조해야 할 사람(이해관계자, 고객, 협력업체 등)

② 부서에 필요한 크고 작은 변화를 주는 데 직면할 내·외부 장애요인? 극복방안?

③ 필히 networking해야 할 다른 부서의 상사, 이해관계자(up, cross & outside)?

④ 부서 내·외, ㉠ 경쟁자(competitors), ㉡ 협력자(allies), ㉢ 적(enemies)? 대처방안(How to deal with)?

⑤ 부서 내·외, 지뢰밭(Land mines) 또는 드러나지 않은 위험빙산(submerged icebergs)? 대처방안(How to deal with)?

이러한 실사면담은 첫 30~60일에 집중적으로 실시, 완수하되, 일회성으로 그치지 않고 상시화, 정례화, 기록화하게 되면 유용한 부서 업무체제 중의 일부로 자리매김될 수 있다. 즉, 크고 작은 주요 업무 처리 및 의사결정에서 즉각적이고 시의적절하게 그들의 조언/정보/자료를 구하게 되면, 신임리더의 성공가도에 유의미한 지렛대로 혜택을 부여할 수 있다. 또한 면담을 정례화할 수 있는지의 필요성 및 가능성을 대상자에게 타진, 요청할 수도 있다. 이를 위해 분기별로 각 면담대상자에 제기

할 질문을 정기적으로 추가, 개선해나가도록 조치해야 한다. 이렇게 취득한 현장의 소리는 암묵지(tacit knowledge)의 지식경영 차원으로 접근하여 항상 참고, 반영할 수 있도록 체계화된 체제로 기록할 필요가 있다. 그리고 민감한 내용을 제외하고는 대부분의 핵심 정보를 부서의 관련 구성원들과 공유하게 되면, 신임리더의 조기 전력화에 일조가 될 수도 있다(Tynan, 2010, 2017).

## 6. 뉴리더 온보딩의 실행전략: 팀 워크숍(Team assimilation workshop)

신규관리자가 기존 리더만큼의 업무 수행 및 성과를 내기 시작하는 시점(breakeven point)은 평균 6.2개월을 필요로 하며, 특히 외부 채용 신임임원인 경우는 6~9개월까지 기다려야 한다. 그런데 이와 더불어 조기성과를 창출시키기 위한 핵심 요인 중에 하나인, 신임리더가 구성원들과 긍정적인 신뢰 및 이해관계를 구축하는 데에도 보통 6~8개월이나 소요된다. 이러한 현상에 대처하기 위해, 실제로 대부분의 회사들에서 HR은 신임리더의 승진, 채용, 역량개발을 충실히 이행하는 것으로 자신들의 소임을 다했다고 생각한다. 그런데 Harvard Business Review에서 588명의 고위 신임임원들 대상으로 실시한 조사연구에 따르면, 이들이 실패한 중대한 이유는 업무능력이나 리더십 역량의 미흡이 아니라, 담당 조직의 특유문화 및 정치적 생리(politics)에 관한 이해와 대처 부족이라고 밝혀졌다. 특히 실패한 리더들의 69%가 자신의 조직이 어떤 방식으로 운영되는지에 대한 파악 부족(poor grasp of how the organization works)을 꼽았고, 65%는 새로운 부서의 특유문화에 부합하지 못한 처신 등이 구체적인 요인이라고 지적했다. 그리고 이러한 실패를 방지하기 위해서 어떻게 대처해야 하는가에 대한 물음에, 그들 대다수는 초기에 조직 내부를 이해하기 위해 심도 있게 파헤치면서 건설적인 피드백과 도움을 받아야 한다고 강조했다. 이와 함께 부서와 각 팀의 내·외부 역학관계에 대해 통찰하고 있어야 한다고 조언했다. 이를 통해 신임리더가 진정성 있고, 투명하고 대하기 편한 사람이라는 인식을 팀원들에게 빨리 심어주게 되면, 그들은 처음부터 신임리더를 도와 적극적으로 조직에 기여하려고 할 것이다. 그렇지 못하면, 수개월 동안 또는 실패할 때까지 '방관하고 지켜보는(wait and see)' 태도로 일관하게 된다. 이로 인한 폐해를 미연에 방지하기 위해 신임리더는 본격적인 업무를 시작하기 전에, 자신이 담당한 조직의 현재 상태를 진단/파악하며, 구성원들을 이해하고 그들과 동화하는 공식 과정을 거쳐야 한다(Belker, McCormick, & Topchik, 2018; Bradt & Davis, 2014; Byford, Watkins, & Triantogiannis, 2017; Potts, 2015; Watkins, 2013).

이러한 관점에서 미국과 뉴질랜드의 한 식음료회사는, 외부 채용 신임리더에게 온보딩 프로그램의 일환으로 '조직 사회화(Organizational Socialization)'(Bauer & Erdogan, 2011) 프로그램을 실시했다. 이 workshop에서 신임관리자는 업무매뉴얼에서 얻을 수 없는 조직의 정치적 생리(politics), 특유 문화, 주요 업무에 대한 이해를 넓히게 되었으며, 특히 진정한 '내부자(insiders)'로 인정받고 지원을 약속받는 계기를 마련하게 되었다. 이 세션에 참가한 신규리더들은 구성원들과 더 나은 의사소통과 상호신뢰를 구축하게 되었다고 평가면담에서 밝혔다. 또한 이 면담에서 한 구성원은, 이러한 활동이 없었다면 신임리더가 부임한 직후 모두가 다각도의 '혼돈(turbulence)'을 불가피하게 경험했을 것이라고 주장했다. 특히 이 과정에서 리더가 새로운 구성원들에게 도움을 요청하고 정보를 제공받는 방식으로 진행되었는데, 이는 리더의 권위에 손상이 되기보다는, 오히려 관리자가 순탄하게 조직의 효과적인 변화주도자가 되는 절호의 기회가 되었다(Watkins & Mooney, 2022).

필자도 여러 LG 계열사들, 코오롱그룹, 강동성심병원, 건설공제조합 등의 신임리더들을 대상으로 조직 동화 workshop을 개발하고 직접 교육, 주재했었다. 우선 이 세션을 개최하기 전에 리더가 편지의 형태로 구성원 전원에게 아래와 같은 초대장을 보냈다.

그리고 이 편지에 미리 제공된 각 질문들을 기반으로, 1) 'Acquaint', 2) 'Introduce', 3) 'Generate', 4) 'Review', 5) 'Communicate'의 체계적인 절차와 그에 수반되는 기법으로 행사가 진행되었다. 그리고 시종일관 해당 리더와 주요 구성원들 대부분이 동참하여 다양하게 상호작용하는 방식으로 실행되었다. 그리고 이 workshop 종료 후, 구성원들에게 솔직한 소회 및 다짐을 담은 편지를 보냈다. 여기에는 논의된 핵심사항을 언급하면서 많은 도움이 되어 감사하다는 서술도 포함했다. 특히 구성원들의 기대사항과 요구를 최대한 정확하게 인식하고 그 실천 수위의 균형감('Balance between the underpromised and overdelivered')을 구비하면서 조직에 반영하겠다는 약속도 언급했다(Burroughs, 2011; Daly, Watkins, & Reavis, 2006; Orr, 2013; Pilder, 2012; Rollin, 2012; Watkins, 2013, 2022).

"안녕하십니까. OOO OO입니다.

O월 O일에 실시되는 이 워크숍은 신임리더인 저와 여러분과의 진정한 '소통'을 통해 상호 이해와 신뢰를 높이는 프로그램입니다. 여기서 여러분은 나에게 궁금한 점 또는 제안하고 싶은 내용 등을 진솔하게 질문하고 제기하여, 제가 대답하는 방식으로 진행됩니다. 이를 통해 단시간에 우리가 서로의 벽을 허물고 신뢰를 바탕으로 하나가 되는 조직을 만들기 바랍니다. 본 workshop에서는 아래의 10가지 질문과 제안 사항이 주어질 것입니다.

1. 나에 대해 알고 있는 오해와 진실은? 예) "저는 팀장님이 현장 직원들과 직접 접촉을 많이 하신다고 들었습니다. 그러면 중간 관리자와 상의 없이 현장 직원 말에 주로 의존해서 의사결정하십니까?"
2. 성공적인 업무 수행을 위해 나에 대해 알고 싶은 것? 예) 일의 우선순위, work style, 팀원들에게 바라는 기대사항, 중요시하는 원칙, 우려/고민하고 있는 issues/challenges 등
3. 우리 부서에서 성공적인 리더가 되기 위해 내가 꼭 염두에 두어야 할 사항? (유의사항, land mines/risks 포함)
4. 내가 우리 팀원들에 대해 알아줬으면 하는 것은?(애로 사항, 바라는 점 등)
5. 우리 부서의 강점은? 다음의 3가지 차원에서 각각 1) People, 2) Process,

3) Product/Service

6. 우리 부서에서 당장 시급히 해결해야 할 개선사항? 1) People, 2) Process, 3) Product/Service
7. 올해 우리 부서의 The most critical challenge and/or opportunity?
8. 이런 질문/말씀 드리기 좀 뭐하지만, 꼭 하나…(The one comment/question I am afraid of, BUT…)
9. (예전 경험에 비추어 보면) 리더가 저에게 이러실 때 정말 일할 맛이 납니다.
10. (예전 경험에 비추어 보면) 리더가 저에게 이러실 때 정말 일하기 싫어집니다.

허심탄회하고 솔직한 질문과 제안이 이루어지도록 여러분이 사전에 고민을 해보신다면 보다 효과적인 workshop 시간이 될 것입니다. 그럼 O월 O일 워크숍 장소에서 만납시다."

## 결론

촉망받던 기존 리더를 회사에서 더 높은 자리로 승진시키거나 외부의 탁월한 역량을 구비한 리더를 신임 고위직으로 채용했는데, 이들이 스스로를 승진시키거나 더 높은 고위직에 걸맞게 처신하지 못해서 실패하는 경우가 허다하다. 이러한 문제는 내 조직이 과거의 역량 및 업적을 인정해서 이 직위를 맡긴 것이므로, 본인이 그 자리에서도 예전처럼 수행하기 바란다는 착각에 매몰되어 있다는 점에서 그 근본 이유를 찾을 수 있다. 이에 대한 사례로, 예전에 Coca Cola의 새로운 CEO로 승진된 Ivester는 바로 직전에 담당한 직위인 COO(Chief Operations Officer) 시절의 성공가도에 도취해 새로이 요구되는 더 광폭의 CEO 직위에 적합한 역할과 책무로의 전환에 실패하여 2년 만에 해고당할 수밖에 없었다(Daly, Watkins, & Reavis, 2006; Watkins, 2013). 이에 관한 대처방안으로 Goldsmith와 Reiter는 모든 신임리더에게 "지금 이 자리까지 오게 한 것만으로는 새로운 직위에서 성공을 이룩할 수 없다(What got you here won't get you there.)"라고 일갈하였다. 그리고 신임리더는 불가피한 상당 수준의 변화와 전환을 적극적으로 수용하며, 이로 인한 난관에 대해 여러 핵심관계자들로부터 '경청'하고 도움을 받으면서 사전에 예측하고 타개해 나가는 지혜를 발휘할 필요가 있다고 역설했다. 그런데 상당수의 조직에서는 이러한 전환의 성공적인 완수가 조직의 성과 창출 및 미래에 중차대함을 인정하면서도 그에 상응한 HR 차원의 지원과 조치를 제대로 취하지 않아 준비되지 못한 신임리더가 양산되고 있다는 비판이 상존하고 있다(Goldsmith & Reiter, 2013).

이러한 질곡을 방지하기 위해 조직에 정착된 체계적이고 효과적인 온보딩에 대한 투자는 조직에 다각도의 수익(return)을 가져다주므로 조직의 경영층과 HR의 주목을 받을 가치와 필요성이 대두된다(Ross, Huang, & Jones, 2014). 그러나 온보딩은 많은 조직에서 파행적으로 실시되어 존재감 없이 소기의 성과를 거두지 못하고 있는 현실에 직면해있다. 이와 관련하여 198명의 HR 담당임원의 자체 평가를 기반으로 실시된 조사연구에서, 대부분의 조직에서는 신임임원의 온보딩 일환으로 기본적인 오리엔테이션(orientation)과 법적인 절차 처리에서는 잘하고 있다고 응답했다. 그러나 실사 인터뷰가 포함된 핵심 이해관계자들과의 공식면담을 실시하고 있다고 응답한 HR은 33%에 그쳤다. 또한 HR의 단지 29%만이 온보딩을 통해 해당 신임임원과 구성원들과의 의미 있는 관계를 조성시키고, 신임임원이 담당 부서 특유의 문화적/정치적 환경에 효과적으로 적응하기 위해 필요한 실체적인 조치에서 잘하고 있다고 자평했다(Byford, Watkins, & Triantogiannis, 2017).

한편, 팀원이나 부서원에서 승진된 초임리더가 단순 관리자(manager)가 아닌 진정한 리더(leader)로 거듭나기 위해서는 예전과 차원이 다른 '지진 수준의 변화(seismic shifts)'에 직면하게 된다. 그리고 이로 인해 야기되는 다각도의 위기를 사전에 관리하고 대처해 나가야 한다. 이러한 변화에는 전문가에서 제너럴리스트/廣幅家(specialist to generalist), 분석가에서 통할가(統轄家)(analyst to integrator), 전술가에서 전략가(tactician to strategist), 실무자에서 건축가(bricklayer to architect), 문제해결자에서 의제 설정자(problem solver to agenda setter), 전사에서 외교관(warrior to diplomat), 조연에서 주역(supporting cast members to lead role) 등이 포함된다

(Watkins, 2012). 이렇게 합당하지만 급격한 다방면의 전환을 관리자로서의 경험이 전무한 신규리더가 독자적으로 학습하고 감당하기에는 역부족인 경우가 태반이다. 그러므로 이로 인해 야기될 수 있는 조직의 손실을 최소화하여 초임리더의 조기 전력화를 체계적으로 도모하는 온보딩의 실체적인 '조직문화화(institutionalization)'로 얻게 되는 다방면의 편익은 상당수의 현장 연구 결과로 명확해지고 있다. 즉, 신임리더는 온보딩을 통해 새로운 전환에 요구되는 필수 정보와 자원들을 시의적절하게 제공받아, 리더로서의 잠재력을 발휘할 수 있는 발판을 조기에 마련하게 되고 더 빨리 성과 창출에 임할 수 있게 될 것이다.

이를 위해 HRD는 학습 및 개발에 대한 기존의 편협한 역할과 접근방식에서 환골탈태하여 새롭게 구축된 HR 전체 부서 차원의 협업체제를 기반으로 모든 신임리더가 성공가도에 안착하고 조기에 담당 조직의 성과창출에 기여하도록 제대로 '귀띔'해주고 체계적으로 지원해주는 조직문화를 정착시켜야 한다. 그리고 HRD가 그리도 갈망하는 새로운 리더의 성공적인 역할 수행을 위해, 기존의 '신임 교육'만을 제공하고 'DIY(Do IT Yourself)'를 요구하는 방식의 구태의연한 패러다임은 시급히 타파시켜야 한다. 이와 같이 인재관리 부서는 생경한 직위와 업무의 '광야'에 던져지는 새로운 관리자들에게 필수불가결한 조기 전력화를 기하는 온보딩 전략을 지금이라도 강구하게 되면, 사업을 이해하고 조직의 성과를 실체적으로 창출하는 부서로서 인정받을 수 있는 절호의 기회를 맞이할 수 있을 것이다.

## 참고문헌

아인스파트너 (2010). 100대 기업 퇴직임원 현황 분석. 서울: 아인스파트너.

Aberdeen Group (2006). *Onboarding benchmark report: Technology drivers help improve the new hire experience*. Boston, MA: Aberdeen Group.

Allen, J. (2005). Agilent's executive onboarding initiative. *In the Proceedings of the Paper presented at the Annual Conference of International Society for Performance Improvement*, Vancouver, Canada.

Anderson, M. M., & Garman, A. N. (2014). *Leadership development in Healthcare Systems.* Chicago, IL: National Center for Healthcare Leadership.

Bauer, T., & Erdogan, B. (2011). Organizational socialization: The effective onboarding of new employees. In S. Zedeck(Ed.), *APA handbook of industrial and organizational psychology* (Vol. 3, pp. 51-64). Washington, D.C.: American Psychological Association.

Beer, M., Finnström, M., & Schrader, D. (2016). Why leadership training fails—and what to do about it. *Harvard Business Review, 94*(10), 50-57.

Belker, L. B., McCormick, J., & Topchik, G. S. (2018). *The first-time manager*. Toronto, Canada: HarperCollins Leadership.

Betof, E. & Betof, N. (2010). *Just promoted!: A 12-month road map for success in your new leadership role*. New York, NY: McGraw-Hill Companies.

Bradt, G. B., Check, J. A., & Lawler, J. A. (2022). *The new leader's 100-day action plan*. Hoboken, NJ: John Wiley & Sons.

Bradt, G. B. & Davis, G. (2014). *First-time leader: Foundational tools for inspiring and enabling your new team*. Hoboken, NJ: John Wiley & Sons.

Burroughs, M. K. (2011). *Before onboarding: How to integrate new leaders for quick and sustained results*. St. Louis, MO: Segue consulting group.

Byford, M., Watkins, M., D., & Triantogiannis, L. (2017). Onboarding isn't enough. *Harvard Business Review, 95*(3), 78-86.

Daly, P. H., Watkins, M., Reavis, C. (2006). *The first 90 days in government: Critical strategies for new public managers at all levels*. Boston, MA: Harvard Business Publishing.

Davilla, N., & Pina-Ramirez, W. (2018). *Effective onboarding*. Alexandria, VA: ATD Press.

Devine, M. V., & Nieuwstraten, I. (2021). *Leadership transition coaching*. London,- 2424 - UK: McGraw Hill.

Goldsmith, M. (2010). What Got You Here Won't Get You There. Paper presented at *the Annual Conference of International Society for Performance Improvement*, San Francisco, CA.

Goldsmith, M., & Reiter, M. (2013). *What got you here won't get you there: How successful people become even more successful!*. London, UK: Profile Books.

Hagerman, S., Christiansen, L., & Stein, M. (2015). Essentials of world-class onboarding. In T. Bickham(Ed.), *ATD talent management handbook*. Alexandria, VA: ATD Press.

Harvard Business Press (2008). *Becoming a new manager*. Boston, Massachusetts: Harvard Business School Publishing Corporation.

Hildal, R., & McDonald, K. (2022). *Integrated talent management at The E.W. Scripps Company*. Best practice institute. chrome-extension://efaidnbmnnnibpcaj pcglclefindmkaj/https://www.bestpracticeinstitute.org/images/cs_references/cs_217/Integrated%20Talent%20Management%20at%20Scripps.pdf

McGill, P., Clarke, P., & Sheffield, D. (2019). From "blind elation" to "oh my goodness, what have I gotten into"··· Exploring the experience of executive coaching during leadership transitions into C-suite roles. *International Journal of Evidence Based Coaching and Mentoring, 17*(1), 3-18.

Miller, J. (2011). One organization's journey to transforming new leader orientation. Paper presented at *the Annual Conference of American Society for Training and Development*, Orlando, Florida.

Misra, M. & Cude, R. (2009). Bank of America: Executive on-boarding. In D. Gibe r, L. Carter & M. Goldsmith(Eds.), *Best practices in leadership development handbook*. San Francisco, CA: Pfeiffer.

Orr, E. (2013). *Talent management best practice series: Executive onboarding*. Los Angeles, CA: Korn/Ferry International.

Peterson, S. L. (2008). Creating and sustaining a strategic partnership: A model for human resource development. *Journal of Leadership Studies, 2*(2), 83–97.

Pilder, W. F. (2012). *Taking the pulse: Organizational Mastery for newly appointed leaders*. San Diego, CA: CreateSpace Independent Publishing Platform.

Potts, H. (2015). *The executive transition playbook: Strategies for starting strong, staying focused, and succeeding in your new leadership role*. Scotts Valley, CA: CreateSpace Independent Publishing Platform.

Robinson, D. G., Robinson, J. C., Phillips, J. J., Phillips, P. P., & Handshaw, D. (2015). *Performance consulting: A strategic process to improve, measure, and sustain organizational results*. San Francisco, CA: Berrett-Koehler Publishers.

Rollin, P. F. (2012). *42 rules for your new leadership role: The manual they didn't hand you when you made VP, director, or manager*. Cupertino, CA: Super Star Press.

Ross, W. E., Huang, K. H. C., & Jones, G. H. (2014). Executive onboarding: Ensuring the success of the newly hired department chair. *Academic Medicine, 89*(5), 728-733.

Sims, D. (2010). *Creative onboarding programs: Tools for energizing your orientation programs*. New York, NY: McGraw Hill.

Stein, M., & Christiansen, L. (2010). *Successful onboarding: A strategy to unlock hidden value within your organization*. New York, NY: McGraw Hill.

Stoller, J. K., Barker, C., & FitzSimons, K. (2013). Physician-leader on-boarding: the Cleveland Clinic experience. *Journal of Management Development, 32*(9), 960-970.

Tremble, A. D., & Abram, C. A. (2015). Preparing talent through onboarding. In T. Bickham(Ed.), ATD talent management handbook. Alexandria, VA: ATD Press.

Tynan, K. (2010). *Survive your promotion: The 90 day success plan for new managers*. Hudson, MA: Personal Focus Press.

Tynan, K. (2017). *How Did I Not See This Coming?: A Manager's Guide to Avoiding Total Disaster*. Alexandria, VA: ATD Press.

Watkins, C., & Mooney, S. (2022). Onboarding for new hospitality managers? Yeah-nah. *Hospitality Insights, 6*(1), 11-12.

Watkins, M. (2003). *The first 90 days*. Boston, MA: Harvard Business School Press.

Watkins, M. (2012). How managers become leaders. *Harvard Business Review, 90*(6), 64-72.

Watkins, M. (2013). *The first 90 days: Updated & Expanded*. Boston, MA: Harvard Business School Press.

Watkins, M. (2022). *Workbook of the first 90 days: Updated and expanded*. Cosmic publications.

Winters, G., & Arzooman, J. (2018). *What ELSE your boss never told you: More timely tips for new managers*. Scotts Valley, CA: Createspace Independent Publishing Platform.

## 요약

본 장에서는 조직 전반의 성패와 직결된 모든 신임리더의 조기 전력화를 통한 조직 장악과 성과 창출을 위해 필요한 체계적인 지원의 필요성을 이슈 탐색을 중심으로 살펴보고, 그 실체적인 해결 방안을 구체적으로 모색해보고자 한다. 이러한 이슈와 직결된 신임리더의 실패로 인한 조직의 손실에 대한 다양한 연구결과들을 기술하고 있다.

이로 인한 폐해를 극복하는 일환으로 적용되는 온보딩이 성공적으로 정착되면서 얻게 되는 조직의 성과와 편익에 대해 설명하고 있다. 그리고 온보딩의 실체적인 전략을 1) 첫 90일(The first 90 days), 2) HR의 전략적 제휴, 3) 실사면담(due diligence interview), 4) team assimilation workshop 등으로 규명하였다. 이에 따른 각 국면별로 업무현장에서 신임리더가 구현 가능한 기법들을 심도 있게 논의, 서술하였다. 또한 온보딩의 필요성과 함께 그에 상응한 실체적인 전략의 적용을 위한 HRD의 패러다임 전환에 대해 결론에서 제시하였다.

## 탐구 질문

1. 뉴리더 온보딩이 제대로 이루어지지 못하면, 자신의 조직에 어떤 폐해와 손실이 야기되는지 3P(People/Process/Product) 차원에서 실제 예를 들어 구체적으로 설명해 보세요.
2. 온보딩의 성공적인 조직문화화(institutionalization)를 위해, 모든 HR부서들이 어떻게 전략적으로 제휴해야 하는지 본인 조직의 실제적인 예를 들어 그 방법을 제시해 보세요.
3. 자신의 조직에서 실사면담(Due diligence interview)을 실제로 적용하기 위해, 본 장에서 제시된 전략들을 바탕으로 어떻게 customize해야 하는지 논의해보세요.
4. 자신의 조직에서 Team assimilation workshop을 실제로 적용하기 위해, 본 장에서 제시된 전략들을 바탕으로 어떻게 customize해야 하는지 논의해보세요.

### / 저자 소개 /

**최 욱 박사(Indiana University)**

경인교육대학교 교육학과 교수, kwkchoi@ginue.ac.kr
연구관심 영역: 과정개발 전반, 리더십, 성과관리, flipped learning and development, transfer of training, Level IV 평가, 뇌 기반 강사양성, Appreciative inquiry
주요 저서: 기업교육론, HRD 용어사전, 모든 학교를 위한 플립드러닝 가이드북
주요 경력: 한국기업교육학회 부회장, 한국교육공학회 부회장

양은하(코칭클릭)/정재삼(이화여자대학교)

# 제5장 코칭과 멘토링

## 목표

1. 코칭과 멘토링의 관계를 파악할 수 있다.
2. 코칭/멘토링의 철학을 설명할 수 있다.
3. 코칭/멘토링의 스킬을 논의할 수 있다.
4. 코칭/멘토링의 프로세스를 설명할 수 있다.

## 핵심용어

코치(Coach), 피코치자(Coachee), 멘토(Mentor), 멘티(Mentee, Protégé), 코칭/멘토링, 코칭/멘토링 스킬, 코칭/멘토링 프로세스

# 1. 코칭의 역사와 정의

코칭은 현재의 비즈니스 환경에서 리더십 개발과 조직 내 커뮤니케이션을 위한 교육훈련의 한 분야이다. 코칭이라는 인터벤션은 조직에서 꾸준히 사랑받고 있으며 조직을 이루는 구성원들 전체를 대상으로 때로는 상사와 부하사원 간의 커뮤니케이션과 조직원 개발의 방법으로 활용되고 있다.

## 1) 코칭의 어원과 발전

코치(Kocs)는 원래 헝가리의 한 도시에서 비롯된 단어다. 코치(coach)라 불리는 네 마리 말이 이끄는 마차, 즉 교통수단으로 활용되었다. 현재 있는 곳에서 원하는 목적지로 데려다주는 교통수단을 코치라고 부른 것에서 시작하여, 영국에서는 지금도 택시를 코치라고 부른다.

마차라는 운송수단으로 불리던 이 코치는 오랫동안 스포츠 분야에 적용되어 운동선수가 경기목표에 도달하기까지 다양한 방법을 통해서 이끌어주는 리더십의 개념으로 시작되어 더 넓은 범주로 확장되어 적용되기 시작했다.

코치는 경기목표를 달성하는 데 중요한 사람이지만, 주인공이 아니다. 철저하게 선수를 중심으로 그 선수의 기량이 최상으로 발휘되어 최고의 성과를 낼 수 있도록 선수를 돕고 지원하는 사람이다.

이렇게 스포츠 분야에서 최고의 성과를 발휘하는 데 중요한 역할을 하는 코치의 개념이 비즈니스 환경으로 들어오기 시작한 것은 1980년대 초이다. 미국의 재무플래너(financial planner)인 토머스 레너드가 고객들과 다양한 대화를 주고받는 과정에서 고객들로 하여금 그들이 원하는 바를 인식하게 하고, 그들이 원하는 바에 도달하기 위해 다양한 문제해결을 위한 대화를 하면서, 고객들의 목표를 달성하게 해주었다. 그러면서 자신이 하는 역할이 스포츠 선수들과 코치와의 관계와 유사하다고 판단해 자신의 역할을 코치라고 부르기 시작했다. 이것을 시작으로 미국 사회는 1980년대 후반부터 기업에 코칭을 도입하기 시작했다.

1980년대 중반부터 미국에서 유행하기 시작한 코칭은 점차 그 적용범위가 확장되면서 캐나다를 비롯하여 유럽 및 오세아니아 주까지 전파되기 시작했고, 글로벌 회사들이 많이 포진되어 있는 홍콩과 아시아 지역까지 서서히 그 개념이 확산되었다.

미국 내에서는 세계적인 기업들이 앞을 다투어 코칭이라는 개념을 도입하면서 발전의 축을 만들어 갔다. 처음에는 성과가 부진하거나 문제가 있는 직원을 대상으로 하여 기대되는 일정한 성과를 확보하기 위한 특별조치로 시작되었다. 그러나 코칭의 접근방법 자체가 인간중심의 철학을 기반으로 하고 있고 현대사회에 중요한 과정중심, 감성리더십을 다루므로, 점점 더 다양한 분야에 적용이 되기 시작했다. 즉, 최고 기량의 선수들에게 도움을 주어 잠재적인 기량까지 발휘하게 만드는 개념을 토대로 조직 내에서 가장 성과가 좋은 예비리더나 예비임원들의 계발에 활용되었다. 최근 가장 많이 활용되는 분야는 최고경영자나 최상급 임원들을 위한 경영자 코칭(executive coaching)이고, 그 다음으로 많이 활용되는 분야는 조직 내에서 리더의 역할을 하고 있는 리더들이 부하들의 성과를 관리하는 리더십 도구로 활용되는 관리자 코칭(manager coaching)이다.

그 이후 경력 상담을 해주는 커리어코칭, 정년퇴직이나 조직경영의 이슈로 정리해고되는 직원들을 위한 아웃 플레이스먼트 코칭으로 확장되어 적용이 되기도 한다.

이 외에도 상담의 분야가 다양하듯이 문제해결이 필요한 모든 영역에 코칭이라는 인터벤션이 새로운 분야로 자리 잡았다. 예를 들어, 병원, 학교, 학원, 부부 관계 등 여러 전문적인 분야에서 코치들이 코칭으로 활약하고 있다.

우리나라에서는 2000년대 초반에 코칭회사들이 설립되면서 교육의 트렌드인 코칭에 대한 관심이 시작되었다. 동시에, Cisco Systems, IBM 등 외국계 기업들에서 임원들을 위한 국내 코치들을 찾으면서 자연스럽게 코칭에 대한 니즈가 생겨났다.

이때를 맞이하여 코칭회사들의 대표를 비롯하여 외국계 회사의 인사담당자들이 함께 미국의 한 기관을 초정하여 코칭과정이 진행되었고, 이 모임을 시초로 뜻을 같이하는 사람이 스터디를 하기 시작했다. 이것이 모태가 되어 한국에서 자체적으로 한국의 인증코치자격을 부여할 수 있는 사단법인설립에 대한 뜻이 모아졌고, 한국코치협회가 2003년 발족되면서 사회의 각계각층으로 급속도로 시장이 성장하게 되었다.

### 2) 코칭의 정의

2000년대 초반 우리나라에 코칭의 조직이 들어오고 관련 비즈니스가 생겨나는 시점에서조차 코칭의 정의에 대한 합의된 의견이 존재하지 않았다. 학자들, 실무자들, 코칭단체들이 내놓는 저마다의 정의는 다 공급자의 편의대로 이루어졌다.

1980년대 초반에 킨로우는 코칭을 '예측할 수 있는 과정을 수행함으로써 탁월한 성과를 이끌어 내고, 지속적으로 개선하기 위한 몰입, 긍정적인 관계를 갖도록 하는 관리자와 종업원 간의 상호대화'라고 설명했다. 2000년대 들어와서 골웨이는 코칭을 '성과를 극대화하기 위해 묶여있는 개인의 잠재능력을 풀어주는 것이고, 사람들이 코치의 가르침에만 의존하지 않고 스스로 배우도록 도와주는 것'이라고 했고, 콜린스는 '한 개인이나 그룹을 현재 있는 지점에서 그들이 바라는 더 유능하고 만족스러운 지점까지 나아가도록 인도하는 스킬이자 행위'라고 정의했다.

국제코칭연맹(International Coach Federation, ICF)은 전문적인 코칭을 '인생, 경력, 비즈니스와 조직에서 뛰어난 결과를 달성할 수 있도록 도와주는 지속적이며 전문적인 관계'라고 정의하고 있다. 미국에서 공신력 있는 인증기관이며 코칭회사인 CCU(Corporate Coach University)에 의하면 '코칭은 코치와 발전할 의지가 있는 피코치자의 잠재능력을 최대한 개발하고, 발견하는 프로세스를 통해 목표설정, 전략적인 행동, 그리고 훌륭한 결과를 성취하도록 해주는 강력하면서도 협력적인 관계'

라고 한다.

그러나 수많은 정의들에서 나타나는 공통된 세 가지 핵심가치가 발견되었는데, 그것은 바로 코칭은 혼자서 하는 것이 아니라 반드시 코치(coach)와 피코치자(choachee)가 함께 쌍방향 소통을 해야 한다는 것이다. 또한, 코칭의 과정은 한 개인의 발전과 성장을 목표로 이끌어가는 것이므로 "발전"이라는 개념이 포함되어야 한다. 마지막으로 기존의 교육훈련들이 가지는 공급자 중심의 당위적인 논리, 즉 "~해야 한다" 식의 논리가 아니라, 피코치자 스스로 책임감과 자율성을 가지고 문제해결의 주도권을 주체적으로 갖게 하는 임파워먼트(권한 위임)가 반드시 기반이 되어야 한다. 코칭의 성립은 이와 같이 세 가지의 가치들이 작동되어야 한다.

즉, 코칭은 코치와 피코치자와의 파트너십을 통해 피코치자가 주도적인 책임감을 가지고 코칭 프로세스를 통해 피코치자가 원하는 목표에 도달하도록 하는 협력의 과정이다.

### 3) 멘토링의 정의

멘토링의 어원은 '오디세우스가 트로이 전쟁에 나가면서 집안 일과 아들의 교육을 그의 친구 멘토르(Mentor)에게 맡겼는데 멘토르는 오디세우스가 전쟁에서 돌아올 때까지 왕자인 그의 아들 텔레마코스의 친구이자 스승이자 때로는 상담자, 때로는 아버지처럼 그를 잘 돌봐 주고 이끌어 주었다'라는 데서 유래됐다. 이러한 멘토르의 역할에서 탄생한 멘토링의 개념은 조직 내에서 개인의 성장과 발전을 촉진하는 강력한 도구로 자리 잡고 있다.

멘토링은 단기적인 성과보다는 장기적인 관점에서 일반적으로 선배가 후배의 개인적 및 직업적 성장을 이룰 수 있기 위해 지속적인 조언과 지도를 제공하는 과정을 의미한다(Harvard Business School, 2004). 멘토링에서 멘토(mentor)는 더 많은 경험과 전문 지식을 갖춘 사람으로 경험이 더 적은 멘티(mentee, protégé)의 목표

달성과 개인적 성장을 돕기 위해 자신의 지식과 통찰을 바탕으로 방향을 제시하는 역할을 한다. 멘토의 역할은 단순히 특정 기술이나 지식을 전달하는 것을 넘어서, 멘티의 전반적인 경력 발전과 인격적 성숙을 목표로 하며, 이를 위해 멘토는 멘티의 목표와 필요를 깊이 이해하고, 멘티가 직면할 수 있는 도전 과제를 해결할 수 있도록 전략적인 조언을 제공할 수 있어야 한다. 또한 멘토는 지속적인 피드백과 지원으로 멘티가 스스로 문제를 분석하고 해결할 수 있는 능력을 배양할 수 있도록 도와야 한다. 즉 멘토는 멘토링을 위한 관련 경험, 지식, 스킬 등을 습득하고 있어야 하며, 멘티가 신뢰하고 배울 수 있는 대상이어야 한다(MacLenna, 1995).

효과적인 멘토링은 멘토가 멘티가 목표로 하는 방향성과 관련된 일을 직접 경험했거나, 그 분야에 대한 깊은 이해와 지식을 갖추고 있을 때 이루어질 수 있다. 또한 멘티가 목표나 적절한 방향성을 찾을 수 있도록 질문을 제시하거나 영역으로 이끌어 줄 수 있어야 한다. 멘티가 언제든 도움을 요청하며 관계를 지속할 수 있도록 신뢰를 쌓는 것 또한 중요하다. 이를 위해 멘토는 멘티의 성장에 진심으로 관심을 가지고, 멘티의 정체성과 가치에 공감할 수 있어야 한다. 또한 멘토는 멘티가 필요로 하는 구체적인 조언을 제공할 수 있는 관련 스킬도 보유하고 있어야 한다.

멘토링 과정에 있어 멘티는 배움과 성장의 주체가 되어 멘토의 조언을 자신의 발전에 적극적으로 활용해야 한다. 자신의 목표를 명확히 설정하고 멘토의 지침을 바탕으로 더 높은 성과와 만족을 이루기 위해 노력해야 한다. 멘티의 이러한 적극적인 태도는 멘토링의 효과를 극대화하는 중요한 요소이다. 멘토는 이러한 멘티의 노력을 지지하고 격려하며 멘티가 스스로 성장할 수 있는 환경을 제공하는 데 주력해야 한다(Chung, 2015; Luecke, 2004).

멘토링은 멘토와 멘티 간의 깊은 신뢰와 존중을 바탕으로 하는 상호 협력적인 관계이다. 멘토링이 성공적으로 이루어질 때 멘티는 자신감과 역량을 키워 개인의 성장과 조직 내에서의 의미 있는 역할 수행을 이어갈 수 있으며 멘토 역시 자신의 리더십과 영향력을 확장할 수 있는 기회를 얻게 된다. 결과적으로 멘토링은 멘토와 멘티 모두에게 성장의 기회를 제공하며 조직 전체의 발전에도 기여할 수 있는 강력한 도구로 조직 내에서 지속적으로 발전시켜나가야 할 중요한 과정 중 하나이다.

### 4) 코칭과 멘토링

코칭은 코칭서비스를 제공하는 코치와 피코치자 그리고 코치와 피코치자가 코칭의 과정을 경험하는 데 기반이 되는 코칭 프로세스와 코칭모델이 필요한데, 이것을 코칭시스템이라고 부른다.

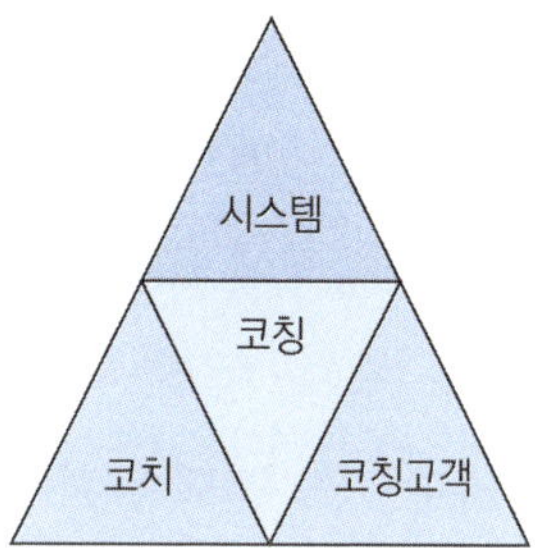


[그림 5-1] 코칭 프로세스

가장 많이 혼동되는 유사 영역으로는 카운슬링, 멘토링, 컨설팅이 있다. 코칭은 두 사람 간의 커뮤니케이션이라는 상호작용을 통해 문제를 발견하고 해결하기 위한 방안을 찾는다는 점에서는 카운슬링과 유사하다. 그러나 코칭의 초점이 미래를 위한 성장과 발전에 있는 반면, 카운슬링은 과거의 행동을 탐색하여 그것을 기반으로 해법을 찾는 데 초점을 맞추므로 현재를 기준으로 미래의 탁월한 변화를 위해 한 개인이 가진 역량의 극대화를 꾀하는 코칭과는 근본적으로 차이가 존재한다. 또한, 상담은 상담자와 내담자의 대화에서 상담자 주도로 대화가 이루어지는 반면, 코칭은 피코치자에게 많은 주도권이 넘어가고 피코치자가 주도적으로 해법을 찾도록 코치는 조력하고 촉진하는 역할을 한다는 점에서 차이점이 있다.

코칭의 유래와 역사에서 살펴보았듯이 코칭은 컨설팅을 제공하던 한 사람에 의해 비즈니스에서 통용되는 하나의 인터벤션이 되었다. 코칭과 컨설팅은 보다 나은 미래를 설계하기 위해 시행되는 프로세스며 쌍방 간에 자유로운 의사소통이 이루어진다는 측면에서는 유사하다. 그러나 코칭은 문제의 해법을 피코치자가 갖고 있다는 전제에서 일어나므로, 피코치자에게 질문과 자극을 통해 스스로 다양한 각도에서 문제를 보고 스스로 해결책을 찾도록 돕는 방법을 사용한다. 반면에 컨설팅은 컨설턴트 자체가 훌륭한 해법을 가진 전문가다. 그러므로 전문가의 입장에서 사안을 분석, 진단, 해결책을 제시하므로, 피코치자가 가진 잠재력과 지식, 경험, 의견에 의존하는 코칭과는 차이가 있다.

조직 내에서 가장 혼용되어 사용되는 멘토링과 코칭의 관계를 보자. 멘토링과 코칭 모두 멘티나 피코치자의 변화와 성장에 초점을 맞춘다는 점에서는 유사하다. 그러나 멘토링은 멘토의 지식, 기술, 정보, 능력, 지혜를 배워서 멘티가 따라 하다 보면 저절로 닮아가도록 하는 것이다. 즉, 멘토링 과정을 통해 멘티는 멘토가 가진 훌륭한 역량을 전수받는 것이 초점이다. 코칭과 멘토링은 오너십(ownership)과 퍼포먼스(performance)의 수준에 따라서도 구분할 수 있다(그림 5-2 참조). 코칭은 피코치자가 더 나은 성과, 목표달성을 위한 수행 과정에 대한 주도권을 가지고 있는 한편 멘토링은 기존의 교육 과정보다 멘티에게 더 많은 자기 책임이 있다고 가정하지만, 참여자 주도과정 또는 코칭에서의 피코치자만큼은 아니다. 또한 멘토는 무의식적으로 혹은 본인의 의지와 관계없이 누군가의 멘토가 될 수 있지만, 코치는 의지가 있어야만 코칭 과정에 참여할 수 있다. 그러므로 멘티는 질문도 있고 의사소통도 하겠지만 주로 듣는 쪽이며, 주로 말하는 쪽은 가르치는 측, 즉 멘토가 된다. 반면, 코칭은 피코치자가 코치를 조금이라도 닮고 싶고, 지혜를 배우고자 할 때도 코치는 이것을 경계하며 철저히 피코치자가 가진 경험, 지식, 자원을 극대화할 수 있는 방안을 탐색하고 그 안에서 주도적으로 활용할 수 있는 방안을 모색하도록 돕는다는 점에서 차이가 있다. 이러한 면에서 성공적인 코칭은 멘토와 코치의 역할이 상호 보완적으로 작용한다고도 볼 수 있다(Jarvis, 2004).

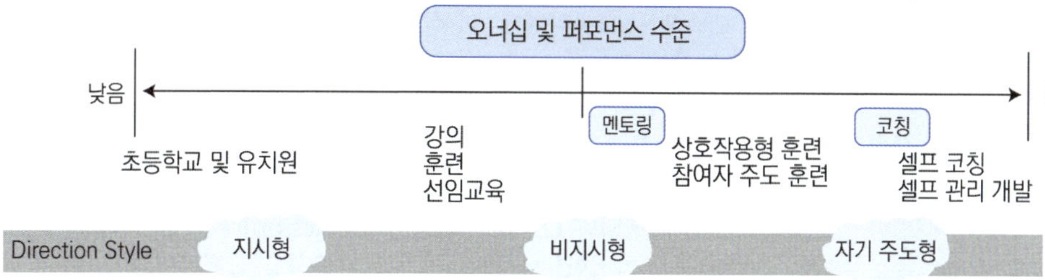


[그림 5-2] 코칭 연속체

* **Real Story:**

외국계 기업 C사에서의 코칭사례:

2000년대 초반 인사담당 매니저 E부장에게 회사 내 세일즈를 맡은 부사장에게 코칭을 제공해야 하는데 코치를 본사에서 양성해야 하니 2개 국어가 능통한 유능한 코치를 선발하여 추천을 하라는 요청이 왔다. 수소문을 해서 추천을 했으나 외국계 기업에서 오랫동안 세일즈 임원을 하고 코칭교육 3일을 받고 와서 시행한 코칭의 결과는 별로 효과적이지 못했다. 코칭에 대한 개념도 없던 때라 코치풀(Pool)도 없었고, 경력만 훌륭하고 유사하다 해도 노련한 코칭의 기술뿐 아니라 코칭 프로세스를 잘 운영하는 코치가 없는 것이 가장 안타까운 노릇이었다. 그 이후 수년 동안 이 회사에서는 코칭에 대한 니즈가 발생하지 않았다.

네트워크 기업 K사에서의 멘토링 사례:

교육담당 Y차장은 10개월간 이 회사에서 가장 유능한 차기 임원이 될 인재들을 선발하였다. LEAP 프로그램을 통해 경영능력, 회사의 문화, 리더십 스킬 훈련을 제공했다. 이 프로그램을 구성하는 데 가장 중요한 요인 중 하나가 멘토링이었다. 현 임원 중에서 가장 존경받는 5인을 추천받아, 교육생들과 일대일 매칭을 시켰다. 멘토들은 멘티를 일주일에 한 번씩 만나서 자신이 가진 리더십 노하우, 철학, 사람관리 등에 대한 토픽을 공유했다. 때로는 피코치자가 가진 업무상의 고민이나 교육 중 수행하는 프로젝트에 대한 조언을 구하기도 했다. 이 과정은 멘토나 멘티가 모두 익숙한 과정이었기에 유용한 인터벤션으로 활용되었다. 그러나 멘토들은 워낙 바쁜 분들이었기에 섀도잉을 하는 방법은 유용하나 일대일 미팅을 정기적으로 시행하는 데는 많은 무리가 있었다.

IT 기업 M사의 컨설팅 사례:
한국에 교육평가 시스템이 막 도입되었을 무렵이다. 교육담당자들은 많았고, 교육을 진행하는 인력들은 넘쳐났다. 그러나 그 수많은 비용을 들여 교육을 시킨 후 과연 그 교육의 효과가 어떻게 나는지에 대한 의문은 언제나 존재했다. 매년 교육 입안을 할 때, 각 비즈니스 오너들의 스폰서를 받아야 했다. C부장은 H대리에게 미국 본사의 교육평가전문가인 David Basrab을 한국으로 불러 전문적인 컨설팅을 받자고 제안했다. H대리는 본사의 교육평가 전문가로서 집필도 하고 이미 다양한 콘퍼런스에서 이름을 알린 David와 일대일 미팅을 통해 궁금한 점도 물어보고, 그 당시 만족도평가에 그치던 평가시스템을, 학습평가, 적용도 평가, ROI(Return on Investment)평가에 대한 기본 프레임을 배웠다. 뿐만 아니라 수많은 그의 경험과 사례를 바탕으로 한국에서 진행되던 LIA(Leadership In Action)라는 리더십교육 과정에 대해 만족도, 학습도, 적용도, 투자적합도에 대한 평가를 기획하고 실행하였다. 이를 통해 David가 가진 전문적인 지식을 전수받고, 직접 하면서 피드백을 받을 수 있어서 아주 유용한 컨설팅을 받았다.

## 2. 코칭/멘토링의 철학과 효과

모든 인터벤션과 마찬가지로 코칭/멘토링이 한 개인의 발전과 성장을 일으키는 하나의 도구로 자리매김을 하기까지 그 철학이 토대가 되었다. 그 철학을 바탕으로 한 코칭/멘토링은 한 개인의 성장과 발전에 어떠한 영향을 미치고 실제로 어떤 효과가 있는지 살펴보자.

### 1) 코칭/멘토링의 철학

세상에서 일어나는 모든 인간관계는 긍정적이면 좋겠지만, 그렇지 않은 경우도 많다. 특히 조직에서는 업무를 중심으로 관계를 맺어가기 때문에 함께 밥도 먹고, 많은 시간을 함께 대화하며 보내지만 실제로 조직 밖으로 나가면 전혀 상관없는 사람처럼 지내기도 한다. 그렇기 때문에 가족적인 조직, 따뜻한 인간애가 흐르고, 조직원을 성과의 도구나 관리의 대상으로 보지 않고 발전할 수 있는 잠재력을 가진 한 개인으로 바라보고 존중해주는 기업들이 일하기 좋은 기업으로 지지를 받는 것을 보게 된다.

오랫동안 조직은 존재해 왔고, 기업들은 수많은 사람들과 함께 일하면서 '관리'라는 개념을 많이 사용해 왔다. 그 이면에는 마치 대량으로 양산되는 제품이나 우리가 사용해야 하는 기계처럼 더 숙련된 누군가가 관리(manage)하고 통제(control)해야 한다는 사상이 존속해 왔다.

그러나 비즈니스 환경은 많이 변화해 왔다. 기계, 건물, 설비가 중요하던 세상에서, 한 명의 인재가 중요한 시절이 왔고, 그 한 명의 인재가 맺고 있는 인간관계, 즉 인맥이 중요한 시절로 옮겨왔다. 최근에는 그 사람이 가지고 있는 성향, 기질, 에너지가 더 중요한 관심사로 부상된다. 즉, 집합적으로 다루어지던 조직원들이 아무리 숫자가 많아도 한 개인으로 접근하지 않으면 어떤 변화도 이루기 어렵다는 것이 조직 내에서 감지되기 시작한 것이다.

자신이 관계 맺는 사람을 어떤 관점으로 바라보는가가 자신의 행동을 변화시키고, 그 행동의 변화는 자명한 결과를 얻게 만드는 열쇠가 된다. 코칭의 인간관을 이야기할 때 절대로 빼놓을 수 없는 미국의 심리학자 맥그리거는 인간을 바라보는 관점을 극명하게 X-Y이론 두 가지로 설명한다. 극단적이기는 하지만, 비교적 사람을 바라보는 관점을 극명하게 설명해준다. 그에 의하면, 인간에게는 두 가지 본성이 존재하는데, X이론은 인간은 일하기를 싫어하고, 책임 맡기를 싫어하며, 지휘 감독받는 것을 선호하며, 안정만을 추구하는 존재라고 보는 것이다. 그러므로 조직은 그들을 데리고 조직을 운영하고 목표를 달성하기 위하여 인간을 강제적으로 통제하고, 처벌하고, 관료적으로 규율을 가지고 관리해 나가야 했다. 산업화가 일어나면서 인간과 기계를 구분하지 못하고, 양적인 발전에 초점을 맞추다 보니 이렇게 단순한 인간관이 자의적으로 작동했을 것이다.

그러나 이 관료적인 조직구조가 전혀 작동하지 않는 때가 도래했다. 인간은 일반적으로 책임 맡기를 좋아하고, 창의적이며, 목표에 다다르기까지 자신을 조절하고 스스로 통제할 수 있는 존재라는 것이다. 이것이 Y이론에서 바라보는 인간관이다. 그러므로 상사와 조직은 그들이 창의적으로 문제를 해결하고 성과를 낼 수 있도록 임파워먼트를 하고 신뢰를 보여줌으로써 잠재력이 적극적으로 작동하도록 도와주어야 한다는 것이다.

코칭은 기본적으로 관리가 아니라 임파워먼트이며, 강압적 일방적 의사소통의 프로세스를 밟지 않으므로, Y이론의 인간관을 기반으로 하고 있다. 그러므로 당근과 채찍을 골고루 사용해서 수동적인 인간을 잘 관리해내던 패러다임에서 자신의 수하에 있는 사람들의 무한한 잠재력과 가능성을 철저하게 신뢰하고 기대하는 패러다임으로의 이동을 해야만 코칭이 가능하다. 일본 코칭계의 선구자 코치인 에노모토 히데타케는 코칭의 철학을 세 가지로 설명한다. 첫째, 모든 사람에게는 무한한 가능성이 있다고 봐야 한다. 둘째, 그 사람에게 필요한 해답은 모두 그 사람 내부에 존재한다. 셋째, 해답을 찾기 위해서는 혼자가 아니라 함께해줄 파트너가 필요하다. 이 파트너를 우리는 코치라 한다. 에노모토의 철학 외에 코치들에게 코칭을 위해서는 다양한 생각의 유연성을 요구한다. '안 된다'라고 생각하는 부정적인 생각보다는 '된다'라는 긍정적인 사고가 필요하고, 누구나 더 나은 삶을 추구하고 있다는 것에 대한 신뢰가 필요하며, 피코치자를 진심으로 돕고자 해야 한다. 또한, 피코치자를 존중하고 결과에 대해서는 코치 스스로 책임을 지는 자세를 갖는 것이 중요하다.

멘토링 또한 코칭과 유사한 인간관을 기반에 두고 있어 멘티가 자신의 성장 과정에 책임감을 가지고 임하는 것이 중요하다. 다만 코칭은 피코치자가 더 많은 것을 성취하는 방법을 배울 수 있도록 코치가 돕는 데 초점을 두고 있는 한편 멘토링은 멘티가 멘토의 지속적인 지원과 조언을 성장을 위한 자원으로 활용할 수 있도록 하는 데에 집중하고 있다. 즉 코칭과 멘토링 모두 인간의 잠재력을 신뢰하고 그 가능성을 최대한 발휘할 수 있도록 돕는 철학을 공유하고 있으며, 피코치자와 멘티가 자신의 목표를 향해 주도적으로 성장해 나갈 수 있도록 지원하는 데 중요한 역할을 한다.

## 2) 코칭/멘토링의 효과

모든 교육훈련과 인적자원 개발을 논할 때 빠지지 않는 것이 비용효과이다. 다른 교육훈련은 관례적으로 진행하면서도 새롭게 부상한 교육 훈련 인터벤션들에 대해서는 반드시 짚고 넘어가야 하는 것이 효과성에 대한 검증이다.

오랜 기간 동안에 교육과 다른 환경적 변인들을 구분해 가면서까지 교육 훈련의 투자 효율성에 대한 논의는 끊이지 않는다. 지금 현재도 새롭게 진행되는 모든 훈련 도구들에 대해서는 일정 정도의 검증이 중요하다. 따라서 교육훈련담당자들은 늘 어떤 새로운 교육훈련과정을 기획하고 집행할 때 반드시 도입해야 하는 것이 효과성에 대한 검증이다.

코칭과 멘토링은 '프로세스'다. 한번에 효과가 나타나는 인풋 아웃풋을 따지기가 어려운 일이다. 지속적인 과정에 반복되어야 하는 인터벤션이다. 코칭과 멘토링은 또한 '문화'다. 사람을 바라보는 관점이 달라지고, 커뮤니케이션을 하는 방법과 목적이 달라져야 한다. 이것은 변화하는 데도 오래 걸릴뿐더러 지속하는 것도 어려운 문제다.

그러나 일단 그 맛을 본 조직들은 코칭과 멘토링을 포기하지 않는다. 그러나 코칭과 멘토링을 지속적으로 조직 내에 하나의 시스템으로 정착시키기까지는 일정 시간이 필요하다. 사람들의 마인드 셋과 관점이 바뀌어 행동이 바뀌고 결과를 만들어내기까지 가장 중요한 것은 그들이 매일 일상에서 하는 '경험'이다. 반복적으로 이들이 마주하는 경험이 코칭과 멘토링은 좋은 것이며, 필요한 것이고, 실제적으로 도움이 되는 것이라는 신념을 만들어내야 한다. 그 신념이 리더들에게 부하들을 믿어주는 마음으로 바라보고, 잠재력을 신뢰하고, 최대의 성과를 낼 수 있도록 목표기반의 쌍방향 커뮤니케이션을 가능하게 할 뿐만 아니라, 상호 윈-윈할 수 있는 행동들을 만들어 내게 되는 것이다. 그 행동들은 이전에는 회사에 대한 불만과 매니저에 대한 공포심을 갖던 조직원들에게 리더에 대한 신뢰와 존중을 배우는 기회를 제공하게 될 것이다. 그것이 지속적으로 날마다 모든 회의 장면에서 일어날 때 그 조직은 '코칭과 멘토링의 문화'를 구축한 안정적인 조직문화를 갖게 되는 것이다. 억지로 노력하지 않아도 스스로 문제를 규명하고, 목표를 설정하고, 필요한 자원을 탐색하고, 실천계획(action plan)을 만들어 자신들이 얻고자 하는 결과를 향해 질주할 수 있는 자발적인 구성원들을 만들어 내는 것이다. 문화가 자연스럽게 전파되는 것이고, 사람들은 그 안에 소속되기를 즐기게 되는 것이다.

코칭과 멘토링의 효과도 목표설정의 명확성, 생산성 향상, 사기와 만족도 향상, 조직원들과의 관계 향상, 직장생활의 질의 향상, 변화에 대한 의욕 고취, 경영진에 대한 신뢰 향상 등으로 설명할 수 있다. 그러나 누군가 말했듯이 코칭과 멘토링은 보약과 같은 것이다. 병이 나서 바로 수술하거나 약을 처방하는 것이 아니라 조직에서 흔히 일어나는 문제들을 미연에 방지하고 융통성을 가지고 관리하는 문화를 구축해 문제들을 미연에 방지하는 예방에 가깝다. 철저한 예방은 문제가 발생하여 조직이 감당해야 할 엄청난 손실을 줄여주고, 조직원들에게 행복감과 안정감을 제공하므로, 보다 행복한 직장생활을 할 수 있게 해준다.

'코칭클리닉'에서 제공하는 코칭 접근 방법은 〈표 5-1〉과 같다.

〈표 5-1〉 코칭 접근 방법

| 구분 | 전통적 방법 | 코칭의 방법 |
|---|---|---|
| 1 | 성과 위주의 관리 | 지속적인 성과 추구, 직원들의 참여 |
| 2 | 직원 행동의 통제 | 잠재능력을 발휘하도록 임파워먼트 |
| 3 | 성과 달성에 대한 두려움 | 모험적 시도가 가능한 안전한 공간 |
| 4 | 약점에 초점 | 강점을 인정, 강화 |
| 5 | 실패와 잘못을 지적 | 노력과 성정을 칭찬 |
| 6 | 개인보다 전체적인 조직문화 강조 | 개인의 스타일과 강점을 업무에 최적화 |
| 7 | 혼자 문제를 해결하려 함 | 다른 사람들이 문제를 해결하고 예방하도록 도움 |
| 8 | 직원들의 말을 듣는 수준에 머묾 | 직원들의 말의 의미를 공감하고 이해 |
| 9 | 긴 근무시간을 요구 | 건강하고 균형 잡힌 개인과 직장생활의 모델 |
| 10 | 승인하고 결재만 | 협력과 문제해결을 함께 |

코칭의 눈에 보이지 않는 효과를 입증한 실제 사례를 확인해 보자.

* Real Story:

대기업의 작은 계열사, 사료를 담당하는 회사는 최근 사장 및 최고경영진들이 감사의 결과로 모두 해고를 당했다. 백여 명 남짓한 작은 회사에 인력풀도 가물어서 간신히 리더들을 세웠다. 그러나 리더들은 회사에 대한 불신으로 뭉쳐있는 직원들을 감당할 자신이 없다. 또한, 자신들은 리더 역할을 해본 적도 별로 없기에 자신이 없고 위축된다. 그 상태로 직원들을 대하려니 점점 주눅이 든다. 그러던 차에 코칭을 받게 된다. 이 회사의 L부장은 외부에서 긍정리더십의 전도사인 두 명의 전문가 코치를 고용한다. 이 두 명의 코치들은 리더십 전원과 일대일 인터뷰를 하고 난 후 결론을 내린다. '지금 부탁받은 교육을 진행할 수 없습니다. 이들의 자존감 높이기부터 시작하지 않은 채 리더십의 역할만 강조할 수는 없는 노릇입니다.' 결국 L부장은 그 요구를 받아들였고, 두 명의 코치는 2개 그룹으로 피코치자들을 구성하여 일 년에 거쳐 코칭 프로그램을 진행하였다.

자존감 높이기의 일환으로 긍정 리더십 인터뷰를 하고, 자신들 안에 있는 아름다운 것들을 조명하여 볼 수 있도록 해주었다. 피코치자들은 스스로에게 만족하고 나아가야 할 방향을 분명히 알아가며 눈빛이 변화되기 시작했다. 의욕과 자신감이 바닥이었던 그들은 코칭에 적극적으로 참여하기 시작했다. 조직원들을 관리의 대상으로 보지 말고, 한 인격적인 존재로 바라보기를 연습했다. 마치, 코치들이 자신들을 그렇게 바라보듯이… 일 년의 시간이 지나갈 무렵, 그들은 모두 서울을 떠나 지방의 어느 숲에 일박이일 워크숍을 갔다. 그곳에서 그들은 진심어린 고백을 털어놓기 시작했다. 앞이 캄캄하고 다니고 싶지 않은 회사, 억지로 맡겨진 리더십 역할, 불평불만이 습관인 부하들… 서로 믿지 못하는 동료들… 그러했던 조직 내 관계들은 하나씩 아귀가 맞춰졌고, 그들은 이제 자신감이 생겨나고 있다고… 지난 일 년의 코칭 시간이 빛을 발하는 시간이었다.

그 시기에 바닥이던 회사 성과가 상향으로 치솟았고 대통령상까지 거머쥐는 쾌거를 이뤄냈다. 모두가 이 리더들의 사기 덕분이라고 했다.

이렇게 한 해를 기분 좋게 마무리하고 자신이 넘친 리더들은 다음 해에 coach the coach 과정을 밟았다. 전문코치가 코칭을 하고, 그들은 배운 내용 그대로 구성원들에게 코치가 되어 코칭 시간을 이끌어 가는 연습을 했다. 이렇게 이들이 받은 코칭의 철학과 정신은 이제 전 구성원들에게 자연스럽게 전파되어가기 시작했다.

작은 조직이고 코칭의 문화를 전파하기에 최적기라고 판단한 L부장은 조직의 예비리더들을 선발했다. 똑똑하고, 날카로운 비판력을 가진 그들을 선발하여 또다시 소그룹 코칭을 시도했다. 위의 팀장들과는 달리, 시니컬한 그들은 라오스로 연수 가기 프로젝트를 수행하면서 맨손으로 라오스를 일주일이나 다녀올 수 있었다. 회사가 가장 위기에 있을 때, 불가능을 가능하다고 체험한 이들은 회사를 위해 몸을 사르겠다는 결단까지 하는 놀라운 변화를 보여주었다.

코칭은 이렇게 눈에 보이는 효과보다 조직원들의 마음을 움직여 무엇이든 할 수 있는 유연한 조직문화를 만들어 낸다는 데 큰 의미가 있는 인터벤션이다.

- [달팽이의 질주] -

Merievede와 Bridoux(2004)는 효과적인 멘토링 관계를 위한 단계를 〈표 5-2〉와 같이 제안한다.

〈표 5-2〉 효과적인 멘토링 관계를 위한 7단계

| 단계 | 멘토링 단계 |
|---|---|
| 1 | 잠재력이 있고 배우려는 의욕이 있는 프로테제 선택하기 |
| 2 | 멘토와 프로테제 간 관계 공유 및 투자 시간 갖기 |
| 3 | 멘토링 목표 기반으로 관계의 윤곽 그리기 |
| 4 | 잠재된 장애물 및 우선순위에 따른 핵심 파악하기 |
| 5 | 프로테제의 목표 달성을 위한 구체적인 행동/조치 설정하기 |
| 6 | 멘토링 관계 점검 및 후속 조치 |
| 7 | 멘토와 프로테제 간 보완적 관계에서 평등적 관계로 벗어나기 |

코칭/멘토링의 효과를 높이기 위해서는 주요 장애물을 해결하는 것도 중요한 부분이다. 코칭/멘토링에는 개인적, 조직적, 환경적, 프로세스 차원의 4가지 주요 장애물(〈표 5-3〉)이 있다.

〈표 5-3〉 코칭/멘토링의 주요 장애물

| 장애 유형 | 장애 요인 |
|---|---|
| 개인적 차원 | • 이전 코칭/멘토링의 부정적인 경험<br>• 변화에 대한 저항(거부감)<br>• 새로운 시도에 대한 두려움<br>• 소통 차단<br>• 태도 장벽 |
| 조직적 차원 | • 성공 사례 부족으로 인한 신뢰와 지원 부족<br>• 코칭/멘토링을 지원하지 않는 조직 문화<br>• 코칭/멘토링에 할애할 시간 부족<br>• 코칭/멘토링 운영을 위한 예산 부족 |

| 장애 유형 | 장애 요인 |
|---|---|
| | • 코칭/멘토링의 효과적인 수행을 위한 스킬/기대 부족<br>• 경영진의 통제력 약화에 대한 두려움<br>• 비밀주의 만연으로 개방적 관계 형성의 어려움<br>• 지나치게 엄격한 규칙으로 인한 유연성 부족<br>• 명확한 효과측정 방법 부재<br>• 비공식적 개발 방법의 간과<br>• 자율적 관리 개발에 대한 조직 내 저항 |
| 환경적 차원 | • 운영 개선 및 변화를 위한 기술 및 캠페인 부족<br>• 법적 제약으로 인한 어려움<br>• 책임의 의미에 대한 이해 부족<br>• 노조 제한으로 인한 방해 |
| 프로세스 차원 | • 갈등의 본질에 대한 이해 부족<br>• 부정적 갈등 방지 부족 |

이러한 장애물은 코칭이나 멘토링의 도입을 어렵게 만든다. 따라서 장애 요인들을 해결 또는 방지하기 위해서는 코치/멘토는 원활한 소통을 통해 효과적인 관계 형성이 이루어질 수 있도록 노력하며 긍정적인 태도, 진정성 있는 관심 등을 통해 코칭/멘토링 과정을 통한 성과를 높일 수 있도록 해야 한다. 또한 교육 및 모범 활동을 통해 장애 요인의 근원을 피할 수도 있다. 그러나 필요시에는 장애 요인과 관련된 차원의 관계자들을 설득을 통해 극복할 수도 있으며, 때로는 장애물의 근원을 사용하거나 직면해야 할 수도 있다. 특히 프로세스 차원에서 긍정적 갈등이 필요한 상황에서는 이를 활용할 수 있는 방안을 적극 모색해야 한다.

## 3. 코칭/멘토링의 스킬

코칭과 멘토링은 일종의 커뮤니케이션이다. 코치와 피코치자, 멘토와 멘티는 수신자와 송신자의 역할을 바꾸어 가며, 메시지를 주고받는다. 그러나 메시지를 전달하는 자와 메시지를 이해하고 수용하는 자 사이에는 언제나 오류가 따른다. 서로가 가진 배경, 지식, 경험이 다르기 때문이다. 그럼에도 불구하고 메시지를 전하는 자는 자신이 전하고자 하는 목적의식이 약하거나 전달력이 부족하거나 감수성이 부족하므로 커뮤니케이션에 방해가 일어날 수 있다. 반면에 수신자는 그 사람이 가진 비판적 사고, 선입견, 선택적으로 (듣고 싶은 것만) 듣는 습관, 반응적인 피드백의 부족으로 인해 활발한 커뮤니케이션이 방해될 수 있다.

수신자와 송신자가 언어, 몸짓, 태도를 통해 의사소통을 하는 동안 여러 가지 의사소통의 기술을 사용하게 된다. 그중에 가장 의식적으로 활용할 수 있는 몇 가지 기술을 소개하고자 한다.

### 1) 경청과 공감

코칭과 멘토링의 의미는 무엇인가? 코칭/멘토링은 다른 사람들의 업무수행과 학습능력 향상을 목표로 한다. 피드백 제공, 동기부여, 효과적인 질문유도 등의 다양한 기술이 필요하다. 일방적인 통보나 지시가 아니므로, 역동적인 상호작용을 위한 대화의 기술들을 필요로 한다.

앞서 설명한 상담, 컨설팅과 달리 코칭과 멘토링은 피코치자, 멘티에게 답이 있다는 전제로 시작하기 때문에 피코치자, 멘티 중심의 프로세스다. 따라서 코치와 멘토는 듣기를 통해서 피코치자, 멘티의 생각, 감정, 목표, 동기 등을 이해할 수 있어야 한다.

우리는 수많은 대화를 주고받는다. 그러나 진심으로 대화를 지속하고 싶은 사람은 자신의 이야기를 잘 들어주는 사람이다. 코치/멘토는 피코치자/멘티와의 만남을 수차례 지속해야 하므로 경청이 가장 중요한 기술 중의 하나이다. 경청은 공감을 만들어 내는 가장 기초적인 과정이다. 인간을 호모엠파티쿠스라 부른다. 다른 동물과 구분되는 가장 치명적인 강점이다. 대부분의 사람들은 뇌에 다른 사람의 감정을 공감하고 느낄 수 있는 공감세포, 즉 스마트 셀을 가지고 있다. 그러므로, 경청을 통해 다른 사람에게 공감하는 경험을 할수록 코치/멘토는 피코치자/멘티로부터 강력한 신뢰를 얻을 수 있다.

피코치자/멘티는 변화를 목적으로 하기 때문에 행여라도 코치/멘토가 자신에게 강압적으로 하기 싫은 것을 하게 요구하지 않을까 긴장할 수도 있다. 코치는 처음 만남뿐 아니라 매 코칭의 시작 시간에 피코치자의 긴장을 풀어주고 신뢰를 주기 위해 노력해야 하는데, 그중에 가장 쉬운 기술이 경청이다. 멘토 또한 멘토링 과정에서 상호 존중과 신뢰를 지속하기 위해서는 멘티의 이야기를 경청하며 성장을 도와야 한다.

경청을 하는 방법은 움직이지 않고 가만히 상대방을 쳐다보며 숨소리도 안 나게 듣는 것이 아니다. 코치/멘토가 피코치자/멘티의 이야기를 관심을 갖고 잘 듣고 있으며, 그의 마음과 생각을 잘 이해하고 수용하고 공감한다는 것을 적극적으로 표현하면서 들어야 한다. 아이콘택트, 고개의 끄덕임, 자세한 설명에 대한 요청, 피코치자/멘티가 이야기한 것들에 대한 정리나 요약 등등이 도움이 된다. 듣다가 피코치자/멘티의 생각이 마음에 들지 않거나 옳지 않다고 판단하여 말을 끊거나 중간에 끼어들거나 부정적인 언어를 사용하는 것은 바람직하지 않다.

경청을 하되 코치/멘토 중심으로 듣기보다는 피코치자/멘티 중심으로 듣는 것이 바람직하며, 단어 중심으로 듣기보다는 전체적인 맥락을 중심으로 듣는 것을 적극적 경청이라고 한다. 적극적인 경청은 피코치자/멘티가 음성으로 말하는 것 이외에 보이지 않지만 피코치자/멘티의 의도, 감정, 그가 처한 상황까지 듣는 기술로서 피코치자/멘티에게 공감할 수 있고, 그 공감은 코치/멘토에 대한 신뢰감을 높여준다.

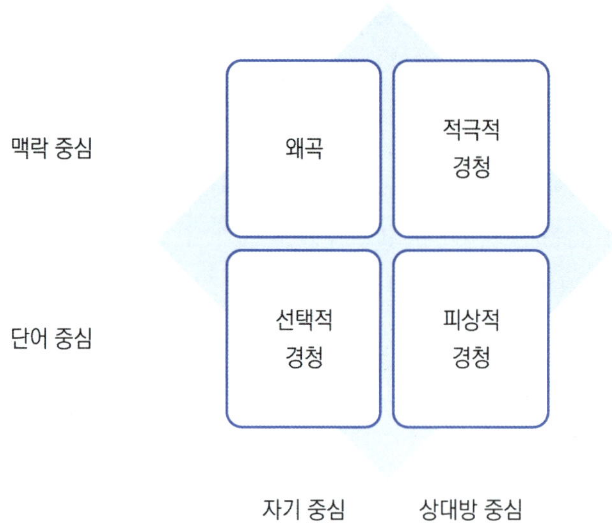


[그림 5-3] 경청 매트릭스

적극적 경청은 코치/멘토가 피코치자/멘티의 이야기를 듣고자 하는 마음, 진심을 기반으로 하지만 의식적인 훈련을 위한 방식을 제안하면 다음과 같다.

- 명료화(clarifying): 피코치자/멘티가 보다 자세하게 이야기할 수 있게 해주고, 피코치자/멘티의 말을 코치가 정확히 들었는지 확인할 수 있다. 모호하고 혼란을 주는 말들을 명료하게 만들 수 있다. 예) ~~라는 뜻인가요?
- 바꾸어 말하기(paraphrasing): 피코치자/멘티가 자신이 한 말에 초점을 맞출 수 있게 한다. 예) 조금 전에 설명한 것이 ~라고도 할 수 있나요?
- 반영하기(reflecting): 더 깊은 수준의 감정을 표현하도록 한다. 피코치자/멘티가 자신을 지배하고 있는 감정을 잘 지각하게 된다. 예) ~한 상황에서 ~한 감정이 들었다는 것이죠?
- 요약하기(summarizing): 진행된 대화내용을 검토하고, 지나치게 같은 말을 반복하는 것을 막을 수 있다. 예) 지금까지 말씀하신 것을 요약하면 ~, ~, ~라고 할 수 있네요. 맞나요?

## 2) 질문

경청을 잘하게 되면, 코치와 멘토는 질문을 많이 할 수 있는 기회를 갖게 된다. 질문을 받는 순간 피코치자, 멘티는 생각을 하게 된다. 따라서 코치/멘토가 사용할 수 있는 가장 날카로운 무기 중 하나는 피코치자/멘티가 스스로 생각할 수 있는 기회를 만들어 줄 수 있는 질문을 하는 것이다. 코칭/멘토링이 일반 대화와 다른 가장 큰 차별점이 여기에 있다. 모든 해답이 피코치자/멘티 본인에게 있다고 보는 코칭/멘토링의 철학이 가장 잘 적용되는 기술이기도 하다.

일반 대화에서 우리는 ~해봐, ~게 해 등 단정적이고 명령적인 어조를 많이 사용하는 반면, 코칭/멘토링 대화에서는 다양한 질문을 통해 피코치자/멘티가 스스로 자신이 처한 상황을 다각도로 볼 수 있고, 깊은 성찰을 할 수도 있으며, 다양한 대안을 발견하고 탐색하는 것을 도와줄 수 있다.

코칭/멘토링에서 사용하는 질문은 주로 단답형 답을 요구하는 닫힌 질문보다 질문을 받은 피코치자/멘티가 생각을 할 수 있도록 열어주는 "open question(열린 질문)"을 가장 많이 사용한다. 이 열린 질문을 통해 피코치자/멘티는 자유롭게 진술할 수 있고, 포괄적인 정보를 얻을 수 있으며, 확산적인 사고가 가능하고, 자신의 관점, 의견, 사고를 표현할 수 있게 된다.

코칭/멘토링에서 가장 많이 사용되는 의문사는 'HOW'이다. 왜 그랬는지를 묻기는 가장 쉬운 질문이지만, 그 질문은 피코치자/멘티로 하여금 공격받는다는 느낌을 갖게 만들어 방어적이 되게 한다. 따라서 얻고자 하는 답보다 변명을 수집하게 된다. 따라서 "왜 그런 행동을 했지요?" 보다는 "어떻게 하면 그런 행동을 방지할 수 있을까요?"의 형태로 바꾸어 질문하는 것을 권장한다. 특히 멘토링 과정에서는 멘티가 멘토에게 하는 질문에 대하여 적절한 대응을 하되 멘티가 자신의 문제를 다양한 관점에서 살펴볼 수 있도록 후속 질문을 이어가는 것이 중요하다. 멘토의 지식, 통찰을 바탕으로 멘티가 상황을 명확하게 이해하고 적절한 결정을 내릴 수 있도록 경험 또는 성장 중심 질문을 사용하는 것이다. 예를 들어 "이와 비슷한 상황에서 어떻게 대처했나요?", "이 경험(또는 상황)에서 어떤 교훈을 얻었고, 앞으로 어떻게 활용할 수 있을까요?"와 같은 질문은 멘티의 자율성과 문제 해결 능력을 강화할 수 있다.

마지막으로 코칭/멘토링에서 하는 질문은 과거나 현재에 했던 일이나 잘못을 규명하는 질문보다는 앞으로 일어날 일에 대한 가능성과 잠재력, 새로운 시도의 가능성 등을 탐색하는 일을 가능하게 하는 'future oriented question(미래지향적 질문)'을 많이 사용한다. 예를 들어, "얼마 전 세일즈 제품들을 제때에 납품하지 못한 잘못을 이해하고 있나요? 무엇 때문에 그런 일이 일어났죠?"라고 추궁하기보다는, "어떻게 하면 앞으로 이런 일들이 일어나지 않도록 다르게 할 수 있을까요?"와 같은 질문을 던져 스스로 주도적인 해결책과 대안을 찾을 수 있도록 도와주는 질문을 사용한다.

### 3) 피드백

코치/멘토는 피코치자/멘티에 대해서 적극적인 경청을 통해 신뢰를 확보한 후, 다양한 질문을 통해 피코치자/멘티의 생각, 감정, 의도를 파악해 간다. 그러나 우리의 일반적인 커뮤니케이션에서도 그러하듯이 취조하듯 질문만 하고 그에 대한 대답만 하면서 의사소통이 이루어지지는 않는다.

코칭은 행동의 변화와 결과를 만들어 내는 일련의 프로세스이다. 따라서 그 프로세스 안에서 피코치자가 느끼지 못한 것이나 잘못 생각하는 것을 짚어주거나 잘하고 있음에도 불구하고 자신에 대해 긍정적으로 인식하지 못하는 부분에 대해서 적절히 피드백을 주는 것은 대단히 중요한 기술이다.

즉, 피코치자가 그동안 설명한 그 많은 메시지들을 경청한 것을 토대로 피코치자가 잘하고 있는 행동, 그 사람이 가진 탁월성을 말해주고, 반대로 더 발전시켜야 하는 행동, 더 의식적으로 행동해야 하는 부분에 대해서는 적절히 말해주는 것이 그 다음 행동으로 나아가는 데 도움이 된다. 이것이 피코치자가 코칭 프로세스를 통해 성장하고 변화하는 방법이다.

멘토링에서도 피드백이 중요한 역할을 한다. 그러나 코칭은 피코치자가 스스로 인식하고 행동을 개선할 수 있도록 하는 데 초점을 두고 있는 한편, 멘토링에서는 멘토의 지식, 경험 등을 바탕으로 멘티가 목표를 달성하는 데 필요한 구체적인 조언이나 지침을 제공한다. 이때 멘토는 멘티의 행동과 결정에 대해 지원적이고 긍정적인 피드백을 제공하여 멘티 스스로 자신의 능력을 충분히 발휘할 수 있도록 격려하는 것이 중요하다. 또한 주기적으로 멘티의 성장 과정에서 필요한 피드백을 제공할 수 있도록 지속적인 관심과 지원이 필요하다.

코치/멘토가 사용할 수 있는 피드백 기술은 앞서 설명한 바와 같이 두 가지가 있다. 첫 번째는 '긍정적인 피드백'이다. 피코치자/멘티가 긍정적인 행동을 하거나 긍정적인 결과를 만들어 냈을 때 아낌없이 그 부분을 인정해주고 감사를 표현하는 것은 중요하다. 그 존재 자체를 인정해주고, 잘한 것을 칭찬해주고 긍정적인 행동에 대해 감사를 표현하는 것은 상대방으로 하여금 자신감을 갖게 해주고, 동기부여를 해줄 수 있는 가장 간단하면서도 효과적인 도구 중에 하나다. 인정과 칭찬을 하기 위해서는 상대방을 긍정의 눈으로 바라봐야 하고 그 사람이 잘하는 것을 관찰하고 의식적으로 찾아야 하는 노력이 필요하다. 그러나 이러한 노력을 통해 피코치자/멘티가 자신감을 회복하고 피코치자에게 더 많은 신뢰와 존경이 싹튼다면, 이런 노력은 충분한 가치가 있다.

칭찬과 인정이 중요하다고 해서 억지로 칭찬할 사안이 아닌데 칭찬할 경우에도 그 효과성은 반감되는 것임을 인지하고 관찰과 진심을 기반으로 전달하는 것이 바람직할 것이다.

두 번째로 코치/멘토가 사용할 수 있는 피드백은 '교정적 피드백'이 있다. 그것은 피코치자/멘티가 더 발전해야 하는데 그 행동이 머물러 있거나 부진할 때 그 잘못의 이유를 정직하게 이야기해주는 것이다. 이때 피드백은 피코치자/멘티가 그 부진에서 헤어 나올 수 있는 방안을 함께 찾을 수 있는 계기가 된다. 누구나 지적을 받으면 그것이 사실일지라도 방어적이 되고 피로감을 느끼며 자신감이 상실될 수 있다. 그러므로 이 피드백을 할 때는 상대방에게 사실을 이야기하되, 그것이 폭력이 되지 않고, 코치의 욕심이 담겨 있지 않도록 해야 한다. 철저히 피코치자/멘티의 입장에서 그의 발전을 생각하여 객관적이고 교훈적으로 전달되어야 할 것이다.

교정적 피드백의 골든룰이 있는데 그것은 코치/멘토와 피코치자/멘티 사이에 적절한 라포(rapport)가 형성되지 않은 상태에서, 더 정확히 말해서 신뢰관계가 만들어지지 않은 상태에서는 사용하지 않는 것이 좋다는 것이다. 즉, 코치/멘토가 '나를 위한 사람'이구나 혹은 '나의 발전을 위하는 내 편이구나'라는 신뢰와 안도가 형성된 후 코치/멘토가 주는 교정적 피드백이 효과적으로 작동될 수 있다.

## 4. 코칭/멘토링의 프로세스

코칭/멘토링은 코치/멘토와 피코치자/멘티가 만나서 대화를 통해 문제를 발견하고 해결해가는 일련의 과정이다. 멘토링은 멘티의 전체적인 성장을 지원하는 과정으로 수개월 또는 수년간 지속될 수 있어 코칭보다 장기적인 과정이다. 코칭은 1~2회로 마무리되는 경우도 있지만 사안에 따라 몇 개월씩 걸리는 경우도 많다.

앞서 논의한 코칭/멘토링의 스킬을 발휘하는 것도 코칭/멘토링을 하는 시간 속에서 코치와 피코치자, 멘토와 멘티가 파트너십을 이루어가는 코칭/멘토링의 구조, 즉 프로세스 안에서 실행된다. 코칭과 멘토링의 프로세스는 코칭의 계획부터 시작하여 실행계획까지 만들어 내는 일련의 과정으로 때로는 한 회의 코칭/멘토링 미팅 안에서 그 프로세스가 모두 일어나기도 하고 몇 차례에 걸쳐서 일어나기도 한다.

일반적으로 코칭과 멘토링은 다음 7단계의 프로세스에 따라 이루어진다. 1단계는 라포 형성이다. 라포는 신뢰와 상호 존중을 기반으로 하는 긍정적인 관계를 의미하는 것으로 코치나 멘토는 피코치자, 멘티와 신뢰 관계를 구축하여, 그들이 편안하게 자신의 생각과 감정을 공유할 수 있도록 돕는다. 2단계는 모호하게 목표 설정하기이다. 목표 설정의 초기 단계로 코칭/멘토링의 첫 단계에서 피코치자/멘티와 함께 목표를 구체화하기 위한 시도 단계라 할 수 있다. 3단계는 현재 상태 평가하기이다. 피코치자/멘티의 현재 상황, 자원 등을 평가하여 목표 달성을 위해 필요한 것이 무엇인지 파악하는 단계이다. 4단계는 목표 설정 단계로 도달하고자 하는 지점을 결정한다. 2단계보다 구체적인 목표를 설정하는 단계로 피코치자/멘티가 도달하고자 하는 지점을 결정하게 된다. 5단계는 전략 설계 및 개발 단계로 목표 달성을 위한 계획과 방법을 구체화한다. 6단계는 전략 실행 단계로 5단계에서 설계한 전략대로 피코치자/멘티가 실제로 행동에 옮겨 목표를 향해 나아갈 수 있도록 돕는 단계이다. 마지막은 진행 상황 평가 단계로 최종 목표 달성 여부를 확인하기도 하지만 초기 목표 설정 단계와 현재 상태 평가 단계 과정에서 진행 상황을 모니터링하고 피드백을 제공하며 필요시 계획을 조정할 수도 있다.

코칭의 경우 특정 목표 달성을 위한 계획을 수립하고, 이를 달성하기 위해 앞서 소개한 단계보다 단순한 과정으로 설계된 일련의 단계로 이루어질 수도 있다. 코칭의 시작부터 마무리까지의 과정은 수개월에 걸쳐 진행될 수도 있으며 이는 큰 코칭 프로세스라는 프레임워크 안에서 이루어진다. 예를 들어, '업무에 방해되는 불필요한 일 줄이기'라는 커다란 코칭의 목표를 세웠다면 이 코칭 목표에 도달하기까지 현재 피코치자의 상태가 어떠한지 현상을 파악해야 하고, 그것을 해결하기 위한 다양한 대안을 탐색하여, 그중에서 피코치자가 실행하고 싶은 실행항목을 선택하여 어떻게 실천할 것인지를 결정하는 과정으로 이루어진다. 그러나 '업무에 방해되는 불필요한 일 줄이기'라는 코칭목표 아래 세부적인 항목으로 '미팅시간에 불필요한 일 줄이기'를 목표로 설정했다면, 이 또한 세부항목에 대한 목표 설정, 현실 확인, 대안 탐색, 실행의지 확인의 과정을 또 거쳐야 하는 것이다.

프로세스는 각 코칭의 기관이나 코치마다 약간씩 차이가 있지만 여기서는 가장 일반적으로 활용되고 기억하기 간단한 John Whitemore와 동료들이 개발한 GROW 모델에 대해 알아보기로 한다.

### 1) 목표 설정(Goal)

코칭에서 가장 어렵고, 가장 중요한 단계이다. 코치는 피코치자와 처음 만남을 가지면서 코칭에 대한 기대감을 심어주는 것이 대단히 중요하다. 코칭에 대한 기대는 피코치자에게 코칭의 과정에 적극적인 참여의지를 고취한다.

또한, 코칭에 관심이 생기면 코치와의 대화에 좀 더 솔직하고 진지하게 대할 수 있고, 자신이 얻고자 하는 것을 명료하게 내어놓을 수 있다.

피코치자는 어쩌면 자신이 달성하고자 하는 목표를 모른 채 자신이 가진 이슈를 다양한 형태로 설명하게 될 것이다. 때로는 걱정, 문제, 힘든 일 등에 대해 이야기를 털어놓을 텐데 코치는 코칭의 경청, 질문 스킬을 적극적으로 활용하여, 피코치자의 신뢰를 얻고, 상대방이 진심으로 얻고자 하는 것, 변화하고자 하는 방향과 목표를 명료하게 하는 과정을 거쳐야 한다.

### 2) 현실 확인(Reality)

코칭은 행동의 변화를 궁극적인 목표로 삼는다. 따라서 피코치자가 도달하고자 하는 목표를 분명하게 설정했다면, 다음 단계는 그 코칭 목표에 도달하기 위한 방법을 찾아야 한다. 그런데 그 방법을 효과적으로 찾기 위해서는 현재 자신이 있는 위치에 대해 명확하게 아는 것이 중요하다. 즉, 현재 as-is를 정확히 알수록 피코치자가 가고 싶은 곳 should-be로 갈 수 있는 길을 잘 찾을 수 있다. 따라서 코치는 다양한 코칭의 기술을 이용하여, 피코치자가 자신이 현재 있는 자리에 대한 인식을 명확하게 할 수 있도록 직면시켜 줌으로써 그 '차이'를 깨닫게 해주는 것이 중요하다.

### 3) 대안 찾기(Options)

이 단계에서 피코치자는 도달해야 할 목표 지점이 확인되고, 현재 자신이 있는 상황이 명료해짐으로써 그 두 지점 간의 차이가 존재한다는 사실을 깨닫게 된다.

그렇다면, 이 차이를 어떻게 좁힐 수 있을까에 대해서는 이제 피코치자가 가진 다양한 경험, 식견, 지식, 관계를 기반으로 한 자유로운 사고가 이루어져야 한다.

즉, 코치는 피코치자가 자유롭게 그 차이를 좁힐 방안들을 다각도로 탐색할 수 있도록 질문하고, 그 이야기를 듣고, 긍정적인 피드백을 하면서 대화의 폭을 넓히고, 깊이를 더해가야 한다. 가장 흔하게 사용되는 것은 브레인스토밍을 하는 것이다. 이 과정에서는 코치도 함께 참여하여, 다양한 대안을 모색해 보는 것이 아주 유용하다. 다만, 코치가 아이디어를 더 많이 내거나 주도적으로 선호하는 대안을 제시하는 것은 바람직하지 않다. 가급적 피코치자가 생각한 대안이 현실적이고 실행하기 좋으므로 그 부분을 더 관심을 가지고 격려하며 프로세스에서 주도권을 가질 수 있도록 도와주는 것이 중요하다.

### 4) 실행 의지 확인(Will)

마지막 단계는 변화를 만들어내기 위한 실천행동을 정하고, 그것을 어떻게 해 나갈 것인지 구체적인 계획을 세우기도 하고 실천의 다짐을 하는 것이 중요하다. 코칭 전체 미팅을 다시 한번 살펴보고, 그 과정에서 현재 피코치자가 있는 위치를 확인시켜주는 것도 도움이 된다. 이 과정이 없다면, 앞서 목표를 설정하고 현재위치를 확인하여 그 간극을 확인할 필요가 없었을 것이다. 그러므로, 그 간극을 좁히기 위한 변화행동을 피코치자 본인이 선택하고, 그것을 변함없이 어떻게 실천해 갈 것인지를 결의하고 결단하는 것이 필요하다.

이제 코치와 떨어져서 스스로 셀프코칭을 하면서, 실천을 위한 노력을 게을리하지 않는다면, 피코치자는 자신이 만들어낸 실천행동에 최선을 다해 실천하고자 하는 의지를 불태우게 될 것이다.

코칭과 멘토링의 과정은 개인의 성장 과정에서 시작하지만 점차 비즈니스 환경으로 확장되어 조직의 성장과 경영진의 리더십 개발을 지원하는 비즈니스 코칭과 임원 코칭으로 고도화된 형태로 이어진다(MacLennan, 1995).

## 참고문헌

로버트 하그로브(2006). 불가능한 미래를 성취하는 마스터풀 코칭. 김앤김북스.

맥스 랜드버그(2007). 코칭경영의 도. 푸른솔.

에노모토 히데타케(2003). 코칭의 기술. 새로운제안.

엘리자베스 하버라이트너 외(2002). 코칭리더십. 국일증권경제연구소.

이희경(2006). 코칭입문. 교보문고.

조성진(2008). 코칭 ABC. 심포지움.

존 휘트모어(2007). 성과향상을 위한 코칭리더십. 김영사.

하버드 비즈니스 프레스(2006). 코칭의 기술. 한스미디어.

Chung, J. (2015). *Coaching and mentoring: Implications for learning and performance*. 이화여자대학교 교육과학연구소, 2015-03.

Hargrove, R. (1995). *Masterful coaching: Extraordinary results by impacting people and the way they think and worship together*. San Francisco, CA: Jossey-Bass/Pfeiffer.

Harvard Business Essentials (2004). *Coaching and mentoring*. Boston: Harvard Business School.

International Coach Federation. (2009). *ICF Global Coaching Client Study: Executive Summary*. www.coachfederation.org

Jarvis, J. (2004). *Coaching and buying coaching services*. London: CIPD.

Kinlaw, D. C. (1989). *Coaching for commitment: Managerial strategies for obtaining superior performance*. San Diego, CA: University Associates, Inc.

MacLennan, N. (1995). *Coaching and mentoring*. Hampshire, England: Gower.

Merlevede, P. E. & Bridoux, D. (2004). *Mastering mentoring and coaching with emotional intelligence: Increase your job EQ*. Crown House Publishing.

Wasylyshyn, K. M. (2003). *Executive coaching: An outcome study*. *Consulting Psychology Journal: Practice & Research, 55*(2), 94-106.

## 요약

코칭과 멘토링은 인간을 존중하고, 그 사람 안에 해답이 있다는 철학을 근거로 한다. 조직에서 여러 가지 문제들이 발생할 때에 답을 그냥 주기보다 코칭과 멘토링을 통해 피코치자와 멘티가 스스로 생각하고 해답을 찾아 실행해 가는 과정이 코칭과 멘토링이다.

그러므로 코칭과 멘토링은 한 순간에 이뤄지는 원 타임 이벤트가 아니라 지속적이고 반복적으로 이루어져야 하는 하나의 프로세스이며, 코칭과 멘토링문화를 바탕으로 조직원들이 더 행복하고 동기부여된 조직문화를 정착시킬 수 있는 효과적인 교육 훈련 인터벤션이다.

## 탐구 질문

1. 일반적인 인간관과 코칭과 멘토링에서 바라보는 인간관의 차이는 무엇인가?
2. 코칭/멘토링과 유사 인터벤션(컨설팅) 사이의 공통점과 차이점은 무엇인가?
3. 코칭 프로세스 중 하나인 GROW모델이 왜 일반적인 대화와 다른지 설명해 보라.
4. 효과적인 코칭/멘토링의 장애 유형별로 해결 방안에 대해 논의해 보자.

## / 저자 소개 /

**양은하(eunahany@gmail.com)**

코칭클릭대표로 재직 중이다. 연구분야는 리더십 및 조직문화이며 주요 저서로는 달팽이의 질주, 웜홀, 달팽이에게 들키다, 달팽이 행복을 정복하다가 있다. 주요 경력은 Dell computer 인사담당이사, Cisco Systems 인사담당부장, Motorola 교육담당 차장 역임 등이다.

**정재삼(chungj@ewha.ac.kr)**

1995년 이후 이화여자대학교 교수로 교수설계, 프로그램평가, 인재개발 분야를 연구지도해 옴. 한국교육공학회(KSET) 회장, 한국기업교육학회(KSLP) 회장, 대한리더십학회(KAL) 부회장을 역임함. 한국인재경영대상 심사위원, 한국인재경영연구원 전문위원으로 활동 중이며 NHRD 프로젝트 책임연구자, 정부와 민간부문 인재개발 정책심의 및 평가위원 역할 수행함. 관심 분야는 적응적 학습(adaptive learning)과 신속한 수행성과(agile performance), 전략적 인재개발(strategic talent development)임. 최근 저서로는 교수의 으뜸원리, 리더십개론, 모두를 위한 인재개발(Exploring HRD 1), 교육과 인재개발을 위한 프로그램평가의 과정, 미래사회를 위한 교육의 방법과 테크놀로지, 모두를 위한 프로그램개발, 애자일 퍼포먼스 테크놀로지 등이 포함됨.

* 이 장의 원고준비에 하지은 선생의 큰 공헌이 있었음.

# 제6장

김나리(미국 위스콘신대학교)/김동호(성균관대학교)

# 학습분석학

## 목표

1. 빅데이터와 학습분석의 관련성과 차이를 설명할 수 있다.
2. 학습분석의 정의와 학습분석의 과정을 설명할 수 있다.
3. 학습분석적 접근의 특징과 HRD에서의 활용에 관해 설명할 수 있다.
4. 학습분석 기본 분석방법들의 특징을 설명할 수 있다.
5. 학습분석과 미래형 HRD의 전망에 대해 논할 수 있다.

## 핵심용어

학습분석, 빅데이터, 형성 평가, 적응적 학습, 다중 데이터, 예측 분석, 구조분석, 관계분석, 사회 연결망 분석, 텍스트 마이닝, 시각화, 비정형 데이터, 머신러닝, 인공지능

## 1. 서론

테크놀로지는 인적 자원 개발(HRD)의 다각화와 효과성 증진을 위하여 현장에 적용되어 왔고, 실제 그 긍정적인 기여와 역할이 검증되고 있다. 또한, 테크놀로지 활용에 대한 새로운 접근은 HRD 관련 현상을 바라보는 시각 자체에 근본적인 변화를 가져왔다. 십수 년 전 이러닝이라는 새로운 테크놀로지가 소개되었을 때 HRD 전문가들은 면대면 집합 교육 맥락에서 등한시되던 자기조절 및 적응적 학습과 같은 개념에 주목하였고, 최근의 소셜 미디어 활용은 직장 내 한정된 공간을 초월한 의사소통을 가능하게 하였다.

미국 교육 기관들의 연합인 에듀코즈(EDUCAUSE)는 2016년도 보고서에서 학습분석(Learning Analytics)을 향후 주목할 만한 주요 키워드로 제시하였고, 글로벌 회계 법인의 하나인 PwC는 학습분석이 HRD의 효율성과 효과성을 제고할 중요한 도구가 될 것임을 시사하였다. 지금까지 새로운 테크놀로지들이 HRD를 바라보는 시각 자체에 변화를 가져왔듯이 학습분석의 사용이 가져올 새로운 변화에 대한 탐색과 논의가 요구된다. 이 장에서는 학습 분석에 대하여 개괄적으로 소개하고, 학습분석적 접근이 HRD 영역에 미칠 파급 효과에 대하여 논의하고자 한다.

독자들을 위하여 분명히 해야 할 것은 빅데이터와 학습분석은 서로 밀접하게 관련이 있으면서도 독자적인 영역으로 구분되어야 한다는 것이다. 빅데이터는 말 그대로 큰 데이터를 의미한다. 그 양의 방대함(Volume)을 의미하기도 하지만 속도(Velocity)나 다양성(Variety)의 측면에서도 기존의 데이터들과 차별화되는 경우를 말한다. 예컨대, 구글(Google) 같은 거대한 웹 서비스가 수억 명의 유저들로부터 얻는 데이터는 빅데이터이다. 이러한 데이터를 처리하기 위해서는 새로운 컴퓨팅 기술이나 분석 기법이 활용되어야 하고, 그 과정에서 불필요한 정보들을 제거하기 위한 데이터 처리 과정이 수반된다.

학습분석 역시 방대한 양의 데이터를 대상으로 이루어질 수 있지만 언제나 그런 것은 아니다. 한 기업체의 소규모 부서 내에서도 학습분석이 이루어질 수 있다. 보다 중요한 것은, 학습분석적 접근은 가용한 데이터를 '최대한' 활용하여 효과적인 의사결정을 수행하려는 시도로 보아야 한다. 즉 데이터의 수집, 처리, 이론의 적용, 해석, 의사 결정을 아우르는 전 과정이 학습분석의 영역으로 정의될 수 있다. 뒤에서는 학습분석의 정의와 주요 개념, 동향을 살펴보고 HRD에서의 활용 가능성에 대해서 논의할 것이다.

## 2. 학습분석

### 1) 학습분석의 정의

학습(Learning)은 인식론적 접근에 따라 다양하게 정의될 수 있으나, 학습자가 경험하는 다양한 상호작용의 산물이라는 사실에는 변함이 없다(Elias, 2011). 학습자는 교수자, 학습 내용, 다른 학습자와의 복합적인 상호작용을 경험하게 되며, 이러한 과정에서 일어나는 산물이 곧 학습이다. 우리는 이러한 상호작용의 산물이 가지는 가치를 극대화하기 위하여 보다 효과적이고 효율적인 교수설계를 하는 것이다. 따라서 학습분석(Learning Analytics)이란 학습과정에서 일어나는 복합적인 상호작용으로부터 산출된 데이터를 교수와 학습의 향상을 위해 사용하는 일련의 과정으로 정의할 수 있다.

하지만 최근까지도 교육 분야에서 학습과 관련하여 수집되어 왔던 데이터의 종류와 양은 매우 제한적이었고, 그 수집 시점 또한 즉각적이지 못하였다. 강의 만족도나 시험 성취 등, 자기 보고적이고 자기 성찰적인 총괄 평가와 주요 데이터로 사용되어 왔고, 이러한 데이터들마저 학습이 종료된 시점에서 수집하는 것이 일반적이었다.

이러한 데이터 수집의 제약은 방대한 양의 상호작용 데이터가 학습 관리 시스템(Learning Management System)에 축적되는 온라인 학습 과정에서도 예외는 아니었다. 일례로, 온라인 기업 연수 프로그램의 경우를 생각해보자. 온라인 기업 연수가 얼마나 효과적이었는지, 학습자들의 요구는 얼마나 만족되었는지, 학습 지원 시스템은 어떠하였는지, 협동 학습과 강사 피드백은 얼마나 효율적이었는지, 다음 연수를 위해 향상시켜야 하는 부분은 무엇인지 등의 학습 경험의 궁금증을 해소하기 위해 교수자들은 학습이 종료된 후 과정 평가, 성과 분석 등, 일괄적인 총괄 평가 방식을 주로 사용하여 왔다.

이에 반해, 학습분석적 접근에서는, 학습 진행 중에 수집되는 방대한 데이터를 기반으로 학습 종료 전에 적절한 교수적 처치가 가능하다. 실시간으로 학습을 모니터하고, 수집된 데이터를 기반으로 미래의 학습 상황을 예측하여, 학습 성취를 향상시키기 위한 학습 처방에 관한 의사결정을 돕기 때문이다. 이런 학습분석의 선택, 수집, 처리된 데이터는 형성적 평가 접근을 통해 기업의 연수과정 개선뿐만 아니라 학습자에게 맞춤화된 개별 학습(Personalized Learning)에도 기여하게 된다.

따라서 학습분석에서는 데이터 수집시기와 사용시기의 간극을 최소화하고, 해당 학습 시점에 발생하는 데이터를 수집, 보고, 처리, 실행하고자 한다. 즉, 데이터에 기반하여 학습내용을 즉각적으로 조정하고, 개별적 학습관리와 교수지원을 실행하여 성공적 학습을 이끌어 내려고 하는 것이다. 기업교육 현장에서는 온라인 학습 데이터와 더불어 교육생 배경에 관한 데이터, 즉 인사 데이터, 업무 데이터, 업무 외 데이터 등, 학습 증진을 위한 다각적인 데이터를 활용한 학습분석을 통해 다면적 평가도 가능하도록 설계해야 할 것이다.

## 2) 학습분석 과정

이러한 학습분석을 실행하는 과정은 학자들 간에 다양하게 논의되어 왔지만, 이론적 틀과 모델을 비교해보면 학습 데이터를 수집하고, 데이터를 처리하고, 결과를 분석하여 처방한다는 공통적인 단계들을 발견할 수 있다(Clow, 2012, 2013). 학습분석 과정의 기본 모형으로 여겨지는 데이터, 정보, 지식, 지혜의 관계를 설명한 지식 연속체(Knowledge Continuum)를 살펴보면, 최하위 단계인 데이터(Raw Data)는 단순한 문자, 숫자, 심벌 등으로 조합된 무의미한 신호들이지만 이러한 데이터를 가공하고 의미를 부여하면 정보(Information)가 되어 누가, 무엇을, 언제, 어디서 등과 같은 질문에 답할 수 있는 단계를 거쳐, 정보가 분석과 종합의 과정을 통해 특정 맥락 속에 구조화되면 비로소 지식(Knowledge)이 되어 왜, 어떻게 등과 같은 보다 구체적인 질문에 해답을 제공하게 되며, 이러한 지식이 문제해결을 위한 활용 과정을 통하면 최상위 단계인 지혜(Wisdom)로 전환된다(Baker, 2007).

이와 유사하게 캠벨, 드블루아, 오블링거(Cambell & Oblinger, 2008)는 학업 분석(Academic Analytics)을 의사결정에 이르게 하는 과정이라고 설명하며, 수집(Capture), 보고(Report), 예측(Predict), 실행(Act), 수정(Refine)의 다섯 단계로 구분 짓고, 무의미한 신호의 데이터를 수집하는 단계를 시작으로, 지식과 지혜를 기반으로 예측이 가능한 단계를 거쳐, 지속적인 향상을 위한 노력의 최상위 단계인 수정의 개념을 도입하여 설명하였다. 드론과 앤더슨(Dron & Anderson, 2009)도 집합적 적용 모델(Collective Application Model)을 통해 모집(Gathering), 처리(Processing), 제시(Presenting)의 단계들을 설명하고 불필요한 정보를 제거하기 위해 데이터를 처리하는 단계와 이러한 학습 분석 단계들이 반복적으로 순환되는 점을 강조하였다.

이렇듯, 학습분석이란 데이터를 수집, 분석, 활용하여 학습자에 관한 유의미한 정보를 발견하고 학습을 증진하는 과정이며, 그 일련의 분석 단계들은 데이터의 선택(Select), 수집(Capture), 집합과 보고(Aggregate & Report), 예측(Predict), 사용(Use),

수정(Refine), 공유(Share)의 순환적 구조라 할 것이다(Elias, 2011). 이러한 특성 때문에, 학습분석은 비즈니스 인텔리전스(Business Intelligence), 웹 분석(Web analytics), 학업 분석(Academic Analytics), 교육 데이터 마이닝(Educational Data Mining), 행동 분석(Action analytics) 등과 밀접히 관련된 개념으로 논의되어 왔다.

## 3. 학습분석적 접근의 특징과 HRD에서의 활용

### 1) 학습 흔적 데이터를 활용한 형성평가

학습 분석의 중요한 목적 중 하나는 학습자에 대한 연속적인 평가와 이에 기반한 전략 실행이다. 평가는 학습자의 학습과정에 관한 다양한 데이터에 기반하고 그 형태는 의사결정이나 처방, 교육 방식 자체에 대한 변화를 포함한다. 즉, 학습에 대한 정보를 담고 있는 다양한 데이터를 가능한 한 실시간으로 활용하여 학습이 완료되기 전 이에 기반한 의사 결정을 실행하고자 한다.

교육평가의 맥락에서 볼 때 학습분석은 형성평가를 실행할 수 있는 효과적인 도구이다. 형성평가(Formative Assessment)는 학습이 완료된 후 기준 성취 도달 여부를 파악하려는 총괄평가(Summative Assessment)와 대비되는 접근이다. 즉, 학습자가 다음 단계의 학습 목표를 성취하기 전 미리 학습 결손 부분을 파악하고 성공적으로 그 목표를 성취할 수 있도록 지원하려는 접근이다. 또한 형성평가 결과는 학습에 수반된 교수 전략, 학습 내용, 학습 도구에 대한 수정으로 이어질 수 있다. 예컨대, 대다수의 학습자가 학습 과제 A를 끝내는 데에 많은 어려움을 겪은 것으로 파악됐다면, 교수자는 과제 A의 난이도나 분량을 조절하는 것을 고려해야 할 것이다. 혹은 교육담당자 스스로 과제 A와 관련된 내용의 전달 방식(예: 강의식, 참여식)에 대하여 성찰할 수 있다.

학습분석 과정에서 효과적인 형성평가가 가능한 중요한 이유 중의 하나는 데이터의 수집이 비간섭적(Unobtrusive)으로 실행될 수 있기 때문이다. 예컨대, 학습과정에서 발생한 로그데이터를 수집하는 경우 설문지나 인터뷰같이 학습 중간에 학습자의 추가적인 부담을 줄 필요성이 없어지게 된다. 이러한 간섭으로 인한 부작용을 호손 효과(Hawthorne Effect)라고 하는데, 학습분석을 사용하면 학습자가 평가과정을 의식적으로 받아들임으로써 발생하는 편향성(Bias)을 줄일 수 있다. 이는 학습 자체의 과정을 방해할 뿐 아니라 객관적인 학습자 응답을 얻을 수 없게 한다. 학습 흔적 데이터(Learning Traces)를 사용하면 학습자가 평가를 의식하지 못한 가운데 얻어진 자연스러운 학습 과정을 살펴볼 수 있다.

학습에서의 테크놀로지 사용은 학습에 다양한 데이터를 산출한다. 전통적인 학습에서 학습에 대한 평가가 학습자가 제출한 과제나, 시험 성적, 설문지 등을 통하여 이루어져 왔다면, 온라인 학습 맥락에서 학습과정은 로그데이터(Log Data)의 형태로 저장된다. 예컨대, 학습자가 특정 학습 모듈에 얼마나, 자주, 오랫동안, 혹은 규칙적으로 접근하였는지에 대한 정보가 학습 관리 시스템(Learning Management System)상에 시간 기록(Time Stamp)의 형태로 저장되고, 교육 담당자는 학습이 진행되고 있는 상황에서도 수시로 이러한 기록을 체크할 수 있다. 학습 분석에서 로그 데이터와 같은 학습 흔적들을 주로 사용하는 것도 이와 같은 맥락에서 파악할 수 있다.

## 2) 개별적 평가에 기반한 적응적 학습

앞서 간략히 설명되었듯이, 학습 분석에서는 학습자 개개인에 대한 학습과정 및 성취에 관한 데이터가 포괄적으로 활용된다. 이러한 광범위한 데이터 활용은 학습자 개개인의 학습에 관한 보다 높은 수준의 이해로 이어질 수 있다. 더 나아가, 적응적 학습(Adaptive Learning)의 효과적인 실행이 가능하다. 즉, 개별 학습자의 학습 속도나 중간 성취에 대한 데이터가 확보되면, 그 특정 학습자에 맞춘 개별화된 처방이 사용될 수 있다.

학습자에 대한 개별화된 처방은 다양한 형태로 이루어질 수 있다. 예컨대, 교육 담당자가 직접 특정 과제에서 어려움을 겪고 있는 학습자에게 결손 부분을 보충할 수 있는 자료를 추천하거나 개별 상담을 진행할 수 있다. 협력 과제의 경우 팀별로 개별화된 처방을 할 수 있다. 근래에는 로그 데이터가 파악된 학습자의 참여나 성취도를 판단하기 위한 중요한 요소로 활용되고 있다. 특정 기간 동안에 온라인 학습 자료에 대한 접근이 거의 없었던 학습자에게 교육 담당자가 개별적인 관심을 기울이는 것이 한 예시이다.

적응적 학습은 학습자와 교육 담당자 사이에서 이루어질 수도 있지만, 학습자와 시스템 사이에서도 이루어질 수 있다. 시스템 내에서의 자동화된 데이터 처리 기술이 발전해 감에 따라 시스템상에서 학습자에게 직접적으로 피드백을 제공하는 방안들이 활발하게 활용되고 있다. 예컨대, 특정 학습자가 온라인 시스템에 규칙적으로 접속하지 않았거나 과제 제출 기한을 넘겼을 경우 시스템에서 자동으로 경고 메시지를 학습자의 메일로 보내는 것이 그 한 예이다. 최근에 활발하게 논의되고 있는 가상 에이전트(Virtual Agent)의 활용도 시스템에 기반한 처방의 전형적인 예시로 볼 수 있다(Xu, Huang, Wang, & Heales, 2014). 기계학습(Machine Learning)이나 빅데이터에 기반한 인공지능(Artificial Intelligence)이 주목받으면서 이를 기업 교육 맥락에서 활용하려는 시도도 활발히 이루어지고 있다(Gold, 2017).

### 3) 분석적, 휴리스틱 접근

학습분석은 가용한 학습 관련 데이터로부터 유용한 정보를 발견하고 이에 기반한 의사결정을 실행하는 과정이다(Idalgo-Blanco, Sein-Echaluce, García-Peñalvo, & Conde, 2015). 따라서 데이터 활용 계획을 구체적으로 수립하는 연역적 방식과 대비된다. 물론 학습 분석 과정에서 완전히 연역적 접근이 배제되는 것은 아니다. 학습 분석 과정을 미리 계획할 때 학습 분석을 실시하려는 대상(예: 학습자의 학습 데이터)과 목표(예: 결손 과정 파악)를 설정하는 경우가 많다.

단, 학습 분석에서는 직관이나 경험에 의하여 의사결정을 하는 휴리스틱(Heuristic) 접근법이 자주 활용된다. 일반적인 휴리스틱 접근과 구분되게 학습분석은 얻어진 데이터가 의사 결정을 위한 주요 근거이다. 초기 단계에 계획이 수립되었다고 하더라도 학습 분석을 실행하는 과정에서 얻어지는 새로운 정보들이 계획 변경에 영향을 미치는 경우가 많다. 처음 계획 단계에서 실행하려던 분석 방법에 변화를 주거나 새로운 분석 방향을 설정하기도 한다. 예컨대, 교육 담당자가 학습자의 온라인 토론 학습 내용을 분석하기 위하여 학습자가 남긴 처음 내용과 그에 대한 댓글들을 분석했다고 하자. 그 담당자는 주로 상호작용하는 학습자 그룹들을 발견하고, 그 네트워크를 분석하기 위한 사회 연결망 분석(Social Network Analysis)을 추가적으로 실시해 볼 수 있다.

학습분석에서의 휴리스틱 접근은 교육 담당자의 경험과 전문성의 중요성을 방증한다. 같은 데이터라고 하더라도 학습 분석을 실시하는 주체의 경험이나 전문성에 따라 해석 방향이 상이할 수 있기 때문이다. 기계학습과 복잡한 통계 알고리즘이 데이터 분석을 용이하게 만들었지만 여전히 HRD 전문가들의 역할이 중요한 이유이다.

### 4) 다중 데이터 활용

학습 분석의 최종 목적은 가용한 데이터들의 적절한 해석을 통한 학습의 증진이다. 다시 말해, 가용한 데이터의 양과 종류에 따라 의사결정의 질이 결정된다. 따라서 학습 분석에서는 다중(Multimodal) 데이터들을 활용한다. 온라인 학습 상황에서 로그 데이터를 주로 사용하는 이유도 이러한 접근과 일맥상통한다. 전통적인 방법으로만 측정하기 어려운 온라인 학습자의 학습 과정을 잘 드러내기 때문이다. 다양한 형태의 데이터들을 활용하는 것은 학습분석을 다른 연구 방법들과 구분 짓는 중요한 특성이다.

근래에는 수치화된 로그데이터뿐만 아니라 텍스트와 같은 비수치적 데이터도 활발하게 이용되고 있다. 텍스트 마이닝(Text Mining)은 주어진 텍스트로부터 학습에 관한 유용한 정보를 발견하기 위하여 활발하게 사용되는 기법이다. HRD 영역에서는 학습자의 최종 성취뿐 아니라 교육프로그램에 대한 그들의 인식, 태도, 감정, 의견 등이 중요하기 때문에 텍스트 자료는 중요한 정보를 제공할 수 있다.

최근에는 더 나아가, 콘텐츠에 대한 학습자의 감정이나 집중도를 객관적으로 파악하기 위해 생체 데이터를 활용하고 있다. 학습 상황에서 학습자의 심박수, 시선, 표정, 뇌파 분석 등을 통하여 특정 학습 내용이나 상황에 대한 학습 경험을 포괄적으로 이해할 수 있게 된다. Wang과 Antonenko(2017)는 온라인 멀티미디어 학습 상황에서 교수자의 등장 여부에 따른 집중도 및 학습 성과 분석을 위하여 학습자의 시선을 추적하였다. 최근에는 뇌파를 활용하여 학습자의 인지부하나 집중도를 측정하려는 시도 또한 활발해지고 있다. Chen과 Huang(2014)은 학습자가 온라인상에서 영어텍스트를 공부할 때의 집중도를 뇌전도(Electroencephalogram)를 통하여 파악하고 각 차시가 종료될 때마다 학습자에게 보여주어 스스로의 학습을 모니터링할 수 있게 하였다. 기업교육 맥락에서도 생체 데이터의 수집 및 적용을 고려해 볼 수 있다. 예컨대, 교육담당자가 직장 내 조직문화 개선을 위한 동영상 자료를 만들었다고 가정하자. 이러한 내용에 대한 직급별, 성별 반응을 구체적으로 분석하기 위하여 몇몇 직원들을 대상으로 동영상 시청 시의 생체 반응을 측정해 볼 수 있을 것이다.

## 4. 학습분석을 위한 기본 분석방법

앞서 학습분석 접근의 특징에서 언급된 것과 같이 학습분석으로 사용되는 방법들은 기존의 교육과 학습 연구분야에서 폭넓게 적용되어 오던 데이터 분석 기법들이 사용되고 있으며, 이러한 학습분석 방법들은 크게 예측 분석, 구조 분석과 관계분석, 사회연결망 분석, 텍스트 마이닝, 시각화로 구분될 수 있다(윤승원, 김동호, 김나리, 천종필, 2017).

### 1) 예측 분석

예측 분석(Prediction Modeling)이란 학습 관련 예측 변수들을 포함한 모델링 과정을 통해 응답 변수(Response Variable)를 예측하는 것이다. 예를 들어 온라인 기업 연수 과정에서 개인 학습 시간과 학습 빈도와 같은 예측 변수로, 해당 교육생이 앞으로 어떠한 학습 성취와 최종 성과를 이루게 될지를 예측한다. 이는 학습부진 혹은 학습 중단이 예상되는 교육생을 사전에 예측하여 처방하고, 해당 교육과정의 개선되어야 할 사항을 탐색하는 데 사용될 수 있다.

성공적 예측 분석을 위해서는 이미 학습을 종료한 이전의 개별 교육생들의 최종 성과 데이터를 수집하고, 개개인의 학습 관련 변인들, 즉 예측 변수들과 응답 변수들, 즉 최종 성과들의 연결 고리를 연구 분석을 통해 최적화된 예측 모델을 구축하여야 한다. 이를 기반으로 새로운 사례, 즉 신입 교육생의 예측 변수들을 모델에 투입하여 그 향후 성과 결과를 예측할 수 있다. 따라서 응답 변수를 최적으로 예측할 수 있는 예측 변수를 포함시킨 타당한 모델을 구축하고, 해당 모델의 예측력을 평가하는 것이 중요하다. 학습 예측 분석은 분류(Classification), 회귀(Regression), 의사결정 나무(Decision Tree), 서포트 벡터 머신(Support Vector Machine) 등의 기존의 통계 분석 방법들과 새로운 데이터 마이닝 기법들이 함께 사용되고 있다.

### 2) 구조분석과 관계분석

구조분석(Structure Discovery)은 기존의 이론적 토대나 가설 없이, 방대한 데이터 자체 안의 내재된 패턴과 구조를 탐색하며 의미 있는 정보를 찾는 접근법이다. 따라서 예측 분석에서와는 달리 특정한 변수 없이 분석을 진행하는 통계 기법들인 군집 분석(Clustering), 요인 분석(Factor Analysis) 등이 사용된다. 연수 과정에 참여한 교육생들의 유사한 학습 패턴들을 같은 집단으로 묶고, 상이한 학습 패턴 교육생들은 다른 집단으로 분류하여, 각 집단에 속한 교육생들의 전반적 특성을 탐색할 수 있으며, 이러한 구조분석 결과는 각 집단의 특성에 따른 추천 학습 전략과 교육 과정 같은 적응적 처방을 제시하는 것에도 활용된다.

반면, 관계 분석(Relationship Mining)은 데이터를 분석하여 변수들 간의 관계를 설명하려 한다. 관련 변수들이 많이 있는 경우에 사용되며, 학습 분석보다 데이터 마이닝 분야에서 자주 행해지는 연구 방법으로, 연관 분석(Association Rule Mining), 상관 분석(Correlation Mining), 순차 분석(Sequential Pattern Mining), 인과 분석(Causal Analysis) 등이 이에 속한다. 온라인 연수 과정에서는 교육생이 구체적으로 어떤 학습 단계를 거쳐 과정을 성공적으로 마치는지, 학습 추적 데이터를 활용하여 일련의 연속적인 학습 과정을 객관적으로 파악할 수 있다.

### 3) 사회 연결망 분석

사회 연결망 분석(Social Network Analysis)은 개인, 집단, 혹은 객체들의 관계를 네트워크 구조로 파악하는 기법이다. 다수의 참여자들이 복잡하게 얽혀있는 사회 연결망 구조를 파악하기 위해 네트워크 구조를 형성하는 연결의 주체인 사람, 조직, 지역 등의 일반 객체를 노드(Node)로 지정하고, 노드들의 연결 관계는 에지(Edge)로 설정하면, 실생활에서 이루어지는 인간관계나 상호작용을 수량화하고 분석할 수 있다.

노드와 에지로 모델링하고 시각화한 사회 연결망 분석을 통해 기업 교육에서는 직원들 간의 소셜 미디어 네트워크 관계망(Social Media Networks), 온라인 협동 학습 관계망, 학습자 친분 관계망 등을 용이하게 파악할 수 있다. 일례로 온라인 토론에서 학습 성취를 예측하기 위해 사회 연결망 관련 변인을 사용하고 이에 따른 적절한 협동학습의 교수 전략을 제시할 수 있을 것이다. 이러한 사회 연결망 분석은 다면적인 관계를 맺고 있는 사내 직원들의 온라인 행동 유형을 실제적으로 파악하고 대응하는 객관적 자료가 될 뿐만 아니라, 기업 안팎으로 업무와 관련된 다층적인 관계를 생성하고 유지해야 하는 현대사회의 기업 문화에서도 의미하는 바가 크다.

### 4) 텍스트 마이닝

데이터 마이닝 기법과 알고리즘을 적용하여 주어진 비정형의 텍스트 자료로부터 유의미한 정보를 추출하거나 텍스트의 내용을 분석하는 기법이 텍스트 마이닝(Text Mining)이다. 텍스트에 담긴 의미론적 구조나 하부 언어 구조들 간의 관계를 밝히는 분석이기 때문에 단순한 통계 방식을 넘어 사회문화적 맥락과 언어의 규칙성 등을 복합적으로 고려해야 한다.

일례로 사용되는 잠재 디리클레 할당(Latent Dirichlet Allocation)은 주제별 단어가 나타날 확률 분포에 근거하여 해당 문서가 어떤 주제를 담고 있는지 분석 판단하는 기법으로, 방대한 텍스트 데이터를 바탕으로 모델링하면 새롭게 주어진 텍스트의 내용을 손쉽게 파악하고 분류할 수 있다. 이러한 텍스트 마이닝 기법을 통해, 다수의 직원들이 참여한 교육 프로그램에서 실시한 지필 만족도 혹은 지필 직무시험의 서술형 답안 등을 일차적으로 신속히 평가할 수 있다.

### 5) 시각화

학습 분석에서 시각화(Visualization)란 복잡한 데이터로부터 필요하고 유용한 정보를 추출하여 시각화하는 기법으로, 효과적인 정보 공유와 효율적 의사 결정이 이루어지도록 돕는다. 방대한 양의 데이터 분석 결과를 전통적인 방식인 텍스트를 사용하여 제시하면, 극히 제한적인 양의 정보 혹은 왜곡된 정보를 자의적으로 해석할 여지가 있다. 따라서 요즘은 사용자가 데이터를 용이하게 조작하여 패턴을 쉽게 인식하게 하는 시각화 기법이 널리 사용되는 추세이다. 산점도, 히스토그램, 막대그래프 등 전통적인 시각화 기법뿐만 아니라 구글 차트(Google Chart)와 같이 자바스크립트에 기반한 무료 시각화 프로그램들도 폭넓게 사용되고 있다.

대표적인 학습분석 시각화의 예로는 무크(Massive Open Online Courses: MOOC)의 대시보드(Dashboard)를 들 수 있다. 이는 교육을 진행하는 교수자가 전체 혹은 개별 학습자들의 학습 진행 상황을 즉각적으로 모니터링하고 적절한 처치를 가능하게 할 뿐만 아니라, 개별 학습자가 자신 스스로 학습 진도와 참여 상태를 점검하게 하는 자기 성찰적 학습을 돕는다. 이처럼 기업교육 현장에서도 온라인 연수 시 개별 학습 진행 상황을 시각화함으로써 강사와 교육생 양측을 위한 상세한 실시간 모니터링, 형성적 평가, 처방적 조치 등을 위한 효과적인 자료로 활용할 수 있다.

## 5. 학습분석과 미래형 HRD 전망

### 1) 빅데이터

앞서 간략하게 살펴보았듯이 빅데이터는 그 양뿐 아니라 속도와 다양성까지를 포함하는 개념이다. 지금까지 산업 영역에서 빅데이터는 주로 마케팅이나 알고리즘

개발을 위하여 사용되어 왔다. 예컨대, 미국 유명 쇼핑 사이트인 아마존(Amazon)에서는 고객들이 구매한 물품들의 특성을 파악하고 상품을 추천하는 용도로 빅데이터를 활용한다.

빅데이터는 HRD 영역에서도 활용될 수 있다. 테크놀로지 활용 교육에서는 학습자와 그 학습과정에 대한 방대한 양의 데이터가 실시간으로 생성된다. 이러한 빅데이터의 상시성은 기업 교육의 학습 생태계를 빠르고 효과적으로 분석할 수 있는 가능성을 높여준다. 예컨대, HRD 담당자는 로그 데이터 같이 가용한 빅데이터들을 시각화하여 교육 과정상의 결손을 파악하기 위하여 사용하거나 학습자 자신의 성찰을 위한 용도로 제공할 수 있다. 학습분석 대시보드는 학습자 스스로의 자기 조절학습을 촉진하기 위하여 주로 사용되며, 학습자 스스로 자신의 학습에 관한 시각화된 정보들을 한눈에 볼 수 있다(박연정, 조일현, 2014).

빅데이터의 활용이 소수의 컴퓨팅 전문가나 데이터 과학자에 의하여 이루어진다는 것은 잘못된 생각이다. 빅데이터를 수집할 대상이나 그들의 역량을 사전에 정의하고 전반적인 계획을 세우는 것은 HRD 영역의 역할이 될 것이다. 기업에서 어떠한 종류의 데이터를 어느 정도의 시간 간격으로 수집하고 그 결과를 어떻게 의사결정에 반영할지는 HRD 전문가들의 지식과 경험 그리고 직관에 의해서 결정되는 것이다.

### 2) 비정형 데이터

기존에는 설문이나 시험 등을 통하여 수집된 수치들이 직원들의 역량, 실적, 성취 등을 조사하기 위한 중요한 데이터이었다면 근래에는 텍스트, 생체 데이터 등의 비정형 데이터에 많은 관심이 모아지고 있다. 아직 HRD 영역에서는 여러 가지 현실적인 이유로 비정형 데이터가 널리 이용되고 있지는 않지만, 학습과학에서는 학습자의 생각, 인지부하, 감정 등을 분석하기 위하여 비정형 데이터가 점점 활발하게 이용되고 있다. 예컨대, 학습자들의 온라인 토론이나 서술형 답안을 채점하기 위해서도 텍스트 마이닝이 사용되고 있다(Gašević, Dawson, & Siemens, 2015).

기업에서 이러닝의 활용이 점점 더 보편화되어가고 있는 만큼 다수의 직원들을 대상으로 하는 서술형 시험의 평가나 온라인 토론 상황에서 텍스트 마이닝이 활용될 수 있을 것이다. 음성 데이터와 같은 생체 데이터도 학습자와 교수자의 상호작용을 자동으로 분석하기 위해 사용될 수 있다. Owens와 그의 동료들(Owens et al., 2017)은 대학에서 강의자들의 수업을 녹음하였고, 음성 분석 알고리즘을 사용하여 그 수업이 어느 정도 학습자 중심으로 이루어졌는지를 예측하였다. 학습자의 시선 추적이나, 표정 분석 등을 통하여서 몰입이나 인지부하를 측정하는 연구들도 활발하게 이루어져 오고 있다. HRD의 영역에서도 한 종류의 데이터에 의존하기보다 수집 가능한 많은 데이터들을 확보하여 근거에 기반하는 의사결정을 하는 것이 점점 더 중요해질 것으로 보인다.

### 3) 머신러닝과 인공지능

머신러닝은 특정 알고리즘에 기반하여 컴퓨터가 스스로 데이터를 분석하고 스스로 학습하는 분야를 의미한다. 테크놀로지 기반 학습 상황에서 빅 데이터의 범람은 인간이 수동적으로 해오던 분석들의 한계를 드러내고 있다. 우리가 이미 결과 예측 및 분류 등을 위하여 사용하고 있던 알고리즘도 머신 러닝의 한 갈래로 볼 수 있다. 단, 보다 많은 양의 데이터를 실시간으로 처리하기 위하여 보다 효율적인 알고리즘들이 고안되고 있는데, 인공 신경망(Artificial Neural Network) 분석이나 딥 러닝(Deep Learning) 분야의 성장도 이러한 현상의 일부로 볼 수 있다. 인공지능도 이러한 알고리즘에 기반한 흐름이다.

HRD 영역에서의 빅데이터 확보가 점점 더 용이해지면서 머신러닝이나 인공지능과 같은 첨단 기술에 대한 관심도 증가하고 있다. 보다 다양하고 의미 있는 데이터들을 확보하기 위하여 HRD전문가와 데이터 과학자들 간의 긴밀한 협력이 요구된다. 가용한 데이터가 증가할수록 분석 알고리즘의 최적화를 위해서는 HRD 내용 전문가들의 기여가 그 어느 때보다 요구되기 때문이다. 예컨대, 온라인 기업 교육 맥락에서의 데이터 수집이나 전처리 과정에서는 데이터 전문가들의 역할이 중요하지만, 분석 대상이 되는 중요한 변수의 설정이나 해석에 있어서는 HRD 전문가들의 경험과 지식이 중요하다.

## 참고문헌


박연정, 조일현 (2014). 학습분석학 기반 대시보드의 설계와 적용. 교육정보미디어연구, 20(2), 191-216.

윤승원, 김동호, 김나리, 천종필 (2017). 교육과 학습에서 빅데이터. 서울: 커뮤니케이션북스.

Baker, B. (2007). *A conceptual framework for making knowledge actionable through capital formation*. Unpublished Dissertation, University of Maryland University, United States.

Campbell, J. P., DeBlois, P. B., & Oblinger, D. G. (2007). Academic Analytics: A New Tool for a New Era. *EDUCAUSE Review, 42*(4), 40-42. Retrieved April 1, 2018 from https://www.learntechlib.org/p/100331/.

Chen, C. M. & Huang, S. H. (2014). Web-based reading annotation system with an attention-based self-regulated learning mechanism for promoting reading performance. *British Journal of Educational Technology, 45*(5), 959-980.

Clow, D. (2012). The learning analytics cycle: Closing the loop effectively. *Proceedings of the 2nd International Conference on Learning Analytics and Knowledge*(pp. 134-138). New York, NY: ACM.

Clow, D. (2013). An overview of learning analytics. *Teaching in Higher Education, 18*(6), 683-695.

Dron, J. & Anderson, T. (2009). On the design of collective applications. *Proceedings of the 2009 International Conference on Computational Science and Engineering(Vol 4*, pp. 368-374).

Elias, T. (2011). *Learning analytics: Definitions, processes and potential* (Report). Retrieved from https://pdfs.semanticscholar.org/732e/452659685fe3950b0e515a28ce89d9c5592a.pdf

Fidalgo-Blanco, Á., Sein-Echaluce, M. L., García-Peñalvo, F. J., & Conde, M. Á. (2015). Using Learning Analytics to improve teamwork assessment. *Computers in Human Behavior, 47, 149-156*.

Gašević, D., Dawson, S., & Siemens, G. (2015). Let's not forget: Learning analytics are about learning. *TechTrends, 59*(1), 64-71.

Gold, J. (2017). The Future of HRD: Scenarios of Possibility. *International Journal of HRD Practice. Policy & Research, 2*(2), 71-82.

Owens, M. T., Seidel, S. B., Wong, M., Bejines, T. E., Lietz, S., Perez, J. R., ... & Balukjian, B. (2017). Classroom sound can be used to classify teaching practices in college science courses. *Proceedings of the National Academy of Sciences of the United States of America, 114*(12), 3085-3090.

Wang, J. & Antonenko, P. D. (2017). Instructor presence in instructional video: Effects on visual attention, recall, and perceived learning. *Computers in Human Behavior, 71*, 79-89.

Xu, D., Huang, W. W., Wang, H., & Heales, J. (2014). Enhancing e-learning effectiveness using an intelligent agent-supported personalized virtual learning environment: An empirical investigation. *Information & Management, 51*(4), 430-440.

## 요약

우리는 지금까지 학습 분석의 의미와 그와 관련된 개념 및 발전 동향에 관하여 개괄적으로 살펴보고 HRD 분야에서의 활용 가능성에 대해서 검토해 보았다. 방대함, 속도, 다양성이라는 키워드로 설명되는 빅데이터와 학습 증진에 초점을 맞추는 학습분석은 여러 측면에서 서로 밀접하게 연관되어 있으면서도 그 활용 목적에 따라 독자적인 영역으로 구분된다. 학습분석은 학습자가 경험하는 다양한 상호작용의 산물인 학습 데이터를 수집, 분석, 활용하여 학습자에게 유용한 정보를 발견하고 이를 적용하여 학습을 성공적으로 마칠 수 있도록 하는 과정이다. 연속적인 평가와 이에 기반한 교수적 처방을 실현하기 위해, 형성 평가를 비롯하여 개별적 평가에 기반한 적응적 학습, 휴리스틱 접근, 다중 데이터의 활용 등에 중점을 두고 있으며, 기존 데이터 분석 연구에서 적용되어 오던 예측 분석, 구조 분석과 관계 분석, 사회 연결망 분석, 텍스트 마이닝, 시각화 등을 학습분석의 기법으로 사용하고 있다.

다양한 교육 환경에서 사전적이고 능동적인 처방적 교수설계 전략을 실현시키는 학습분석은 실시간으로 방대하게 생성되는 빅데이터와 더불어 앞으로 HRD 각 영역에서 다각도로 활용될 것으로 예상된다. 따라서 수많은 데이터 중 어떤 종류의 데이터를 수집하여 어떻게 의사 결정에 반영할지에 관한 효과적이고 효율적인 기획을 할 수 있도록 HRD 전문가들의 역량과 전문성 함양이 시급하다. 텍스트를 비롯한 생체 데이터와 같은 비정형 데이터의 사용도 기존의 정형 데이터들이 제시하지 못했던 다층적인 유의미한 정보를 제공한다는 측면에서도 그 중요도가 높아지고 있다. 또한, 데이터 과학자들과 협력하여 학습분석 알고리즘의 최적화 고안을 위해 노력하는 것이 HRD 전문가들에게 앞으로 담당할 중요 과제이기 때문에, 머신러닝과 인공지능이 기반이 되는 4차 산업시대에서도 HRD 전문가들의 역할은 더욱 커질 전망이다.

## 탐구 질문

1. 학습분석이 HRD 분야에서 필요한 이유는 무엇인가?
2. 학습자 입장, 교수자 입장, 기업의 입장에서 전통적인 교수적 처치와 비교되는 학습분석의 교수적 처치의 장점과 단점은 무엇인가?
3. 학습분석 전문가가 갖춰야 할 핵심 역량은 무엇인가?
4. HRD 분야에 학습분석이 적극적으로 도입되기 위해 극복해야 하는 당면 과제는 무엇인가?
5. 생체 데이터를 포함한 개인이 생성한 다양한 데이터를 기업이 교육증진 목적으로 사용하는 데 있어 야기될 수 있는 윤리적 문제는 무엇인가?

## / 저자 소개 /

### 김나리(kimn@uwosh.edu)

미국 위스콘신대학교(University of Wisconsin, Oshkosh) 교육행정학과 교수 및 석좌교수로 재직함. 이화여자대학교 교육공학 학사 및 석사학위, 인디애나대학교 교육공학 전공 및 컴퓨터기반통신학습 부전공으로 박사학위를 수여받음. 1998년 우리나라 최초의 웹기반 문제해결학습인 삼성 웹스쿨 설계 연구를 시작으로, 고차원적 사고력과 협동학습 향상을 위한 이러닝, 모바일러닝, 가상증강현실 등의 뉴미디어 학습환경을 설계 개발하고 학습분석 연구를 진행해오고 있음. 인디애나대학교 켐프연구상과 비츨러논문상, 미국교육공학회 최우수박사과정학생상과 특별연구상들, IAP 최우수논문상과 The Internet and Higher Education 저널 에디터스초이스논문상을 포함한 20여 개 국제기관의 연구개발상을 수상함. 지난 10여 년간 미국교육공학회 조직위원으로 활동하며 국제 교육공학협회들 간의 연구협력을 위해 노력하고 있음. 최근 저서로는 '교육과 학습에서 빅데이터'가 있음.

### 김동호(webest7@gmail.com)

성균관대학교 교수로 재직함. 미국 플로리다대학교(University of Florida)에서 조교수로 역임함. 주요 연구 분야는 학습분석학과 인간컴퓨터상호작용임. 서울대학교에서 교육학 학사와 교육공학 석사학위를 취득하였고, 미국 조지아대학교에서 경력개발 및 정보연구학 박사학위를 받음. 2013년부터 현재까지 한국연구재단 지원 학습분석학 프로젝트에 참여해 오고 있으며, 학습분석학 및 교육 시스템 개발 연구들을 유수의 학술 저널에 출간함. 학습 분석학을 적용한 온라인 저성취자 예측 논문으로 2016년 미국교육공학회의 최우수논문상을 수상하였음.

제7장

김상준(이화여자대학교)

# 인력분석학

## 목표

1. 인력분석학의 개념을 설명할 수 있다.
2. 인력분석학의 시대적 흐름 및 관심 영역의 변화과정을 파악할 수 있다.
3. 인력분석학이 적용될 수 있는 범위와 세부방향에 대해서 설명할 수 있다.
4. 인력분석학을 실제 적용하는 방법을 터득할 수 있다.
5. 효과적으로 인력분석을 하기 위해서 고려해야 할 요소가 무엇인지 제시할 수 있다.

## 핵심용어

인력분석학, HR분석학, 재능분석학, 근거중심경영, 인적자본, 인력측정 측정지표, 기술적 분석, 예측적 분석, 처방적 분석, 최적화, 지표개발, 매칭, 상관관계, 비교분석

## 1. 서론

인력분석학(Workforce analytics)은 인력 운용이나 HR 관련 의사결정을 위해서 다양한 HR 관련 데이터를 분석하는 것을 의미한다(Fitz-enz, 2000). 일반적으로 HR 업무의 많은 부분이 인력 운용과 관련된 활동에 대한 데이터를 수집하고 의사결정자에게 보고하는 것으로 귀결된다(Ulrich, 1997). 인력분석학은 사람과 관련된 데이터를 수집하는 것에서 출발하여 인력 운용 및 관리, 예측을 포괄하는 분석기법을 총괄하게 된다(Fitz-enz, 1984). 그리하여 인력분석학은 조직구성원의 업무와 관련된 제반 데이터를 수집하고 이러한 데이터를 측정 알고리즘에 기반한 수리 모형에 적용하여 해석 가능한 수치적 결과를 도출하는 일련의 과정을 거친다. 그리고 HR 담당자는 이렇게 계량적으로 도출된 결과 값을 바탕으로 HR과 연관된 의사결정을 내리게 된다. 이에 인력분석학은 HR 분석학(HR analytics)으로 불리기도 한다.[1)]

예를 들어, 실리콘 밸리의 스타트업 업체들은 기술적으로 우수한 지식을 보유한 조직구성원이 더 나은 직장을 찾아 떠나는 것을 항상 두려워한다. 그들에게 있어서 개개인의 지적 능력은 곧 기업의 생사와 직결되기 때문이다. 이 경우, 인력분석학을 활용하여 조직구성원의 이직 유형이나 동기를 추세적으로 분석하여 인력 유출을 줄일 수 있는 인센티브나 여타 다른 방안을 모색할 수 있다. 실제 구글의 경우에는 인력분석학을 적절히 활용하여 프로젝트에 필요한 리더를 찾아내기도 하였다. 이처럼, 인력분석학은 인간의 행동을 분석하여 기업의 성과, 특히 기업의 경쟁우위를 형성하는 데 도움을 줄 수 있는 다양한 정보를 제공한다.

이러한 측면에서 인력분석학은 단순히 데이터를 수집하고 분석하는 학문의 영역이라기보다는, 조직의 구성원으로부터 조직에 기여할 수 있는 가치를 새롭게 창출

1) 엄밀히 이야기하면 인력분석학은 최종적으로 조직의 성과를 향상시키기 위한 분석기법의 총체를 일컫는다면, HR분석학은 HR성과를 향상시키기 위한 분석기법을 의미하므로 개념상 차이는 있다. 하지만, 본 장에서는 이 둘을 동등한 것으로 보고 기술하겠다.

하고, 더욱이 HR 부서가 조직의 비전과 전략을 결정할 수 있는 핵심적인 역할을 할 수 있도록 도와주는 기업의 주요 기능이라 볼 수 있다(Angrave et al., 2016). 이는 곧 HR 담당자의 역할이 경영지원과 같은 조직의 주변 기능에서 인적 자원과 관련한 정확한 데이터를 수집하여 조직이 인력운용에 있어 "올바른" 의사결정을 할 수 있도록 이끄는 핵심 기능으로 바뀌었음을 의미한다.

이러한 관점에서, 본 장에서는 인력분석학의 개념과 이를 둘러싼 다양한 이론과 쟁점을 이해하고, 실제 인력분석학이 어떻게 기업에서 활용되고 있는지를 다양한 사례를 통해서 살펴본다. 그리고 이와 더불어, 실무적으로는 인력분석학이 어떻게 활용되는지 그 용례를 제시함으로써 인력분석학에 대한 보다 실질적인 이해를 추구하고자 한다.

## 2. 인력분석학의 태동 및 발전

### 1) 역사적 배경

인력분석학의 시작은 1984년으로 거슬러 올라간다. HR 서비스 조직인 사라토가 인스티튜트(Saratoga Institute)의 회장인 Jac Fitz-enz가 "How to Measure Human Resources Management"라는 책을 내면서부터 인력분석학의 개념이 태동되었다. 이 책에서는 조직구성원의 성과를 효과적으로 측정할 수 있는 성과지표를 제시하고 있다.

이 시기, 즉 1980년대에는 HR이 기업 성과에 영향을 미칠 수 있는 전략적인 개념으로 재정립되는 상황이었다. 하지만, 개념상으로 컨센서스가 형성되고 있는 반면, 실제 어떻게 HR을 전략적으로 활용할 것인가에 대해서는 여전히 의문이 많았었다. 여타 다른 부서들, 특히 생산 부서나 마케팅, 또는 재무 및 회계부서에 비해서 성과를 측정하는 방식이 체계적이지 못했고, 성과를 보여줄 측정지표 역시 자의적인 경우가 많았기 때문이다. HR에서의 성과 측정을 위해서는 우선 인간의 행동을 계량화해야 하고, 그 계량화된 측정치가 실제 화폐단위로 변환될 수 있어야 하는데, 그 성과지표를 찾아내기가 쉽지가 않았다.

Jac Fitz-enz는 이러한 상황을 HR에 필연적으로 존재할 수밖에 없는 주관성 때문이라고 보았다. 그리고 이러한 주관성으로 말미암아 HR은 기업 내에서도 입지를 굳히지 못하게 되었고, 경영지원과 같은 주변적 기능으로 존재할 수밖에 없었다고 보았다. 이로 말미암아 예산이나 자원 배분에 있어서도 자연스럽게 그 우선순위가 뒤로 이어질 수밖에 없었다. 이러한 맥락에서 HR 담당자들은 어떻게 해서든 HR에 대한 성과평가를 보다 체계적이고 화폐단위로 환산 가능한 성과지표로 할 동기가 강하게 형성되어 있었다.

### 2) 인력분석학의 발전사

Fitz-enz(1984)를 기점으로 인력분석학은 다양한 측면에서 발전을 해오게 되었다. 특히 이는 지식경제의 중요성이 대두됨에 따라 그 발전 속도가 가속화되었다. 지식경제의 주된 관점은 기업이 경쟁우위를 얻기 위해서는 모방이 쉽지 않고, 배타적이며 다른 기업과 차별을 줄 수 있는 자원이 있어야 한다는 점이고, 이러한 맥락에서 새롭게 인간의 가치에 주목하기 시작했다(Bontis et al., 1999; O'Reilly & Pfeffer, 2000). 즉, 기업의 가치는 인간에 의해서 만들어지는 것이고 어떻게 인력의 재능을 발휘할 수 있게 하느냐에 따라 기업 간 경쟁에서 유리해질 수도 불리해질 수도 있다고 보았다. 이러한 지식경제 관점의 유입은 기업 내부에서 HR 부서의 입지를 강화하게 되었고, 전략적인 의사결정에 있어서 인력 운용에 대한 고려를 동시에 하게 되었다. 그 결과 다양한 형태의 성과지표들이 나타나게 되었다. 예를 들어 균형성과표(balanced scorecard, BSC)는 재무적 가치뿐만 아니라 내부 프로세스, 학습과 성장 등 보이지 않는 성과적 가치를 동시에 보고자 하였다(Kaplan & Norton, 1996). 이것의 기저에는 인간 활동을 어떻게 성과지표로 전환할 것인가에 대한 고민이 담겨있다(Bontis et al., 1999). 그 이후 인력 분석에 대한 새로운 성과측정 기법들이 등장하게 되었고, 이러한 시대적 흐름은 HR 분야에서도 조직구성원의 역량을 극대화하기 위해서는 객관적인 측정과 평가가 필요하다는 공감대가 형성되었음을 의미한다.

이러한 추세는 Jac Fitz-enz의 저술활동에서도 그 근거를 찾아볼 수 있다. 1984년의 저서에서는 성과측정방법에 초점을 두었다면, 1990년에 출판된 "Human Value Management"에서는 인력이 제공하는 가치, 즉 인간 가치에 초점을 맞추었다. 이러한 인간 가치 개념은 2000년도에 출판된 "The ROI of Human Capital"에서 인적자원도 아닌 인적 자본의 개념으로 재구성되었다. 그는 이에 인력분석학은 단순히 조직구성원의 성과를 측정하는 것이 아니라 그들의 재능을 발견하고 계발하는 데 활용되어야 함을 강조했다. 그리고 2010년에 출간한 책, "The New HR Analytics"를 통해서 인적 자본을 통한 성과를 어떻게 예측할 것인가에 초점을 두고 인력분석학을 보다 포괄적인 관점에서 재정립하였다.

그리하여 인력분석학이 단순히 성과평가에 국한되는 것이 아니라 직무만족 제고, 이직률 감소, 보상체계 확립, 인력수급 문제, 업무우수자 판별 등 조직구성원을 보다 전략적으로 기업의 가치로 전환할 수 있는 방안으로 활용되었다(예: Fitz-enz, 2000). 이러한 측면에서 인력분석학은 재능 분석학(talent analytics)으로 불리기도 한다.

### 3) 인력분석학 최근 경향

인력분석학 발전의 흐름은 [그림 7-1]과 같이 도식화할 수 있다. 과거 인력분석학은 조직구성원의 성과측정이나 현황파악에 큰 초점을 두었다. 따라서 분석학이라는 영역이라기보다는 단순 측정의 영역이라고 보는 것이 타당할 것이다. 이후 인력분석학은 측정을 보다 정교화하기 위해서 성과지표를 개발하는 노력을 기울였다. 성과지표는 여러 개의 측정을 종합하여 하나의 지표를 만드는 것을 의미한다. 예를 들어 구성원 수 대비 수익률은 구성원 수라는 측정값과 매출이라는 측정값을 결합하여 하나의 성과 지표를 도출한 것이라 볼 수 있다. 이러한 성과지표는 단순히 HR 현황을 파악함에서 벗어나, HR의 효과성을 검토할 수 있는 기반이 되었다. 최근의 인력분석학의 관심은 효과성 분석을 바탕으로 미래예측을 보다 정교화하는 것에 있다(Fitz-Enz, 2010).

이러한 흐름은 시대적인 변화와 관련이 있다. 글로벌 환경이 다변화되고 이에 따라 노동시장 역시 다변화되었다. 이러한 상황에서 조직의 성과를 향상시키기 위해서는 조직구성원의 재능을 잘 파악하여 조직이 유연하게 환경의 불확실성이나 복잡성에 대해서 대응을 해야 한다(Isson & Harriott, 2016). 이러한 맥락에서 인력분석학은 디지털 기술을 기반으로, 소셜 미디어를 활용하거나 빅데이터 분석기법을 접목하여 조직구성원의 재능을 효과적으로 파악하여 성과물을 예측하기 위한 다양한 방법론을 제시하고자 한다.

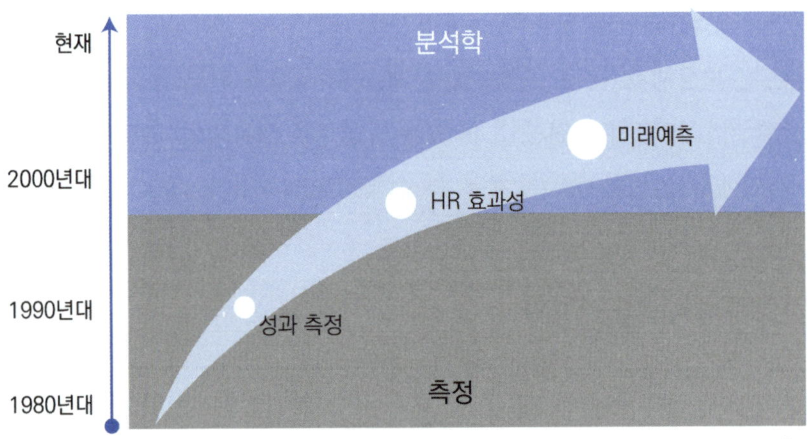


[그림 7-1] 인력분석학의 변화

## 3. 인력분석학을 둘러싼 이론 및 쟁점

인력분석학은 사람의 행동을 분석이 가능한 데이터로 만들고, 이를 기반으로 의사결정에 필요한 분석을 실시하는 것이라고 볼 때, 인력분석학은 마치 사람을 대상화하는 것으로 이해할 수 있다. 조직이론에서 오랜 기간 동안 인간을 바라보는 관점에 대한 다양한 논의가 진행되어 온바, 인력분석학 역시 사람을 바라보는 관점에 차이가 있어 왔다.

한편, HR 의사결정의 과정에 대해서도 상이한 관점이 있다. 특히 인간의 인지적 과정에 대한 불완전성과 결부되어, 의사결정을 보다 효과적으로 하기 위한 방법론에 대한 시각의 차이가 존재해 왔다. 인력분석학은 이러한 논의 속에서 어떤 시각이 반영된 것인지 고찰해볼 수 있다.

인력분석학을 둘러싼 다양한 관점을 이해하는 것은 인력분석학이 어떻게 받아들여져야 하고, 이를 어떻게 활용해야 할 것인가에 대한 큰 방향성을 제시해준다. 따라서 여기서는 인력분석학이 다루는 '사람'을 바라보는 관점이 어떻게 세분화될 수 있는지 보고, 또한 HR 의사결정 과정과 관련하여 인력분석학을 어떻게 이해할 수 있는지 알아보고자 한다.

### 1) 인간에 대한 상이한 이해

테일러의 시간 및 동작 연구에서 비롯되어, 호손 실험으로 대변되는 인간관계 학파로 이어지기까지 조직이론의 역사는 조직 내에 있는 인간을 어떻게 이해하는가에 대한 관점에서 상이한 결과를 만들어 내었다. 조직이론의 역사에서 가장 중요하게 다루어진 인간에 대한 이해는 조직의 구성원을 조직의 목표를 달성하기 위한 도구로 볼 것인지, 조직의 가치를 증대시키기 위한 자원으로 볼 것인지로 크게 나누어질 수 있다. 이는 인력분석학에도 깊숙이 개입되어 있다. 인력분석은 기본적으로 인간의 조직 내 활동을 분석이 가능하도록 데이터로 환원하는 과정이 수반된다고 볼 때, 인간 활동의 어떤 측면을 분석할 것인가가 중요하다. 이때 조직 내 인간을 바라보는 관점이 어떤가에 따라 인력분석학의 기법이 상이하게 나타났다. 구체적으로, 인간의 행동을 측정하려는 인력분석학에서 인간을 바라보는 관점은 크게 (1) 인간을 관리비용으로 보는 관점, (2) 인간을 인적자원으로 보는 관점, 그리고 (3) 인간을 인적자본으로 보는 관점으로 나누어진다.

### (1) 관리비용

가장 전통적으로 HR 기능은 관리비용으로 보는 시각에서 출발하였다. 조직구성원은 조직의 목적을 달성하기 위한 도구로 인식되었고, 특히 회계 시스템에 따라 조직의 성과가 측정되는 상황에서는 HR과 관련한 다양한 활동들은 기업 회계의 측면에서는 운영비용에 불과했다. 생산과정이나 회계 시스템은 성과와 관련해서는 뚜렷한 성과지표가 있었으나, HR의 경우에는 이직률, 근속기간 등 조직 성과와 직접적인 연관이 있는 지표가 없다는 점도 HR 기능이 관리비용으로 인식되는 이유 중의 하나이다.

조직구성원을 조직 내에서 관리비용으로 인식한다는 것은, 인력분석이 지극히 회계의 관점에서 이루어지고 있음을 의미하기도 한다. 다시 말해서 조직구성원의 성과측정을 위한 데이터 수집이 양적으로 (특히 화폐단위로) 환산되는 것에만 국한되었음을 의미한다. 이는 조직구성원의 잠재적인 역량이나 자기 계발과 같이 인간의 개별적 능력을 고려하지 않고, 단순히 업무를 수행하는 인력의 개념이 강했다.

### (2) 인적자원

조직구성원을 단순히 관리비용으로 인식하는 관점에서 벗어나 조직에 가치를 부여할 수 있는 인적자원으로 인식하는 경향성이 두드러졌다. 이러한 관점은 조직구성원의 역량이 기업의 성과에 중요한 영향을 미친다는 인식에서 출발한 것으로, 단순히 조직구성원의 업무 행태나 성과에 초점을 맞춘다기보다는, 모든 HR 관련 활동들이 실제 기업의 성과에 어떤 영향을 미칠 것인가에 관심을 가지기 시작했다. 그리고 이는 역사적으로 과거 인사관리(personnel management)로 불리던 조직 내 기능이 인적자원관리(human resource management)로 그 이름이 바뀔 정도로 역사적으로도 큰 인식의 변화로 이어졌다. 이러한 측면에서 인력분석은 HR 활동들이 얼마나 성과에 효과적인가를 중심으로 이루어졌다.

### (3) 인적자본

마지막 인간에 대한 인식은 인적자본이라는 관점이다. 인적자원은 조직구성원이 조직의 성과에 중요한 영향을 미칠 수 있다고 보는 관점이라면, 인적자본은 개개인이 가지고 있는 역량이 기업에게 중요한 가치를 제공해 줄 것이라는 인식이다. Fitz-enz(2000)는 인적자본은 지능, 열정, 긍정적 태도, 조직몰입, 신뢰성 등과 같은 개인 특성의 결합상태임과 동시에, 통찰력과 창의성을 습득하고 발휘할 수 있는 실무능력을 포함하고 있다고 본다. 즉 모든 인간은 나름의 재능을 가지고 있고, 조직은 개인의 그러한 재능을 발굴함은 물론 기업의 가치를 제고할 수 있을 정도로 교육 및 훈련을 통해서 계발할 수 있음을 강조한다. 이에 따라 인력분석은 단순히 HR의 효과성을 판단하기 위해서 수행되는 것이 아니라, 이러한 성과측정과 더불어 개인의 역량을 측정하고 이를 계발하기 위한 과정을 포함하게 된다. 따라서 HR 부서는 개인이 어떤 특화된 재능을 가지고 있고, 그 재능을 어떻게 조직의 목적에 부합하게 활용할 것인가를 중요하게 고려한다.

### 2) HR 의사결정 과정에 대한 상이한 이해

일반적으로 HR 활동에 대한 측정은 재무나 회계, 생산이나 마케팅과는 달리 측정을 위한 표준화된 절차나 지표가 아직은 없다. 각 조직들이 자신의 상황에 맞게 개발하고 조정하면서 나름의 HR 측정체계를 구축하고 있기 때문이다. 이에 정부에서는 HR 활동의 일종의 전형을 구축하기 위해서 다양한 정책과 HR 자체에 대한 조직 평가를 수행하고 있지만, 인력분석은 그 자체가 가지고 있는 특성으로 인해서 표준화된 측정체계를 갖추기가 쉽지 않다.

그러한 이유 중의 하나는, 인력에 대한 분석이 전통적으로 사람이 사람에 의해서 평가되는 절차를 반드시 거칠 수밖에 없다는 것이다. 사람이 사람에 의해서 평가가 되기 위해서는 평가자의 위치에 권위를 부여할 수밖에 없고, 그 권위로 말미암아 평가자의 관점이나 세계관이 평가에 반영되지 않을 수 없게 된다(Pfeffer & Sutton, 2011).

이러한 측면에서, 근거중심경영이 주창되었는데, 이는 의사결정을 함에 있어서 기존의 소수의 의사결정자의 인지과정에 의존한 의사결정에서 벗어나, 실제 접할 수 있는 다양한 형태의 근거를 기반으로 의사결정을 하는 것을 의미한다(Rousseau & Barends, 2011; Barends et al., 2014). 즉, 인력분석학은 객관적인 데이터를 수집하고 이를 분석하여 의사결정을 위한 단서를 제공한다는 점에서 근거중심경영에 그 토대를 두고 있다고 볼 수 있다.

근거중심경영에서 제시하는 조직이 접할 수 있는 '근거'는 크게 네 가지로 구분된다(Barends et al., 2014). 첫째, 학문적 연구의 결과물이다. 특히 과학적 방법론을 활용하여 분석한 학술연구로, 경영분야의 학술연구에 국한하지 않고 다양한 분야(사회과학, 자연과학, 공학계열 등)의 연구결과도 포함된다. 둘째, 조직 자체에서 제공하는 객관적 자료이다. 회계나 재무정보도 이에 해당하고, 정기적으로 실시하는 고객만족도 조사나, 구성원들의 성과평가 결과물도 해당된다. 셋째, 의사결정자나 중간관리자들의 경험과 증언들도 의사결정을 위한 근거가 될 수 있다. 이는 보통 노하우와 같은 암묵적 지식으로, 단순히 개인의 의견이나 직관과는 구분이 된다. 마지막으로, 이해관계자의 가치 역시 의사결정을 위한 근거가 될 수 있다. 여기서 이해관계자는 조직구성원, 이사회, 최고경영진과 같이 내부 이해관계자도 있지만 정부기관, 고객, 주주 등과 같이 외부 이해관계자도 포함된다. 이들이 각자의 관점에서 조직을 바라보는 관점 그 자체가 의사결정에 중요한 역할을 할 수 있다.

요컨대, 근거중심 경영은 의사결정 과정에 있어서, 소수의 사람에 의해서 결정되는 조직의 의사결정의 문제점을 제기하고 보다 객관적으로 인력 분석을 수행하기 위한 이론적 토대를 제공한다.

## 4. 인력분석학의 활용 사례

인력분석학은 결국은 이미 개발된 다양한 분석방법론이 실무적으로 적용이 되어야 하는 영역이다. 여기서는 인력분석학이 실제 기업에서 어떻게 활용되는지 살펴봄으로써 인력분석학에 대한 이해도를 높이고자 한다.

### 1) 구글

구글은 인력분석학을 가장 효과적으로 활용하고 있는 대표적인 기업이다. 특히 성과가 좋은 리더의 특징들을 도출하여 이를 기반으로 리더의 승진 및 교육에 활용하고 있다. 구글은 자체적으로 인력분석팀을 운영하고 있다. 이 팀은 심리학, 공학, 경영학(MBA) 출신들로 구성되어 있으며, HR 관련 데이터를 과학적으로 분석하여 HR 의사결정에 활용하고 있다. 구체적으로, 인력분석팀은 성과가 높고 장기 근속하는 리더들에게는 공통적인 리더로서의 자질이 있을 것이라는 가정 하에, 인터뷰와 설문조사를 병행하여 실시한 후 그 결과를 데이터베이스화하고, 이를 바탕으로 다양한 분석을 실시하였다. 그리고 이러한 분석 작업을 통해 '효과적인 리더가 되기 위해 필요한 8개의 좋은 행동'과 같은 행동지침을 구성하기도 하고 좋은 리더에 대해서 새로운 관점을 제시하기도 하였다. 예컨대, 구글은 IT 기업으로써, 그 특성상 기술적 전문성이 좋은 리더의 중요한 자질일 것으로 보인다. 하지만, 데이터 분석 결과, 구성원들의 개인적인 삶을 존중하고 그들의 경력을 개발할 수 있도록 지원하는 리더십이 더 중요한 것으로 나타났다. 구글은 이 같은 분석 결과를 활용하여 자사의 리더십 교육 프로그램에 반영하였고, 그 결과 실제 리더들의 약 75%에서 그들의 리더십에서 나타났던 문제점이 개선되었다.

### 2) 제록스

제록스는 콜센터 직원들의 입사 후 조기이직률이 높은 부분에 문제를 인식하고 근원적인 변화가 필요하다고 느끼고 있었다. 실제 1인당 약 5,000달러가량의 금액을 신입사원 교육에 투자하지만, 그럼에도 불구하고 오랜 기간 동안 근무하는 콜센터 직원들이 많지 않았기 때문이다. 제록스는 그리하여 콜센터 직원들 중에서 성과가 우수하고, 장기 근속하는 직원들을 선별하고, 이를 대상으로 인적 사항에 대한 다양한 자료를 수집함을 물론 설문조사를 실시하여, 종합적으로 그들의 성격 특성을 파악하였다. 그리고 이렇게 수집한 데이터를 기초로, '가장 이상적인 콜센터 직원 특성'을 도출하기 위한 분석을 실시하였다. 그 결과, 제록스가 기존에 고려하고 있던 콜센터 업무 경험보다 직원의 성격, 그 중에서도 창의적인 성격이 입사 후 근속기간이 더 길었음은 물론 성과 역시 더 높은 것으로 분석되었다.

이러한 결과를 바탕으로 제록스는 콜센터 직원을 선발할 때, 업무 수행 시 겪을 수 있는 다양한 시나리오에 기반한 성격 테스트를 개발, 시행하였다. 그리고 이 성격테스트 점수의 분포에서 잠재력이 높은 그룹을 중심으로 선발을 하였다. 그 결과, 채용한 콜센터 직원의 조기이직률이 시행 6개월 만에 이전의 1/5 수준으로 낮아지게 되었다.

### 3) PWC

회계・컨설팅 서비스 업계의 글로벌 기업인 프라이스워터하우스쿠퍼스(PWC)는 세무회계분야의 3~5년 차 경력의 직원들의 이직률이 높았다. PWC는 이러한 시니어 계층의 이직을 방지하기 위해서 이연보상(Deferred Compensation) 제도를 계획하였다. 이연보상 제도란, 보상의 일정 금액을 특정한 기간(또는 퇴직 시)까지 미루었다가 일괄 지급하는 것을 말한다. PWC는 이 제도를 수행하기 전에 이 제도가 얼마나 실효성이 있는지 파악하기 위해서 인력분석을 실시하였다. 이에 PWC는 미국의 University of Southern California와 공동으로 직원들의 근속을 결정하는 요인 및 이직 직장 및 보상 수준 등에 대한 데이터를 수집하였고, 이 데이터를 기반으로 분석 결과를 도출하였다. 그 결과, 직원들의 PWC 근속기간에 영향을 주는 것은 특정한 시점에 일괄적으로 보상을 많이 받는 것이 아니라, 그 금액이 적더라도 근속기간에 따라 보상이 비례적으로 증가하는 것이 더 중요한 것으로 나타났다. 이 결과는 이연보상 제도가 결코 실효적이지 않음을 의미하는 것이다. 또한 PWC에서 오랜 기간 근무하는 직원과 이직한 사람들 간의 직급 및 보상 수준을 비교하였는데, 그 결과, 전반적으로 PWC의 장기근속자들이 직급도 높고 보상도 더 많이 받았다. 결국 PWC는 이연보상 계획을 취소하였고, 직원들에게 장기근속이 이직보다 승진 및 보상에 유리하다는 내용을 전파하였다. 그리고 이러한 활동을 통해, 실제 시니어 계층의 이직률을 약 10% 수준까지 낮출 수 있었다.

## 5. 인력분석학 방법론

궁극적으로 인력분석학을 효과적으로 활용하게 되면 조직은 자신의 성과를 향상시킬 수 있다. 인력분석학에서 제공되는 여러 가지 결과물이 결국은 어떻게 조직구성원이 보다 효과적으로 자신의 업무를 수행하게 하는가와 밀접한 관련이 있기 때문이다. 따라서 인력분석학에 제공하는 여러 가지 솔루션들이 얼마나 실효성이 있는가가 인력분석학의 다양한 방법론을 활용함에 있어서 중요하다.

보다 구체적으로, 인력분석학을 효과적으로 활용하게 되면, 조직은 (1) 성과를 향상시킬 수 있고, (2) 문제를 해결할 수 있으며, (3) 기회를 발견하여 이를 적극 활용할 수 있게 되고, (4) 적절한 의사결정이 가능해지며, (5) 계획된 바와 실제 상황과의 간극을 발견할 수 있고, (6) 성과를 보다 객관적으로 측정할 수 있으며, (7) 결국에는 불확실한 상황에서 나타날 수도 있는 다양한 위험 요소로부터 예방을 할 수 있다.

인력분석학 방법론에 대해서는 다양한 프레임웍이 존재하지만 본 장에서는 어떻게 인력분석학의 방법론 설계를 할 것인가에 대해서 초점을 맞추어 실제 응용이 가능한 프레임웍을 제시하고자 한다.

### 1) 인력분석 프레임웍

일반적으로 인력분석학에서 주요 관심사는 HR 부서에서의 성과 그 자체 보다는 어떻게 조직 구성원의 재능을 이끌어 내었는가와 관련된 활동 및 그 과정에 대한 다양한 데이터를 수집하고 보고하는 데 있다(Fitz-enz & Mattox, 2010). 따라서 HR 활동에 대한 전 과정이 인력분석 방법론의 대상이 된다. 다시 말해서 인력분석학을 위해서는 분석이 이루어지는 전 과정동안, "어떻게 조직 구성원의 재능을 기업의 가치로 환산할 것인가," "어떻게 하면 조직구성원이 이직을 고려하지 않고 본 조직에서 자신의 능력을 펼칠 것인가"에 대한 답을 찾을 수 있도록 해야 한다.

결국 인력분석학은 데이터를 매개로 한 커뮤니케이션 채널의 하나로 볼 수 있다. 따라서 다양한 출처에서 필요한 데이터를 수집하는 작업을 수행하게 된다. 데이터는 설문조사에 의해서 수집될 수도 있고, 기타 업무 수행과 관련된 다양한 업무 기록들이 될 수도 있다. 그리고 이렇게 수집된 데이터를 바탕으로 세 가지의 인력분석의 접근이 가능하다. 이러한 분석 접근법은 독립적으로 활용하기 보다는 특정한 문제에 따라 단계적으로 활용될 수도 있고, 복합적으로 활용될 수도 있다.

### (1) 기술적 분석(descriptive analytics)

이는 가장 전통적인 분석 접근법으로 주로 인력운용의 효율성에 초점을 둔다. 따라서 기술적 분석을 수행하는 목적은 비용을 줄이는 데 있고, 업무수행의 개선에 있다. 기술적 분석은 주로 수집된 데이터들 간의 관계를 고찰한다던지, 시계열적으로 수집된 데이터의 추세를 파악하고, 그 결과로 이직률, 인력 수급율, 고용비용, 고용인원 및 교육/훈련 대상 인원 등의 측정지표를 도출하게 된다. 실제로 스코어카드를 만들어서 현황이나 추세를 파악한다던지, 정례적인 보고를 위한 간단한 데이터 마이닝을 하는 등의 분석을 하게 된다. 따라서 기술적 분석은 인력분석학의 가장 기초적인 단계의 분석 접근법이라 할 수 있다.

### (2) 예측적 분석(predictive analytics)

예측적 분석은 다양한 계산 기법을 활용하여 대상 지표에 대한 예측을 수행하는 것을 의미한다. 보통 예측을 위한 다양한 통계기법을 많이 활용하게 되고, 때때로 컴퓨터 시뮬레이션 모델을 활용하거나, 데이터 마니닝 방법을 활용할 수도 있다. 예를 들어 인력수요를 예측한다던지, 향후 교육/훈련에 들어가는 비용이나 대상인원을 산출할 수도 있다. 따라서 예측적 분석의 결과물은 대부분 확률에 기반한 결과나 잠재적으로 얻게 되는 예상효과 등으로 구성된다.

### (3) 처방적 분석(prescriptive analytics)

처방적 분석은 예측에서 한 단계 더 나아가 실질적인 의사결정을 위한 선택지를 제공하는 것을 목적으로 수행되는 분석 접근법이다. 이 분석법은 보다 복잡한 데이터를 분석하여 결과를 예측하고, 그 결과로써 의사결정을 위한 대안을 제시하고, 나아가 각 대안들의 예상효과는 어떤 것인지 파악할 수 있다. 시나리오 분석법이 처방적 분석의 한 기법이라 볼 수 있다.

한편, 위의 세 가지 분석 접근법을 기반으로, 인력분석학은 일반적으로 다음의 과정을 거친다. 먼저 고용, 보상, 교육/훈련 등 HR 업무와 관련된 다양한 데이터를 수집한다. 그 다음 단계로 수집된 데이터가 조직의 목적을 달성하는데 어떤 역할을 하는지 살펴본다. 특히 인력분석학은 조직 구성원의 업무수행 활동과 관련이 있으므로 업무의 질, 혁신, 생산성 등의 측면에서 수집된 데이터를 검토하고 성과지표로 도출한다. 이때, 도출된 결과가 다른 준거조직과 비교하여 부족한 점은 없는지 파악한다. 이와 동시에, 조직구성원의 업무 수행에 있어서 영향을 줄 수 있는 모든 내부요인을 파악하고 각각의 요인들이 어떤 영향을 미치는지 점검한다. 이 단계에서는 주로 기술적 분석법이 활용된다. 그리하여 지금까지 어떻게 업무수행을 해왔는지 파악하고 그 결과가 어떠하였는지 분석할 수 있게 된다. 그리고 이를 바탕으로 앞으로 어떻게 결과가 바뀌게 될 것인지 예측적 분석을 실시하게 된다. 예측적 분석의 결과를 바탕으로 조직구성원의 역량을 발휘할 수 있는 HR 시스템을 기획하고 설계하게 되는데, 이때는 처방적으로 실제 어떤 결과를 만들어 낼 것인지 보다 총체적이고 심층적인 분석(즉 처방적 분석)을 실시하게 된다.

### 2) 인력분석 패턴

인력분석학은 조직의 목적을 달성하도록 HR 관련 업무의 성과를 파악한다는 점에서 5가지의 인력분석 패턴을 구분할 수 있다.

### (1) 최적화

최적화는 조직의 목표를 달성하기 위한 HR 활동의 최적의 상태를 찾아내는 것을 의미한다. 특히 인력구성의 계획을 수립하려는 목표를 수립하는 과정에서 최적화의 분석패턴이 보인다. 예를 들어, 조직 내 인력구성은 결국은 시간이 지남에 따라 업무 역량에 변화를 보이게 된다. 나이가 젊은 조직구성원들은 업무숙련도는 낮지만 환경변화에 유기적으로 변화가 가능하다. 하지만 나이가 많은 조직구성원들의 경우에는 업무숙련도는 높지만 새로운 환경의 적응에 효과적이지는 못하다. 이러한 상황에서 인력분석은 어떤 인력구성이 업무성과를 극대화할 수 있을지 그 최적의 인력구성을 찾아내고자 한다. 이 분석을 위해서는 현재 인력구성은 물론, 이직 추세, 예상 이직률 등을 종합적으로 고려하게 된다. 특히 최적의 인력구성을 찾는 과정에서는 다양한 요인들이 복합적으로 작용하므로 대안 시나리오를 검토하면서 최적의 인력구성을 도출한다.

### (2) 지표개발

지표개발은 계량적 조정(비교, 순위파악, 비용-효익 분석 등)과 관련된 것으로조직의 목표를 달성하기 위해서 활용된다. 특히 조직구성원의 활동은 정량화가 어렵기 때문에 직접적인 성과지표로 측정하는 것이 사실상 거의 불가능하다. 더욱이 조직 구성원의 성과들은 다양한 요인에 의해서 복합적으로 나타나는 경우가 많기 때문에, 이러한 영향요인들을 동시에 고려한 성과측정이 필요하게 된다. 지표는 이러한 관점에서 고안되어 활용될 수 있다. 예를 들어 고용을 효과적으로 수행하기 위해서는 지원자들의 역량을 비교할 수 있어야 한다. 하지만 개인의 역량은 복합적인 요인에 의해서 형성되는 것이기 때문에, 단순히 몇 가지의 기술적 측정치로는 고용을 위한 올바른 평가를 수행할 수 없다. 이때 역량관련 지표를 만들어서, 지원자들간의 역량을 비교해볼 수 있다.

### (3) 매핑(mapping)

조직구성원의 학습역량을 파악하고 이를 개발하는데 조직의 목적이 있는 경우, 인력분석은 매핑하기의 형태를 취하게 된다. 매핑은 조직구성원의 역량과 관련된 다차원 속성, 예를 들어 업무기술, 능력, 지식 등을 동시에 고려하여 각 조직구성원이 어떤 속성의 조합(configuration)을 보여주는지 파악하는 것이다. 매핑을 통해서 각 조직구성원이 어떤 역량을 가지고 있는지 파악할 수 있게 되고, 이를 기반으로 어떤 학습 프로그램이 필요할 것인지 분석하여 이에 대한 계획을 수립할 수 있게 한다.

### (4) 상관관계

상관관계는 두 가지의 변인이 서로 연관성이 있는지를 통계적으로 분석하는 것으로, 인력분석에서는 HR 성과지표들과 조직성과간의 관계를 파악하는데 활용될 수도 있다. 다시 말해서 HR의 활동이 얼마나 효과가 있는가를 파악하는데 도움을 준다. 예를 들어, 성과에 대한 보상체계를 구축하는 것이 조직의 목표인 경우, 인력분석은 보상체계와 업무성과와의 상관관계를 도출한다. 이때 상관관계가 정(+)의 방향으로 높다는 것은 보상체계로 인해서 업무성과가 향상되었음을 의미한다.

### (5) 비교분석

비교분석은 준거집단을 설정하고, 조직구성원이 준거집단에 비해서 얼마나 다른지 분석하는 것이다. 예를 들어 다양성에 입각한 고용을 하는 것이 조직의 목표인 경우에는 현재 조직구성원들의 인구통계학적 속성을 파악하고, 새롭게 고용할 인원의 인구통계학적 속성과 비교하여 조직 내 다양성을 증가시킬 수 있을지 그렇지 않을지를 분석한다. 준거집단은 비교의 사안에 따라 다르게 설정이 가능하게 된다. 만약 생산과정에서의 안전사고를 줄이는 것을 조직의 목표로 하는 경우에는 비슷한 조직의 안전사고 발생률을 비교하는 방식으로 인력분석을 실시하게 된다.

### 3) 인력분석 측정지표

인력분석 측정지표는 근태나 개인 업무만족도 등 HR과 관련한 전반적인 활동에 대한 성과지표이다. 특히 조직구성원을 인적자본으로 인식하고 조직구성원의 재능을 발견하고 이를 개발한다는 측면에서 인력분석학에서 사용되는 인력분석의 측정지표를 몇 가지 예를 들면 다음과 같다(Jac Fitz-Enz, 2009).

#### (1) 근무시간당 수익

'근무시간당 수익'은 전통적 성과지표인 '구성원 당 수익(sales per employee)'을 보완한 형태이다. 여전히 구성원 당 수익은 많은 조직에서 활용하고 있는 측정지표이지만, 이 지표는 구성원이 누구인지에 대한 고려가 되어 있지 않다. 다시 말해서 구성원이 정규직인지 비정규직인지, 구성원이 실제 얼마나 조직성과에 공헌을 했는지 구분하지 않기 때문에, 측정지표가 실제로 얼마나 실효적인지는 의문이 있다. 이러한 관점에서 구성원 수를 정규직(full-time equivalent: FTE)으로 조정할 수 있다. 하지만 비정규직이라 하더라도 조직성과에 공헌을 할 수 있기 때문에, 조직구성원의 수보다는 조직구성원이 해당 조직에서 근무한 시간으로 대체되면 단순히 인원수가 아닌 조직에의 공헌도에 따라 성과를 측정할 수 있게 된다.

#### (2) 인적 경제부가가치

경제부가가치(Economic Value Added: EVA)는 세후순영업이익를 자본비용으로 차감하여 측정한 것으로, 단순히 재무지표로 보이는 경영성과가 아닌, 실제 경영활동을 통해서 경제적 부가가치를 창출하였는지를 측정하는 지표이다. EVA는 실제 투자된 자본에 대한 비용을 고려했다는 점에서 실제 성과를 보다 효과적으로 측정한 것이다. 조직구성원을 인적자본으로 보게 된다면, 결국 인적자본에 투자된 금액이 고려된다면 경제자본에 근거한 EVA가 아닌 인적자본에 근거한 EVA를 도출할 수 있게 된다. 인적 경제부가가치(Human Economic Value Added: HEVA)는 기존의 EVA 공식에서 자본비용 부분을 인적자본비용으로 대체하여 계산이 된다.

### (3) 인적자본 비용

인적자본 비용은 인적자본을 형성하기 위해서 사용된 비용으로 볼 수 있다. 구체적으로 먼저, 조직구성원에 제급된 임금 및 보상이 인적자본 비용이 된다. 이 때 조직구성원은 정규직뿐만 아니라 비정규직, 임시직 등 모든 직책을 다 포함하고 그들에게 지급된 임금 및 보상금액이 모두 인적자본 비용이 된다. 그리고 기회비용적인 측면에서 조직구성원의 근무태만이나 결근, 혹은 이직으로 인해 야기되는 비용 역시 인적자본 비용이 된다. 종합적으로 이러한 인적자본 비용의 요소들의 총합으로 인적자본 비용을 측정하게 된다.

### (4) 인적자본 투자대비 수익률

인적자본 투자대비 수익률은 투자대비 수익률과 유사한 모습을 보인다. 이에 대한 측정은 순수익을 인적자본 비용으로 나누어서 계산하게 된다. 순수익은 총매출을 총비용과 인적자본 비용으로 차감한 값으로 계산하게 되고, 인적자본 비용은 앞에서 언급했던 조직구성원의 임금 및 보상금액으로 측정하게 된다.

### (5) 인적자본 시장가치

재무 분야에서 토빈 q 비율은 기업의 시장가치를 회계장부가치로 나누어서 계산한다. 사실 토빈 q 비율은 장부가치로 설명되지 않는 주식시장에서의 가치를 보여주기 때문에, 기업 내 무형자산이 기업 성과에 반영된 것으로 볼 수 있다. 무형자산은 기술이나 지적재산권, 브랜드자산, 평판 등도 포함되지만 조직의 성과가 조직구성원의 공헌도에 따라 결정된 것이라고 본다면 인적자본 역시 토빈 q 비율에 영향을 주고 있다고 볼 수도 있다. 하지만, 이는 다른 요소들도 기업의 무형자산을 구성하고 있으므로 토빈 q 비율 그 자체가 인적자본이 주식시장에 반영된 가치를 의미한다고 보기는 어렵다. 이러한 경우 시장가치와 장부가치 차이를 조직 구성원으로 조정하여 인적자본으로 설명되는 시장가치를 측정할 수 있다.

## 3) 인력분석의 최근 경향

최근 소셜미디어(social media, 흔히 SNS(Social Network Services)라고 불리기도 함)의 발전과 확산으로 인해서 인력 분석 역시 이를 활용하는 경향성이 두드러지고 있다. 직장에서도 카카오톡이나 페이스북, 유튜브, 링크드인 등과 같은 소셜미디어의 활용은 보편화되어, 소셜미디어가 반드시 젊은 세대의 전유물은 아니게 되었다(Meister & Willyerd, 2010). 이러한 소셜미디어는 인맥 형성이나 구성에 있어서도 전기를 마련하여 세대, 국경을 넘어선 다양한 인맥을 통하여 업무행태나 태도에도 영향을 주게 되었다.

이러한 추세에 따라 소셜미디어를 HR에 활용하는 방안이 모색되고 있다. Meister & Willyerd(2010)에 따르면, 소셜미디어는 우선 협업을 보다 효과적으로 할 수 있게 도와준다. 소셜미디어에서 제공하는 메시지나 비디오 컨퍼런스 콜 등의 서비스를 통해서 시간과 공간의 제약 없이 협업이 가능하게 되었다. 그리고 이러한 협업이 용이해짐에 따라 자연스럽게 구성원 간에 업무 혹은 업무 외의 정보를 교환하거나 다른 구성원의 업무스타일을 배우기도 하면서 업무역량이 늘어가게 되었다. 이는 결국 인력분석에 있어 새로운 정보원천이 될 수 있음을 의미한다. 소셜미디어를 통해서 업무 수행과정이나 업무역량의 성장과정 등을 쉽게 추적할 수 있다. 그리고 이를 통해 구성원 개인의 성과 평가가 보다 구체적이고 효과적이게 되었다. 그리고 이러한 성과평가를 통해서 HR부서에서는 구성원 개인에게 적합한 교육훈련 서비스를 제공하는 등 개인맞춤의 HRD 전략을 구사할 수 있다.

## 6. 효과적인 인력분석을 위한 제언

전반적으로 인력분석을 보다 효과적으로 수행하기 위해서는 다음과 같은 사항을 고려해야 한다. 첫째, 정확한 자료가 수집되는지 면밀히 검토해야 한다. 둘째, 인력분석을 위한 측정치는 조직의 전략 및 목표와 유기적이어야 한다. 셋째, 분석을 위한 측정방법은 조직 내에서 명확하게 이해되어야 한다. 넷째, 인력분석의 결과물이 결국은 의사결정에 있어서 핵심적인 역할을 할 수 있어야 한다. 다섯째, 인력분석의 결과를 통해서 HR의 활동이 향상될 수 있어야 한다.

이처럼, 결국 인력분석은 HR과 관련한 제반 의사결정에 도움을 줄 수 있어야 한다. 따라서 인력분석을 성공적으로 의사결정에 접목하기 위해서는 신중한 접근과 각별한 노력이 필요하다. 여기서는 인력분석을 성공적으로 수행하기 위해 고려해야 할 사항을 살펴본다.

### 1) 조직과 사람과의 관계에 대한 이해가 전제되어야 한다

인력분석학의 궁극적인 목적은 조직의 성과 향상이다. 다만, 그 성과의 중요한 역할을 구성원에 있다고 보는 것이다. 이는 데이터 분석을 통해서 도출된 수치가 절대적인 것이 아니라, 이를 어떻게 해석하는가가 더 중요함을 의미한다. 그리고 데이터 분석 결과의 해석은 조직 내에 있는 사람을 어떻게 이해하는가에 따라 달라지게 된다. 만약 사람에 대한 이해가 충분하지 않다면, 제 아무리 많은 데이터를 다양한 기법으로 분석하더라도, 그 결과를 성과를 향상시킬 의사결정으로 이끌어내는 데는 어려움이 있을 수밖에 없다. 우선 그 결과가 왜 그렇게 나왔는지 이해하기 어려울 뿐만 아니라, 그렇기 때문에, 데이터 분석 결과를 완벽하게 활용할 수도 없게 된다.

따라서 인력분석학은 단순히 데이터 분석 전문가만 관여하는 것이 아니라 인사담당자를 포함하여, 의사결정자 역시 지속적인 관심을 가지고 데이터 분석 결과 해석에 노력을 기울여야 할 것이다.

### 2) 분석 그 자체가 목적이 되어서는 안 된다

인력분석학은 단순히 데이터를 수집하고 이를 바탕으로 통계분석을 하는 것을 의미하는 것이 아니다. 조직의 경영진이 조직구성원을 통해 성과를 내는 데에 있어서 필요로 하는 의사결정에 대한 단서를 제공하려는 목적을 유념하고 이에 적합한 분석방법을 설계해야 한다. 열심히 데이터를 수집하여 결과를 도출했지만 정작 경영진이 의사결정 과정에서 활용함에 있어서 유용하지 않다면, 인력분석 자체가 분석을 위한 분석이 될 가능성이 커진다. 소위 '분석 따로, 결정 따로'의 현상은 인력분석에 있어서 경계해야 한다. 이러한 문제점을 줄이기 위해서는 인력분석가와 경영진과의 유기적인 협조체제가 구축되어야 할 것이다.

### 3) 인력분석을 위한 인력에 대한 면밀한 고려가 필요하다

인력분석학은 사람이 사람을 분석하는 것이기 때문에, 누가 분석하는 가도 중요하게 다루어져야 한다. 인력분석학이 정교한 계량적 분석기법을 활용해야 한다는 점에서 분석전문가가 인력분석학의 담당자가 되어야 할 것이나, 분석기법만으로는 인력분석이 효과적으로 이루어지지 않을 수 있다. 특히 인력분석은 주관적인 데이터를 바탕으로 객관적인 결과를 도출해야하기 때문에, 분석 과정에 있어서 분석가의 주관이 완전히 배제되지 않을 수 있다. 또한, 앞서 언급한 바와 같이, 인력분석학의 기법들은 인간을 어떻게 바라보느냐(비용, 자원, 자본)에 따라 다르게 적용될 수 있다. 이러한 측면에서, 인력분석가는 분석기법에 정통해야하겠으나 이와 더불어 조직 내에서의 사람을 어떻게 이해하는가에 대해서 깊은 통찰이 필요할 것이다.

## 참고문헌


Angrave, D., Charlwood, A., Kirkpatrick, I., Lawrence, M., & Stuart, M. (2016). HR and analytics: why HR is set to fail the big data challenge. *Human Resource Management Journal, 26*(1), 1-11.

Barends, E., Rousseau, D.M., & Briner, R.B. (2014). *Evidence-based management: The basic principles*. Amsterdam, The Netherlands: CEBMa.

Bontis, N., Dragonetti, N.C., Jacobsen, K., & Roos, G. (1999). The knowledge toolbox: A review of the tools available to measure and manage intangible resources. *European Management Journal, 17*(4), 391-401.

Fitz-enz, J. (1984). *How to measure human resources management*. New York: McGraw-Hill Book Company.

Fitz-enz, J. (2009). *The ROI of human capital: Measuring the economic value of employees performance*. New York: AMACOM.

Fitz-enz, J. (2010). *The new HR analytics: Predicting the economic value of your company's human capital investments*. New York: AMACOM.

Fitz-enz, J. & Mattox, J.R. (2010). *Predictive analytics for human resources*. Hoboken, NJ: John Wiley & Sons.

Isson, J. P., & Harriott, J. S. (2016). *People analytics in the era of big data: Changing the way you attract, acquire, develop, and retain talent*. Hoboken, NJ: John Wiley & Sons.

Kaplan, R. S. & Norton D. P. (1996). Linking the balanced scorecard to strategy. *California Management Review, 39*(1): 53-79.

Levenson, A. (2011). Using targeted analytics to improve talent decision. *People & Strategy, 34*(2): 34.

Meister, J. C., & Willyerd, K. (2010). *The 2020 workplace*. New York: Harper Collins Publishers.

O'Reilly, C. A., & Pfeffer, J. (2000). *Hidden value: How great companies achieve extraordinary results with ordinary people*. Cambridge, MA: Harvard Business Press.

People analytics: How Google does HR by the numbers. 〈Venture Beat〉, 2011.9.20 (http://venturebeat.com/2011/09/20/people-analytics-google-hr/)

Pfeffer J. & Sutton, R. (2011). Trust the evidence, not your instincts. *New York Times*, September 3.

Rousseau, D.M. & Barends, E.G.R. (2011). Becoming an evidence-based HR practitioner. *Human Resource Management Journal, 21*(3), 221–235.

The Wall Street Journal (2012). *Meet the New Boss: Big Data, 2012.9.21* (http://online.wsj.com/article/SB10000872396390443890304578006252019616768.html)

Ulrich, D. (1997). Measuring human resources: an overview of practice and a prescription for results. *Human Resource Management, 36*(3), 303-320.

## 요약

인력분석학은 조직의 성과를 극대화하기 위해서 인력과 관련된 데이터를 수집하고 이를 분석하는 방법론을 의미한다. 이는 단순히 현황을 파악하거나 성과를 측정하는 것이 아니라, HR이 조직성과에 미치는 효과성을 분석할 수 있을 뿐만 아니라, 앞으로의 HR을 통하여 성과를 예측할 수 있도록 도와줄 뿐만 아니라, 성과를 향상시킬 수 있는 올바른 의사결정의 기초가 되기도 한다.

인력분석학은 조직 내 인간을 관리비용, 인적자원, 인적자본으로 보는 관점의 차이에 따라 인력분석의 접근이 상이하게 나타나고 있다. 특히 최근에는 조직 내 인간을 인적자본으로 인식하고, 조직구성원의 재능을 계발하고 역량을 강화할 수 있도록 인력분석의 접근법이 강조되고 있다. 구체적으로 분석은 기술적, 예측적, 처방적으로 이루어질 수 있고, 최적화, 지표개발, 매핑, 상관관계, 비교분석 등 다양한 패턴으로 나타난다.

효과적인 인력분석을 위해서는 조직과 사람에 대한 이해가 반드시 필요하고, 인력분석이 분석 자체에 매몰되면 안 된다. 그리고 분석 결과를 어떻게 조직의 의사결정에 유용한 결과물을 제공할 것인가를 고민해야 한다. 인력분석이 효과적으로 조직의 의사결정에 반영되기 위해서는 결국 인력분석가의 태도도 중요하게 작용함을 주지해야 한다.

## 탐구 질문

1. 인력분석학의 개념의 변천 과정에 대해서 토론하자.
2. 인력분석학이 어떻게 조직성과에 미치는지 토론하자.
3. 조직 내 인간을 인적자본으로 보는 인식의 장단점은 무엇이 있는가?
4. 다양한 HR의 영역 중에서 어떤 영역이 인력분석학이 가장 필요하다고 보는가?
5. 효과적인 인력분석 담당자가 되려면 가져야할 자질은 무엇이 있는가?

## / 저자 소개 /

**김상준(s.kim@ewha.ac.kr)**

이화여자대학교 경영대학 교수로, University of California, Irvine에서 경영학(조직이론) 박사를 수여받았다. 현재 사회혁신 및 기술혁신과 관련한 다양한 연구를 진행 중이고, Academy of Management Journal, Strategic Management Journal 등의 해외저널은 물론 경영학연구, 인사조직연구 등 국내저널에도 다수의 논문을 게재하였다.

제8장

정재삼/하지은(이화여자대학교)

# 메타버스기반 교육과 인재개발

## 목표

1. 메타버스의 개념과 유형별 특징을 설명할 수 있다.
2. HRD를 위한 메타버스 기반 교육에 대해 정의할 수 있다.
3. 메타버스 기반 자기주도학습의 필요성에 대해 논의할 수 있다.
4. 메타버스 환경에서 HRD를 위한 고려사항에 대해 토론할 수 있다.

## 핵심용어

메타버스(Metaverse), 가상 세계(Virtual World), 증강현실(Augmented Reality), 라이프 로깅(Life Logging), 거울 세계(Mirror World), 메타버스 기반 교육(Education in Metaverse), 메타버스 기반 자기주도학습(Self-Directed Learning in Metaverse), 자기주도학습(Self-Directed Learning), 인재개발, 기업 교육

# 1. 메타버스

디지털 전환(Digital Transformation)이 가속화되는 가운데 산업 전반에서 메타버스의 활용이 증가하고 있다. 특히 기업에서는 근무 방식의 변화와 함께 메타버스 기반의 업무 환경을 구축하는 등으로 활용 범위를 확장하고 있다. 본 장은 메타버스의 개념과 유형에 대해 알아보고자 한다.

## 1) 메타버스 개념

메타버스는 가상, 초월을 의미하는 메타(Meta)와 우주, 세계를 뜻하는 유니버스(Universe)의 합성어로 현실 세계를 넘어 온라인상에 존재하는 가상공간을 의미한다. 메타버스의 개념은 1992년 미국 소설가 닐 스티븐슨(Neal Stephenson)의 소설 '스노우 크래쉬(Snow Crash)'에서 처음 언급되었다. 스노우 크래쉬 소설 속 등장인물들은 아바타(avatar)가 되어 3D 가상 현실에서 활동하는데, 이때 3D 가상 현실을 메타버스로 보았다. 이후 2003년 린든 랩(Linden Lab)이 출시한 3차원 가상 현실 기반 게임인 '세컨드 라이프(Second Life)'가 인기를 얻으며 메타버스라는 용어가 널리 알려지기 시작했다. 세컨드 라이프는 게임 형태의 가상 세계에서 사람들이 아바타를 통해 상호작용과 경제 활동을 할 수 있었다는 면에서 초기 단계의 메타버스 플랫폼을 구현한 것으로 평가받고 있기도 하다(이승민 외, 2020; 전재천, 정순기, 2021; Kye et al., 2021).

메타버스의 개념이 소개되면서 메타버스의 현실화를 위한 많은 연구가 진행되었다. 2006년 미국의 비영리 기술연구단체인 'Accelation Studies Foundation(이하, ASF)'은 메타버스 로드맵 발표를 통해 메타버스는 복잡한 개념이라 설명하며, 가상으로 확장된 물리적 현실과 물리적으로 이어지는 가상공간의 융합으로 생각할 것을 제안했다. 또한 메타버스 사용자는 가상 세계와 현실 세계 둘 중 하나를 경험할 수도 있고, 모두 경험할 수도 있다고 전했다. 즉, 메타버스의 핵심은 '확장'과 '연결'이다(Kye et al., 2021; Smart et al., 2007).

메타버스에 대한 논의는 현재까지 이어져 왔으며, 5G, 클라우드 서비스, AI 기술 등의 발달과 더불어 초연결·초지능·초실감의 4차 산업혁명 시대가 도래하고, 전 세계가 COVID-19 팬데믹으로 비대면 문화가 일상화되면서 메타버스에 관한 관심이 다시 증가하고 있다. 2021년 10월 페이스북의 창업자 마크 저커버그(Mark Zuckerberg)는 '메타'를 사명으로 새롭게 선언하며 메타버스를 인터넷상에서 사람들 간에 서로 볼 수 있는 것뿐만 아니라 존재를 느낄 수 있는 곳이라 설명했다(Fitria et al., 2022). 이와 더불어 모바일 기기의 사용이 보편화되고 콘텐츠 유형이 다변화하면서 메타버스를 활용한 미래에 대한 궁금증은 더해졌고, 관련 연구와 기술의 발전도 이어지고 있다(이준희, 이보아, 2022).

현시대는 시공간을 초월하는 새로운 패러다임을 국면하고 있다. 모든 사회, 문화, 경제 활동이 메타버스라는 새로운 플랫폼으로 이동하며 우리의 일상과 경제를 변화시킬 것으로 예상되고 있다. 이러한 시대적 흐름 속에서 메타버스는 사회적 커뮤니케이션의 중요한 소통 채널이 될 것이고, 그 안에서 우리는 다양한 사회·경제·문화 활동을 이어가게 될 것이다. 다시 말해 사회, 교육, 경제, 환경, 정치, 가치관 등 모든 영역에서 혁신적인 변화가 일어나고 있는 가운데 메타버스 개념에 대한 이해와 메타버스 기반 활동에의 적응은 현시대를 살아가는 모든 이들에게 필수적으로 요구되는 미래 인재 핵심역량 중 하나라 할 수 있다(오지희, 2021; 한송이, 노양진, 2021).

### 2) 메타버스 유형 및 특성

ASF는 메타버스 로드맵에서 메타버스의 유형을 [그림 8-1]과 같이 세로축(Y축)

은 적용된 기술 형태에 따라 증강(Augmentation)과 시뮬레이션(Simulation), 가로축(X축)은 지향하는 대상의 범위에 따라 내부(Intimate)[2)]와 외부(External)로 설정하고, 증강현실(Augmented Reality), 라이프 로깅(Life Logging), 거울 세계(Mirror Worlds), 가상 세계(Virtual Worlds)의 4가지로 제시하였다.

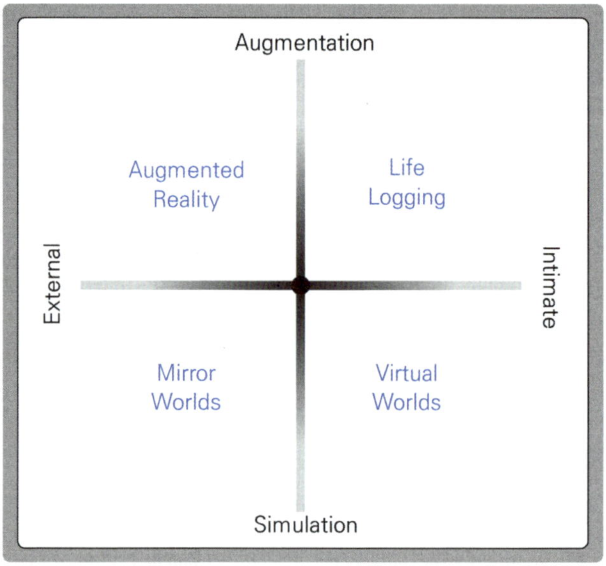


[그림 8-1] 메타버스의 4가지 유형

출처: The Acceleration Studies Foundation(2007), "Metaverse roadmap: Pathways to the 3D web"

증강은 기존에 존재하는 시스템에 새로운 기능을 추가하는 기술이며, 시뮬레이션은 현실을 모델링하여 완전히 새로운 환경을 제공하는 기술을 의미한다. 메타버스에서 증강과 시뮬레이션은 정보를 물리적 현실에 구현할 것인지 가상 세계에 구현할 것인지에 따라 구분된다. 내부는 개인이나 사물의 행동에 초점을 맞추는 것으로

2) ASF가 제시한 메타버스 로드맵에서 가로축의 intimate는 원래 '친숙한, 친밀한'의 의미를 나타내는 형용사이나, external과 대구를 이루는 '내부에 해당하는'으로 번역하여 각각 내부와 외부로 표현함(계보경 외, 2021).

메타버스에서 사용자가 아바타 혹은 디지털 프로필을 사용하여 활동함으로써 본인의 대리인을 갖게 하는 기술을 의미한다. 외부는 사용자 주변 세계에 대한 정보를 제공하고 제어할 수 있도록 하는 기술을 의미한다.

이를 바탕으로 메타버스의 4가지 유형을 구체적으로 살펴보면, 증강현실은 가상의 콘텐츠가 현실 세계에 3D로 중첩되게 표현하는 것이다. 포켓몬 Go, 디지털 교과서, AR 지구본 등이 그 예이다. 또한 QR코드 형태의 마커에 접속하여 이미 설정되어 있는 정보를 증강시키는 기술, 안경 또는 렌즈를 통하여 현실 세계와 가상의 그래픽을 실시간으로 혼합하여 볼 수 있는 기술 등도 해당된다. 라이프 로깅은 스마트 기기를 활용하여 일상을 기록하고, 저장, 관리, 공유하는 기술로 페이스북, 인스타그램, 카카오스토리, 트위터 등의 SNS를 포함한 소셜미디어가 대표적인 예이다. 이 외에도 웨어러블 기기(예. 갤럭시 워치, 애플 워치 등)를 통해 저장된 생체정보, 운동 기록, 에너지 소모량 등을 저장 및 공유하는 기능에서도 활용되고 있다. 거울 세계는 현실 세계에 있는 것들을 거울에 반사하여 보여주듯 디지털로 전환하여 현실에서 볼 수 있도록 효율적으로 확장된 메타버스를 의미한다. 대표적인 거울 세계는 줌(Zoom), 구글 미트, 웹엑스, 구글어스, 네이버 지도, 구글 맵 등이 있다. 가상 세계는 컴퓨터 그래픽을 활용하여 현실 공간을 가상공간에 구현하는 기술로 개인 및 개체들은 가상공간에서 다양한 활동을 할 수 있다. 또한 가상 세계에는 현실에 존재하지 않는 공간도 구현할 수 있어 평소 갈 수 없는 곳, 할 수 없는 것에 대한 경험도 할 수 있다. 대표적인 예로 세컨드 라이프, 로블록스(Roblox), 포트나이트(Fortnite), 제페토(Zepeto) 등이 있다(Smart et al., 2007).

〈표 8-1〉 메타버스의 4가지 유형 및 활용사례

| 구분 | 증강현실 | 라이프 로깅 | 거울 세계 | 가상 세계 |
|---|---|---|---|---|
| 정의 | 현실 공간에 가상의 콘텐츠가 3D 형태로 충첩되게 표현하여 상호작용하는 환경 | 스마트 기기를 활용하여 일상을 기록, 저장, 관리, 공유하는 기술 | 현실 세계를 그대로 디지털 전환하여 보여주는 확장된 가상공간 | 컴퓨터 그래픽을 활용하여 가상공간에 구축된 가상 세계 |
| 특징 | 위치기반 기술과 네트워크를 활용한 스마트 환경 구축 | 증강 기술을 활용하여 사물과 사람의 정보를 기록, 공유 | GPS, 가상지도, 모델링기술 활용 | 이용자의 자아가 투영된 아바타를 활용하여 참여자 간 상호작용 활동에 기반 |
| 활용 분야 | 스마트폰, 차량용 HUD | 웨어러블 디바이스, 블랙박스 | 지도 기반 서비스 | 온라인 멀티플레이어 게임 |
| 활용 사례 | 포켓몬 Go, 디지털 교과서, AR 지구본 등 | 페이스북, 인스타그램, 카카오스토리, 트위터, 웨어러블 워치, 나이키 플러스 등 | 줌, 구글 미트, 웹엑스, 구글어스, 네이버 지도, 구글 맵 등 | 세컨드 라이프, 로블록스, 포트나이트, 제페토 등 |

출처: 계보경 외(2021), 메타버스(Metaverse)의 교육적 활용: 가능성과 한계 재구성

메타버스의 4가지 유형은 [그림 8-2]와 같이 각 연결점을 통해 실제 구현에 있어서는 융합되어 사용될 수 있다(그림 8-1 참조). 가상 세계와 거울 세계는 디지털 환경의 개선과 좋은 모델로부터 비롯되는 몰입감의 결과로 연결된다. 거울 세계와 증강현실은 센서와 네트워크 기기, 지능형 소재의 확산으로 연결된다. 증강현실과 라이프 로깅은 개인의 물리적·사회적 환경에 대해 향상된 인식을 경험할 수 있는 정교한 인터페이스와 항시 개인이 사용할 수 있도록 지원할 수 있는 충분한 네트워크 용량의 개발로 연결된다. 라이프 로깅과 가상 세계의 연결고리는 다른 사람들이 가상으로 표현하는 것과 대면으로 표현하는 것의 원활한 상호작용을 허용하는 일관된 디지털 정체성의 출현이다. 메타버스 유형 간 연결로 탄생한 플랫폼의 에로 제페토를 살펴보면, 같은 가상 세계를 구축하는 플랫폼에는 증강현실에 기반하여 아바타를 생성하고 가상공간을 만드는 기술이 함께 활용되고 있다.

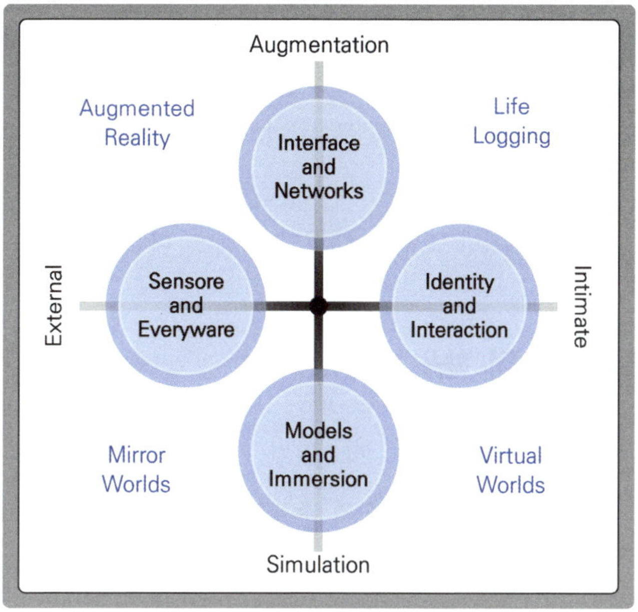


**[그림 8-2] 메타버스 유형 간 연결점**

출처: The Acceleration Studies Foundation(2007).

ASF가 제시한 메타버스의 4가지 유형은 각 특징을 가지고 있지만, 유사한 부분도 있다. 거울 세계는 가상공간에 구현된다는 면에서 가상 세계와 유사하나, 거울 세계는 편의와 목적에 따라 현실 세계를 가상에 확장한다는 면에서 차이가 있다. 라이프 로깅과 가상 세계는 현실 세계를 보완한다는 면에서 유사하나, 가상 세계는 실제 대상이 아닌 가상의 대상을 다루고, 라이프 로깅은 현실 세계를 대상으로 한다는 면에서 차이가 있다.

이처럼 메타버스의 4가지 유형이 초기에는 독립적으로 개발되었으나, 최근에는 경계가 허물어지면서 각 기술이 융·복합적으로 상호작용하며 새로운 형태로 활용되고 있다(Kye et al., 2021). 이러한 면에서 메타버스의 4가지 유형을 명확하게 구분하려는 것보다는 용도에 맞게 최적화된 메타버스를 구축하고 적절하게 활용하는 것이 효과적일 것이다.

## 2. 메타버스 기반 교육

COVID-19 팬데믹으로 인한 원격 근무, 원격 교육의 증가와 함께 현실 공간의 대안으로 메타버스가 주목받으며 메타버스 기반에서의 교육 시행 사례가 증가하고 있다. 본 장은 메타버스 기반 교육의 의미와 사례에 대해 알아보고자 한다.

### 1) 메타버스의 교육적 활용

디지털 기술의 발전이 사고방식과 의사결정, 고용 형태, 근무 형태 등 삶 전반에 영향을 미치고 있는 가운데 인재 양성의 주체인 교육 현장에서도 교육의 내용이자 도구로써 디지털 기술 이해 및 활용에 대한 요구가 증대하고 있다(교육부, 2022). 특히, 예고 없이 찾아온 COVID-19의 대유행은 사회 전반에 변화를 가져옴과 동시에 개인에게 디지털 기술의 개발·활용·운영에 필요한 지식과 역량을 요구하고 있다.

팬데믹 초기 교육 현장에서는 녹화된 강의 영상 시청, 실시간 온라인 수업을 시행하였으나, 학습 참여, 몰입, 상호작용 등의 한계점이 발견되었다. 특히 거울 세계의 한 종류인 줌을 활용하여 교육 및 콘퍼런스 등을 진행하였으나, 줌 피로증(Zoom Fatigue)과 함께 상호작용의 한계가 나타났다. 이와 같은 한계점을 보완하고, 현실 공간의 대안 공간에 대한 요구가 증가하면서 메타버스의 교육적 활용에 대한 관심도 높아지고 있다.

메타버스의 교육적 활용은 교육 자료가 저장되어 있는 VR콘텐츠, VR 앱, HMD(Head Mounted Display) 기기 등의 사용, 가상공간에 구현된 학습 공간에서 학습자들이 아바타를 생성 및 활용하며 공간을 이동하고 참여자 간 상호작용을 할 수 있도록 지원하는 플랫폼 제공 등으로 이루어지고 있다. 기기를 활용한 메타버스 기반 교육은 학습자들에게 실감형 콘텐츠를 제공하고, 플랫폼으로 제공되는 메타버스는 오프라인보다 비교적 시간과 공간의 제약에서 자유롭고, 학습자들이 아바타를 활용하여 독립적이고 자유롭게 활동할 수 있다는 면에서 상호작용 및 다양한 교육적 교섭의 기회가 현실보다 유리한 편으로 여겨지고 있다(김영진 외, 2022). 특히 실제 오프라인 공간과 동일한 구조로 구축할 수 있는 메타버스 플랫폼은 교육에 참여하는 학습자의 현존감(presence)을 향상시키는데 도움이 되며, 이는 학습 동기 및 몰입을 촉진하여 긍정적인 학습 결과로 이어질 수 있다(전재천, 정순기, 2021). 일부 플랫폼들은 사용자들이 직접 공간을 구성할 수 있는 서비스를 제공하고 있다. 교수자 또는 학습자가 사용 목적, 교육목적과 방식에 따라 공간을 꾸미고, 바로 접속할 수 있는 URL 링크를 공유하면 다른 이들도 참여하여 함께 활동할 수 있다.

메타버스를 교육용으로 활용한다는 것은 사용자(또는 학습자), 용도 등 따라 특성에 맞는 메타버스 플랫폼 및 유형을 선택하여 활용할 수 있다는 의미도 포함되어 있다. 따라서 메타버스를 활용한 교육이 효율적이고 효과적으로 이루어지기 위해서는 프로그램의 대상, 참석자 수, 교육목적 등을 고려하여 메타버스 플랫폼을 선정 및 사용할 필요가 있다.

## 2) 메타버스 교육 활용사례

교육에서 가장 다양하고 적극적으로 사용되고 있는 메타버스 유형은 가상 세계이다(Kye et al., 2021). 메타버스의 교육적 활용은 최근 COVID-19 팬데믹을 계기로 증가하였으나, 교육 활용사례는 코로나 이전에도 찾아볼 수 있다.

Tromba(2013)는 중학생 대상의 사회과목을 마인크래프트에서 진행한 바 있다. 그 결과 학생들의 학습 참여율과 가상 현실에 대한 이해도가 높아지고, 상호작용을 통해 학생들이 자신감을 얻게 되었다고 보고하였다. Meier와 그의 동료들(2020)은 중학생을 대상으로 로블록스를 활용하여 역사 수업을 운영했다. 그 결과 학생들은 문제해결력, 협동학습 능력 등을 증진할 수 있었다고 전했다(도재우 외, 2022). 국내에서는 정기성 외(2016)가 HMD 기기를 활용하여 몰입형 전래동화 콘텐츠를 제공하였을 때 학습자의 몰입도 향상에 긍정적임을 발견했다. 김미화(2017)는 고등학교 국사 수업에서 세컨드 라이프를 활용하여 소집단 협력학습을 하였을 때, 학습자의 리더 역할 수행은 학업 성취도와 만족도에 긍정적인 효과가 있다고 전했다(전재천, 정순기, 2021).

이처럼 메타버스의 교육적 활용사례와 효과성이 보고되면서, 교육기관 및 기업에서는 메타버스 기반 교육을 발 빠르게 도입할 계획을 발표하고 있으며, 이미 시행하고 있기도 하다. 미국 패스트푸드 글로벌 체인인 KFC가 직원 직무교육에 VR 트레이닝 게임을 활용하였고, 일반 관리자 교육, 분기별 프랜차이즈 회의 및 직원교육에도 VR 시뮬레이션 플랫폼을 활용할 계획에 있다. 글로벌 물류 업체인 UPS도 자동차 운전 교육에 돌발상황에서의 대처 방법을 익히도록 VR을 도입하여 활용하고 있다. 미국 최대 소매점 체인인 월마트(Walmart)는 직무교육을 위해 VR을 도입하여 매년 15만 명을 이 프로그램을 통해 양성할 계획을 발표하였다. 금융기관인 BOA(Bank of America)도 4만 5천 명 이상의 직원을 대상으로 한 직무교육을 VR로 실시할 예정이다(김태현, 2021).

국내에서는 초중등 및 대학교, 기업 등 교육이 시행되는 모든 기관에서 메타버스를 적극 활용하고 있다. 동명대학교, 울산대학교는 학과 수업을 게더타운에서 진행한 바 있고, 강동대학교, 순천향대학교에서는 이프랜드를 활용하여 수업을 진행하였다. 국내 주요 기업 LG디스플레이, 현대모비스, 롯데 건설 등에서는 게더타운(Gather Town)을 활용하여 신입사원 교육을 진행하였다. 메타버스 기반 교육에 참여한 사원을 대상으로 설문조사를 한 결과에 따르면 참여자의 90% 이상이 메타버스를 활용한 교육이 도움이 되고, 참여자 간 네트워킹에 효과적임을 알 수 있다. 이외에도 하나은행은 이프랜드(ifland)를 활용하여 MZ세대를 대상으로 하는 금융 교육 방송을 진행했다. 코오롱 베니트와 한화건설에서는 VR 콘텐츠를 활용하여 직원 안전 교육을 실시했다(박진우, 2021; 선모은, 2021; 진동영, 2021; 최진호, 2022).

이처럼 메타버스는 실재감있는 학습경험을 제공하고, 학습자간 상호작용 촉진을 위해 유용한 도구로 활용되고 있다. 최근에는 메타버스의 교육적 활용 증가와 더불어 그 효과성이 긍정적으로 보고 되면서, 가상 캠퍼스, 가상 오피스 등이 구축되며 점차 활용 범위가 확장되고 있다.

기업에서 메타버스를 교육적으로 활용한다는 것은 구성원들이 직면하는 다양한 상황에서 올바르게 대응하고 행동할 수 있도록 하기 위한 목적도 포함되어 있다. 특히 현장직의 경우, 구성원의 준비도를 높이는 데 도움을 주는 역할을 하기도 한다. 따라서 기업은 메타버스를 활용한 교육이 성공적으로 시행되기 위한 시스템 마련 및 HRD의 방향성에 대한 지속적인 연구가 필요하다.

## 3. 메타버스 기반에서의 자기주도학습

4차 산업 혁명 시대는 자기 주도적으로 본인에게 필요한 정보와 지식을 탐색하고 습득하는 능력이 중요하다. 특히 온라인상에 구축된 메타버스 기반에서는 얼마나 능동적으로 활동에 참여하는가에 따라 다른 활동 양상과 결과가 나타난다. 본 장에서는 메타버스 환경에서 요구되는 자기주도학습의 의미와 필요성에 대해 알아보고자 한다.

### 1) 성인의 자기주도학습

성인의 학습은 단순히 학업성취를 위한 것이 아닌 본인의 사회적 역할에 따라 필요한 과업을 수행하기 위해 진행된다. 20대에는 새로운 변화에 적응하며, 자기 탐색과 함께 진로를 탐색하고 직장생활을 준비하기 위해 직무 능력개발에 집중한다. 30대~50대에는 가정과 직장에서의 삶을 재정비하며 사회적 역할을 수행하기 위해 노력하고 의미 있는 일을 실천하며 은퇴를 준비해야 한다. 60대 이후부터는 적극적인 경제 활동보다는 자기 삶을 정리하며 남은 생을 잘 마무리하기 위한 준비를 한다(김은임, 2021). 그러나 인간의 평균 수명 연장으로 고령화 사회가 되면서 평생학습의 중요성은 더욱 높아지고 있다.

새로운 기술이 소개되고 광범위한 정보가 생성 및 축적되며 세상은 급속도로 변화하고 있다. 언택트 뉴노멀 시대로 접어들며 익숙했던 오프라인 활동이 온라인으로 옮겨지고 있다. 비대면 일상이 익숙해지면서 변화하고 있는 생활 방식 및 문화에 따라 새롭게 배우고, 익혀야 하는 것들이 늘어나고 있다. 이러한 상황 속에서 성인은 기존의 방식을 유지하려고 하기보다 본인에게 필요한 것들을 탐색하고 배우며 보다 효율적이고 생산적으로 살아가기 위한 노력이 요구된다.

기본적으로 인간은 살아가면서 끊임없이 주어지는 도전 속에서 자기효능감을 통해 성장해 나가는 존재이다(Bandura, 1995). 특히, 성인은 내재되어 있는 충분한 경험을 가지고 학습하게 되며, 자신이 처한 상황 또는 개인의 학습에 대한 욕구에 따라 학습하고 성장하게 된다. 이는 학습에 있어서 성인의 자기 주도성을 보여주는 부분이라 할 수 있다(윤운성, 2003).

자기주도학습은 개인이 학습에 대한 주도권을 가지고, 본인에게 필요한 지식과 정보가 무엇인지 탐색하고 자신만의 학습 속도에 맞추어 학습을 실행 및 관리하며 학습 전반에 대해 평가하는 전 과정을 의미한다(Knowles, 1975). 이러한 자기주도 학습능력은 개인의 성과를 넘어 급변하는 세상 속에서 평생학습의 실천을 위해 필수적으로 요구된다(Guglielmino, 1977). 자기주도 학습능력이 높은 사람일수록 본인에게 주어진 과업이나 문제 해결 과정에 있어 몰입도가 높고, 결과에 대한 만족도와 성취 또한 긍정적으로 나타난다. 결국 성인의 자기주도학습 실천 여부는 개인의 성과를 넘어 삶의 가치 실현으로 연결된다.

세상은 현재도 지속해서 성장하고 변화하고 있다. 미래에는 개인이 이용할 수 있는 방대한 정보에 대처하고 학습하기 위해 삶을 살아가는 동안 굉장한 자기 주도성이 필요할 것이다(Hiemstra, 1999).

### 2) 메타버스 환경에서 자기주도학습

자기주도 학습능력은 개인의 특성으로 자신의 처한 상황에 따라 다르게 발휘될 수 있다(배을규, 이민영, 2010). 인간은 삶의 과업을 수행하며 필요한 것이 무엇인지 배우고, 이를 통해 쌓여가는 경험이 곧 학습 자원으로 활용된다. 또한 개인의 자존감, 호기심, 성취욕구, 성취감 등과 같은 다양한 내적 동기에 의해 학습에 대한 동기가 부여된다(Knowles, 1975). 그러나 온라인 환경에서는 대면 상황에서 자연스럽게 이루어지던 외부로부터의 피드백이나 상호작용이 제한되고, 독립적으로 모든 것을 주도적으로 조절하며 수행해야 한다는 면에서 자기 주도성을 발휘하는 데에 한계를 경험할 수 있다.

메타버스에는 이러한 한계점을 보완할 수 있는 특성이 있다. 메타버스 상에서 참여자들은 자신의 캐릭터를 직접 설정하고 움직임을 조작하며 상호작용 할 수 있다. 이는 사용자의 몰입도를 높이고 능동적인 참여가 가능하도록 돕는다. 또한 메타버스 상에서 활동에 대한 모든 선택은 사용자에게 있다. 다시 말해, 메타버스 공간에서는 개인의 자유로운 의지로 다양한 공간을 이동하며 다채로운 경험을 할 수 있다(서동기, 김현우, 2021; 전재천, 정순기, 2021; Kye et al., 2021).

이러한 특성을 가진 메타버스에서 개인은 다양한 기능의 사용을 시도해 보고, 경험함으로써 자신에게 주어진 상황을 해결해 나가게 된다. 메타버스 기반에서의 활동은 사용자 간 물리적으로 분리된 상황에서 이루어지기 때문에 타인의 직접적인 지원 또는 통제가 어렵다(김지운, 2020). 따라서 메타버스 플랫폼 사용법에 대한 교육 수강 여부와 관계없이 플랫폼에 접근하고, 스스로 사용 방법을 알아가며 공간을 자유롭게 이동할 수 있는 능력이 요구된다.

최근 메타버스가 새로운 사회적 커뮤니케이션 채널로 자리 잡아 가면서 현실 세계의 모습을 반영한 가상 오피스, 가상 캠퍼스, 가상의 강의실 등의 공간이 구현되고 있다. 메타버스를 활용하여 원격 근무와 교육을 시행한다. 메타버스 상에서 업무와 교육 외에도 채용설명회와 면접 진행을 하고, 사내 성과 공유, 시상식, 캠페인 등을 진행한다. 직방은 '메타폴리스'라는 메타버스 협업 툴을 자체적으로 제작하여 가상 오피스로 활용하고 있다(최다래, 2021). 포스코건설은 젭(ZEP)을 활용하여 '포스코건설 메타스페이스'를 오픈했다. 실제 오프라인 사옥처럼 다층 구조로 구축된 가상 오피스에서 직원들은 자신만의 아바타를 통해 소통하고 가상 회의실, 콘퍼런스 룸 등에서 회의를 한다. 이는 직원들의 몰입도와 흥미를 높임과 동시에 언제 어디서나 현장·본사·이해관계자 간 회의 업무가 가능하도록 지원하는 역할도 한다(홍승표, 2022).

이처럼 메타버스 활용사례가 증가함에 따라 현장에서는 메타버스 역량이 요구되고 있다. 그중에서도 자기 주도적인 학습능력은 메타버스 기반에서의 활동에 직접적인 영향을 주는 요인이다. 메타버스 상에서의 자기주도학습은 스스로 활동에 필요한 기능을 탐색하고, 새로운 것을 습득하며 적극적으로 참여하는 과정을 의미한다.

메타버스는 공간의 실재감과 현존감을 통해 상황에 몰입하고 참여할 수 있는 환경을 제공함으로써 사용자가 자기주도학습을 할 수 있도록 지원하고 있다. 그러나 자기주도학습을 위해서는 개인이 본인에게 필요한 또는 상황에 따라 요구되는 학습에 대한 개인적 책임과 문제를 가지고, 스스로 집중할 수 있는 환경을 조성 및 관리하며 적극적으로 임하는 태도를 가져야 한다. 결국 메타버스가 자기주도학습이 가능한 환경을 제공하더라도 개인의 의지에 따라 그 효과는 달라질 수 있다.

새로운 지식을 습득하고 광범위한 정보를 수용 및 활용하는 데에 있어 자기 주도적인 학습 태도가 개인의 성과에 직접적으로 영향을 주는 요인이라는 면에서 메타버스 기반에서도 개인의 가치 실현을 위해 자기 주도적인 학습 능력을 적극 발휘할 필요가 있다.

## 4. 메타버스 환경에서 인재개발을 위한 시사점

메타버스 기술의 발달과 함께 기업의 경영 및 조직 운영 방식 또한 변화하고 있다. 이에 따라 미래사회 인재에게 요구되는 핵심역량도 달라지고 있다. 특히 메타버스 환경에 적응하고 활동하기 위해 메타버스 역량의 요구가 증가하고 있다. 본 장은 메타버스 환경에서 인재개발을 위한 가능성과 제한점을 바탕으로 HRD가 바라봐야 하는 방향성에 대해 알아보고자 한다.

### 1) 메타버스 환경에서 요구되는 인재의 역량

기업들이 원격 근무, 하이브리드 근무 방식을 채택하면서 비대면 업무가 이어지고 있다. 사내 교육 및 다양한 이벤트 진행도 메타버스를 활용하여 이루어지는 사례들이 보고되고 있다. 기업은 메타버스를 통해 몰입형 작업 환경에서 직원들을 대리하는 아바타가 활동할 수 있도록 하고, 작업 공간 기술을 통합하여 직원 생산성과 팀 성과를 향상시킬 수 있다(Zvarikova et al., 2022). 직원들은 가상 오피스 공간에서 자신을 대리하는 아바타로 출근하여 업무와 회의를 진행하고, 휴식 시간을 즐기기도 한다. 직원 채용 과정부터 신입사원 교육도 메타버스 환경에서 이루어진다. 이는 메타버스 시대를 살아가는 현재와 미래의 인재에게 새로운 역량을 요구하는 것이라 볼 수 있다.

메타버스의 시공간은 설계자와 참여자가 함께 창조하고 확장할 수 있다. 메타버스에 속한 누구든 필요한 콘텐츠를 만들 수 있으며 가치를 공유하고 소비할 수 있다. 또한 메타버스에서는 일상의 연속성이 보장된다. 예를 들어 오프라인에서 이루어지던 회의, 여가 활동, 쇼핑, 경제 활동 등이 가상공간에서도 동일하게 이어질 수 있다. 메타버스는 현실과 가상의 시공간을 연결한다(고선영 외, 2021). 이러한 메타버스 매체 안에서 인재는 내적으로 창작자, 생산자, 아바타로서 정체성을 가지고 주도적으로 임해야 한다. 외적으로는 가상융합, 확장현실, 실감형 기술 등을 통해 시공간의 제약을 넘어 얻을 수 있는 상호성, 연결성, 몰입감을 이해하고 활용할 수 있어야 한다(김수향, 문미경, 2021).

즉, 메타버스 공간에서 인재는 능동적으로 본인의 과업을 수행하며 필요한 경우 크리에이터, 커뮤니케이터 등 다양한 역할을 수행할 수 있어야 한다. 예를 들어 가상공간에 있는 회의실을 직접 예약하고, 운영할 수 있어야 하며, 자유롭게 공간을 이동하며 사람들과 소통해야 한다. 업무 수행에 필요한 콘텐츠나 공간을 메타버스 환경에 마련해 두고 공유하며 다른 이들과 상호작용하며 협업할 수 있어야 한다.

결론적으로 메타버스 시대에는 빠른 변화에 유연하게 대처하고 적응하며, 자기주도 학습능력을 바탕으로 창의적 문제 해결과 새로운 가치를 창조하고, 협업할 수 있는 역량을 갖춘 인재를 필요로 한다고 볼 수 있다(김신향, 임종미, 2021).

### 2) 메타버스 환경에서의 인재개발 방향성 제안

메타버스 기반의 근무 환경은 직원이 가상세계에서 일하는 방식, 생산성을 높이고 업무에 참여하는 방식과 인재개발을 위해 필요한 교육 및 지원 유형, 제공 방식 등에 영향을 미치고 있다. 비대면 또는 하이브리드 방식의 근무 형태를 이어가고 있는 기업은 기존 오프라인 기반의 HRD가 메타버스 상에서도 효과성을 발휘할 수 있도록 조직, 개인 그리고 메타버스 환경을 고려할 필요가 있다.

교육적 환경으로 메타버스 공간은 새로운 사회적 소통 공간으로써의 역할을 할 수 있도록 구축되어야 한다. 또한 참여자 누구든 창조와 공유할 수 있도록 자유도가 높게 제공되어야 하며, 시각화를 통해 새로운 경험과 몰입도를 높여줄 수 있어야 한다. 플랫폼 제공에 그치지 않고 최적화된 교육 효과를 거두기 위한 공간 구성 및 기능을 고려하여 설계하고 구현해야 한다. 기본적으로 동시에 수용할 수 있는 인원 수, 교육 목적과 목표에 따른 공간 및 콘텐츠 구성, 참여자들이 자유롭게 상호작용하며 소통할 수 있는 활동 및 기능 등의 고려가 필요하다. 이와 더불어 메타버스 환경에서의 교육은 참여자 간 친밀도와 관계성에 따라 그 효과가 달라질 수 있다. 따라서 교육 대상에 따라 어떠한 메타버스 플랫폼을 사용할 것인지 결정해야 한다. 예를 들어 서로 얼굴을 모르는 교육생들이 참여하는 교육에서는 아바타의 활용에 집중하기 보다 카메라를 켜고 소통과 협업할 수 있는 플랫폼이 효과적이다. 반대로 신입사원이 아닌 기존 임직원을 대상으로 하는 경우, 참여자간 서로에 대해 잘 알기 때문에 캐릭터를 통해 더욱 다양하고 개성있게 자신을 표현할 수 있는 기능이 포함된 플랫폼이 더 유용할 수 있다(서동기, 김현우, 2021).

메타버스 환경에서 인재개발을 하려는 조직은 교육프로그램에 적합한 전문가가 교수할 수 있도록 해야 한다. 메타버스 환경에서 교수자는 교육 콘텐츠 기획 역량과 더불어 메타버스 활용의 디지털 역량을 갖추어야 하고, 학습자와 교수자, 학습자와 학습자, 학습자와 메타버스 간 원활한 상호작용이 이루어질 수 있도록 설계 및 운영할 수 있어야 한다. 또한 기업에서 인재개발 프로그램을 통하여 추구하는 궁극적인 목적과 목표를 기반에 두고 학습자의 전반적인 태도와 가치, 역량 개발에 초점을 맞추어야 한다. 메타버스는 현실 세계에서 가능하지 않은 것을 포함하여 모든 경험을 할 수 있다는 매력과 효과성을 가지고 있다. 따라서 기존에 마련되어 있는 공간을 그대로 사용하거나 교수자의 입장에서 모든 콘텐츠를 구성하는 것은 콘텐츠 개발자나 메타버스 서비스 디자이너의 의도를 무비판적으로 수용하도록 하게 될 수 있다.

메타버스 환경에서 인재개발을 위해서는 HRD 담당자, 교수 설계자와 교수자 모두가 메타버스의 기능적 특성을 제대로 이해하고, 문제 해결과 프로젝트 협업 또는 창의적 업무 수행을 위해 공간을 구성하기 위한 노력이 요구된다. 교육에 참여하는 실제 참여자들이 인지능력과 상상력을 발휘하여 주도적으로 참여하고 학습 성과를 높일 수 있도록 자료수집 및 평가도 함께 진행되어야 한다. 이를 위해 구성원들의 메타버스에 대한 이해도, 가상 세계에서 아바타로 연결되는 것이 어떠한 가치가 있는지, 구성원들은 메타버스 공간 안에서 무엇을 왜 하고 싶어 하는지에 대해서도 집중적으로 분석할 필요가 있다.

마지막으로 메타버스의 교육적 활용의 제한점으로 언급되고 있는 부분들도 염두할 필요가 있다. 메타버스 환경은 온라인 기반이고, 가상공간이므로 아바타, 닉네임 활용 등의 익명성으로 인해 사생활 침해를 비롯하여 각종 범죄 행위가 발생할 수 있으며, 아직 자신에 대한 정체성이 확립되지 않은 구성원들은 진정한 나는 누구인지 혼돈을 경험할 수 있다. 가상 세계 속 인간관계에 지나치게 몰두하거나 만족한다면 현실 세계에서 인간관계를 소홀히 하여 관계를 악화시키거나 관계를 맺기 어려워질 수 있다. 이는 사회적 연결의 약화로 이어질 수 있다(Kye et al., 2021).

앞으로 메타버스는 모든 활동을 가상 세계에서 수행할 수 있게 할 것이다. 특히 교육에 있어서는 새로운 배움에 대한 경험이 더 현실적이고 의미 있게 다가올 것이다. 또한 메타버스 환경에서 교육은 시간과 공간에 구애받지 않고 보다 폭 넓고 능동적으로 진행될 수 있다. 따라서 메타버스 기술을 교육에 적용할 수 있는 준비가 필요하다(Fitria et al., 2022). 메타버스 환경의 인재개발은 우려되는 문제점들을 고려하며, 구성원들이 메타버스 상에서 주도적으로 참여하고, 상황에 따라 창작자, 생산자로서 역할을 수행하며 협업할 수 있는 역량 개발 및 발휘를 위한 방향으로 집중해야 한다. 메타버스 상에서 상호 연결되어 있음을 인지하고, 공동체 의식을 갖고 물리적 제약을 넘어 다양한 사회적 행동을 할 수 있는 기반의 마련이 필요하다.

## 참고문헌

계보경, 한나라, 김은지, 박연정, 조소영 (2021). 메타버스(Metaverse)의 교육적 활용: 가능성과 한계. 한국교육개발원.

고선영, 정한균, 김종인, 신용태 (2021). 메타버스의 개념과 발전 방향. 정보처리학회지. 28(1), 7-16.

교육부 (2022. 8.) 디지털 인재양성 종합방안.

김영진, 허지훈, 최승훈, 백성혜 (2022). 교육공간으로서 메타버스에 관한 고찰. 융합교육연구. 8(1), 1-14.

김은임 (2021). 평생교육기관 성인학습자의 자기주도학습능력이 인지된 학업성취도에 미치는영향: 창의성에 대한 매개효과. 학습자중심교과교육연구. 21(9), 149-167. https://doi.org/10.22251/jlcci.2021.21.9.149

김수향, 문미경 (2021). 메타버스(Metaverse)와 미래교육 학습자 정체성 연구. 경기도 교육연구원.

김신향, 임종미(2021). 국내 대학생에게 적용한 플립러닝의 체계적 고찰 및 메타분석 - 자기주도학습, 학습동기, 효능감, 학업성취도를 중심으로. 한국간호교육학회지. 27(1), 5-15. 10.5977/jkasne.2021.27.1.5

김지운 (2020). 사이버대학 학습자의 학업적 자기효능감, 학습동기, 자기주도학습, 학습몰입의 구조분석. 한국산학기술학회 논문지. 21(11), 443-454. 10.5762/KAIS.2020.21.11.443

김태현(2021). 포스트 코로나 시대의 전문대학 현장실습 방안: 에듀테크 활용사례를 중심으로. 외식경영연구. 24(6), 181-206.

도재우, 유정헌, 한원영, 최선혜, 박규리, 김태영 (2022). 온라인 교사의 메타버스 기반 원격수업 운영 사례 연구. 한국교원교육연구. 39(1), 225-254. http://dx.doi.org/10.24211/tjkte.2022.39.1.225

박진우 (2021. 7. 8.). LG디스플레이, 신입사원 교육에 메타버스 도입. 조선비즈. https://biz.chosun.com/it-science/ict/2021/07/08/CNW6J2XKDBAQBBQS4UQ6SZJDTE/

배을규, 이민영 (2010).HRD기업 구성원의 자기주도학습능력 측정도구 개발 연구. HRD연구. 12(3), 1-26. 10.18211/kjhrdq.2010.12.3.001

서동기, 김현우 (2021). 신입사원의 조직몰입에 미치는 메타버스형 비대면 기업교육훈련의 효과성 연구. 의사결정학연구. 29(2), 119-139.

선모은 (2021. 9. 8.). 비대면 교육 시장 스며든 메타버스...교육・금융・건설 산업에서 활용 늘어. 이코노미스트.

https://economist.co.kr/2021/09/08/it/general/20210908100700670.html

오지희 (2021). 확장된 기술수용모델(ETAM)을 적용한 메타버스 이용의도에 영향을 미치는 요인 연구: 가상세계 메타버스를 중심으로. 한국콘텐츠학회논문지. 21(10), 204-216. https://doi.org/10.5392/JKCA.2021.21.10.204

윤운성 (2003). 교육개혁과 동기. 교육심리연구, 17(1), 109-132.

이승민, 하영욱, 송근혜, 정지형, 김문구, 박종현, 정성영 (2020). 코로나 이후 글로벌 트랜드: 완전한 디지털 사회. 10.22648/ETRI.2020.B.000047

이준희, 이보아 (2022). 메타버스에 대한 사용자 경험 연구: 제페토 플랫폼을 중심으로. 디지털 콘텐츠학회논문지. 23(6), 995-1011. https://doi.org/10.9728/dcs.2022.23.6.995

전재천, 정순기 (2021). 메타버스(Metaverse) 기바 플랫폼의 교육적 활용 가능성 탐색. 2021 한국정보교육학회 하계 학술대회 논문집 (pp. 361-368).

진동영 (2021. 11. 2.). 롯데건설, 신입사원 교육도 메타버스로…94%가 "효과적". 서울경제. https://www.sedaily.com/NewsView/22TV0GAXDZ

최다래 (2021. 9. 30.). "정말 일이 돼?"... 직방 가상오피스 '메타폴리스' 가보니. ZDNET Korea. https://zdnet.co.kr/view/?no=20210929163018

최진호 (2022. 4. 18.). 유한킴벌리, 메타버스 나무심기 통한 숲 복원 기여 캠페인 진행. 뉴스락. http://www.newslock.co.kr/news/articleView.html?idxno=55323

한송이, 노양진 (2021). 메타버스 활용 교육에 대한 대학 교수자 인식 연구. 한국디지털콘텐츠학회논문지. 22(11), 1793-1806. 10.9728/dcs.2021.22.11.1793

홍승표 (2022. 9. 19). 포스코건설, 메타버스 활용 '가상 사옥' 오픈・・・"소통・협업 향상 기대". 인더뉴스. https://www.inthenews.co.kr/news/article.html?no=48533

Bandura, A. (1995). *Self-efficacy in changing societies*. Cambridge University Press. https://doi.org/10.1017/CBO9780511527692

Fitria, T. N., Simbolon, N. E., & Afdaleni. (2022). Possibility of metaverse in education: Opportunity and threat. *Sosmaniora, 1*(3), 366-376. 10.55123/sosmaniora.v1i3.821

Guglielmino, L. M. (1977). *Development of the self-directed learning readiness scale*. University of Georgia.

Hiemstra, R. (1999). Self-directed Learning. In W. J. Rothwell & K. J. Sensening (Eds.), *The sourcebook for self-directed learing*(pp. 9-19). HRD Press.

Knowles, M. S. (1975). *Self-directed learning: A guide for learners and teachers*. Follett

Publishing Company.

Kye, B., Han, N., Kim, E., Park, Y., & Jo, S. (2021). Educational applications of metaverse: Possibilities and limitations. *Journal of Educational Evaluation for Health Professions, 18*(32). https://doi.org/10.3352/jeehp.2021.18.32

Smart, J., Cascio, J., & Paffendorf, J. (2007). Metaverse roadmap overview: Pathways to the 3D web. Acceleration Studies Foundation. https://www.metaverseroadmap.org/overview/

Tromba, P. (2013). Build engagement and knowledge one block at a time with minecraft. *Learning & Leading with Technology, 40*(8), 20-23.

Meier, C., Saorin, J. L., Leon, A. B., & Cobos, A. G. (2020). Using the Roblox video game enginfor creating virtual tours and learning about the sculptural heritage. International *Journal of Emerging Technoligies in Learning, 15*(20), 268-280.

Zvarikova, K., Cug, J., & Hamilton, S. (2022). Virtual human resource management in the metaverse: Immersive work environments, data visualization tools and algorithms, and behavioral analytics. *Psychosociological Issues in Human Resource Management, 10*(1). 7-20.

## 요약

언택트 뉴노멀 시대가 도래하며 기업은 업무 방식에 변화를 주고 있다. 원격 근무 또는 하이브리드 근무 방식을 시행하며 비대면 업무가 지속되고 있다. 기업 구성원들은 독립된 공간에서 업무를 수행하면서 다른 구성원들과 의사소통과 협업을 하게 된다. 그러나 물리적으로 분리되어 있는 환경으로 인해 한계점이 발견되어 이를 보완하기 위해 메타버스 기술을 적용하는 사례가 늘고 있다. 메타버스 상에 가상 오피스를 구축하고, 가상 공간에서 교육, 회의, 이벤트 등을 진행한다. 이로 인해 개인은 메타버스 기반에서 자기주도 학습능력을 기반으로 과업 수행 및 사회 활동을 할 수 있는 역량이 요구되고 있으며, 조직에서는 인재개발에 있어 기존의 구성원들도 메타버스 역량을 갖출 수 있도록 노력하고 있다. 앞으로 메타버스를 통해 모든 활동을 가상세계에서 수행할 수 있을 것으로 예상되는 가운데, 기업은 메타버스의 교육적 활용의 가능성과 한계점에 대해 고려하며 인재개발을 위한 방향성을 수립하고 기반을 마련할 필요가 있다.

## 탐두탐구 질문

1. 메타버스 유형별 활용사례를 3가지 이상 찾아보자.
2. 메타버스의 교육적 활용의 가능성과 제한점은 무엇인가?
3. 메타버스 환경에서 요구되는 인재의 핵심역량은 무엇인가?
4. 메타버스 역량 개발을 위하여 HRD가 나아가야 할 방향은 무엇인가?

## / 저자 소개 /

**정재삼(chungj@ewha.ac.kr)**

1995년 이후 이화여자대학교 교수로 교수설계, 프로그램평가, 인재개발 분야를 연구지도해옴. 한국교육공학회(KSET) 회장, 한국기업교육학회(KSLP) 회장, 대한리더십학회(KAL) 부회장을 역임함. 한국인재경영대상 심사위원, 한국인재경영연구원 전문위원으로 활동 중이며 NHRD 프로젝트 책임연구자, 정부와 민간부문 인재개발 정책심의 및 평가위원 역할 수행함. 관심 분야는 적응적 학습(adaptive learning)과 신속한 수행성과(agile performance), 전략적 인재개발(strategic talent development)임. 최근 저서로는 교수의 으뜸원리, 리더십개론, 모두를 위한 인재개발(Exploring HRD 1), 교육과 인재개발을 위한 프로그램평가의 과정, 미래사회를 위한 교육의 방법과 테크놀로지, 모두를 위한 프로그램개발, 애자일 퍼포먼스 테크놀로지 등이 포함됨.

**하지은(janeha0209@gmail.com)**

이화여자대학교 교육공학과 박사과정(HRD전공) 재학 중임. 현재 비커넥티드를 운영하며 커리어 및 라이프 설계를 위한 컨설팅 및 교육을 진행하고 있으며, 용인예술과학대학교에서 강의를 하고 있음. 2003년부터 15년간 국내외 최고경영자들을 보좌하며 쌓아온 경험과 노하우를 바탕으로 성과로 이어지는 일습관을 집필함. 2010년부터 현재까지 기업의 사내·외부 강사로서 임직원을 대상으로 하는 교육프로그램을 개발 및 운영해 왔음. 주요 관심 분야 및 연구주제는 성인의 자기주도학습을 위한 에듀테크, 교수설계, 교수법, 프로그램 개발 등임.

# 제9장

최민선(EBS)/정재삼(이화여자대학교)

# AI기반의 교육서비스 현황

## 목표

1. 적응형 학습을 위한 모형이 지녀야 할 특징을 설명할 수 있다.
2. 교육 서비스 개별화를 위한 미래의 인공지능 기반 교육 서비스를 예측할 수 있다.

## 핵심용어

인공지능, 기계학습(머신러닝), 심층학습(딥러닝), 인공지능 활용현황, 추천시스템, 적응형 학습, 맞춤형 학습, 교육 서비스 개별화, 빅데이터, 데이터분석

지능정보사회, 초연결 사회 즉, 4차 산업혁명(4IR) 시대를 이끄는 주요 테크놀로지 중의 으뜸은 인공지능(artificial intelligence, AI)으로 볼 수 있다. AI는 기계로부터 만들어진 지능을 말하며, 그 목적은 기계가 인간의 지적 능력, 즉 인지, 추론, 학습과 같이 사고과정에 필요한 능력을 모방이 가능하게 하는 것이다. 人工知能(AI)이 人間知能(human intelligence, HI)을 넘는 特異點(singularity)의 도래를 염려하는 사람들도 있지만, AI가 접목된 테크놀로지가 핵심적인 산업 분야에서 중심으로 부상되면서 세계 주요국들과 Google, IBM과 같은 글로벌 지식재산 선도 기업들의 집중적인 투자와 연구개발이 AI 분야에서 이루어지고 있다. 이러한 AI 테크놀로지 확산은 급속도로 증가하여 교육, 금융, 의료, 제조업 등의 전통적인 경제와 산업은 물론 사회문화 전 분야에서도 광범위하게 영향을 주고 있다. 여기에서는 AI의 의미와 역사를 살펴보고 그 교육적 활용에 대하여 논의하고자 한다.

## 1. 인공지능(AI)의 의미와 역사

### 1) AI의 의미

2016년 3월에 Google의 DeepMind가 이세돌 9단과 AlphaGo의 바둑 대결을 성사시켜 우리나라에서도 AI 분야에 대한 관심이 폭발적으로 증대하였다. 知能(intelligence)은 생각하고 학습하는 능력을 말한다. 이런 지능을 실질적인 것으로 만들고자 하는 의도가 人工知能(AI)을 나오게 했을 것이다. AI는 기계로부터 만들어진 지능을 의미하며 사람의 지능을 인공적으로 구현하기 위한 테크놀로지로 볼 수 있다. AI는 1950년 영국 수학자 Turing이 "기계도 생각할 수 있는가?"(AI = Thinking Machine?)라는 질문을 던진 이후에, 그리고 1961년 MIT의 Minsky 교수가 발표한 논문 "Steps Toward Artificial Intelligence" 이후로 다양한 학자들이 인공지능에 대하여 생각하고 관심을 기울여 왔다. AI는 학습, 문제 해결, 패턴 인식 등과 같이 주로 인간지능(HI)과 연결된 인지 문제를 해결하는 데 주력하는 컴퓨터 공학 분야이다.

AI는 약한 AI와 강한 AI로 구분된다. 약한 AI는 특정 영역의 문제를 푸는 기술이다. '단어를 입력하면 검색 결과를 보여라', '음성을 듣고 무슨 말인지 인식하라' 같은 문제를 푸는 것이다. 약한 인공지능은 지능의 범위를 좁혀서 특정 분야의 문제를 사람처럼 풀 수 있는 개념이다. 이세돌과 바둑 대결을 한 구글의 알파고 1.0이 여기에 해당한다. 알파고가 '인간이 둘 수 없는' 창의적인 수를 둔다며 사람들이 경악했지만, 이 알파고는 오직 확률만 따질 뿐이다. 반면에, 강한 인공지능은 스스로 무엇을 하고 있는지를 인식한 상태에서 문제를 푸는 고차원적인 사고를 포함한다. 강한 AI는 이와 달리 문제의 영역을 좁혀주지 않아도 어떤 문제든 해결할 수 있는 기술 수준을 말한다. 강한 AI는 '터미네이터'나 '어벤저스2' 영화 속에서 볼 수 있는 로봇들이다. 강한 AI를 만들려면 아직 시간이 많이 필요한 실정이고 현재 단계에서는 약한 AI가 상대적으로 많이 쓰이고 있다는 것이 분야의 중론이다.

약한 인공지능을 구현할 때는 器械學習 즉, 머신러닝(machine learning, ML)을 사용한다. 深層學習 즉, 딥러닝(deep learning, DL)과 머신러닝(ML)이라는 용어가 가끔 혼동되기도 하지만, [그림 9-1]과 같이 ML이 좀 더 큰 개념이다. DL은 ML의 방법론 중 하나이고, ML 방법론 중 가장 많이 쓰이는 것이기도 하다. ML은 크게 알고리즘, 데이터, 하드웨어 인프라로 구성된다. 사실 ML과 관련된 알고리즘은 오래전에 나왔고, 관련된 기술들도 오픈 소스로 많이 공개됐다. ML의 핵심은 데이터의 양이다. 데이터의 양이 많을수록 품질이 올라간다. 데이터가 많으면 수많은 데이터를 처리할 인프라를 구축해야 한다. 과거에는 ML 방법을 알지만 인프라가 따라오지 못해 ML 실험이 어려웠지만 현재는 기술과 하드웨어 수준이 높아져 실험 기반은 마련되어 있고, 누가 더 빨리할 수 있느냐에 집중한다.

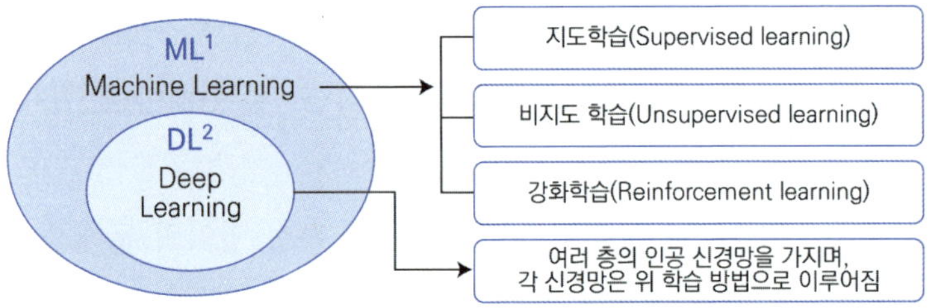


**ML[1](머신 러닝, 기계학습)**

Machine Learning: 사람이 아닌 컴퓨터 스스로가 다양한 데이터를 수집, 분석하여 미래를 예측하는 기술

1) 지도(supervised)학습: 이용자가 미리 만든 데이터를 입력한 뒤 출력까지 이끌어내는 방법
   ① 입, 출력 데이터 양이 많아질수록 정확도가 높아지며, 신뢰성 있는 출력 값을 낼 수 있음
   ② 훈련용 데이터(Training Date)로부터 하나의 함수를 유추(고양이 사진을 입력 후 고양이라고 가르침)
   ③ 훈련데이터가 많아지면 데이터로부터 나타나지 않던 상황까지도 일반화 시켜 기계가 처리 가능
2) 비지도(unsupervised) 학습: 출력 없이 입력만으로 패턴을 모델링 하는 방법
   ① 컴퓨터가 스스로 학습한 뒤 응용하여 원하는 출력 값을 이끌어내는 방법
   ② 입력 데이터 안에서 군(Group), 군집화(Clustering)을 통해 이들 간 관계를 찾아냄(고양이와 개 사진을 두고, 각 그룹을 군집화)
3) 강화(reinforcement) 학습: 방대한 양의 데이터를 스스로 학습한 후 생기는 피드백을, 다시 학습하여 알고리즘을 생성하는 방법

**DL[2](딥 러닝, 심층학습)**

Deep Learning: 여러 층의 인공 신경망으로 구성되어 있으며, 머신 러닝에 속해 있는 학습법

[그림 9-1] 기계학습(ML)과 심층학습(DL)

워싱턴대학교 Domingos 교수에 의하면, ML분야에는 (1) 논리와 철학에 기원을 둔 상징주의자, (2) 신경과학에서 유래한 연결주의자, (3) 진화생물학과 관련된 진화론자, (4) 통계와 개연성을 다루는 베이지안, 그리고 (5) 심리학에 기반을 둔 유추론자로 구성된 5가지 집단이 있다. 최근에 통계 컴퓨팅 효율성이 개선되면서 베이지안이 ML이라는 분야에서 몇 가지 영역을 성공적으로 발전시킬 수 있게 되었다. 이와 마찬가지로 네트워크 컴퓨팅이 발전하면서 연결주의자도 "심층학습"(DL)이라는 이름으로 하위 분야를 더욱 발전시킬 수 있게 되었다. 기계가 학습할 수 있도록 하는 알고리즘이 ML이고, 뇌의 학습방법과 유사한 방법으로 기계학습 알고리즘이 DL이다. 즉, ML은 인공지능을 프로그래밍 범위 내에서 움직이는 기계적 지능

수준에서 스스로 학습하고 개선해나가는 유기적 지능수준으로 격상시켰다.

현존하는 ML기술의 수준은 꿀벌이나 거머리의 뇌 수준에 버금가는 정도라고 한다. 다만 해당 문제 풀이에 특화되었기 때문에 특정 영역에서는 인간의 능력을 넘어설 수 있다. ML에서는 데이터들을 사전지식을 동원해 분류한다. '귀가 뾰족하고 네 발이 보이는 사진'이라는 사전지식을 입력해 고양이 사진을 찾아내는 식이다. 이때 고양이의 귀나 다리가 사진에서 잘 안 보이면 어떻게 될까? 이런 경우 기계는 바로 고양이 사진이 아니라고 분류한다. 사전지식의 내용과 다르기 때문이다. 하지만 심층학습, 딥러닝(DL)은 이러한 사전지식을 사용하지 않는다. 일단 데이터를 넣어놓고 기계가 스스로 특성을 분류한다. 이때 무작정 데이터가 많아선 안 되며, 실제로 고양이 사진을 무엇인지 알려주는 이른바 '정답' 데이터도 많아야 한다.

다시 말하면, ML은 패턴 인식 및 학습에 사용되는 몇 가지 베이지안 기법에 주로 적용된다. ML은 기록된 데이터에서 학습하고 이를 기반으로 예측하며, 불확실성 하에서 기본 유틸리티 기능을 최적화하고, 데이터에서 숨겨진 구조를 추출하고, 데이터를 간결한 설명으로 분류할 수 있는 알고리즘의 모음이다. 한편, DL은 데이터를 좀 더 심층적으로 이해하기 위해 알고리즘을 계층화하는 것과 관련된 기계학습(ML)의 한 분야이다. DL은 인간의 뇌와 같은 神經網(neural network)을 학습의 주요방식으로 사용한다. DL은 이러한 비선형 알고리즘 계층을 사용하여 일련의 요소를 기반으로 상호작용하는 분산표상을 생성한다. 대규모 교육 데이터에서 DL알고리즘이 요소 간 관계를 파악하는 것이 가능해지고 있다. 인공지능 분야에서 ML과 DL의 힘은 사람이 실제로 소프트웨어에 코딩할 수 있는 것보다 더 많은 관계 또는 사람이 인지할 수 없을지도 모르는 관계를 파악할 수 있는 데서 나온다.

## 2) AI의 역사

인공지능의 연구를 1956년부터 지금까지를 3차에 걸쳐 일어난 AI 붐이 일어난

시기를 중심으로 정리하면 〈표 9-1〉과 같다.

〈표 9-1〉 人工知能의 발달

| 시기 | 개발방법 | 활용 사례 | 학습 관련 개념 |
|---|---|---|---|
| 1차 AI 붐<br>(1956~1970년대) | 추론과 탐색 | • Turing 기계<br>• 체스 게임<br>• 스탠포드 시스템 | 구조화된 문제해결 |
| 2차 AI 붐<br>(1980~1990년대) | 지식 습득과 활용 | • 전문가시스템 (MYCIN)<br>• 지능형교수시스템 (ITS) | 전문가 모형 |
| 3차 AI 붐<br>(2000년 이후) | 딥러닝(심층학습)과<br>표상학습 | • AlphaGo (구글)<br>• Watson (IBM) | 지도학습, 비지도학습,<br>강화이론, 지식표상 |

### (1) 1차 AI 붐

인공지능(AI)라는 용어는 튜링기계가 만들어진 이후이고, 처음으로 언급된 것은 1956년 Dartmouth Conference이다(Buchanan, 2006). Alan Turing은 수학논리이론을 컴퓨터 프로그램으로 구현하여 복잡한 계산문제를 해결하는 튜링기계를 만들어, 인간이 수행하는 論理的 計算過程을 컴퓨터에 알려주고 어렵고 복잡한 문제를 해결하도록 명령하였다. 성과가 기대에 못 미쳐서 연구가 침체되고, 구조화된 문제해결은 가능하지만 현실의 복잡한 문제해결에는 한계가 있었다.

### (2) 2차 AI 붐

1980년대에 컴퓨터에게 많은 정보와 지식을 알려주어 專門家 役割을 하게 시도했다. Stanford에서 개발한 MYCIN(의학 전문가시스템), 교육분야의 지능형교수시스템(ITS, ICAI)과 같은 專門家 模型이 AI 개발에 적용되었다. 입력된 기호의 의미 파악에서 인간의 지적능력과 달라 AI연구의 침체기(빙하기, 겨울)를 맞았다.

## (3) 3차 AI 붐

2000년 이후 기계에게 學習하는 方法을 가르치고 연구하여 문자식별 등의 패턴 인식과 데이터마이닝의 기술을 포함하는 器械學習(machine learning, ML)이 가능하게 되었다(Kaplan, 2016). 컴퓨터 프로그램이 스스로 학습하는 기계학습과 인공신경망을 기반으로 하는 방법도 개발되어 指導學習, 非指導學習, 强化學習이 가능하다(Franklin, 2014). 여기에다가 입력된 데이터의 특징을 파악하고 그 의미를 인식하는 表象學習(representation learning), 즉 딥러닝(深層學習, DL)이 가능하게 되었다(Schimidhuber, 2015). AI가 딥러닝을 통하여 인간처럼 세상의 정보를 수집, 인지, 분류하며 이를 토대로 다른 정보를 인식하고 해석할 수 있게 되었다. [그림 9-2]는 이러한 인공지능(AI)의 발전기(붐)와 침체기(빙하기, 겨울)를 포함한 역사를 보여준다.

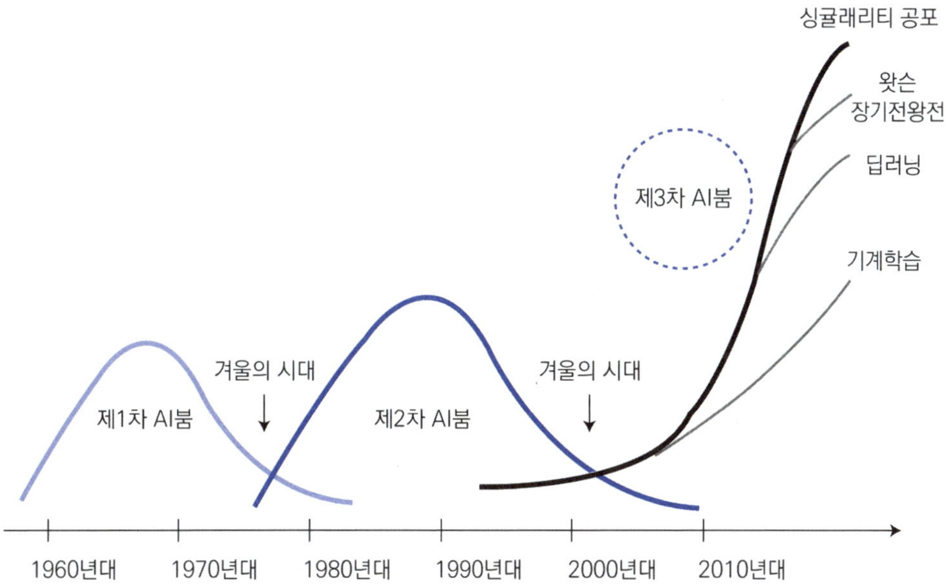


**[그림 9-2]** 인공지능의 발전

출처: 인공지능과 딥러닝, 마쓰오 유타키 지음

## 2. 인공지능의 교육적 활용

### 1) 지능형 교수시스템과 적응적 학습추천 시스템

교육에 관심 있는 AI 과학자들은 아래의 질문들에 답을 탐구한다. 우리는 어떻게 배우는가? 교육을 효율적으로 하는 것은 무엇인가? 컴퓨터기반 시스템이 제공할 수 있는 독특한 것은 무엇이며 그 한계는 무엇인가? 지능적 교수시스템(intelligent tutoring system, ITS)을 위한 최상의 모델이 가져야할 특징은 무엇인가? 교육학에서는 교육테크놀로지 및 교수방법론이 完全學習을 보장하려 하고 있고, 심리학에서는 학습을 주어진 정보로부터 새로운 의미를 끌어내고 이 의미를 개인의 기존 認知構造에 통합시키는 것으로 본다. 그러므로 보다 효과적인 ITS, ICAI 시스템을 개발하기 위해서 AI뿐만 아니라 인지심리학, 교육테크놀로지가 상호 결합되어야 할 것으로 본다.

ITS는 ICAI(intelligent computer-assisted instruction, 지능적 컴퓨터보조수업) 또는 전문가 시스템(expert system)으로도 불린다. ITS 또는 ICAI는 기존 CAI의 제한적 기능을 극복하고, 내장한 지식베이스에 의해 다양한 학습자들의 변인들을 고려한 개별화된 학습 환경을 제공할 수 있다. 즉, ITS는 기존의 컴퓨터를 이용한 교수시스템에 인공지능(AI) 방법들인 지식표상(knowledge representation), 추론, 계획, 모델링, 문제해결, 자연어처리 등을 도입하여, 보다 지능적이며 적응력 있는 교육용 소프트웨어의 개발하는 것이다. 그러므로 ICAI, ITS는 인간과 유사할 정도로 CAI(컴퓨터보조수업) 프로그램 자체가 지능적으로 작동함으로써 사람이 교수하는 것과 비슷하게 진행하여 나가는 프로그램이라 볼 수 있다. 다시 말하면, ICAI 또는 ITS는 인공지능의 개념을 교육 분야에서 적용하여 컴퓨터의 사고하는 기능과 자연스러운 대화능력, 인간교사와 유사한 방식으로 학습자의 문제를 진단하고 그에 적합한 개인별 특성 및 요구에 적응된 최적의 적응적(適應的, adaptive) 교수를 지원하는 시스템이다.

ITS의 구조는 전문가의 경험적 교육지식과, 전문가시스템(expert system)의 기본 구성 요소인 지식기반(knowledge base), 추론엔진(inference engine), 사용자 인터페이스 등을 포함하여 구성된다. 즉, ITS는 전문가 모듈(expert module), 교수 모듈(tutorial module), 상호접속 모듈(interface module), 학습자 모듈(student module) 등의 네 가지로 구성된다. ITS의 주요 연구 방향은 멀티미디어를 이용한 교육 및 저작 시스템 개발, 사례기반 추론, 인지론적 분석에 의한 학습자 모델, 사용자 접속을 위한 자연어 이해와 생성 등이다. ITS의 응용 분야는 의학 및 국방 교육, 각종 직업훈련, 교육훈련이 요구되는 사회 각 분야가 포함된다.

ITS가 CAI의 한계를 극복하기 위해 AI 기법을 도입하여 학습자의 현재 상황에 융통성 있는 교육여건을 지원하는 시스템으로 지금까지 이 시스템이 다양하게 연구되고 서비스 되어왔다. 그러나 현재까지의 ITS는 학업성취도 향상에 주요 변수인 학습자의 학습 성향에 맞는 학습내용과 목표를 고려한 효과적인 코스 스케줄링이 쉽지 않고, 학습수준에 맞는 학습내용 제공을 위한 학습평가에도 상당한 어려움이 있다.

이런 이유로, 학습자 개개인의 특징을 고려한 차별화된 교과과정과 학습내용을 제공하여 학습자가 원하는 학습목표에 도달하기 위한 ITS의 지식기반을 이용한 학습 추천시스템이 필요하다. 학습자의 학습가능 시간이나 학습상황에 따라 학습코스와 학습내용이 제공될 필요가 있는 것이다. 여기에서는 학습자의 학습목적과 성향 파악을 위한 자가진단 테스트와 학습자의 능력에 맞는 학습내용 제공을 위해 問項反應理論(Item Response Theory, IRT)을 적용한다. 또한, 자가진단테스트를 통해 추출된 학습자의 학습목표와 학습상황을 고려하여 학습코스 구성을 위한 코스 스케줄링 모듈을 적용하여 학습자의 목표에 맞도록 개인별 다르도록 適應的 學習을 추천한다. 이러한 적응적 학습추천을 통해 학습자의 성향과 수준에 맞는 학습내용 제공이 가능하며 학습자의 상황에 따라 학습코스를 역동적으로 스케줄링 해줌으로서 학습목표에 맞는 학습이 가능하다.

이 시스템은 [그림 9-3]과 같이 자가진단테스트 모듈, (IRT기반) 평가 모듈 , 추천 모듈, 코스 스케줄링 모듈 등으로 구성됨으로써 학습자의 특성, 목표, 수준 등을 고려한 지식기반을 이용한 학습추천이 이뤄진다. 이렇게 추천된 학습내용을 학습자의 학습 가능시간, 학습 목표기간 등의 학습상황을 고려하여 適應形 學習이 가능하도록 한 코스 스케줄링을 제공하는 것이다. 또한 웹기반 환경의 학습평가에서 컴퓨터보조평가로 대표될 수 있는 컴퓨터적응검사인 CAT(computerized adaptive testing)는 수험자의 능력과 수준에 따라 각기 다른 난이도를 제시하고 평가를 실시하여 그 결과로 새로운 문제를 제시하여 결과에 따라 능력을 측정할 수 있다.

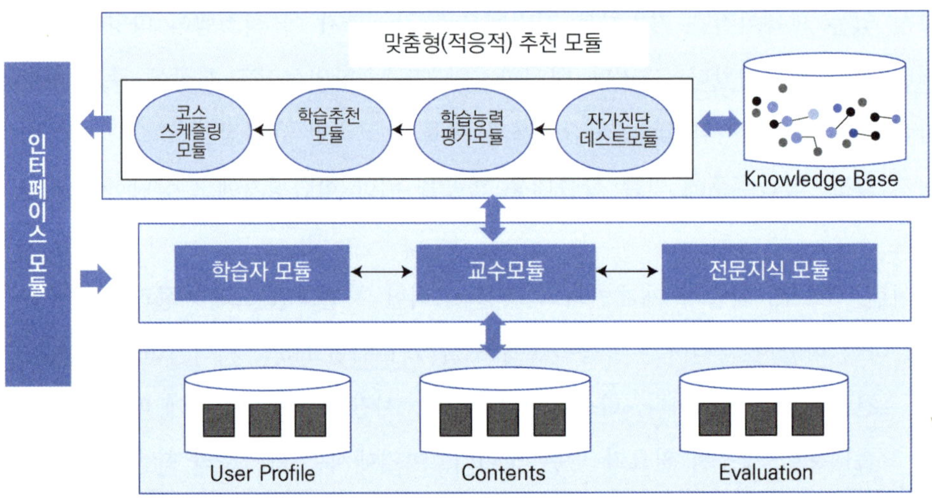


[그림 9-3] 지능형 교수시스템과 적응적 학습추천시스템

### 2) AI시대의 맞춤형 학습(Adaptive Learning)

교육은 한 사회의 경제발전과 개인의 직업능력을 좌우하는 중요한 활동이다. 인

공지능 학습시스템이 도입되어 학습자(사용자)와 상호작용을 지속하면서 사용자의 학습능력과 이해수준에 맞는 적응적 또는 맞춤형 학습(adaptive learning)을 하게 되면 학교 및 사회의 교육시스템에 획기적인 변화가 올 것이다. AI 테크놀로지를 활용하여 학습자중심의 맞춤형 학습을 구현하는 것은 모든 학습자들이 필요한 학습에 성공할 수 있도록 하는 교육 본연의 모습일 것이다.

맞춤형 학습이란 개별학습자의 학업성취수준, 심리특성, 가정환경 등을 종합적으로 고려하여 개별학습자에게 지원되는 최적의 학습경험을 의미한다. 이런 학습이 제대로 이뤄지기 위해서는 학습자 개인의 흥미와 소질, 적성, 학업이력과 수준, 학습의 속도가 진단되고 이에 따른 처방이 필요하다. 맞춤형 학습에는 학습자 진단, 맞춤형 처방, 그리고 평가의 전 과정이 포함될 수 있다. 21세기에서 (특히 인공지능을 포함하는 제4의 산업혁명의 시대에서) 맞춤형 학습의 중요성은 더욱 강조되어야 하며, 지식과 역량을 상호연결 시킬 수 있는 방향으로 맞춤형 학습이 이루어져야 한다(Rotherham & Willingham, 2009). 일대일 맞춤형 학습이 가능한 인공지능 학습시스템은 교육 소외자들에게 많은 학습기회를 열어주게 된다. MOOCs(온라인공개강의)와 인공지능 학습시스템이 결합하게 되면 누구나 세계최고 수준의 지식 콘텐츠를 접하고, 인공지능의 밀착 학습지도를 받으면서 새로운 것을 배우고 익힐 시대가 될 수 있다. 무엇인가를 새로 배우고 익히는 것은 인간의 전 생애에 걸쳐서 지속적으로 이루어져야 하는 일이다. 인공지능 맞춤형 학습시스템은 학교 교육뿐만 아니라, 고령화 사회에 인간의 평생학습 니즈를 충족해주는 유용한 동반자가 될 것이다. 머지않은 미래에 우리 모두에게 자신을 알고 자신을 도와주는 인공지능 학습시스템을 하나씩 주변에 두고 공부하고 일하는 시대가 올 것이다.

우리 사회의 미래 인재를 양성하기 위해서는 한 명의 학습자(작업자)도 놓치지 않고 모든 개인이 학습에서 성공할 기회를 주어야 한다. 교육 목적을 달성하기 위한 기본적인 일은 학습자의 소질과 적성에 맞추어 필요한 학습이 성취되도록 맞춤형 진단과 처방이 이루어지고 학습의 성공 경험을 이어가도록 해야 한다. 인공지능이 학습자에 맞춰서 교수-학습내용을 결정하고 컴퓨터와 모바일 기기를 통하여 학습을 해나가며 그 결과를 평가하여 빅데이터로 관리하는 것은 시의적절하다(그림 9-4 참조).

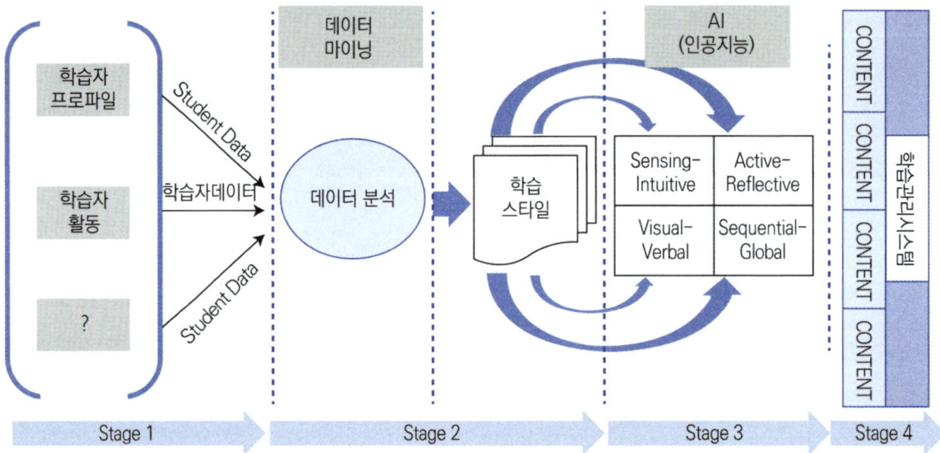


**[그림 9-4]** 사용자-지능적 맞춤형 학습모형

테크놀로지 기반 맞춤형 학습에서 AI 기술은 인지적 통찰에 대한 새로운 표상과 추리를 개발하는 데 필수적이고, 사람이 어떻게 학습하는지를 감상하게 하며, 협력 활동을 측정하는데도 필수적이다(Woolf, 2015). 맞춤형 학습은 차별화(differentiated), 개인화(individualized), 개별화(personalized) 학습으로 구분할 수 있다. 차별화는 모든 학습자의 교육목표와 내용은 같지만, (학습 속도와 선행학습 정도를 반영하여) 소규모 집단별로 수업(교육방법)을 하는 것이다. 개인화는 모든 학습자의 교육목표와 내용은 같지만, 개인별로 수업을 하는 것이다. 개별화는 각 학습자의 교육목표와 내용이 다르고, 수업(교육방법)도 다르게 하는 것이다. 여기서 맞춤형 학습은 미성숙의 수준에서는 개인화로, 성숙하고 자기주도적 일 때는 개별화로 발전해야함을 의미한다(U. S. DOE, 2010).

## 3. 인공지능(AI)의 활용 현황

### 1) 인공지능 산업과 교육

최근 인공지능 산업의 주요 이슈 및 동향을 살펴보면, 빅데이터의 등장, 머신러닝·딥러닝 등 알고리즘 발전으로 기존의 기술적 한계들이 점차 극복되면서 이와 같은 신기술을 접목한 비즈니스 모델의 상용화 사례가 눈에 띄게 증가하고 있다. 시장조사기관 Tractica(2016)가 전 세계 인공지능 시장규모가 2016년 6.4억 달러(약 8,300억 원)에서 10년 후 2025년 368억 달러(약 48조 원)에 성장할 것으로 예측함(그림 9-5 참조)에 따라 인공지능 생태계에 대한 관심과 투자가 최고조에 이르고 있다.

전 세계적으로 글로벌 주요 IT 기업들은 자사 비즈니스 경쟁력 확대와 신사업 추진을 위해 공격적인 M&A 전략을 추진하는 등 인공지능 시장 선점을 위해 경쟁을 하고 있다. 우리 정부도 인공지능으로 인한 패러다임 변화에 대응하기 위해 2016년 8월 10일 열린 제2차 과학기술전략회의에서 '9대 국가전략 프로젝트' 추진계획을 발표하면서 인공지능을 비롯한 9대 분야의 기술 개발 및 사업화에 총 2조 2,000억 원을 투자할 것이라고 발표하였다.

인공지능 관련 기술들은 아직까지 정형화된 기술체계를 가지고 있지 않아 인공지능 기술의 정의, 범위 및 분류는 기술을 바라보는 관점과 배경, 목적에 따라 차이가 있다. Tractica(2015)는 인공지능 기업 응용 사례에 관한 보고서에서 인지컴퓨팅, 기계학습, 딥러닝, 예측적인 응용 프로그래밍 인터페이스, 자연어처리, 이미지인식, 음성인식 등 7가지로 기술을 분류하였고, Venturescanner(2015)는 인공지능 기업을 분류하면서 관련 기술의 범주를 기계학습, 자연어처리, 컴퓨터화면, 가상인간보조, 언어인지, 추천검색, 스마트로봇, 상황인식 컴퓨팅, 언어번역, 영상내용인식 등 11가지로 분류하였다.

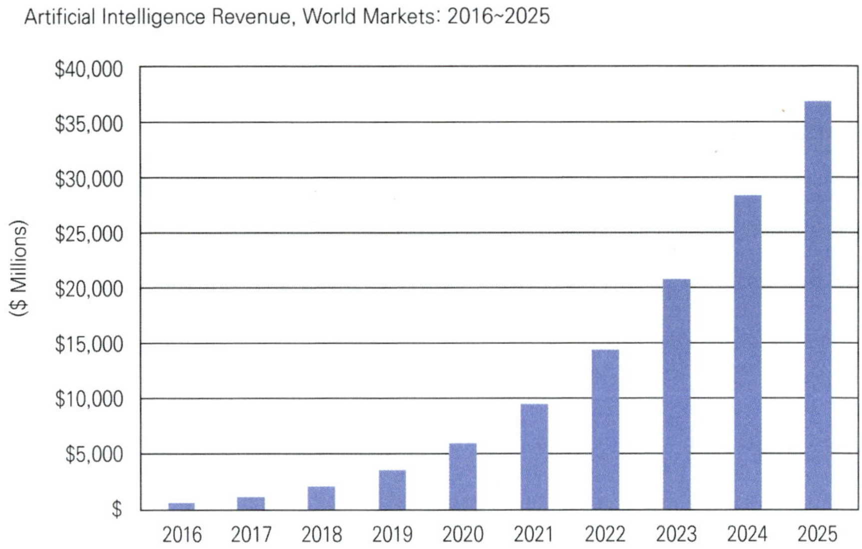


**[그림 9-5]** 전 세계 인공지능 시장규모 전망

인공지능 응용 영역은 거의 모든 산업 분야에 적용된다고 할 수 있다. ICT 분야뿐만 아니라 농업, 의료, 자동차, 로봇, 에너지, 다양한 서비스 분야 등 전 산업에 걸쳐 인공지능 기술이 이용될 수 있다. 한국정보화진흥원(2017)은 인공지능 기술 기업을 기술 및 서비스가 적용되는 주요 도메인을 기준으로 의료, 전자상거래 및 금융, 교육, 생활, 플랫폼, 하드웨어 등 6개 분야로 구분하였다(표 9-2 참조). 미래창조과학부(2016)는 인공지능 응용 영역을 지능형 비서, 의료 진단, 법률 서비스 지원, 지능형 금융 서비스, 지능형 감시시스템, 기사 작성, 추천시스템, 지능형 로봇 8가지로 구분하였다. 이중 추천시스템은 고객의 구매 이력이나 패턴을 분석하여 고객의 취향이나 처한 상황에 맞게 제품을 추천해주는 개인 맞춤형 추천 알고리즘을 적용한 것으로 그 사례가 점점 증가하고 있다. 예를 들면, 구글은 유튜브 사용자들의 비디오 시청 패턴을 딥러닝으로 학습해 다음에 볼 비디오를 추천해 주는 서비스를 제공하고 있으며, 아마존과 넷플릭스는 빅데이터와 머신러닝을 이용해 사용자의 취향에 맞는 제품이나 영화를 추천해주는 서비스를 제공하고 있다.

〈표 9-2〉 인공지능 응용 기술 및 서비스 6개 분야

| 분야 | 주요내용 |
|---|---|
| 의료(health) | 보건, 의료 관련 인공지능 하드웨어 및 소프트웨어 기술 및 서비스 개발 기업 |
| 전자상거래 및 금융 (e-Commerce, finance) | 전자상거래, 금융 관련 인공지능 하드웨어 및 소프트웨어 기술 및 서비스 개발 기업 |
| 교육(education) | 교육용 소프트웨어 및 기자재 관련 기술 및 서비스 개발 기업 |
| 생활(life) | 법률, 복지, 여가 생활 관련 인공지능 하드웨어 및 소프트웨어 기술 및 서비스 개발 기업 |
| 플랫폼(platform) | 인공지능 알고리즘 개발, 알고리즘 개발을 위한 데이터 분석, 인공지능 알고리즘 적용 소프트웨어 인프라 및 컨설팅 기업 |
| 하드웨어(hardware) | 인공지능 소프트웨어가 적용된 하드웨어 개발 기업 |

출처: 우리나라 A.I. 기업 현황 조사 보고서. (한국정보화진흥원, 2017)

교육산업 분야에서 개인 맞춤형 추천 서비스는 '적응형 학습(adaptive learning)' 즉, '개인 맞춤화 학습'과 유사하다. 개인 맞춤화 학습이란 학습자 개인의 학습 성적과 성향을 정밀하게 파악해 개인에게 최적화된 교육내용과 교육방법을 시의적절하게 제공하는 서비스를 의미한다. 개인 맞춤화 학습은 전세계 에듀테크(EduTech) 시장에서 주목받는 분야다. 에듀테크 스타트업 기업들은 기존 교육기업보다 빅데이터와 인공지능과 같은 새로운 기술을 더 활용하여 교육이 당면한 문제 '개인 맞춤화 학습'을 해결하려고 하고 있다. 개인 맞춤화 학습(즉 적응형 학습)은 데이터 분석과 머신러닝・딥러닝 기술을 이용해야 하기 때문에 개발 기간이 다른 교육 서비스보다 긴 편이다. 또한 거의 변하지 않는 사용자의 개인 취향에 맞게 제품이나 영화를 추천해 주는 시스템과 달리, 학습자의 실력과 취약점이 시간에 따라 변하기 때문에 시계열 분석을 통해 매 순간 변하는 학습자 수준에 맞는 콘텐츠를 추천을 해야 한다는 특징이 있다.

## 2) 인공지능 기술의 교육적 활용 사례

### (1) 빅데이터와 머신러닝 · 딥러닝

요즘 대기업이든 스타트업이든 모두 관심을 갖는 기술이다. 교육 분야의 인공지능기술 활용 현황은 어떠할까? 아직 초보 단계지만 빅데이터와 알고리즘을 활용한 다양한 시도들이 진행되고 있다. 특히 '개인 맞춤화 학습'은 에듀테크의 가장 핵심적인 부분으로 국내외 가릴 것 없이 교육업계에서 가장 뜨고 있는 트렌드이다. 교육 분야에서 빅데이터는 과거 학습의 기본 데이터뿐만 아니라 학습자의 다양한 경험을 담아야 한다. 구체적으로, 빅데이터는 과거 학습 수료 정도, 학습한 콘텐츠 정보, 학습 진도율 정보, 시험 성적 정보는 물론이고 학습자가 검색한 정보, 게시판에 질문한 정보 등 다양하고도 방대한 정보를 담을 수 있어야 한다.

학생들이 디지털 기기로 학습 내용을 많이 입력할수록 각 학생을 평가할 수 있는 데이터가 축적된다. 빅데이터가 충분히 쌓였다면 이를 알고리즘으로 구성하여 각 학습자에게 최적의 내용(교육과정)과 테크놀로지(교육방법)을 추천할 수 있게 된다. 기존 학습이나 성적 관리 도구가 틀린 문제의 종류, 수업 진도 등을 보기 좋게 정리해 보여주는 수준이었다면, 적응적 학습 즉 개인 맞춤화 학습 기술은 여기서 한 발 더 나아가 분석에 그치지 않고 예측을 하고 시의 적절하게 추천을 하는 것이 핵심이다(표 9-3 참조).

〈표 9-3〉 적응적 학습(개인 맞춤화 학습)의 플랫폼 주요 기술

| 분야 | 주요내용 |
|---|---|
| 예측 알고리즘 | 사용자의 오답 데이터를 분석하여 사용자가 아직 풀지 않은 문제의 정답 · 오답 여부, 선택보기를 정확히 예측하는 기술 |
| 추천 알고리즘 | 사용자 다면 분석을 통해 최단시간에 목표점수에 도달할 수 있는 개인화된 학습 커리큘럼 제시 기술 |

출처: 우리나라 A. I. 기업 현황 조사 보고서. (한국정보화진흥원, 2017)

최근 교육업계에서 빠르게 성장하는 기업들은 개인 맞춤화 학습, 적응적 학습을 지향하는 스타트업이다. 대표적인 에듀테크 스타트업으로는 「노리(knowRe)」, 「뤼이드(Riiid)」, 「비트루브(VITRUV)」, 「스페이스에듀(spaceedu)」, 「제스(JES)」, 「바로풀기(Bapul)」, 「뉴튼(Knewton)」 등이 있다. 「노리」, 「비트루브」는 수학 학습 시장에, 「뤼이드」와 「JES」는 영어학습 시장에 먼저 뛰어들었다. 「스페이스에듀」는 채점 자동화 기술을 기반으로 분석 서비스를, 「바로풀기」은 머신러닝 기반 자동질의 응답 서비스를 내놓았다. 「뉴튼」은 '교육계 구글'로 불리는 글로벌 에듀테크 기업으로 B2B 사업의 파트너인 개별 학교, 학원, 출판사에서 받은 학생들의 분석 데이터를 기반으로 학습자에게 정교한 맞춤형 서비스를 제공하고 있다.

전통 교육기업들은 새로운 교육 서비스를 모델 구축을 위해 개인 맞춤화 학습 기술을 보유한 에듀테크 스타트업 기업과 협업하고 그 사업성을 확인하고 있다. 빅데이터와 자체 개발한 인공지능 알고리즘 기반 수학교육 플랫폼 '마타수학'을 운영 중인 「비트루브」는 메가스터디에 기술을 제공하고 있으며, 파고다교육과 함께 빅데이터 기반의 개인 맞춤형 인공지능 영어학습 큐레이션 서비스를 준비 중이다. 「스페이스에듀」는 스마트폰을 이용해 OMR카드와 시험지를 촬영한 뒤 채점을 할 수 있는 특허기술을 기반으로 EBS와 협력하고 있다.

### (2) 개인 맞춤화 학습

#### 노리(knowRe): 미국의 70여 개의 학교에 맞춤형 서비스 제공

학생들이 가장 어려워하는 수학을 '놀이'처럼 가르치기 위해 머신러닝 기반 개인 학습 서비스를 만들어낸 기업이 있다. 2012년 미국에서 창업한 「노리」는 개인 맞춤형 수학교육 솔루션 업체다(그림 9-6 참조). 뉴욕시 교육청 주최로 학생들 간의 학업성취도 격차를 메울 소프트웨어를 선정하는 수학교육 애플리케이션 대회 갭

앱 챌린지(Gap App Challenge)에서 1위를 수상하기도 했으며, 미국 유명 기술잡지 패스트컴퍼니(Fast Company)가 선정한 세계에서 가장 혁신적인 교육회사 TOP5에 뽑히기도 했다.

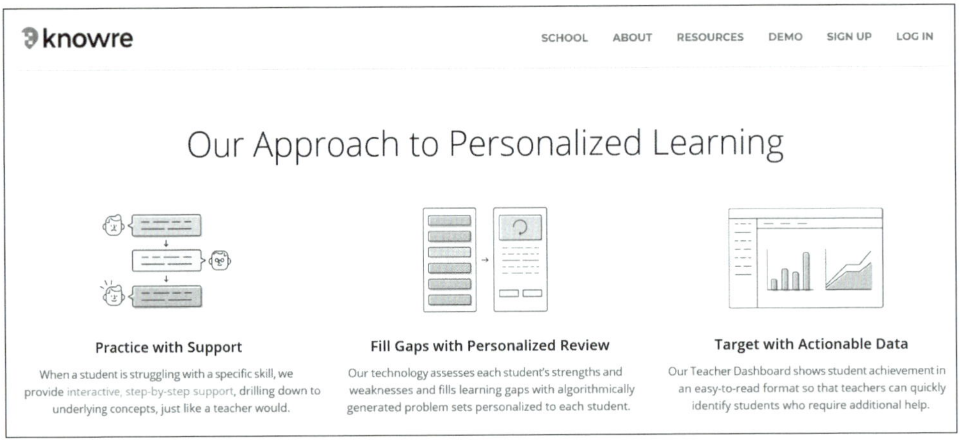


[그림 9-6] 노리 웹 사이트(출처: http://www.knowre.com/)

노리는 1명의 교사가 여러 명의 학생을 동시에 가르치는 방식인 '집합식 교육'에서 벗어날 수 있는 기술을 현실화하였다. 즉, 태블릿을 활용해 각 학생의 수준에 맞게 맞춤형 연습문제와 강의를 제공하는 서비스를 구현해 낸 것이다. 예를 들어 학생이 태블릿으로 숫자나 그래프 수식을 펜으로 작성하면 노리는 답이 틀렸는지 맞았는지 분석한다. 만약 학생이 틀렸다면 문제 풀이 과정을 각 단계별로 제시하고 어느 부분에서 이해를 못했는지 확인한다. 이와 같은 방식으로 노리는 학생 개개인 성취도를 단위지식(Knowledge Unit) 수준에서 분석하고 정·오답 외에도 풀이횟수, 해설 참고, 풀이 시간 등 정보를 종합 해석하는 방식으로 학교 현장에서 실제적으로 필요한 기능을 제공한다. 노리는 태블릿의 답을 분석하는 기술에서부터 수학 문제와 동영상 강의 같은 교육 콘텐츠까지 직접 개발하고 있다. 현재 미국의 70여 개의 학교 2만여 명의 학생에게, 한국에서는 대교와 협약을 맺고 200여 개 대교 러닝센터에 맞춤형 문제를 제공하고 있다.

### 뤼이드(Riiid): 3천만 건 이상의 데이터와 머신러닝 원천 기술력 보유

아주 빠른 시간 내에 인공지능이란 키워드로 영어 시장을 선점하고 성과를 만들어낸 기업이 있다. 바로 뤼이드(Riiid)다. 뤼이드는 인공지능 기술을 기반으로 각 개인에게 최적의 맞춤형 커리큘럼을 제공하는 토익 교육 플랫폼이다(그림 9-7 참조). 뤼이드는 2016년 머신러닝 기술을 이용해 '객관식 문제풀이 사용자를 대상으로 한 맞춤형 문제 추천 알고리즘' 특허를 출원했다. 특허는 인간의 직관을 대체해 머신러닝 기술로만 사용자의 정・오답 예측 판별을 가능하게 한 것으로, 인공지능은 사용자가 푼 객관식 데이터를 분석해 개개인의 문제 이해도를 계산하게 된다.

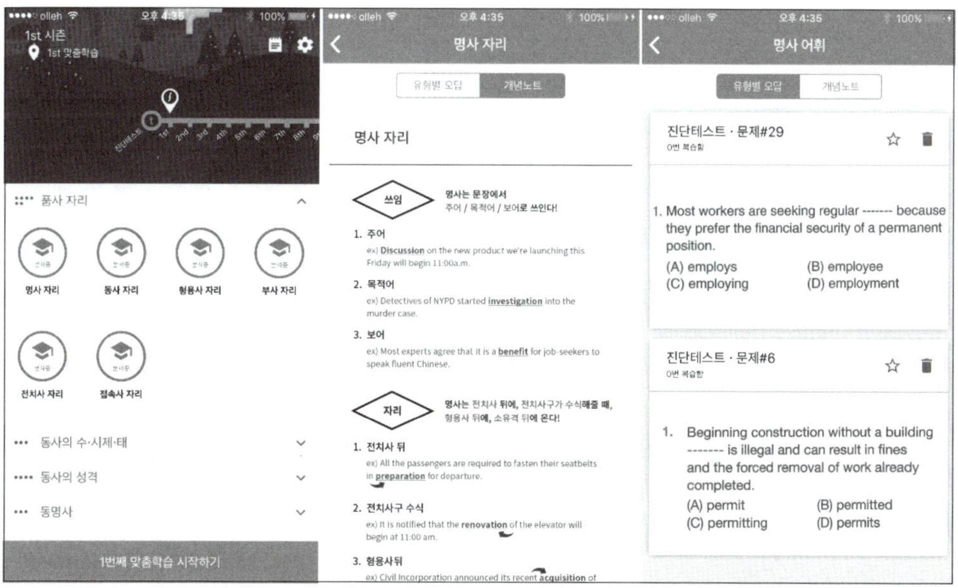


[그림 9-7] 뤼이드 '산타토익' 앱(출처: 산타토익 앱 화면 캡처)

이 기술을 적용하면 사용자가 제대로 이해하지 못하고 있는 문제, 즉 모르는 문제를 우선적으로 출제해 최단 시간에 사용자의 목표 점수에 도달하게 하는 것이 가능하다. 즉, 각 이용자별로 데이터 분석을 한 뒤 개개인 맞춤으로 필요한 문제와 불필요한 문제를 찾아내어 사용자에게 가장 필요하고 학습이 시급한 부분을 제안하고 이 부분의 문제를 출제한다.

뤼이드는 오답 데이터 분석을 통해 구축한 알고리즘을 바탕으로 데이터 마이닝과 머신 러닝 기술을 접목해 2016년 '산타토익' 유료 앱을 선보였다. 산타토익은 출시한지 1개월 만에 앱스토어 2위, 통합 앱 다운로드 20만을 기록하는 등 나름 의미 있는 성과를 냈다. 산타토익에서는 일단 이용자가 꼭 풀어야 할 문제의 수를 최소화하면서 학습 효율은 높이는데 집중한다. 산타토익에는 파트1에서 파트7에 이르기까지 13,000여 개의 문제가 준비되어 있지만 학습자는 모든 문제를 다 풀 필요가 없다. 왜냐하면 여기에 인공지능 기술이 적용되기 때문이다. 현재까지 이용자가 푼 문제는 무엇이고 그 중 불필요한 문제는 무엇인지, 그리고 이용자에게 가장 부족한 유형은 무엇인지를 분석하고, 꼭 필요하다고 판단되는 문제만 제시해 풀게끔 유도한다. 만약에 문제를 푸는 도중에 자주 틀리는 새로운 유형이 발견되면 잠시 문제풀이를 중단하고 이와 관련된 강의 동영상 자료를 제시하며, 동영상이 종료 된 후에는 이와 관련된 별도의 문제 몇 개를 풀도록 유도하기도 한다. 이러한 1:1 맞춤형 강의가 끝나면 중단했던 부분으로 다시 돌아가 문제풀이를 계속하는 패턴으로 학습이 이어진다.

### (3) 개인 맞춤화 학습관리

최근 개인 맞춤화 시장에 새롭게 뛰어든 분야가 있다. 학습관리 앱이다. 학습관리 앱은 입력된 데이터와 누적된 데이터를 기반으로 학생의 성적과 성향에 맞는 맞춤화된 학습량을 제안하고, 성취감을 높일 수 있도록 도와준다. 공부앱 분야 실사용자 1위를 지켜오고 있는 「탐생」은 누적된 데이터를 기반으로 2018년에는 더 진화된 '스터디 헬퍼 4.0' 앱을 출시했다(그림 9-8 참조). 공부시간 측정 기능을 기반으로 스마트폰 사용량 비교, 시간대별, 일별, 주별 공부량 변화 등 다양한 통계 서비스를 사용자에게 제공하고 있다.

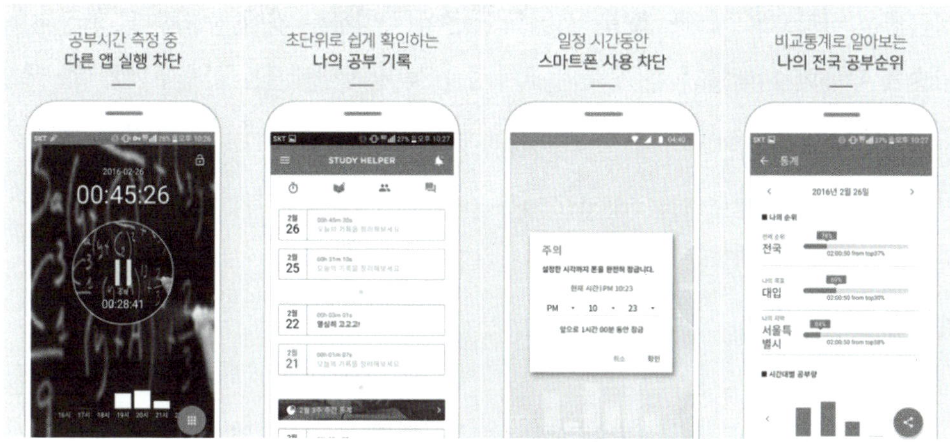


[그림 9-8] 탐생 '스터디 헬퍼' 앱(출처: 탐생 제공)

「투데잇」은 공부 계획과 학습량을 자동으로 입력해주는 학습관리 앱이다. 투데잇은 학습계획 자동 설정/재설정, 스톱워치, 통계, 캘린더 등의 기능을 제공하여 자기주도 학습 계획 관리를 돕는 서비스다. 정해진 학습 분량을 끝내지 못하거나 초과한 경우 자동으로 학습량을 재분배해 정해진 기간 안에 모두 끝낼 수 있게 지원한다. '그룹 자동매칭' 기능은 학습목표, 성취율, 공부 시간대 등, 독자적인 데이터로 구축한 알고리즘으로 구현되었으며, 적절한 그룹원을 자동으로 매칭해주고 학습자가 공부에만 집중하게 한다.

2017년 구글이 세계 최고 수준의 딥러닝 엔진 텐서플로(TensorFlow)를 공개하는 등 글로벌 IT 기업들이 적극적으로 인공지능 기술을 공개하고 있다. 아직 시장 초기지만 교육 서비스 개인화라는 인공지능 기술만의 차별화된 가치 제공으로 글로벌 시장에서 주목받는 스타트업의 공통점은 핵심 경쟁력이 인공지능 기술 자체보다 인공지능 기술을 통해 얻은 데이터를 활용하여 특화된 서비스를 제공하는 것에 있다는 것이다. 교육 효율성을 높여주는 인공지능기반 교육 서비스 모델 구축을 위해서는 인공지능 기술 확보 자체보다 데이터 수집, 분석, 활용 등의 데이터 중심의 접근법을 바탕으로 특화된 교육 서비스 제공에 주력하는 것이 중요하다. 인공지능 기술을 활용한 미래 교육은 교육의 효율성을 높여 학생에게는 학습부담을, 학부모에게는 사교육비를, 교사에게는 교과지식 전달 업무를 줄여주는 방향으로 발전해 나가야 할 것이다.

## 4. 교육의 미래

2023년 상반기 빌 게이츠(마이크로소프트 창업자)는 "AI가 인간만큼 훌륭한 가정교사가 될 수 있는 능력을 갖추게 될 것"이라고 주장했다. 그는 AI가 현재는 영어 영역을 파고들고 있지만 앞으로는 수학 영역까지 침투할 것으로 내다봤다. 그 후로 일 년 뒤인 2024년 초에도 미국 CNN 방송 인터뷰에서 오픈AI의 생성형 AI 챗GPT-4를 가정교사나 사무직 직원으로 비유하여 설명하였다. 이와 같은 그의 발언은 미국만이 아니라 국내 사교육 시장을 뒤흔들어 놓았고, 사람들은 이러한 변화에 대해 막연한 두려움을 느꼈다.

인공지능이 스스로 의지를 가지고 '강한 인공지능(strong AI)'의 비약적 발전으로 인간지능(HI)보다 더 똑똑해질 수 있다는 두려움이 나오기도 했지만, 몇 달이 지난 후 분위기는 상당히 달라졌다. 교육현장에서는 인공지능 기술을 활용한 앱이나 로봇 그리고 생성형 AI를 자연스럽게 받아들이면서 제대로 활용하는 법을 배우려 하고 있다. 시대적 변화에 빠르게 적응하면서 인공지능 교육 서비스를 '인간을 돕는 파트너'로 생각하면서 손쉽게 활용하는 사람과 그렇지 않은 사람 간의 격차를 커질 것으로 전망된다.

인공지능을 활용한 교육서비스의 주요 성장요인은 무엇일까? 현재 교육용 앱이나 로봇의 가장 큰 장점은 다양한 교과에서 교육목표에 맞게 활용하면서 학습자의 창의성과 문제해결 능력을 키우는데 도움을 준다는 데 있다. 또한, 학습자와의 긍정적인 상호작용을 풍부하게 하면서 특수아동과 소외계층 학습자에게 학습수준을 고려한 맞춤형 교육, 적응형 학습을 제공할 수 있다. 궁극적으로는 인공지능을 활용한 교육서비스가 학습자의 '스스로 공부하는 능력'을 기르는 데까지 이어질 것이라는 기대가 크게 주목받고 있는 이유이다.

지금 학교와 산업 현장은 디지털 기반으로 전환되는 과도기에 있다. 특히, 2010년 후반부터는 인공지능 기술을 필두로 하여 디지털 전환이 이뤄지고 있었으나, 코로나 19 이후 2020년 초반 면대면 교육에서 온라인 교육으로 빠르게 전화되면서 생성형 AI의 등장으로 전환 속도는 더 빨라지고 있다. 빌 게이츠의 말대로 불과 몇 년 뒤에는 지금의 스마트폰처럼 인공지능 기술을 활용한 교육 서비스를 언제 어디서든 편리하게 활용하여 개인의 역량이 상향 표준화되는 슈퍼 개인이 탄생하게 될 것이다. 생성형 AI 시대를 살아가는 교육테크놀로지(EdTech)－인재개발(HRD) 전문가들은 우리 교육과 인재개발의 현실과 미래를 고민하면서 상향 평준화된 인재들이 교육현장과 산업현장에서 미래의 도구를 손쉽게 활용하여 생산성이 향상되도록 도와주어야 할 것이다.

## 참고문헌


김경희 (편저). (2017). 딥러닝 · 인공지능/빅데이터 관련 산업동향과 기술개발/시장전망. 서울: 지식산업정보원.

김용성 (2023). 챗GPT 충격, 생성형 AI와 교육의 미래. 경기: 프리렉.

김지원 (2017). 인공지능시대의 새로운 교육패러다임에 대한 연구. 경북대학교 박사학위논문.

산업통상자원부 (2016). 9대 국가전략 프로젝트 추진계획. 산업통상자원부 보도자료.

손요한, 정새롬, 서혜인, 이가은, 구슬, 허지선 (2016). 스타트업 전성시대. 서울: 북돋움.

IRS Global (2016). 4차 산업혁명을 주도하는 인공지능(AI) 기술의 시장동향 및 주요 이슈 종합분석. 인천: IRS Global.

이승환 (2023). AI 시대 절대 대체되지 않는 슈퍼 개인의 탄생. 경기: 어웨이크북스.

이정원 (2017). 인공지능 플랫폼 동향과 정책적 시사점. 정보통신산업진흥원 보고서.

정제영 (2016). 지능정보사회에 대비한 학교교육시스템 재설계 연구. 교육행정학연구, 34(4), 49-71.

조용수 (2015). 포스트휴면시대 인공지능과 미래 경제 트렌드. Future Horizon, 26, 10-13.

주대영 (2017). 각국의 인공지능(AI) 선점을 위한 개발경쟁 실태. 산업연구원 보고서.

홍정민 (2017). 4차 산업혁명 시대의 미래 교육 에듀테크. 서울: 책밥.

한국교육학술정보원 (2017). 2017 교육정보화백서. 한국교육학술정보원 연차보고서.

한국정보화진흥원 (2017). 우리나라 A.I. 기업 현황 조사 보고서. 한국정보화진흥원 보고서.

현대경제연구원 (2016). AI시대, 한국의 현주소는? - 국내 AI(인공지능) 산업 기반 점검. 현대경제연구원 VIP Report, 646, 1-14.

창조경제연구회 (2016). 인공지능과 4차 산업혁명. 창조경제연구회 24차 포럼보고서.

허희옥 외. (2017). 인공지능시대의 인간지능과 학습. 교육철학연구, 39(1), 101-132.

Buchanan, B. (2006). A brief history of artificial intelligence. *AI Magazine, 26*(4), 53-60.

Cavus, N. & Kanbul, S. (2010). Design for web 2.0 tools expected by the students on technology-based learning environment. *Procedia-Social and Behavioral Science, 2*(2), 5824-5829.

Franklish, J. & Ramsey, W. (2014). *The Cambridge handbook of artificial intelligence*. UK: Cambridge University Press.

Griffin, P., McGraw, B., & Care, E. (2012). *Assessment and teaching of 21st century skills*. Dordrecht, Germany: Springer.

Kaplan, J. (2016). *Artificial intelligence: What everyone needs to know*. New York: Oxford University Press.

Rotherham,A. & Willingham, D. (2009). To work the 21st century skills movement will require keen attention to curriculum, teacher equality, and assessment. *Educational Leadership, 9*(1), 15-20.

Tractica (2015). *Artificial intelligence for enterprise applications.*

Tractica (2016). *Artificial Intelligence Market Forecasts.*

U.S. DOE. (2010). *Educational technology plan 2010*.

Venturescanne (2015). *The State of Artificial Intelligence in Six Visuals*.

Woolf, B. (2015). AI and education: Celebrating 30 years of marriage. *AIED 2015 Workshop Proceedings* (vol. 4).

## 요약

AI는 기계로부터 만들어진 지능을 의미하며 사람의 지능을 인공적으로 구현하기 위한 테크놀러지로 볼 수 있다. AI는 약한 AI와 강한 AI로 구분된다. 약한 AI가 특정 영역의 문제를 푸는 기술이라면, 강한 AI는 스스로 무엇을 하고 있는지를 인식한 상태에서 문제를 푸는 고차원적인 사고를 포함한다. 강한 AI를 만들려면 아직 시간이 많이 필요한 실정이고 현재 단계에서는 약한 AI가 상대적으로 많이 쓰이고 있는 분야이다. 약한 인공지능을 구현할 때는 머신러닝 · 딥러닝을 사용한다. 기계가 학습할 수 있도록 하는 알고리즘이 머신러닝이라면 뇌의 학습방법과 유사한 방법으로 기계학습 알고리즘이 딥러닝이다. 2000년 이후 패턴 인식과 데이터마이닝의 기술을 포함하는 기계학습이 가능하게 되고, 여기에다 딥러닝이 가능하게 되면서 교육분야에서 새로운 연구가 시도되고 있다. 학습자 개개인의 특징을 고려한 차별화된 교육과정과 학습내용을 제공하여 학습자가 원하는 학습목표에 도달하기 위한 지능적 교수시스템(intelligent tutoring system, ITS)은 기존의 CAI(computer-assisted instruction)의 한계를 극복하기 위해 AI기법을 도입한 시스템이다. 학습 추천시스템은 학습자 개개인의 특징을 고려한 차별화된 교육과정과 학습 내용을 제공하여 학습자가 원하는 학습목표에 도달하기 위한 ITS의 지식기반을 이용한 시스템이다. 이 시스템은 자기진단테스트 모듈, 평가 모듈, 추천 모듈, 코스 스케줄링 모둘 등으로 구성됨으로써 학습자의 특성, 목표, 수준 등을 고려한 지식기반을 이용한 학습추천이 이뤄진다. 아직 시장 초기지만 교육 서비스 개별화라는 인공지능 기술만의 차별화된 가치제공으로 노리(KnowRe), 뤼이드(Riid) 등 최근 글로벌 시장에서 주목받는 스타트업의 공통점은 핵심 경쟁력이 인공지능 기술 자체보다 인공지능 기술을 통해 얻은 데이터를 활용하여 특화된 서비스를 제공하는 것에 있다. 무엇인가를 새로 배우고 익히는 것은 인간의 전 생애에 걸쳐서 지속적으로 이루어져야 하는 일이다. 인공지능 맞춤형 학습시스템은 학교교육뿐만 아니라, 고령화 사회에 인간의 평생학습니즈를 충족시켜주는 유용한 동반자가 될 것이며, 특히 일대일 맞춤형 학습이 가능한 인공지능 학습시스템은 교육 소외자들에게 많은 학습기회를 열어주게 될 것이다.

## 탐구 질문

1. 인공지능을 활용한 교육서비스의 개별화를 위해 인공지능 기술이 제공할 수 있는 차별화된 가치는 무엇인가?
2. AI 시대 생산성을 높이고 인공지능에게 절대 대체되지 않는 개인으로 성장하기 위해 갖춰야할 마인드셋은 무엇인가?
3. AI 시대 삶을 주도하는 개인이 되기 위해서 배워야 하는 기술은 무엇인가?

## / 저자 소개 /

**최민선(mschoi@ebs.co.kr)**

EBS 디지털 교육정책 연구위원
이화여자대학교 교육학과(학사), 영어교육과(석사), 교육공학과(박사) 졸업함. 박사학위는 인공지능 기반 학습설계에 대한 연구. 교육테크놀로지 전문가로서 교육현장 문제해결에 관심. 이화여자대학교 사범대학에서 AI융합교육 강의. 학습분석학을 포함하는 다양한 분야에서 연구활동. 한국교육방송공사(EBS)에서 학교교육 보완, 국민 평생교육과 민주적 교육발전 위해 교육정책 연구위원으로 활동. 투철한 사명감과 열정으로 교육방송 업무를 수행한 공로를 2018년에는 교육부 장관상 수상. 최근 인공지능을 활용하여 '모두를 위한 맞춤 교육'이 실현될 수 있도록 디지털 기반 학습환경 구축을 중장기 정책목표로 업무 수행 중임.

**정재삼(chungj@ewha.ac.kr)**

1995년 이후 이화여자대학교 교수로 교수설계, 프로그램평가, 인재개발 분야를 연구지도해옴. 한국교육공학회(KSET) 회장, 한국기업교육학회(KSLP) 회장, 대한리더십학회(KAL) 부회장을 역임함. 한국인재경영대상 심사위원, 한국인재경영연구원 전문위원으로 활동 중이며 NHRD 프로젝트 책임연구자, 정부와 민간부문 인재개발 정책심의 및 평가위원 역할 수행함. 관심 분야는 적응적 학습(adaptive learning)과 신속한 수행성과(agile performance), 전략적 인재개발(strategic talent development)임. 최근 저서로는 교수의 으뜸원리, 리더십개론, 모두를 위한 인재개발(Exploring HRD 1), 교육과 인재개발을 위한 프로그램평가의 과정, 미래사회를 위한 교육의 방법과 테크놀로지, 모두를 위한 프로그램개발, 애자일 퍼포먼스 테크놀로지 등이 포함됨.

# 제10장

이재영(이화여자대학교)

# HRD 전문가 윤리

## 목표

1. HRD 분야에서 윤리의 중요성에 대해 설명할 수 있다.
2. HRD 전문직 종사자 윤리에 대해 설명할 수 있다.
3. 본인의 업무와 관련된 윤리적 이슈를 인식하고 윤리관련 지식을 바탕으로 다양한 관점에서 이슈를 분석할 수 있다.
4. 윤리적 의사결정 과정을 이해하고 과정별 고려사항에 대해 논의할 수 있다.
5. HRD 현장에서 윤리적 사안에 직면했을 때 윤리적 의사결정 모형을 적용하여 합리적이고 균형 있는 의사결정을 내릴 수 있다.

## 핵심용어

HRD, 윤리(ethics), 윤리의 중요성, HRD 전문가 직업윤리, 윤리적 딜레마, HRD 윤리 가이드, 윤리적 의사결정 모형, Standards on ethics and integrity

## 1. 서론

윤리는 옳고 그름에 대한 가치판단 기준이며 집단 구성원들의 행동을 좌우하는 규범으로(Dean, 1993) 개인과 조직의 지속 성장과 발전을 위한 필수요건이다. 최근 국내외 사회 각계각층의 윤리의식 결여로 인한 비리 스캔들로 사회적 비난과 경제적 손실이 증가하면서 윤리에 대한 관심과 중요성이 재조명되고 있다. 그러나 HRD 분야는 조직 구성원들의 학습과 성장을 지원한다는 측면에서 업무가 본질적으로 선하고 긍정적인 것으로 인식되어 그동안 윤리적 측면에 대한 검토가 소홀하였으며(Woodall & Douglas, 1999) 많은 학자들이 지적하듯 HRD 분야에서 윤리와 관련한 논의와 연구는 아직까지 피상적인 수준에 머무르고 있다(Hatcher, 2002; Kuchinke, 2017; Stewart, 2003).

현업에서도 HRD 담당자들이 HRD 윤리와 관련한 교육을 받을 수 있는 기회는 거의 없으며(길대환, 2008) HRD 전문가를 양성하는 교육기관에서도 HRD 윤리가 교육내용으로 심도 있게 다루어지지 않고 있는 실태이다. 때문에 많은 HRD 전문가들이 HRD와 관련한 윤리적인 문제에 무관심하거나 현업에서 윤리적인 딜레마에 처할 경우 특별한 기준이나 도움 없이 개인의 경험이나 가치관 등에 의존하여 의사결정을 내리는 경우가 비일비재하다.

이러한 문제의식을 바탕으로 본 장에서는 HRD 분야에서 윤리적 고찰의 필요성에 대해 알아보고 인적자원개발학회(Academy of Human Resource Development: AHRD)에서 발표한 HRD 전문가들에게 요구되는 윤리강령을 소개하고자 한다. 또한 HRD 전문가들이 업무에서 윤리적 딜레마에 봉착할 경우 합리적인 의사결정을 내릴 수 있도록 윤리적 의사결정 모델을 소개하여 HRD 전문가들의 윤리의식 함양과 윤리관련 의사결정에 도움이 되고자 한다.

## 2. HRD와 윤리

### 1) 윤리(ethic)란 무엇인가

윤리는 "사람이 마땅히 행해야 하는 도리"(김경동, 김여진, 2010, p. 18)로 인간다운 삶을 위한 원리이자 기준이라 할 수 있다. 이렇게 인간의 행위에 대한 문제와 규범을 다루는 윤리학은 크게 기술윤리학(descriptive ethics), 메타윤리학(metaethics), 규범윤리학(normative ethics)으로 구분할 수 있다. 기술윤리학은 윤리와 관련한 역사와 시대별 관습이나 도덕 등에 대한 실증적 연구를 수행하는 분야이며, 메타윤리학은 도덕언어의 분석과 윤리적 명제의 개념 및 논리 분석을 다루는 분야이다. 마지막으로 HRD 분야에서 관심을 가지는 규범윤리학은 실제 도덕적 문제해결을 위한 판단기준에 대해 연구를 하는 분야이다. 규범 윤리학은 기업윤리와 같은 실천 및 응용 윤리학의 근본으로 도덕적 의사결정을 할 때 원리나 규칙, 규범근거를 제공한다.

현재 HRD 내에서 논의되고 있는 윤리는 이 규범윤리학의 테두리 안에서 이루어지고 있으며 HRD 전문가들이 윤리적인 의사결정을 할 수 있도록 다양한 지침을 제공하고 있다. 아래에서는 HRD 분야에서 윤리와 관련한 논의가 왜 필요하며 현재 어떠한 논의들이 이어져 오고 있는지 그 내용을 포괄적으로 살펴보도록 하겠다.

### 2) HRD 분야에서 윤리적 고찰의 필요성

HRD 분야에서 윤리에 대한 논의가 필요한 이유는 HRD 활동과 관련한 모든 위험요인으로부터 구성원들과 그들이 속한 조직 그리고 HRD 전문가들을 보호하기 위함이다. 윤리관련 논의는 HRD와 관련된 모든 이해관계자(stakeholder)들의 다양한 요구 사이에서 균형(balance)을 잡기 위해서도 필요하다. 또한, 전문가로서 분야에 대한 책무성을 다하기 위해서 HRD의 윤리적 측면에 대한 논의는 필수적이며 이러한 윤리적 고찰을 통해 전문분야로서 한 차원 높은 발전을 기대할 수 있다.

### (1) 조직과 조직구성원 보호

끊임없이 변화하는 경영환경 속에서 HRD는 조직의 생존과 지속적 발전을 위해 구성원들의 지식, 행동, 태도의 변화 가능성을 모색하고 다양한 인터벤션(intervention)을 제공한다(Hatcher, 2002). 인터벤션은 현재 혹은 향후 발생 가능성 있는 문제를 해결하기 위한 교정적 행동(corrective action)으로 HRD 분야에서의 인터벤션은 주로 교육이나 조직개발이라는 형태로 처방된다(Rothwell & Sredl, 2000). 인본주의를 바탕으로 하고 있는 교육이나 조직개발은 그 본질이 선한 것으로 인식되어 윤리적인 측면에 대한 고려가 상대적으로 소홀했지만 Kuchinke(2017), Stewart(2003), Woodall과 Douglas(1999) 같은 학자들은 HRD 인터벤션이 조직과 그 구성원들에게 미치는 영향을 감안하여 윤리적인 측면에 대한 철저한 고찰이 이루어져야 한다고 주장했다.

모든 HRD 인터벤션은 학습을 바탕으로 구성원들의 가치(value) 형성과 그들이 속한 조직의 시스템, 구조, 문화에 직간접적인 영향을 미치기 때문에(Dean, 1993; Stewart, 2003) 인터벤션의 내용과 그 영향력에 대한 윤리적 검토가 반드시 수반되어야 한다. 특히 HRD는 조직의 성과향상과 변화를 이끌어내기 위해 구성원들에게 기대하는 행동양식이나 규범을 제시하고 그것을 내재화하기 위해 인터벤션을 하는 경우가 많다. 따라서 HRD 담당자는 인터벤션 내용과 관련된 윤리적 이슈에 대해서 누구보다 민감해야 한다(Rothwell & Sredl, 2000). 인터벤션의 내용뿐만 아니라 방법적인 측면에서도 구성원을 보호하기 위해 윤리에 대한 검토가 함께 이루어져야 한다. Woodall과 Douglas(1999)는 HRD 인터벤션을 실행함에 있어서 자율성, 주도성, 자존감, 사생활과 같은 구성원들의 권리를 보호하고 이를 침해하는 요인들을 고려해야 한다고 주장했다. 또한 변화과정에서 구성원들의 신체적 안전(physical safety)뿐만 아니라 과도한 불안감 조성 및 강압, 강제와 관련된 심리적 안전(psychological safety)도 고려해야 한다고 주장하였다.

### (2) HRD 전문가 보호

HRD 분야에서 윤리와 관련한 논의는 HRD 전문가들의 윤리의식을 향상시켜 비윤리적인 행위를 사전에 방지하고 윤리적 딜레마에 당면했을 때 더 나은 선택을 하도록 도와줌으로써 HRD 전문가들을 보호한다. 윤리적 의사결정은 개인수준에서 이루어지며 소속된 조직이나 AHRD에서 제시하고 있는 윤리적 가이드라인은 포괄적인 내용을 담고 있을 뿐 HRD 전문가가 당면한 문제를 직접적으로 해결해 주지 못한다. 인간개발 이론에 따르면 사람은 성숙할수록 자신의 경험을 더욱 복잡하고 다양한 정신적 감정 필터를 이용해서 바라본다. 이와 마찬가지로 사람들은 윤리적 문제도 자신의 도덕발달 단계에 따라 같은 문제를 다른 관점으로 바라보고 다른 해결책을 제시한다(Dean, 1993; Kohlberg, 1969). 따라서 HRD의 윤리적 문제에 대한 끊임없는 논의를 통해 HRD 전문가들의 윤리의식 향상과 도덕적 성숙을 이끌어내 HRD 전문가들이 더 나은 결정을 내릴 수 있도록 해야 한다.

### (3) 이해관계자들 사이의 균형(balance)

HRD는 조직과 구성원의 성과를 극대화하기 위하여 경영의 전략적 파트너로서의 역할도 수행해야 하지만 동시에 구성원 개인의 성장과 발전에 대한 요구를 지원해야하는 위치에 있다. 그러나 최근 HRD 분야가 조직의 경제적 성과 향상 혹은 가시적 실적에만 관심이 지나치게 집중되어 구성원들의 입장이나 요구를 고려하기 보다는 경영진의 주문사항을 무조건적으로 수용하고 그것을 실행하기 위해 HRD 전문가로서 도덕적 가치나 윤리마저도 저버린다는 비판이 제기되고 있다(Bierema &

Callahan, 2014; Fenwick, 2011). 경영진의 실적과 성과에 대한 집착은 장기적이고 지속가능한 성장보다는 단기적이고 가시적인 성과를 추구하는 조직문화를 만들어 내고 HRD 전문가들이 이런 경영진의 요구를 전략이라는 명목 아래 맹목적으로 수용할 때 구성원들의 권리나 요구는 소외되거나 일방적인 희생을 강요당하게 된다. HRD의 궁극적인 목적이 학습과 성과인 만큼 성과를 고려하지 않을 수는 없지만 HRD 담당자들은 이해관계자들의 요구 사이에서 균형을 잡아야 하며 그 기준과 중심은 윤리여야 한다.

#### (4) 전문가로서의 책무성

MacKenzie, Garavan과 Carbery(2012)는 HRD 전문가들이 그간 조직이 행해온 비윤리적 이윤추구 및 차별행위의 공범자라는 비난에 대해 자유롭지 못하다고 주장했다. 이는 HRD 전문가들이 조직 내에서 구성원들의 윤리의식을 고취시킬 수 있는 위치에 있으며 윤리적인 조직문화 조성에 기여해야 하는 책임이 있기 때문이다(Ardichvili, 2013; Dean, 1993; Foote & Ruona, 2008; Garavan & McGuire, 2010). HRD 전문가들은 조직 내에서 교육 프로그램 운영을 통해 구성원들의 윤리의식을 일깨울 수 있으며 장기적인 변화를 통해 윤리적인 조직문화를 조성할 수 있는 위치에 있는 사람들이다. 윤리경영은 이제 더 이상 선택이 아닌 조직의 생존과 맞물린 필수요소로 HRD 분야는 윤리를 논의의 중심으로 가져와 구성원과 리더들의 윤리의식 함양에 노력을 기울여야 한다(Ardichvili & Jondle, 2009; Foote & Ruona, 2008; Hatcher, 2002).

### 3) HRD 분야에서 윤리관련 주요 내용

HRD 분야에서 윤리는 그 중요도에 비해 상대적으로 주목받지 못했지만 일부 학자들에 의해 끊임없이 논의되어 왔다. HRD가 기반으로 하고 있는 조직개발(organization development: OD) 분야에서는 일찍이 조직 변화 단계에 따른 윤리관련 고려사항 및 OD 컨설턴트의 윤리행동 강령 등 윤리와 관련하여 많은 논의가 이루어졌다(예. Germeroth, 1994; Walton & Warwick, 1973; White & Wooten, 1983). 그러나 이는 HRD와 밀접한 관련이 있지만 OD 분야에 한정된 논의라는 한계점이 있다.

McLagan(1989)은 윤리는 HRD 분야의 핵심이며 "High-quality HRD work is ethical work"(p. 58)이라고도 하였다. McLagan(1989)은 ASTD(American Society for Training and Development)에서 발간한 *Models for HRD Practice*에서 HRD에서 발생할 수 있는 13가지 윤리적 이슈를(예. 저작권, 비밀유지, 조직과 개인 사이에서의 균형, 영향력 사용, HRD 담당자의 편견, 다양성 존중 등) 포괄적으로 정리하였다. 그러나 이러한 이슈가 발생할 경우 HRD 전문가가 어떻게 대처해야 하는지 그 방법에 대해서는 제시하지 못한 한계점이 있었다.

이후 한동안 HRD 분야에서 윤리가 주목받지 못하다 전문분야로서 HRD가 성숙함에 따라 1990년대 중후반을 기점으로 윤리와 관련한 논의들이 본격적으로 진행되기 시작했다(Hatcher, 2002). 1996년에는 HRD와 진실성(HRD with integrity)이, 그리고 2000년에는 HRD의 사회적 책임(social responsibility of HRD)이 AHRD 학회 기조연설 주제로 선정되었으며 HRD 학자들 사이에서 HRD 윤리강령에 대한 요구가 점점 커졌다(Jacobs, 1996; Marsick, 1997). 이런 흐름에 부응해 AHRD는 1998년 Standards on Ethics and Integrity 위원회를 발족하였다. 위원회는 Darlene Russ-Eft를 위원장으로 하여 Janet Burns(Georgia State University), Peter Dean(University of Tennessee), Tim Hatcher(University of Louisville), Fred Otte(Georgia State University), Hallie Preskill(University of New Mexico)로 구성되었다. 위원회는 HRD 분야와 관련성이 높은 조직(예. American Educational Research Association, American Evaluation Association, American Management Association, American Psychological Association, Society of Human Resource Management 등)의 윤리강령을 검토하여

초안을 만든 다음 위원회 내에서 논의와 수정 끝에 Standards on Ethics and Integrity를 완성하였고 이듬해 1999년 AHRD international conference에서 기조강연으로 제정된 윤리강령을 발표하였다.

AHRD의 Standards on Ethics and Integrity 공표에 힘입어 2000년대 초반 HRD 내에서 윤리와 관련한 주제로 비교적 많은 연구와 논의가 진행되었다. Swanson(2001)은 HRD의 근간을 이루는 핵심이론(시스템 이론, 경제학 이론, 심리학 이론)을 보여주는 스툴모형(three-legged stool model)에 윤리를 스툴 아래 깔린 러그(rug)로 추가하면서 윤리는 HRD의 핵심이론(core theory)은 아니지만 핵심이론을 조절하고 거르는 여과장치(filter) 역할을 한다고 주장하였다. Hatcher(2002)는 HRD 분야에서 처음으로 윤리와 관련한 단행본(*Ethics and HRD*)을 출판하였고 Ardichvil, Hatcher, Kuchinke, Russ-Eft, Stewart 등은 최근까지도 다양한 출판물을 통해 HRD 분야의 사회적 윤리적 책임, 글로벌 HRD 윤리, 윤리교육의 필요성 등에 대해 꾸준히 논의하고 있다. 그러나 1990년도부터 2008년까지 HRD 주요 학회지에 출판된 윤리관련 논문을 분석한 문헌연구에서 서민혜(2009)는 그동안 HRD 분야에서 윤리와 관련된 연구는 다른 주제에 비해 양적으로 미미하며 많은 연구들이 Standards on Ethics and Integrity의 발표와 함께 이루어졌다가 2005년 기점으로 전체적으로 연구가 감소하는 추세를 발견하였다.

HRD 분야는 여전히 학문적 정체성을 찾아가는 과정에 있으며 이 과정에서 HRD 전문가들의 가치와 가치판단 기준은 무엇인가에 대한 근본적인 물음에 지속적인 고민이 필요하다. 또한 향후 HRD 분야의 지속적인 질적 성장을 위해 윤리와 관련한 다양한 논의(예. Standards on Ethics and Integrity의 개정 및 업데이트, HRD 윤리관련 이론정립, 문화적 차이에 대한 연구 등)가 더 많이 이루어져야 하며 이런 논의는 학계에 국한되지 않고 현업 전문가들을 포함하여 활발히 이루어져야 한다.

## 3. HRD 전문가 직업윤리

### 1) HRD 전문가 직업윤리

직업윤리란 "사회 구성원 개인이 직업 상황에서 어떻게 행동하는 것이 옳은지를 판별하는 도덕적 원리와 윤리적 기준의 문제"(김경동, 김여진, 2010, p. 130)이며 "직업과 일에 대한 태도뿐만 아니라, 관련 행위 및 상호관계에 적용될 수 있는 바람직한 규범 및 기준"(정윤경, 박천수, 윤수린, 2014, p. 33)을 의미한다. 직업윤리는 좁게는 근로자의 일에 대한 태도와 의식을 형성하고(길대환, 2008) 넓게는 기업과 사회의 안정된 운영에 바탕이 되므로(정윤경 외, 2014) 그 중요성이 크다고 할 수 있다. 직업윤리는 업(業)을 가지고 있는 모든 사람들에게 요구되는 공통윤리와 직업별로 특정 직업군의 사람들에게 요구되는 특수직업윤리로 구분되는데(길대환, 2008) 본 장에서는 HRD 전문가에게 해당하는 특수 직업윤리에 대해서 다루도록 하겠다.

### 2) Standards on Ethics and Integrity

AHRD, ATD(Association for Talent Development, 구 ASTD), ISPI(International Society for Performance Improvement), ODN(Organization Development Network), AECT(Association for Educational Communications Technology)와 같이 HRD 분야와 밀접하게 관련된 조직들은 그 구성원들을 위한 윤리강령을 일찍이 제정하여 공표하였다. 본 장에서는 그 중에서도 AHRD에서 발표한 윤리강령(Standards on Ethics and Integrity, SEI)를 중심으로 HRD 전문가 직업윤리에 대해 설명하도록 하겠다.

AHRD의 SEI는 실무자, 연구자, 컨설턴트, 강사 등 HRD를 전문업으로 하고 있는 HRD 전문가들에게 윤리관련 가이드를 제공해 주기 위해 개발되었으며 주요 목적은 개인, 집단, 조직, 공동체, 사회간 요구가 상충되었을 때 보다 명확하게 균형을 맞추기 위함이라고 명시하고 있다. 그러나 SEI는 포괄적인 기준을 제시할 뿐 윤리적 딜레마 상황에서 어떻게 문제를 해결해야하는지 구체적인 방안을 제시하지 않는다. 따라서 SEI 저자들은 HRD 전문가가 윤리적 이슈에 당면했을 때 SEI를 참고하되 윤리적 딜레마를 해석하고 이 윤리강령을 적용하는데 있어서는 개인적, 문화적 가치관을 사용해야 한다고 밝히고 있다.

AHRD의 SEI는 〈표 10-1〉에서 보는 것과 같이 크게 일반원칙(general principles)과 세부지침(standards)으로 구성되어 있다. 지면관계상 SEI의 내용을 모두 번역하여 소개하지 않지만 전문은 AHRD 홈페이지(http://www.ahrd.org/?standards_on_ethics)에서 다운받을 수 있으며 길대환(2008)의 연구에 내용이 국문으로 번역 및 요약되어 있다. AHRD 학회 회원, 교육관련 종사자, 사서, 그리고 HRD 전문가라면 누구나 무료로 SEI를 복사해서 사용하거나 배포할 수 있지만 이윤추구 목적으로는 사용할 수 없다.

〈표 10-1〉 Standards on Ethics and Integrity(SEI) 목차 및 내용요약

□ **일반원칙(General Principles)**

| 구분 | 내용요약 |
|---|---|
| 역량(Competence) | 업무를 수행하는데 있어 높은 수준의 역량을 유지하려고 노력해야 하며 본인의 역량과 한계를 정확하게 인지해야 한다. HRD 전문가들은 교육, 훈련, 경험에 의해 자격이 갖추어진 기술(techniques)과 서비스를 제공해야 한다. HRD 전문가들은 지속적인 교육의 필요성을 인지하고 관련 지식과 정보를 습득해야 한다. |
| 정직(Integrity) | HRD 전문가들은 연구, 강의, 실제 업무를 함에 있어 정직하고 공평해야 하며 타인을 존중해야 한다. 본인의 경력이나 이력 등을 기술할 때 거짓이나 호도하는 정보를 제공해서는 안 된다. 본인의 신념, 가치, 한계를 정확하게 인지하고 이것들이 본인의 업무에 미치는 영향을 파악하고 있어야 한다. |

| 구분 | 내용요약 |
|---|---|
| 직업적 책임<br>(Professional responsibility) | HRD 전문가들은 전문가 행동강령 기준을 유지하고 전문가로서 역할과 의무를 명확히 하며, 책임감을 가져야 한다. 고객의 이익을 위해 다른 전문가들이나 단체와 협업하거나 상담을 해야 한다. HRD 전문가들은 전문가 행동강령 및 동료 연구자들의 연구윤리 준수에 관심을 가져야 한다. 그리고 가능하다면, 동료들과 비윤리적인 행동을 피하기 위한 협의가 필요하다. |
| 타인의 권리 및 존엄성 존중<br>(Respect for people's rights and dignity) | HRD 전문가들은 모든 사람들의 권리, 존엄성, 가치를 존중해야 한다. 개인의 사생활, 비밀보장 등의 권리를 존중하고 법과 의무를 염두에 두어야 한다. 나이, 성별, 인종, 민족성, 국적, 종교, 성적성향, 장애, 언어, 사회경제적 지위에 따른 문화적, 개인적, 역할차이를 인식하고 이런 요인들로 기인한 편견이 업무에 영향을 미치지 않도록 해야 한다. |
| 타인의 복지에 대한 관심(Concern for others' welfare) | HRD 전문가들은 업무로 관련된 사람들의 복지향상을 위해 노력해야 한다. 고객(client)의 복지와 권리를 따져보고 업무를 수행함에 있어 갈등이 발생할 경우 피해를 최소화 하는 방향으로 문제를 해결해야 한다. HRD 전문가들은 자신들과 다른 사람들 사이의 영향력(power)의 차이에 민감해야 하며 지위나 관계를 이용해 타인을 착취하거나 호도해서는 안 된다. |
| 사회적 책임<br>(Social responsibility) | HRD 전문가들은 자신이 속한 공동체, 사회 그리고 인류에 대한 전문가적 책임을 인식하고 부작용을 최소화해야 한다. 경제, 조직, 환경은 복잡하게 연결되어 있다는 사실을 이해하고 사람들의 복지향상을 위해 본인의 학습과 성과에 대한 지식을 활용해야 한다. 연구를 수행할 때는 인류 복지와 발전 그리고 지속가능한 미래를 위해 노력해야 하며 연구결과가 잘못 사용되지 않도록 해야 한다. 법을 준수하고 고객, 공공, 사회, 그리고 환경을 위한 사회 정책과 법 제정을 촉진해야 한다. HRD 전문가들은 사회, 조직, 사람, 그리고 환경 발전을 위해 사익 추구 없이 개인의 일정 시간을 할애하는 것이 장려된다. |

☐ **규정(Standards)**

| 구분 | 내용 |
|---|---|
| 일반규정(General standards) | • 역량범위(Boundaries of competence)<br>• 전문성 유지(Maintenance of expertise)<br>• 연구결과와 전문적 판단에 근거(Basis for research and professional judgments)<br>• HRD 전문가 업무 기술(Description of HRD professionals' work)<br>• 타인에 대한 존중(Respecting others)<br>• 차별금지(Nondiscrimination)<br>• 착취적 관계(Exploitative relationships)<br>• HRD 업무 오용(Misuse of HRD professionals' work)<br>• 다양한 관계(Multiple relationships)<br>• 자문과 추천(Consultations and referrals)<br>• 제3자의 서비스 요청(Third party request for services)<br>• 직원에 대한 위임과 감독(Delegation to and supervision of subordinates)<br>• 업무 및 연구 문서화(Documentation of professional and research work)<br>• 기록과 데이터(Records and data)<br>• 수수료 및 결제관련 협의(Fees and financial arrangements)<br>• 연구비 지원기관 및 지급인에게 정확한 정보제공(Accuracy in reports to payers and funding sources)<br>• 위탁 및 수수료(Referrals and fees)<br>• 전문맥락에서 연구와 평가(Research and evaluation in a professional context) |
| 연구 및 평가(Research and evaluation) | • 데이터 수집(Data collection)<br>• 책임감(Responsibility)<br>• 법과 규정 준수(Compliance with law and standards)<br>• 관련기관 승인(Institutional approval)<br>• 정보제공 동의(Informed consent)<br>• 참가자 인센티브(Incentives to participants)<br>• 연구에서의 기만(Deception in research)<br>• 연구/평가결과 해석/설명(Interpretation and explanation of research and evaluation results) |

| 구분 | 내용 |
|---|---|
| 홍보(Advertising and other public statements) | • 홍보 정의(Definition of public statements)<br>• 타인으로부터의 진술(Statements by others)<br>• 잘못되거나 거짓 서술 방지(Avoidance of false or deceptive statements)<br>• 매체홍보(Media presentation) |
| 출판(Publication of work) | • 연구 및 평가결과 보고(Reporting of research and evaluation results)<br>• 표절(Plagiarism)<br>• 출판업적(Publication credit)<br>• 자료의 중복 출판(Duplicate publication of data)<br>• 데이터 유출(Release of data)<br>• 전문가 검토(Professional reviewers)<br>• 지적재산권 소유(Ownership of intellectual property) |
| 프라이버시 및 기밀유지 (Privacy and confidentiality) | • 기밀유지 허용치에 대한 논의(Discussions of the limits of confidentiality)<br>• 비밀보호(Protection of confidentiality)<br>• 기록 소유권 및 보관(Maintenance and ownership of records)<br>• 정보공개(Disclosures)<br>• 자문(Consultations)<br>• 데이터베이스 내 기밀정보(Confidential information in databases)<br>• 기밀정보를 다른 목적으로 사용(Use of confidential information for didactic or other purposes) |
| 강의 및 퍼실리테이팅 (Teaching and facilitating) | • 프로그램 설계, 개발, 실행, 및 평가(Design, development, implementation, and evaluation of programs)<br>• 프로그램에 대한 설명(Descriptions of programs)<br>• 프로그램의 정확성, 객관성, 전문성(Accuracy, objectivity, and professionalism in programs)<br>• 훈련과 교수에 대한 한계점(Limitation on training and instruction)<br>• 성과평가(Assessment of performance) |
| 윤리적 이슈 및 위반사항 해결 (Resolution of ethical issues and violations) | • 윤리관련 내용 숙지(Familiarity with ethics)<br>• 윤리적 위반사항 비공식적 해결(Informal resolution of ethical violations)<br>• 조직의 요구와 상충되는 압력(Conflicting pressure with organizational demands)<br>• 부적절한 불평(Improper complaints)<br>• 윤리적 이슈 해결(Resolution of ethical issues)<br>• 윤리 위원회와의 협업(Cooperation with ethics committees) |

## 4. HRD 전문가를 위한 윤리적 의사결정 모형

### 1) HRD 전문가의 윤리적 의사결정 특성

HRD 전문가들은 업무를 수행하면서 크고 작은 수많은 의사결정을 내리며 그들의 의사결정은 조직구성원 그리고 시스템에 직간접적으로 영향을 미친다. 따라서 이러한 파급효과를 고려할 때 HRD 전문가들은 의사결정에 신중해야 하며 특히 윤리적인 측면을 고려해야 한다. AHRD에서 발표한 윤리강령은 의사결정을 내릴 때 유용한 가이드라인이 되지만 이는 어디까지나 포괄적인 가이드라인일 뿐 구체적인 상황에서 의사결정은 결국 개인의 판단에 달려있다.

HRD가 적용되는 맥락과 상황은 여러 외부요인과 이해관계자들이 얽혀있는 복잡한 상황이 많아 무엇이 옳은 선택인지 판단을 내리기 모호한 때가 많다. HRD 업무를 수행하면서 데이터 조작이나 기밀누설, 저작권 침해 등 옳고 그름이 확실하게 구분되는 일에 대한 윤리적 의사결정은 비교적 간단하다. 그러나 현실에서 윤리적인 문제는 보다 복잡한 형태로 나타나며 단순히 옳고 그름의 구분이 아니라 중요한 가치나 역할이 상충할 경우 HRD 담당자는 윤리적 딜레마(dilemma)에 빠지게 된다. HRD 전문가들이 직면하는 윤리적 딜레마는 HRD 전문가들이 수행해야하는 다양한 역할들과도 관련이 있다(McLean, 2001). HRD 전문가는 업무특성상 과정개발자, 과정운영자, 평가자, 연구자, 컨설턴트, 프로젝트 관리자, 변화촉진자, 강사/퍼실리테이터 등의 역할을 수행하며 이러한 다양한 역할과 입장은 때에 따라 서로 상충하기도 하기 때문이다.

### 2) HRD 전문가의 윤리적 의사결정 모델

바람직한 윤리적 의사결정을 위해서는 윤리와 관련된 이론적 지식을 바탕으로 문제에 신중하게 접근해야 한다. 윤리와 관련한 이론적 지식은 본 장의 범위를 벗어나는 영역으로 여기서 다루지는 않지만 바람직한 의사결정을 위해서 규범윤리학(normative ethics)에 속하는 결과주의(consequentialism: 윤리적 이기주의, 공리주의 등), 비결과주의(nonconsequentialism: 칸트의 의무론, 사회계약론, 윤리적 상대주의), 덕윤리(virtue ethics)와 같은 이론적 지식이 필요하다. 따라서 HRD 전문가들은 다양한 경로를 통해 윤리와 관련된 이론적 지식을 틈틈이 습득해야 한다.

Lee와 Kim(in press)은 경영학 등의 분야에서 사용하고 있는 주요 윤리적 의사결정 모델(Dubinsky & Loken, 1989; Ferrell, Gresham, & Fraedrich, 1989; Hunt & Vitell, 1986; Rest, 1994; Trevino & Nelson, 2014)을 종합하여 HRD 전문가들을 위한 윤리적 의사결정 모델을 다음과 같이 제안하였다. 이 모델은 원래 구성원의 요구와 조직의 요구 사이 딜레마가 발생할 경우 균형(balance)을 맞추는 목적으로 제안되었지만 일상에서 윤리적 의사결정이 필요할 때에도 의사결정 가이드라인 혹은 체크리스트로 활용이 가능하다.

### (1) 인식(Awareness)

의사결정 모델의 첫 단계는 윤리적 이슈에 대한 인식(awareness)이다. 사람은 개인별로 도덕적 의식수준 발달단계가 다르고 개인이 가진 사회문화적 배경에 따라 다양한 편견을 가지고 있다. 따라서 똑같은 상황에 놓이더라도 모든 사람들이 윤리적 이슈를 인식할 수 있는 것은 아니며 윤리적 이슈를 인식 하더라도 그 이슈를 바라보는 관점이 다를 수 있다. 그러므로 HRD 전문가들은 평소 윤리적 이슈에 관심을 가지고 윤리와 관련한 지식을 쌓아 겉으로 드러나지 않는 윤리적 사안이나 문제까지도 민감하게 감지하고 포착할 수 있어야 한다. 또한 윤리적 이슈를 인식했다면 이슈 안에서 어떤 가치(value)가 충돌하고 있는지 본인이 중요시하고 있는 가치(value)는 무엇인지 명확하게 인식해야 하며 당면한 윤리적 이슈와 관련된 모든 이해관계자들(stakeholder)을 파악해야 한다.

### (2) 분석(Analysis)

인식 단계에서 충돌하고 있는 가치와 이해관계자들이 파악되었으면, 각 이해관계자들에게 윤리적 이슈가 어떤 의미를 가지고 있는지 분석하고 가능한 많은 대안을 찾아내 여러 관점에서 분석해야 한다. 이때 규범 윤리학의 이론적 지식은 HRD 전문가들이 여러 관점(결과주의, 비결과주의, 덕윤리 등)에서 분석하는 것을 도와준다. 일반적으로 윤리적 이슈가 발생하면 많은 사람들은 분석 단계를 거치지 않고 바로 대안을 제시하려고 한다. 하지만 Van Valey 외(2015)의 연구에 따르면 윤리적 의사결정을 할 때 전문가들은 초심자들보다 의사결정에 더 많은 시간을 소요하고 더 많은 요소들을 고려하는 것으로 나타났다. 따라서 윤리적 문제가 감지되면 시간을 두고 특정 가치가 우선시 여겨졌을 경우 각 이해관계자들에게 단기적 장기적으로 어떤 결과와 영향이 나타날지 다양한 각도에서 예측하고 검토하는 것이 필요하다. 또한 이 의사결정이 가져올 상징적인 의미에 대해서도 고려해야 한다(Trevino & Nelson, 2014). 분석 단계에서는 사내 윤리행동 강령, 사규, HRD 전문가 윤리행동 강령, 관련 법령 등의 문서가 하나의 가이드가 될 수 있으며 주변 상사나 동료 혹은 관련분야 전문가에게 피드백을 구하는 것도 도움이 될 수 있다.

### (3) 행동(Action)

분석이 끝나면 여러 대안들 중 하나를 선택하여 최종적으로 행동으로 옮겨야 한다. 이 때 최대한 유연하고 창의적이며 여러 가치들 사이에서 균형 잡힌 해결안을 선택하되 그 선택으로 인해 혜택에서 제외되는 구성원이나 등한시되는 가치를 인식하고 있어야 한다.

### (4) 평가(Appraisal)

대안들 중 하나를 선택해서 실행에 옮기고 나면 선택의 결과에 대한 평가와 의사결정 프로세스 전반에 대한 평가가 함께 이루어져야 한다. 의사결정 결과에 대한 평가는 단기적인 결과뿐만 아니라 가능하다면 장기적인 결과도 추적하여 평가해야 한다. 평가는 관련자 인터뷰, 관찰, 설문, 성찰(self-reflection) 등 다양한 방법을 활용할 수 있으며 의사결정 프로세스 전반에 대한 평가를 병행하여 평가자 및 관련자의 윤리적 의사결정 능력을 한 단계 향상시킬 수 있는 계기로 활용해야 한다.

## 5. 결론

지금까지 본 장에서는 HRD 분야에서 윤리가 논의되어야 하는 이유 및 윤리관련 연구내용, HRD 전문가에게 요구되는 직업윤리, HRD 전문가의 윤리적 의사결정 모형을 차례로 살펴보았다. 비록 그동안 HRD 분야에서 윤리와 관련한 논의가 그 중요성에 비해 미미하게 이루어져 왔지만 향후 HRD의 질적인 성장과 발전을 위해 학계와 현장에 있는 HRD 전문가들의 윤리에 대한 관심은 필수이다. HRD와 관련된 기관 및 단체들은 자체 윤리강령 제정 및 업데이트와 같은 제도적 뒷받침을 해주고 HRD 연구자들이 윤리와 관련한 연구를 관심을 가지고 지속할 수 있도록 독려함과 동시에 현장에 있는 HRD 전문가들이 윤리의식을 함양할 수 있도록 다양한 학습기회 제공에 지속적인 노력을 기울여야 할 것이다. 윤리의식은 끊임없는 학습과 개인의 성찰을 통해 향상되므로 HRD 전문가 개개인도 성숙한 윤리관 정립을 위해 노력해야 할 것이다.

## 참고문헌


김경동, 김여진 (2010). 한국의 사회윤리: 기업윤리, 직업윤리, 사이버윤리. 철학과 현실사.

길대환 (2008). HRD 윤리에 대한 이론적 고찰 및 국내 기업체 HRD 윤리 교육 실태분석. 산업교육연구, 16(3), 29-51.

서민혜 (2009). 인적자원개발 윤리 연구 동향 분석. 중앙대학교 글로벌인적자원개발대학원 석사학위 논문.

정윤경, 박천수, 윤수린 (2014). 한국인의 직업의식 및 직업윤리. 한국직업능력개발원.

Ardichvili, A. (2013). The Role of HRD in CSR, Sustainability, and Ethics: A Relational Model. *Human Resource Development Review, 12*(4), 456-473.

Ardichvili, A., & Jondle, D. (2009). Ethical business cultures: A literature review and implications for HRD. *Human Resource Development Review, 8*(2), 223-244.

Bierema, L., & Callahan, J. L. (2014). Transforming HRD: A framework for critical HRD practice. *Advances in Developing Human Resources, 16*(4), 429-444.

Dean, P. J. (1993). A selected review of the underpinnings of ethics for human performance technology professionals-Part one: Key ethical theories and research. *Performance Improvement Quarterly, 6*(4), 3-32.

Dubinsky, A. J., & Loken, B. (1989). Analyzing ethical decision making in marketing. *Journal of Business Research, 19*(2), 83-107.

Fenwick, T. (2011). Developing who, for what? Notes of caution in rethinking a global H(R)D: A response to Kuchinke. *Human Resource Development International, 14*(1), 83-89.

Ferrell, O., Gresham, L. G., & Fraedrich, J. (1989). A synthesis of ethical decision models for marketing. *Journal of Macromarketing, 9*(2), 55-64.

Foote, M. F., & Ruona, W. E. (2008). Institutionalizing ethics: A synthesis of frameworks and the implications for HRD. *Human Resource Development Review, 7*(3), 292-308.

Garavan, T. N., & McGuire, D. (2010). Human resource development and society: Human resource development's role in embedding corporate social responsibility, sustainability, and ethics in organizations. *Advances in Developing Human Resources, 12*(5), 487-507.

Germeroth, D. (1994). Guidelines for the ethical conduct of organizational development agents. *The International Journal of Organizational Analysis, 2*(2), 117-135.

Hatcher, T. (2002). *Ethics and HRD: A new approach to leading responsible organizations*. Cambridge: Perseus.

Hunt, S. D., & Vitell, S. (1986). A general theory of marketing ethics. *Journal of Macromarketing, 6*(1), 5-16.

Jacobs. R. (1996). Human resource development with integrity. In E. F. Holton III (Ed.), *Annual Proceedings of the Academy of HRD* (pp. 1-5). Baton Rouge, LA.

Johnson, C. E. (2010). Workplace learning: Organizations, ethics, and issues. In M. Malloch, L. Cairns, K. Evans, & B. N., O'Connor (2010). *The SAGE handbook of workplace learning*. London: Sage.

Kohlberg, L. (1969). *Stage and sequence: The cognitive-developmental approach to socialization*. Rand McNally.

Kuchinke, K. P. (2017). The ethics of HRD practice. *Human Resource Development International, 20*(5), 361-370.

Lee, J. Y. and Kim, T.(in press). Human resource development in balance: Revisiting the purpose of HRD and ethical perspectives. *International Journal of Human Resources Development and Management*.

McGuire, D., & Cseh, M. (2006). The development of the field of HRD: A Delphi study. *Journal of European Industrial Training, 30*(8), 653-667.

MacKenzie, C.A., Garavan, T.N. and Carbery, R. (2012). Through the looking glass: Challenges for human resource development (HRD) post the global financial crisis business as usual? *Human Resource Development International, 15*(3), 353–364.

Marsick, V. J. (1997). Reflections on developing a code of integrity for HRD. *Human Resource Development Quarterly, 8*(2), 91-94.

McLean, G. N. (2001). Ethical dilemmas and the many hats of HRD. *Human Resource Development Quarterly, 12*(3), 219-221.

Rest, J. (1994). Background theory and research. In J. Rest & D. Narvaez (Eds.), *Moral Development in the Professions* (pp. 1–24). NJ: Erlbaum Associates.

Rothwell, W. J., & Sredl, H. J. (2000). *The ASTD reference guide to workplace learning and performance: Present and future roles and competencies* (Vol. 1). Amherst, MA: HRD Press.

Stewart, J. (2002). The ethics of HRD. In M. Lee (ed.), *HRD in a Complex World* (pp. 83-99). New York, NY: Routledge.

Swanson, R. A. (2001). Human resource development and its underlying theory. *Human Resource Development International, 4*(3), 299-312.

Trevino, L. K., & Nelson, K. A. (2014). *Managing business ethics: Straight talk about how to do it right*. Hoboken: Wiley.

Van Valey, T., Hartmann, D., Fuqua, W., Evans, A., In, A. D., Meyer, A., Staros, K., & Walmsley, C. (2015). The process of ethical decision-making: Experts vs novices. *Journal of Academic Ethics, 13,* 45-60.

Walton, R. E., & Warwick, D. P. (1973). The ethics of organization development. *The Journal of Applied Behavioral Science, 9*(6), 681-698.

White, L. P., & Wooten, K. C. (1983). Ethical dilemmas in various stages of organizational development. *Academy of Management Review, 8*(4), 690-697.

Woodall, J., & Douglas, D. (1999). Ethical issues in contemporary human resource development. *Business Ethics: A European Review, 8*(4), 249-261.

## 요약

HRD 분야에서 윤리는 HRD 활동과 관련한 위험요인으로부터 구성원, 조직, HRD 전문가를 보호하고 HRD와 관련된 모든 이해관계자(stakeholder)들 사이에서 균형(balance)을 잡기 위해 필요하다. 또한 전문가로서 분야에 대한 책무성을 다하기 위해서도 HRD 내에서 윤리에 대한 논의는 필수이다.

그동안 일부 학자들에 의해 윤리와 관련한 연구들이 꾸준히 이루어져 왔고 관련 협회나 조직들에서 HRD 전문가들을 위한 윤리강령을 제정하여 발표하였지만 (예. AHRD의 HRD Standards on Ethics and Integrity) HRD가 전문분야로서 더욱 성숙하기 위해서는 관련 기관의 지속적인 노력과 HRD 전문가 개개인의 윤리의식 성숙이 뒷받침 되어야 한다.

## 탐구 질문

1. HRD 전문가에게 윤리가 필요한 이유는 무엇인가?
2. AHRD에서 제시한 HRD Standards on Ethics and Integrity에서 추가되어야 할 내용이 있다면 무엇인가?
3. 현재 본인이 당면한 HRD와 관련된 윤리적 이슈가 있다면 무엇인가?
4. HRD 업무를 수행하면서 개인이 경험한 윤리적 딜레마가 있다면 충돌된 가치는 무엇이었고 그 상황에서 본인은 어떤 의사결정을 내렸었는가? 또한, 과거의 윤리적 딜레마가 현재 상황에서 다시 재현된다면 어떻게 의사결정을 내릴 것이며 그 의사결정은 과거에 내린 결정과 어떻게 다른가?

## / 저자 소개 /

**이재영(jaelee@ewha.ac.kr)**

2023년부터 이화여자대학교 조교수로 근무함. 펜실베니아주립대학에서 박사학위를 받음. 16년간 KT&G에서 인사교육 담당자/관리자로 근무함. 국민대학교 교양학부 교수 역임했음. 관심 연구분야는 구성원 몰입(employee engagement), 자기주도 직무설계(job crafting), HRD 윤리 등임.

# 제 2 부

# 부문별 HRD와 연구 동향

# 제11장

이현영(인사혁신처)

# 공공부문 HRD

## 목표

1. 공무원 인재개발의 법적근거와 주요제도, 교육체계와 주요내용을 제시할 수 있다.
2. 미국, 독일, 프랑스의 공무원 채용, 인재개발의 특징과 국내 적용의 시사점을 설명할 수 있다.
3. 공무원 인재개발 담당자로서 제도, 기획, 연구개발, 운영, 평가와 피드백 단계별로 주요역할을 파악할 수 있다.

## 핵심용어

공무원 인재개발법, 상시학습제도, 부처지정학습제도, 기본・전문・기타 교육, 국・과장급 공통역량, 공무원 공동학습 플랫폼, 미국 관리자 핵심역량(ECQs), 독일 연방행정아카데미(BAkőV), 프랑스 국립행정학교(ENA), 교육체계, 교육과정 설계, 운영과 피드백

## 1. 공공부문 HRD의 이해

인재개발 또는 인적자원개발(HRD, Human Resource Development)이란 조직의 효과성을 높이고 성과를 개선할 목적으로 구성원의 지식, 스킬, 태도를 개발시키고 궁극적으로 행동을 개선하기 위한 역동적이고 발전적인 실천활동을 의미한다(이홍민 외, 2009). 따라서 조직의 HRD 활동은 단순한 지식, 스킬, 태도에 대한 학습활동 외에 성과창출로 연계할 수 있는 성과관리, 조직문화로 정착을 촉진하는 변화관리 활동을 포괄한다. 국내 HRD 활동은 1980년대 이후 '기업교육'을 중심으로 활성화되기 시작하였고 자체연수원 설립, 인재육성체계 확립 등 1990년대를 통해 성장해 왔다. 그러나 IMF이후 인적자원개발 투자효과의 극대화, 경영성과에 대한 기여를 요구받았고 현실적으로는 전략적 인적자원관리의 부분기능으로서 전략적 인적자원개발이 발전되어왔다고 볼 수 있다.

공공부문에서의 HRD 활동은 행정환경 변화에 따른 정부모델의 변화, 인사행정의 변화를 중심으로 발전되어왔다. 정부 내에서 인적자원에 대한 인식은 정부의 비용에서 자산, 투자의 대상으로 바뀌었으며 인사와 보상체계는 계급과 연공 중심에서 성과와 역량 중심으로 변화를 겪었다. 따라서 선발, 배치, 교육훈련, 평가, 승진, 보상의 요소가 유기적으로 연계, 실행될 수 있는 전략적 인적자원관리 시스템에서 HRD 활동을 이해할 필요가 있다. 본 장에서는 이러한 맥락에서 공무원 인재개발의 현황과 인재개발 담당자가 실질적으로 참고할 수 있는 HRD 업무활동을 정리하였다. 이후 인적자원개발(HRD)은 인재개발 용어로 통일하였다. 또한, 본래 '공공부문'은 공공의 이익을 목적으로 존재하는 부문으로 중앙정부, 지자체는 물론 공기업, 준정부기관, 기타 공공기관을 모두 포괄하나 본 장에서는 중앙행정기관과 지방자치단체에서의 HRD 즉, 공무원 인재개발로 내용을 한정하여 기술하기로 한다.

### 1) 공무원 인재개발

공무원 인재개발의 목적은 국민에 대한 봉사자로서의 공직가치가 확립되고 직무 수행의 전문성과 미래지향적 역량을 갖춘 인재를 양성하는데 있다(공무원인재개발법 1조). 이처럼 공무원 인재개발에서는 국민전체에 대한 봉사자로서의 공공성, 공익성 등에 대한 '가치', 국가경쟁력을 견지할 수 있는 '전문성'에 더하여 4차 산업혁명 시대를 대비하는 '미래지향적' 인재를 강조한다.

공무원 인재개발은 「공무원 인재개발법」과 「지방공무원 교육훈련법」에 기본근거를 두고 있고 각 시행령, 인사혁신처와 행정안전부 예규에 따라 세부내용을 규정하고 있다. 공무원 인재개발을 이해하기 위해서는 먼저 관련 법과 규정의 주요내용을 파악할 필요가 있다. 「공무원 인재개발법」과 동법 시행령에서는 공무원 인재개발의 목적과 지향점을 제시함은 물론 인재개발 관장기관(교육훈련기관), 인재개발의 주요체계(교육체계), 방법을 제시하고 있다.

공무원 인재개발 기관은 국가공무원과 지방공무원으로 구분하여 파악할 수 있다. 국가공무원의 경우 중앙행정기관인 인사혁신처 소속의 국가공무원 인재개발원과 각 중앙행정기관 소속의 전문 교육훈련기관이 교육훈련을 담당하게 된다. 감사교육원, 법무연수원, 조달교육원 등 각 중앙행정기관 소속의 전문교육훈련기관은 직무분야 별로 전문교육이 필요한 경우 설치하게 되며(공무원 인재개발법 4조), 2016년 6월 기준 32개 교육기관이 있다(독립기관 24개, 부서 8개). 지방공무원의 경우 행정안전부 소속의 지방행정연수원과 각 지자체 소속의 인재개발원(서울시 인재개발원 등 23개)이 있다.

[그림 11-1]에서 나타나지 않은 공무원 교육기관으로는 교육청 등의 교육공무원의 인재개발을 담당하는 16개 시도교육연수원, 입법부 공무원 인재개발을 담당하는 의정연수원, 헌법재판소 공무원 인재개발을 담당하는 법원공무원 연수원, 중앙선관위 공무원 인재개발을 담당하는 선거연수원이 있다.

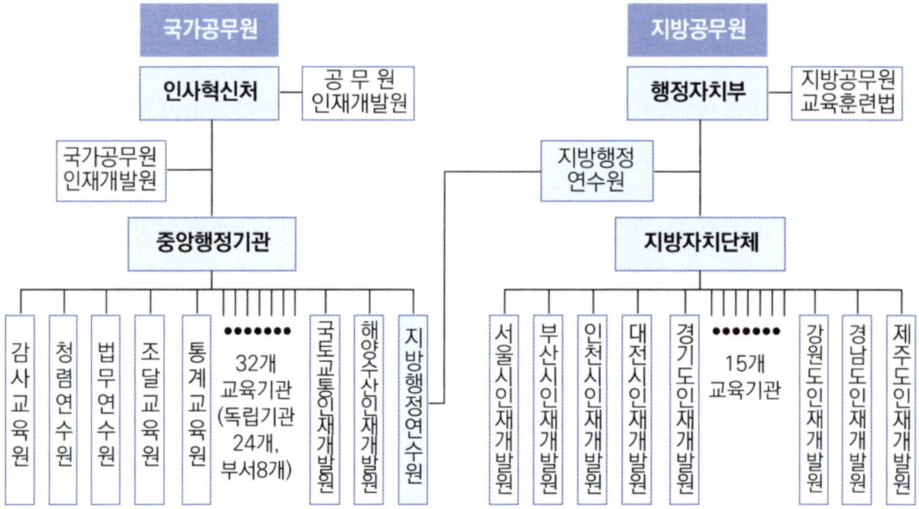


[그림 11-1] 공무원 인재개발 기관

출처: 국가공무원인재개발원, 「2016 교육운영계획」, 2016

「공무원 인재개발법」에 나타난 공무원 인재개발에서의 주요한 특징 중 하나는 자기개발 노력의 강조이다. 직무수행의 전문성을 갖추고 미래사회 행정환경변화에 대응할 수 있는 역량을 갖추기 위해 매년 자기개발계획을 세우고 집합교육은 물론 연구모임 등 다양한 방법으로 역량향상을 위해 노력할 것을 강조하고 있다. 이러한 자기개발을 촉진하는 방법 중 하나로 상시학습제도를 2007년부터 도입, 운영하고 있다. 이는 궁극적으로 공무원의 평생학습과 학습조직화를 지원하기 위한 것으로 연간 교육훈련시간을 100시간 이상으로 하되 수행업무와 근무지역 여건 등을 고려하여 20%이내에서 탄력적으로 조정 가능함을 주요 내용으로 한다. 집합교육은 물론 이러닝, 자격증 취득, 연구모임 등 다양한 형태의 교육을 상시학습 실적으로 인정하고 있다.

이밖에도 상시학습 중 40% 이상을 부처별로 직무역량을 향상시킬 수 있는 교육과정으로 이수할 수 있도록 하는 부처지정학습제도를 운영하고 있다. 이는 상시학습이 어학, 기본소양 등 구체적 직무분야와 괴리되어 실행될 수 있는 우려를 불식하고 상시학습이 실질적 직무역량 향상으로 이어질 수 있도록 하기 위한 제도적 장치라고 할 수 있다. 마지막으로 공무원 인재개발을 위한 제도적 특징은 연간 교육훈련시간이 승진평가와 연계된다는 점이다. 4급 이하 공무원에 대해서는 교육훈련과 자기개발을 위한 학습시간이 승진임용에 반영(공무원 인재개발법 시행령 11조)되도록 하고 있다. 또한 이와 같은 제도가 조직문화에 반영되어 실질적으로 적용될 수 있도록 하기 위해서 관리자가 소속직원의 교육훈련시간을 관리하도록 책임을 부여하고 있다. 물론 직무수행상의 특별한 사유로 교육훈련시간을 충족하지 못한 경우 승진임용에 반영하지 않을 수 있는 예외를 허용하고 있다.

### 2) 교육체계와 주요내용

「공무원 인재개발법 시행령」에서는 공무원 인재개발을 기본교육, 전문교육, 기타교육으로 구분하고 있다. 기본교육은 채용, 승진에 따른 신규채용자 또는 채용후보자, 승진임용예정자 또는 재직자를 대상으로 한다. 전문교육은 구체적 직무분야에 대한 전문성을 갖추기 위한 교육을 의미하며 기타교육은 기본교육과 전문교육을 제외한 교육으로 국정운영방향이나 국정현안 등에 대한 시책교육 등이 대표적 예라고 할 수 있다. 또한 공직전문성과 미래지향적 역량을 갖추기 위한 자기주도적 학습, 연구활동을 중요한 인재개발의 유형으로 구분하고 있다.

공무원 인재개발의 주요 교육내용은 각급 교육기관, 교육대상자 특성에 따라 차이가 있을 수 있으나 일반적으로 국민에 대한 봉사자로서의 공직 가치와 공직 자세, 직급별 리더십, 전문성 향상을 위한 직무교육, 글로벌 역량 분야의 네 가지로 구분해 볼 수 있다. 공직 가치와 공직 자세에 대한 교육은 반부패·청렴, 성희롱·성폭력 예방 등 공직자로서의 기본 자세에 대한 내용과 함께 정부가 추구하는 국정철학과 국정과제에 대한 내용들을 포괄한다. 주로 직급별로 실시되는 기본교육에 포함되며 기타 시책교육, 각 중앙행정기관에서 실시하는 직장교육의 형태로 전달되기도 한다.

리더십 교육은 2006년 고위공무원단 제도가 도입된 이래 승진을 위한 역량평가(Assessment Center)와 연계하여 역량교육을 중심으로 확대되어왔다. 중앙정부의 경우 2~4급에 해당하는 국, 과장급에게 요구되는 공통역량을 체계화하고 각 교육훈련기관이 이러한 공통역량을 향상시킬 수 있는 교육훈련 프로그램을 편성하도록 하고 있다. 중앙행정기관 고위공무원단(국장급) 후보자를 대상으로 국장급 6개 공통역량에 대한 교육을 의무화하고 있으며 과장급의 경우 보직 1년 이내에 과장급 6개 공통역량에 대한 교육을 의무적으로 이수하도록 하고 있다.

〈표 11-1〉 국 · 과장급 공통역량

| 구 분 | 공통역량 |
|---|---|
| 고위공무원단<br>(일반직 고위공무원 가 · 나) | 문제인식, 전략적 사고, 성과지향, 변화관리, 고객지향,<br>조정통합 |
| 과장급<br>(3~4급) | 정책기획, 조직관리, 성과관리, 동기부여, 의사소통,<br>이해관계 조정 |

국 · 과장급 리더십 교육은 직급별 역량평가를 통한 승진제도와 연계되어 있으며 이는 중앙정부 고위공무원단에서 출발하여 각 중앙행정기관, 지방자치단체, 교육청의 사무관 승진과 교육에 이르기까지 확대되고 있다. 2006년 당시 안전행정부가 고위공무원단 제도의 도입과 함께 역량평가를 실시하였으며 과장급은 2015년부터 의무적 도입을 추진하였다. 고용노동부는 2012년에 5급 승진임용제도에 역량평가제를 도입하였고 서울시는 2008년 사무관 승진에, 서울시 교육청은 2013년부터 사무관 승진에 역량평가를 도입하였다. 교육부의 경우 현재 급변하는 대학 환경 속에서 대학직원의 역량이 저하되었다는 판단하에 2015년부터 국립대학을 중심으로 역량

기반 교육훈련체계를 구축하여 시행하고 있다(하영자, 2016). 최근에는 직급별로 요구되는 공통역량 외에 공직리더로서 요구되는 다양한 리더십에 대한 교육 필요성을 인식하고 있으며 변화하는 시대정신을 반영하여 과거의 관리, 지시적 리더십에서 벗어나 민주, 지원적 리더를 양성하기 위한 프로그램을 계획하고 있다. 공감능력을 바탕으로 하는 감성, 소통, 신뢰를 리더십의 주요 키워드로 하여 리더십 진단에 기반한 코칭 등 다양한 프로그램을 시도하고 있다.

직무교육의 경우 각 부처별로 주요 직무분야에 따라 다양한 교육과정이 수반될 수 있으며 직무 공통교육으로서는 주로 정책을 수립(정책기획)하고 수행(정책집행)하는 것과 관련된 교육이 포함된다. 정책기획에는 예산, 법제, 홍보, 보고서 작성 등이 포함되며 정책집행에는 계약, 회계, 정보화 등의 내용이 포함된다고 볼 수 있다. 정책교육은 국정과제 등 부처별 현안을 주제로 선정, 정책대안을 만들고 그 과정에서 법, 예산, 홍보 등을 종합적으로 검토하도록 하는 실무중심 교육으로 이루어지며 팀 과제 부여를 통해 동료학습을 촉진하고 기본 지식에 대한 강의, 과제 수행과 피드백을 중심으로 교육모듈을 구성한다.

지금까지 언급한 공무원 인재개발의 주요 체계와 내용을 정리하면 1~9까지 공무원의 직급체계를 중심으로 공직가치와 자세, 리더십, 직무전문성, 글로벌 분야에 대하여 기본교육, 전문교육, 시책교육 등 기타교육의 형태로 운영된다고 볼 수 있다. 기본교육은 신규임용 또는 승진 전, 후에 주로 실시되며 그렇지 않은 경우도 있으나 대부분 의무교육 중심이다. 전문교육 또는 시책 등 기타교육의 경우 필요에 따라 선택적으로 수강 가능하며 2~3일 내외의 단기교육 형태를 띤다.

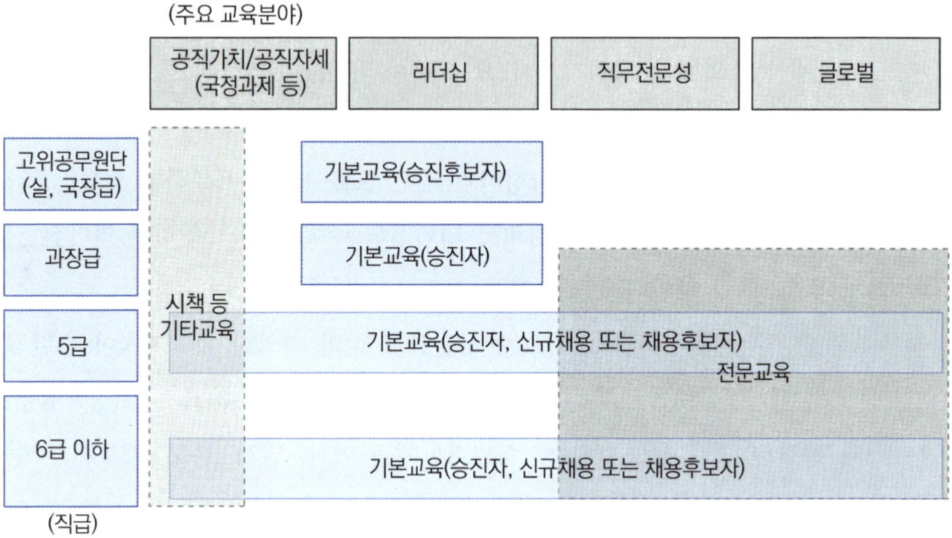


[그림 11-2] 공무원 교육체계 개념도

### 3) 공무원 인재개발의 주요특징

최근의 공무원 인재개발은 전략적 측면에서는 개인의 역량개발에서 조직의 목표달성과 성과로 그 관심이 옮겨가고 있으며 방법적 측면에서는 자기주도적 학습의 강조에서도 알 수 있듯 정형학습(formal learning)[3]외에 비정형학습(informal learning)[4]을 강조하고 있다. 비정형학습의 실천방법으로서 성인업무역량의 70%는 업무경험기반 학습, 20%는 타인과의 사회적 학습, 10%만이 정형학습이라는 주장에 근거, OJT와 조직 내 학습공동체(연구모임) 지원을 강화하고 있다. 이밖에도 관리자 교육에서의 코칭확대, 교육기간 중 신규자와 재직자 간의 멘토링 매칭 등 노력을 기울이고 있다. 교육내용 측면에서는 4차 산업혁명에 따른 미래의 기술변화와 그에 따른 사회변화, 이에 대비하는 공무원의 역량강화에 중점을 두고 있다.

3) 형식학습/교육
4) 비형식학습/교육

교육방법 측면에서 또 다른 특징은 교수자 중심의 강의형 교육에서 벗어나 학습자 중심의 참여형 교육으로 패러다임을 전환하고 있다는 점이다. 앞서도 언급한 리더십 교육의 경우 각 직급별로 업무현장에서 직면할 수 있는 다양한 상황과 문제를 시뮬레이션 형태로 제시하고 문제해결과정을 관찰, 피드백하는 실습중심 교육을 국가공무원 인재개발원에서 2009년부터 도입하여 실시하고 있으며, 이와 같은 교육방식은 이후 각급 교육기관으로 확대되었다. 이 밖에도 혼합학습(blended learning), 플립러닝(flipped learning), 디자인 씽킹, 토론식 교육 등 다양한 교육기법을 적용하고 있다. 혼합교육은 기본교육은 물론 직무교육에서도 대부분 적용되고 있으며 교육과정과 관련된 법, 제도, 기초지식 등을 이러닝을 통해 사전학습하고 집합교육을 이수하게 된다.

최근 들어 나타나는 공무원인재개발에서의 또 하나의 트랜드는 교육훈련과정의 평가와 환류 노력이다. 공무원 인재개발의 평가는 Kirkpatrick의 4단계 평가모델을 따르고 있다. 반응평가는 거의 모든 교육과정에서 적용되며 교육과정과 강사에 대한 만족도를 평가하는 형태로 실시하고 있다. 반응평가는 온라인 평가시스템의 도입을 통해 모바일을 활용하여 실시간 평가가 가능하도록 함으로써 그 실행력을 높이고 있다. 모든 교육과정에 적용이 가능한 반응평가와 달리 2단계 성취도, 3단계 현업적용도 평가는 교육내용의 특성에 따라 선택적으로 적용하고 있다. 헌법, 재정, 법제 등 지식 중심의 교육에서 성취도 평가를 실시하고 있으며 행동이나 인식의 변화를 목적으로 하는 교육과정에서 현업적용도를 평가하기 위한 노력을 기울이고 있다.

마지막으로 공무원 인재개발을 지원하는 중요한 수단으로 이러닝을 들 수 있다. 이러닝을 통한 공무원 교육은 2000년 당시 행정자치부 중앙공무원교육원에서 공무원사이버교육센터를 개설하면서 시작되어 서울시인재개발원 등 지방자치단체까지 확대되었다. 2012년에는 모바일러닝 서비스를 시작하였으며 2017년에는 공무원 학습자료를 한곳에 통합하여 국가 및 시·도의 교육협력기관, 국립대학 등이 공동 활용할 수 있는 공무원 학습플랫폼을 구축하여 자기주도적 학습을 지원하고 있다. 전국의 87개 교육기관과 168개 정도의 교육운영부서(국가 44개 기관, 57개 부서, 지방 17개, 광역지자체 25개 부서, 25개 대학)에서 공동학습플랫폼을 활용하여 약 132만 명 내외가 이러닝을 수강하였다. 이러닝은 주로 공무원이 직무수행을 위해 알아야 할 법, 제도, 정보화 교육을 위해 활용되며 그 밖에도 경제·금융상식, 정부 3.0 등 주요정책의 이해 등 다양한 지식과 정보의 전달을 위해서 활용된다. 최근에는 우수한 집합강의, 세미나 등을 동영상으로 촬영, Gov-MOOC로 제공하는 등 콘텐츠를 다양화하고 있다.

## 2. 해외 주요 국가의 공무원 인재개발

본 장에서는 미국, 독일, 프랑스의 공무원 채용, 인사, 인재개발에 대한 체계와 현황을 파악함으로써 국내 공무원 인재개발을 위한 다양한 시사점을 찾고자 하였다. 본 장의 내용은 국가공무원인재개발원에서 2017년 발간한 연구자료집인 '주요 선진국 공무원 인사제도 및 인재개발현황'의 내용을 주로 참고하였음을 밝혀둔다.

### 1) 미국

미국의 공무원 채용은 각 직위마다 자격요건을 명시하여 특정 교육훈련의 이수 여부가 승진에 영향을 미치는 것이 아니라 학위요건 또는 경력요건 등이 상위직위 채용의 조건이 된다. 따라서 교육훈련에 대한 관심은 적은 편이다. 미국 인재개발의 특징은 상위직급 대상 리더십 위주의 교육이 중심이며 미국 공무원의 인사와 교육을 주관하는 부처인 인사관리처(OPM, Office of Personnel Management)의 통합적 교육 프로그램 외에 각 부처에 교육을 위임하고 지원하는 형식을 띠고 있다. 이는 직위분류제를 통해 해당 직무에 전문성 있는 자를 채용하는 미국 제도의 특성상 제네럴리스트로서 요구되는 일반행정 또는 리더십에 대한 교육 필요성이 더 큰 현상을 반영한 것이라고 할 수 있다.

교육을 받고자 하는 공무원은 자기개발계획(IDP, Individual Development Plan)을 작성하여 부서장의 평가, 승인을 거치도록 하고 있으며 관리자 핵심역량(ECQs, Executive Core Qualification)을 제시하여 리더십 교육의 지표로 삼고 있다. OPM이나 각 부처의 리더십 교육 프로그램들은 대부분 이 지표 들 중 일부를 개발하기 위해 설계되어 있는 경우가 대부분이다. 또한 교육위원회를 통해 학점추천제도(ACE, American Council on Education Credit)를 운영하고 있다. 대학은 물론 외부 교육기관 프로그램들에 대해서 교육위원회가 평가, 인증하면 학위와 연계되도록 하고 있다.

미국 연방정부 중앙인사 관장기관인 인사관리처(OPM)에는 인적관리 기능이 집중되어 있고 연방공무원의 분류, 임용, 급여, 복무, 퇴직관련 중요 인사정책 및 제도 수립, 각 부처에 대한 인사감사 등의 업무를 수행한다(한국행정연구원, 2009). 인사관리처 소속기관으로 연방관리자연수원(FEI, Federal Executive Institutes), 관리자개발센터(MDC, Management Development Center)가 부처 전체 공무원을 대상으로 리더십(조직관리, 성과관리 등)에 특화된 교육을 제공한다. 또한 USA Learning 이라는 공무원 이러닝 교육사이트를 통해 지속적 자기개발을 지원한다. 1968년에 설립된 FEI는 고위직 공무원 대상 교육을 주로 시행하며 연간 약 2,000여 명을 합숙교육하고 있다. MDC는 상위관리자 리더십교육을 실시하며 2일~2주의 다양한 프로그램을 개발, 운영하고 있다. ECQs(표 11-2 참조)에 기반하여 교육과정을 개설하고 ACE 인증을 통해 대학/대학원에서 학점으로 인정받기도 한다.

☞ **관리자핵심역량 (ECQs, Executive Core Qualification)**
- 리더십 교육을 위해 인사관리처에서 만든 자격 지표
- 22개의 ECQS Competency와 6개의 Fundamental Competency로 구성
- ECQs 가이드북을 통해 각 지표의 정의, 중요한 이유, 개발방법 등 제시

〈표 11-2〉 ECQs 지표

| | |
|---|---|
| ECQ1: LEADING CHANGE | • CREATIVITY / INNOVATION<br>• EXTERNAL AWARENESS<br>• FLEXIBILITY<br>• RESILIENCE<br>• STRATEGIC THINKING<br>• VISION |
| ECQ2: LEADING PEOPLE | • CONFLICT MANAGEMENT<br>• LEVERAGING DIVERSITY<br>• DEVELOPING OTHERS<br>• TEAM BUILDING |
| ECQ3: RESULTS DRIVEN | • ACCOUNTABILITY<br>• CUSTOMER SERVICE<br>• DECISIVENESS<br>• ENTREPRENEURSHIP<br>• PROBLEM SOLVING<br>• TECHNICAL CREDIBILITY |
| ECQ4: BUSINESS ACUMAN | • FINANCIAL MANAGEMENT<br>• HUMAN CAPITAL MANAGEMENT<br>• TECHNOLOGY MANAGEMENT |
| ECQ5: BUILDING COALITIONS | • PARTNERING<br>• POLITICAL SAVVY<br>• INFLUENCING / NEGOTIATING |
| FUNDAMENTAL COMPETENCIES | • INTERPERSONAL SKILLS<br>• WRITTEN COMMUNICATION<br>• ORAL COMMUNICATION<br>• INTEGRITY / HONESTY<br>• CONTINUAL LEARNING<br>• PUBLIC SERVICE MOTIVATION |

출처: OPM, 「Matrix of Competencies by Developmental Interventions」, 2015

대표적 리더십 프로그램으로 FEI와 MDC에서 운영하고 있는 리더십 교육·개발 인증 프로그램(LEAD, Leadership Education and Development Certificate Program)이 있다. 리더십 교육 인증제도로 5개의 관리직급(Team lead, Supervisor, Manager, Executive, Professional leader)에 대해서 5개 영역(Conducts appraisals, Assessment, Core Development, Policy Awareness, Skill Immersion)에 대한 교육을 실시한다. 각 직급에 대한 교육들은 관리자핵심역량(ECQs)을 달성할 수 있도록 설계되어 개인별로 3년 안에 자율적으로 이수할 수 있도록 되어 있다. 5개 영역의 교육을 모두 이수한 후 4~6페이지의 핵심 보고서를 제출해야 하며 여기에는 교육을 통해 배운 성찰, 향후 적용방안을 구체적으로 기술해야 한다. LEAD를 통해 이수한 과정은 ACE 프로그램을 통해 대학 또는 대학원에서 학점으로 인정받을 수 있다. FEI에서 운영하고 있는 대표적 리더십 프로그램으로는 '민주사회를 위한 리더십(Leadership for Democratic Society)'이 있다. 연방정부 과장급(GS15) 및 고위직(SES)을 대상으로 4주간 운영한다. 개별 역량의 향상을 넘어서는 자기 성찰과 조직에 대한 인식을 강조(Post-Competency)하여 지식에 대한 강의를 배제하고 자기진단(360도 평가, MBTI 등)을 통한 자기인식, 상호토론을 통한 동료학습과 성찰에 중점을 둔다는 특징이 있다.

### 2) 독일

독일의 공무원 제도는 관료제적 시스템을 중요시하고 계급가치를 통한 공직의 안정성을 강조한다. 부처별 자율채용제를 택하고 있으며 신규자와 재직자의 교육훈련기관이 분리되어 있다. 교육훈련여부가 성과평가나 승진에 반영되지 않고 공무원 개인의 자발적 선택과 자기개발 노력의 방법으로 교육훈련이 실시되며, 교육훈련을 국정철학 전파와 당의 방침과 연계한 정부운영을 위해 교육훈련을 기획한다는 특징을 갖는다.

독일 연방내무부(BMI, Bundesministerium des Innern)의 공무원담당국(Abteilung

D, Öffetlicher Dienst)에서 인사업무를 담당하고 있으며 재직 공무원의 교육훈련을 담당하는 연방행정 아카데미(BAkőV) 역시 독일 내무부의 한 조직단위이다.

바퀘프는 정부부처 재직 공무원에게 요구되는 공통사항에 대한 교육을 담당하며 진급을 위한 기본과정, 일반전문교육과정(예산, 조직, 인력개발과 관리, 언론과 홍보, 법과 행정), EU와 국제역량과정, 관리자 훈련과 경력개발과정(리더십, 소통, 경력개발), 정보화 역량(전자정부, IT 등), 코칭의 6가지 영역으로 구분하여 교육 프로그램을 제공한다(표 11-3 참조). 바퀘프의 교육훈련은 직급별 필수교육을 제공하지 않으며 개인의 자발적 신청에 의해 진행된다는 특징을 갖는다. 6개 부서에서 연간 16,000여 명 대상 약 1,200개의 교과목을 운영하고 있다(2014년 기준 1190개 교과목 개설, 15610명 참여). 독일의 신규임용자 대상교육은 전문교육기관에서, 고위직 신임 공무원은 '슈파이어 행정대학원'에서, 상급직 신임 공무원은 '연방행정 대학'에서 교육을 담당한다.

독일은 통일 이후 민주주의 법치국가 기본원칙에 따라 구 동독 관료들에 대한 교육이 필요했고 연방행정아카데미(BAkőV)는 독일 통일과정에 도움을 주기 위해 1990년대부터 다양한 노력을 기울였다. 재임용된 동독 공공기관 근무자는 연방행정아카데미, 행정전문대학 등에서 교육훈련을 받았고 독일 기본법에 부합하는 헌법질서, 연방제에 기반한 법치국가, 법 적용, 사회적 시장경제, 예산제도, 신연방 지역에서 교육을 담당할 수 있는 강사교육 등이 주로 교육내용으로 다루어졌다.

☞ **통일 독일의 구 동독 행정기관 종사자 대상 주요 연수 프로그램**

① 기본법의 헌법규정 입문과 민주적·연방적 법치국가에서의 행정업무 기본원칙
② 행정업무 전문적인 지식 세미나, 특히 예산체계, 행정기관에서의 경제성, 공공분야의 직권, 운영수칙에 관한 문제, 법률의 적용, ICT 기초지식 등
③ 구동독에 행정절차와 법적 절차를 도입하기 위한 각 부처 프로젝트 세미나
④ 민주적 법치국가 기초 강의를 위한 강사 훈련

출처: 통일부, 「독일통일총서-행정분야 통합관련 정책문서」, 2013, pp. 81~84, pp. 206~208

〈표 11-3〉 독일연방행정아카데미(BAköV) 기본 교육훈련 프로그램

| 구분 | 세부영역<br>(개설과목수) | 과목명(예시) | 교육<br>기간 | 교수<br>방법 |
|---|---|---|---|---|
| 교육부서1<br>(기본과정) | 진급(15) | 고위공무원 진급을 위한 기초과정 | 2주 | 강의 |
| 교육부서2<br>(일반전문<br>교육과정) | 예산(29) | 예산 일반 | 3일 | 세미나 |
| | 조직(20) | 조직훈련의 기초 | 2주 | 강의 |
| | 인력개발 및<br>인력관리(50) | 인력개발 경험 공유 | 2일 | 워크숍 |
| | 언론과 홍보(26) | 언론홍보와 미디어법 | 3일 | 세미나 |
| | 법과 행정(17) | 법적평가와 결과 | 3일 | 세미나 |
| 교육부서3<br>(EU와<br>국제역량과정) | 기본세미나(6) | 유럽연합(EU) 개괄: 기관,<br>법률시스템 등 | 3일 | 세미나 |
| | 고급세미나(8) | 유럽연합 기관과 업무: 기관 대표<br>토론 | 3일 | 세미나 |
| | 특별세미나(14) | 유럽연합에서의 성공적 협상 | 4일 | 세미나 |
| | 문화 간 역량(8) | 협상과 협력: 체코 | 2일 | 세미나 |
| 교육부서4<br>(관리자 훈련과<br>경력개발과정) | 리더십(33) | 고위직을 위한 관리론 | 4일 | 세미나 |
| | 의사소통과 협력(27) | 고위직을 위한 의사소통과 협력 | 4일 | 세미나 |
| | 경력개발(12) | 직장에서의 자기계발: 상급직대상 | 3일 | 세미나 |
| 교육부서5<br>(정보화 역량<br>과정) | 전략적 정책: 전자정부와<br>IT(9) | 관리 기능으로서의 IT | 3일 | 세미나 |
| | 이러닝(4) | 뉴미디어 학습 | 3일 | 세미나 |
| | IT를 통한 조직관리(2) | IT와 공공보안 | 3일 | 세미나 |
| | IT를 통한 과제 관리와<br>기준(26) | 공공 행정에서의 IT 과제관리<br>기초지식 | 3일 | 세미나 |
| | IT경제학(6) | IT효율성 측정 | 3일 | 세미나 |
| | 정보통신 기술(10) | IT 업무수행의 효율성 | 3일 | 세미나 |
| | 사용자 지원 및 교육(7) | 인터넷 법률/국가 법 | 2일 | 세미나 |
| 교육부서6<br>(코칭과정) | 코칭(9) | 관리자의 성공적인 개별 코칭 | 개별<br>공지 | 개별<br>공지 |

출처: 김주훈, 「유럽 주요국가의 공무원 채용, 교육에 관한 사례연구」, p.16~17

### 3) 프랑스

프랑스 정부는 공무원 채용과 교육훈련이 일원화되어 있는 특징을 갖는다. 중앙정부 신규 공무원의 80%가 국립행정학교(ENA, Ecole Nationale d'Admini-stration)를 통해 이루어지며 순환보직에 기반을 두지 않고, 동일 직종단에 소속된 공무원은 유사한 직무를 수행함으로서 국민이나 언론으로부터 그 전문성을 민간수준 못지않게 인정받아 왔다.

프랑스의 인사행정은 1945년 이전에는 각 부처별로 수행되는 분권화 형태였으나 1967년 이후 부의 형태로 자리잡아 2014년 6월 독립된 부처인 '공직부'에서 담당하고 있다. 공직부에서는 인사관련 법령, 인사정책, 인사정보, 임용제도와 교육훈련, 공무원 보수, 국립행행정학교(ENA), 지방행정학교(IRA)의 운영 등을 담당한다. 프랑스 공무원 채용제도는 계급제 공무원 제도의 특징 중 하나로 '학력조건'과 '연령제한'을 두고 있으며 엘리트 공무원 양성기관인 국립행정학교(ENA)은 국가공무원 고위직 채용과 임용 전 교육을 담당하는 대표적 기관이다. 이 외에 각 부처별로도 50여개의 교육기관이 설치되어 있다. ENA의 교육목표는 특수한 분야에 대한 전문가보다는 넓은 분야에 대한 통찰력을 가진 일반 행정가를 양성하는 데 초점을 두고 있다. 가치교육 보다는 구체적인 응용능력을 제고하는 데 중점을 두어, 현실감각 고취를 위해 사례연구 등을 중시해 왔다(표 11-4 참조).

ENA는 신규 고위공직에 대한 교육뿐 아니라 내국인과 외국인 관료에게 개방된 학위인정과정을 운영하고 있는 것이 특징이다. '프랑스 국립행정학교 장기국제과정'은 신임사무관급 공직자를 대상으로 하는 교육과정이나, 예외적으로 공무원지망생들도 등록할 수 있다. 해당 과정은 정식 학위과정으로 인정 받아, 스트라스부르그대학, 파리1대학 팡테옹-소르본 등과 합동하여 3개 전공의 특수대학원석사학위과정을 운영하고 있다. '프랑스 국립행정학교 고급국제교육과정'은 고위공직자를 대상으로 하는 교육과정으로서 마찬가지로 정식 학위과정에 해당한다. 이 과정 또한 스트라스부르그 대학 등과 합동으로 〈행정과 국제정치〉, 〈행정과 공공재정〉 등 2개 전공의 석사과정을 개설·운영하고 있다.

〈표 11-4〉 프랑스 국립행정학교(ENA) 주요 교과목 등

| 과목 | 주 요 내 용 | 강사진 |
|---|---|---|
| 공문서 및 법률안 작성 실습 | 헌법, 행정법, 행정학 등 기초이론 강의(케이스별 연습) | 관련분야 중견공무원 등 |
| 경제실무 | 거시경제, 통계, 조세 등 경제전반 지식 | 관련분야 중견공무원 등 |
| 행정관리 실습 | 예산, 회계, 일반행정관리 | 관련분야 중견공무원 등 |
| 정책세미나 | 주요 정책현안에 대한 의사 결정 방법 | 관련분야 중견공무원이 그룹지도 |
| 현장 서베이 | 주요 사회이슈에 대한 서베이 실시 | 분야별 관련 인사 |
| 국제관계 실무 | 주요 국제문제 및 외교정책 강의, 케이스별 연습, 보고서 작성 | 외교부 교수 등 |
| 어학 및 컴퓨터 | 외국어 1~2개 선택, 컴퓨터 실습 | 분야별 전문가 |

출처: 황선범(2014),「한국 공무원 교육훈련제도의 발전방안에 관한 연구」

국가별 공무원 인재개발의 특징을 이해하기 위해서는 채용, 인사. 인재개발 제도 간의 연계성 파악이 선행되어야 한다. 미국의 경우 직위분류제를 통해 승진보다는 해당직위에 적합한 자격요건을 갖춘 인재 채용의 맥락에서 인재개발의 특징을 이해할 수 있다. 따라서 교육훈련 역시 각 직위의 직무, 자격요건의 기준과 이를 갖추기 위한 다양한 프로그램을 제공, 리더십 교육의 강조라는 특징을 갖는다.

독일과 프랑스는 계급제를 중요시하지만, 독일은 부처별 자율채용 후 재직자 교

육을 제공하는 채용, 인사, 인재개발의 분리를, 프랑스는 채용과 교육훈련의 연계, 직무전문가 보다는 통찰력을 갖춘 일반 행정가 양성에 초점을 두어 교육 프로그램을 제공하면서도 동일 직종단에서 유사직무를 수행하게 하는 인사제도를 통해 그 전문성을 인정받고 있다. 국내 공무원 인재개발은 계급제를 근간으로 신규 또는 승진 공무원에 대해 해당직급에서 일반행정가로서 요구되는 교육프로그램을 제공한다는 측면에서 독일, 프랑스 공무원 인재개발을 참고할 수 있으나 고위공무원단 제도의 도입과 함께 관리자 교육에서 리더십 교육을 강조하고 직급별 공통역량을 제시하고 인사승진과 교육을 연계한다는 측면에서는 미국의 리더십 교육을 참조할 필요가 있다.

## 3. 공무원 인재개발 업무의 실제

공무원 인재개발 담당자로서 업무수행을 위해서는 관련 법규 및 예규, 지침 등을 살펴보고, 인재개발의 트렌드와 방향성을 이해할 필요가 있으며 이를 바탕으로 교육체계를 수립하고 교육과정을 기획, 운영, 평가해야 한다. 본 장에서는 공무원 인재개발 담당자로서 교육체계, 연간 교육계획, 교육과정설계, 운영의 업무단계별로 참고할 수 있는 내용들을 정리하였다.

### 1) 교육체계

교육체계(Educational System)는 조직 전체 차원에서 인재육성을 위해 필요한 교육의 유형과 내용을 조직 내 각 직급별로 요구되는 계층교육과 직무분야별로 요구되는 직무교육의 형태로 보여주는 것(HRD 용어사전, (사)한국기업교육학회 제공)으로 교육체계도(Educational System Chat)의 형태로 나타낸다. 교육체계에는 조직이 추구하는 비전과 가치, 주요 (경영)정책 등이 반영, 포함된다. 공무원 교육체계는 앞서 [그림 11－2]에서 언급한 개념도를 통해 파악할 수 있다. 공무원 제도의 근간인 직급과 주요 교육분야를 양 축으로 하여 기본교육, 직무교육, 시책교육 등을 중심으로 체계화할 수 있으며 각 교육과정의 목적과 교육대상의 특징에 따라 교육기간, 주요 교육내용 등의 계획을 구체화시킬 수 있다.

교육체계를 수립하는 방법으로 CBC(Competency-Based Curriculum)가 대표적이다. CBC는 직급별로 요구되는 역량(Competency)을 규명하고 각 역량을 구성하는 지식, 기술, 태도를 향상시키기 위한 교육과 다양한 형태의 학습지원책을 계획하는 것이다. 역량기반 교육체계 수립을 위해서는 Sparrow(1996)의 역량유형 구분을 참고하는 것이 유용하다. Sparrow는 역량의 유형을 조직역량, 개인역량, 관리역량으로 구분하였다. 조직역량(Organizational Competnecies)은 모든 조직원이 공유해야 하는 공통역량으로 해당 조직에 특화된 핵심가치, 기반역량 등의 용어로 국내에서는 많이 사용되었다. 개인역량(Behavioral Competencies)은 직무수행과 관련된 조직 내에서의 개인의 행동양태, 즉, 고성과자의 행동특성이라고 설명하고 있으며 리더십 분야로 구분해 볼 수 있다. 관리역량(Management Competencies)은 직무분석을 통해 도출되는 개인의 지식, 기술, 태도로 직업교육 등을 통해 교육이 가능하다고 설명하고 있다(Sparrow, 1996). HRD에서는 직무교육에 해당한다고 볼 수 있다. 국내 많은 기업이나 공공부문 교육체계는 이와 같은 조직역량(핵심가치, 기반역량), 개인역량(리더십), 관리역량(직무역량)의 틀 내에서 설명이 가능하다.

각 역량유형별로 필요역량을 도출하는 방법은 다를 수 있다. 리더십 역량은 앞서도 언급한 바와 같이 고성과자의 행동특성을 개념화하는 역량모델링 과정을 통해 도출하는 것이 일반적이나, 직무교육의 경우 직무분석 기법 중 하나인 DACUM 방식을 사용하는 것이 일반적이다. DACUM은 미국 Ohio주립대학에서 각종 직무분석에 사용되면서 활용되기 시작했는데 특정 직무(job)를 임무(duty), 과제(task)의 순으로 세분화하여 직무수행자에게 요구되는 교육훈련을 결정한다. 일반적으로 과제

(task)는 하나의 의미있는 결과를 산출해 낼 수 있는 작은 업무수행 단위로 각 부서에서 개인이 수행하는 독립적 업무의 단위로 본다. 이러한 개인의 단위업무가 모여서 하나의 부서를 구성하게 되면 이를 임무(duty), 이러한 부서가 여러 개가 모여서 직무(job)를 구성하는 것으로 본다. 각 부서별 우수 성과자를 대상으로 워크숍 등의 방법을 통해 구체적 직무분석 작업을 시도할 수 있다. 워크숍을 통해 도출된 과제(task)들은 해당 과제 수행을 위해 필요한 지식, 스킬, 태도로 분석되어 필요한 교육내용을 구성하는 기준이 된다. 교육 담당자는 이러한 다양한 HRD 방법론을 활용하여 교육체계를 수립할 수 있다.

이와 같은 교육체계에 따라 교육담당자는 연초에 교육기관의 연간 교육운영계획을 수립하게 된다. 교육운영계획은 각 교육기관에서 실시하게 될 구체적 교육과정, 교육목표, 교육대상, 교육기간과 시기 등을 결정하는 것이다, 기본교육의 경우 채용, 승진, 교육파견 등 조직의 인사와 연계되어 정해지는 경우가 많다. 반면 전문교육은 교육수요가 얼마나 있는지(필요한 경우 수요조사 등을 실시하여)를 파악하고 국정감사기간, 회계마감 등 업무적으로 바쁜 시기인지를 고려하여 교육시기, 횟수 등을 결정할 수 있고 활용 가능한 교육장소 등 시설현황을 고려하여 교육방법과 교육인원, 시기, 횟수 등을 조정할 수 있다.

### 2) 교육과정 설계

각 교육과정 별로 구체적 교과목을 계획하고 적절한 강사, 퍼실리테이터를 활용하는 것은 교육담당자로서 매우 중요한 역할이다. 각 교육과정의 주요 교육내용을 설계하는 것은 교육담당자의 지속적 학습과 노력이 필요한 부분이다. 교육내용은 당위적으로 교육해야 하는 것과 교육대상자 또는 각 기관의 요구조사 등을 통해 도출해 낼 수 있다. 당위적 교육내용은 각 분야별 전문가 또는 업무전문가 자문이나 정책환경 변화 등에 대한 자료조사 등을 통해 계획할 수 있으며 교육대상자를 의견

수렴 과정을 거쳐 정리해 나갈 수 있다. 교육과정 설계의 절차는 다양한 상황에 따라 차이가 있을 수 있으나 다음과 같이 일반화해볼 수 있다.

먼저, 교육체계 또는 주요 교육분야(핵심가치, 리더십, 직무 등)에 따른 교육모듈을 세분화 한다. 교육모듈은 독립적으로 구성될 수 있는 교육내용의 단위로 교육내용의 체계적 구성을 위해 필요하다. 다음으로는 교육모듈별로 구체적 교과목을 도출한다. 교과목 도출은 구체적 시간표를 만들어가는 단계로 교육 운영상의 제약요건을 고려하여 독립된 단위로 쪼개지는 시간단위를 고려한다. 2~3시간을 1개 교과목 단위로 구성하는 것이 일반적이다. 교과목 별로 지식전달 중심, 토론을 통한 성찰 중심, 실습을 통한 행동개선 중심 등 교육목표를 차별화하고 적합한 전문가, 퍼실리테이터 Pool을 조사한다.

☞ **교육과정 설계**

① 교육체계 또는 교육분야(핵심가치, 리더십, 직무 등)에 따른 교육모듈 체계화
② 교육 모듈별 교과목 도출 → 교육목표 구체화
③ 교육방법 설계: 강의식, 토론식, 실습식 등
④ 강사 또는 퍼실리테이터 Pool 구성

[그림 11-3]은 리더십 분야 교육 모듈, 교과목, 강사 구성의 예시로 단계별 교육담당자 업무수행을 위해 참고할 수 있다. 교육 모듈 체계화를 위해서는 기존 교육과정 벤치마킹이나 전문가 자문, 역량 모델링, 직무분석 등 다양한 방법을 활용할 수 있다.

☞ **리더십 분야 교육모듈 체계화 (예시)**

① 리더십 전반 (롤모델을 통해 바람직한 리더 성찰)

↕ ↕ ↕

| Leading the Organization | + | Leading Others | + | Leading Yourself |
|---|---|---|---|---|
| ② 전략(미래예측)<br>③ 조직 | | ④ 소통 · 파트너십<br>⑤ 조정 · 통합 | | ⑥ 자기인식<br>⑦ 회복탄력성 |

☞ **교육모듈에 따른 교과목 도출 (예시)**

| 리더십 분야 교육모듈 | | 교육목표 | 교과목 |
|---|---|---|---|
| 1 리더십 전반<br>• 강의(6h)<br>• 토론(3h) | | • 롤 모델을 통해 바람직한 리더십 성찰 | • 역사 속 라이벌 리더십<br>(춘추시대 초장왕의 리더십) |
| Leading Others | 4 소통<br>• 파트너십<br>• 강의(4h)<br>• 토론(2h) | • 자신의 소통방식 이해와 상사, 부하직원 협력적 관계구축에 대한 성찰 | • [토론] 상사 · 부하직원 파트너십<br>• Y세대와의 온라인 소통 |
| | 5 조정 · 통합<br>• 강의(4h)<br>• 토론(2h) | • 사례, 토론을 통해 이해관계를 조정할 수 있는 방법론 학습 | • [토론] 사례를 통해 익히는 갈등해결의 원리<br>「소통과 갈등관리, 사례찾기」<br>• [실습] 전략적 커뮤니케이션 |

**[그림 11-3]** 리더십 분야 교육모듈 체계화 (예시)

교육방법을 설계하는 것은 교육담당자의 매우 중요한 역할 중 하나인데 강의중심 교육 외에도 개인별 또는 팀 단위 연구과제부여, 보고서 작성과 발표, 평가 등 학습자 주도적 학습활동을 설계할 수 있다. 공무원 인재개발에서 학습자 주도적 학습활동의 설계는 장기교육에서 그 강점을 발휘할 수 있다. 3일 내외로 구성되는 단기교육과는 달리 4주 이상 장기 교육과정의 경우 기본개념이해, 자료수집, 현장탐방, 전문가 인터뷰, 결과도출을 위한 팀 토론 등 다양한 절차 수행을 통해 교육효과를 극대화 할 수 있다. 이 밖에도 교육에 필요한 지식은 집합교육 전 이러닝을 통해 학습하고 집합교육에서는 심화, 실습, 토론 중심으로 교육을 운영하는 혼합교육(Blended Learning)은 공무원 교육의 매우 일반적인 형태이다. 교육담당자는 활용 가능한 이러닝 콘텐츠를 사전에 파악하여 혼합학습 또는 플립러닝(Flipped Learning) 등을 계획할 수 있다. 공무원 인재개발을 위한 이러닝 콘텐츠는 통합플랫폼을 통해 공직가치, 리더십, 직무전문성, 정보기술 분야별로 총 630여 개의 과정이 제공되고 있으며 이중 500여 개는 모바일로도 서비스 되고 있다(2017년 6월 기준)

주요 교육 모듈과 교과목에 대한 강사와 퍼실리테이터를 선정하는 것 역시 교육담당자의 매우 중요한 역할이다. 기존 강사진, 유사 교육기관의 강사진, 최근 관련 내용에 대한 세미나, 학회 등에서 활동한 전문가, 관련분야 저서 집필자 등 다양한 사전조사를 통해 강사 Pool을 구성할 수 있다. 직무교육의 경우에는 업무경험자를 우선할 수 있다. 법제, 예산, 정책기획 등 직무 공통분야의 경우 각 부처에서 파견된 교수요원 또는 퇴직 공무원 등을 활용할 수 있으며 경제, 행정, 안보, 리더십 등 다양한 분야에 대해서는 외부 전문가 교수진을 활용하기도 한다. 특히 4차 산업혁명, 빅데이터, 블록체인 등 미래사회 변화와 관련해서는 각 분야 민간기업 전문가 등을 활용함으로써 사회변화 양상을 역동성 있게 전달할 수 있다. 강의중심 교육 외에 토론, 실습 등 학습자 중심 교육도 공무원 인재개발에서 매우 중요하다. 퇴직 공무원을 일정기간 교육을 통해 교수요원(퍼실리테이터 등)으로 양성하여 역할을 담당하게 할 수 있다.

### 4) 운영과 피드백

공무원 인재개발 담당자의 중요한 역할 중 하나는 교육과정에 대한 지속적 모니터링과 피드백이다. 교육과정과 강사에 대한 만족도(반응평가) 평가를 실시하고 있으나 재직 공무원의 경우 상시적으로 이루어지는 정량평가에 대한 관대화 경향이 나타날 수 있으므로 상시 모니터링을 통한 정성평가와 교육 담당자로서의 판단이 중요하다. 교육대상자 인터뷰를 통해 교육 요구와 보완사항을 파악하고 이후 교육과정설계에 반영하여 지속적인 개선의 노력을 기울일 필요가 있다(표 11-5 참조).

〈표 11-5〉 업무단계별 인재개발 담당자의 주요역할

| 업무단계 | 주요업무 |
|---|---|
| 제도, 법 규정 검토 | • 공무원 인재개발법, 시행령<br>• 지방공무원 교육훈련법, 시행령<br>• 인사혁신처 예규(인재개발 업무처리지침)<br>• 각 부처별 교육훈련 예규(규정, 지침 등 행정규칙)<br>• 교육기관별 학칙 |
| 교육체계 | • 직급별 교육체계의 수립<br>※ 조직역량(핵심가치), 개인역량(리더십), 관리역량(직무역량)의 역량유형(Sparrow, 1996),「공무원 인재개발법」의 기본/전문/기타교육 구분<br>• 연간 교육운영계획 수립<br>※ 채용, 승진 등에 의한 의무교육 외에 전문교육과정의 개설여부, 각 교육과정의 기간, 일정 등을 결정 |
| 교육과정 | • 교육모듈 체계화<br>※ 상황에 따라 전문가 자문, 역량모델링 또는 직무분석(DACUM) 방법을 활용할 수 있음<br>• 교과목 도출 ※ 시간표 작성, 시간운영계획을 고려<br>• 교육방법 설계(강의식, 토론식, 실습식 등)<br>※ 교육목표와 교육장소 등 제반여건을 고려<br>• 강사, 퍼실리테이터 Pool 구성 |
| 운영과 피드백 | • 교육과정 모니터링과 교육생, 강사 인터뷰를 통한 정성평가<br>• 반응평가 및 현업적용도 평가 |

## 참고문헌


국가공무원 인재개발원(2017). 주요선진국 공무원인사제도 및 인재개발현황. NHI 연구자료집.

김주훈(2015). 유럽 주요국가의 공무원 채용 · 교육에 관한 사례연구. KDI. p.8, p.11~20.

독일 연방내무부 홈페이지, www.bmi.bund.de

미국 인사관리처(OPM) 홈페이지(www.opm.gov) 자료.

이홍민, 조소연, 최관섭, 이강희(2009). 공공부문 전략적 인적자원관리를 위한 HR 인사이트. ㈜중앙경제.

이현영(2012). 미국, 캐나다 공무원 교육원 리더십 교육체계 사례분석. 행정안전부 국외훈련 결과보고서.

정재명(2006). 주요국 공무원 인사제도에 관한 연구. 한국행정연구원.

최순영(2015). 직위분류제 확대와 연계한 공무원 인사관리의 개선방안. 한국행정연구원.

통일부(2013). 통일총서-행정부야 통합관련 정책문서. p.81~84, p.206~208.

프랑스 ENA 공식 홈페이지, www.ena.fr

한국교육공학회(2016). 교육공학탐구. 박영사.

황선범(2014). 한국 공무원 교육훈련 제도의 발전방안에 관한 연구. 선문대 박사학위 논문(미간행).

## 요약

정부 모델 및 인사행정 등 행정환경의 변화에 따라 발전해 온 공공부문의 HRD 활동은 공무원 인재개발을 중심으로 한다. 공무원 인재개발은 국민 전체에 대한 봉사자로서의 공공성, 공익성의 가치, 전문성을 지닌 미래지향적 인재양성을 목표로 한다. 공무원 교육체계는 국가공무원과 지방공무원으로 구분하고, 기본교육과 전문교육, 기타교육으로 구분된다. 또한 직급별(6급 이하, 5급, 과장급, 고위공무원), 교육분야(공직가치/공직자세, 리더십, 직무전문성, 글로벌)별로 교육프로그램을 운영하고 있다. 이러한 공무원 인재개발은 조직의 목표 달성과 성과적 측면, 비정형 학습, 학습자 중심의 참여형 교육을 강조하는 방향으로 전환되었다. 또한 교육 훈련 과정의 평가 단계에서 Kirkpatrick의 4단계 평가모형을 접목하여 현업적용도를 평가하기 위한 노력을 기울이고 있다. 신규 및 승진 공무원에 대한 교육프로그램은 독일, 프랑스 공무원의 인재개발 방식을, 고위공무원의 리더십 교육 및 인사 승진과 교육의 연계 과정은 미국의 리더십 교육을 참조할 필요가 있다. 교육체계 수립과 교육과정을 기획 및 운영, 평가하는 역할을 수행하는 공무원 인재개발 담당자는 교육과정에 대해 지속적으로 모니터링하고 피드백하며, 개선의 노력을 기울여야 한다.

### 탐구 질문

1. 공무원으로서 갖추어야 하는 가장 중요한 역량은 무엇이며, 이러한 인재를 양성하기 위해서 필요한 것은 무엇이라고 생각하는가?
2. 해외 주요 국가의 공무원 인재개발 특징 중 우리나라에 접목할 수 있는 것은 무엇이며, 어떠한 방식으로 이루어질 수 있는가?
3. 공무원 인재개발 담당자의 역할을 설명하고, 그 중 가장 중요한 역할은 무엇이라고 생각하는가?

### / 저자 소개 /

**이현영(hyunda@korea.kr)**

이화여자대학교 교육공학 박사를 거쳐, 현재 국가공무원인재개발원 사무관으로 재직 중이다.

제12장

이유진(EduD&D)

# 공적개발원조와 HRD

## 목표

1. 공적개발원조의 개념과 한국 공적개발원조의 방향성을 파악할 수 있다.
2. 공적개발원조에서 인적자원개발의 역할과 실천을 파악할 수 있다.
3. 한국 공적개발원조 분야별 프로그램 유형을 제시할 수 있다.
4. 공적개발원조에서 인적자원개발 전문가의 역할을 설명할 수 있다.
5. 공적개발원조 역량강화 사례를 통해 인적자원개발 전문가의 역량을 파악할 수 있다.

## 핵심용어

공적개발원조(ODA), 역량개발, 공공행정, ODA모델, 교육훈련계획, 교육과정개발, 교재개발, 공무원교육원, 초청연수, 교수요원 양성, HRD운영자 양성

## 1. 공적개발원조(ODA)

본 장에서는 공적개발원조(ODA)에 대한 이해, 우리나라 ODA의 역사, 우리나라 ODA 주관 및 시행기관 등을 알고 이해함으로써 공적개발원조의 의미를 생각해보고자 한다.

### 1) 공적개발원조(ODA)의 개념

공적개발원조(ODA: Official Development Assistance)란 정부를 비롯한 공공기관이 개발도상국의 경제발전과 사회복지 증진을 목표로 제공하는 원조를 의미하며, 개발도상국 정부, 지역, 또는 국제기구에 제공되는 자금이나 기술협력을 포함하는 개념으로 정의할 수 있다.

ODA를 아우르는 폭넓은 개념으로는 국제개발협력(International Development Cooperation)이 있다. 이는 선진국－개발도상국 간, 개발도상국－개발도상국 간, 또는 개발도상국 내에 존재하는 개발 및 빈부의 격차를 줄이고, 개발도상국의 빈곤문제 해결을 통해 인간의 기본권을 지키려는 국제사회의 노력과 행동을 의미한다.

OECD DAC는 ODA의 정의와 관련하여 구체적인 네 가지 조건을 제시하고 이를 모두 만족시키는 경우 ODA로 분류하고 있다.

- 중앙정부와 지방정부를 포함한 공공부문 또는 그 실시기관에 의해 개발도상국, 국제기구 또는 개발NGO에 공여될 것.
- 개발도상국의 경제개발 및 복지증진에 기여하는 것이 주목적일 것.
- 차관일 경우, 양허성이 있는(concessional) 재원이어야 하며 증여율(Grant Element)은 소득국별 차등적용 최빈국/저소득국 45%, 저중소득국 15%, 고중소득국 10% 이어야 할 것.

- 개발원조위원회 수원국 리스트에 속해 있는 국가 및 동 국가를 주요수혜대상으로 하는 국제기구를 대상으로 할 것.

### 2) 한국의 ODA 역사

우리나라는 1945년 해방 이후 경제 재건에 이르기까지 미국을 중심으로 한 여러 선진국으로부터 많은 원조를 받았다. 50년대 말까지는 미국이 주요 원조국이었으며, 전후 인플레이션 억제와 재정 안정을 위한 물자원조 및 산업설비 투자가 이루어졌다. 1995년 세계은행의 차관 졸업국이 됨으로써 사실상 수원대상국에서 벗어났다.

1990년대 들어 우리나라의 ODA는 본격적으로 확대되어 우리나라 ODA는 연평균 22.6%(원화기준)의 빠른 성장을 보였다. 1996년 선진국 클럽으로 불리는 OECD 가입으로 원조의 필요성은 더욱 높아져 91년에 5,700만 달러였던 원조규모가 1997년 3배가 넘는 1억 8,500달러까지 증대되었다.

2006년 1월에는 우리나라 ODA의 정책, 집행 조정, 일관성 제고를 위해 국무총리실 아래 '국제개발협력위원회'가 출범하였으며, 2010년 1월 1일부터 OECD 공여국 모임인 DAC(Development Assistance Committee)의 정식회원으로서 활동하게 됨으로써 세계 역사상 유일하게 최빈국에서 공여국으로 도약한 국가가 되었다.

우리나라는 2010년 OECD/DAC가입 이후, 개발도상국 개발에 기여하기 위하여 지속적으로 ODA를 증대시켜 왔다. 2016년 ODA 지원규모(순지출기준)는 국내외 불확실한 경제여건에도 불구하고, 전년대비 17.3% 증가한 총 22.5억 달러를 기록하였으며, 2020년까지 ODA/GNI 비율 목표치 0.20% 달성을 위해 지속적인 확대를 위해 노력하고 있다.

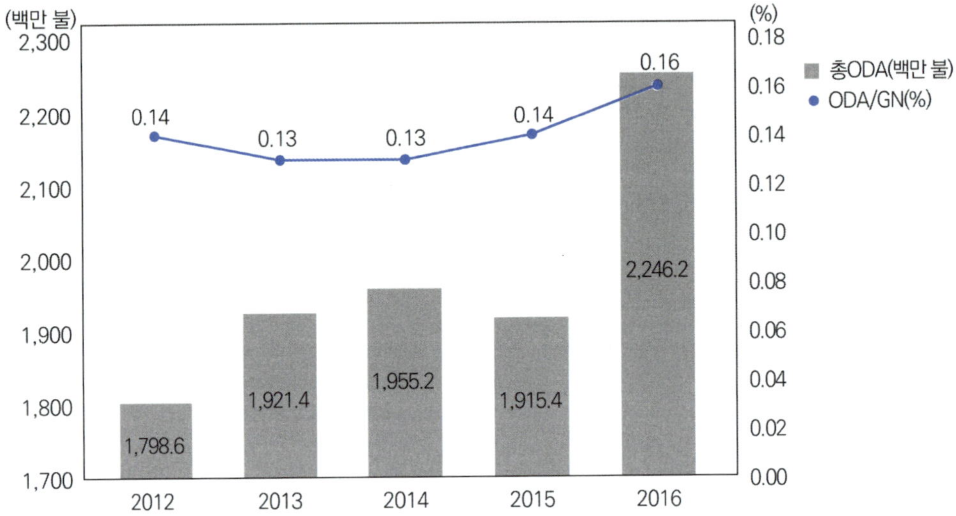


[그림 12-1] '12~'16년간 GNI 대비 전체 ODA규모(순지출 기준, 백만 불)

출처: ODAKorea(http://www.odakorea.go.kr/ODAPage_2012/T02/L03_S01_01.jsp)에서 2018년 8월 18일 검색

### 3) 한국의 ODA 주관 및 시행기관

우리 정부는 1987년 대외경제협력기금(EDCF) 및 1991년 한국국제협력단(KOICA) 설립 등으로 ODA를 본격 추진한 이래 원조효과성 제고를 위해 우리 ODA의 추진체계를 지속적으로 개선해 왔다.

한편, ODA 사업을 직접 실시하는 기관을 '시행기관'이라고 지칭하는데, 주요 시행기관으로는 「대외경제협력기금법」 및 시행령에 따라 한국수출입은행(EDCF)이 기획재정부 장관으로부터 EDCF의 운용과 관리를 위탁받아 유상협력을 수행하고 있으며, 「한국국제협력단법」에 따라 설립된 KOICA가 외교부 장관의 감독 하에 무상협력 사업을 시행하고 있다. EDCF, KOICA 외에 관련 정부부처, 지방자치단체 및 공공기관에서도 각 기관의 전문성을 바탕으로 프로젝트, 초청연수, 봉사단 및 전문가 파견, 다자협력 등 ODA 사업에 참여하고 있다.

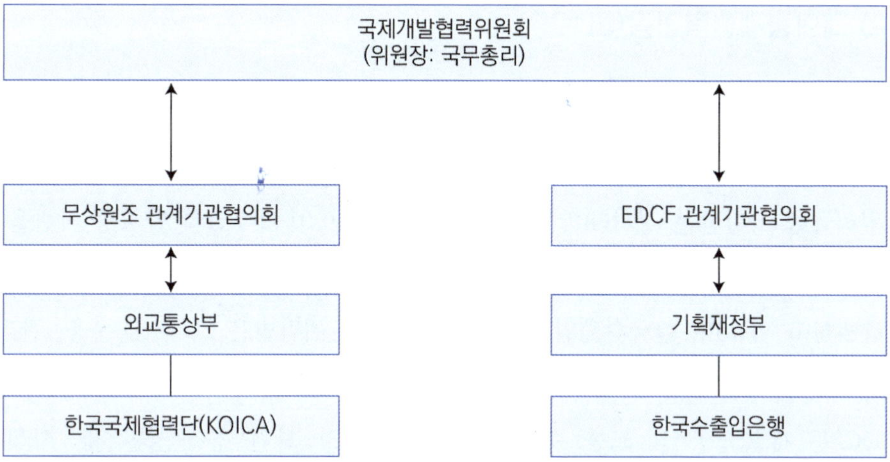


[그림 12-2] 우리나라 ODA 추진체계

출처: ODAKorea(http://odakorea.go.kr/ODAPage_2012/T02/L02_S01.jsp) 검색 및 편집

### (1) 한국국제협력단(KOICA)

한국국제협력단(KOICA)는 여러 부처에서 추진해오던 대외무상원조사업을 통합하여 효율적, 효과적으로 실시하고자 1991년 4월 외교부 산하 정부출연기관으로 설립하였다. 우리나라와 개발도상국가와의 우호협력 및 상호교류를 증진하고 이들 국가의 경제 · 사회발전을 지원하여 국제협력에 기여하는 것을 목적으로 한다.

KOICA는 보건, 교육, 공공행정, 농림수산, 기술환경에너지 등 5대 중점 분야를 중심으로 프로젝트, 개발컨설팅, 해외봉사단파견, 초청연수, 민관협력, 해외긴급구호, 국제기구협력 등의 다양한 개발협력 사업을 실시하고 있다. KOICA는 개발협력 사업을 통해 지구촌의 빈곤퇴치와 환경, 인구, 질병 인권 문제 등 다양한 글로벌 이슈 해결에 기여하고 있을 뿐 아니라 글로벌 인재양성과 우리 기업의 해외진출 등을 간접 지원함으로써 우리나라와 개발도상국 간의 상생발전에 기여하고 있다.

### (2) 대외경제협력기금(EDCF)

대외경제협력기금(EDCF)은 개발도상국의 산업화와 경제발전을 지원하고 우리나라와 개발도상국 간의 경제교류 증진을 위해 1987년 설치되었으며, 우리나라 ODA 중 원리금을 상환받는 장기(40년 이내 만기), 저리(0.01~2.5%)의 양허성 차관을 제공하고 있다. EDCF의 운용주체는 기획재정부로 차관사업 지원방침 결정 등의 업무를 총괄하고 있으며, 한국수출입은행은 정부로부터 위탁받은 EDCF의 운용, 관리에 관한 업무를 대행하고 있다.

EDCF는 개발도상국의 교통, 수자원·위생, 에너지, 보건, 통신 등 경제·사회 인프라 건설 사업을 집중 지원하고 있으며, 급증하는 개발도상국의 대규모 인프라 개발수요를 충족하기 위해 EDCF, 개발금융, 수출금융 등을 연계한 패키지 지원 추진, 다자개발은행(MDBs)과의 협조융자사업 확대 등을 통해 부족한 재원을 확보하는 한편, 대내외적인 개발협력 환경변화에 부응하여 개발도상국의 지속가능한 성장과 우리나라와의 경제교류 증진을 위해 지속적으로 노력하고 있다.

## 2. 공적개발원조(ODA)와 HRD

본 단원에서는 공적개발원조에서의 인적자원개발의 의미, 인적자원개발 전문가의 역할과 역량에 대해 생각해보고자 한다.

### 1) ODA에서 역량개발

ODA에서 강조하는 '역량개발(capacity development)'에 대한 정의는 다음과 같다. OECD는 역량이란, 조직의 활동을 위해 요구되는 스킬, 지식, 경험, 관리 능력 등을 의미하는 것으로 조직 구성원에 의한 물적, 재정적 자원의 확보 능력까지도 포괄한다. 또한 역량개발이란 단지 개인의 지식과 숙련도를 향상시키는 것에 머무는 것이 아니라 조직의 관리 수준을 끌어 올리고, 나아가 권력과 영향력이 작동하는 방식, 즉 거버넌스(governance)의 개선과 직접적인 관련을 갖는다. 세계은행은 역량에 대해서 지속적인 사회 발전을 위해 개발 목표를 달성해 가는 과정에서 자원의 효율적이고 효과적인 동원을 가능하게 하는 능력이라 하였으며, 역량개발은 역량을 향상시키기 위하여 정책, 제도, 조직의 역량을 강화해가는 과정이라 하였다. UNDP(United Nations Development Program)는 역량개발에 대해서 개인, 조직, 제도, 그리고 사회가 당면한 문제를 파악하고, 개발 목표를 달성하기 위해 요구되는 일련의 과정이라고 하였다. 특히 역량개발에 있어 정책적 차원과 조직적 차원으로 구분하여 제시하였는데, 정책적 차원에서 요구되는 역량은 국가 발전을 위한 정책 수립 역량, 제도 및 입법화 능력, 조정 능력, 변화에 적응하고 최적의 정책을 집행하는 집행 능력 등을 포괄한다. 조직적 차원의 능력은 국가와 조직의 비전 수립 능력, 조직의 가치와 명확한 목표 설정 능력 고양을 통해 조직의 경쟁력을 강화하는 한편 인적, 물적 자원의 효율적 동원과 집행 능력을 포함한다(박상철, 2013).

ODA에서의 역량개발은 개인개발뿐만 아니라 정책, 제도, 조직역량을 개발하고, 개인의 수행능력까지도 개발하는 과정이라 할 수 있으며, ODA에서의 인적자원개발, 수행향상을 목적으로 조직개발과 개인개발을 통해서 인간의 전문성을 개발하는 과정으로 해석될 수 있다(Swanson & Holton, 2001).

### (1) ODA에서 HRD 전문가

ODA에 참여하는 전문가 그룹은 두 경우로 나뉜다. 첫 번째는 사업을 진행하는 기관(PMC: Project Management Consultant)의 관리자 또는 현장감독, 프로젝트 관리자(Project Manager)로 참여하는 경우이다. 두 번째는 분야별 내용전문가로 초청연수에 참여하거나 수원지로 파견되어 기술을 전수하는 경우이다.

HRD 전문가는 PMC의 프로젝트 관리자로 참여하게 될 확률이 높은데 HRD 컨설턴트로서의 역할을 수행한다. 일반적으로 컨설턴트는 조직에 대한 로열티와 가치, 조직문화, 전통, 기득권, 편견 등으로부터 자유로운 반면, 조직에 필요한 특별한 기술과 전문적 지식이 요구된다. 수원국 또는 기관 구성원들의 수행개선이나 조직변화에 대한 전문지식이 있어야 HRD 전문가로서 ODA에 참여하는 의미가 있다.

조직 구성원들의 수행 문제는 업무를 수행하기에 적합한 환경이 조성되어 있지 않거나 또는 직무설계가 제대로 되어 있지 않아 일어날 수 있다. 이때 HRD 전문가는 수행컨설턴트로서 개인과 조직의 수행을 개선하고 수행관리를 강화할 수 있어야 한다. 때로는 조직이 안고 있는 문화와 환경에 대해서 조직개발 변화촉진자로서 조직의 문화, 업무환경, 미션과 전략, 구조, 정책, 절차, 리더십 등의 문제를 다룰 수 있어야 한다.

### (2) HRD 컨설턴트

수행개선을 포함한 조직역량을 개발하기 위해서 HRD 컨설턴트는 [그림 12-3]과 같은 HRD 컨설팅 과정을 실행한다. 수원국의 이해관계자들과 긍정적인 관계를 형성하고, 기관 또는 수행의 문제를 발견하고, 어떻게 진행할지 협의한다.

프로젝트를 수행하는 동안 HRD 컨설턴트는 관계형성, 의사소통, 문제해결, 전략수립 등의 다양한 기능과 역할을 수행한다.

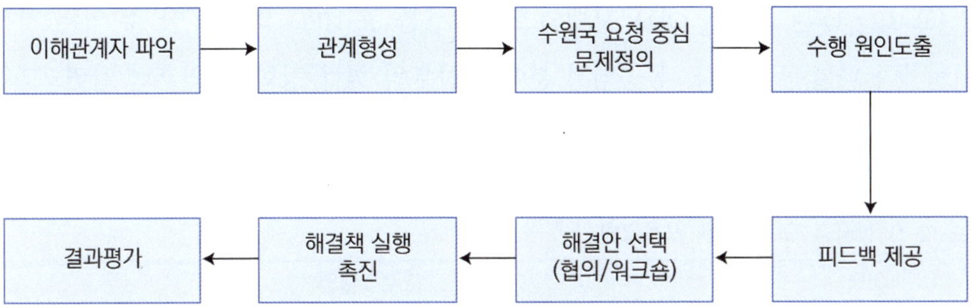


[그림 12-3] 컨설팅 절차

## 2) 한국형 ODA 모델

[그림 12-4]는 ODA 분야에서 우리의 발전경험과 비교우위에 대한 체계적 분석을 바탕으로 ODA 콘텐츠를 프로그램 수준으로 정리한 것이다. 경제, 사회, 행정제도·거버넌스, 미래·범분야 이슈 등 4개 영역에 대해 총 159개의 ODA 프로그램이 있다(ODAKorea, 2018).

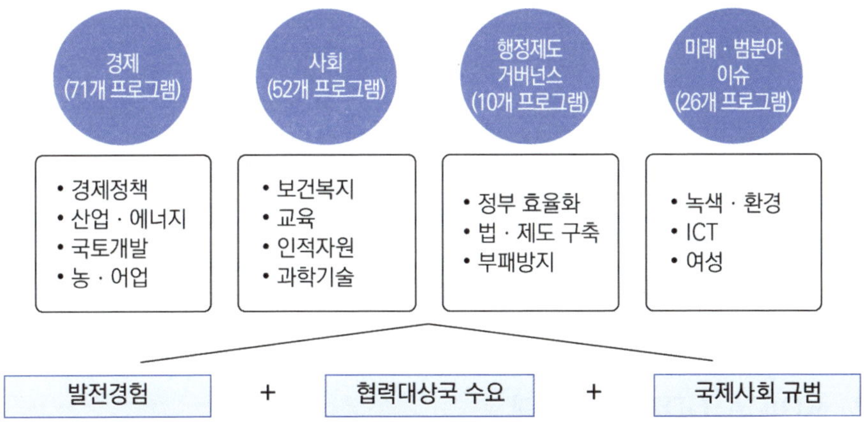


[그림 12-4] 영역별 한국형 ODA 모델 프로그램 Pool(2012)

출처: ODAKorea(http://odakorea.go.kr/ODAPage_2012/T05/L03_S02.jsp)에서 2018년 8월 18일 검색

〈표 12-1〉는 한국형 ODA 모델의 프로그램들 중 HRD 과제라 할 수 있는 것을 선택하여 나열한 것이다. 공공행정 분야의 공무원 역량 강화, 직업훈련 관련, 교육 분야의 교육체계 구축 등이 해당된다.

〈표 12-1〉 한국형 ODA 모델 프로그램

| 영역 | 프로그램명 |
|---|---|
| 교육 (8) | 산업화를 위한 직업교육인력양성 체계 구축 |
| | 교원 정책 역량 강화 |
| | 중등교육체계 구축 |
| | 원격교육체계 구축 |
| | 고등교육체계 구축 |
| | 교육정보화 콘텐츠 개발 |
| | 유아교육·보육체계 구축 |
| | 평생학습체계 구축 |
| 인적자원 (직업훈련, 4) | 기능인력 양성 |
| | 고용 지원 및 관리 |
| | 숙련기술 장려 및 형성 |
| | 재직근로자 직업능력 개발 |
| 행정 (1) | 공무원 역량 강화 및 인사제도 개발 |
| ICT (1) | ICT 인력 양성 |

KOICA, EDCF, KDI 등 우리나라의 대표적인 주요 ODA 시행 기관들은 한국형 ODA 모델과 유사한 개념의 사업설계 가이드라인을 자체적으로 개발하여 사용하고 있다.

### 3) KOICA ODA 프로그램

KOICA는 보건, 교육, 공공행정, 농림수산, 기술환경에너지 등 5대 분야를 중심으로 전략목표별 프로그램을 [그림 12-5]와 같이 선정하였다. 또한 〈표 12-2〉와 같이 전략목표별 각 프로그램에 대한 성과와 주요활동을 명시하고 있다.

| 전략목표 | 행정서비스의 효과성 향상 | 정치 · 행정 체제의 책임성 향상 | 법 · 제도의 포용성 향상 | 거버넌스 주류화 |
|---|---|---|---|---|
| 핵심 프로그램 | 공무원 교육훈련제도 개선을 통한 공무원의 인적역량 강화 | 지방행정역량 강화를 통한 지역주민의 행정서비스 접근성 제고 | 사법부문 인적 · 제도적 역량 강화로 법치주의 증진 | 모든 분야에서 수원국 시스템을 이용한 원조를 확대하여 수원국 정부에 역량강화에 기여 |
| | 전자정부를 통한 행정시스템 현대화를 지원하여 행정서비스 효과성 강화 | 감사역량 강화를 통한 부패방지 및 투명성 향상 | 여성 · 취약계층의 인권 시민권 사회권 보장 | 분야별 사회에서 거버넌스 원칙을 반영하여 정책행위자들의 역량 강화 |
| | 조세행정 현대화 지원을 통해 개발도상국내 재원동원을 위한 조세 역량 강화 | 공정한 선거제도 및 투표시스템 구축을 통한 국민에 대한 정치적 책임성 강화 | 평화증진 및 안전한 사회구역을 위한 치안 역량 강화 | |
| | 포용적 성장을 위한 금융 · 무역 · 산업 정책 수립 지원을 통한 경제의 경쟁력 강화 | | | |

[그림 12-5] KOICA 공공행정 분야 전략목표와 프로그램

출처: KOICA(2017). KOICA 분야별 중기전략 2016-2020. 검색 및 편집.

〈표 12-2〉 KOICA 공공행정 분야 핵심프로그램과 주요활동

| 전략목표 1. 행정서비스의 효과성 향상 | |
|---|---|
| 성과 | 주요활동 |
| 공무원 교육훈련제도 개선으로 공무원의 인적 역량을 강화한다. | • 협력국 공무원 교육시스템 현황파악 및 개선방향 도출 마스터플랜 수립<br>• 공무원 교육훈련기관 건립 및 교육프로그램 개발<br>• 성과평가 인사시스템 등 정부혁신을 위한 정책컨설팅<br>• 타 분야에서도 공공부문 인적자원 교육훈련체계 수립 지원 |

출처: KOICA(2017). KOICA 분야별 중기전략 2016-2020. 56-57.

### (1) HRD 과제/프로그램

KOICA의 ODA 프로그램들 중 HRD적 관점의 사업은 〈표 12-3〉과 같이 구분할 수 있다.

〈표 12-3〉 KOICA HRD 과제/프로그램

| 영역 | 프로그램명 |
|---|---|
| 공공행정 | 공무원 교육훈련 제도 개선을 통한 공무원의 인적역량 강화 |
| 교육(4) | 기초학력증진을 위한 교사 역량 강화 |
| | 직업기술교육 시스템 강화 |
| | 기술교육 선도모델 구축 |
| | 직업훈련기관 선도모델 구축 |

#### (가) 공무원교육원 역량강화 사례

2007년부터 3년 동안 238만 불의 사업비가 지원되는 『방글라데시 고위공무원교육원 역량강화사업』은 방글라데시의 정부혁신 역량 강화를 지원하기 위하여 관련 정책개발 및 집행능력의 향상을 도모하고 공무원 교육기능을 확충하는데 중점을 두어 추진되었다. 방글라데시의 고위공무원교육기관인 BCSAA(Bangladesh Civil Service Administration Academy)가 정부혁신 및 공공개혁 분야의 연수 과정을 개발하여 방글라데시 주요 정부부처의 고위 및 중견 공무원 등을 대상으로 교육을 실시할 수 있도록 하였다. 양국의 전문가가 공동 참여하여 공공관리, 성과관리, 조직·인사관리, 반부패·투명성제고, 변화관리 등 5개 분야의 교육 커리큘럼과 교재를 개발하고, 행정 현장에서 활동하는 주요 인사에 대한 직접적인 교육의 실시를 지원함으로써 이들의 전문적인 정책 수립과 집행 능력을 향상시키는데 크게 기여할 것으로 기대한다.

### (나) 직업훈련원 역량강화 사례

라오스 정부는 2006년부터 2010년까지 제6차 5개년 개발계획 중 직업훈련 및 기능개발에 중점을 두는 인적자원개발을 최우선 과제로 선정하였다. 한·라오스 직업훈련원 건립사업은 2001년 11월 브루나이 '아세안+3 정상 회의' 기간 중 양국 정상 간의 합의를 통해 시작되었다. 우리 정부는 훈련원 건축, 기자재 지원, 전문가 파견, 연수생 초청 등을 지원하였으며, 자동차정비, 컴퓨터, 전기, 전자, 봉제 등 6개 직종의 교육훈련 과정을 개설한 한-라오스 직업훈련원은 자체 역량강화 및 적극적인 제도 개선 노력으로 라오스 정부로부터 직업훈련원의 우수모델로 평가받고 있다. 이후에도 교안 및 교육보조재료 개발 방법, 실습과제 개발 및 운영 방법 등에 대한 교육을 실시하고, 우리 전문가를 훈련원에 파견하여 직업훈련원의 자립운영, 공과별 교육방법 및 교재개발, 장비운용법 등과 같은 경험과 노하우를 전수하고 있다.

## (2) HRD 과제 성과관리

수원국 인적자원개발 프로젝트가 성공적으로 구현될 수 있을지 또는 구현되었는지의 여부를 결정하기 위해서는 성과, 학습 및 만족도의 측면에서 실행전략과 프로그램의 효과성을 사전에 수립하고, 프로젝트를 수행하는 동안 모니터링을 통해 성과를 관리한다.

| Narrative Summary (프로젝트 요약) | Verifiable Indications (지표) | Means of Verification (지표데이터 입수수단) | Important Assumptions (외부조건) |
|---|---|---|---|
| Overall Goal(상위목표)<br>1. 공무원 역량강화를 통한 공공부문의 효율성, 책임성, 투명성을 높인다.<br>2. 공무원교육원 설립과 더불어 자립적으로 공무원 교육훈련을 수행한다.<br>3. 공무원 교육기관으로서 조직역량을 강화한다. | 1. 공무원역량강화르 위한 마스터플랜이 수립 여부<br>2. 공무원교육기관의 조직 체계 및 업무분담 여부<br>3. 공무원교육기관의 구성원 양성계획 여부 | 1. 공무원교육원 장기발전 계획 마스터플랜<br>2. 공무원교육원 조직도, 업무분장표<br>3. 교육생 교육만족도 | 1. 수원국의 교육 분야 발전 계획에 근거한다. |
| Project Purpose(사업목표)<br>1. 공무원교육원을 설립한다.<br>2. 공무원교육기관으로서 조직체계, 교육체계, 운영체계 등 교육체제 마련한다.<br>3. 공무원교유기관의 HRD 운영자를 양성한다.<br>4. 공무원교육의 교수요원을 양성한다. | 1. 공무원교육원 완공시기<br>2. 부서 및 인원 배치의 적절성<br>3. 교육체계도, 교육평가 기준, 연간운영계획 여부<br>4. HRD운영자 양성<br>5. 교수요원 양성 | 1. 공무원교육원 설립완료 보고서<br>2. 공무원교육원 조직도<br>3. 연간교육훈련계획서 발간<br>4. HRD운영자 담당 과정 현황표<br>5. 교수요원 연간 교수계획표 | 1. 사업기간 내 공무원교육원 건축을 완료한다.<br>2. HRD운영자, 교수요원을 선발하여 한국으로 파견한다.<br>3. 초청연수를 수료한 교육생을 공무원교육원에 배치한다. |
| Output(산출물)<br>1. 마스터플랜<br>2. 교육체제보고서<br>3. 교구체제보고서<br>4. 교재 20권 | | | |
| Activity(활동)<br>1. 조직진단 및 마스터플랜 수립<br>2. 초청연수(HRD운영자, 교수요원) | | | |

[그림 12-6] 과업목표 및 성과지표(Project Design Matrix)

PDM(Project Design Matrix)은 대부분의 국제개발협력 프로젝트에서 사용하는 기획문서이자 최종 결과물로 4×4 칸으로 이루어진 논리모형(Logframe) 표이다. PDM의 행은 프로젝트 요약, 지표, 입증수단, 외부조건 등 네 가지 요소로 구성되어 있다. PDM의 열은 활동, 결과 또는 산출물, 목표, 상위목표 등 네 가지 요소로 구성되어 있으며, 상하관계가 원인과 결과의 관계를 이룬다.

〈표 12-4〉 PDM 구성요소

| |
|---|
| 1. 목표Goal: 프로젝트가 기여하는 섹터, 국가수준 장기 개발목표<br>= Impact, Overall objective, The Long-term development goal<br>2. 목적Purpose: 산출물이 모두 달성됨으로써 거둘 수 있는 긍정적 효과이자, 중간 목표<br>= Outcome, The Mid-term results<br>3. 산출물Outputs: 프로젝트 활동 수행결과, 프로젝트 달성한 성과물<br>= Component objectives, Intermediate results, Results<br>4. 활동Activities: 개발 활동, 수행업무Tasks<br>5. 투입물Inputs: 프로젝트에 투입되는 자원들로, 인적, 물적, 시간적 전 자원형태 포함 |

## 3. 이라크 KRG 공무원교육원 역량강화 사례

본 단원은 이라크 쿠르드 자치정부의 공무원교육원(KIPA: Kurdistan Institute for Public Administration)의 ODA 사업에 필요한 전략적 접근방법에 대한 실제 사례로 수원국의 인적자원개발과 국가발전에 대해 생각해보고자 한다.

### 1) 이라크 쿠르드 자치정부 상황

쿠르드 자치정부(KRG: Kurdistan Regional Government)는 이라크 북부에 있는 쿠르드족의 자치 지역으로, 1970년 3월 11일 이라크 바트당 정부와 무스타파 바르자니가 이끄는 쿠르드 민주당 사이에서 조인된 협정으로 수립되었다. 쿠르드 자치정부는 이라크 북부의 Arbil, Sulaymania, Dohuk 3개 주, 26개 부처로 구성되어 있으며, 행정수도는 Arbil이고, 통상적으로 3개 주를 KRG로 호칭한다. 1인당 GDP가

1만 달러에 육박하는 놀라운 경제성장을 이루고 있으며, KRG는 국가의 안정적이고 지속적인 발전을 추진하기 위해 쿠르드지역 전략적 발전계획(Regional Strategic Development)인 「Vision 2020: A Vision for the Future」를 수립하였다.

이라크 쿠르드 자치정부(KRG)에서 공적 부분이 차지하는 비중이 매우 크기 때문에 쿠르드 지역 발전을 위해서는 정부의 체계적인 성과관리, 조직 및 인사관리와 더불어 공무원의 직무역량을 높이기 위한 교육훈련의 강화가 필수적이다.

과다한 공무원 고용과 낮은 임금체계와 짧은 근무시간으로 인한 공무원의 사기 저하, 부업의 필요성, 공무원 스스로 직무에 대한 낮은 관심 등이 문제점으로 지적받는다.

### 2) 프로젝트 개요

본 프로젝트는 이라크 KRG 공무원이 체계적인 교육 시스템에 의해 교육되고, 교육이 인사관리와 연계됨으로써 공공부문의 효율성, 책임성, 투명성이 제고되는 것을 목적으로 한다. 이를 위하여 공무원교육 집행기관인 KIPA의 역량을 개발하고자 한다.

#### (1) 프로젝트 추진전략

- 현지 실정과 특성에 기반하여 KIPA의 중장기 발전계획 수립 및 역량강화 지원을 추진한다.
- 전문가 파견 및 컨설팅을 통하여 한국정부의 65년간의 공무원교육훈련 발전경험을 전수, 관련정책과 제도를 소개한다.
- KRG 최고지도층과 지역사회에 KIPA의 건립, 운영, 공무원교육훈련의 중요성 등을 전파, 주인의식을 갖게 한다.
- 균형잡힌 성인지화 정책, 양성평등 사회 구현을 위한 정책 기반을 구축한다.

### (2) 프로젝트 내용

총 사업기간은 36개월로 전문가 33명 투입을 계획하고 다음의 사업을 추진하였다.

- 이라크 KRG 공무원교육훈련발전 중장기계획 수립
- 공무원교육원(KIPA)의 기능·구조별 조직설계, 인력배치 지원
- 교육훈련체제 구축과 교육훈련담당자 역량강화, 교수요원 양성
- 교육훈련담당자 역량강화(국내초청연수, OJT)
- 교수요원 양성 및 교육교재 집필(국내초청연수, OJT)
- 성인지 교육훈련 프로그램 확충
- 공무원교육원(KIPA) 교육훈련 기자재 지원

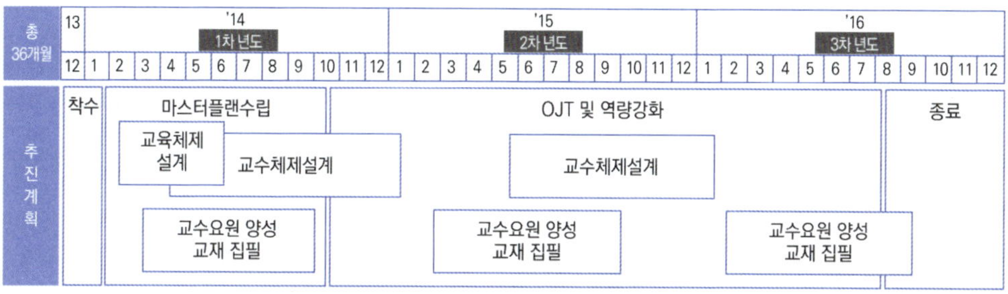


[그림 12-7] 프로젝트 추진계획 및 일정

## 3) 마스터플랜 수립

본 사업의 목표를 달성하기 위해 KRG의 HRD 환경분석을 바탕으로 향후 KRG의 HRD 비전, 목표, 전략을 정립·제시하고, KRG 공무원에 대한 역량진단과 역량모델을 바탕으로 KIPA의 교육훈련체제 구축 방안과 중장기 교육훈련계획을 수립하였다.

개발도상국의 '교육 분야 발전계획'은 세계은행, 아시아개발은행 등 국제원조기구에서 무상차관으로 이루어지고 있으며, KRG 역시 KRG 비전 2020에 따른 공무원 역량 강화를 위한 전략적 5개년 발전계획(2012~2016)을 수립하고 추진 중에 있었다.

먼저 KRG의 인적자원개발(HRD)의 지향점에 따른 비전, 목표, 전략을 제시하고, 그에 바탕을 둔 KRG 교육훈련제도의 정립·구축을 위한 다양한 방안들을 제안하였다. 다음으로 KRG의 HRD를 실질적으로 가능하게 해 줄 KIPA의 교육훈련체계를 구축하였다. KIPA가 지향해야 할 비전, 목표, 전략을 제시하고, 그것을 실현하기 위한 중장기 교육훈련계획, 조직 개편안, 인력확보 방안, 교육훈련 프로그램 설계 방향, KIPA 시설 활용방안을 제안하였다. 마지막으로 위의 여러 가지 방안들이 실행되고 실천되는 과정을 모니터하고 피드백을 주기 위한 단계별 이행점검 프로세스를 제시하였다.

### 4) 조직체제 설계

조직설계안은 조직진단을 토대로 역량 기반 직무, 기능과 성과를 고려한 구조, 업무수행체계와 조직위상을 고려한 거버넌스 등 현실적 여건변화와 기관의 정착상황에 따라 3단계(기반조성-정착-발전 단계)로 설계하였다. 또한 단계별 KIPA의 각 부서의 업무 범위는 KRG와 KIPA의 업무관할 범위를 고려하여 KIPA가 전문적으로 수행할 수 있는 범위 내로 하였다.

[그림 12-8]는 기반조성 단계 조직도의 예시로 교수부 역량을 강화하는데 초점을 두어 초기 KIPA의 공무원교육훈련에 집중하고자 하였다.

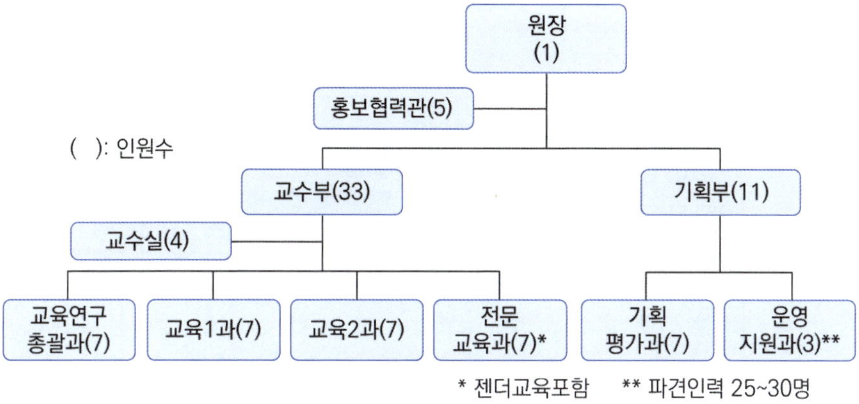


[그림 12-8] 기반조성 단계 조직도 (예시)

출처: KOICA(2017). The Project for Capacity Building of the Kurdistan Institute for Public Administration(KIPA) in KRG.

### 5) 교수체제 설계

교수체제 설계는 KIPA 교육훈련체제의 큰 줄기인 교육훈련계획과 프로그램개발, 교육운영에 관한 프로세스와 도구를 체계화하고, 실제 교육훈련 운영을 통해 평가·보완함으로써 차년도 KIPA의 교육훈련체계가 수립될 수 있도록 지원하는 단계이다.

교수체제 설계는 본래 KIPA 교수요원과 HRD운영자들이 연간 교육훈련계획과 프로그램 개발, 교육운영에 관한 프로세스와 도구를 체계화하고 실제 운영과 평가를 통해 수정/보완 후 차년도 KIPA의 교육훈련계획을 수립하도록 계획하였다.

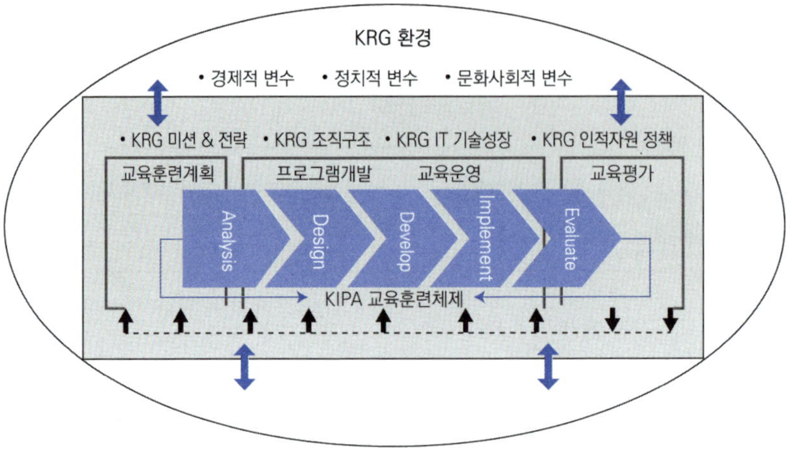


[그림 12-9] KIPA 교육훈련체계 프레임워크

출처: Swanson & Holton (2001). pp.19 편집

## (1) 현황분석

KIPA 현황분석은 KRG 비전과 HRD 정책 분석, KIPA 교육훈련계획 분석, KIPA 인적역량 분석, KIPA 프로세스/도구 분석, 마지막으로 현 교육체계 및 교육실적 분석 등 다섯 가지 영역에서 실시하였다. 현황분석을 통해 교수체제 설계 방향을 수립하였다.

**KIPA 교수체제 설계 방향**

- KRG 비전 및 HRD 정책을 실천
- 전문인재를 육성하는 역량/직무기반 교육훈련체제
- 조직소속감과 성장감을 체감하는 체계적인 교육훈련체제
- 교육훈련 혜택과 부서장/기관책임 의식을 재고할 수 있는 성과 기반 교육훈련체제
- KIPA의 조직체제/업무방식 정비

## (2) 역량 기반 교육체계 수립

CBC(Competency Based Curriculum) 설계를 위하여 KIPA의 교육수요, KRG 공무원의 필요역량, 관리자의 리더십역량, 직무별·계층별 교육의 다양화 등이 고려되어야 한다. 마스터플랜에서 도출된 KRG 공무원에게 필요한 역량과 KIPA의 현황 분석 결과를 토대로 KIPA 교육훈련을 위한 역량을 도출하였다. [그림 12-10]은 역량기반 교육체계도를 나타낸 것이다.

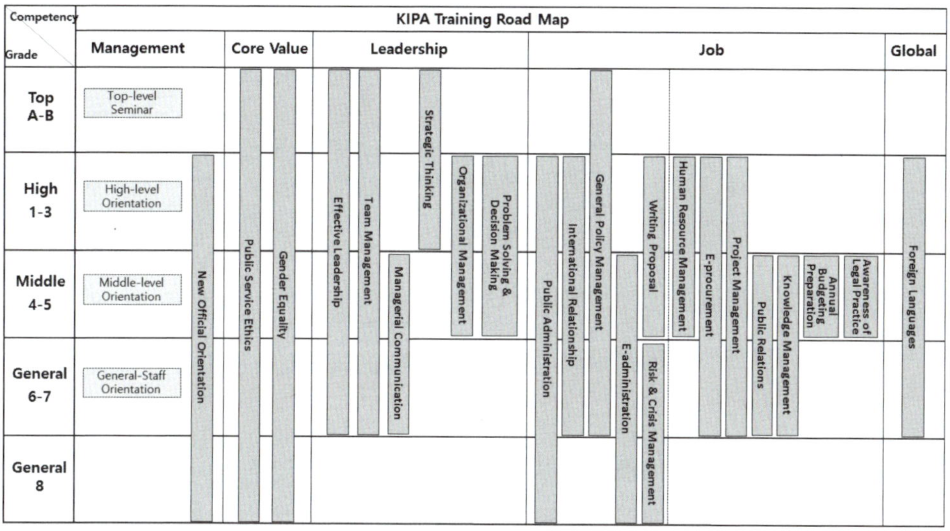


[그림 12-10] 역량기반 교육체계도

## (3) 교육훈련계획 및 프로그램 개발 표준화

KIPA의 지속적인 성장과 품질관리를 위하여 연간 교육훈련계획과 교육훈련 프로그램 개발, 품질관리, 교육훈련 운영 등에 관한 프로세스를 개발하고 표준화하였다.

### (가) 연간 교육훈련계획

KRG 공무원들의 필요역량과 요구를 충족해줄 수 있는 교육훈련이 계획·운영되어야 한다. 현재의 교육훈련 과정들을 평가하여 필요역량과의 부합도를 확인하고, KRG 인적자원 정책을 실천할 수 있는 교육훈련계획안을 마련해야 한다. 이를 위하여 다음의 교육훈련계획 프로세스를 개발하여 KIPA와 공유하였다.

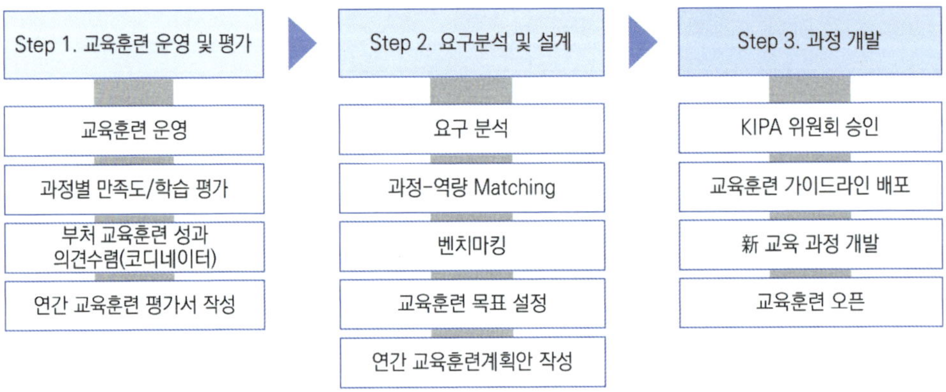


[그림 12-11] 연간 교육훈련계획 프로세스

### (나) 교육훈련 프로그램 개발

KRG 공무원 교육훈련 대표기관인 KIPA의 신뢰성을 높이기 위해서는 품질관리 요건을 토대로 교육훈련 프로그램이 체계적이고 계획적으로 개발되어야 한다. 이를 위하여 [그림 12-12]와 같이 체계적으로 교육훈련 프로그램을 개발하였다.

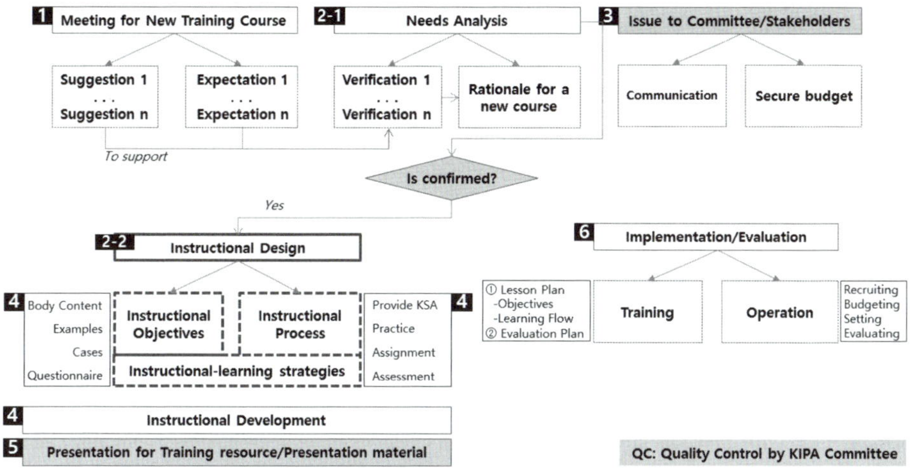


[그림 12-12] 공무원 교육훈련 프로그램 개발 프로세스

## (다) 교육훈련 프로그램 품질관리

KIPA가 자체적으로 프로그램의 품질을 관리할 수 있는 객관적인 평가 가이드라인(체크리스트)을 제공하고, 일정 품질 이상의 프로그램 개발이 될 수 있도록 하였다. 품질관리 절차는 요구분석과 설계 단계가 끝난 후 '교육과정설계'에 대한 품질 검토와 프로그램 개발 후 '산출물(원고, 강의자료)'에 대한 품질검토로 구분하였다.

'교육과정설계' 체크리스트는 조직 요구와의 관련성, 요구사항에 따른 교육목표의 적절성, 교수설계전략의 적합성, 젠더이슈의 고려 등 4가지 영역을 측정한다. '원고(teaching resource)' 체크리스트는 구성요소와 용도의 적합성, 학습내용의 논리성, 젠더이슈, 저작권 등 4가지 영역을 측정한다. '강의자료(presentation material)' 체크리스트는 발표자료 제시전략의 적절성, 젠더 이슈, 저작권 등 3가지 영역을 측정하도록 하였다.

### 6) 교수요원 및 HRD 운영자 양성

개인의 역량개발은 새로운 지식과 기술, 그리고 개선된 행동 변화를 의미한다. KIPA의 역량 강화는 내부 직원들의 역량개발을 의미하며, 이를 위하여 공식적・비공식적 학습이 수반되어야 한다.

먼저 HRD기획자, 교수요원, HRD운영자에게 요구되는 HRD 역량을 도출하였다. HRD 역량을 근거로 서류심사 및 면접을 통해 20명의 교수요원과 10명의 HRD운영자를 선발하였다.

ODA 사업 중 연수생 초청 사업은 한국 경제사회 발전 과정에서 축적한 기술과 노하우를 협력국가에 전파하여 인적자원 역량을 개발・강화하고, 이를 통하여 협력국가 및 국가기관의 효율적인 운영과 제도 구축을 지원하는 주요한 사업 중 하나이다(권혁주 외, 2010).

20명의 교수요원 중 8명을 선별하여 한국에서 1기 초청연수를 실시하였으며, 1기 초청연수는 'HRD기획자 양성'을 목적으로 역량기반 교육훈련체계 수립, 역량모델링, 교육과정 개발, 교수기법 등 이론과 실습으로 85일간 운영하였다. 2기 초청연수생은 12명으로 '교수요원 양성'을 목적으로 역량기반 교육훈련체계 수립, 교육과정 개발, 교육교재 개발, 교수기법 등 이론과 실습으로 74일간 운영하였다. 2기 초청연수는 한국의 내용전문가(SME: Subject Matter Expert)들의 워크숍과 개인코칭을 병행하였다. 이외 HRD운영자 10명에 대해서는 공무원의 역할, HRD 이해, 교육운영 및 행정에 관한 교육내용으로 28일간 운영하였다. 초청연수생들은 대부분 KIPA의 직원들로 'KIPA 교육훈련 업무매뉴얼 개발'을 목적으로 한국의 공무원교육원 시스템을 벤치마킹하도록 하였다.

| | 1기 교수요원 | 2기 교수요원 | HRD 운영자 |
|---|---|---|---|
| 목적 | • 역량기반 교육훈련체계 수립을 통해 KRG의 HRD 전략과 KIPA 교육훈련에 대한 이해 공유 | • 각 과정에 대한 기본적인 지식/ 기술 습득을 통해 KRG 공무원 역량 강화를 위한 Lecturer의 역할 이해 공유 | • 공무원교육행정과 운영성과 이해<br>• KIPA 및 업무에서의 다양한 경험을 공유하고 KIPA 비전 및 인재육성 방향에 따른 개인의 역할 정립 |
| 대상 | • 1기 교수요원 8명 | • 2기 교수요원 12명 | • HRD운영자 10명 |
| 내용 | • '16년 KRG 역량기반교육체계 수립<br>• KRG 5대 주요 역량<br>• 국가발전과 거버넌스<br>• 과정개발<br>• 교수기법 | • 국가발전과 거버넌스<br>• 교육행정<br>• 과정개발<br>• 교재집필<br>• 내용전문가(SME) 워크숍 | • KRG공무원의 역할<br>• 교육운영 및 행정<br>• 교육훈련 프로그램의 운영 |
| 기간 | • 초청연수(85일) | • 초청연수(74일) | • 초청연수(28일) |

**[그림 12-13]** 초청연수 프로그램

초청연수 프로그램은 초청연수 전, 중, 후 세 단계로 설계, 운영하였다. 초청연수 전 현지에서 사전역량진단, 팀빌딩, HRD담당자로서의 자세 등 초청연수 프로그램에 대한 동기부여를 주된 내용으로 하였다. 한국에서는 연수생들이 자기계발계획을 수립한 후 본격적인 연수가 진행되었으며, 초청연수 후에는 현지에서 역량개발을 위한 OJT(On the Job Training)가 진행되었다.

역량개발은 학습자가 정보와 지식을 내면화하고 적용하는 것이다. HRD전문가는 학습과 변화의 촉진자로서 초청연수를 다녀온 HRD기획자, 교수요원, HRD운영자가 현지에서 각자의 역할을 잘 수행할 수 있도록 도와야 한다.

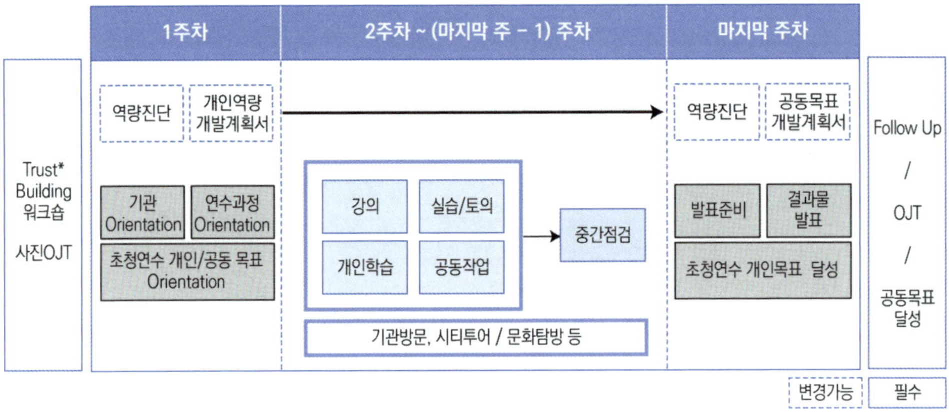


[그림 12-14] 초청연수 프로그램 프레임워크

## 7) 교육과정 개발

KIPA 교육과정은 KIPA운영위원회, 한국인으로 구성된 교수체제설계팀, 교수요원 20명, 한국인으로 구성된 내용전문가(SME) 10명의 협업으로 개발되었다. KIPA 교수요원들이 20개 표준화된 교육과정의 설계와 교재 집필을 할 수 있도록 교수체제 설계팀과 내용전문가(SME)들이 현지 코칭을 하였다.

교수체제설계팀은 KIPA 교육훈련 프로그램의 표준화를 위하여 학습모듈 구조, 계열화, 교수설계전략 등이 적용된 템플릿을 제공하였으며, 교수요원들의 프로그램 개발 역량 향상을 위하여 개별적 자문을 수행하였다.

내용전문가(SME)는 한국의 공공행정과 공무원교육훈련 전문가로서 교육과정 별 내용설계, 원고개발, 평가문항 개발 등에 관한 자문을 수행하였다.

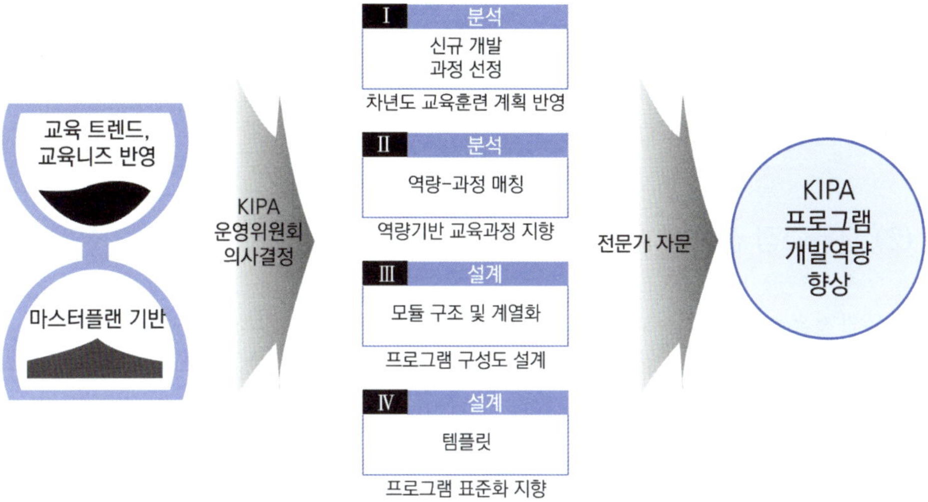


[그림 12-15] 교육훈련 프로그램 개발 협업체제

## (1) 신규 교육과정 선정

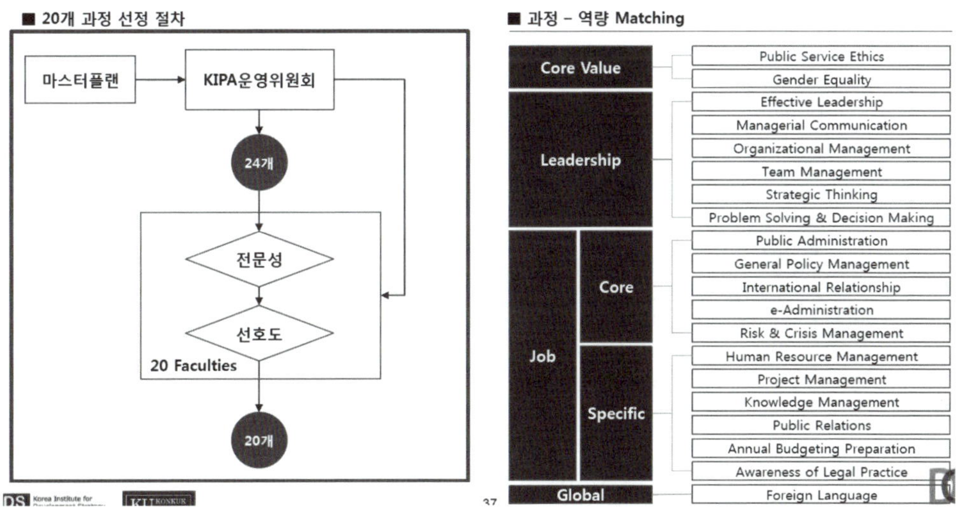


[그림 12-16] 역량별 교육과정명 매칭

KIPA운영위원회는 마스터플랜과 교수요원들의 전문성 및 선호도에 따라 20개 과정을 선정하였다. 20개 과정은 핵심가치, 리더십, 직무기본, 직무전문, 글로벌 역량 등 역량 별로 분류하였다.

### (2) 교육과정 산출물

교육과정은 요구분석, 과정설계, 교재개발 등 세 단계를 거쳐 개발되었다.

요구분석 단계에서는 과정별 교육훈련에 필요한 내용과 역량을 설계하여 과정개발제안서를 작성하였고, 과정설계 단계에서는 과정별 상세 내용설계와 교안 작성, 과정개요서 작성 등이 이루어졌다. 교재개발 단계에서는 원고와 평가문항, 강의자료와 워크북 등을 집필하였으며, 교육과정 및 교재 산출물은 품질관리 절차에 따라 KIPA 운영위원회와 PMC(Project Management Consultant) 검토를 거쳐 완성하였다.

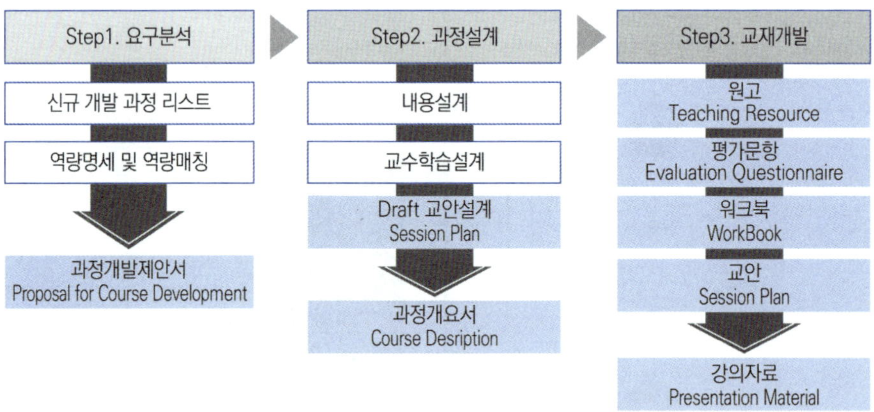


[그림 12-17] 교육훈련 프로그램 개발물

## (3) 교수설계

교수체제설계팀은 KIPA의 교육훈련 프로그램을 3~5개 학습모듈을 기본구조로, 학습시작, 학습 중(학습, 실습, 요약), 학습마무리의 흐름으로 계열화 하였으며, 교수학습전략을 포함하여 템플릿에 담아 교수요원들에게 제공·훈련함으로써 KIPA 교육훈련의 표준화를 이루고자 하였다.

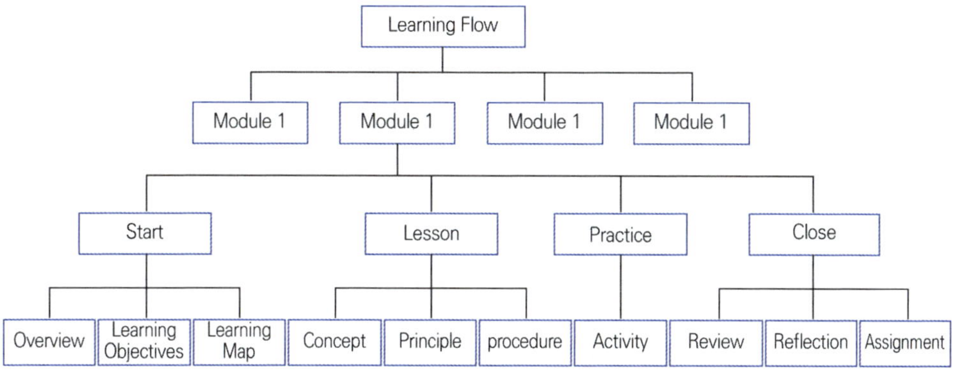


[그림 12-18] 학습흐름도

## (4) 교육과정 개발 협력체계

KIPA 교육과정 개발에 참여한 내용전문가(SME)와 교수체제설계팀, 교수요원 등 각 역할별 업무는 [그림 12-19]와 같이 체계적으로 실행되었으며, KIPA운영위원회 및 PMC 검토를 통해 교육과정의 완성도를 높일 수 있었다.

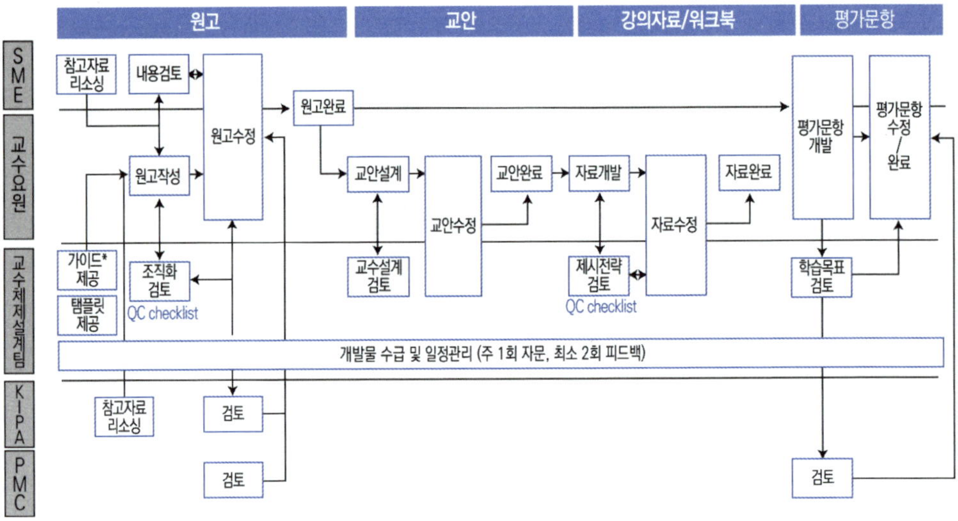


[그림 12-19] 교육과정 개발 협력관계도

본 프로젝트는 마스터플랜에 근거하여 교수체제설계팀을 중심으로 교육훈련계획 수립, 교수요원 및 HRD운영자 양성, 교육과정 개발 등을 일관성 있게 수행하였다.

이로 인하여 KIPA는 교수요원, HRD운영자들과 KRG 공무원의 역량개발과 KIPA의 운영전략에 대해 체계적으로 접근할 수 있으며, 교수요원과 HRD운영자들은 KRG의 HRD전문가로서 자율적이고 능동적인 조직문화를 구현할 것으로 기대한다.

## 참고문헌

권혁주 외 (2010). 연수생 초청사업 효과성 평가 보고서. 한국국제협력단.

박상철 (2013). ODA 공공행정 역량강화 방안: ODA 수원국의 인적자원개발 방안. 한국행정연구원.

ODAKorea. (2018). 한국 ODA의 이모저모. http://www.odakorea.go. kr/index.jsp. 검색일-2018년 8월 18일.

ODAKorea. (2018). 한국형 ODA 모델. http://odakorea.go.kr/ODAPage_2012/T05/L03_S02.jsp. 검색일-2018년 8월 26일.

Swanson, R. A., Holton, E. F. (2001). *Foundations of Human Resource Development*, Berett-Koehler, San Francisco, CA.

KOICA (2017). KOICA 분야별 중기전략 2016-2020. 성남: KOICA.

KOICA (2017). *The Project for Capacity Building of the Kurdistan Institute for Public Administration(KIPA) in KRG*. 성남: KOICA.

## 요약

ODA에서 HRD 전문가는 개인과 조직의 수행을 개선하고 수행관리를 강화할 수 있는 수행컨설턴트로서의 역할을 하며, 조직의 문화, 업무환경, 미션과 전략, 구조, 정책, 절차, 리더십 등의 문제를 다룰 수 있는 조직변화촉진자로서의 역할을 하여야 한다.

이라크 쿠르드 공무원교육원(KIPA) 역량강화 사업은 HRD 컨설턴트와 교수체제설계전문가, 교과별 내용전문가의 협업으로 KIPA의 인적역량 강화는 물론 KIPA의 교육훈련체제 구축 컨설팅을 통해 KIPA의 조직역량을 강화하였다.

## 탐구 질문

1. ODA 수원국의 인적자원개발의 필요성, 문제점에 대해 생각해봅시다.
2. 공공부문 HRD 전문가와 ODA HRD 전문가 간의 공통점과 차이점은 무엇인지 생각해봅시다.
3. ODA 사업/프로젝트에 참여하는 HRD 전문가의 핵심역량은 무엇인지 생각해봅시다.

## / 저자 소개 /

**이유진(orchid8924@gmail.com)**

현 에듀디앤디(EduD&D) 대표로 재직 중이다. 관심영역과 연구 주제는 역량모델링, 교육체계수립, 조직학습 등이며, 주요경력은 나우에이치알디그룹, 경기도인재개발원, 메타비경영연구원 등이다.

제13장

박성훈(사회적가치연구원, CSES)

# 사회적 기업과 HRD

## 목표

1. 사회적 기업 HRD의 목적을 설명할 수 있다.
2. 사회적 기업 HRD와 영리 기업 HRD의 차이점을 제시할 수 있다.
3. 사회적 기업 HRD로부터 영리 기업 HRD가 배울 점을 파악할 수 있다.

## 핵심용어

사회적 기업, 고용 취약계층, 직무 개발, 자존감(Self-Esteem), 역설경영

## 1. 여는 글

인적 자원(Human Resources)이란 개념을 사회적 기업에도 적용할 수 있을까? 사회적 기업이라 하면 보통 떠오르는 모습은 장애인, 고령자 같은 고용 취약계층들이 일하고 있는 기업이다. 이런 기업에 고용된 취약계층은 경쟁우위를 만들어내는 인적 자원이라기보다는 일자리 정책의 수혜자에 가깝다.

하지만 취약계층 종업원이 곧 경쟁력인 사회적 기업도 있다. 커피지아[1]는 발달장애인을 고용하는 커피 가공업체다. 발달장애인들이 원두에 섞인 썩은 커피콩을 원두 분류 기계보다 더 정확하게 걸러낸다. 이들은 '초능력 콩 감별사'라 불린다. 또 다른 사례도 있다. 베트남 호이안에 있는 카페 Reaching Out Tea House[2]의 모든 종업원은 청각장애인이다. 카페 안에는 음악 소리 하나 들리지 않는다. 의사소통은 종업원이 즉석에서 가르쳐 주는 간단한 수화로 하거나 주문 내용이 적힌 나무 블록을 보여주는 것으로 대신한다. 고요함이 오히려 손님을 끄는 경쟁력으로 관광객들에게 인기가 높다. 이러한 사회적 기업들은 특정 취약계층의 신체적 특성을 기업의 경쟁력으로 잘 활용한 성공사례이다.

이 글을 통해 저자는 고용 취약계층에게 일자리를 제공하는 사회적 기업 중에서 이러한 성공사례를 찾아 소개하고, 사례로부터 도출되는 사회적 기업 HRD의 특성을 설명하고자 한다. 이를 통해 이 글이 사회적 기업을 운영하거나 연구하는 독자들에게 도움이 되었으면 한다. 물론 영리 기업 HRD를 공부하는 독자들에게도 시사점을 주고 싶다. 사회적 기업이 HRD를 실천하는 관점은 곧 '사람에 대한 관점'이며, 사람을 기업 운영의 도구로 바라보느냐 혹은 경영의 파트너로 여기느냐의 문제는 영리 기업에서도 매우 중요한 문제이기 때문이다.

본론에 들어가기에 앞서 세 가지 사항을 독자들에게 말씀 드린다. 첫째, 이 글은

1) http://www.coffeejia.com
2) https://reachingoutvietnam.com/teahouse/the-teahouse/

저자의 관점이 들어간 글이다. 사회적 기업 HRD에 대한 이론, 구성요소, 기법을 종합한 글이 아니다. 사회적 기업이 HRD의 영역 중에서 독자적인 영역이 될 만큼 규모가 크거나 성숙되지 않았기 때문에 이에 대한 체계적인 연구는 전무한 상황이다. 따라서 이 글은 선행 연구를 기반으로 한 종합적인 글이 아니라 저자의 경험에 기반을 둔 글이다. 둘째, 이 글은 사회적 기업이 무엇인지 상세히 설명하지 않는다. 독자 중에는 사회적 기업이란 개념이 생소한 분도 많을 것이다. 하지만 사회적 기업에 대한 소개는 정부기관인 한국사회적기업진흥원 웹페이지[3]에서 쉽게 찾을 수 있기 때문에 여기서는 생략한다. 셋째, 이 글에서는 주로 고용 취약계층에게 일자리를 제공하는 사회적 기업을 다룬다. 사회적 기업의 유형은 기업가가 해결하려는 사회문제 유형에 따라 매우 다양하다. 예를 들면 취약계층은 한 명도 고용하지 않은 채 환경오염 문제를 해결하는 사회적 기업도 있다. 다양한 유형의 사회적 기업이 존재하지만, 이 글은 사회적 기업의 HRD라는 주제에 보다 집중하기 위해서 취약계층을 고용하는 사회적 기업에 초점을 맞추었다.

## 2. 사회적 기업 HRD의 특징

### 1) 사회적 기업 HRD의 어려움

서론에서는 인적 자원을 통해 경쟁 우위를 찾은 성공사례 두 개를 소개했다. 하지만 대부분의 사회적 기업에게 인적 자원으로부터 경쟁우위를 찾기란 매우 어려운 일이다. 대다수의 사회적 기업은 경쟁우위를 논할 상황이 아니라 당장의 생존을 걱정하는 상황에 처해 있다. SK에서 후원하는 '사회성과인센티브라는 프로젝트'[4]에

3) http://www.socialenterprise.or.kr

4) 사회적기업이 창출한 사회 문제 해결 성과(사회성과)를 화폐가치로 측정하고, 그 성과에 비례하여 현금 인센티브를 지급하는 프로젝트이다. 2015년에 시작되었으며, 2022년 현재 360여 개

는 2022년 기준 약 360개의 사회적 기업이 참여하고 있다. 이들은 년 1회 각자의 사회성과에 비례한 현금 인센티브를 받는다. 이들 기업은 국내 사회적 기업의 평균적인 특성을 대변한다. 평균 업력(경력)은 8년, 평균 종업원 수 31명, 평균 매출 15억 원, 평균 영업이익은 −6천만 원 수준으로, 일반 중소기업 평균에 비하면 매우 열악한 수준이다.

사회적 기업 HRD의 어려움이 단지 사회적 기업의 열악한 경영 현실 때문만은 아니다. 사회적 기업 HRD의 실천방식이 매우 복합적이고 시간과 비용이 많이 들기 때문이다. 사회적 기업 HRD의 실천방식은 영리 기업의 실천방식과 다르다. 예를 들면 고용 취약계층에게 일자리를 제공하는 사회적 기업은 미시 수준에서는 취약계층 종업원의 자존감을 회복시키고, 거시 수준에서는 양극화와 같은 사회 문제를 해결한다. 이러한 실천 방식은 영리 기업의 전통적인 HRD에서는 발견하기 힘든 특성이다.

여기서 중요한 점은 'HRD의 영역이 다르다'는 것이 아니라 '실천 방식'이 다르다는 점이다. 만약 HRD의 개인수준, 조직수준, 국가수준을 포괄하는 광의의 관점(Lynham & Cunningham, 2006; 임세영, 2017)을 취하고 있다면, 사회적 기업 HRD에서 다루는 영역과 영리 기업 HRD의 영역은 크게 다르지 않다. 하지만 '실천 방식'은 다르다. 그 이유는 사회적 기업 HRD의 목표가 영리 기업 HRD의 목표와 근본적으로 다르기 때문이다. 영리 기업 HRD에 내재된 의도가 오히려 사회적 기업 HRD에서는 해결해야 할 사회 문제이자 목표대상이다. 예를 들면 고용의 유연성을 높이기 위한 수단으로 고몰입(High-commitment) HRM/ HRD가 활용되는 상황 자체가 어떤 사회적 기업에게는 '해결해야 할' 고용시장의 문제이다.

이와 같은 사회적 기업 HRD의 특성을 대상, 목표, 실천 방식으로 나누어 살펴보겠다.

---

국내 사회적 기업이 참여하고 있으며, 누적 사회성과가 3,275억 원이 창출되었다. 이에 비례한 현금 인센티브로 누적 527억 원이 지급되었다.

## 2) 사회적 기업 HRD의 이해

### (1) HRD의 대상

사회적 기업의 성공적인 HRD를 위해서는 일반 종업원과는 다른 취약계층 종업원의 특성을 이해할 필요가 있다. 취약계층 종업원과 일반 종업원의 차이를 가장 집약적으로 나타내는 것 중 하나는 종업원의 자존감(Self-esteem)이다. 취약계층 종업원의 자존감은 영리 기업 종업원의 자존감과는 양상이 다르다. 사회적 기업 현장에 설문 조사를 나갈 경우 가끔 흥미로운 현상을 목격할 수 있는데, 종업원 중 한두 명이 기업의 대표나 관리자 앞에서 마치 보란 듯이 '자신이 얼마나 이 회사에서 열심히 일하고 있는데 무슨 의도로 이런 조사를 하느냐'며 큰 소리로 외치고 설문지를 조사원에게 던지고 가는 경우이다.

이러한 모습은 기업 대표나 관리자에게 자신의 헌신을 의도적으로 드러내는 것이다. 보통 사회적 기업에 종사하는 고용 취약계층들은 글을 읽고 쓰는데 어려움이 있다. 글을 읽고 쓸 수 있더라도 대부분 인사관리나 조직행동 연구에서 활용되는 설문 문항의 의미를 제대로 이해하기 힘들기 때문에 조사원이 직접 사회적 기업 현장에 나가 응답자에게 문항의 의미를 설명해주고 답을 듣는다. 이 경우 취약계층 종업원들은 비록 조사원의 나이가 어리더라도 조사원을 자신보다 윗사람처럼 대하곤 한다. 그럼에도 불구하고 조사원에게 강한 반발을 보이는 것은 그 행동이 다분히 의도적이라는 것이다.

이 행동의 원인은 매우 복합적인 감정이다. 스스로 노동시장의 가장 취약한 지점에 서 있다는 낮은 자존감과 이 회사를 떠나면 다른 직장을 구할 수 없을 거라는 불안감이 동시에 작용한다. 해당 종업원들은 직장에 대한 만족도가 낮더라도 이직 의도 또한 매우 낮은 경향을 보인다. 조직행동 이론에 따르면 일반적으로 직장 만족도와 이직 의도는 부정적인 관련성을 보이는데, 일반적인 조직행동의 논리가 사회적 기업에서는 적용되지 않을 수 있다.

이러한 상황에서는 일반적인 HRD의 효과도 보장될 수 없다. HRD는 종업원의 감정과 태도에 관한 조직행동의 논리를 기반으로 하기 때문이다. 예를 들면 종업원이 조직과 직무로부터 안정감을 느끼면 조직몰입이나 직무만족 같은 긍정적인 태도가 나타나게 되는데, HRD는 이러한 긍정적 관련성을 전제로 하고 있다. 따라서 취약계층 종업원이 가지는 복합적인 감정의 해소가 선행되어야 사회적 기업 HRD의 긍정적인 효과도 기대할 수 있다.

### (2) HRD의 목표

사회적 기업 HRD의 목표는 영리 기업 HRD의 목표와 다르다. 영리 기업에서 HRD의 전통적인 목표는 종업원의 직무 능력 향상과 경력관리를 통한 생산성 증대이다. 그런데 경영 환경이 급격하고 다양하게 변화하는 상황에서 영리 기업에게 더 현실적인 HRD의 목표는 종업원이 직장보다 자신의 직무에 더 몰입하게 만드는 것이다. 기업은 고용의 유연성을 높이면서도 종업원의 직무몰입과 생산성을 보장받을 수 있기 때문이다. 따라서 영리 기업의 HRD는 직무 그 자체에 집중한다. 해당 직무에 대한 전문성을 쌓을 수 있는 교육을 종업원에게 제공하거나 종업원의 업무 성향, 대인관계 성향을 파악하여 해당 직무와의 정합성을 높일 수 있는 방법을 훈련시킨다. 또한 직무 중심으로 경력을 관리한다.

반면 사회적 기업 HRD의 목표는 사회 문제를 해결하는 것이다. 영리 기업이 전략적으로 활용하거나 혹은 전략적으로 만들어 내려는 고용의 유연성이 사회적 기업에게는 해결해야 할 사회문제이다. 예를 들면 오요리아시아[5]라는 사회적 기업은 네팔에서 직업 훈련을 통해 여성들의 카페 창업을 돕는다. 취약계층 여성을 바리스타로 키우고 이들이 카페를 운영할 실무 역량을 쌓게 한다. 이들이 카페를 창업할

5) http://www.oyori.asia/

준비가 되면 창업 자금을 빌려주고, 나중에 해당 여성이 돈을 갚으면 그 돈은 다른 여성의 창업 지원에 쓰인다. 오요리아시아의 HRD가 취약계층 여성을 경영자로 육성하는 것을 목표로 하는 이유는 실업이 만연하고 고용시장도 유연한 제3세계 국가에서 자영업자 이외에는 여성을 위한 변변한 직장이 존재하지 않기 때문이다.

자리[6)]라는 사회적 기업은 학교의 정규 교육을 받지 못한 위기청소년들의 문제를 해결하겠다는 목표를 가지고 있다. 위기청소년들이 겪는 어려움은 사회적 편견과 경제적 어려움, 그에 따른 낮은 자존감과 무력감이다. 이들은 직업 교육도 제대로 받기 어려워 노숙 생활을 하거나 청소년 쉼터를 전전하기도 한다. 자리는 카페를 운영하고, 카페에서 위기청소년들에게 바리스타 직업 교육을 시킨다. 자리가 카페라는 아이템을 선택한 이유는 다른 사업 아이템 대비 바리스타가 청소년들에게 가장 문턱이 낮은 아이템이기 때문이다.

오요리아시아와 자리의 예에서 알 수 있듯이, 사업이 먼저 존재하고 사업의 경쟁력을 높이기 위해 인적 자원이 존재하는 게 아니다. 해결하고자 하는 사회 문제가 먼저 존재하고 이를 해결하기 위해 가장 적절한 방법으로서 사업이 존재하는 것이다. 좀 더 구체적으로 설명하면, 영리 목적의 사업에 맞는 직무가 존재하고, 그 직무에 맞는 종업원을 선발하여 직무 역량을 높이기 위한 훈련을 하는 게 아니다. 어떠한 사회 문제를 해결할 것인가가 우선이고, 그 피해자 혹은 수혜자의 상황을 개선시키기에 가장 효과적인 방법으로서 사업이 존재하는 것이다. 이는 사회적 기업 HRD의 실천 방식에서도 잘 나타난다.

### 3) 사회적 기업 HRD의 실천 방식

취약계층을 고용하는 사회적 기업에서 취약계층 종업원이 처한 사회 문제를 해

6) https://www.zaricompany.com/home

결하는 방법 중 하나는 이들을 일반 노동 시장에서 경쟁력을 갖출 수 있도록 직무 역량을 키우는 것이다. 이는 전통적인 HRD 방식이다. 하지만 사회적 기업에서는 경영의 모든 과정이 학습과 훈련 과정이다. 예를 들면, 취약계층 종업원을 경영에 참여시키는 것도 사회화를 위한 일종의 훈련 과정이다. 이를 노동자로의 육성과 경영자로의 육성 두 가지로 나누어 설명한다.

### (1) 노동자로의 육성

사회적 기업에서 취약계층 종업원을 노동자로 육성한다는 의미는 종업원이 노동을 통해 삶의 의미를 찾고, 한 명의 사회적인 주체로서 성장할 수 있도록 학습시키고 훈련시킨다는 의미이다. 여기에는 두 가지 방식이 있다. 첫째는 경영참여이고 둘째는 직무 개발이다.

취약계층 종업원을 수혜자로 바라보는가 혹은 노동자로 바라보는가는 완전히 서로 다른 관점이다. 기업가가 전자의 관점을 가질 경우 노동조합의 설립과 같은 정상적인 노동 활동에 대해 기업가는 부정적인 반응을 보일 수 있다. 실제로 사회적 기업 현장에는 종업원의 노동조합 설립을 반대하는 기업가들이 존재한다. 하지만 고용 취약계층이 한 명의 사회적인 주체로 성장하게 하기 위해서는 노동조합 설립은 물론이고 경영에 참여하는 것까지 모두 학습과 훈련의 과정이다. 취약계층 종업원은 생산 의사결정에 참여하고, 기업의 경영 전반에 참여하는 과정을 통해 자존감 높은 노동자로 성장할 수 있다. 이러한 과정은 조직 성과에도 긍정적인 영향을 미친다. 예를 들면 박성훈 외(2011)의 연구에서 취약계층 종업원이 사회적 기업 경영에 참여하는 것은 인당 매출 성장에 긍정적인 영향을 주었다는 내용을 확인할 수 있다.

두 번째 방식은 직무 개발이다. 취약계층의 특성에 맞추어 이들이 자존감을 높이고 삶의 의미를 찾을 수 있는 직무 개발이 필요하다. 예를 들면, 시각장애인들을 위해 정부가 법으로 보호하는 직무는 '안마업'이다. 많은 시각장애인 노동자에게 안마사라는 직업은 자존감 높은 직업은 아니다. 이들이 삶의 의미를 찾을 수 있도록 새로운 직무를 개발하는 사회적 기업이 있다. 예를 들면, 웹와치[7]라는 사회적 기업은 장애인을 위한 웹 접근성 인증 업체다. 웹와치에 고용된 시각장애인들은 다른 시각장애인들이 웹페이지, 어플리케이션, 소프트웨어를 활용할 때 불편함이 없도록 화면의 음성 지원이 제대로 되어 있는지 검증하는 역할을 한다. 시각장애인의 입장에서 다른 시각장애인의 불편을 해소하는 새로운 직무를 개발한 것이다.

### (2) 경영자로의 육성

가장 높은 수준의 HRD는 경영자로의 육성이다. 취약계층을 경영자로 육성하는 것이 가장 높은 수준의 HRD인 이유는 다음의 두 가지 때문이다. 첫째는 취약계층 종업원 스스로 삶의 주체가 되는 가장 좋은 방법이기 때문이다. 특히 취약계층 경영자가 다른 취약계층을 고용하고 이들을 돕고 삶을 변화시킬 수 있다면 해당 경영자는 가장 높은 수준의 자존감을 얻을 수 있을 것이다. 두 번째는 취약계층을 경영자로 육성하는 것이 노동시장의 사회 문제를 해결하는 가장 임팩트 있는 방법 중 하나이기 때문이다.

예를 들면, 특정 문화권에서는 여성이 할 수 있는 직무가 사회 규범에 의해 명확하게 정해져 있는 국가도 있다. 이런 국가에서 대부분의 여성은 가장 불안정한 대우를 받으며 일한다. 이 상황을 해결할 수 있는 방법은 여성에게 좋은 일자리를 지속적으로 넓혀가는 것이다. 하지만 그 보다 더 파급력이 큰 방법은 여성 창업자를 키우고 성공사례를 만드는 것이다. 여성을 자영업의 경영자로 육성하는 것은 남성 중심의 사회 규범에 대한 도전이기도 하면서, 다른 여성들에게 롤 모델을 만드는 일이기도 하다.

---

7) http://www.webwatch.or.kr/

## 3. 사회적 기업 HRD의 특징과 제언

### 1) 새로운 직무 개발에 성공한 사회적 기업 사례

#### (1) 커피지아

커피지아는 2011년 설립된 커피 가공 업체이다. 온라인에서 로스팅 커피도 판매하고 오프라인 카페도 운영한다. 커피지아는 2016년 '사회성과인센티브 프로젝트'에 참여하여 2017년에 사회성과를 측정하였다. 당시(2017년) 매출액은 10억 원, 영업이익은 4천 2백만 원, 당기순이익은 6천 4백만 원이다. 같은 해 18명의 취약계층 종업원을 고용하였다.

18명의 취약계층 종업원은 모두 자폐성 장애, 지적 장애, 정신 장애를 갖고 있다. 커피지아 김희수 대표는 특수학교 교사로 일하는 친구의 영향으로 우연히 발달장애인을 고용하게 되었다. 이들이 비장애인들이 쉽게 할 수 없는 단순하고 반복적인 업무에도 지루함을 느끼지 않는 것을 알게 되었고, 커피 생두에서 결점이 있는 콩을 골라내는 능력도 비장애인 대비 더 뛰어나다는 것을 알게 되었다. 김희수 대표는 초능력 콩 감별사라는 새로운 직무를 떠올렸다.

커피지아의 HRD는 결점 콩 감별 능력을 키우는 것이다. 하지만 여기에 그치지 않고 발달장애인의 사회화 교육도 하고 있다. 예를 들면, 스스로 대중교통을 이용해서 출근하고, 업무 준비를 하는 것 또한 교육의 과정이다. 최근에는 바리스타 직업 교육과 취업연계로까지 사업 영역을 확대했다. 커피지아가 발달장애인의 직접 고용을 무한정 늘릴 수 없기 때문이다. 바리스타 교육을 받은 발달장애인들은 커피지아가 대기업에서 위탁 받아 운영하는 시내 카페에서 실습을 한다. 장애인에게 바리스타 교육을 시키는 다른 교육기관들이 교육 이수 후 실무 역량을 키우는 부분이 부족한 것과는 차이가 있다.

커피지아의 발달장애인들은 하루 3~4시간 일하고 최저임금에 맞춘 월급을 받는다. 비장애인 직원 대비 주휴수당, 복지혜택도 차별 없이 대우한다. 그래서 장애인 부모들의 만족도가 높다고 한다. 이렇게 시장의 평균적인 발달장애인 임금 대비 커피지아가 추가로 지급한 임금이 2017년 기준 4천 2백만 원 수준이다.

### (2) 테스트웍스

테스트웍스[8]는 2015년 설립된 소프트웨어 오류 테스트 업체이다. 2016년 '사회성과인센티브 프로젝트'에 참여하여 2017년에 사회성과를 측정하였다. 2017년 기준 매출액은 6억 1천만 원, 영업이익은 −1억 원, 당기순이익은 1억 2천만 원이다. 같은 해 기준 15명의 취약계층 종업원을 고용하고 있다.

테스트웍스의 윤석원 대표는 미국 마이크로소프트와 삼성전자에서 소프트웨어 테스팅 전문가로 일했다. 소프트웨어 테스팅 전문가는 소프트웨어 개발 단계에서 오류와 결함을 찾아내는 직업이다. 윤 대표가 삼성전자에 근무할 당시 지식 나눔 차원에서 경력단절여성 20명을 대상으로 소프트웨어 테스터 교육을 했다. 현업에서 일하는 사람들도 국제자격증 합격률이 50% 미만이었는데, 이들은 70% 이상이 합격했다. 하지만 경력단절여성에 대한 편견 때문에 대부분 직장을 구하지 못했다.

윤 대표가 직접 삼성전자를 나와 테스트웍스를 설립했고, 경력단절 여성들을 고용하기 시작했다. 발달장애인도 고용했다. 발달장애인은 섬세하고 반복적인 작업에 강해 소프트웨어 테스팅에 적합했기 때문이다. 문제는 발달장애인들의 사회성이 떨어진다는 편견인데, 경력단절여성 테스터와 한 팀을 이뤄 고객들과도 직접 대면하게 하면서 그러한 편견을 깨어 나가고 있다.

테스트웍스의 HRD 과정은 취약계층을 소프트웨어 테스터 교육생으로 선발하여 교육하고, 국제자격증을 취득하게 지원한다. 그리고 이들을 필요로 하는 기업에 아

8) http://www.testworks.co.kr

웃소싱한다. 아웃소싱을 통해 경력이 쌓이면 더 높은 전문성을 요구하는 컨설팅과 연구개발 업무에 투입하고, 다른 취약계층을 교육하는 강사로도 경력을 쌓게 한다.

2017년 현재 15명의 취약계층 종업원 중 경력단절여성은 6명이고, 발달장애인은 5명이다. 15명의 취약계층 종업원들에게는 시장 평균 임금보다 더 많은 임금을 지급하고 있는데, 2017년 한 해 테스트웍스가 각 취약계층별 시장 평균 임금보다 총 1억 원의 임금을 더 지급하였다. 같은 해 취약계층 경력단절여성, 발달장애인, 장기 미취업 청년 100여 명에게 인당 70만 원에 달하는 소프트웨어 테스터 교육을 무료로 제공하였다. 이 무상 교육을 위해 테스트웍스가 감내한 기회비용은 2017년에만 6천 3백만 원 수준이다.

### 2) HRD의 특징과 제언

HRD가 존재 이유인 사회적 기업 두 군데의 사례를 살펴보았다. 이들 사례 기업들은 취약계층이 경쟁 우위를 가질 수 있는 직무를 개발하는데 성공한 기업들이다. 또한 이렇게 훈련된 인적 자원을 기업의 경쟁력으로 활용하는데 성공한 기업들이다.

이러한 성공이 가능했던 이유는 다음의 두 가지 때문이다. 첫째는 기업가가 취약계층 종업원이 남들보다 더 잘 할 수 있는 역량을 제대로 파악했다는 점이다. 둘째는 이를 시장의 요구와 연결시킨 점이다. 예를 들면, 커피지아의 사업은 깔끔한 커피맛에 대한 시장의 선호가 존재하는 상황에서, 비장애인을 활용하여 결점두를 골라내는 것 대비 발달장애인을 활용하는 것이 더 효율적이라는 것에서 출발했다. 테스트웍스의 경우에도 소프트웨어 테스팅의 성공률을 높이는 것이 무엇보다 중요한 상황에서 발달장애인이 비장애인 대비 테스팅 역량이 더 뛰어나다는 점을 잘 활용했다.

사례 기업들로부터 파악할 수 있는 HRD의 특징과 그에 따른 제언은 다음 세 가지로 정리될 수 있다.

### (1) 종합예술로서의 HRD와 소비자의 참여

사회적 기업의 HRD는 종합 예술이다. 마치 오페라와 뮤지컬이 각본, 무대, 음악, 연기의 종합예술인 것처럼 사회적 기업의 HRD에도 다양한 영역이 결합되어 있다. 전통적인 직종 개발, 직무 역량 개발뿐 아니라 사회 운동, 신체적 돌봄, 심리적 돌봄 영역이 종합적으로 결합되어 있다.

예를 들면, 에코팜므[9]라는 사회적 기업은 난민 여성들에게 그림을 가르쳐 이들을 디자이너로 육성한다. 에코팜므의 '드로잉 클래스'는 난민 여성들이 그림을 통해 자신의 모습을 표현하고, 삶의 최악의 순간, 최고의 순간을 다른 사람들에게 설명해 보면서 삶의 희망을 찾아 나가는 교육 과정이다. 난민 여성 중 그림에 소질이 있는 사람은 전문적인 디자인 교육을 시켜 디자이너로 양성한다. 예를 들어 콩고에서 온 여성들 중 소질이 있는 사람에게는 한국의 디자이너들이 아프리카 문양집과 같은 전문서적의 디자인을 가르친다. 이 과정을 통해 아프리카 난민 여성은 자신의 몸속에 체화되어 있던 독특한 아프리카의 색감과 디자인을 표현할 수 있게 된다. 난민의 신분으로 잊고 있었던 문화 정체성을 찾게 되는 것이다. 결국 에코팜므의 HRD 과정은 직무 개발, 역량 교육뿐 아니라 심리 치료까지 포괄한다.

이 종합예술의 영역에는 고객사와 소비자의 역할도 포함되어 있다. 취약계층 종업원이 고객사 담당자와 대면하여 업무를 진행하는 과정, 소비자와 대면하여 제품과 서비스를 판매하는 모든 과정이 이들에게는 직무 능력 개발 과정이자 사회화 과정이다. 따라서 취약계층 종업원을 대면하게 되는 고객사 담당자나 소비자들은 상황에 따라서는 자신도 해당 종업원의 HRD에 동참하고 있다는 인식이 필요하다. 해당 종업원의 자존감을 높여주면서도 요구조건을 분명하고 반복적으로 전달하되, 사전에 합의된 소통 절차를 따르는 것이 좋다. 사회적 기업의 관리자는 이러한 개입이 해당 종업원의 직무 능력 개발과 사회화에 영향을 미친다는 점을 고객사와 소비

9) http://www.ecofemme.or.kr/

자에게 사전에 알리고 적극적인 동참을 유도해야 한다.

### (2) 국가수준의 성공사례 개발

사회적 기업의 HRD는 긴 호흡이 필요하다. 노숙자, 장애인, 제3세계 난민, 탈북자, 고령자 종업원의 HRD는 오랜 기간의 노력이 필요하다. 또한 교육 훈련 과정이 잘 진행되다가도 일순간에 수포로 돌아갈 수도 있다. 예를 들면, 노숙자들의 직업훈련이 잘 진행되다가도 음주와 같은 한순간의 일탈로 그 간의 노력이 한 번에 무너져 내릴 수 있다.

뿐만 아니라 인력 개발 과정에 투입되는 비용이 종업원의 직무능력 향상이나 생산성 증대로 합리화 되지 않는다. 인력 개발에 많은 돈을 투입할수록 가격경쟁력은 더 떨어지는 경우도 있다. 예를 들면, 리드릭[10]은 장애인을 고용하여 복사용지를 생산하는 사회적 기업이다. 장애인 고용을 유지하기 위해 영리 복사용지 생산 업체에서 당연한 생산 자동화도 장애인 종업원의 업무 효율을 높일 수 있는 차원에서만 도입하고 있다. 생산단가가 높을 수밖에 없고 가격경쟁력에서 영리 업체에 밀릴 수밖에 없다. 이에 리드릭은 새로운 비즈니스를 모색하고 있다. 하지만 고용을 유지하면서 수익성도 높은 비즈니스를 모색하기가 매우 어렵다. 이는 증명된 성공사례가 부족하기 때문이다. 예를 들면 리드릭이 검토할 수 있는 새로운 사업도 인쇄, 택배업 정도가 고작이다.

취약계층에게 증명된 직무를 개발하는 데는 오랜 기간과 많은 비용이 소요되기 때문에 국가 수준의 지원이 필요하다. 현재로서는 단순 제조, 포장과 배달, 청소, 가사도우미 정도가 취약계층에 맞는 직무로 개발된 전부이다. 이에 커피지아나 테스트웍스처럼 새로운 직무를 개발하고 있는 사회적 기업에 대한 국가 수준의 지원을 통해 증명된 성공사례를 만들 필요성이 있다.

---

10) http://www.ridrik.com/main.php

### (3) 영리기업 HRD에의 적용

사회적 기업 HRD는 영리 기업에도 시사점이 있다. 대부분의 기업이 종업원의 고령화로 인한 조직 문제를 겪고 있다. 인건비 상승과 인사적체가 대표적인 문제이다. 100인 이상의 종업원을 고용하는 기업 대부분은 장애인 의무고용비율을 맞추지 못해 장애인고용부담금을 납부하고 있거나, 직접고용 방식이 아닌 간접고용 방식으로 이 문제를 해결하고 있다. 적시적소(Right time, right place)에 경력단절 여성 종업원을 재취업시켜 유연하게 활용하는 것 또한 기업의 중요한 과제이다.

이러한 과제를 해결하기 위해서는 기업이 고령 종업원에 특화된 HRD 체계와 장애인 종업원에 특화된 HRD 체계, 경력단절 여성 종업원에 특화된 HRD 체계를 동시에 갖추는 것이 가장 바람직한 모습일 것이다. 기업이 고용 취약계층을 위한 제도를 갖추는 것만으로도 기업의 성과에 긍정적인 영향을 줄 수 있다. 예를 들면, 가족친화제도는 노동생산성, 이직률, 기업가가 주관적으로 판단한 기업 성과, 종업원 주도 혁신에 긍정적인 영향을 미친다(김혜원, 2011).

하지만 기업의 관리자가 간과할 수 없는 것은 제도 마련에 드는 비용이다. 대부분의 기업 관리자는 수익성과 혁신성, 비용과 투자 사이에서 전략적인 의사결정을 내려야 하고, 경영 현실은 점점 더 이러한 모순된 가치의 균형을 요구하고 있다(윤세준, 김상표, 2001). 이러한 상황에서 영리 기업은 사회적 기업으로부터 역설경영의 모범 사례를 배울 수 있다. 사회적 기업은 태생적으로 역설경영을 실천하는 기업이다. 사회 문제를 해결하기 위해 수익 창출이 어려운 영역에 비용을 지출하면서 동시에 지속가능성을 위한 수익도 창출해야 한다. 뿐만 아니라 사회적 기업은 시장이 존재하기 힘든 곳에서 새로운 시장을 창출하기도 한다. 예를 들면 시지온[11]은 기존에는 없었던 악성 댓글 관리 시장을 만들고 언론사들의 악성 댓글 문제를 해결하고 있다. 일반인 대비 악성댓글을 더 효율적이고 효과적으로 발견할 수 있는 발

11) http://blog.cizion.com/

달장애인의 특성을 잘 활용하여 이들을 위한 새로운 직무도 개발하였다. 수익처가 존재하지 않던 시장에서 새로운 수익처를 만들어냄과 동시에 악성 댓글이라는 사회 문제도 해결한 것이다.

## 4. 맺는 글

아이 한 명을 키우려면 마을 하나가 필요하다는 말이 있다. 사회적 기업의 HRD를 위해서도 주변의 관심과 지지가 필요하다. 행복ICT[12)]라는 사회적 기업은 장애인, 경력단절여성을 고용하여 웹페이지, 어플리케이션을 개발한다. 행복ICT의 관리자들이 고객사로부터 자주 듣는 요청은 개발자를 교체해 달라는 것이다. 장애인 개발자와 대화가 잘 통하지 않아 답답하거나, 고객사 담당자보다 나이 많은 경력단절 여성 개발자를 소위 '부리기' 불편하다는 이유에서다.

이러한 불편함을 수용하기 위해서는 고용 취약계층이 겪는 문제가 남의 일이 아니라 우리 가족의 일이라는 생각이 필요하다. 예를 들면, 치매는 어느 가정에서든 얼마든지 일어날 수 있는 일이거나 혹은 이미 가족들이 겪고 있는 일이다. 2017년 일본 도쿄에서는 '주문을 틀리게 하는 식당(The Restaurant of Order Mistakes)'이 3일간 시범적으로 문을 열었다. 이 식당에서 웨이터로 일한 17명은 전부 치매 노인들이었다. 기억력이 나쁜 치매 노인들이 주문을 잘 못 받거나, 주문을 잘 받았더라도 서빙을 잘 못하는 경우가 많다는 것을 아예 식당 이름에 알린 것이다. 3일간 80여 명의 손님이 식당을 다녀갔고, 기록된 '실수'만 전체 주문의 60%가 넘었지만, 손님 중 90%가 재방문 의사를 밝혔다. 물론 이 시범 식당은 치매 문제를 사회적으로 알리기 위한 프로젝트이기 때문에 적절한 예가 아닐 수 있다. 하지만 고용 취약계층이 겪는 사회문제가 우리 가족에게도 일어날 수 있다는 인식이 확산된다면 고객들

12) http://www.happyict.co.kr

은 취약계층을 고용한 사회적 기업의 HRD 과정에도 자연스럽게 동참할 수 있을 것이다.

기업가 스스로도 경계해야 할 점이 있다. 취약계층 종업원을 단순히 수혜자로 생각하는 것이다. 우리나라의 사회적 기업계처럼 정부가 고용정책의 일환으로 산업을 급격히 성장시킨 상황에서는 시장 참여자들의 정부 의존도가 높을 수밖에 없다. 대부분의 취약계층 고용형 사회적 기업이 정부의 인건비 보조에 의존하는 것이 대표적인 예이다.

이러한 상황에서 기업가가 자신의 기업이 정부의 고용정책에 얼마나 부합하는 기업인지 홍보하는 것은 기업의 정당성을 높여주는 효과적인 방법이다. 따라서 많은 기업이 해당 기업의 웹페이지에 사회적 고용 성과를 홍보하거나 취약계층 종업원의 사진과 인터뷰를 게시한다. 이때 기업가들이 범할 수 있는 실수는 의도하지 않게 취약계층 종업원의 자존감을 해치는 일이다. 취약계층 종업원을 고용한 성과를 지나치게 홍보에 활용할 경우 이를 접한 종업원들은 자신이 고용 시장에서 어떠한 위치에 있는지 더 명확하게 인지하게 된다. 이는 자존감의 손상을 가져올 수 있고, 조직시민행동(Organizational Citizenship Behavior)과 같은 종업원의 긍정적인 행동을 저해한다. 이는 결국 기업의 생산성에도 좋지 않은 영향을 미칠 수 있다.

따라서 사회적 기업의 HRD는 취약계층 종업원이 단지 정부 고용 정책의 수혜자가 아니라 기업의 경쟁력이 될 수 있다는 명확한 확신에서 시작되어야 한다. 취약계층 종업원이 처한 사회 문제의 해결 방향을 모색하고, 그 방향에 따라 HRD 실천 방안들이 도출되어야 한다. 이를 통해 취약계층 종업원들을 위한 직무 개발, 직무 역량 강화뿐 아니라 이들이 자존감 높은 노동자로서, 혹은 경영자로서 사회화 될 수 있도록 해야 할 것이다.

# 참고문헌


김혜원 (2011). 가족친화제도와 기업성과. 노동정책연구, 11(3), 1-24.

박성훈 (2011). 사회적기업에서 사회적 연대와 취약계층 참여구조의 의미. 사회적기업연구, 4(2), 88-106.

박성훈, 박헌준, 이슬기 (2011). 신생 사회적기업에서 기업가의 사회적자본과 성과: 기대와 현실. 2011년 경영관련 하계통합학술대회 발표논문.

윤세준, 김상표 (2001). 시장, 관료제 그리고 가족: 인적자원의 역설경영과 기업성과 사이의 관계. 인사조직연구, 9(2), 313-356.

임세영 (2017). 인적자원 개발의 기초. 박영사.

Lynham, S. A. & Cunningham, P. W. (2006). National Human Resource Development in Transitioning Societies in the Developing World: Concept and Challenges. *Advances in Developing Human Resources, 8*(1), 116-135.

## 요약

장애인, 고령자와 같은 고용 취약계층으로부터 사회적 기업의 경쟁력을 찾은 성공사례도 있지만, 대부분의 사회적 기업에서 인적자원을 통해 경쟁력을 찾기란 어렵다. 그 이유는 사회적 기업의 HRD가 영리 기업 HRD 대비 다차원적이고 복합적이기 때문이다. 사회적 기업의 HRD는 궁극적으로 사회 문제 해결을 목표로 하며, 실천 방식도 미시적으로는 종업원의 자존감에서부터, 거시적으로는 고용시장의 유연성을 해결하는 방향으로 HRD를 실천한다. 이 글은 이러한 사회적 기업 HRD의 특징을 설명하고 시사점을 제시한다.

## 탐구 질문

1. 사회적 기업 HRD 영역이 해결해야 할 과제는 무엇인가?
2. 사회적 기업 HRD로부터 영리 기업 HRD가 배울 점은 무엇인가?

### / 저자 소개 /

**박성훈(seonghoon@cses.re.kr)**

연세대학교 경영대학 학부/석사를 거쳐 같은 대학에서 인사조직 전공으로 경영학 박사를 받았다. 사회적기업육성법이 제정된 '07년부터 다수의 사회적 기업 창업 대회 사무국장과 사회적기업가 교육 과정장을 맡았다. '12년 SK 입사 후 경영경제연구소 사회적기업실, SUPEX추구협의회 사회적기업팀, 사회공헌팀을 거쳐, 현재 SK에서 설립한 사회적가치연구원(CSES)의 실장으로 일하며 사회적 가치 측정, 사회성과인센티브(SPC) 업무를 담당하고 있다. '17년 SUPEX추구협의회 올해의 직원상, '18년 고용노동부장관 사회적기업 육성 유공 포상을 받았다. *Journal of Personality & Social Psychology* 학술지에 사회적 기업 관련 논문을 게재하였다.

제14장

정재삼/문경림(이화여자대학교)

# 이문화와 글로벌 교육

## 목표

1. 문화의 정의를 한 문장으로 설명할 수 있다.
2. 이문화 이해와 문화간 차이 비교분석 모형을 설명할 수 있다.
3. 문화지능의 4가지 측면을 설명하고 문화지능개발모형을 기술할 수 있다.
4. 한국인 주재원의 육성에 대하여 기술할 수 있다.

## 핵심용어

문화, 이문화, 이문화 이해, 다양성 관리, 문화간 차이 비교분석모형, 문화지능, 글로벌 HRD, 글로벌 인재 육성, 글로벌 역량, 한국인 주재원, 이문화 훈련

## 1. 이문화 이해와 다양성 관리

### 1) 변화하는 글로벌 환경

세계의 각 나라를 둘러싸고 있는 정치, 경제, 문화, 사회 등 여러 분야의 환경들이 변화하면서 국가 간의 상호작용과 교류가 증대하였다. 여러 나라의 교통, 정보, 통신 분야의 비약적인 발전은 세계를 하나로 묶는 역할을 하였으며, 특히 인터넷의 발달과 최근에 폭발적인 도약을 보이는 AI의 등장은 국가 간의 국경과 장벽을 희미하게 만들고 있다. 디지털 혁명이라 불리는 4차 산업혁명 시대의 기술의 발전은 글로벌화의 가장 중요한 요인이다. 이러한 글로벌화는 기업의 경영 환경에도 커다란 변화와 영향을 주고 있다.

예를 들어, 우리가 사용하고 있는 스마트폰에는 전세계 각기 다른 나라의 다른 생산업체들로부터 조달받은 부품과 소재가 들어있다. 애플은 아이폰의 디스플레이와 카메라 모듈을 한국에서 받고 있으며 애플리케이션 프로세서는 미국에서, 그리고 이미지 센서는 일본에서 받으며, 이 모든 것들은 중국에서 최종 조립되어 완성된다(Issue Focus, 2022). 애플은 2023년 1월 기준, 세계 최대 시가총액 기업으로서 2조 704억 달러(약 2,476조원)을 보유하고 있다. 그러나 2022년에는 주가가 27% 하락했었는데, 그 이유는 중국의 주요 공장에서 코로나 19로 인하여 공장을 봉쇄하였고 이로 인해 아이폰 14pro의 출하가 어려워지면서 공급에 차질이 생겼기 때문이었다(이진원, 2023).

이렇듯 글로벌화로 인하여 서로 분리되어 있는 시장이 커다란 하나의 시장으로 통합되면서 상호의존성이 증가하고 있고, 전 세계는 각국의 사회적, 경제적 상황에 맞춰 변화하며 서로 연결되어 있다. 이러한 환경에서 한국기업들도 글로벌 시장에서 지속적인 경쟁력 확보를 위하여 다양한 경영전략을 추진하고 있다. 그중에서 인적자원의 글로벌화는 한국 기업이 글로벌화된 시장에서의 성공 여부를 결정짓는 중요한 필수요소라 할 수 있으며, 해외 현지 환경에 적절히 대응할 수 있는 직원의 육성을 위해 다양성 관리, 이문화 이해 및 글로벌 인재개발에 대한 관심이 높아지고 있다(리상섭 외, 2007). 이에, 본 장에서는 최근 HRD 분야에서 관심이 커지고 있으며 연구가 활발히 진행되고 있는 이문화 관리와 글로벌 인재개발에 대하여 살펴보고자 한다.

### 2) 문화와 이문화

문화에 대한 정의는 매우 다양하다. 한마디로 표현되기도 하지만 동시에 복잡하게 느껴지는 미묘함으로 인하여 설명이 어려울 수도 있다. 대부분의 사람들은 문화 속에 깊숙이 스며들어 있어서 자신을 둘러싸고 있는 문화가 자신의 행동이나 사고방식에 어떻게 영향을 미치고 있는지 눈치채지 못한다. 세계 모든 나라들은 각 나라 별로 오랜 시간 축적된 독특한 생활방식이 있는데, 그 사회에서 보편적으로 받아들여지는 행동과 그렇지 않은 행동을 정확하게 구분하기란 쉬운 일은 아니다. 자신과 다른 문화를 어떻게 인식하는가에 대한 것이 다른 문화를 이해하는데 중요한 부분이며 시작점이다.

학자마다 문화를 다양하게 설명하고 있는데, Hofstede(1991)는 문화를 "한 집단 또는 한 범주를 구성하는 사람들을 다른 집단 또는 범주의 성원과 달라지게 만드는 집합적 정신의 소프트웨어"로 정의한다. 문화란 같은 사회적 환경 속에서 살고 있거나 살았던 적이 있는 사람들이 서로 공유하고 학습하는 것이기 때문에 항상 집단적인 현상일 수밖에 없으며 대부분 어릴 때 습득되고, 사람의 의식 속에 정립되고 나면, 좀처럼 바꾸기가 어렵다. 또한 문화는 학습되는 것이지 유전되는 것이 아니며 개인의 사회적 환경에서 나오는 것이라고 하였다. Kluckhohn은 "한 사회의 사람들을 다른 사회의 사람들과 구별하는 신념, 가치, 행동, 관습 및 태도의 집합"이라고 정의하였다. 또한 글로벌 리더십 및 조직행동 효과성(GLOBE: Global Leadership and Organizational Behavior Effectiveness) 프로젝트 연구진은 "공통된 동기, 가치관, 신념 및 해석 또는 세대 간에 전달되는 집단 구성원의 공통 경험에서 비롯되는 중요한 사건의 의미"라고 정의한다.

따라서 문화란, "동시대의 사람들이 동일한 지역에 거주하면서 다양한 환경의 영향을 받아 다른 시대와 다른 지역의 사람들과 다른 규칙, 규범, 관습 등을 만들고 이를 유지 및 계승하는 것(리상섭, 2017)"이라고 정의내릴 수 있으며, 문화는 한 사회 구성원들에 의해 공유되고 구성원의 자격을 정의하며, 학습되고 유지되고 전승되는 특성을 가진다.

서로 다른 문화는 그동안 자신이 경험하지 못한 낯선 방식의 행동을 요구하며 이러한 낯선 방식의 행동을 하는 구성원들 사이에 통합되려고 할 때, 어려운 난관에 부딪히게 된다. 이문화를 경험한 선경험의 지식이 다른 문화를 이해하는데 도움을 줄 수는 있지만, 그렇다고 다른 문화를 모두 이해했다고 하기는 어렵다. 두 개의 다른 문화가 만나 관계를 형성할 때, 서로 다른 문화적 배경을 가진 사람들 간의 의사소통이 이루어지는데 이때 '자기 것'과 '낯선 것'이 존재할 뿐만 아니라 제 3의 것, 즉 상호문화가 생겨난다. 그러므로 이문화 환경의 인력과 상호작용하고 소통하며 관리해야 하는 상황에서, 다른 문화를 이해하려고 노력하고 문화의 차이를 인정하며 자신의 문화를 자신의 중심에서 내려놓는 훈련이 필요하다.

### 3) 다양성 관리

기술과 정보통신의 발달은 세계의 지리적 장벽을 무너뜨렸을 뿐만 아니라 아예 경계를 무의미하게 만들었다. 하나의 기업이 일하는 공간, 시간과 같은 물리적인 경계와 더불어 일하는 방식과 기업의 문화적 규범과 같이 눈에 보이지 않는 경계까지 허물어뜨리고 있다. 이러한 세계화의 물결 속에서 모든 기업인들은 자국의 국민들만을 대상으로 하는 것이 아닌, 세계인을 대상으로 하는 사업을 해야 한다. 따라서 다양한 문화를 관리하지 않으면 안되는 현실에 직면해 있다. 한국에서는 고개를 끄덕이는 것이 긍정의 표시인 '예'이지만 인도에서는 부정의 표시인 '아니오'라는 것을 이해하지 못한다면 아주 심각한 문제가 발생하게 된다. 따라서 문화적 다양성을 관리하는 것은 기업의 생존과 직결되는 현실적인 문제인 것이다.

문화지능이란 바로 이와 같은 문화적 다양성을 인지하고, 표현하고, 부딪히는 문제를 해결할 수 있는 능력을 말한다. 간단히 말해, 새로운 문화적 환경에 적응하는 관리자의 능력에 해당하는 것이다(크리스토퍼 얼리 외, 2007). 문화지능은 각국의 문화가 어떻게 다른지 분석하는 비교분석모형을 연구하는 학자들에 의해 개념이 새로이 정립되고 있다. Trompenaars의 7가지 차원, Kluckhohn과 Strodebeck의 인간이 지니는 여섯 가지 속성에 관한 기본명제와 관련된 분류, Hofstede의 5가지 가치 차원, 글로벌 리더십 및 조직행동 효과성(Global Leadership and Organizational Behavior Effectiveness, GLOBE) 프로젝트 연구진들의 9가지 차원 등이 문화의 차이를 설명하는 프레임워크로 잘 알려져 있다(AAM Osman-Gani, 2014). 여기서는 많이 알려지고 사용되고 있는 Hofstede의 문화적 차원에 관한 실증적 비교분석모형를 살펴봄으로써 각국의 문화적 보편성과 특수성을 어떻게 비교하고 분석하는지 알아보고자 한다.

## 2. 이문화 이해와 문화 차이

### 1) 비교분석모형

하나의 기업이 다른 국가의 시장에 진출하였을 때 기업의 현지 경영전략에 가장 큰 영향을 미치는 요인은 현지의 사회, 문화 환경이다. 따라서 진출할 국가의 문화적 특징을 잘 숙지하는 하는 것은 기업의 성공 여부가 달린 매우 중요한 일이다.

이때, 각국의 문화가 어떻게 다른지 분석하는 비교분석모형이 유용하다.

Hofstede는 미국의 다국적 기업인 IBM의 전세계 자회사들의 종사자 117,000명을 대상으로 국민들의 가치에 대한 조사를 실시하여 40개 국가를 분류할 수 있는 4가지 차원을 도출하였다. 그 결과 공통적인 문제들에 대한 해결책들이 각 나라마다 다르다는 것을 발견하였는데 종사자들의 직위, 전공, 나이, 성별 등의 변인보다 종사자들이 속한 문화가 업무 관련 태도와 가치관의 차이를 더 잘 설명해주는 것을 알아냈다. 그 후 중국을 포함한 23개 국가에 대한 연구를 통하여 1개의 차원을 추가하였다. 이러한 연구를 바탕으로 다섯 가지 기본문제 영역들을 다음과 같은 5가지 문화적 차원으로 규정하였다.

첫째는, 권력거리지수이다. 이것은 불평등 정도를 측정하는 것으로써, 권력이 불평등하게 분산되어 있다는 사실을 어떻게 다룰 것인가 하는 기본적인 물음에 대한 것이다. 권력거리가 큰 국가에서는 권력과 권위에 대한 존중과 순종이 중요하게 여겨지며 계층구조와 질서가 잘 지켜지므로 상사와 부하 직원 간의 권력 차이가 크고 상사가 권한을 집중적으로 행사한다. 반면에, 권력 거리가 작은 나라에서는 더 민주적이고 평등한 가치관이 지배적이며 부하 직원들과 상사가 대등한 관계에서 협의를 통하여 결정을 내린다.

둘째는, 개인주의와 집단주의 지수로서 개인의 이익과 집단의 이익 중 어느 것이 더 중요하게 여겨지는지를 나타낸다. 개인주의란 개인 간의 구속력이 느슨한 사회를 말한다. 개인주의적 문화에서는 개인의 권리와 자유가 중요시되며 개인의 성공과 행복이 추구된다, 반면, 집단주의적 문화에서는 집단의 이익과 조화가 우선시되며 개인의 행동이 집단의 규범에 따라 결정된다. 대부분의 집합주의 문화에서는 남에게 정면으로 대드는 것은 무례한 것으로 여겨지지만 개인주의 문화에서는 자신의 생각을 표현하는 것을 바람직하게 여긴다. 자기가 느끼는 것을 사실 그대로 말하는 것이 진지하고 정직한 사람의 특성으로 여겨지기 때문이다.

셋째는, 남성성 지수와 여성성 지수로서 남성적 문화와 여성적 문화를 구분한다.

남성성은 사회적 성역할의 구분이 명확한 사회를 말하며 여성성은 사회적 남녀의 역할이 중첩되는 사회를 말한다. 남성성이 높은 국가에서는 성공, 도전, 경쟁 등의 가치가 중요시되고 업적과 결과에 중점을 두는 경향이 있다, 반면 여성성이 높은 국가에서는 관계, 협력, 공동체 등의 가치가 중요하게 여겨지며 과정과 인간관계에 더 큰 관심을 기울인다.

넷째는, 불확실성 회피 지수로서 불확실성 회피 문화와 수용문화를 구분하며 미래의 불확실성과 위험을 얼마나 받아들이는지를 나타낸다. 불확실성 회피란, 한 문화의 구성원들이 불확실한 상황이나 미지의 상황으로 인해 위협을 느끼는 정도를 의미하는 것으로 불확실성 회피가 높은 국가에서는 안정성과 질서를 중시하며 명확한 규칙과 절차를 따르는 것이 중요하게 여겨지는 반면에, 불확실성 회피 지수가 낮은 국가에서는 변화와 유연성을 더 잘 받아들이고 창의적이고 개방적인 사고가 중요하게 여겨진다.

다섯 번째는, 장기지향성과 단기지향성으로서, 장기지향 차원은 사회가 얼마나 미래를 보며 투자하는지를 나타낸다. 장기지향적인 사회는 미래에 더 많은 중요성을 부여하며 지속성, 절약, 적응능력 등 보상을 지향하는 가치를 중요시한다. 반면, 단기지향적인 사회는 끈기, 전통 존중, 사회적 책임 준수 등 과거와 현재에 관련된 가치가 중요하게 여겨진다.

Hofstede의 모형은 국가적 문화가치관을 잘 나타내는 포괄적인 것으로 다양한 분야에서 실제적으로 널리 적용되고 있다. 이를 통해 문화의 다양성을 수용하고 문화적 갈등을 예방할 수 있다.

### 2) 문화지능

다른 문화를 배경으로 가진 사람들과 일할 때, 어떤 사람은 잘 적응하여 성공하고 어떤 사람은 실패하는 이유는 무엇일까? 다양한 원인이 있겠지만 확실한 것은,

낯선 나라와 문화에 효과적이고 효율적으로 잘 적응하면 기업과 개인에게 이득이라는 점이다. 서로 다른 문화가 만날 때에 중요한 것은 다른 문화적 상황에서 효과적으로 문제를 해결해 나가는 적응능력이다. 이것이 바로 문화지능이며, 글로벌 시대에 가장 필요한 역량이라고 할 수 있다. 문화지능(Cultural Intelligence, CQ)이란 다양한 문화적 환경, 인종, 세대, 조직 등이 다른 상황에서 효과적으로 적응할 수 있는 능력으로 정의된다(Livermore, 2016). 즉, 문화지능은 문화의 차이를 인식하고 발견해 낼 줄 알며 그 차이를 바탕으로 창조적인 적응을 할 줄 아는 능력을 말한다. Livermore는 문화지능을 CQ－동기(CQ-Drive), CQ－지식(CQ-Knowledge), CQ－전략(CQ-Strategy), CQ－행동(CQ-Action)의 네 가지 능력으로 명명하였다. 이 네 가지는 다양한 환경에서 효과적으로 기능할 수 있는 전반적인 능력으로서 각기 다른 측면들을 나타내고 있다.

- CQ－동기(Drive): 사람들이 문화적으로 다양한 환경에서 효과적으로 적응할 수 있는 관심과 자신감에 해당되는 요소이다. 한 개인이 낯선 문화와 국가에서 잘 적응하기 위해서는 도전해보려는 충분한 동기를 가지고 있어야 성공할 수 있다. CQ－동기 향상을 위해서는 내적 동기, 외적 동기, 자기효능감이라는 세 개의 영역의 실천이 필요하다.
- CQ－지식(Knowledge): 문화간 유사점과 차이점을 이해하는 인식에 관한 것이다. 서로 다른 문화들 사이에서 어떤 부분이 비슷하고 어떤 부분이 다른지에 대한 지식과 그에 대해 학습하는 것을 뜻하는데, 모든 문화에 대한 전문가가 되는 것이 아니라 기본적인 문화적 측면을 이해하는 것이 중요하다. 세부적으로 비즈니스 문화 시스템, 문화 간 가치의 차이, 사회언어학적 차이, 리더십에 대하여 살펴보고 전반적인 문화간 상호작용의 기반을 마련한다.
- CQ－전략(Strategy): 메타인식에 해당하는 것으로 사고과정 자체에 대해 고찰하는 능력으로 다문화적 상황을 인지하는 능력이자 상대방의 문화를 이해하

고 그에 맞추어 계획을 세우는 능력을 말한다. 세부적으로 인지하기, 계획하기, 점검하기 영역으로 살펴보아야 한다.

- CQ－행동(Action): 다양한 문화 환경에서 자신의 행동을 적절하게 맞출 수 있는 능력이다. 문화지능은 최종적으로 어떻게 행동하는가에 의해 나타난다. 비언어적 행위, 언어적 행위, 의사 표현의 태도로 나눌 수 있다.

위의 네 가지 능력이 모두 합쳐져서 한사람의 문화지능이 형성된다. 모든 사람들은 문화지능을 가지고 있고 잘 개발하여 향상시킬 수도 있다. 문화지능이 문화 간의 차이를 인식하고 이해하는 것을 넘어 통합하는 능력이라고 볼 때, 어떻게 문화지능을 개발할 것인가에 대한 문제가 제기된다.

크리스토퍼 얼리는 문화지능의 개발을 위해 [그림 14－1] 과 같은 'PRISM' 문화지능개발모형을 제시하였다(크리스토퍼 얼리, 2007).

- 마인드 변환 준비(Preparing your maid). 문화에 효과적으로 적응하기 위한 규범이나 문화적 지식의 획득이 목적이다.
- 평가와 학습(Reviewing and learning). 낯선 문화에 효과적으로 적응할 때 필요한 규칙을 변경할 시점과 방법을 파악하게 하는 것이 목적이다.
- 강점과 약점 확인(Identifying your strengths & weaknesses). 자신의 문화지능의 윤곽을 파악함으로써 문화지능의 요소중 강점과 약점을 확인하여 낯선 문화에 효과적으로 적응하기 위한 훈련과 개발 계획 수립이 목적이다.
- 목적과 목표 설정(Setting goals and targets). 자신의 목적과 목표를 파악하는 것으로 낯선 문화에 효과적으로 적응하기 위한 초점을 설정하는 것이 목적이다.
- 자원동원(Mobilizing your resources). 낯선 문화에 적응하는데 필요한 적절한 행동과 활동을 실행하는 것으로 낯선 문화에 효과적으로 적응하기 위한 적절한 행동, 활동, 행위 목록 등을 사용하는 능력을 키우는 것이 목적이다.

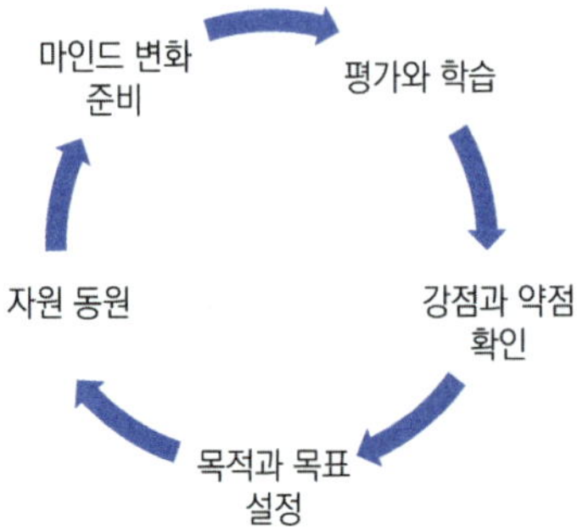


[그림 14-1] PRISM 문화지능개발모형

문화지능은 이와 같은 훈련을 통해 개발하고 향상시킬 수 있다. 문화지능이 높은 사람들은 낯선 문화에서 문화의 차이를 인식하고 그 상황을 인내하며 그 상황에 알맞게 행동하는 방법을 알고 있다.

## 3. 글로벌 인재개발

글로벌 시대에 기업의 국내외 법인에 소속된 인적자원의 개발과 관리에 대한 관심이 더욱 높아지고 있다(박성민 외, 2014). 한국기업의 글로벌화가 진행되면서 해외법인과 해외주재원의 수는 급격히 증가하기 시작하였다. 수출입은행에 따르면, 2022년 2분기까지 해외에 설립한 법인·지사는 8만 6773곳에 달한다. 매년 2,018개의 신규 법인이 설립되는 등 주재원 수요는 계속 증가하고 있으며 해외 주재원 수는 60만 명으로 추산된다(강경민, 2022). 이렇듯 변화하는 글로벌 환경에서 한국기업들이 세계시장을 대상으로 경영활동을 성공적으로 하기 위해서는 해외주재원의 역할이 중요하게 되었으며, 성공적인 해외업무 수행을 위한 적임자의 조기 발견과 내부 육성은 더욱 중요해졌다(Lee, 2004, 2005; 리상섭 외, 2006).

따라서 글로벌 시대에 해외에 파견된 직원이 이문화 상황에서 사람들과 함께 협업하며 효과적으로 업무 수행을 하도록 돕는 글로벌 인재개발이 한국에 정착되어야 할 필요가 있다. 글로벌 인재를 확보하고 개발하기 위해서는 보다 체계적인 접근이 요구되는데, 글로벌 인재에게는 해외에서 다양한 비즈니스를 수행하기 위해 상황에 따라 업무 스타일을 전환하는 능력, 회사의 전 세계 사업구조와 국제적 비즈니스 이슈에 대한 파악과 대처 능력, 전 세계 전문가 네트워크 구축 역량이 필요하기 때문이다(Black et al., 1999).

한국기업의 글로벌 인재개발과 관련하여 세 가지 관점으로 살펴볼 수 있는데, 첫째, 한국에서 근무하고 있는 한국인 및 비한국인, 둘째, 해외법인이나 지사에 근무 예정 및 근무 중인 한국인 주재원, 셋째, 해외법인이나 지사에 근무하고 있는 현채인을 대상으로 하는 인재개발이다(박성민 외, 2021). 그중 두 번째인 한국인 주재원 육성에 대하여 자세히 알아보고자 한다.

### 1) 한국인 주재원 현황 및 특징

해외주재원은 다국적 기업이 해외사업 장에 근무하기 위해 본사로부터 파견되는 인력을 말한다(Aycan & Kanungo, 1997). '해외주재원'이라는 단어는 실제 기업에서 '해외지사 주재원'이라는 용어로 사용된다.

글로벌 기업은 임직원이 모국인(parent-country nationals, PCNs), 현지국인(host-country nationals, HCNs), 그리고 제3국인(third-country nationals, TCNs)의 세 가지 인적 구성으로 구성 되어 있고, 본국인과 제3국적인을 해외지사 주재원으로 규정한다(Briscoe, 1995; Dowling, Welch, & Schuler, 1999). 한국 기업은 구성원들이 영어를 모국어로 사용하지 않으며, 한국기업의 특수한 조직문화로 인하여 본사와 해외법인의 원활한 의사소통을 위해 주로 해외에 한국인 주재원을 파견한다(Lee, 2004; Lee, 2005).

1980년 이전에는 한국기업의 국제화가 낮고 외환 보유 상황도 좋지 않아서 해외

주재원으로 파견되는 경우는 선택된 소수만이 누리는 특권으로 인식되었고 선망과 동경의 대상으로서 해외 주재원 자체가 인센티브나 보상으로 작용하였다(이춘식, 2007). 또한 유능한 직원이라는 인정과 함께 승진이 보장되는 것으로 인식되었다. 1990년대에 들어오면서 현지 법인이 증가하였고 그에 따라 해외 주재원 수도 늘어났으나 그 중요성에 비하여 파견 교육은 부족한 상황이었다(이수진 외, 2007). 그러나 해외주재원으로서의 경력은 여전히 승진이 보장되는 조건이었다. 1997년에 발생한 한국의 외환위기는 해외에 있는 한국인 주재원들을 구조조정 대상으로 만들었고 그로 인해 많은 인력들이 퇴출되었다. 이후 2000년대 중반으로 들어서면서 경제가 빠르게 회복되었고 해외조직과 해외에 파견되는 한국인 주재원의 수도 많이 증가하여 외환위기 이전의 수준을 넘어서게 되었다.

한국기업의 한국인 주재원들은 외국의 기업과 달리 이문화 역량과 어학 역량이 다소 부족하며 주재원 풀(pool)에 속하는 한국인 주재원이 많지 않기 때문에 한국인 주재원을 선발할 때에 개인의 어학 역량이나 이문화 역량보다 직무역량이 중요한 선발기준으로 작용한다(Lee, 2004, 2005; 리상섭 외, 2006; 박성민 외, 2021). 연구에 따르면, 한국인 주재원은 여성보다 남성의 수가 많고, 결혼하여 가정을 이루고 있는 경우가 많았으며, 해외업무 수행을 위해 가족과 함께 해외로 파견되어 5년 정도 해외 법인 혹은 지사에서 업무를 수행하는 것으로 나타났다(Lee, 2004; 리상섭 외, 2006, 2007).

이러한 한국인 주재원의 특징으로 인하여 한국기업의 해외법인이나 지사에 근무하는 한국인 주재원은 어학 역량과 이문화 역량 및 리더십 관리역량이 부족하여 해외에서 협업 시 문제가 발생하는 경우가 생기게 된다. 글로벌 인재개발에 대한 한국기업의 경험이 짧고 글로벌 인재개발 전문가의 부족으로 인하여 한국인 주재원을 체계적으로 관리하고 교육하는데 문제점들이 발생하고 있다(Lee, 2005; 리상섭, 최효식, 2006).

### 2) 한국인 주재원의 글로벌 역량

글로벌화로 인하여 기업들은 세계각지로 진출하고 있고, 진출한 기업들은 해외 시장에서 업무를 성공적으로 수행할 인재의 중요성에 대해 잘 인식하고 있다. 해외에서 근무하는 주재원에게는 국내에서 근무하는 것과는 다른 역량을 요구하게 된다. 왜냐하면 해외 주재원은 이전에 경험한 적이 없는 새로운 환경에 적응해야 하며, 이문화 상황에서 현지 채용인들과 협력하여 업무를 수행해야 하고, 현지 채용인들의 니즈를 이해하고 수용하는 능력이 필요하기 때문이다. 해외에서 주재원으로 근무할 때는 국내에서 근무할 때와는 다른 기준의 업무 성공 요인이 요구되는 것이다. 이렇듯 글로벌 역량이란, 해외 주재원 및 파견자의 업무, 대인관계, 환경적응에 영향을 미쳐 성공적인 임무 수행을 촉진하는 개인적 특성으로 정의할 수 있다(노상충 외, 2012). 주재원을 연구한 초기에는 주재원의 이문화 적응을 높이기 위한 요인들에 대하여 연구하였으나, 최근에는 이문화 적응에 있어서 역량의 중요성을 인식하게 되면서 체계적인 주재원 역량에 대한 연구가 진행되고 있다(김영식 외, 2021).

노상충 외(2012)는 해외에 주재하는 한국주재원에게 요구되는 역량을 개념화하고 척도를 개발하였다. 글로벌 역량의 요소를 주도성, 인지적 유연성, 글로벌 자기효능감, 대인 유연성, 스트레스 내성 및 이문화 수용의 6가지 요인으로 개념화하였는데 이러한 글로벌 역량들은 업무성과에 많은 영향을 미치는 것으로 나타났다. 한국인 주재원은 파견된 주재국에서 성공적인 업무수행을 위해 새로운 구성원들 및 다양한 이해관계자들과 관계를 잘 맺을 수 있는 관계형성 능력이 필요하며 그들과의 관계에서 성과를 창출할 수 있다는 자신감도 필요하다. 또한 갑작스럽게 발생하는 돌발상황이나 잠재적 위협요인들을 만났을 때 유연하게 대처할 수 있는 인지적 유연성이 필요하다. 또한 스트레스를 효과적으로 관리하는 주재원은 다양한 문제 상황에서 잘 대처할 수 있고, 주재원의 이문화 수용은 이문화 적응에 긍정적인 영향을 미치게 된다.

Black, Morrison과 Gregersen(1999)는 주재원의 성공적인 해외 근무에 영향을 미치는 요소를 개인적 요소, 가족적 요소, 직무적 요소, 조직적 요소, 환경적 요소의 5가지로 구분하였다. 이 요소들은 크게 개인적 측면과 환경적 측면으로 구분할 수 있는데, 주재원과 직접적으로 관련된 주재원의 개인적 요소, 직무적 요소는 개인적 측면으로, 주재원과 간접적으로 관련된 주재원의 가족적 요소, 조직적 요소, 환경적 요소는 환경적 측면으로 구분할 수 있다.

Lee(2004, 2005)는 해외에서 성공적인 주재원 업무수행을 위한 주재원의 역량으로 언어, 이문화, 직무, 리더십(개인 성격, 대인관계, 종합), 가족 영역의 5가지 역량을 제시하였다. 리상섭과 최효식(2006)은 한국인 주재원의 선발 및 육성과정에서 주재원의 개인적 역량뿐만 아니라 주재원의 선호 및 조직의 후원과 가족에 대한 배려가 필요하며, 개인과 환경의 전체적인 관점에서 교육훈련과 함께 조직문화 및 조직구조를 재설계하는 전략이 함께 이루어져야 한다고 주장하였다.

### 3) 해외 주재원의 이문화 훈련

해외에 파견된 주재원이 현지 문화에 잘 적응하여 효율적으로 일을 잘할 수 있느냐는 세계에 진출한 모든 기업들의 중요한 과제이다. 생활양식과 행동 양식, 가치기준이 서로 다른 나라의 구성원들과 효과적인 업무수행을 하기 위해서는 이문화 적응은 필수요인이다.

해외 주재원이 이문화 적응, 효과적인 실무 수행, 주재국 국민과의 상호작용에 필요한 지식, 기술, 태도를 갖추게 함으로써 주재원의 해외 파견 성공 확률을 높이기 위하여 이문화 훈련(cross-cultural training, 이하 CCT)이 필요하다. CCT는 다양한 문화 간 효과적인 상호작용에 필요한 행동적, 인지적, 정서적 역량을 개발하여 문화 간 학습을 개선하는 교육과정으로서, 다국적 기업 근로자들의 문화적 지식을 높이는데 효과적인 방법으로 알려져 있다.

이문화 훈련의 목표는 크게 세 가지 측면에서 생각해 볼 수 있다. 첫째, 인지적 이문화 훈련목표로서 상대 문화에 대한 전문적 지식을 제공하고 문화의 의미를 다루게 하는 것이다. 둘째, 정서적 이문화 훈련목표로서 낯선 문화 출신의 사람과 상호적용할 때 감정을 스스로 조절하는 능력을 기르는 것이다, 세 번째는 행위지향적 훈련목표로서 자신의 고유한 행동을 어떻게 각 문화의 행동 패턴에 맞추고 발전시킬 수 있는지 그 방법을 배우는 것이다.

이문화 훈련 유형은 Gudykunst와 Hammer의 4가지 유형이 가장 일반적으로 사용되고 있는데, 교육적 훈련과 경험적 훈련, 문화 일반훈련과 문화 특수훈련으로 나누어져 있다. 교육적 문화 일반훈련은 문화와 문화 활동의 작동원리에 대한 일반적 지식을 전달하는 것으로서 주로 강연, 토론, 비디오, 문화 동화의 방법을 사용한다. 교육적 문화특수 훈련은 특정 문화권에 대한 지식 전달을 다루는 것으로 관련된 지역이나 국가 특유의 주제나 언어 훈련, 특정 문화의 동화작업 방법을 사용한다. 경험적 문화 일반훈련은 문화 일반에 대한 지식과 능력을 경험을 통해 익히는 훈련방법으로서 문화간 의사소통 워크숍과 자기평가가 있다. 경험적 문화 특수훈련은 문화 일반 훈련과 비슷하지만 특정 문화를 지향하는 점에서 구별된다. 두 문화의 의사소통 워크숍, 특정국가 시뮬레이션, 역할극의 방법이 사용된다.

또한 파견 시기에 따라 파견 전 훈련과 파견 후 훈련으로 나눌 수 있다. 파견 전 훈련은 CCT의 가장 전통적인 형태로서 파견될 국가에서의 실제 경험과는 별개로 운영된다. 파견 후 훈련은 파견된 국가에 도착하자마자 바로 실시하지 않고 다른 문화에 대처하는 적응 기간을 가진 후에 실시함으로써 교육의 효과를 높일 수 있다.

AI 발달과 업무 및 교육환경의 변화를 생각해 볼 때, 앞으로 전통적인 인지적 훈련방법에서 벗어나, 업무방식의 변화에 발맞추어 구체적인 상호문화 환경을 시뮬레이션할 수 있는 다양한 학습기법의 개발이 요구되며 다양한 CCT 훈련방법의 효과 검증 또한 필요하다.

## 참고문헌


강경민(2022). https://n.news.naver.com/article/015/0004761394

김민영, 박윤희(2021). 이문화훈련(CCT)에 관한 연구동향: 최근 10년간(2010-2020) 국내・외 학술지를 중심으로, 휴먼웨어 연구, 4(2), pp.25~52.

김영식, 강승혜, 노상충(2021). 주재원의 글로벌 역량과 이문화 적응의 관계: 커리어 비전의 조절된 조절-매개효과를 중심으로, 한국심리학회지, 34(4), pp.773-804.

노상충, 정홍식, 서용원(2012). 글로벌 역량 척도(GCS) 개발 및 타당화, 한국심리학회지, 25(4), pp.803~833.

데이비드 리버모어 (2016), 문화지능 CQ 글로벌 소통의 기술, 꿈꿀권리.

리상섭, 최효식 (2006), 한국인 주재원 업무수행결과에 영향을 미치는 요인분석: A사 중심으로. 한국성인교육학회, 9(3), pp.83-105.

리상섭, 최효식(2007). 한국 글로벌기업의 해외법인에 근무하는 현채인의 관점에서 본 한국인 주재원의 필요 역량 분석. 직업교육연구, 26(1), pp.119-138.

리상섭(2017). 글로벌 HRD. 이찬, 리상섭, 신제구, 이성엽, 전기석(편). 인적자원개발론: HRD 이론과 실제, pp. 231-259. 파주: 양서원.

박성민, 권정언(2012). 국내 대기업의 글로벌 인적자원개발 사례연구, 한국성인교육학회, 15(4), pp.1-26.

박성민, 최민성(2014). 해외주재원 글로벌 리더십 역량진단과 개선방안에 관한 연구. 리더십 연구, 5(4), pp.93~114.

박성민(2016). 한국대기업의 해외지역전문가 운영현황과 육성방안에 관한 사례연구. 기업교육연구, 18(1), pp.243~265.

박성민, 리상섭(2021). 해외주재원 A to Z. 가디언.

심춘화, 한인수(2012). 해외주재원의 이문화 적응에 영향을 미치는 요인에 관한 연구-중국진출 한국기업을 중심으로. 인적자원개발연구, 15(1).

이수진, 방호열(2007). 글로벌 리더십에 관한 탐색적 연구. 차세대 인문사회연구, 3, pp.131-147.

이신전(2014). 문화지능이 이문화 적응, 해외 체류만족과 직무성과에 미치는 영향: 국제경험의 조절효과. 한국콘텐츠학회, 14(11), pp.422~429.

이진원 (2023). https://jmagazine.joins.com/forbes/view/337342

크리스토퍼 얼리, 순앙, 주셍 탄 (2007) 문화지능: 글로벌 시대 새로운 환경을 위한 생존전략. 영림카디널.

클라우스 괴츠 외 16인 (2014). 이문화학습 이문화 훈련. 김순임 역, 전남대학교출판부

AAM Osman-Gani (2014). International and Cross-Cultural Perspectives of HRD. *Handbook of Human Resource Development*.

Aycan, Z. & Kanungo, R. N. (1997). Current Issues and Future Challenges in Expatriation Research. In D. M, Saunders & Z, Aycan(Ed.), *New Approaches to Employee Management*. Greenwich. CT: JAI Press.

Black, J., Morrison, A., & Gregersen, H. (1999). *Global explorers: The next generation of leaders*. New York, NY: Routledge.

Hofstede, G.(1991). *Cultures and Organizations: Software of the Mind*, London: McGraw-Hill Book Company, pp.4-5.

Issue Focus (2022). *Forbes, 23*(2).

Lee, S. S. (2004). *A needs analysis from the perspective of Korean expatriates working for a Korean global corporation*. University of Texas at Austin, Unpublished doctoral dissertation.

Lee, S. S. (2005). A needs analysis form Korean expatriates with expatriate working experience of 1 year or less in a Korean global corporation. *Andragogy Today. Interdisciplinary Journal of Adult and Continuing Education, 8*(1), 57-93.

Briscoe, D. R. (1995). *International human resource management*. Englewood Cliffs, New Jersey: Prentice Hall.

Dowling, P. J., Welch, D. E., & Schuler, R. S. (1999). *International human resource management: Managing people in a multinational context. Cincinnati*, Ohio: South-Western College Publishing.

## 요약

문화란, 동시대의 사람들이 동일한 지역에 거주하면서 다양한 환경의 영향을 받아 다른 시대와 다른 지역의 사람들과 다른 규칙, 규범, 관습 등을 만들고 이를 유지 및 계승하는 것이라고 정의할 수 있다. 각국의 문화가 어떻게 다른지 분석하는 비교분석모형 중 Hofstede는 5가지 문화적 차원을 제시하였는데, 첫째는 권력거리지수, 둘째는 개인주의와 집단주의 지수이며, 셋째는 남성성 지수와 여성성 지수, 넷째는 불확실성 회피 지수, 다섯 번째는 장기지향성과 단기지향성이다. 문화지능이란, 다양한 문화적 환경, 인종, 세대, 조직 등이 다른 상황에서 효과적으로 적응할 수 있는 능력으로 정의된다. 즉, 새로운 문화적 환경에 적응하는 관리자의 역량을 말하는 것이다. 문화지능(Cultural Intelligence: CQ)의 4가지 능력은 CQ-동기(Drive), CQ-지식(Knowledge), CQ-전략(Strategy), CQ-행동(Action)이다. 문화지능 개발을 위한 개발모형으로 'PRISM' 문화지능 개발모형이 있는데, 마인드 변환 준비, 평가와 학습, 강점과 약점 확인, 목적과 목표 설정, 자원동원의 훈련과정을 통해 개발하고 향상시킬 수 있다. 한국기업의 글로벌화가 진행되면서 해외법인과 해외주재원의 수는 급격히 증가하기 시작하였고 글로벌 시대에 해외에 파견된 직원이 이문화 상황에서 사람들과 함께 협업하며 효과적으로 업무 수행을 하도록 돕는 글로벌 인재개발이 한국에 정착되어야 할 필요가 있다. 글로벌 역량이란, 해외 주재원 및 파견자의 업무, 대인관계, 환경 적응에 영향을 미쳐 성공적인 임무 수행을 촉진하는 개인적 특성으로 정의할 수 있는데, 노상충 외(2012)는 한국 주재원에게 필요한 글로벌 역량으로 주도성, 인지적 유연성, 글로벌 자기효능감, 대인유연성, 스트레스 내성 및 이문화 수용의 6가지 요인이 필요하다고 주장한다. 해외주재원의 해외 파견 성공 확률을 높이기 위하여 이문화 훈련(cross-cultural training: CCT)이 필요하다.

## 탐구 질문

1. 문화의 정의에 대하여 자신의 생각을 제시해보고, 본인이 경험한 이문화 경험을 공유해 보자.
2. 자신의 문화지능에 대해 생각해 보고, 문화지능 개발을 위해 준비해야 하는 것에 대하여 토론해 보자.
3. 성공적인 해외 업무 수행을 위해 한국인 주재원에게 필요한 역량은 무엇인지 생각해 보고, 개인적 요소와 환경적 요소에 대하여 공유해 보자.
4. 한국인 주재원의 특징 및 현황에 대하여 본인의 생각을 공유해 보자.
5. 한국인 주재원의 이문화 훈련을 설계해보자.

## / 저자 소개 /


**정재삼(chungj@ewha.ac.kr)**

1995년 이후 이화여자대학교 교수로 교수설계, 프로그램평가, 인재개발 분야를 연구지도해 옴. 한국교육공학회(KSET) 회장, 한국기업교육학회(KSLP) 회장, 대한리더십학회(KAL) 부회장을 역임함. 한국인재경영대상 심사위원, 한국인재경영연구원 전문위원으로 활동 중이며 NHRD 프로젝트 책임연구자, 정부와 민간부문 인재개발 정책심의 및 평가위원 역할 수행함. 관심 분야는 적응적 학습(adaptive learning)과 신속한 수행성과(agile performance), 전략적 인재개발(strategic talent development)임. 최근 저서로는 교수의 으뜸원리, 리더십개론, 모두를 위한 인재개발, 교육과 인재개발을 위한 프로그램평가의 과정, 미래사회를 위한 교육의 방법과 테크놀로지, 모두를 위한 교수설계와 프로그램개발, 애자일 퍼포먼스 테크놀로지 등이 포함됨.

**문경림(bluemkate@hanmail.net)**

이화여자대학교의 HRD 박사과정 재학 중임. 숙명여자대학교 유아교육 석사 졸업.
현재 서울시 서대문구에 소재한 구립푸른빛어린이집 원장으로 재직 중, 주말에 김포 온누리 M미션 센터에서 다양한 문화를 배경으로 하는 다문화 학생들을 가르치는 일을 하고 있음. 연구 관심 분야는 외국인 근로자, 이주민, 글로벌 인적자원개발, 성인학습, 이문화, 경력개발 등임.

제15장

한정란(한서대학교)

# 노년교육과 HRD

## 목표

1. 인구 고령화의 개념과 그 영향에 대해 설명할 수 있다.
2. 고령화 시대에 고령 인적자원의 중요성에 대해 설명할 수 있다.
3. 노화로 인한 고령 인적자원의 신체적, 인지적, 정서적 특징들에 대해 설명할 수 있다.
4. 현재 우리 사회에서 이루어지고 있는 고령 인적자원 개발 프로그램 사례들을 찾아보고 그 특징과 문제점에 대해 논의할 수 있다.
5. 현재 고령 인적자원 개발의 문제점을 분석해보고, 개선방안에 대해 토의할 수 있다.

## 핵심용어

인구 고령화, 고령화, 고령 인적자원, 고령 인적자원 개발, 노년교육, 노화, 세대통합

# 1. 인구 고령화

고령화가 21세기를 대표하는 사회적 변화 중 하나라는 데에는 대부분 동의할 것이다. 보건의료 수준이 개선되고 복지 및 생활수준이 향상되면서 인간수명이 연장되고 고령인구가 증가함으로써 이른바 고령화가 진행되었다. 많은 이들이 고령화를 어떤 잘못에 의해 발생한 현상이거나 개선해야 할 문제로 인식하고 있는데 사실은 그렇지 않다. 고령화는 어떤 잘못된 원인에 의해 발생한 문제가 아니라 자연스러운 사회의 발전과정이다. 사회가 경제적으로 발전하고 제도적으로 안정되어가면서 사회 구성원들의 삶의 질이 개선됨과 더불어 수명이 길어지고 사망률이 감소하면서 사회가 점차 고령화되어가는 것은 너무도 당연하고 자연스러운 사회의 발전과정이라 할 수 있다. 따라서 고령화는 막을 수도 그리고 막아서도 안되는 사회의 자연스러운 변화이다.

## 1) 고령화

고령화란 무엇일까? 한정란(2015)에 따르면 고령화는 단순히 고령인구가 증가하는 변화 이상의 다양하고 입체적인 의미를 지닌다. 고령화는 첫째, 고령화를 전체 사회의 차원에서 바라볼 것인가 아니면 개인의 자원에서 바라볼 것인가 하는 사회적-개인적 고령화와 둘째, 고령화의 양적인 변화에 초점을 둘 것인가 아니면 고령화의 질적인 변화에 초점을 둘 것인가 하는 양적-질적 고령화의 두 가지 틀을 가지고 분석해 볼 수 있다. 이 두 가지 틀을 가지고 고령화를 분석해보면, 〈표 15-1〉에서 보는 바와 같이 사회적-양적 고령화, 사회적-질적 고령화, 개인적-양적 고령화, 개인적-질적 고령화라고 하는 네 가지로 고령화의 의미와 영향을 나누어 볼 수 있다.

〈표 15-1〉 입체적 관점에서 바라본 고령화

| | 양적 고령화 | 질적 고령화 |
|---|---|---|
| 사회적 고령화 | 사회적-양적 고령화 | 사회적-질적 고령화 |
| | • 장수사회의 실현<br>• 노인부양부담 증가 | • 고령인구의 파워 증가<br>• 고령층의 집단이기주의(Greedy Geezers) |
| 개인적 고령화 | 개인적-양적 고령화 | 개인적-질적 고령화 |
| | • 제2인생의 기회<br>• 개인적 노후비용 증가 | • 노후생활의 여유<br>• 역할 없는 역할(무위)의 고통 |

출처: 한정란(2015). 『노인교육론』.

### (1) 사회적-양적 고령화

사회적-양적 고령화는 사회 전체에서 고령인구의 비중이 증가하는 현상 및 그로 인한 영향으로서, 가장 일반적으로 알고 있는 고령화의 측면이기도 하다. 고령화로 전체 사회에서 가장 먼저 나타나는 변화는 인구구조의 변화라 할 수 있는데, 전형적인 삼각형 형태의 인구 피라미드에서 항아리형, 역삼각형으로 인구구조가 변화해간다. [그림 15-1]에서 보는 것과 같이 1965년 우리나라 인구구조는 베이비부머인 유소년인구가 가장 많고 중년, 노년으로 갈수록 급격히 줄어드는 전형적인 삼각형 형태였다. 그러나 2015년에는 베이비부머들이 중장년층으로 이동하는 한편 저출산으로 인하여 유소년인구는 줄어든 항아리형태를 띠었으며, 2065년에는 고령층이 크게 증가하여 거의 역삼각형에 가까운 형태로 바뀔 것으로 예측된다.

이러한 사회적-양적 고령화가 가져올 긍정적인 영향은 인간의 오랜 열망이었던 장수의 꿈이 실현되었다는 점이다. 우리나라 사람들의 평균수명은 해방 전후만 해도 40대에 불과했다. 그러나 오늘날 보건의료 수준의 향상과 영양 상태의 개선, 건강에 대한 관심 증가로 인해 우리나라 사람들의 평균수명은 80세를 넘어 인생 100세 시대를 바라보고 있다.

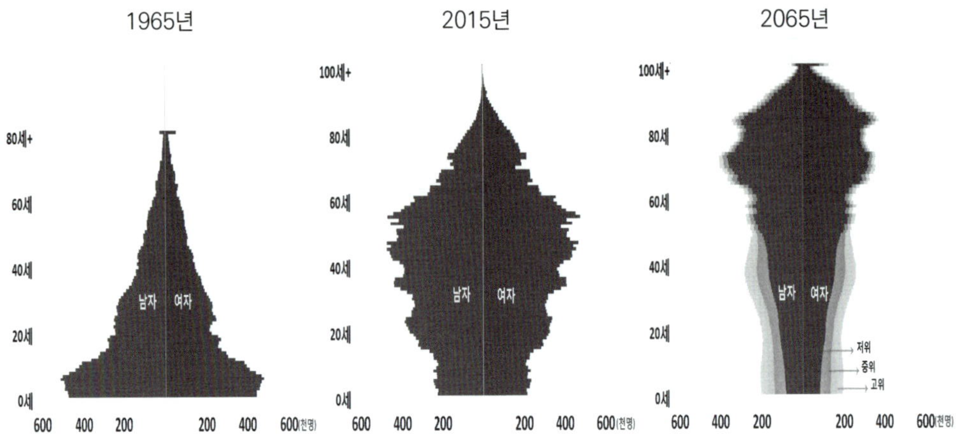


**[그림 15-1] 인구구조 변화**

출처: 통계청(2016). 『장래인구추계: 2015~2065년』으로부터 재구성

반면 급격한 고령화에 현명하게 대처하지 못한다면, 사회적-양적 고령화는 사회적 재앙으로 돌변할 수도 있다. 이러한 사회적-양적 고령화의 부정적 영향, 즉 사회적 문제는 사회적인 노인부양 부담의 증가이다. 고령인구 증가로 사회의 노인부양 부담과 비용이 증가하는 반면, 고령인구에 비하여 생산연령인구가 상대적으로 줄어듦으로써 노동력 부족과 생산성 저하로 이어질 수 있다. [그림 15-2]에서 보는 것과 같이 생산연령 인구(15~64세) 100명 당 65세 이상 노인인구 수를 나타내는 노년부양비는 1965년 6명에서 2015년 17명, 그리고 2065년에는 89명으로 증가하여 생산연령 인구 1.12명이 노인 1명을 부양해야 할 정도로 노인부양 부담이 증가할 것으로 예측된다.

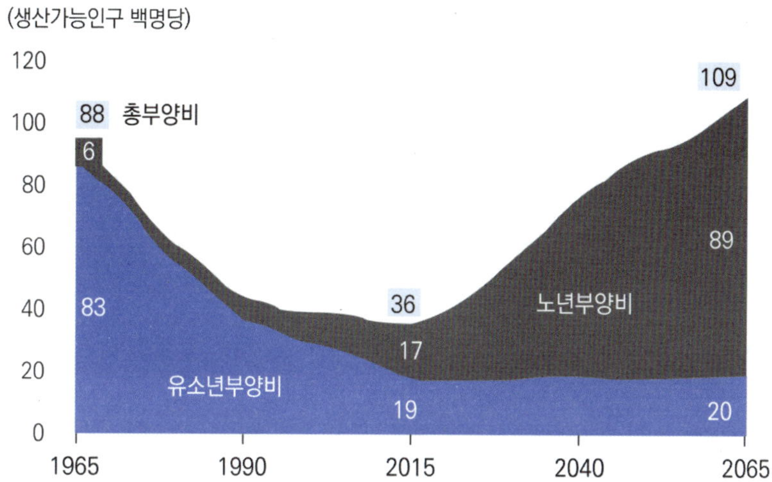


[그림 15-2] 노년부양비 변화

출처: 통계청(2016). 『장래인구추계: 2015~2065년』.

### (2) 사회적-질적 고령화

사회적-질적 고령화는 단순히 고령인구의 양이나 수만 증가하는 것이 아니라 증가하는 고령인구의 질, 즉 수준이 과거와 다름을 의미한다. 소수집단이었던 고령인구가 사회의 거대 인구층으로 변함에 따라 사회에서 고령층이 차지하는 지위나 권력에도 커다란 변화가 일어난다. 소수집단이었던 고령인구는 사회에서 자신들의 목소리를 제대로 내기 힘들었지만 거대 인구집단이 된 고령인구는 사회를 향하여 당당히 요구하고 자신들의 이익을 위한 목소리를 낼 수 있게 되었다.

증가하는 고령인구의 질, 즉 오늘날 고령층의 수준은 과거 노인들과는 여러 가지 측면에서 크게 다르다. 교육수준과 생활수준이 훨씬 더 높아졌을 뿐 아니라 가치관이나 생활양식도 과거의 노인들과 크게 달라졌다. 1970년대 만해도 3/4 이상이었던 고령인구 중 무학(無學)의 비율이 지금은 1/8 수준으로 줄어들었으며, 대졸 이상은 1% 미만에서 약 13%로 높아졌다. 또한 고령인구의 교육수준 향상과 더불어 정보화

능력과 문화적 수준의 향상으로 고령층의 생활방식도 크게 변화하고 있다.

이와 같은 사회적-질적 고령화는 고령층의 사회적 권력과 영향력을 증대시키고 사회적 지위를 향상시키는 긍정적 측면도 있다. 반면, 고령층의 높아진 사회적 위상이나 정치적 영향력을 자신들만의 이익을 위해 잘못 사용할 경우에는 집단이기주의에 의한 사회적 문제가 발생할 가능성도 있다. 고령층의 집단이기주의가 본격화되면 고령층을 위한 예산은 과도하게 늘어나는 반면 보육이나 교육 등 다른 연령층의 복지를 위해 꼭 필요한 예산조차 제한받는 문제가 발생할 수도 있다.

### (3) 개인적-양적 고령화

고령화는 사회 전체만 아니라 사회구성원 개개인의 삶에도 영향을 미치는 중요한 변화이다. 개인적-양적 고령화는 수명이 길어지면서 인생의 시기 특히 노년기가 길어짐을 의미한다. 오늘날 우리는 과거에 비해 훨씬 더 인생을 살아야 할 뿐 아니라 훨씬 더 긴 노년기를 보내게 되었다.

개인적-양적 고령화의 긍정적 측면은 삶의 기간이 길어져 충분한 삶의 시간을 누릴 수 있게 되었다는 점이다. 고령화로 인하여 성장하고 일하는 기간 외에도 노후의 여유를 즐길 수 있는 충분한 시간을 허락받게 되었고, 제 2의 인생기회를 가질 수 있게 되었다. 충분한 노후의 기간은 자녀 양육이나 생산 활동에서 벗어나 일생을 통해 축적한 자원을 가지고 사회에 봉사하고 공헌하며 여가를 즐기고 잠재력을 실현할 수 있는 기회를 제공해준다.

그러나 그 이면에 길어진 노년기로 인한 부담 역시 증가하였다. 수명이 길어진다고 해서 청년기나 성인기가 늘어나는 것이 아니라 과거에는 없던 90대, 100대를 살아내야 한다. 그리고 노년기의 절대적, 상대적 길이가 길어지면 노부모에 대한 부양부담은 물론이고 자기 자신의 길어진 노후에 대비한 자금의 부담도 증가하게 된다. 즉, 이러한 노후부양과 노후준비의 부담이 증가한다는 점은 개인적-양적 고령화의 부정적인 측면이라 할 수 있다.

### (4) 개인적-질적 고령화

개인의 일생에서 노년기가 길어진 만큼 그 노년기가 차지하는 의미와 중요성도 증가하는데, 이를 개인적-질적 고령화라 할 수 있다. 과거와 달리 노년기는 누구에게나 허락된 삶의 시간이며 인생의 1/3을 넘는 긴 기간이 된 만큼 노년기가 인생에서 차지하는 의미 또한 커졌다. 인생의 1/3이 넘는 노년을 어떻게 보내느냐에 따라 인생 전체의 성패가 좌우될 수도 있다.

개인적-질적 고령화의 긍정적 측면은 젊어서 한 고생의 결실을 누릴 수 있는 긴 노년기가 허락되며, 젊어서 미뤄두었던 꿈에 새롭게 도전할 수 있는 제2의 인생이 허락된다는 점이다. 반면, 노년에 대한 충분한 준비가 없다면 긴 노년의 시간은 기회가 아니라 오히려 재앙으로 다가올 수밖에 없다. 준비 없는 노후는 새로운 인생의 기회가 아니라 역할 없는 역할과 무위(無爲)의 고통 속에 살아가야 하는 시간일 수밖에 없다.

## 2) 고령인력의 중요성

HRD 측면에서 고령사회의 가장 중요한 특징은 전통적인 생산연령인구 즉 15세부터 64세 사이의 인구에 비하여 65세 이상의 고령인구가 많아진다는 점이다. 따라서 고령화 문제를 지적하는 대다수의 사람들이 가장 중요한 문제로 강조하는 것은 노동력의 부족과 그로 인한 생산성 둔화와 경제성장의 위축이다. 물론 고령인구의 증가가 곧바로 생산성의 둔화로 이어지는 것은 아니지만 지금처럼 연령에 따른 정년제도를 유지하는 상황에서는 고령화로 인한 노동력 부족은 필연적인 조합일 수밖에 없다. 정년에 도달한 고령 근로자는 급증하고 퇴직자는 증가하는 반면, 새로운 경제활동 인구로 유입되어야 하는 청장년층은 감소되어 노동력 부족으로 이어질 수밖에 없다. 아무리 기술이 고도화된다고 하더라도 인력이 곧 경쟁력이라는 공식이 완전히 폐기되기는 어렵다.

물론 당분간은 부족한 노동력을 우리보다 인력이 풍부한 저개발국들로부터 수입할 수 있다. 또 대표적인 유휴인력인 여성 인력을 노동시장으로 다시 불러들임으로써 어느 정도의 인력난은 해결할 수 있을 것이다. 그러나 외국인 노동력의 수입이나 여성인력의 확대 뒤에는 또 다른 사회적 문제에 봉착하게 된다. 여성인력의 사회진출 확대는 출산과 육아, 가사를 대신할만한 대체 인력을 요구하며, 이는 우리 사회의 큰 문제 중 하나인 출산기피 현상을 더욱 부추길 수도 있다. 또 외국인 노동력의 확대는 노동력의 질적 저하나 문화적 갈등이나 인종차별 등 다른 사회문제로 확대될 수도 있다. 이러한 문제를 해결하기 위해서는 노동 연령을 위와 아래로 확대할 수밖에 없는데, 현실적으로 아래로의 노동력 확대는 거의 불가능하다. 더 냉정하게 말하면 아래로 확대가 아니라 15세로 되어있는 현재의 생산연령 기준을 오히려 상향해야 마땅하다. 사실상 형식교육 기간은 점점 더 연장되고 있고, 실제로 노동시장에 입장하는 시기는 15세보다도 10년 이상 늦어지고 있다. 따라서 결국 가장 실효성 있는 대안은 위로의 노동력 확대, 즉 고령인력 활용의 확대일 것이다.

고령사회에서 고령인력의 확대는 고령인력의 양적인 증가 때문만은 아니다. 앞서 설명했듯이 질적 고령화의 진전이야말로 고령인력의 확대가 가능하도록 만드는 더 중요한 요인이기도 하다. 과거에 비하여 더 많이 배우고 더 건강하며 더 다양한 경험을 가진 숙련된 고령인적자원의 증가는 노동력의 고령화로 인한 노동의 질적 저하 우려를 불식시켜준다. 따라서 고령사회에서 고령인적자원을 어떻게 노동시장에 오래 그리고 효율적으로 머물도록 할 것인가는 고령화의 위험을 최소화하고 위기를 기회로 만들어 지속가능한 발전을 가능하게 할 중요한 열쇠가 될 수 있을 것이다.

## 2. 고령 인적자원의 특징

아직까지 노화의 명확한 원인은 밝혀지지 않았지만, 노화는 인간이라면 누구도 피할 수 없는 발달의 과정이다. 다만 노화의 구체적인 진행과정이나 노화로 인한 결과 면에서는 개인에 따라 큰 편차가 존재한다. 그럼에도 불구하고 지금까지 HRD 분야에서 배제되어왔던 고령인적자원의 효과적인 관리와 개발을 위해서는 노화로 인한 고령자의 일반적 특징을 이해하는 것이 필요하다.

### 1) 신체적 특징

#### (1) 외모의 노화

연령의 증가와 더불어 가장 먼저 노화를 느끼게 만드는 것은 아마도 외모의 변화일 것이다. 외모 중에서도 피부의 노화는 가장 빠르게 진행되는데, 피부세포의 재생 속도가 점차 느려져 피부세포의 손실 속도를 따라잡지 못함으로써 노화가 발생한다. 세포 감소로 피부가 탄력성을 잃어 주름이 증가하고 얼굴 윤곽이 늘어지면서 윤곽이 변화한다. 색소 침착이 증가하고 검버섯이라고 부르는 얼룩반점들이 증가하며, 피하지방이 줄어들고 표피층이 얇아져서 팔, 다리나 손등과 발등에 혈관이 툭툭 튀어나와 두드러져 보이기도 한다. 또 노화에 따라 활동적인 근육섬유질의 수나 단백질의 양이 점차 감소하면서 근육의 양과 강도도 줄어들게 된다.

체모 내의 멜라닌 색소 감소로 체모 탈색이 일어나 흰머리가 증가하고, 모근의 노화와 남성 호르몬인 안드로겐의 균형이 깨지면서 체모 발육이 억제되고 탈모가 진행된다. 또 나이가 들면서 척추 사이에 있는 연골조직들이 얇아지고 골밀도가 감소하여 척추, 등, 목 등이 굽어지기 시작하면서 키가 줄어든다.

### (2) 기능의 노화

나이가 들면서 세포의 대사 기능이 저하되고 체단백질이 감소할 뿐 아니라 조직의 활동성도 줄어들어 휴식 상태에서 체온 유지, 호흡, 신체 기관의 유지 등을 위한 에너지 소모량 즉 기초대사율이 낮아진다. 그 결과 이유 없이 살이 찌고 소위 나잇살로 인하여 체중이 늘어난다.

또 호흡기능 면에서는 폐의 용적이 감소하면서 호흡기 감염이 자주 발생하기도 하고, 폐활량도 감소한다. 따라서 노년기에는 호흡 기능의 저하로 기관지 질환과 같은 호흡기 질환의 감염이 흔히 발생하게 된다. 순환기능 면에서는 혈관의 세포 내에 지방질이 축적되어 혈관 벽이 두꺼워지고 딱딱하게 굳어져서 혈액순환을 방해하면서 혈액순환이 둔화되어 심장박동의 리듬이 점차 느리고 불규칙해지고 동맥경화나 뇌출혈의 발생 위험도 높아진다.

또한 소화액의 분비, 영양의 흡수, 장 운동 기능의 감소 등 소화기능의 노화도 진행된다. 침, 소화효소, 위액 등의 분비가 감소하고 치아의 소실 및 약화, 위의 연동활동 약화, 단백질 소화에 필요한 염산 생산 감소, 위 점막의 위축 등으로 인하여 소화 기능이 저하된다. 그리고 소화흡수력의 저하로 위장 내 잔여물이 증가하는 한편 장의 운동성은 감소하여, 복부 팽만감이나 변비를 초래하기도 한다.

노화에 따라 요관이나 방광 등이 약화됨에 따라 소변이 원활하게 배설되지 못하는 소변정체(停滯)나 요석, 방광염 등이 발생할 위험도 커진다. 노인에게 일반적으로 나타나는 증상으로 빈뇨(頻尿)나 요실금(尿失禁) 현상을 들 수 있는데, 남성의 경우에는 전립선 비대가 주요 원인이고 여성의 경우에는 분만으로 인한 골반 이완과 근육 약화 등이 주요 원인이다.

그 외에도 간의 노화로 약물 분해 및 해독 능력이 서하되어 피로회복이 느려지고 피로감이 오래 지속되는 경향이 있다.

### (3) 감각의 노화

노화로 인해 불편이 커지는 것 중 하나가 바로 시각(視覺), 청각(聽覺), 미각(味覺), 촉각(觸覺), 후각(嗅覺) 등 오감(五感)의 노화다.

그중에서도 가장 먼저 노화가 진행되는 것이 시각이다. 망막에 빛을 전달하고 조절하는 능력이 퇴화되고 좁아지며 빛과 색에 대한 민감도도 떨어진다. 무엇보다도 대표적인 시각의 노화는 수정체가 굳어지고 탄력성이 떨어지면서 가까운 물체에 초점을 잘 맞추지 못하는 '노안(老眼)'이다. 나이가 들어가면서 동공의 반응이 느려지기 때문에 밝은 곳에서 갑자기 어두운 곳에 들어갔을 때 동공을 확장해야 하는 암순응이 힘들어지고, 날이 어두워지면 물체를 잘 구분하지 못하는 야맹증이 나타나기도 한다. 또한 수정체가 점차 노랗게 변하는 황화(黃化, yellowing) 현상으로 인하여 노란색 선글라스를 끼고 세상을 보는 것처럼 파란색 계열의 색깔을 구분하기 힘들어지는 반면 붉은색 계열의 색은 더욱 선명하고 예쁘게 보이게 된다. 따라서 나이가 들면 빨간색이 좋아진다는 속설은 젊어지고 싶은 심리적 욕구의 결과가 아니라 감각의 변화에 따른 필연적인 결과인 것이다. 그 뿐 아니라 시각 자극의 처리속도가 느려져 잔상이 오래 남아 새로운 자극의 지각을 방해하며 단절된 불빛을 연속된 하나의 불빛으로 오인하게 되는 경향이 증가하기 때문에 빠르게 움직이는 자극을 감지하는 역동적 시지각 능력도 떨어지게 된다. 따라서 일반적으로 같은 사물을 인지하기 위하여 80대에는 20대보다 200배 밝은 빛을 필요로 한다.

청각은 50대부터 서서히 떨어지기 시작하며. 65세 이상 중 약 60% 정도가 노인성 난청을 경험한다. 처음에는 주로 고음에서 그리고 "스, 즈, 츠, 프, 흐" 등의 자음을 잘 구별 못하다가 나중에는 낮은 음과 모음까지도 잘 듣지 못하게 된다. 또 노인성 난청은 작업환경의 차이로 인해 여성보다 남성에게서 더 일찍 더 자주 발생하고, 오른 쪽 귀보다는 왼쪽 귀의 난청이 더 일찍 발생한다.

미각은 혀에 분포한 맛을 감지하는 돌기인 미뢰(味蕾)의 수가 감소하고 입과 입술의 탄력이 줄어들며 타액 분비가 감소함에 따라 맛에 대한 민감도가 저하된다. 후각도 콧속 후각돌기가 감소하고 후각 상피세포의 퇴행성 변화와 중추신경 경로의 노화로 인하여 냄새를 맡는 민감성이 떨어진다. 특히 후각장애는 혈관성 치매의 초기 증상인 경우가 많아서 더욱 특별한 주의가 필요하다.

노화가 촉각에 미치는 영향은 아직 확실하지 않지만, 전반적인 접촉의 민감성이 감퇴하는 경향이 있고, 열 수용기의 둔화로 체온조절 능력도 떨어진다.

#### (4) 수면패턴의 변화

일반적으로 사람들은 하룻밤 동안 잠이 들기 시작하는 1단계 얕은 수면으로부터 가장 깊은 잠에 빠져드는 4단계 수면까지의 네 가지 비렘수면(NREM: non-rapid eye movement)과 의식은 깨어 있지만 몸은 가장 깊이 잠들어 있는 렘수면(REM: rapid eye movement) 등 총 다섯 가지 수면상태를 4~6회 정도 반복한다. 깊고 달콤한 잠을 자기 위해서는 3~4단계의 깊은 잠(서파수면) 뿐 아니라 렘수면을 충분히 거쳐야 한다. 보통 신생아 때는 전체 잠 중 렘수면이 절반을 차지하다가 성장하면서 렘수면의 양이 줄어들어 노년기에는 렘수면이 15% 이하로 낮아진다. 노화에 따라 전체 수면시간에는 큰 차이가 없지만 초저녁 잠은 늘어나는 반면 아침잠은 줄어드는 등 수면 패턴이 변화하고, 수면이 도중에 자주 끊어지며, 렘수면도 줄어들어 잠이 부족하게 느껴지고 만성적인 피로를 느끼게 된다.

### 2) 인지적 특징

#### (1) 지능

나이가 들면 머리가 나빠진다는 것은 노화에 관한 잘못된 편견이다. 학령기의 지능은 주로 추상적이거나 이론적인 문제를 푸는 능력과 관련되지만, 성인기 이후의 지능은 학문이나 이론의 문제가 아닌 실생활의 문제들을 해결하는 '기능적 유능성'과 관련된다. 따라서 소위 공부머리는 나이가 들수록 더 떨어지는 것처럼 보일 수 있지만, 생활머리는 많은 경험이 쌓인 노년기에 오히려 더 증가한다고 볼 수도 있다.

또한 카텔(Cattell, R.)이 제안한 두 가지 지능, 즉 '유동성 지능(fluid intelligence)'과 '결정화된 지능(crystallized intelligence)' 면에서 살펴보면 유동성 지능은 나이가 들면서 쇠퇴하지만 결정화된 지능은 나이가 들어도 계속 발달한다. 유동성 지능은 유전적이며 선천적으로 주어지는 능력으로 뇌의 성숙에 비례하여 발달하고 쇠퇴하는 특성을 가진 암기력, 지각능력, 일반적 추론 능력 등인 반면, 결정화된 지능은 환경이나 경험, 문화적 영향에 의해서 후천적으로 발달되는 언어이해 능력, 문제해결 능력, 논리적 추리력, 상식 등이다. 즉, 나이가 들수록 암기력이나 추론 능력은 떨어지지만, 문제해결 능력이나 상식은 증가하게 된다.

### (2) 기억력

일반적으로 기억력은 증가하다가 성인기 이후 쇠퇴하기 시작한다. 따라서 노화와 더불어 기억이 쇠퇴하는 것이 일반적이긴 하지만 〈표 15-2〉와 같이 기억의 종류에 따라 쇠퇴 정도에는 큰 차이가 있다.

〈표 15-2〉 기억의 종류에 따른 쇠퇴 정도

- 오래된 기억이 최근 기억보다 더 잘 보존된다.
- 기계적인 기억이 논리적이고 복잡한 기억보다 더 잘 보존된다.
- 청각을 통한 기억이 시각을 통한 기억보다 더 잘 보존된다.
- 몸으로 익힌 기억이 언어로 된 기억보다 더 잘 보존된다.
- 이미 일어난 일에 대한 기억이 앞으로 일어날 일에 대한 기억(미래계획기억)보다 잘 보존된다.

### (3) 학습능력

노년기까지도 얼마든지 새로운 학습이 가능하다. 다만 젊었을 때의 학습과 방식이 조금 다를 뿐이다.

먼저 나이가 들수록 정서유발 수준(arousal level) 혹은 불안수준(anxiety level)이 높아진다. 학습능률을 높이기 위해서는 적정한 수준의 정서유발이 필요하다. 적절한 수준의 긴장감과 각성은 학습에 도움이 되지만 긴장감이 지나치면 머릿속이 하얘지고 오히려 학습에 방해가 된다. 그런데 일반적으로 나이가 들수록 일상적인 정서유발 수준 자체가 높아지기 때문에 새롭고 낯선 학습상황은 노인들에게 불리하게 작용한다. 과도한 긴장감이나 경쟁심, 불안감을 유발하는 상황에서는 학습에 크게 방해를 받기 때문에 가능하면 편안한 분위기와 지지와 격려 속에서 학습할수록 노년기 학습의 효과를 높일 수 있다.

노년기 학습에 영향을 미치는 두 번째 요인은 과제의 성격 즉 유의미성과 친숙성 그리고 구체성이다. 노년기 학습자에게 의미있고 중요하며 친숙하고 구체적인 과제일수록 학습수행이 높아지고 노화에 따른 학습 쇠퇴를 줄일 수 있다.

다음으로 중요한 학습의 조건은 속도와 시간이다. 시간이 엄격하게 제한되어 시간의 압박을 받거나 짧은 시간에 학습을 해야 하는 상황에서는 수행이 더 떨어진다. 반면에 스스로 속도를 조절할 수 있는 상황에서는 쇠퇴가 훨씬 줄어드는 경향이 있다.

## 3) 정서적 특징

### (1) 성격

나이가 들면서 일반적으로 나타나는 몇 가지 성격의 특징들이 있다. 첫 번째는 시간 전망의 변화이다. 시간 전망은 중년기를 지나면서부터 '지금까지 몇 년을 살았는가?'에서부터 인생의 마지막 시점을 기준으로 '앞으로 몇 년 남았는가?'로 바뀌게 된다. 이는 인지적 수고를 최소화하려는 동기에서 비롯된 변화로, 인생에서 남은 시간이 길지 않음을 깨달으면서 남은 시간을 계산하게 되며, 또 그로 인하여 불확실한 미래보다는 현재에 더 애착을 갖고 충실하려고 노력하는 경향이 늘어난다.

두 번째로 신체에 대한 민감성이 증가한다. 노화로 인하여 건강상태에 대한 자신감이 떨어지게 되면서 몸이 보내는 작은 신호에도 민감하게 반응하게 된다. 너무 지나치면 문제가 될 수도 있지만, 건강에 관심을 가지고 미리미리 조심하는 것은 노년기 건강 유지에도 도움이 된다.

셋째, 나이가 들어가면서 매사에 조심성이 늘어나고 신중해진다. 이는 연장자로서의 체면과 부담감 때문에 더 신중하기 위해서이기도 하고, 노화로 인한 오감의 쇠퇴와 인지적 저하를 보상하기 위해서이기도 하다.

넷째, 내향성이 증가한다. 나이가 들수록 사회적 활동이 줄어들면서 다른 사람들이나 외부에 대한 관심보다는 자기 자신과 내면에 대한 관심이 증가한다. 그리고 이러한 내향성은 양성화와도 연관된다. 중년기 특히 갱년기를 지나면서 남성은 여성화되고 여성은 남성화되는 경향이 있다. 이러한 경향은 갱년기 이후 성호르몬이 급격히 감소하기 때문이기도 하지만, 자녀양육의 부담이 끝나고 직장에서도 퇴직을 하면서 전형적인 남성으로 혹은 여성으로서의 성역할이 더 이상 중요하지 않게 되는 한편 내향성의 증가로 사회적으로 강요된 남성성과 여성성이 아닌 본래 자신의 모습으로 돌아가고자 하는 동기 때문이기도 하다.

다섯째, 친숙한 사물에 대한 애착이 증가한다. 나이가 들면서 감정적 탄력성이 감소하여 새로운 대상에 적응하거나 감정을 투입하는 것을 힘들어 하게 된다. 따라서 친숙한 사물에 대한 애착이 증가하는 것은 오랜 기간 손때 묻은 친숙한 물건들이 유한한 인생에 지속감과 과거에 대한 추억을 제공해 줄 수 있어 안정감을 제공해 주기 때문이다.

### (2) 욕구

나이가 들어도 인간의 기본 욕구에는 큰 변화가 없다. 그러나 노년기가 처한 특수한 상황으로 인해 특별한 다섯 가지의 교육적 욕구를 지니게 된다(McClusky, 1974).

첫째, 환경적응의 요구(coping needs)로, 노화로 인하여 감퇴된 기능을 회복하고 환경에 적응하는 데 필요한 것들을 배우기를 원한다. 예를 들어, 읽고 쓰고 셈하는 3Rs(Reading, Writing, Arithmetic)을 비롯하여 노년기에 필요한 건강관리, 소득 유지, 법률, 주거 선택, 가족관계 적응, 여가선용 등에 관한 학습욕구가 여기에 속한다.

둘째, 표현적 욕구(expressive needs)로 나이가 들면 학습을 통하여 무엇을 이루기 위해서보다는 배움 자체에 의미를 두고 그 과정을 즐기게 된다. 주로 문화예술과 관련된 학습이나 취미여가 학습 등이 여기에 속한다.

셋째, 공헌의 욕구(contributive needs)로 배움을 통하여 이 시대나 사회에 쓸모 있는 사람이 되고 의미 있는 역할을 찾으려 한다. 주로 교육을 통하여 다양한 지역사회 활동이나 자원봉사에 참여하고자 하는 것이 여기에 속한다.

넷째, 영향력의 욕구(influence needs)로서, 노인들은 교육을 통하여 잃어버린 사회에 대한 통제능력을 회복하고 싶어 한다. 예를 들어, 정보화 교육이나 스마트폰 활용 등은 변화한 사회에 대한 적응 뿐 아니라 사회에 대해 영향력을 증가시켜주는 의미를 지닌다.

다섯째, 초월적 욕구(transcendence needs)로서, 실용적인 학습뿐만 아니라 형이상학적이고 초월적인 학습을 추구한다. 즉, 신체적 젊음보다 더 중요한 인생의 본질적 의미를 찾고자 종교, 철학, 역사 등의 학습에 관심을 갖는다.

## 3. 고령 인적자원 개발 프로그램 사례

지금까지 주로 "노인교육"이라는 이름으로 불렸던 고령 인적자원 개발(HRD in old age)는 최근 들어 인구 고령화와 더불어 관심이 집중되고 있는 영역이다. 특히 급변하는 사회 속에서 과거와 다르게 평생직장과 심지어 평생직업의 개념마저 사라지면서 우리는 이제 길어진 생애기간 동안 제2, 제3의 직업을 준비해나가야 하는 이른바 '평생경력'의 시대에 살고 있다. 따라서 인적자원 개발은 더 이상 생산연령기에 국한되지 않고 전생애를 통하여 확장된다.

우리나라 사람들의 주된 일자리(생애 중 가장 오랜 기간 동안 근로한 일자리)에서의 퇴직연령은 2016년 기준으로 남성 51.6세, 여성 47.0세지만, 노동시장에서 완전히 퇴장하는 실질 은퇴 연령은 2011~2016년 기준으로 남성 71.1세, 여성 74.5세(김안정, 2017)로 주된 일자리에서 물러난 이후에도 남성은 19.5년, 여성은 27.5년 동안이나 제2, 제3의 직업을 갖는 것으로 나타난다. 즉 노년기 진입 이후에도 새로운 직업 또는 직군으로의 경력 전환이 일어나며 그만큼 노년기의 인적자원개발 중요성이 증가하고 있는 것이다. 그러나 아직까지 우리 사회에서 고령 인적자원개발에 대한 관심과 정책적 지원은 미흡한 형편이다. 미흡하나마 고령인적자원개발 관련 사례들을 살펴보면 다음과 같다.

### 1) 노인일자리 및 사회활동 지원사업

노인일자리 및 사회활동 지원사업은 노인들이 활기차고 건강한 노후생활을 영위할 수 있도록 다양한 일자리를 지원하기 위한 보건복지부의 사업으로, 2004년부터 시작되었다. 2004년 첫해에 5,127개 일자리 창출을 시작으로 2017년에는 437,000개 일자리 및 사회활동을 달성하였다. 이 사업은 만 60세 이상 고령층을 대상으로 하며, 사회활동 지원사업 중 공익형은 만 65세 이상 기초연금수급자에 한하여 참여할 수 있다. 급여는 2004년부터 2016년까지 월 20만원이었다가 2017년 22만원, 그리고 같은 해 8월부터는 27만원으로 인상되었다(보건복지부, 2017).

노인 일자리 사업은 2010년까지는 공익형, 복지형, 교육형, 시장형, 인력파견형 등 5개 유형으로 운영되어오다가 2011년에 시니어인턴십, 고령자친화기업, 시니어 직능클럽 등 3가지가 추가되었다. 2014년부터 재능나눔 사업이 추가되면서 기존 공익형, 복지형, 교육형 일자리를 '공익활동'으로 분류하고, 여기에 재능나눔 사업까지를 함께 '노인 사회활동 지원사업'으로 유형화하였다. 그리고 시장형의 사업들은 '노인 일자리 사업'으로 분류하여 전체 사업명을 '노인 일자리 사업 및 사회활동 지원사업'으로 운영되고 있다.

노인 일자리 사업 및 사회활동 지원사업은 각 지자체, 노인복지관, 대한노인회, 시니어클럽 등을 통하여 수행된다. 또 본 사업은 일자리와 사회활동 참여를 통하여 노인들의 건강하고 안정된 노후를 보장함과 동시에 적극적인 사회활동을 통한 노년기 역할 창출과 사회통합에 의의를 두며, 참여자들은 일정 시간의 교육을 수료하도록 되어 있어 고령인적자원 개발의 의미도 함께 지닌다.

〈표 15-3〉 노인일자리 및 사회활동 지원 사업 유형

| 사업 | 구분 | 유형 | 활동기간 | 활동시간 | 활동비 |
|---|---|---|---|---|---|
| 사회활동 지원사업 | 공익형 | 노-노 케어, 취약계층 지원, 공공시설 봉사, 경륜전수활동 | 9~12개월 | 월 30시간 이상 (일 3시간 이내) | 월 27만원 |
| | 재능나눔 활동 | 노인안전 예방 활동, 상담안내 활동, 학습지도 활동, 문화예술 활동, 기타 활동 | 6개월 | 월 4회 이상 총 10시간(일 3시간 이내) * 노인 안전예방활동은 월 10시간, 5회 이상(일 2시간 이내) | 월 10만원 이내 |

| 사업 | 구분 | 유형 | 활동기간 | 활동시간 | 활동비 |
|---|---|---|---|---|---|
| 노인 일자리 사업 | 시장형 | 공동작업형, 제조판매형, 서비스제공형 | • 연중참여가 원칙(서비스제공형은 9개월 이상 자율적 운영)이며, 근무시간은 근로계약서로 정한 시간에 따름<br>• 예산지원기준: 참여자 1인당 연간 210만원 지원 | | |
| | 인력 파견형 | 관리사무 종사자, 공공 전문직 종사자, 서비스 종사자, 판매 종사자, 농림어업숙련종사자, 기능원 및 관련 기능종사자, 생산제조단순노무직 등 | 근로계약서에 의함 | | |
| | 고령자 친화기업 | 기업인증형, 모기업연계형, 시장형사업단발전형, 브릿지형, 시니어직능형 | 기업 및 기관별 근로계약에 의함 | | |
| | 시니어인 턴십 | 일반형, 정략직종형, 장기취업유지형 | 근로계약서에 의함(60세 이상 시니어를 인턴으로 고용하는 기업을 대상으로 1인당 최대 300만원의 인건비를 지원함) | | |
| | 기업 연계형 | 일반형, 세대통합형 | 근로계약서에 준함 | | |

출처: 한국노인인력개발원 홈페이지(http://www.kordi.go.kr 2018. 07. 13일 접속)로부터 재구성.

### 2) 한국고용정보원의 성실프로그램(성공적인 실버 취업을 돕기 위한 프로그램)[1]

성실프로그램은 중장년(50세 이상)들이 새로운 일자리를 찾아 알찬 제 2의 인생을 설계하실 수 있도록 구직 자신감을 고취시키고, 일자리 정보의 탐색에서 이력서 작성, 면접기법 등 구직활동에 필요한 제반 기술을 익힐 수 있도록 고용노동부 산

1) 한국고용정보원 홈페이지(http://www.work.go.kr/empSpt/empSptPgm/oldReemp/intro.do) 2018. 07. 13일 접속.

하 기관인 한국고용정보원에서 제공하는 프로그램이다. 본 프로그램은 고용안정정보망 워크넷(Work-Net)을 통해 제공된다.

'성실'이란 '성(成)공적인 실버(silver)'라는 의미와 동시에 성실하게 차곡차곡 준비하면 목적한 바를 이룬다는 의미를 함께 지니고 있다. 중장년층이 새로운 일자리를 찾아 알찬 제 2의 인생을 설계할 수 있도록 구직 자신감을 고취시키고, 일자리 정보의 탐색에서 이력서 작성, 면접기법 등 구직활동에 필요한 제반 기술을 익힐 수 있도록 지원한다.

대상은 6개월 이상의 실직 경험이 있거나 이직 및 전직을 희망하는 50세 이상으로, 이들에게 구직동기를 부여하고, 구직기술 향상에 따른 장기실업의 가능성을 예방하며, 상실된 자신감과 자존감의 회복을 통하여 재취업 성공률을 높이고, 효과적인 대화법 습득을 통한 원만한 대인 관계 형성과 재취업 성공을 통한 경제적 안정 및 생활만족도 향상에 목적을 둔다.

프로그램 진행은 12~15명의 소그룹으로 구성하여 4일간 6시간씩 진행되며, 취업활동에 필요한 다양한 정보를 얻을 수 있다. 구체적인 프로그램 내용은 교육을 실시하는 센터에 따라 다소 차이가 있다.

### 3) 한국노인인력개발원 앙코르라이프캠퍼스(ELC: Encore Life Campus, 구 노인취업교육센터)

앙코르라이프캠퍼스는 2016년 '노인취업교육센터'라는 이름으로 시작되었으며, 2018년부터 '앙코르라이프캠퍼스'로 이름을 바꾸어 운영하고 있다. 60+의 역량을 개발하여 적합한 사회적 역할 부여를 통해 새로운 삶(Encore Life)을 지원하는 60+ 맞춤 전문교육기관 운영 사업으로, 기업 맞춤 교육과정의 개발 및 운영 그리고 취업연계관리를 목적으로 한다. 다른 고령 인적자원개발 프로그램들과는 달리 취업역량 교육 후 곧바로 취업으로 이어지는 체계를 특징으로 하며, 취업연계율이 90% 이상에 달한다(한국노인인력개발원, 2018).

교육과정은 취업교육과 특화교육으로 나뉘는데, 취업교육 과정은 기업 맞춤 및 직접 취업을 목적으로 한 60+취업역량 향상 교육과정으로 기업연계형, 시니어인턴십, 인력파견형, 자체민간기업(관)일자리 연계형 등을 포함하고 전체 교육참여 인원의 80% 이상에 대한 취업교육을 운영한다. 특화교육 과정은 60+ 적합 신규직종 및 직무 개발을 위한 시범(Pilot) 교육과정이다(한국노인인력개발원, 2018).

ELC는 일부는 외부 공모를 통하여 위탁하고 일부는 한국노인인력개발원 지역본부가 직영하는 형태로 운영된다. 2018년의 경우 10개의 외부 위탁기관과 6개 지역본부에서 ELC를 운영하고 있다. 위탁의 경우 교육과정 개발 및 운영을 위한 사업비와 인건비 등의 운영비로 기관 당 최대 5,000만원까지 지원한다(한국노인인력개발원, 2018). 2018년 기준으로 취업직종을 살펴보면, 시니어 보드게임지도사, 조리사, 바리스타, 가공식품 생산원, 농촌일손도우미, 수목관리사, 노상 주차장 관리자, 공공주택관리사, 시니어 택배, 실버피트니스 활동지도사, 가공식품 포장원, 지하철 안전신호수, 호텔리어(룸메이드), 전시장 시설유지보수원, 간병원, 냉장고 소독 및 수납정리사, 야구장 시설관리원, 주유원 등이다.

## 4. 고령 인적자원 개발의 문제점 및 전망

인구 고령화는 미래의 변화가 아니라 현재진행형의 변화이며 시간이 지날수록 점점 더 가속화될 것으로 전망된다. 청년인구의 증가율이 고령인구 증가율에 못미치고 출산율이 사망률보다 낮아지면서 우리 사회의 고령화 속도는 더욱 가속화되고 노동력 부족은 갈수록 심화될 것이다. 이에 고령 인적자원의 개발은 선택이 아닌 지속가능한 사회로 가기 위한 필연적 과제이다. 다행스러운 것은 과거에 비하여 고령층의 건강수준과 교육수준이 크게 개선되고 있어 고령 인적자원의 양적 증가뿐 아니라 질적 제고도 함께 기대할 수 있다는 점이다.

그러나 이러한 변화에 대한 우리 사회의 대응수준은 아직 미흡하다. 고령 인적자원 개발과 관련하여 우리 사회의 문제점과 그 개선방안 및 전망을 살펴보면 다음과 같다.

### 1) 고령자 대상 교육 프로그램

고령자 대상의 교육 프로그램 자체가 절대적으로 부족하다기 보다는 교육의 수준과 종류가 다양하지 못한 문제가 더 크다. 아직까지 우리나라에서 고령자 대상의 교육은 대한노인회나 종교기관에서 운영하는 노인교실(노인대학), 노인복지관의 노인교육 프로그램, 평생학습관과 같은 지역 평생교육시설에서의 노인교육 프로그램 정도로 대변된다. 이들 대부분은 운영주체나 시설은 다르지만 내용적인 면에서는 건강, 취미나 여가 교육이 대부분을 차지하고 있으며 교육의 수준 역시 고령인구의 다양성을 충분히 반영하지 못하고 하향 평준화되어 있다. 또한 인적자원 개발을 위한 다양한 소양교육이나 직무 및 직능 교육은 극히 제한적이고, 있다고 하더라도 제한적인 취업을 전제로 한 교육이 대부분이다.

현재 우리나라의 노인을 위한 교육 또는 노년기 평생교육이라 할 수 있는 고령자 대상 교육은 노인 여가복지 차원에서 기획되어 목적 지향적인 교육보다는 노인들의 무한여가를 달래주기 위한 교육에 초점을 두고 있다. 이는 과거와 같이 노년기가 짧고 노년기 건강이 충분하지 않은 상황에서는 적합했을지 모르겠지만, 지금처럼 긴 노년기를 보내야 하고 건강하고 의욕적인 고령층이 많은 상황에서는 적합하지 않다. 더욱이 이런 교육으로는 고령 인적자원의 개발 및 활용이 중요한 현 시대적 요청에도 부응하기 어렵다.

따라서 연령, 학력, 생활수준, 건강, 경력, 경험, 생활방식 등 고령층의 다양성만

큼이나 다양한 그들의 욕구에 맞춰 다양한 교육 프로그램이 개발, 제공되어야 할 것이다. 특히 노년기 적응이나 여가 활용에 초점을 둔 교육뿐 아니라 자기계발이나 역량개발에 초점을 둔 교육이 보다 활성화되어야 하며, 취업이나 생산활동뿐 아니라 사회적 공헌이나 자원봉사, 시민활동 등을 통한 생산적 노후에도 관심을 기울여야 할 것이다.

### 2) 고령 인적자원 개발 관련 정책

이미 우리 사회는 고령화 깊숙이까지 들어가고 있지만 고령 인적자원 개발과 관련된 정책의 수준은 매우 미흡한 형편이다. 고령 인적자원 개발이나 노년교육을 담당하는 정부부처가 명확하게 정해지지 않은 상태일 뿐 아니라 교육부나 고용노동부, 보건복지부 등 각 부처별로 파편적으로 다루고 있는 고령 인적자원 개발관련 정책들은 대상의 기준이나 지원의 방향 면에서 제 각각이어서 오히려 혼란만 가중시키고 있기도 하다. 예를 들어 HRD 관련 정책 안에서도 고령자의 기준이 고용노동부에서는 50세 이상, 교육부에서는 60세 이상, 보건복지부에서는 65세 이상으로 정하고 있어 혼란을 키우고 있다. 또한 역사적으로도 고령자 대상의 노인평생교육 정책과 관련하여 교육부와 복지부를 번갈아 오가며 정책의 연속성이나 중요성을 보장받지 못한 채 산발적인 정책 추진으로 인하여 그나마 추진되었던 정책들마저도 실효를 거두지 못하였다.

따라서 정책 수혜 대상의 선정에서 부처별 기준이 아니라 정책별 기준을 확립하여 혼란을 최소화하고 정책의 중복이나 사각이 발생하지 않도록 부처 간의 협력과 소통이 필요하다. 또 그동안 노인복지법이나 평생교육법, 저출산·고령사회기본법 등 관련 법령 속에서도 간과되어 왔던 고령 인적자원 개발과 관련된 조항들을 추가, 보완하여 체계적인 정책이 이루어질 수 있도록 해야 할 것이다.

### 3) 고령 인적자원에 대한 사회적 인식

이미 우리 사회는 고령사회를 지나 초고령사회를 향해 빠르게 달려가고 있다. 그러나 사회의 인식은 여전히 고령화 이전에 멈춰 있는 듯하다. 노인을 쇠약한 존재이며 보호와 돌봄의 대상으로만 바라보는 우리 사회의 고령 인적자원에 대한 고정관념과 편견은 지금과 같은 고령화 시대에는 적절하지 않다. 물론 보호와 돌봄이 필요한 고령층에게는 적절한 복지서비스를 제공해야 하겠지만, 건강하여서 돌봄과 보호보다는 활동과 참여의 기회를 더 강하게 요구하는 고령층에게 연령을 이유로 무조건 사회의 주변부로 물러나 여가를 강요할 수는 없다.

특히 향후 베이비부머들이 대거 빠르게 고령층에 진입해 들어옴에 따라 더 건강하고 더 큰 역량을 갖추고 있으며 더 강한 활동욕구를 지닌 고령층이 증가할 것이다. 따라서 노인에 대한 우리 사회의 획일화된 고정관념과 부정적 편견은 하루 속히 폐기되어야 하며, 특히 일생을 통하여 삶의 경험과 지혜, 경륜을 지닌 고령층을 사회의 중요한 인적자원으로 바라보는 인식의 전환이 필요하다. 한편 서로 다른 세대들이 동시대를 살아가면서도 가정 안에서나 사회에서나 완전히 분리된 삶을 살아가는 '세대분리 사회'에서 벗어나 '세대통합 사회(age-integrated society)'로 나가기 위한 노력이 경주되어야 할 것이다.

이를 위하여 젊은층에 대한 노인 이해교육 및 세대통합교육이 필요하다. 이에 초·중·고 등 정규 학교교육과정을 통하여 노인이해교육을 강화하고 노인이해 교육을 위한 다양한 교육자료 개발 및 보급이 요구된다. 이를 통하여 자라나는 세대들에게 노인을 이해하고 노화에 관한 올바른 인식을 갖도록 해야 할 것이다. 또한 고령사회에 대비한 진로교육도 강화되어야 할 것이다. 고령사회에서는 고령층을 고객으로 하는 고령친화산업이 급증할 것으로 예측된다. 따라서 고령층을 대상으로 하는 새로운 직업이 생겨날 뿐 아니라, 기존 산업에서도 고령층 고객의 상대적 증가로 인하여 고령층 고객을 대상으로 하는 새로운 서비스에 대한 수요가 증가할 것이다. 이에 고령친화 진로지도 프로그램의 개발과 더불어 기존 산업인력들에 대해서도 추가적인 노인 이해 교육과 고령층 고객을 위한 서비스 교육도 병행되어야 할 것이며, 근로현장에서도 고령 근로자를 이해하고 다른 세대의 근로자들이 서로를 이해하기 위한 교육이 강화되어야 할 것이다.

### 4) 고령 인적자원의 활용

출산율의 저하로 기존의 생산연령층은 계속해서 감소하는 반면, 수명의 연장과 고령층의 건강수준 개선으로 고령 인력에 대한 관심이 증가하고, 경로의식의 변화와 핵가족화 등 가족관계의 변화로 인하여 노후의 경제적 독립에 대한 요구가 증가하면서 노년층의 계속 근로 및 재취업 욕구도 커져가고 있다. 평생직장 개념의 변화와 퇴직을 제 2인생의 새로운 출발로 바라보는 시각도 증가하고 있어 고령자의 인적자원 개발 욕구는 더욱 증가할 것으로 보인다.

그러나 고령 인적자원 개발은 단순히 교육에 대한 지원이나 활성화만으로 완성될 수 없다. 인적자원 개발은 실제 인적자원의 활용과 취업을 통하여 완성되기 때문에 다양한 근로현장에서 고령 인적자원을 수용하고 활용할 수 있는 정책적 지원과 근로환경 조성, 그리고 사회적 분위기 및 인식 개선이 뒤따라야 할 것이다. 연령을 근거로 노동시장에서 근로자를 퇴출시키는 이른바 강제퇴직 혹은 정년퇴직은 실질적으로 입증된 아무런 과학적 근거도 존재하지 않는다. 따라서 연령과 무관하게 역량을 근거로 인적자원을 평가하고 활용하는 열린 고용정책과 기업들의 고령자 고용을 장려하는 고령자고용 기업에 대한 지원정책, 그리고 고령자들이 실제 직무에서 불편함 없이 적응할 수 있도록 하는 고령친화적인 근로환경 조성 등이 필요하다.

## 참고문헌

김안정 (2017). 우리나라 장년층의 노동시장 실질은퇴연령. 고용동향 브리프, 2017년 03월, 21-25.

보건복지부 (2017). 노인보건복지사업안내.

통계청 (2016). 장래인구추계: 2015~2065년.

한국노인인력개발원 (2018). 2018년 앙코르라이프캠퍼스(구. 노인취업교육센터) (취업형) 지정 · 공모 공고문.

한정란 (2015). 노인교육론. 학지사.

McClusky, H.Y. (1974). Education for aging: The scope of the field and perspectives for the future. In S. Grabowski & W. D. Mason (Eds.), *Learning for aging*. Washington, DC: Adult Education Association of the USA and ERIC Clearinghouse on Adult Education.

한국고용정보원 (n.d.) http://www.work.go.kr

한국노인인력개발원 (n.d.) http://www.kordi.go.kr

## 요약

전통적인 생산 인구층은 점차 감소하고, 고령층은 빠르게 증가하는 고령사회에서 인적자원으로서 고령자에 대한 고려는 지속가능한 사회를 만들기 위한 필수조건이다. 따라서 향후 HRD 전문가들에게는 노화에 따른 고령 인적자원의 특징들 이해하고 이들에게 적합한 HRD 프로그램 개발 및 운영을 위한 노력이 요구된다. 또한 무엇보다도 노화를 자연스러운 인간발달의 과정으로 받아들이고, 고령 인적자원의 문제를 '그들'이 아닌 '우리'의 문제로 인식하며, 세대 통합적이고 고령친화적인 HRD 및 근로환경 조성을 위하여 노력해 나가야 한다.

## 탐구 질문

1. 고령화가 우리 사회와 개인에게 주는 의미는 무엇인가?
2. 고령화가 HRD 분야에 미치는 구체적인 영향은 무엇인가?
3. HRD 전문가들은 고령 인적자원의 특징에 어떻게 대응하여야 하는가?
4. 고령 인적자원 개발에서 가장 중요하게 고려해야 할 점은 무엇인가?

## / 저자 소개 /

**한정란(hjr@hanseo.ac.kr)**

현재 한서대학교 보건상담복지학과 교수로 재직하고 있다. 제2차 저출산 · 고령사회정책실무위원회 위원, 서울시노인복지관 평가위원, 국민연금공단 노후설계 서비스 사업 자문위원 등을 역임하였고, 현재는 교육부 공공부문 Best HRD인증위원회 위원, 충청남도 규제개혁위원회 위원, 한국노년학회 이사, 한국노인복지학회 이사, 한국노인의료복지학회 부회장, 한국노년교육학회 회장 등을 맡고 있다. 관심 연구분야는 노년교육, 노인 자원봉사, 노후설계, 노인일자리, 세대통합 등이다. 주요 저서로는 〈노인교육론(2015, 학지사)〉, 〈은퇴수업(2012, 학지사)〉 등이 있다.

제16장

정재삼(이화여자대학교)

# 조직과 HRD의 연구철학

## 목표

1. 조직과 인재개발 연구의 중요성을 논의할 수 있다.
2. 지식생성 과정인 T-R-D-P 사이클을 설명할 수 있다.
3. 이론개발 방법론 설명할 수 있다.
4. 인재개발의 맥락에서 연구자와 실천가의 관계를 설명할 수 있다.
5. 연구의 패러다임을 구분할 수 있다.
6. 연구 프레이밍 과정에서 패러다임 이해의 중요성을 논의할 수 있다.

## 핵심용어

조직과 인재개발, 가치사슬, T-R-D-P 사이클, 이론개발 방법론, 연구철학, 인식론, 존재론, 연구패러다임, 실증주의, 해석주의, 비판철학, 기능주의, 급진적 구조주의, 급진적 인본주의, 연구 프레이밍 과정

## 1. 서론

조직의 인재개발(HRD)이 세인의 주목을 받은 것은 1970년대와 1980년대를 거치면서 최근 50년 정도이다. 특히 HRD 또는 기업교육의 연구가 본격적으로 공식화되고 이론개발이 분야의 이슈가 된 것은 1990년대 중반을 지나면서라고 판단된다. 전문적인 인재개발, 교육훈련, 또는 기업교육의 실천가(practitioner)가 되려면 연구자(researcher)처럼 생각해야 한다(정재삼, 2003; Hamlin, 2015; Sauders & Tosey, 2015).

인재개발 실천에 있어서 연구를 화학반응에서의 촉매제 역할에 비유하곤 한다. 인재개발이나 기업교육 연구는 촉매제처럼 그 자신이 조직의 퍼포먼스 개발하지는 않지만 대부분의 경우에 이 연구는 인재개발 프로그램이나 활동의 다른 요소들이 유의미한 방식으로 상호작용한다는 것을 확신하기 위해서 필요하다. 우리가 당연한 것으로 여기는 다른 많은 기능들(functions)처럼, 전문적인 인재개발 관련 학문에서 이론과 연구의 역할은 중요하다.

과학적 패러다임에 대한 생각을 하면서, Kuhn(1970)은 철학자와 연구자들에게 과학적 방법의 기초가 되는 가정을 다시 생각하길 요청하며, 당시 행동과학의 연구에서 대안적인 방법인 후기실증주의적 접근(post-positivistic approach)을 할 수 있도록 길을 열어주었다. 연구에 대한 자연주의적 접근(naturalistic approach)은 상황적 영향의 중요성을 강조하고, 연구되는 현상이 연구과정으로부터 분리될 수 없다는 신념을 반영한다. 자연주의적 탐구는 연구가 경험과 실천의 환경에서 획득된 데이터로부터 출현하는 것을 허용한다.

이 장의 목적은 인재개발의 실제에서 연구와 이론이 왜 필요한지를 밝히고 어떻게 조직과 인재개발 연구를 위한 철학으로 논의함으로써 분야의 실천가와 연구자들에게 지신의 직무를 성찰하고 방향을 정립하는 데 도움을 주고자 한다. 먼저 인재개발 연구가 조직의 인재개발에 어떻게 공헌하는지 확인하고, 조직과 인재개발의 연구－이론－개발－실천의 관계를 파악한다. 그리고 인재개발(HRD) 분야의 연구 패러다임과 철학을 논의한다.

## 2. 인재개발 연구와 가치사슬

조직의 전략과 방향성, 그리고 팀과 조직구성원들의 스킬과 행동은 모두 정렬되고 통합되어야 한다. 조직의 인재개발 또는 교육훈련 전문가들의 가장 어려운 일은 새로운 아이디어를 해석하여 인재개발 프로그램에 신속하게 통합시키는 일일 것이다. 인재개발 연구는 인재개발과 교육훈련이 조직의 목적과 연결될 수 있는 주요 접근방법이다.

인재개발 연구자들이 경영인의 관점에서 생각하고 행동할 필요가 있다. 이 연구자들은 자신의 조직이 어떻게 가치를 창조하는지에 대해 깊이 이해하고, 중요한 경영데이터를 이해하고, 재무보고서에서 필요한 정보를 찾아내며, 신상품과 구조, 장비와 사람들에 대하여 항상 의식해야 한다. 무엇보다도 중요한 것은 이 연구자들이 조직의 “가치사슬(value chain)”을 이해하고 조직의 다른 부분들이 어떻게 상품과 서비스에 가치를 더해주는가를 이해하려고 노력해야 한다는 사실이다.

가치사슬은 조직이 고객을 위한 가치를 창조하는 방법이며, 생각을 개념화 하는 데서 시작하여 고객이 그 생각을 상업화된 형태로 사용함으로써 계속 진행된다(Porter, 1985). 조직에 의하여 창조되는 가치는 여러 요소들의 통합에서 나온 것으로, 이 요소들은 조직의 전략적인 의도(strategic intent)에 대한 공통적인 지지에 의하여 연결되어 있다. 조직의 가치사슬과 마찬가지로 인재개발과 교육훈련은 개인과 조직의 가치에 공헌할 수 있는 방법을 규정하는 가치사슬을 가지고 있다. 인재개발 가치사슬은 조직과 사업단위의 성공비전을 성취하는데 필요한 인간의 역량(capbility)을 창조하는 인재개발의 능력(ability)이다. 그러므로, 조직전략과의 통합은 가치를 전달하는 인재개발 능력에 있어 핵심이 된다. 인재개발의 구성요소는 반드시 조직의 성공에 맞추어 정렬되어야 한다.

인재개발 연구는 인재개발 가치사슬의 모든 요소에 공헌한다. 가치사슬은 인재개발 연구를 조직전략과 연결시키는 상황을 제공할 뿐만 아니라, 이 연구가 인재개발 가치사슬의 요소들을 결합시킨다. 이러한 맥락에서 우리는 인재개발에 의하여 창조되는 가치에 인재개발 연구가 기여하는 주요 영역을 논의해볼 필요가 있다. 인재개발의 네 가지 핵심적 영역은 〈표 16-1〉과 같이 초점(focus), 학습(learning), 적용(applicatioin), 그리고 증명(prove)이다(정재삼, 2003; Leimbach & Baldwin, 1997).

〈표 16-1〉 인재개발 가치사슬의 주요 영역

| 주요 영역 | 특징설명 |
|---|---|
| 초점 | 인재개발 노력의 방향과 초점을 증명하고 그것을 조직의 전략적 초점과 연결시킴. 요구분석, 요구사정, 전단분석, 개발 요구를 정의하고 우선순위를 매가는 것을 포함함. |
| 학습 | 학습과정에서 연구방법의 적용을 통하여 학습을 강화함. 피드백과 360도 사정, 분석적 연습, 현장연구(action research) 방법을 포함함. |
| 적용 | 연구를 통하여 작업장에서 학습 전이(transfer)를 강화함. 후속적인 연구 적용과 전이풍토 이슈의 진단을 포함함. |
| 증명 | 개인과 조직의 퍼포먼스(수행성과)에 대한 인개개발 이니셔티브의 영향을 결정함. 평가연구, 투자수익률(ROI), 그리고 인재개발이 조직과 재무의 성공에 기여함을 증명할 수 있는 다른 방법들을 통합함. |

## 3. 인재개발의 연구와 실천

인재개발에서 이론과 실제 사이의 딜레마는 중요한 이슈이다. 대부분의 인재개발 전문가들은 “practice-to-theory”와 “theory-to-practice”는 참인 것으로 인식한다. 실천가들이 연구자들보다 앞서 갈 수 있어야 한다는 점에서 이론이 견실한 실제를 따라 갈 수 있어야 한다. 인재개발과 같은 응용분야에서 실천가들이 연구자가 되거나 혹은 연구자의 동반자가 되어야 한다. 인재개발 실천에 있어서 연구의 목적을 생각하는 한 가지 방법은 화학반응에서의 촉매제 역할이다. 조직과 인재개발 연구는 촉매제처럼 그 자신이 조직의 퍼포먼스를 직접 개발하지는 않지만 대부분의 경우에 그 연구가 인재개발 프로그램의 다른 요소들이 유의미하게 상호작용한다.

### 1) 이론-연구-개발-실천의 사이클

이론(theory), 연구(research), 개발(development), 그리고 실천(practice)은 모두 아이디어들이 점진적으로 발전되고 정련되게 하는 생명력 있는 사이클을 구성한다. 이 이론-연구-개발-실천 사이클(T-R-D-P Cycle) 즉, "지식생성의 과정(process of knowledge generation)"은 인재개발 연구자들과 실천가들에 의하여 사용되는 지식을 발전시키기 위해 작용하는 탐구방법의 체계적인 적용을 보여준다(Swanson, 1997, 2003).

우리가 과학철학에서 이론(T), 연구(R), 개발(D), 그리고 실천(P) 간에 선험적(a priori) 연계가 정립되었다는 어떠한 역사적인 증거는 찾지 못했지만, 이러한 a priori 관계는 전문적인 학문 분야에서 교차적으로 나타난다. 다른 연구 분야에서 이 네 가지 요소들이 상호이익이 되는 방식으로 이론, 연구, 개발, 실천을 추구하는 오랜 전통이 있어왔지만, 인재개발 분야에서도 실천(P)을 이론, 연구, 개발에 알려주자는 요청도 있었다(Gradous, 1989; Swanson, 1988).

Kuhn(1970)은 과학적 패러다임의 아이디어를 제공하면서 철학자들과 연구자들이 당시 과학적 방법의 기초가 되는 가정들에 대하여 재고할 것을 요구했고, 당시 행동과학에 있어서 연구에 대한 후기실증주의적 접근을 제안했다. 민족지학이나 자연주의적 탐구는 실천과 경험으로부터 나온 데이터에서 이론이 생성되는 것을 허용한다. 이론이 연구를 통해서 발생하기 때문에 반드시 이론이 연구에 선행할 필요가 없는 것으로 본다.

조직과 인재개발을 위한 이론, 연구, 개발, 그리고 실천에 관한 순환모형(Swanson, 1997, 2005)은 아래와 같이 세 가지 목적을 제시한다(그림 16-1 참조).

① 인재개발 이론, 연구, 개발, 실천을 동일한 포럼 안으로 가져온다. 이 네 가지 영역의 조합은 그 자체가 이 순환모형의 하나의 중요한 목적이 된다.

② 이론, 연구, 개발, 실천의 각 영역은 모두 효과적인 인재개발에 필요한 공헌을 한다. 전반적으로 인재개발을 발전시키기 위해서는 각 영역이 서로 정보를 교환할 필요가 있다.

③ 이 영역들 간의 교환은 복합적 방향성을 지닌다. 어떤 영역이라도 이 순환모형을 수행해 나가기 위한 적당한 시작점이 될 수 있다. 이론, 연구, 개발, 혹은 실천에서 시작하든지 상관없이 인재개발이 일어날 수 있다.

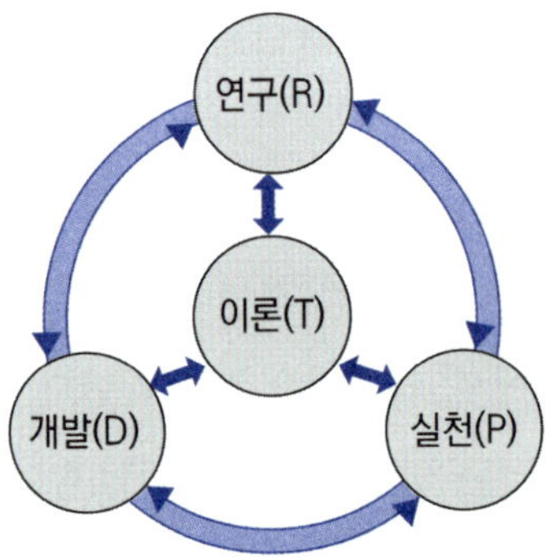


[그림 16-1] 이론-연구-개발-실천의 사이클

위 [그림 17-1]의 이론, 연구, 개발, 실천의 사이클을 통한 작업과정은 4가지 영역이 각각 어떻게 조직과 인재개발의 지식생성/창출(knowledge generation)의 시작점으로 쓰일 수 있는지를 보여준다(Swanson, 2005). 사이클의 시작점으로서 연구(research) 영역은 전문적 지식기반을 확대하기 위해 이루어지고 새로운 체제의 개발과 실천의 개선을 위한 추천을 제공한다. 연구에서 실천으로의 연계는 작업설계, 작업동기, 수행분석, 조직변화의 혁신적 모형들과 같은 산출물들을 생산해왔다. 연구는 이런 사이클을 따라 계속해서 이론을 형성할 수 있다. 인재개발 지식의 발전에 있어서 연구는 (1) 실천의 향상에 직접적으로 적용할 수 있는 지식 제공, (2) 인재개발의 핵심이론 개발 등의 역할을 한다.

개발(development) 영역은 이 사이클에서 독특한 기회를 제공한다. 조직과 인재개발 실천에 대한 과도한 요구는 인재개발 활동을 수행하기 위한 새로운 방법과 모형의 생성에 주된 동인(driver)이 된다. 개발이 다른 이론, 연구, 실천 영역의 발전을 위한 노력에는 대규모 변화, 다국적 기업을 직면한 인재개발 이슈, 새로운 정보기술의 도입에서 찾아볼 수 있다. 이런 상황에서 조직과 HRD의 엄격한 개발은 품질(quality) 보장을 위해서 반드시 필요하다.

실천(practice)을 시작할 때 조직과 인재개발에 직면하는 도전 과제와 문제점은 항상 존재한다. 이러한 도전은 연구 가능한 문제의 원천을 계속적으로 제공한다. 실천에서 연구로 혹은 실천에서 개발로 사이클에 따라 진행해 갈 때의 경로와 조직에서 계속 생겨나는 문제들과 연구와 개발 노력들 사이에서 취하는 경로는 비슷하다. 새로운 교수법, 새로운 그룹과정 기법, 서비스의 대안적인 제공은 계속해서 발생하는 실천 선택 중의 일부이다.

이론－연구－개발－실천 사이클의 각 영역은 모두 조직과 인재개발을 발전시키는데 공헌한다. 각 영역은 탐구의 촉매와 타당성의 원천이 될 수 있다. 이론(theory)이 연구, 개발, 실천의 과정을 안내하고 정보를 제공하기 위하여 사용될 때, 이 사이클은 이론 영역에서 시작한다. 고려할 변인과의 관계는 관련 이론을 포함하는 문헌을 검토함으로써 파악된다. 만약 작업동기에 관한 작업설계의 최근 변화 영향을 조사하려면, 우리는 기존의 작업동기 이론들에서 시작하여 관련 변인들을 파악할 수 있다. 인재개발 분야의 연구자이든 실천가이든 아니면 개발자이든 이론은 우리 작업의 유효성을 제고시키는 중요한 역할을 한다. 조직과 인재개발의 지식생성/창출의 과정은 이론－연구－개발－실천의 사이클을 따라 어디에서나 시작할 수 있고 어떤 방향으로도 흘러갈 수 있다.

### 2) 연구자와 실천가의 관계 정립

일찍이 심리학자 Lewin(1951)이 갈파한 “좋은 이론만큼 실제적인 것은 없다”는 말은 응용분야에서의 이론 개발이 가진 본질인 적용에 대한 우선적인 관심을 나타낸다. 인재개발과 같은 응용분야에서 “좋은” 이론에 대한 최종적인 판단은 실천을 우선적으로 본다. 응용(praxis)이 가진 이러한 판단적 역할은 연구자와 실천가 간의 흥미 있는 관계에서 두 가지 측면에서 도움이 된다. (1) 연구자가 이론개발(그림 16－2 참조)의 귀납적이고 연역적 과정이라는 반복적인 본질에 깊은 이해를 요구함으로써 추상적인 세계와 실제 세계 간의 최적의 연결을 시도한다. (2) 연구자가 문제를 정의하고 이론을 시험하는데 사용될 실험적 지표를 결정하고 선택하는데 실천가와 긴밀한 협력이 필요하다(Lynham, 2000). [그림 16－2]의 이론개발 방법론(theory building approach)은 사회학자 Wallace(1971)가 제시한 것으로 연역적 추리와 귀납적 추리로 구성된다. 연역적 추리는 기존의 이론을 바탕으로 가설을 설정해서 관찰된 데이터를 통해서 결과를 가설을 검증하는 과정이지만, 귀납적 추리는 사례의 데이터를 수집/분석하여 일반적 원리를 도출하여 새로운 이론이나 모형을 구축하는 과정이다.

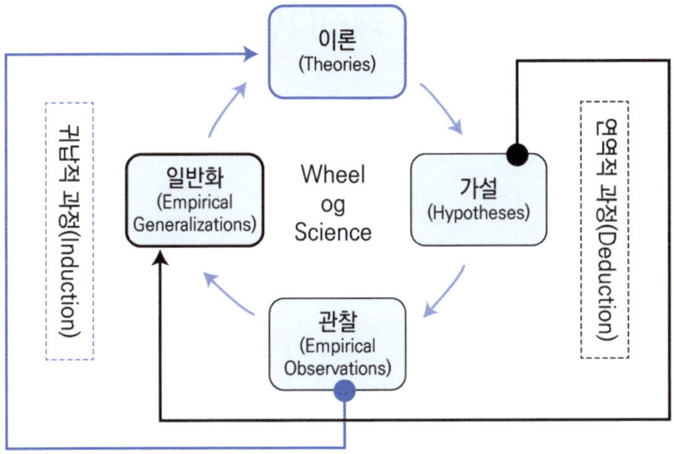


[그림 16-2] 이론개발의 방법론(The Wheel of Science. 출처: Wallace, 1971)

Dubin(1976)은 연구자와 실천가 각각이 가진 상이한 목적과 관심으로부터 생기는 상호 단절을 염려했다. 예를 들면, 이론과 이론개발은 두 가지 종류의 지식을 만들어 낸다. 하나는 결과지식이고 다른 하나는 과정지식이다. 결과지식은 설명과 예측이라는 실제적 결과(practical outcome)를 의미하고, 과정지식은 연구되는 현상의 본질과 속성에 대한 이해라는 지적 결과(intellectual outcome)를 의미한다. 이론에서 연구자들이 찾고자 하는 것은 지적 결과(과정지식)이지만, 실천가들이 찾고자하는 것은 실제적 결과(결과지식)이라고 본다. Marsick(1990)은 인재개발의 연구자와 실천가의 차이의 본질을 "엄격성 vs. 적절성", 또는 "타당성 vs. 유용성"으로 표현했다. 인재개발과 같은 응용분야에서 실천가와 이론가 간의 효과적인 상호작용이 필요한데, 실천가가 이론의 적용실험을 추구하는 이론가에게 지속적인 압력을 행할 필요가 있다.

## 4. 조직과 인재개발 연구의 패러다임

### 1) 인재개발 이론개발의 기초

Swanson(1998, 2005)이 지적한 바와 같이 연구의 산출물은 새로운 지식이다. 그러나 연구의 과정은 이론개발일 수도 아닐 수도 있다. 그러므로 연구는 이론이라는 형태의 새로운 지식을 생성할 수 있지만, 이론은 연구에 의하여 만들어진 새로운 지식의 한 형태일 뿐이다. 이론은 어떤 현상이 무엇이고 어떻게 이루어지는지를 설명하고, 그 현상의 주된 아이디어, 개념들을 파악함으로써 또 이 개념들 사이의 관계를 진술함으로써 현상을 설명한다. Torraco(1997)는 이론개발 또는 구축을 "실제 세계 현상의 정형화 과정"이라고 명료하게 정의하였다. 우리는 여기서 이론개발을 "관찰되거나 경험된 현상에 대한 일관된 설명과 표현이 생성, 확인, 정제되는 과정 또는 순환"으로 볼 필요가 있다. 즉, 이론개발은 "현실 세계 현상을 모델링 하는 과정"으로 보아야 한다.

1990년대 중반이 되면서 인재개발 분야에서 이론 개발 또는 구축(theory building, theory construction)이 관심의 대상이 되었다. 이론개발에 대하여 처음 접근을 시도한 전문가들은 인재개발의 밖에 있는 심리학자, 사회학자, 교육학자(교수설계 포함), 조직과학자들이었다. 이들 중에서 주목할 만한 선구자들은 심리학 분야의 Dubin (1976, 1978)과 Patterson(1986), 사회학 분야의 Reynolds(1971)와 Cohen(1991), 교육학/교육테크놀로지 분야의 Snow(1973), Gagne(1985), Merrill(1994), Reigeluth(1983), Snelbecker(1985, 1999), 그리고 조직과학 분야의 Bacharach(1989), Goia와 Pitre(1990), Eigenhardt(1989), Weick(1989) 등이다. 인재개발 분야에서는 Chalofsky(1996), Gradous(1989), Swanson과 Holton(1997), Torraco(1994, 1997) 등이 이론구축에 관심을 두고 주목할 만한 연구를 해왔다. 특히 Gradous(1989)가 편집한 "인재개발에 적용된 체제이론(Systems theory applied to human rersource development)"라

는 책은 문제인식의 필요성과 인재개발 연구에서 이론구축의 역할을 부각시키는데 큰 기여를 했다.

이론이 인재개발의 다양한 분야로부터 개발될 수 있다. 이 장의 앞부분에서 논의 되었듯이 Swanson(1997, 2005)은 이론-연구-개발-실천의 순환과정(T-R-D-P Cycle)을 제시했으며 이는 이론이 연구, 개발, 실제로부터 어떻게 흘러나오는가를 보여준다. 여기서 개발은 인재개발 인터벤션을 조직하고 개발하는 새로운 방법인 실천을 통해서 얻어진 새로운 지식을 포함한다. T-R-D-P 사이클은 인식론(지식의 본질)적이면서 동시에 존재론(실제의 본질)적이며, 인재개발이 다양한 지식개발과 지시 패러다임을 수용하도록 한다. 인재개발 연구에서 보고된 실증주의적 연구 패러다임의 주도적 성향, 이론에 대한 명확한 정의의 부재, 그리고 이론개발에서 복합 패러다임적 방법의 결핍을 볼 때, 현재로서는 인재개발의 실천에서 나온 지식과 인재개발 연구로부터 나온 지식의 통합이 용이하지 않다. 조직과 인재개발의 이론, 이론개발, 이론개발연구의 이용 가능한 문헌을 통해 볼 때, 인재개발 전문직에서의 개념과 실제에 많은 변화가 필요하다고 본다. 〈표 16-2〉는 이러한 주요 변화를 요약한다(정재삼, 2003).

〈표 16-2〉 인재개발 개념과 실제에서 필요한 주요 변화들

| 개념과 실제 | 현재 상태 | 바람직한 상태 |
|---|---|---|
| 존재론 및 인식론적 가정 | • 명시적 방법(방법도출의 철학적 가정 부재)<br>• 토의, 명료화하지 않음<br>• 토의가 연구와 실천의 방법적 수준에 멈춰짐 | • 생산적 토론을 통해서 명확하고 명료해진 인재개발의 과학적 지식에 관한 철학적 무게가 있는 가정<br>• 실천의 방법을 알리고 추진하는데 사용 |
| 연구 | • 실증주의가 지배적<br>• 배타적 성향의 연구자<br>• 무과학적(ascientific) | • 보다 다양한 연구패러다임<br>• 포용성있는 연구자와 실천가<br>• 엄격성과 실용성 |

| 개념과 실제 | 현재 상태 | 바람직한 상태 |
|---|---|---|
| 이론 | • 다양한 정의<br>• 실증주의적 관점의 지식연구 영역<br>• 엄격성에 초점 | • 정의와 역할 일치<br>• 지식의 연구, 개발, 실천 영역에서 개발<br>• 엄격성과 적절성에 초점 |
| 이론개발 | • 제한된 학자적 초점<br>• 실증주의적 방법론에 의해 지배<br>• 명확한 방법의 부재 | • 학자적 초점과 연구<br>• 이론개발 연구를 위한 다양한 방법들<br>• 연구자와 실천가 간의 협력적 역할 |
| 실제/실천 | • 무이론적<br>• 유용성 추구 | • 이론적 기반 아래 연구가 실천에 정보 제공<br>• 타당성과 유용성 추구 |
| 연구자-실천 가의 관계 | • 긴장<br>• 협력적 대화를 위한 토론 부족 | • 협력<br>• 협조와 대화 |

### 2) 조직내 연구의 철학과 패러다임

연구의 철학(philosophy)과 관념론(ideology)의 이슈를 해결하는 현명한 길은 하나의 적절한 패러다임(paradigm)을 선택하는 것이다. 연구자들은 엄격한 연구를 하고 탐구의 정직성(integrity)을 검증할 시간이 필요하다. 학자와 학문에 따라서 다를 수 있는 철학적 불일치를 이해하고 연구 사고와 방법론에서 확장, 관용, 포용을 허용해야 할 것이다. 연구 질문과 방법론에 대한 논쟁은 연구자 스스로 입장을 견지해야 할 필요가 있다.

Kuhn(1970)은 패러다임을 "특별한 시기에 특별한 현상에 대한 지배적 이해"라고 보았다. 많은 경우에 철학적 연구 패러다임을 양적 연구, 질적 연구, 통합적 방법의 연구로 구분하기도 한다. Gephart(1999)는 철학적 패러다임을 〈표 16-3〉과 같이 실증주의(positivism), 해석주의(interpretivism), 비판과학(critical science)으로 세 가지로 대별하였다. 한편 보다 최근에 Hamlin(2015)은 인재개발 연구의 철학적 프레임웍을 존재론, 인식론, 방법론, 가치론과 이론을 반영하여, Berrill과 Morgan(1979)

의 매트릭스 분류와 같이 기능주의(functionalism), 급진적 구조주의(radical structuralism), 급진적 인본주의(radical humanism), 해석주의(interpretivism) 등 네 가지를 기초로 상황에 따라 통합적으로 운용할 수 있음을 시사하였다(그림 16-3 참조).

〈표 16-3〉 조직내 연구 패러다임(Gahart, 1999)

| | 실증주의 (Positivism) | 해석주의 (Interpretivism) | 비판과학 (Critical Science) |
|---|---|---|---|
| 가정 | 과학이 특별한 지식을 반영할 수 있는 객관적 세계 | 과학이 행위자의 개념을 표상하는 주관적인 세계; 실체의 사회적 구성 | 암묵적 이데올로기적 편견을 제거해야만 객관적으로 알 수 있는 구조적 모순과 착취의 물질 세계 |
| 주요 초점 | 조직행위를 야기하는 맥락적 조직적 변인들을 추구함 | 의미의 패턴을 추구함 | 이데올로기에 의해 숨겨진 위장된 모순을 추구함 |
| 패러다임 목적 | 변인들 사이의 양적으로 구체화된 관계로서 진리와 사실을 밝힘 | 의미를 묘사하고, 상황에 대한 구성원의 정의를 이해하며, 객관적 실체가 어떻게 생산되는지를 조사함 | 숨겨진 이익 노출; 모순 노출; 의식을 불어넣; 과학적 통찰로 이데올로기 대체; 변혁 |
| 지식 본성/이론 형태 | 타당성, 신뢰도 있고 정밀하게 측정된 변인들에 관여된 검증된 가설 | 의미와 구성원에 대한 추상적 묘사; 자연적 맥락에서 생산된 상황 정의 | 모순을 드러내는 구조적, 역사적 통찰 |
| 연구평가 준거 | 예측-설명; 엄격성; 외적, 내적 타당도와 신뢰도 | 엄격성(trustworthiness); 진정성(authenticity) | 이론적 일관선; 역사적 통찰; 탁월한 해석; 행동의 기초; 변화가능성과 동원 |
| 분석 단위 | 변인 | 의미; 상징적 행위 | 모순; 착취 사건 |
| 연구방법 | 실험(설문지, 2차데이터 분석, 양적으로 부호화된 서류); 양적 접근(회귀, 리커트척도, 구조방정식); 질적 접근(근거이론검증) | 민족지학(참여자 관찰, 면담, 담화분석, 근거이론 개발); 사례연구(담화분석, 텍스트분석, 확장 분석) | 현장연구; 역사적 분석; 변증법적 분석; 파괴; 텍스트 분석 |

〈표 16-3〉에 있듯이 실증주의는 양적인 주로 연구방법을 적용하고, 해석주의(구성주의 또는 후기실증주의)는 주로 질적 연구방법을 적용하며, 비판과학은 포스트모더니즘과 비판이론(critical theory)을 포함하며 연구방법으로 주로 현장연구, 역사연구, 변증법적 분석 방법을 사용한다. [그림 16-3]의 기능주의(functionalism)는 〈표 16-3〉의 실증주의와 분석적 연구(analytical research)에 해당한다(Hultgren & Coomer, 1989). [그림 16-3]의 급진적 인본주의(radical humanism)은 〈표 16-3〉의 비판과학(critical science)에 해당한다고 볼 수 있다.

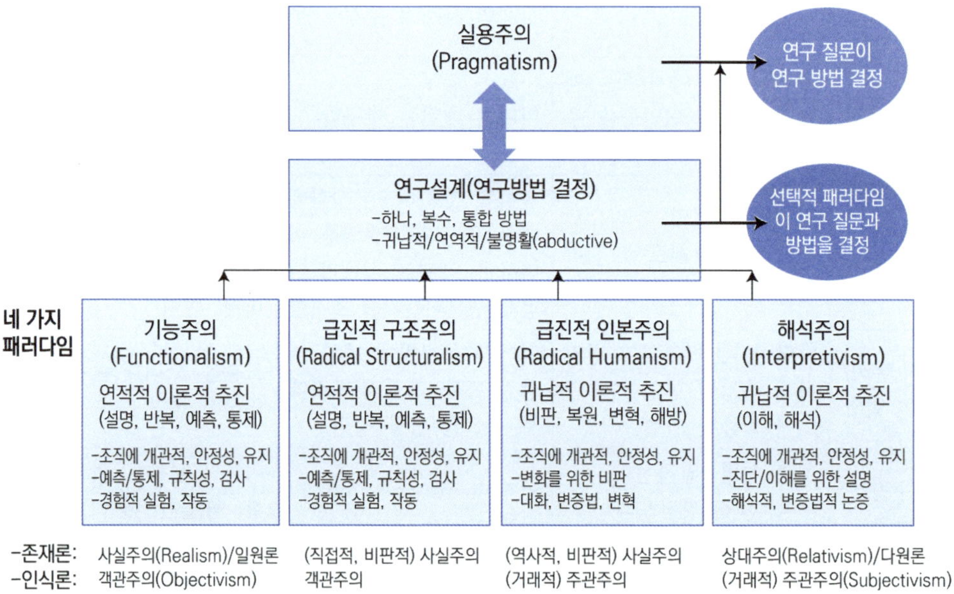


[그림 16-3] 인재개발 연구의 철학적 프레임웍(Hamlin, 2015)

조직내 연구 철학과 패러다임이 중요한 이유는 연구자가 연구방법을 선정하는데 패러다임에 대한 지식기반이 필요하기 때문이다. 인재개발 연구자가 연구 프레임을 갖추어야 하는데 조직내의 문제 영역을 파악하고 구체적인 내용을 고려해서 분석을 통하여 연구 문제를 진술하게 된다. 연구 문제를 연구 질문으로 구체화하면서 동시에 연구방법을 결정해야 하는데, 모든 연구방법들이 연구 철학과 패러다임에 연계되어 있다. 〈표 16-3〉의 Gephart 분류와 [그림 16-3]의 Hamlin 분류는 서로 다르기는 하지만 연구자들이 연구 문제와 연구 질문을 바탕으로 연구 방법을 선정하거나 결정할 때 연구 패러다임의 이해가 필요하다.

## 5. 결론

이 장은 인재개발(HRD)의 실제에서 연구가 왜 필요한지를 밝히고, 조직과 인재개발 연구를 위한 철학으로 논의함으로써, 분야의 실천가와 연구자들에게 자신의 직무를 성찰하고 방향을 정립하도록 도움을 주려는데 그 목적이 있다. 그리하여 인재개발 연구가 조직의 인재개발에 어떻게 공헌하는지 확인하고, 조직과 인재개발의 연구-이론-개발-실천의 관계를 파악한 후에, 그리고 인재개발(HRD) 분야의 연구 패러다임과 철학을 논의했다.

조직의 인재개발 또는 교육훈련 전문가들은 조직 경영인의 관점에서 생각하고 행동할 필요가 있다. 아마도 HRD 실천가들에게 가장 어려운 일은 새로운 전략적 아이디어를 해석하여 인재개발 프로그램에 신속하게 통합시키는 일일 것이다. 무엇보다도 중요한 것은 이 연구자들이 조직의 "가치사슬(value chain)"을 이해하고 조직의 각 부분이 어떻게 상품과 서비스에 가치를 더해주는가를 이해하려고 노력해야 한다는 사실이다. 조직에 의하여 창조되는 가치는 여러 요소들의 통합에서 나온 것으로, 이 요소들은 조직의 전략적인 의도(strategic intent)에 대한 공통적인 지지에 의하여 연결되어 있다.

조직의 가치사슬과 마찬가지로 인재개발과 교육훈련은 개인과 조직의 가치에 공헌할 수 있는 방법을 규정하는 가치사슬을 가지고 있다. 조직전략과의 통합은 가치를 전달하는 인재개발 능력에 있어 핵심이 된다. 인재개발의 구성요소는 반드시 조직의 성공에 맞추어 정렬되어야 한다. 인재개발 연구는 인재개발과 교육훈련이 조직의 목적(전략적 의도)과 연결될 수 있는 주요 접근방법이다. 인재개발 연구는 인재개발 가치사슬의 모든 요소에 공헌할 수 있다. 가치사슬은 인재개발 연구를 조직 전략과 연결시키는 상황을 제공할 뿐만 아니라, 이 연구가 인재개발 가치사슬의 요소들을 결합시킨다. 조직과 인재개발의 "지식생성의 과정(process of knowledge generation)" 즉 이론－연구－개발－실천 사이클(T-R-D-P Cycle)은 인재개발 연구자들과 실천가들에 의하여 사용될 지식을 발전시키기 위한 탐구방법이다.

조직과 인재개발의 효과적인 연구를 위해서는 그 연구 프레이밍의 프로세스가 필요한데, 여기에는 (1) 기존 지식에서부터 주요 문제 파악하기, (2) 연구철학 이해하기, (3) 최적의 연구 질문과 방법 선정하기의 과정을 거치는 것이 포함된다. 먼저 주요 문제를 파악하기 위해서는 ① 문제 영역을 결정하고, ② 연구내용을 고려하며, ③ 연구 문제를 진술해야 한다. 다음에 연구 철학(인식론, 존재론, 방법론 포함)을 이해하기 위해서는 앞 절에서 논의된 〈표 16－3〉의 실증주의, 해석주의, 비판과학은 물론이고 [그림 16－3]의 기능주의, 급진적 구성주의, 급진적 인본주의, 해석주의 등의 전반적 연구 패러다임들을 확인해야 한다. 그런 후에 ④ 연구의 질문을 구체화하고, ⑤ 연구 질문에 적절한 연구 패러다임과 연구방법을 선정하며, ⑥연구의 맥락을 고려할 수 있다. 이렇게 함으로써 최적의 연구 계획(구체화 된 연구 문제, 연구 질문, 연구 패러다임과 연구방법 포함)을 결정하고 연구 프레이밍 프로세스를 마무리하게 된다.

본 장에서는 조직과 인재개발의 연구 철학과 패러다임을 중심으로 논의되었고, 다음 17장에서는 인재개발의 연구방법론에 초점을 둔다.

## 참고문헌


정재삼 (2003). 기업교육의 이론개발을 위한 연구패러다임. 교육공학, 19(4), 31-53.

정재삼 (2022). 모두를 위한 인재개발. 서울: 교육과학사.

Burrell, G. & Morgan, G. (1979). *Social paragigms and organizatonal anlysis*. Portsmouth, NH: Heinemann.

Chalofsky, N. (1996). *Professionalization comes from theory and research*. San Francisco: Jossey-Bass.

Dubin. R. (1978). *Theory building* (rev. ed.). New York: Free.

Eisenhardt, K. (1989). Building theories from case study research. *The Academy of Management Review, 14*(4), 532-550.

Gioia, D. & Pitre, E. (1990). Multiparadigm perspective on theory building. *The Academy of Management Review, 15*(4), 584-602.

Gradous, D. (1989). *Systems theory applied to human resource development*. Alexndria, VA: ASTD.

Hamlin, B. (2015). Paradigms, philopphicalprisms and pragmatism in HRD. In M. Saunder & P. Tosey(Eds.), *Handbook of research methods on human resource development*(pp. 13-31). Cheltenham, UK: Elgar.

Kuhn, T. (1970). *The structure of scientific revolution* (2nd ed.). Chicago: University of Chicago Press.

Lewin, K. (1951). *Field theory in social science*. New York: HarperCollins.

Lynhams, S. (2000). Theory building in the human resource devlopment profession. *HRDQ, 11*(2), 159-178.

Marsick, V. (1990). Altering the paradigm for theory building and research in human resource development. *HRDQ, 1*(1), 5-24.

Merrill, M. D. (1994). *Instructional design theory*. Ebglewood Cliffs, NJ: ET.

Patterson, C. (1986). *Theories of counseling and psychotherapy* (4th ed.). New York: HarperCollins.

Porter, M. (1985). *Competitive advantage*. New York: Free.

Reigeluth, C. (1983). *Instructional design theories and models*. Hillsdale, NJ: Erlbaum.

Reynolds, P. (1976). *The primer in theory construction*. Old Tappan, NJ: Macmillan.

Saunder, M. & Tosey, P. (2015). *Handbook of research methods on human resource development. Cheltenham*, UK: Elgar.

Snelbecker, G. (1985). *Learning theory, instructional theory, and psycho-educational design*. New York: McGraw-Hill.

Swanson, R. (1998). The witch doctor's pharmacist. *HRDI, 1*(1), 7-8.

Swanson R. & Holton, E. (Eds.). (1997). *Human resource development: Linking research and practice*. San Francisco: Berrett-Koehler.

Swanson, R. (2005). The process of framing research in organization. In R. Swanson R. & E. Holton, (Eds.). *Research in organizations: Foundations and methods of inquiry* (pp. 11-26). San Francisco: Berrett-Koehler.

Torraco, R. (1997). Theory-building research methods. In R, Swanson & E. Holton (Eds.), *Human resource development: Linking research and practice*(pp. 114-137). San Francisco: Berrett-Koehler.

Wallace, W. (1971). *The logic of science in sociology*. Chicago: Aldine.

## 요약

인재개발(HRD)의 실제에서 연구가 왜 필요한가? 인재개발 연구가 조직과 인재개발에 어떻게 공헌하는가? 인재개발 분야의 연구 철학과 패러다임을 왜 논의해야 하는가? 조직의 인재개발 전문가들은 조직 경영인의 관점에서 생각하고 행동할 필요가 있다. 아마도 HRD 실천가들에게 가장 어려운 일은 새로운 전략적 아이디어를 해석하여 인재개발 프로그램에 신속하게 통합시키는 일일 것이다. 무엇보다도 중요한 것은 이 연구자들이 조직의 "가치사슬(value chain)"을 이해하고 조직의 각 부분이 어떻게 상품과 서비스에 가치를 더해주는가를 이해하려고 노력해야 한다는 사실이다. 인재개발은 개인과 조직의 가치에 공헌할 수 있는 방법을 규정하는 가치사슬을 가지고 있다. 인재개발의 구성요소는 반드시 조직의 성공(전략적 의도)에 맞추어 정렬되어야 한다. 인재개발 연구는 인재개발 가치사슬의 모든 요소에 공헌할 수 있다. 조직과 인재개발의 "지식생성의 과정" 즉 이론-연구-개발-실천 사이클(T-R-D-P Cycle)은 인재개발 연구자들과 실천가들에 의하여 사용될 지식을 발전시키기 위한 틀이다. 조직과 인재개발의 효과적인 연구를 위해서는 그 연구 프레이밍의 과정이 필요한데, 여기에서 연구 패러다임(실증주의, 해석주의, 비판철학 등)을 충분히 이해해야 연구문제와 연구질문에 합당한 연구방법을 결정할 수 있다.

### 탐구 질문

1. 지식생성 과정인 T-R-D-P 사이클을 확인하고 이를 어떻게 인재개발 담당자가 활용할 수 있는가?
2. Wallace의 이론개발 방법론을 바탕으로 여러분의 조직과 인재개발 환경에 적용가능한가?
3. 연구의 패러다임에 대한 Gephart와 Hamlin의 관점이 어떻게 다른가?
4. 연구 프레이밍 과정에서 패러다임 이해가 왜 중요한가? 여러분은 연구방법의 결정은 어떻게 할 수 있는가?

### / 저자 소개 /

**정재삼(chungj@ewha.ac.kr)**

1995년 이후 이화여자대학교 교수로 교수설계, 프로그램평가, 인재개발 분야를 연구지도해 옴. 한국교육공학회(KSET) 회장, 한국기업교육학회(KSLP) 회장, 대한리더십학회(KAL) 부회장을 역임함. 한국인재경영대상 심사위원, 한국인재경영연구원 전문위원으로 활동 중이며 NHRD 프로젝트 책임연구자, 정부와 민간부문 인재개발 정책심의 및 평가위원 역할 수행함. 관심 분야는 적응적 학습(adaptive learning)과 신속한 수행성과(agile performance), 전략적 인재개발(strategic talent development)임. 최근 저서로는 교수의 으뜸원리, 리더십개론, 모두를 위한 인재개발, 교육과 인재개발을 위한 프로그램평가의 과정, 미래사회를 위한 교육의 방법과 테크놀로지, 모두를 위한 교수설계와 프로그램개발, 애자일 퍼포먼스 테크놀로지 등이 포함됨.

# 제17장

오은정(미국 일리노이대학교)

# HRD 연구방법론

## 목표

1. 연구의 목적과 방법을 구분할 수 있다.
2. 다양한 연구의 목적을 기술할 수 있다.
3. 다양한 연구 방법의 특징과 장단점 등을 기술할 수 있다.

## 핵심용어

연구, 연구목적, 연구방법, 양적연구, 질적연구, 문헌연구, 혼합연구, 이론적 연구, 혼합 연구

## 1. 서론

인적자원개발(HRD)은 Leonard Nadler(1970)가 American Society of Training and Development (ASTD. 2015년에 the Association for Talent Development, ATD로 변경됨)에서 HRD라는 용어를 처음 사용[1)]한 이래, 지난 50여 년 간 독립적인 학문 영역으로서 그 정체성을 확립하고, 지속적으로 성장해 왔다. 수많은 국내외 학자들은 비교적 신생 학문으로서의 HRD의 개념, 이론, 영역, 역할 등을 명확히 규명하여 학문적 토대를 견고히 다지고, 체계화하기 위하여 학문적이고 실천적인 노력을 기울여 왔다. 그리하여 HRD는 개인의 학습과 개발의 관점인 제1물결(1960~ 1980년대), 조직 학습, 조직 개발, 그리고 수행의 관점인 제2의 물결(1980~2000년)을 거쳐 2000년 이후 글로벌 관점과 여러 교차 학문 영역(cross-disciplinary)들까지 확장하는 보다 다각화된 제3의 HRD 물결을 맞이하고 있다(Han, Chae, Han, & Yoon, 2017).

연구는 지식을 창출하는 활동이다. 한 학문 분야에서 축적되는 지식은 그 구성원들의 연구 활동에 따른 결과물이다. 따라서 축적되는 지식의 성격은 연구자들이 수행하는 연구의 목적과 그 목적을 달성하기 위한 연구 방법에 의하여 결정된다. HRD는 실천적 학문으로서, 연구를 통하여 창출되는 지식의 유용성이 중요하기에, 연구를 통하여 학문적 이론의 정립과 발전, 그리고 현장에서의 문제 해결과 같은 실천적 발전을 함께 추구하는 것이 중요한 사회적 책임(socially responsible)이 있는 학문이라 할 수 있다. 이 장에서는 HRD 연구에 사용되고 있는 다양한 연구 방법론에 대하여 기술함으로써, HRD 연구자로서의 정체성을 찾아가는 학생들에게 도움을 주고자 한다.

1) 1970년에 Nadler는 HRD(인재개발 또는 인적자원개발)이라는 용어를 "행동의 변화를 일으키기 위하여 설계되고 정해진 시간 내에 실행된 일련의 조직화된 활동"으로 정의했지만, 이 정의는 20여년 후에 Nadler 본인 스스로 "퍼포먼스 향상"이라는 핵심용어를 사용하여 1970년 정의를 수정했다. 문헌에 의하면 HRD의 최초의 정의는 1964년에 Harbison과 Myers에 의하여 개발경제학적 관점(광의의 HRD)에서 내려졌다는 것이 확인되었다. 그래서 최초의 정의는 Harbison 등에 의하여 내려졌다고 보는 것이 합당하다.

## 2. 연구와 연구방법

연구 활동의 궁극적인 이유는 새로운 지식을 찾기 위함이다. 새로운 지식의 필요성에 대한 문제의식과 연구자가 현재의 연구 활동을 통해 창출하고자 하는 지식은 기존의 연구들을 기반으로 하는 지식체계에서 출발한다. 기존 문헌에 대한 통합적이며 비판적 고찰의 토대 위에 연구자는 연구의 결과를 통해 기존의 이론을 검증하고 확장하고, 현상에 대한 이해에 있어 그 깊이와 넓이를 더하여 기존 지식체계에서 진일보한다. 우리가 연구를 수행하는 또 다른 중요한 이유는 연구 과정을 통해 창출된 지식이, 실천가들이 현장에서 의사결정을 할 때 증거기반 실천(evidencebased practice: EBP)(Rubin, 2010)을 할 수 있도록 돕기 위함이다.

연구를 수행함에 있어 연구의 목적을 명확히 하고 그에 따른 연구의 방법을 결정하는 것은 지식 창출의 방향을 결정하는 핵심적인 요소이다. 따라서 다양한 연구목적과 연구방법이 존재한다. 연구자 개인은 자신의 교육과 학문적 경험, 속한 기관, 학문적 분야에 따라 선호하는 연구의 목적과 방법이 있을 수 있고, 이에 따라 보편적으로 선택되는 연구방법을 통해 연구를 수행하고자 할 수 있다. 하지만 연구자가 다양한 연구목적과 연구방법에 대한 지식과 이해를 가지고 연구를 수행하는 것은 연구자 개인의 역량 뿐 아니라 한 학문의 지식기반을 공고히 하고 발전시키는데 매우 중요하다.

### 1) 연구의 목적

Krathwohl(1998)은 연구목적을 세 가지로(기술, 설명, 검증)과 연구방법을 다섯 가지(질적연구, 설문연구, 역사적인연구, 종단연구, 양적연구)을 구분하여 교육학연구를 분류하기 위한 매트릭스를 만들었다. 연구를 시작하는 학생들과 신진연구자들은 익숙한 자료 수집 및 분석 방법의 범주를 기준으로 양적연구 혹은 질적연구 등의 연구 방법을 결정하고 연구를 수행할 수 있을 것이다. 하지만 연구방법은 연구의 목적을 성취하고 연구 질문에 대한 해답을 찾는데 도구적 성격을 가지고 있기에 수행해야하는 작업의 성격과 관계없이 하나의 도구만 사용하거나 작업의 성격을 결정하기 전에 사용할 도구부터 결정하는 것은 이치에 맞지 않다(Reeves & Oh, 2017). 따라서 연구의 방법을 결정하기 전에 연구의 중심이 되는 연구의 목적과 연구자가 연구과정을 통해 해결하고자 하는 연구 문제(research questions)를 명확히 결정하는 것은 선행되어야 하는 중요한 과정이라 할 수 있다.

최근 교육테크놀로지(Educational Technology)와 학습과학(Learning Science) 논문들의 연구 목적을 분석한 Thomas Reeves와 오은정(2017a; 2017b)의 연구에서 이론 개발 및 통합의 목적, 탐색 및 가설 검증의 목적, 기술 및 해석의 목적, 비판적/포스트모던의 목적, 설계 및 개발의 목적, 실천 및 평가의 목적 여섯 가지의 연구목적 분류 체계를 사용하였는데, 이는 HRD 분야에도 적용할 수 있다고 생각된다. 따라서 본 저자는 〈표 17-1〉에서 볼 수 있듯이 같은 여섯 가지의 연구목적 분류 체계를 이용하여 HRD의 연구에 맞게 변경하여 기술하였다.

〈표 17-1〉 HRD 연구목적

| 구분 | 내용 |
|---|---|
| 이론 개발 및 통합 (Theory development/ synthesis) | 기존 연구에 기반한 이론적 지식과 원리들의 논리적 분석하고 통합함으로써 HRD가 어떻게 작용하는지 설명하는 연구 |
| 탐색 및 가설 검증 (Exploratory/ hypothesis-testing) | 기존 연구에 기반한 이론과 모형을 바탕으로 한 결론들을 검증함으로써 HRD가 어떻게 작용하는지 발견하고 구체화 하는 연구 |
| 기술 및 해설 (Descriptive/ Interpretivist) | HRD와 관련된 현상들을 기술하고 해석함으로써 어떻게HRD가 작용하는지 묘사하는 연구. 연구에 따라, 이론적 원리들을 도출하기 위한 해석에 좀 더 주력하거나, 현상을 기술하는 것에 좀 더 주력하기도 한다. |

| | |
|---|---|
| 비판적/포스트모던 (Critical/postmodern) | 숨겨진 전제들을 밝혀내거나 사회적 약자들의 권한을 부여하기 위한 목적으로, HRD의 근원적인 가설/가정, 그리고 그러한 가설/가정들이 HRD에 미친 영향을 조사하는 연구 |
| 설계 및 개발 (Design/development) | HRD와 관련된 문제들에 대한 효과적인 해결안을 만들고 개선하며, 다시 사용 가능한 설계 이론들을 형성하는 연구. 설계 및 개발 연구는 일반적으로 현장 전문가들과 연구자들의 긴밀한 협력이 필요하다. |
| 실천 및 평가 (Action/evaluation) | 특정 프로그램, 상품, 방법 등이 사용되는 환경에서 그 효과성과 가치를 기술하고, 개선하며, 추정하기 위해 수행하는 연구. 실천 및 평가 연구는 대체로 해당 현장의 문제를 해결하는 것에 더 초점을 맞추고, 새로운 이론적 지식을 형성하는 노력을 하지 않는다는 점에서 설계 및 개발 연구와 다르다. |

## 2) 연구방법

연구자와 학문 분야에 따라 연구방법의 종류를 구분하는 다양한 접근방식이 존재한다. 최근 국내 HRD 논문에서는 양적연구, 질적연구, 이론적 연구 및 실천적 연구 등의 네 가지로 분류한 연구 사례가 있으나(유기웅, 2014; 장환영, 손지영, 하정례, 2013), 이론적 연구와 실천적 연구의 경우 수집하고 분석하는 자료의 속성보다는 연구의 목적과 방법의 의미가 다소 융합될 가능성이 있을 수 있다는 생각에, 이 장에서는 양적 연구, 질적 연구, 혼합 연구, 문헌 연구 네 가지로 나누어 살펴보고자 한다.

### (1) 양적 연구(Quantitative methods)

양적 연구는 전통적으로 가장 많이 사용하는 경험연구(empirical research) 방법으로 실증주의(positivism)에 기반하여 실재를 연구하는 대상과 상관없이 객관적이고 일반화된 실재가 존재한다는 가정에서 출발한다. 따라서 일반적으로 연구자를 연구 대상으로부터 엄격히 분리하고, 최대한 객관화되고 과학화된 연구 도구들을 이용하여 정교하게 규정화된 연구 절차에 따라 수행하며, 일반적으로 많은 자료를 수집하여 숫자화와 통계적 기법을 통하여, 보다 객관적이고 일반화된 지식을 창출함으로서 확장된 현실에서 연구 결과가 적용 가능하도록 하는 연구이다. 실험연구, 준실험연구, 설문조사연구, 패널데이터 등을 이용한 연구 등을 그 예로 들 수 있다. 최근 2006년부터 2011년까지 한국 HRD 관련 3대 학회지 논문 분석 결과 한국 HRD연구에서는 다른 연구방법에 비하여 압도적으로 많이 사용하고 있는 연구 방법이다(장환영, 손지영, 하정례, 2013).

양적연구를 수행 할 때 연구자는 기존의 이론을 기반으로 한 이론적 체제(theoretical framework)나 혹은 연구와 관련된 핵심 개념들을 기반으로 개념적 체제(conceptual framework)를 구축하여 관련 변수들 간에 존재한다고 추정되는 관계에 대한 가설들을 세우고 이를 검증한다. 이를 위해 연구자는 다양한 통계 기법을 통하여 가설에 포함된 변수들의 상관관계나 인과관계를 계량적으로 나타냄으로써, 기존의 이론 혹은 연구를 위해 수립한 모델을 검증하고 수정하며, 법칙과 원리를 발견할 수 있다.

연구결과의 일반화가 주요 가치인 양적연구의 특성상 수집해야 하는 표본의 수가 많은 편이지만, 일단 자료가 수집되면 분석 과정 자체는 명확하고 체계적이며, 신속한 편이기에 효율적인 연구방법이라 할 수 있다. 다만 변수들을 정의하고 측정 가능하도록 하는 과정에서 필요이상으로 개념의 단순화가 일어날 수 있다. 또한 대체로 경험적 자료를 수집하여 현상을 계량화 하는 것이기 때문에 현상의 의미에 대한 깊이 있는 이해와 해석은 어렵다.

HRD에서 양적 연구가 많이 이루어지는 이유는 몇 가지가 있다. 우선 양적 연구의 활용이 사회 과학 분야에서 가장 전통적인 경험 연구의 방법으로 지식의 일반화와 이론적 기여가 높다고 할 수 있다. 또한 연구의 수행 과정이 명확하고 엄격히 이루어 졌을 때 과정과 결과에 대한 해석의 논쟁이 질적 연구에 비해 비교적 적은 편이기 때문이다. 마지막으로 현재까지의 HRD연구들이 프로세스의 관점에서 볼 때 설계, 개발, 실행, 평가 보다는 분석적의 영역(Kuchinke, 2013; 장환영 외 2013)에서 많이 수행되어왔기 때문에 분석적인 성향의 양적 연구가 많이 수행되어 왔다.

### (2) 질적 연구(Qualitative methods)

질적 연구는 후기실증주의적(postpositivist), 구성주의적(constrctivist), 해석적(interpretive), 비판적 이론(critical theory) 등의 다양한 연구 패러다임의 기반하여 "무슨 일이 어떻게 일어나고 있는가?"라는 질문을 가지고 연구자가 사회적 문화적 현상, 인간의 행동, 경험, 감정, 지식, 관점 등을 심층적으로 이해하고 해석하려는 목적을 가진다. HRD 분야에서 질적 연구를 이용한 최근 HRD 논문은 주요 국내 학회 학술지에서 약 10%(장환영, 손지영, 하정례, 2013), AHRD 학술지에서 약 16.7%(유기웅, 2014)로 양적 연구에 비해 사용 빈도가 다소 낮다. 다양한 종류의 질적 연구가 있으나, 사례 연구, 근거 이론, 현상학적 연구, 문화 기술지, 역사적 연구 등이 그 대표적인 예이다. 질적 연구 자료는 일반적으로 개인 혹은 집단 면담, 참여자 혹은 비참여자 관찰, 문서 및 아티팩트 검토 등을 통해 수집한다(Patton, 2002).

양적 연구와는 달리 특정 현상과 상황에 대한 연구 대상자들의 주관적 실재를 이해하고 살펴 보고자 하기 때문에 자연주의적 탐구(naturalistic inquiry)의 성향이 강하며, 연구 결과를 통한 지식의 일반화를 목표로 하지는 않는다. 연구 결과는 일반적으로 연구주제에 대한 테마, 패턴, 개념, 통찰, 이해의 결과물로 언어적 형태로 자세히 기술된다(Patton 2002). 따라서 연구 대상을 표집할 때, 연구 주제에 대한 풍성하고 심층적인 스토리를 들려줄 수 있는 연구 대상자들을 찾는다. 이에 양적 연구에서 자주 이용되는 무작위 표본 추출(random sampling)보다는 연구자의 개인적인 판단이나 연구의 목적에 따라 의도적 표본추출(purposive sampling) 혹은 눈덩이 표본추출(snowball sampling), 이론적 표본추출(theoretical sampling)을 사용하는 경향이 있다. 양적 연구는 일반적으로 자료 수집 분석 방법에 따라 적절한 표집의 수가 정해진 반면, 질적 연구에서는 표집의 수가 규정되어 있지 않다. 연구의 표본 또한 자료 수집 과정에서 연구자가 다음 표집 대상을 어디에서 찾을지 결정하는 경향이 있다. 이러한 자료 수집 및 분석 과정에서 과정을 통해서 연구 문제에 대해 결과들이 반복적으로 포화(saturation)되어 나타나서 연구자가 추가적인 자료 수집이 필요하지 않다고 판단할 때까지 자료를 수집하는 것이 일반적이다. 따라서 일반적으로 연구를 설계하고, 자료를 수집, 분석하며, 결과를 도출함에 있어 양적 연구에 비해서 많은 시간이 걸리는 편이다.

인터뷰와 관찰을 통한 자료 수집과정에서는 연구자가 어느 정도 연구 대상자와의 상호작용이 불가피하기에 연구자의 경험, 지식, 관점이 연구 수행, 자료 분석, 결과 해석에 중요한 영향을 끼칠 수 있다. 질적 연구에서는 자료 수집, 분석, 해석 과정에서의 연구에 대한 진실성(trustworthiness)을 확립하고 검증하기 위해 다양한 방법을 사용한다. Lincoln과 Guba(1985)는 진실성을 검증하기 위한 기준으로 신뢰성(credibility), 전이가능성(transferability), 의존성(dependability), 확증성타당도(confirmability) 네 가지를 제시하였다. 이는 양적 연구에서 각각 내적 타당도, 외적 타당도, 신뢰도, 객관성 등과 유사한 개념이다. 이와 같은 연구의 엄격성을 확립하기 위하여 장시간의 지속 투입 및 관찰(prolonged engagement and observation), 참여자 확인(member check), 다양한 자료 수집 방법을 이용하고, 다양한 원천 자료, 다수의 연구진을 구성하는 삼각검증법(triangulation), 반대 사례 분석(negative or deviant case analysis), 자세한 기술(thick description), 동료 연구 비참여자의 감사(inquiry audit), 성찰기록(reflexive journal) 등의 방법이 사용된다. 양적 연구와 마찬가지로 질적 연구를 다룬 논문에서도 연구의 엄격함을 확립하고 검증한 과정과 결과에 대해서 상세한 기술이 요구된다. 질적 연구들을 수행하고 작성하는 방법에 대한 보다 자세한 조언은 Tonette Rocco(2003) 교수가 Human Resource Development Quarterly에 저술한 Shaping the Future: Writing Up the Method on Qualitative Studies 포럼을 참조하기를 권한다.

현재까지 HRD의 질적 연구는 조직내 개별 사례를 분석하여 기술한 사례연구와 심층면담을 통해 연구 참여자들의 경험이나 관점 등을 분석한 연구가 가장 많은 비중을 차지한다(장환영, 손지영, 하정례, 2013). 특히 사례연구는 특정 대상(개인, 프로그램, 조직, 사건 등)에 대하여 자세히 탐색하고, 설명하고 기술하는 것으로 문서 검토, 면접, 직접/참여 관찰 등의 방법을 통해 자료를 수집하고 분석함으로써 연구하는 현상에 대해 핵심적인 사례를 자세히 기술하므로(Yin, 2014), HRD 연구에 비교적 용의하게 적용될 수 있다고 생각된다. 사례 연구를 수행함에 있어 무엇을 사례의 범주로 연구하고 기술할 것인가를 명확히 하여야 하며, 사례는 그 정의에 따라 단일 사례 혹은 중다사례 등을 연구하고 분석할 수 있다. 사례연구는 현상을 설명하는 핵심적 사례와 그 주변 맥락에 대하여 통합적으로 이해할 수 있도록 도와준다. 하지만 다른 질적 연구와 같이 지식의 일반화가 어렵다는 인식이 있으므로 연구 수행의 엄격성을 확립하고 다양한 자료수집과 분석을 통하여 사례에 대한 풍부하고 의미 있는 정보를 제공하여, 사례에 대한 이해뿐 아니라 다양한 후속 연구들을 위한 좋은 기반이 될 수 있도록 해야 한다.

### (3) 혼합 연구(mixed methods)

혼합연구는 일반적으로 하나의 연구에서 양적 연구와 질적 연구 방법을 함께 사용하여 단일 연구 방법의 사용으로 인한 한계를 극복하고, 각 연구 방법의 장점을 활용하여 연구 문제에 대하여 더 효과적인 접근을 하고자 할 때 사용한다(Creswell & Clark, 2011; Green, 2007). 혼합 연구는 실용주의(pragmatic)적 관점을 가지고 있으며, 혼합 연구가 개념화되기 시작한 것은 약 30여 년 정도로 비교적 짧은 역사를 가지고 있으나 양적 질적 접근의 장점을 함께 활용할 수 있다는 점에서 사회 과학 분야 연구자들에게 많은 주목을 받고 있다.

혼합 연구는 1) 하나의 자료원으로 연구를 수행하기에 충분하지 않고, 2) 초기에 수집한 결과를 더 확장하여야 하는 필요가 있거나, 3) 탐색적인 결과를 일반화 해야 하거나, 4) 두 번째 방법을 사용하여 연구를 보다 진척시켜야 하거나, 5) 하나의 연구가 여러 연구 단계를 통해서 진행되어야 할 때 유용하게 수행될 수 있다

(Creswell & Clark, 2011).

혼합 연구를 수행할 때 혼합에 대한 몇 가지 중요한 의사 결정이 필요하다. 첫째는 양적 질적 접근에 있어 연구 질문, 자료 수집과 분석 과정 등을 독립적으로 분리할 것인지, 혹은 같은 연구 문제에 대하여 한쪽의 연구 방법, 분석, 연구 결과 등이 다른 쪽에 영향을 미치는지 상호작용 정도를 정해야 한다. 둘째, 해당 연구 수행에 있어 양쪽의 연구방법이 똑같이 중요한지, 혹은 한쪽이 더 중요하고 다른 쪽은 우선 순위에 있어 덜 중요한지 결정하여야 한다. 셋째, 자료 수집 및 분석의 시점을 동시에 진행할 것인지, 순차적으로 진행할 것인지, 혹은 여러 단계에 거쳐 단계마다 순차적 혹은 동시적으로 진행할 것인지 결정해야 한다. 마지막으로 자료 수집, 분석, 결과 해석 등의 연구 과정 중 어느 시점에서 혼합할지 결정해야 한다(Creswell & Clark, 2011).

학자에 따라 혼합 연구 설계 방식을 구별하는 체계가 조금씩 다를 수 있으나 Creswell과 Clark(2011)은 여섯 가지 혼합 연구 설계 방식을 소개하였다. 첫째 연구 문제에 따른 양적인 자료와 질적인 자료를 독립적으로 동시에 함께 수집하고 분석하여 비교하고 대조하는 수렴적 평행 설계가 있다. 둘째, 양적 자료를 먼저 수집하고 질적 자료를 수집 분석하여 그 결과에 토대로 질적 자료를 수집 분석하여, 양적 결과를 해석하고 이해하고자 하는 방식을 설명적 순차적 설계라 한다. 셋째, 질적 자료를 먼저 수집 분석한 후 양적 연구를 개발하려는 목적으로 많이 사용되는 탐색적 순차적 설계가 있다. 예를 들어, 질적 연구를 통해서 도구를 설계하거나 근거 이론을 통하여 새로운 변수 등에 대한 이해를 수립한 후 양적 연구를 통하여 지식을 일반화 하려는 것이다. 넷째로 내재적 설계가 있는데, 이는 양적 연구 안에 질적 자료를 수집하거나 질적 연구 안에 양적 자료를 수집하는 것이다. 실험 연구 중에 관찰 등을 통한 질적 자료를 수집하는 것이 그 한 예가 될 수 있겠다. 다섯째는 변혁적 설계로서 이는 주로 페미니스트 이론(feminist theory), 비판적 인종 이론(critical race theory), 장애 이론(disability theory) 등의 변혁적 이론의 구조를 이용하여 미혜택 집단이나 사회적 소수집단 등의 상황과 필요에 대하여 연구하는 것으로, 일반적으로는 양적 자료 수집과 분석 후 그 결과를 고려하여 질적 자료 수집과 분석을 하는 순차적 방식을 택한다. 마지막 여섯째 주로 대규모의 프로그램 개발이나 평가와 같은 프로젝트에서 여러 단계를 거쳐 각 단계마다 동시적 혹은 순차적으로 연구를 수행하는 다단계적 설계가 있다.

혼합 연구는 양적 질적 접근 모두를 수행하기에 연구 설계에 있어 다소 복잡하고, 연구를 계획하고 실행하는데 있어 시간이 많이 걸린다. 또한 처음 계획과 달리 막상 연구를 수행하는 과정에서 한쪽 접근을 통한 연구 결과를 분석한 토대 위에서 다른 연구 접근을 계획하고 실행하는 것이 쉽지 않을 수도 있다. 만약 연구 문제를 양쪽 접근을 통해 동시에 수집하고 분석한 후 결과를 해석하였을 때, 접근 방식에 따라 차이가 있다면 그 차이를 해석하고 연구 문제를 해결함에 있어 어려움이 있을 수 있다. 그럼에도 불구하고 단일 연구로 인한 한계를 양적 질적 접근 모두를 사용함으로서 채워주고 연구문제에 대한 이해를 좀 더 포괄적이고 완전하게 제시할 수 있다는 점에서 많은 관심을 받고 있다.

### (4) 문헌 연구(Literature Review)

이론적 연구 방법은 HRD 학문의 큰 장점이자 특징이다. 실제로 한국 HRD 관련 학회 발행 논문에서는 이론적 연구가 약 20%로 양적 연구 다음으로 가장 많이 사용되었고(장환영, 손지영, 하정례, 2013), 최근 약 10년간 50%에 해당하는 AHRD 발행 논문이 이론적 연구 방법을 사용하였다(유기웅, 2014). AHRD 발행 논문이 특별히 이론적 연구를 많이 사용하는 이유는 Human Resource Development Review (HRDR) 학술지가 있기 때문이다. HRDR은 비경험적 연구방법을 통해 이론에 대한 새로운 통찰, 새로운 개념 모델의 개발, 기존 문헌에 대한 비평적 접근 등을 통해 HRD 관련 이론들의 개발하고 발전시키는데 그 목적이 있다(Human Resource

Development Review, 연도미상).

이론적 연구 중에서도 문헌연구는 HRD에서 통합적 문헌연구(Integrative Literature Review)라는 이름으로 널리 사용되고 있다. 통합적 문헌 연구에 대해서 Torraco (2005, p.356)는 "특정 주제에 대한 새로운 토대와 관점들을 생성하는 통합적 방식으로 주제에 대한 대표적 문헌들을 검토하고 비평하며, 종합하는 연구의 형식"이라고 표현하였다. Torraco는 특히 연구자가 오래된 주제의 지식기반을 검토함으로 기존의 이론과 개념적 토대를 새로운 관점으로 더 다양화하고 확장하기 위해서 기존 문헌에 대한 통합적 문헌 연구를 수행하거나, 새롭게 떠오르는 주제를 처음으로 개념화하기 위한 수단으로 수행할 수 있다고 주장하였다.

경험연구와 마찬가지로 비경험연구인 통합적 문헌 연구에서도 다양한 연구 기술들이 필요하다. 연구자는 연구 문제가 무엇이고, 왜 문헌 연구가 해당 연구 문제에 접근함에 있어 가장 적합한 방식인지, 이 통합적 문헌 연구의 수행을 통해 해당 주제의 지식기반에 어떠한 기여를 할 수 있을지와 같은 연구의 중요성을 논리적으로 설명할 수 있어야 한다. 또한 문헌 연구는 연구 주제에 대한 일관적인 개념적 구조화의 틀을 따라서 구성되어야 한다. 그리고 문헌 연구를 수행하기 위하여 어떻게 연구를 수행하였는지, 예를 들어 키워드와 데이터베이스 선정 등의 논문을 찾는 과정, 문헌 선택 기준, 문헌 검토 방법 등에 대하여 자세히 기술함으로써 연구방법의 적절함과 엄격함을 갖추어야 한다. 검토할 논문을 수집한 후에는 문헌에 대하여 주요 개념, 주요 개념간의 관계, 연구 방법 등 연구 문제에 따라 연구주제에 대한 다양한 요소들에 대하여 분석하고 새로운 지식을 발견하고 통합한다(Torraco, 2005).

이러한 연구 과정을 통하여 Torraco(2005)는 통합적 문헌 연구의 결과물로 1) 핵심적인 연구문제 및 제안을 포함한 향후 연구과제, 2) 기존 연구들을 분류할 수 있는 텍사노미(Taxonomy) 혹 연구구성개념의 분류, 3) 연구 주제에 대한 대안적 모델이나 개념적 구조, 4) 향후 연구를 통하여 메타이론을 개발할 수 있는 지식의 기반, 네 가지를 제시하였다.

통합적 문헌 연구 수행과 작성에 대한 보다 자세한 내용은 Richard Torraco(2005) 교수가 HRDR의 instructor's corner 저술한 Writing integrative literature review: guidelines and examples을 참조하기를 권한다. 또한 HRDR은 모든 발행 이슈에 통합적 문헌 연구의 방법으로 작성한 논문을 출판하고 있으므로, 다양하고 효과적인 예시들을 찾을 수 있다.

## 3. 결론 및 제언

이 장에서는 문헌을 통하여 HRD의 다양한 연구목적과 연구방법에 대하여 개론적으로 알아보았다. 앞서 살펴보았듯이 연구 방법은 연구의 문제와 목적에 맞게 선택하는 것으로서, 네 가지의 연구 방법 모두 각각 장점과 단점이 있기에 어느 특정 방법이 다른 연구 방법보다 더 우월하거나 열등하다고 말할 수 없을 것이다. 또한 어떤 연구 주제를 탐구함에 있어 특정 연구방법만이 가능하거나 혹은 불가능하다고 볼 수 없다. 인적자원개발의 지속적인 학문적 실천적 성장을 위해서는 다양한 연구목적과 연구방법이 공존해야 한다고 생각한다.

## 참고문헌


유기웅 (2014). 인적자원개발 연구동향 분석: 최근 10년(2004-2013)간 AHRD 학술지를 중심으로. HRD연구, 16(2), 1-23.

장환영, 손지영, 하정례(2013). 학회지 분석을 통해 본 HRD 이슈와 동향 탐색. HRD 연구, 15(2), 1-22.

Creswell, J. W., & Plano Clark, V. L.(2011). *Designing and conducting mixed methods research* (2nd ed.). ThousandOaks, CA:SagePublication.

Green, J. C. (2007). *Mixed methods in social inquiry*. San Francisco, CA: Jossey-Bass Wiley.

Han, S.-H., Chae, C. Han, S. J., & Yoon, S. W. (2017). Conceptual organization and identity of HRD: Analyses of evolving definitions, influence, and connections. *Human Resource Development Review, 16*, 294-319. Doi:10.1177/1534484317719822

Human Resource Development Review (연도미상). *About this journal.* http://journals.sagepub.com/home/hrd

Krathwohl, D. R. (1998). *Methods of educational and social science research: An integrated approach* (2nd ed.). Long Grove: Waveland Press.

Kuchinke, K. P. (2013). HRD as design science. *Human Resource Development International, 16*, 369-373.

Lincoln, Y. S., & Guba, E. G. (1985). *Naturalistic Inquiry*. Newbury Park, CA: Sage Publications.

Nadler, L. (1970). *Developing human resources*. Houston, TX: Gulf.

Patton, M. Q. (2002). *Qualitative research and evaluation methods* (3rd ed.). Thousand Oaks, CA: Sage.

Reeves, T. C. & Oh, E. G. (2017a). The goals and methods of educational technology research over the last quarter century. *Educational Technology Research & Development, 65*, 325-339. doi:10.1007/s11423-016-9474-1

Reeves, T. C., & Oh, E. G. (2017b). Comparing the goals and methodologies of learning scientists and educational technology researchers. In L. Lin & J. M. Spector (Eds.), *Constructive articulation between the sciences of learning and the instructional design and technology communities* (pp. 52-64), New York: Routledge.

Rocco, T. S.(2003). Shaping the future: Writing up the method on qualitative studies. *Human Resource Development Quarterly,14*, 343-349.

Rubin, A. (2012). *Statistics for evidence-based practice and evaluation* (3rd ed.). Belmont, CA:Brooks/Cole Cengage Learning

Torraco, R. J.(2005). Writing Integrative Literature Reviews: Guidelines and Examples. *Human Resource Development Review, 4,* 356-367.

Yin. R. K. (2014). *Case Study Research Design and Methods* (5th ed.). Thousand Oaks, CA: Sage.

## 요약

연구는 지식을 창출하는 활동으로 HRD에서 축적되는 지식은 그 구성원들의 연구 활동에 따른 결과물이다. 하나의 학문 분야에서 축적되는 지식의 성격은 그 구성원들이 수행하는 연구의 목적과 사용하는 연구방법에 의하여 결정된다. 연구방법은 연구의 목적을 수행하는 도구적 성격을 가지기에, 연구의 목적과 연구방법은 서로 구분되어야 하며, 연구의 목적에 맞게 연구방법을 선택하는 것이 중요하다.

HRD에 적합한 연구목적은 1) 이론 개발 및 통합의 목적, 2) 탐색 및 가설 검증의 목적, 3) 기술 및 해석의 목적, 4) 5) 비판적/포스트모던의 목적, 설계 및 개발의 목적, 6) 실천 및 평가의 목적 등 여섯 가지로 분류할 수 있다. HRD의 연구에는 사용되는 연구방법에는 양적연구, 질적연구, 혼합연구, 문헌연구 등이 있다. 각 연구방법은 연구 설계, 자료수집, 분석, 결과작성 등에서 서로 상이하나 모든 연구는 각 연구방법에서 규정하는 절차와 방식에 따라 연구의 엄격함을 유지함으로, 기존의 지식기반을 더욱 견고히 하고 확장할 수 있는 유용한 지식이 창출될 수 있도록 하여야 한다.

## 탐구 질문

1. HRD에서 이러닝이라는 연구 주제가 6가지 연구목적에 따라 어떻게 연구의 초점과 방법이 달라질 수 있겠습니까?
2. 양적연구가 주도적인 성장을 해왔는데 그 이유는 무엇입니까?
3. HRD에서 다른 사회과학 분야에 비해 이론적 연구의 비중이 높은 이유는 무엇이라고 생각합니까?
4. HRD에서 사례연구가 질적 연구 방법으로 많이 수행되고 있는데, 혼합연구를 통하여 이러닝에 관한 사례연구를 한다면 어떠한 설계 방식으로 진행하는 것이 좋겠습니까?

## / 저자 소개 /

**오은정(egraceoh@illinois.edu)**

일리노이 대학교(University of Illinois at Urbana-Champaign) 교육 정책, 조직 및 리더십 학과(Educational Policy, Organization and Leadership) 인적자원개발 전공 교수로 재직 중이다. 연구관심 영역과 주제: 온라인 학습 및 교수, 개방형 온라인 강좌(MOOCs), 디자인 기반 연구, 밀레니얼 세대 및 장노년기 교육과 수행, 테크놀로지 활용 등이다. 주요 경력으로는 Georgia College and State University 조교수, 삼성 SDS 인재개발그룹 등이 있다.

# 제18장

송지훈(한양대학교)

# HRD 연구의 경향과 이슈

## 목표

1. HRD 분야의 연구 동향을 파악할 수 있다.
2. HRD 분야의 발전적 연구 방법과 접근을 수립할 수 있다.
3. HRD 분야의 연구의 실천적 의미를 파악할 수 있다.
4. HRD 분야의 미래연구 전략 3가지를 파악할 수 있다.

## 핵심용어

HRD연구, 패러다임 변화, 데이터기반 HRD, 메타분석, 빅데이터 분석 방법

## 1. 사회적 변화와 HRD 패러다임의 변화

이 시대의 가장 중요한 키워드는 융합과 변화이다. 이러한 변화의 중심에 빅데이터라는 과학적 접근이 있고, 이를 다루는 사람의 역할 또한 많은 변화가 요구되고 있다. 사람을 다루는 학문인 인적자원개발(Human Resource Development, HRD) 분야도 그 변화의 흐름을 피해 갈 수 없는 실정이다. 이러한 상황에서, HRD는 사람의 행동을 세밀하게 분석할 수 있어야 하고, 미래를 앞서 예측하고 능동적으로 대처할 역량과 경쟁력 확보를 기반으로 한 HRD 활동에 초점을 두어야 한다.

이에, HRD 분야의 연구도 그 패러다임의 변화를 준비해야 할 것이다. HRD의 연구는 학문적 발전뿐만 아니라, 실용학문인 HRD의 기업 활동에도 중요한 역할을 할 수 있어야 한다(Hamlin & Stewart, 2010; Swanson, 2007). 또한, 사회, 경제적 변화에 맞춰 기업 내 조직원들의 학습과 조직의 성과를 담당하는 HRD 담당자들의 사고의 변화와 탄력적 적응성이 그 어느 때 보다 중요시 여겨지고 있고, 이러한 변화에 대한 대처는 미래의 HRD 연구자와 현장 전문가들의 전략적 방향에도 상당한 영향을 줄 것이다(Fenwick, 2005; Gedro, Collins, & Rocco, 2014).

이러한 시점에서 HRD 현장 전문가들의 HRD 활동의 이론적 기반을 제공 할 수 있도록 HRD 연구의 미래지향적 변화와 연구 패러다임의 변화를 살펴보고자 한다. HRD 연구는 기본적으로 HRD 이론을 정립하기 위한 이론적 연구와, 사람의 행동의 영향 관계를 실증적으로 탐구하는 실증연구로 나누어 볼 수 있다(Lynham, 2002; Swanson & Holton, 2009; Githens, 2015). 이론 연구의 경우 HRD 활동의 이론적 프레임워크를 제공 할 수 있으며 실증 연구를 위한 연구 모형의 이론적 타당성을 제공 할 수 있을 것이다. 또한, HRD 분야의 경우 이론정립 연구는 HRD의 학문적 고유성과 정체성을 확립 할 수 있는 기본이 되는 연구로 상당히 중요한 분야이다(McGuire & Cseh, 2006; Githens, 2015).

실증연구의 경우 이론적 토대로 구성된 가설적 연구 모형을 현장의 데이터를 기반으로 확인하고 현장 적용성과 타당성 확보가 주된 목적인 연구이다. 이러한 실증연구를 통해 가설적 이론으로 정립되어 있는 HRD 관련 이론들을 현장에서 현장 전문가들이 타당성 있는 HRD 활동을 할 수 있는 근간을 마련해 줄 수 있다(Fenwick, 2004; Bierema & Callahan, 2014). 하지만, 이러한 HRD 연구의 방향성과 미래지향적 전략도 사회가 변화함에 따라 새로운 패러다임으로 변화 되어야 한다는 것을 인지해야 한다.

## 2. 새로운 패러다임으로의 변화

사회의 변화와 경영환경의 변화를 기반으로 HRD 연구의 패러다임 변화는 다음과 같이 제시 될 수 있다. 첫 번째, 거시적 관점에서의 현상 분석보다는 미시적 행동 분석을 통해 사람의 행동과 성과의 원인을 미시적이고 세부적으로 예측할 수 있는 연구이다(Meier & Hicklin, 2008).

HRD 활동과 연구에 있어서 가장 중요한 요인은 사람(개인)으로 볼 수 있고, 이는 지금 대두 되고 있는 초연결, 융합기반의 새로운 산업혁명의 중심에 사람(개인)이 있다는 사실을 기반으로 해서, 미래에는 사람(개인)의 특성과 개인의 사고, 그리고 개인의 행동이 어떻게 작용하고 다른 요인들과 어떻게 연결되는지가 HRD 연구의 가장 중요한 패러다임중 하나가 될 것이다(Park, Chaudhuri, Hewapathirana, Johnson, & Bowen, 2016).

두 번째, 패러다임의 변화로, 단순한 함수식에 기반한 영향관계(예: 리더십이 조직원들의 만족에 미치는 연구) 연구가 아닌 지속적 변화를 파악하고 효과크기가 극대화 될 수 있는 시점과 영향관계의 패턴이 변화하는 시점 등을 예측할 수 있는 연구가 필요하다. HRD 연구에서 많은 수의 연구는 독립변수가 종속변수에(매개변수와 조절 변수의 활용 연구 포함)어떻게 영향을 주고 있는지 실증적인 데이터를 기반으로 분석하는 연구가 주를 이루고 있다. 하지만, 이러한 연구의 한계점은 과거의 데이터를 기반으로 현재를 분석하고 있고, 현재 현상적인 관계가 지속되지 않을 수 있다는 가설을 간과하고 있다는 점을 인식해야 한다(Sackett, Rosenberg, Gray, Haynes & Richardson, 1996; Chae, Kim & Han, 2017). 미래 HRD 분야에서의 연구자들은, 현재 분석한 결과가 미래에 어떻게 변화하고, 그 변화 곡선이 어떤 패턴으로 변화할 것인지까지 세밀히 분석해야 할 것이다.

세 번째, 패러다임 변화로, 경험과 인식 기반 데이터 기반 연구를 넘어서, 과학적 데이터를 기반으로 정확한 의사결정에 도움을 줄 수 있는 연구를 생각해 볼 필요가 있다(Chae, Kim, & Han, 2017).

물론, 경험과 인식을 기반으로 현상을 파악하고 의사결정에 있어서 중요한 정보를 찾아낼 수 있을 것이다. 하지만, 과학적 데이터를 신뢰하는 새로운 세대와 사회의 변화 특성을 반영한 연구와 그에 따른 HRD 전략을 위해서는 과학적 데이터를 기반으로 다양한 접근을 통한 연구가 필수적이다. 또한, 연구의 과학적 타당성을 높이기 위해, 메타연구 접근을 기반으로 더 많은 데이터를 기반으로 연구 결과의 신뢰성과 타당성을 높일 수 있는 연구가 필요하다.

위에 언급한 패러다임 변화로 제시한 3가지의 HRD 연구의 패러다임의 변화에 대해서 구체적으로 살펴보고자 한다.

### 1) 거시적 관점에서의 현상분석에서 미시적 행동분석을 통한 예측연구

학문적으로 기여해 온 것에 비해, 현장에서 적용가능한 실무적인 측면에서의 함의를 줄 수 있는 연구는 다소 부족한 부분이 있다. 이러한 현상의 가장 큰 원인은, ① 개인, 팀 혹은 조직 수준의 연구에서 분석의 수준(level of analysis)의 규정이 명확하지 않은 상태에서 분석이 되고 있고, ② 잠재 변수들간의 관계에 치중하고 각 잠재 변수들의 세부 변인들간의 미시적 관계에 대한 관심이 부족한 상황이다(Jang, Suh, & Kwon, 2017).

HRD 활동은 개인, 팀 그리고 조직 단위에서 유기적 관계 속에서 분석이 되는 경우가 빈번하고, 이런 상황에서 같은 현상이라도, 개인, 팀, 조직 수준에 따라서, 다른 영향관계가 나타날 수 있고, 종속변수에 미치는 영향도 집단·개인 수준에 따라 그 강도와 방향, 그리고 유의미성이 다르게 나타날 수도 있을 것이다(Glisson & James, 2002; Liao & Chuang, 2004). 또한 잠재변수들간의 관계기반 거시적 연구도 필요하지만, HRD 활동의 효율적 전략을 위해서는 미시적 행동 요인들 간의 관계를 규명하는 연구도 필요하다.

구체적인 방법론적 예시로, 조직 내의 개인과 팀 단위의 연구에서 연구자는 반드시, 이론의 수준(level of theory), 측정단위의 수준(level of measurement), 그리고 분석의 수준(level of analysis)을 고려해야 한다(Blikstein, 2013; Kozlowski & Klein, 2000). 특히 HRD 연구에서는 변수들의 수준이 조직내에서 발생하는 활동과 성과를 측정하고 있기 때문에 더욱 더 중요하다고 볼 수 있다.

이러한 접근시, 절차를 보면, 우선적으로 하위수준(개인수준)으로 측정된 자료를 합산(aggregatation) 절차를 통해, 상위수준(팀 혹은 조직 수준)으로 변환해서 사용이 가능한지를 우선적으로 확인해야 한다. 또한 분석을 위해 설정한 연구 모형의 적합도(model-fit)를 분석하기 위해, 교차 수준 분석(cross-level operator analysis)를 통해 각기 다른 수준의 변수가 서로에게 영향을 주고 있지는 않은지도 확인이 필요하다(Lane, Nimon, & Roberts, 2012; Raudenbush & Bryk, 2002).

또한 구체적 방법론으로 위계적 선형 모델(HLM: Hierarchical Linear Model)을 활용해서, 각 변수들의 수준이 다르거나, 각 변인들의 특성이 상당한 차이가 있을 시 활용될 수 있으며, 각 수준의 변수에 대한 절편(intercept)과 기울기(slope) 분석을 통해 각 상위 수준에(팀 혹은 조직) 해당되는 하위수준(개인) 변수들의 영향관계를 분석할 수 있다(Glisson & James, 2002; Liao & Chuang, 2004).

이러한 방법을 활용하지 않고, 분석 수준(level of analysis)의 차이를 무시하고, 단순 평균 혹은 합산을 통해 분석할 시 조직 구성원들(하위수준)의 행동은, 조직 혹은 팀(상위주준)의 특성으로부터 직간접적인 영향을 받기 때문에 개인 수준에서 측정한 합을 조직수준으로 사용할 경우, 개인수준에서의 관계에 비해 추정치가 부풀려지는 현상이 발생할 수 있다(Hair, Black, Babin, & Anderson 2010; Blikstein, 2013).

추가적으로, 지금까지의 HRD에서 상당수의 연구들이 잠재변수들간의 영향 관계를 밝히고, 영향의 크기를 측정하는 분야에 중점을 두었다면, 앞으로의 연구는 잠정변수들의 개별 측정 변수들의 영향관계와 함께 영향관계의 과정을 설명하거나 원인을 정교화하는 과정에 중점을 두어야 한다(Blader & Tyler, 2009; Lin, Law, & Zhou, 2017).

잠재변수들간의 영향관계에 지나치게 초점은 둔다면, 하위 측정 요소 혹은 하위 구성 요소들간이 내포하고 있는 특성이 무시되는 경우가 발생할 수 있다. 예를 들어, "HRD 교육이 조직원들의 태도 변화에 주는 영향"의 연구의 경우, HRD 교육 활동의 통합적 영향을 밝히는 것도 중요하지만, 하위요소들의 평균값을 활용한 단순한 회귀 분석(regression analysis)의 경우, 가장 설명력이 높은 변수들간의 선형결합을 밝히고, 해당 변수들간의 영향관계를 밝히기 위한 접근이므로, 하위 변인들간의 세부적인 영향관계가 무시될 수 있고, 각 세부 요인들의 고유한 특성이 간과 될 수 있는 결과를 얻게 되는 경우가 발생할 것이다(Blader & Tyler, 2009; Lin, Law, & Zhou, 2017).

HRD 교육활동의 다양한 요인들이(예: 교육환경, 교육내용의 난이도, 교수자의 역량 등) 교육의 성과에 개별적으로 어떻게, 어떤 방향으로, 어느 정도 영향을 주는지를 밝혀내는 미시적인 수준의 변수의 관계기반의 관계 분석도 필요할 것이다(Judge & Colquitt, 2004).

이를 위해서는 하위 변수들의 고유한 특성을 잠재변수를 통해 관계를 분석하기

보다는, 세부 하위 변인들을 합산의 과정 없이 그대로 서로간의 영향관계 분석을 통해 미시적인 행동 분석과 구체적인 하위 변인들간의 영향관계를 파악하는 것이 필요할 수 있을 것이다. 또한, 세부적인 하위 변수들간의 선형결합을 기반으로 분석하는 정준상관분석(CCA: Canonical Correlation Analysis)의 활용도 가능하다(Hair et al., 2010; Sherry & Henson, 2005).

### 2) 단순한 함수식에 기반한 영향관계 연구가 아닌 지속적 변화를 파악하고 예측할 수 있는 연구

HRD 현장뿐만 아니라, 기업환경이 전반적으로 빠르게 변화하므로, 변화하는 미래를 예측하고 대응 하는 것이 상당히 중요하다. 또한, 조직원들의 지속적 성장과 조직원들의 행동을 과학적인 데이터를 기반으로 얼마나 정확하고 빠르게 예측 할 수 있는지는 HRD 현장과 연구에서 상당히 중요한 영역으로 볼 수 있다(Johnson & Hull, 2014; Marr, 2018; Sanghi, 2014).

이러한 변화에 대응하고 효과적인 HRD 전략을 수립하기 위해서 ① 조직원들의 행동이 어느 정도까지 지속 될 것인지, 어떤 상황에서 변화하게 될 것인지를 정확하게 예측할 수 있어야 하고, ② 조직전체의 변화에 대처할 수 있는 전략수립을 위해서, 과거의 데이터를 기반으로 현재를 분석하고 미래를 예측 할 수 있는 연구가 필수적이다.

구체적인 방법론적 예시로, 잠재성장모델링(Latent growth modeling)은 구조방정식모형의 관점에서 종단 자료를 기반으로 변수의 시간에 따른 변화 혹은 성장(growth)에 대해 모형화 하는 방법이며 변수들간의 관계적 측면에서의 '변화'에 대해 분석할 수 있는 전문적인 방법이다(Duncan, Duncan, & Strycker, 2013). 잠재성장모형의 활용을 위해서는 같은 맥락의 자료를 특정한 시간차를 두고, 세 번 혹은 그 이상으로 반복 측정되어진 종단자료(longitudinal data)나 패널 자료(panel data)에 대하여 집단 평균 또는 개인에 대한 변화량을 확인하는 연구방법이다(Duncan et al., 2013). 잠재성장모델링 분석을 위해서는 3회 이상의 측정된 양적변수(등간척도, 비율척도)가 있어야 하며, 결과치는 측정 기간 동안 동일한 측정단위를 가져야 한다(Grimm, Ram, & Estabrook, 2017). 잠재성장모델링을 통해 무엇이 시간대별로 발행되었는지, 어느 시점에서 프로세스가 시작되었는지, 성장률은 무엇을 설명하는지, 하나의 속성이 다른 변화율에 어떻게 영향을 미칠 것인지 등을 발견하는 것을 목적으로 하고 있다(Grimm et al., 2017). 조직구성원의 행동변화의 관찰이나 교육성과 등을 종단연구할 때 잠재성장모델링이 적합한 연구방법론이 될 수 있을 것이다.

최근 기업의 핵심 관심사 중에 하나는, 조직내 방대한 양의 다양한 자료들을 어떻게 활용해서, 조직에 유용한 의사결정 자료로 활용 할 수 있을지에 대한 것이다(Matzat & Vrieling, 2016; Álvarez & Romaní, 2017). 기업 내에는 우리가 인지하지 못하고 있는 자료를 포함해서 상당한 양의 데이터가 축적되어 있다(Marr, 2018; Tavana & Puranam, 2015).

데이터 마이닝이란 비정형과 정형 데이터를 포함해서, 축적되어 있는 다양한 종류의 대용량의 데이터로부터 이들 데이터 내에 존재하는 관계, 패턴, 규칙 등을 탐색하고 모형화함으로써 유용한 지식을 추출하는 일련의 과정들로써 특히, 벌점회귀모형은 계수를 축소 추정하는 특징으로 인하여 빅데이터 분석 시 주로 이용되는 기법으로 빅데이터를 활용한 예측목적을 위한 연구에서 많이 활용 되고 있다(Hubbard, 2014; Wang, 2003).

또한, 방대한 데이터 가운데 숨겨진 유용한 상관관계를 발견, 실행 가능한 정보를 추출하여 의사결정에 유용한 자료의 패턴을 분석하고 미래를 예측할 수 있는 방법을 제시할 수 있는 방법이다(Tavana & Puranam, 2015). 미래를 예측 할 수 있는 연구의 또 다른 구체적인 방법론적 예시로, 시계열 분석(time series analysis)을 들 수 있다(Ostrom, 1990; Bernal, Cummins, & Gasparrini, 2017). 시계열 분석은, 데이터를 바탕으로 변수의 추세를 파악하고, 시간적 흐름의 변화를 통해 미래를 예측할 수 있도록 하는 것이 주요목적 중 하나이다. 따라서 연도별, 월별, 일별, 계절별 등 일정한 시간 간격 마다 관측값을 데이터화하여 변화되는 데이터의 의미, 데이터 간의 관계를 분석하는 방법론이다(Zhu, Seaver, Sawhney, & Ji, 2017).

양적, 시간적 흐름에 따른 영향관계뿐만 아니라 미래 변화를 예측하는 연구에서 활용되며, 빅데이터 분석방법을 활용한 학습분석학 연구에서도 많이 시도되고 있다(Brooks, Greer, & Gutwin, 2014; Ifenthaler, 2015). 또한 관심있는 특정 결과의 근본적인 흐름을 파악하는데 유용하게 사용되며, 특정한 시간에 처치(intervention), 예를 들어, 리더의 영향력과 지원에 따른 흐름의 변화, 어떠한 영향을 주는지 지속적인 변화를 관찰하는 데 기여할 수 있을 것이다(Komaki, 1998). 이러한 시계열 분석을 기반으로, 조직원들의 행동의 변화와 인력의 수요공급과 같은 다양한 인적자원과 관련된 자료를 분석함으로써, 효율적이고 미래변화에 능동적으로 대처 할 수 있는 연구가 필수적이다.

위에 언급한 연구 방법을 통해, HRD 연구 분야에서 단순한 변수중심으로 접근한 선형적 영향관계의 연구보다는 결과의 지속성과 어느 시점에서 효과 및 결과가 변화하는지에 대한 세부적인 관찰을 구체적으로 깊이를 가지고 접근해 볼 필요가 있다(Dirks & Ferrin, 2002). 예를 들어, "리더십이 조직원들의 직무만족에 영향관계"의 연구에서, 단순히 리더십이 직무만족에 정적인 영향을 준다는 결과를 제시 하는 경우가 많다. 하지만, 리더십이 지속적으로 무한한 긍정적인 영향을 준다고 볼 수는 없을 것이다. 모든 사람은, 지원의 형태가 어떠하던 간에, 그 시간이 지속되면 그에 대한 반응이 무뎌지기 마련이다. 이러한 상황에서, 단순히 리더십의 지원적 성향이 직무만족에 영향 관계를 규명하기 보다는, 어느 정도의 리더십의 지원적 성향이, 시간상, 어느 시점까지, 그리고 어떤 상황에서 그 지속성과 강도가 다르게 나타나는지를 밝혀내는 연구가 필요하다(Dirks & Ferrin, 2002).

### 3) 경험과 인식 기반 데이터 활용연구가 아닌, 과학적 데이터 기반으로 정확한 의사결정에 도움을 줄 수 있는 연구

최근 데이터의 활용이 중요시 여기지면서 HRD 분야에도, 데이터 기반 HRD 활동이 주목을 받고 있다(Marr, 2018). 또한 데이터를 HRD 활동과 연구에 활용하게 됨에 따라, 인식기반 데이터의 연구에서 객관적 자료를 기반으로 하는 데이터 기반 연구가 더욱 필수적이다. 이러한 접근방식을 통해 HRD 연구의 객관성을 더욱 확보할 수 있고, HRD 현장에서는 과학적 데이터 기반 의사결정과 객관적 성과평가에 활용 할 수 있을 것이다(Chae, Kim, & Han, 2017).

HRD 활동과 연구에서 다음과 같은 접근과 방법론을 활용하기 위해서 ① 학습활동과 학습결과, 학습과정에서의 학습자들의 반응을 과학적으로 분석하는 학습분석학(learning analytics)과 ② 지속적인 데이터의 구조화를 통해 연구결과의 객관성을 확보하기 위한 메타데이터 기반 분석(meta analysis)의 활용이 필수적이다(Mattox, van Buren, & Martin, 2016).

최근 몇 년간 온라인 사용환경과 더욱 지능화된 기술활용으로 축적된 온라인 기반 학습 활동 정보는 모두 디지털화되어 축적 될 수 있다는 점에서 빅데이터로서의 특성을 갖고 있다(Jo, Kim, & Yoon, 2015; Wild, 2016). 학습활동에 기반된 데이터 축적으로 학습활동을 향상시키는게 도움을 줄 수 있다는 시각의 학습분석학의 논의는 데이터의 활용은 교육요구도 조사, 교육전략 수립, 교수전략 수립을 포함한 교수학습과정 및 학습활동에 많은 변화를 주고 있다(Siemens & Long, 2011). 특히, 학습분석학(learning analtics)은 단순히 기술적으로 온라인 기반 교육의 웹 환경에서 수집되는 데이터들을 분석함으로써 학습과정에서 학습자에게 적합한 정보와 기회, 학습유지, 학업 성취도 예측 등 학습상황에 대해서 데이터 분석과 활용은 학습자의 특성 및 학습패턴을 통해 학습 촉진을 돕고, 학습자들의 행동패턴을 이해하기에 좋은 도구가 되고 있다(Brooks, et al., 2014; Ifenthaler, 2015).

이러한 학습정보를 통해 학습자에게 제시되는 피드백이나 지속적 학습을 위한 학습동기유발 시기, 학습효과를 위한 타이밍, 제공시기 등을 모색해 볼 수 있을 것이다(Kim, Jo, & Park ,2016). 예전에는 학습자들에게 가장 적합한 교수 방법과 교수 절차를 파악하기 위해 많은 연구들이 실험집단과 통제집단으로 구분지어 차이를 분석하는 실험연구가 주가 되었지만, 앞으로의 연구에서는, 학습분석학을 기반으로, 학습자들의 반응과 학습과정, 그리고 문제 해결 과정까지, 학습자들의 학습패턴과 학습자들의 신체반응을 포함한 뇌공학적 접근을 통한 과학적 데이터 기반 분석이 필수적이다(Larusson & Whitem, 2014; 성은모, 진성희, 유미나, 2016).

구체적인 방법론적 예시로, 학습분석학은 데이터베이스에서 정보를 추출하여 데이터의 패턴을 통해 새로운 분석모델을 찾고, 이러한 결과를 활용하여 효과적인 학습을 위한 정보를 학습자 또는 교수자에게 제공하는 것을 의미한다(US. Department of Education, 2012). 학습분석학은 교육과 학습에 관련된 데이터를 기반으로 의미 있는 학습 패턴과 학습 상황을 분석하는 것으로, ① 학습콘텐츠 데이터, ② 학습활동 데이터, ③ 학습활동 운영 데이터, ④ 학습경험 및 이력 데이터, 그리고 ⑤ 학습프로파일 데이터가 있다. 이러한 미시적이고 세부적인 데이터를 기반으로 학습분석학은 교육데이터마이닝(Educational data mining)과 달리 학습활동(Learning activity) 중에 발생하는 미시적이고 세부적인 정보를 분석하여, 교수학습 과정에서의 학습성과에 영향을 주는 의미 있는 정보들간의 관계를 밝혀내는 방법이다(Singh, Zerihun, & Singh, 2018; Ifenthaler, 2015).

또한, 학습분석학은 단순히 기술적 의미로 적용한 것이 아니라 학습을 위한 시스템 내에서 얻을 수 있는 정보와 데이터의 정보를 활용하여 성공적인 학습을 위해 다시 학습 과정 자체를 재구성하기 위한 최적의 방법을 찾아 내는 연구 방법이다(Schumacher & Ifenthaler, 2018).

학습분석학의 활용에는 전통적으로 활용하던 방법에서 최근 과학기술을 활용한 방법까지 다양하다. 우선, 연구 목적에 따라 학습자들의 학습자 특성자료를 기반으로 분류와 군집화 하기 위한 군집분석(Clustering) 및 분류분석(Classification)을 활용할 수 있으며(Antonenko, Toy, & Niederhauser, 2012; Bogarín, Romero, Cerezo, & Sánchez-Santillán, 2014), 학습자의 학습성과를 예측(Prediction of performance)하고 행동을 탐색(Behavior modeling)하는 연구(Yadav & Pal, 2012) 에서는 회귀분석(Regression)을 적용해 볼 수 있다. 또한 학습자들 간의 상호관계, 교수자의 상호관계를 살펴보기 위해서는 사회적 연결망 분석(Social Network Analysis)을 통한 네트워크관계분석을 사용할 수 있다(Palazuelos, García-Saiz, & Zorrilla, 2013). 또한, 최근에는 과학적 도구를 활용하여, 학습 과정에서의 학습자들의 눈동자의 움직임(eye tracking)과 심장 박동수를 측정하여 학습자의 학습 긴장도를 분석하고, 학습 집중도를 분석할 수 있는 접근까지 활용할 수 있다(Knight, Horsley, & Eliot, 2014; Liu, Tam, Tse, Lam, & Tam, 2015).

교육환경의 변화로 인해, 웹기반 교육환경, 모바일 학습환경, LMS(Learning Managment System), 컴퓨터 기반 학습환경, MOOC/사회적 학습, 게임기반 학습(Game Based Learning System)등과 같은 새로운 학습환경 속에서 학습이 일어나고 있다(Brooks, et al., 2014; Hew & Cheung, 2014). 이러한 교육 환경에서 학습자의 학습성과를 높이기 위한 요소들을 파악하고 적절한 시기에 맞춘 교육적 개입은 학습자들의 학습 몰입을 높일 수 있다. 이를 바탕으로 한 학습성과를 향상시키기 위한 다양한 전략이 필요하며, 학습분석학은 이러한 학습전략 수립을 위한 객관적 학습 데이터를 제공할 수 있다(Kim, Kim, Yuan, Hill, Doshi, & Thai, 2015).

따라서, 학습자가 학습하는 과정에서 나타나는 상태 정보를 데이터로 추출하고 분석함으로써 학습자의 학습패턴과 행동을 모델링하고, 학습성과예측, 교수전략제시를 도출함으로써 기존에 패턴화, 정량화하기 어려웠던 부분들을 객관적인 데이터들로 수치화하고 이를 기반으로 현상분석, 미래예측이 가능한 방법으로 미시적인 접근까지 하고자 하는 노력이 필요할 것이다.

또 다른 구체적인 방법론적 예시로, 메타분석은 분석의 분석(analysis of analysis)

이라고 불릴 만큼, 어떤 가설을 검증하기 위해 유사한 변수를 활용한 방대한 양의 연구들을 체계적으로 고찰하는(Systematic Review) 방법이다. 이를 통해, 다양한 연구들에서 사용된 데이터를 통합하여 하나의 연구로 분석할 수 있다(Glass, 1976; Rosenthal, Hoyt, Ferrin, Miller, & Cohen, 2006).

메타분석은 단일 주제에 대해 다른 각각의 개별 연구결과물들을 통합하여 대규모 데이터를 기반으로 검증함으로 보다 객관적이고 신뢰할 수 있는 결론을 도출하기 위한 목적으로 유용하게 활용될 수 있어 행동과학, 사회과학분야 등을 포함한 여러 분야에서 통계 방법론으로 활용되고 있다(Zhu, Jiang, Cao, Sun, Chen, Liu, 2015).

예를 들어, 조직 구성원의 조직문화에 대한 연구는 다양한 분야의 조직구성원들을 대상으로 연구가 이루어지고 있다. 리더십은 협력적 조직문화 형성에 유의한 영향을 주는 연구들이 다수인데, 대학 조직의 경우는 리더십이 조직문화 형성에 큰 영향을 미치지 않는 경우가 있다. 이럴 경우 관계가 유의하지 않은 것으로 결론을 내리게 되어 연구 결과가 조직에 따라 서로 상충됨을 나타낼 수 있을 것이다(Dirks & Ferrin, 2002).

이처럼 같은 주제에 대한 연구라 하더라도 측정 대상이나 집단, 측정시기에 따라 영향관계에 대한 차이가 나타날 수 있고 다른 결론에 도달할 수 있으며, 같은 연구물로 문헌연구를 하더라도 그 연구과정이 주관적일 가능성이 높은 단점이 있다(Meyer, Stanley, Herscovitch & Topolnytsky, 2002). 따라서 선행연구들의 변수들과 연구결과들을 기반으로 체계적인 문헌분석을 통하여 서로 다른 결론에 도달하였더라도 왜 다르게 분석되었는지 구별해 볼 필요성이 있다(Dirks & Ferrin, 2002).

이러한 경우 각 개별 연구에서 도출 된 결과들을 표준화 과정을 통해 편의(bias)를 최소화하여 효과 크기(Effective size 혹은 eta)를 비교하여 결론을 도출하는 메타분석 방법을 적용해 볼 수 있다. 메타분석의 절차는 ① 관심주제를 선정하고 주제와 일치하는 선행연구들을 검색하고 ② 기존 연구들의 결과들을 수집하여 비교

가능한 효과크기로 변환한 표준화 점수를 산출하여 ③ 수집한 효과크기 분석, 동질성 검증 및 효과검증 등 체계적인 데이터 오류 검증, 평가를 통해 ④ 다양한 출처에서 수집된 연구결과를 객관적으로 분석하는 것이다(Meyer, et al., 2002).

이처럼 다양한 문헌을 기반으로 진행되는 메타분석연구는 주로 ① 유사주제에 관한 연구들이 서로 상반되거나 결론이나 다양한 논쟁의 소지가 있는 연구결과에 대해 보다 신뢰성있고 타당성을 가진 결론을 제시해야 하는 경우, ② 현장에서 양적 데이터를 직접 수거할 수 있는 여건이 되지 않는 경우와 ③ 유사한 주제에 관련된 체계적으로 압축된 데이터가 필요한 경우이다. 특히 메타 분석은 측정오류를 감소시키고 연구효과를 실증적 검증을 통해 보다 결론의 정확성을 높여준다(오성삼, 2002; Cohn & Becker, 2003; Cooper, 2016).

이러한 메타분석의 가장 큰 장점 중 하나인 서로 다른 개별연구결과를 종합하여 주요변수의 효과에 대해 그 방향(direction)과 크기(amount) 분석을 통하여 효과의 긍정 또는 부정을 파악하고, 효과크기의 정도를 확인하는 발전과정을 거쳐 하나의 주제에 대해 상반된 결과가 나타났을 때, 메타분석을 통해 증거기반 연구(evidence based practice)를 구현하고, 현행 개별연구결과의 실태를 정리하며, 각 분야에서 실질적으로 현장과 학문적 발전에 기여하며, 향후 개별연구의 방향을 제시해 볼 수 있을 것이다(Meyer, et al., 2002). 최근 들어 메타 분석의 응용적 방법으로 메타구조모형방정식(Meta-Strcutural equation modeling) 방법론을 활용한 연구가 다양한 분야에서 적용되고 있다(Card, 2011; Cheung, 2015). 메타 SEM 분석은 구조방정식의 기술과 장점을 메타 데이터를 활용해서 적용 할 수 있다는 점에서 상당히 발전된 방법이라 여겨진다. 메타구조모형방정식은 기존 연구들로부터 추출한 상관 혹은 공분산 행렬을 통합하고, 이 통합 상관 행렬에 구조방정식 모형을 적합시키는 방식으로 이루어지게 된다(Jak, 2015). 구조방정식과 같이 연구가설에 따라 모형을 다양하게 설정할 수 있고 변수간의 관계 설정이 용이하여 매개, 조절효과 등 연구의 범위에 따라 복잡한 모델링도 가능하여 설정에 따라 융통성 있게 확장 가능하다. 또한 메타분석은 결측치가 있는 경우 자료를 삭제하였지만 구조방정식에서는 결측값이 있어도 FIML(Full Information Maximum Likelihood)로 분석 가능하기 때문에 데이터를 손실하지 않고도 분석이 가능함으로 메타 SEM 분석에서도 같은 원리로 결측이 있어도 추정에 포함 가능한 장점이 있다(Cheung, 2015). 이러한 메타구조모형방정식 방법을 통해, 변수들간 관계를 방대한 자료와, 다양한 연구자들이 유사한 분야에서 관련있는 데이터를 활용한 연구를 재검증 해보면서, 높은 신뢰성을 기반한 연구 결과를 도출 할 수 있을 것이다.

## 3. HRD 연구의 미래

수많은 HRD 분야의 학자들이 50여 년 이상의 이론 정립 연구 노력에도 불구하고, HRD 고유의 학문 자체적 이론이 부재한 상황을 지적하는 많은 학자들이 있다. 이는 단순한 이론의 부재뿐만 아니라, 이로 인한 학문적 정체성까지 위협을 받을 수 있는 상황이다. 또한 HRD 고유 이론의 부재는 HRD 담당자들의 현업 적용에도 업무 추진과 전략 수립에 있어서 충분한 타당성을 제공하지 못하고 있음을 인지할 필요가 있다. 다른 측면으로 바라본다면, HRD의 학문의 근간이 응용학문이고, 다양한 학문의 융합을 소산으로 본다면, "융합"과 "초연결"이 핵심인 미래 사회를 대비하는데 큰 문제는 없을 것으로 보인다(세계미래보고서2018, 박영숙, 제롬 글렌). 하지만, 이러한 사회적 변화에 편승해서 학문적 생존을 보장받기 위해서, 학문적 고유성을 유지하고, 존재의 목적은 분명히 하며, 명확한 이론적 융합을 통한 HRD 분야의 수월성을 확인시켜야 하는 숙제는 남아 있다.

앞서 언급한, ① 성과창출과 학습 효과 극대화를 위한 사람의 세부적 행동에 대한 구체적인 관계 증명, ② 단순한 영향관계 보다는 지속적 변화를 예측 할 수 있는 분석, 그리고 ③ HRD 연구의 타당성을 확보할 수 있는 과학적 데이터와 메타데이터 기반 분석 연구들은 HRD의 학문적 정체성을 확고히 할 수 있고, 무엇보다 실용학문이라는 점에서 HRD 현장에 HRD 활동에 대한 이론적 그리고 연구기반 타당성을 제공할 수 있는 역할을 할 수 있을 것이다. 또한 이러한 연구가 HRD 학문적 고유 이론 정립 연구와 함께 병행 된다면, HRD 영역의 학문적 정체성도 더욱 확고해 질 수 있을 것이다.

물론, 본 연구에서 언급되는 것으로 충분한 근거가 충족될 수 없을 수 있으나, 앞서 제시한 HRD 연구의 페러다임 변화는 HRD 분야의 학문적 연구자와 현장 전문가들이 더욱 진보된 HRD 활동을 지속적으로 제공하고, 세상의 변화에 지속적으로 대응할 수 있는 연구 전략을 모색하는 데 있어서 작은 주춧돌이 될 것이라 믿는다.

## 참고문헌

성은모, 진성희, 유미나. (2016). 학습분석학 관점에서 학습자의 자기주도학습 지원을 위한 학습 데이터 탐색 연구. 교육공학연구, 32(3), 487-53.

오성삼 (2002). 메타분석의 이론과 실재. 서울: 건국대학교출판부.

Álvarez, E., & Romaní, J. (2017). Measuring social capital: further insights. *Gaceta Sanitaria, 31*(1), 57-61.

Antonenko, P. D., Toy, S., & Niederhauser, D. S. (2012). Using cluster analysis for data mining in educational technology research. *Educational Technology Research and Development, 60*(3), 383-398.

Bernal, J. L., Cummins, S., & Gasparrini, A. (2017). Interrupted time series regression for the evaluation of public health interventions: a tutorial. *International Journal of Epidemiology, 46*(1), 348-355.

Bierema, L. L., & Callahan, J. L. (2014). Transforming HRD: A Framework for Critical HRD Practice. *Advances in Developing Human Resources,16*(4), 429-444.

Blader, S. L., & Tyler, T, R. (2009). Testing and Extending the Group Engagement Model: Linkages Between Social Identity, Procedural Justice, Economic Outcomes, and Extrarole Behavior. *Journal of Applied Psychology. 94*(2), 445-464.

Blikstein, P. (2013). Multimodal learning analytics. *In Proceedings of the third international conference on learning analytics and knowledge* (pp. 102-106). Leuven, Belgium: ACM.

Bogarín, A., Romero, C., Cerezo, R., & Sánchez-Santillán, M. (2014). Clustering for improving educational process mining. *In Proceedings of learning analytics and knowledge conference 2014, LAK'14, Indianapolis, IN, USA* (pp. 11-15).

Brooks, C., Greer, J., & Gutwin, C. (2014). The Data-Assisted Approach to Building Intelligent Technology-Enhanced Learning Environments. In J. A. Larusson & B. White (Eds.), *Learning Analytics: From Research to Practice*(pp. 123-156). New York: Springer.

Card, N. A. (2011). *Applied meta-analysis for social science research*. New York: Guilford Press.

Chae C., Kim J., & Han S. (2017). Research trends in HRD(2006-2015): A keyword network analysis of articles in AHRD journals, *The Korean Journal of Human Resource*

*Development Quarterly, 19*(1), 99-127.

Cheung, M. W. L. (2015). Meta-Analysis: A structural equation modeling approach. New York, NY: John Wiley & Sons.

Cohn, L. D., & Becker, B. J. (2003). How meta-analysis increases statistical power. *Psychological methods, 8*(3), 243.

Cooper, H. (2016). *Research synthesis and meta-analysis: A step-by-step approach* (5th ed.). Thousand Oaks, CA: Sage Publicatons

Dirks, K. T., & Ferrin, D. L. (2002). Trust in leadership: Meta-analytic findings and implications for research and practice. *Journal of Applied Psychology, 87*(4), 611-628.

Duncan, T. E., Duncan, S. C., & Strycker, L. A. (2013). *An introduction to latent variable growth curve modeling: Concepts, issues, and applications*(2nd ed.). London: Routledge Academic.

Fenwick, T. (2004). Toward a critical HRD in theory and practice. *Adult Education Quarterly, 54*(3), 193-209.

Fenwick, T.(2005). Conceptions of Critical HRD: Dilemmas for Theory and Practice. *Human Resource Development International8*(2), 225-238.

Gedro, J., Collins, J. C., & Rocco, T. S. (2014). The "critical" turn: An important imperative for human resource development. *Advances in Developing Human Resources, 16*(4), 529-535.

Githens, R. P.(2015). Critical Action Research in Human Resource Development. *Human Resource Development Review14*(2), 185-204.

Glass, G. V. (1976). Primary, secondary, and meta-analysis of research. *Educational Researcher, 5*(10), 3-8.

Glisson, C., & James, L. R. (2002). The cross-level effects of culture and climate in human service teams. *Journal of Organizational Behavior, 23*(6), 767-794.

Grimm, K.J., Ram, N., & Estabrook, R. (2017). *Growth Modeling: Structural Equation and Multilevel Modeling Approaches. Methodology in the social sciences*. NY: Guilford Press.

Hair, J. F., Black, W. C., Babin, B. J., & Anderson, R. E. (2010). *Multivariate data analysis*(7th ed.). Upper Saddle River, NJ: Prentice hall.

Hamlin, B., & Stewart, J. (2010). What is HRD? A definitional review and synthesis of the HRD domain. *Journal of European Industrial Training, 35*(3), 199-220.

Hew, K. F., & Cheung, W. S. (2014). Students' and instructors' use of massive open online courses (MOOCs): Motivations and challenges. *Educational Research Review, 12*(1), 45-58.

Hubbard, D. W. (2014). *How to Measure Anything: Finding the Value of Intangibles in Business.*(3rd ed.). New Jersey: John Wiley & Sons.

Ifenthaler, D. (2015). *Learning analytics. In J. M. Spector*(Ed.), *The sage encyclopedia of educational technology*(2nd ed., pp. 447-451). Los Angeles, California: Sage Publications.

Jak, S. (2015). *Meta-analytic structural equation modelling*. Berlin, Germany: Springer International Publishing.

Jang, J. C., Suh, J. B., & Kwon, H. J. (2017). A Multi-Level Approach of Organizational Citizenship Behaviors in the Hotel Industry. *Journal of Tourism & Industry Research, 37*(4), 5-12.

Jo, I. H., Kim, D. H., & Yoon, M. H. (2015). Constructing Proxy Variables to Measure Adult Learners' Time Management Strategies in LMS. *Journal of Educational Technology & Society, 18*(3). 214-225.

Johnson, U, Y., & Hull, D, M. (2014). Parent Involvement and Science Achievement: A Cross-Classified Multilevel Latent Growth Curve Analysis. *Journal of Educational Research, 107*(5), 399-409.

Judge, T. A., & Coloquitt, J. A. (2004). Organizational justice and stress: the mediating role of work-family conflict. *Journal of Applied Psychology, 89*(3), 395-404.

Kim, C, M., Kim D, H., Yuan, J, M., Hill, R, B., Doshi, P., & Thai, C, N. (2015). Robotics to promote elementary education pre-service teachers' STEM engagement, learning, and teaching. *Computer & Education, 91,* 14-31.

Kim, C., Kim, D., Yuan, J., Hill, R. B., Doshi, P., & Thai, C. N. (2015). Robotics to promote elementary education pre-service teachers' STEM engagement, learning, and teaching. *Computers & Education, 91*, 14-31.

Kim, J., Jo, I.-H., & Park, Y. (2016). Effects of learning analytics dashbard: Analyzing the relations among dashboard utilization, satisfaction, and learning achieve- ment. *Asia Pacific Education Review, 17*(1), 13-24.

Knight, B. A., Horsley, M., & Eliot, M. (2014). Eye tracking and the learning system: An overview. In M. Horsley, M. Eliot, B. A. Knight, & R. Reilly (Eds.), *Current trends in eye tracking research* (pp. 281–285). Cham, Switzerland: Springer International.

Komaki, J, L. (1998). *Leadership from an operant perspective*. London: Routledge.

Kozlowski, S. W. J., & Klein, K. J. (2000). A multilevel approach to theory and research in organizations: Contextual, temporal, and emergent processes. In Klein K, Kozlowski S (Eds.), *Multilevel theory, research, and methods in organizations: Foundations, extensions, and new directions*(pp. 3-90). San Francisco, CA: Jossey-Bass.

Lane, F., Nimon, K., & Roberts, J. K. (2012). A random intercepts model of part-time employment and standardized test scores using SPSS. In G. D. Garson (Ed.). *Hierarchical linear modeling: Guide and applications*(pp. 149-165). Thousand Oaks, CA: Sage.

Larusson, J, A., & Whitem, B. (2014). *Learning Analytics: From Research to Practice* (eds). New York, NY: Springer.

Liao, H., & Chuang, A. (2004). A multilevel investigation of factors influencing employee service performance and customer outcomes. *Academy of Management Journal, 47*(1), 41-58.

Lin, B., Law, K., & Zhow, J. (2017). Why is underemployment related to creativity and OCB? A task-crafting explanation of the curvilinear moderated relations. *Academy of Management Journal, 60*(1), 156-177.

Liu, K., Tam, V., Tse, P., Lam, E., & Tam, V. (2015). Developing the PETAL e-Learning Platform for Personalized Teaching and Learning. In G. Chen, V. Kumar, Kinshuk, R. Huang, & S. C. Kong (Eds.), *Emerging Issues in Smart Learning*(pp. 119-122). Berlin Heidelberg: Springer.

Lynham, S. A. (2002). The general method of theory-building research in applied disciplines. *Advances in Developing Human Resources, 4*(3), 221-241.

Marr, B. (2018). *Data-Driven HR: How to Use Analytics and Metrics to Drive Performance* (1st ed.). New York: Kogan Page.

Mattox, J, R., van Buren, M., & Martin, J. (2016). *Learning Analytics: Measurement Innovations to Support Employee Development*. Hong Kong: Graphicraft.

Matzat, U., & Vrieling, E. (2016). Self-regulated learning and social media-a 'natural alliance'? Evidence on students' self-regulation of learning, social media use, and student-teacher relationship. *Learning, Media and Technology, 41*(1), 73-99.

McGuire, D., & Cseh, M. (2006). The development of the field of HRD: A Delphi study. *Journal of European Industrial Training, 30*(8), 653-667.

Meier, K. J., & Hicklin, A. (2008). Employee Turnover and Organizational Performance: Testing a Hypothesis from Classical Public Administration. *Journal of Public Administration Research and Theory, 18*(4). 573-590.

Meyer. J, P., Stanley, D, J., Herscovitch, L., & Topolnytsky, L. (2002). Affective, Continuance, and Normative Commitment to the Organization: A Meta-analysis of Antecedents, Correlates, and Consequences. *Journal of Vocational Behavior, 61*(1), 20-52.

Ostrom, C, W. (1990). *Time Series Analysis: Regressuib Techniques*(2nd ed.). California: SAGE Publications.

Palazuelos, C., García-Saiz, D., & Zorrilla, M. (2013). Social network analysis and data mining: an application to the e-learning context. In C. Badica, N. Nguyen & M. Brezovan (Eds.), *Computational collective intelligence. Technologies and applications*(pp. 651-660). Heidelberg: Springer Berlin.

Park, S, Y., Chaudhuri, S., Hewapathirana, G. I., Johnson, K. R., & Bowen, M. M. (2016). An Analysis of Award-Winning Refereed Articles from the Journals Sponsored by the Academy of Human Resource Development. *Human Resource Development Quarterly, 27*(4), 547-555.

Raudenbush, S. W., & Bryk, A. S. (2002). *Hierarchical linear models: Applications and data analysis methods*(2nd ed.). Thousand Oaks, CA: Sage *Research Review, 12*, 45-58.

Rosenthal, D. A., Hoyt, W. T., Ferrin, J. M., Miller, S., & Cohen, N. D. (2006). Advanced methods in meta-analytic research: applications and implications for rehabilitation counseling research. *Rehabilitation Counseling Bulletin, 49*(4), 234-246.

Sackett, D. L., Rosenberg, W. M., Gray, J. M., Haynes, R. B., & Richardson, W. S. (1996). Evidence based medicine: What it is and what it isn't. *British Medical Journal, 312*, 71-72.

Sanghi, S. (2014). *Human Resource Management*. New Delhi: Vikas Publishing House Pvt.

Schumacher, C., & Ifenthaler, D. (2018). Features students really expect from learning analytics. *Computer in human behavior. 78*, 397-407.

Sherry, A., & Henson, R. (2005) Conducting and interpreting canonical correlation analysis in personality research: A user-friendly primer. *Journal of Personality Assessment, 84*(1), 37-48.

Siemens, G., & Long, P. (2011). Penetrating the fog-analytics in learning and education. *Educause Review, 46*(5), 30-32.

Singh, M, K., Zerihun, Z., & Singh, N. (2018). *Impact of Learning Analytics on Curriculum Design and Student Performance*. Hershey: IGI Global.

Swanson, R. A. (2007). Theory framework for applied disciplines: Boundaries, contributing, core, useful, novel, and irrelevant components. *Human Resource Development Review, 6*(3), 321-339.

Swanson, R. A., & Holton, E. F. (2009). *Foundations of Human Resource Development*(2nd ed.). San Francisco: Berrett-Koehler.

Tavana, M., & Puranam, K. (2015). *Handbook of Research on Organizational Transformantions through Big Data Analytics*. Hershey: Business Science Reference.

U.S. Department of Education, office of Educational Technology. (2012). *Enhancing teaching and learning through educational data mining and learning analytics: An issue brief*, Washington, D. C.

Wang, J. (2003). *Data Mining: Opportunities and Challenges*. Hershey: Idea Group Publishing.

Wild, F. (2016). *Learning Analytics in R with SNA, LSA, and MPIA*. Switzerland: Springer.

Yadav, S. K., & Pal, S. (2012). Data mining: A prediction for performance improvement of engineering students using classification. *World of Computer Science and Information Technology Journal, 2*(2), 51-56.

Zhu, C., Jiang, T., Cao, H., Sun, W., Chen, Z., & Liu, J. (2015). Longitudinal analysis of meta-analysis literatures in the database of ISI Web of Science. *International Journal of Clinical and Experimental Medicine, 8*(3), 3559-3565.

Zhu, X., Seaver, W., Sawhney, R., & Ji, S. (2017). Employee turnover forecasting for human resource management based on time series analysis. *Journal of Applied Statistics, 44*(8), 1421-1440.

## 요약

수많은 HRD 분야의 학자들이 50여 년 이상의 이론 정립 연구 노력에도 불구하고, HRD 고유의 학문 자체적 이론이 부재한 상황을 지적하는 많은 학자들이 있다. 이는 단순한 이론의 부재뿐만 아니라, 이로 인한 학문적 정체성까지 위협을 받을 수 있는 상황이다. 또한 HRD 고유 이론의 부재는 HRD 담당자들의 현업 적용에도 업무 추진과 전략 수립에 있어서 충분한 타당성을 제공하지 못하고 있음을 인지할 필요가 있다.

HRD 학문의 미래를 위해, ① 성과창출과 학습 효과 극대화를 위한 사람의 세부적 행동에 대한 구체적인 관계 증명, ② 단순한 영향관계 보다는 지속적 변화를 예측 할 수 있는 분석, 그리고 ③ HRD 연구의 타당성을 확보할 수 있는 과학적 데이터와 메타데이터 기반 분석 연구들이 필수적이다. 이러한 노력은 HRD의 학문적 정체성을 확고히 할 수 있고, 무엇보다 실용학문이라는 점에서 HRD 현장과 HRD 활동에 대한 이론적 그리고 연구기반 타당성을 제공할 수 있는 역할을 할 수 있을 것이다. 또한 이러한 연구가 HRD 학문적 고유 이론 정립 연구와 함께 병행 되어진다면, HRD 영역의 학문적 정체성도 더욱 확고해 질 수 있을 것이다.

## 탐구 질문

1. HRD 연구의 패러다임은 어떻게 변화해 오고 있으며, 어떻게 변화해야 하는가?
2. HRD 분야에서 지금까지 우리가 해 온 연구들의 부족한 부분은 무엇인가?
3. HRD 분야에서 HRD 고유 이론 정립을 위한 이론연구는 왜 중요한가?
4. HRD 분야의 발전적 미래를 위해 필요한 연구 방법과 접근은 무엇인가?

## / 저자 소개 /

**송지훈(jhsong77@hanyang.ac.kr)**

현재 한양대학교 교육공학과 교수로 재직중임. 2008-2015까지 Oklahoma State University와 University of North Texas 조교수를 역임함. 관심분야는 학습조직, 조직몰입, 지식창출 등이며, SSCI급 20여 편을 포함해서 총 70여 편의 연구저널을 게재함. 전미 HRD 분야 최우수 교수상(2012), AHRD 선정 올해의 신진 학자상을 수상(2014)하고, 총 8차례 AHRD 학회 선정 Cutting Edge 연구상을 수상함.

제19장

오석영(연세대학교)

# 조직학습 연구

## 목표

1. 조직학습의 의미를 파악할 수 있다.
2. 조직학습의 주요 이론과 모형을 설명할 수 있다.
3. 조직학습과 유사한 개념을 비교하여 설명할 수 있다.
4. 비판적 관점에서 조직학습을 논의할 수 있다.
5. HRD에서 조직학습의 향후 과제를 제시할 수 있다.

## 핵심용어

조직학습, 학습조직, 지식경영, 조직지식, 비판적 관점의 조직학습, 개인학습, 그룹학습, 지식공유, 지식전이, 공유된 인지체계.

## 1. 조직학습의 의미

조직은 학습하는가? 조직은 왜 학습하며 어떻게 학습하는가? 인간이 하는 학습이 조직에게도 가능한가?라는 질문들에 대한 답을 얻고자 조직학습(organizational learning) 분야는 지속적으로 성장하며 발전해 왔다. 조직학습의 개념은 크게 조직구성원들의 학습에 초점을 맞춘 미시적 관점과 조직 자체의 변화과정에 초점을 맞춘 거시적 관점을 토대로 성장해 왔다. 전자의 경우 조직 내 구성원들의 학습 과정을 통한 공유된 지식형성에 초점을 맞추었는데 구성원들의 학습 동기, 학습결과물의 공유과정 과정, 학습을 통해 생성된 지식과 활용을 강조하였다. 후자의 경우 조직환경의 요구를 파악하거나 또는 정당성(legitimacy)을 얻기 위한 환경 적응 과정에 초점을 맞추었는데, 이 경우 구성원 개개인의 학습을 강조하기보다 관리자의 의사결정 및 문제해결과정에서 합리적 선택을 극대화하여 외부 환경에 조직이 어떻게 반응해야 하는가를 강조한다. 두 가지 관점 모두 학습을 조직경쟁력으로 보고 조직학습을 통해 공유된 행동체계가 변화된다는 행동이론(behavioral theory)에 기초하는 점은 동일하나 전자는 조직 내부로부터의 학습 과정에 후자는 외부로부터의 자극 또는 관리자 중심의 학습에 초점을 두며 발전한 것이 특징이다.

조직학습이 HRD 분야에서 관심을 받게 된 것은 1970년대 이후 Cris Argyris 나 Donal A. Schön이 인지주의적 관점에서 조직 내 학습과정을 설명하면서부터이다. 이들은 조직학습을 '오류를 발견하고 고치는 과정(a process of detecting or correcting errors)'으로 정의하고(Argirs, 1977, p. 116) 조직 내부로부터의 학습 과정에 초점을 두어 설명하였다. 조직학습의 대상이 되는 조직 내 오류는 조직이 목적을 달성하는데 있어 조직원들의 학습을 방해하는 잘못된 지식 또는 학습관행을 말하는데 일반적으로 관리자들은 자신은 변하지 않으며 조직원들의 잘못만 지적하며 변화시키려 한다는 학습적 관행을 비판하였다. 이들은 관리자 자신이 갖고 있는 근본적 오류까지 수정하려는 태도 즉 이중고리학습(double-loop learning)이 조직학습을 위해 필요하다고 강조하였으며 이는 후에 모든 조직 구성원들이 갖춰야 할 조직학습의 중요한 특성으로 설명되었다.

이후 90년대 인간관계론을 강조한 Douglas McGreger, 학습조직의 Peter Senge, 개인학습과 조직학습을 연결하여 설명한 Dineal Kim 등의 MIT Sloan 대학 학자들이 중심이 되어 조직 내 개인학습이 조직 차원의 학습으로 전이되는 과정을 인간의 인지과정, 시스템이론, 인간관계이론 등과 접목하여 조직학습이론으로 설명하였다. 조직 구성원 개개인의 학습활동이 기반이 되어 조직 행동이 결정된다는 조직학습의 개념은 HRD의 '조직 성장을 통한 구성원의 성장'(Swanson & Holton, 2001)과 일치되어 HRD 분야에서 연구되었으며, 조직개발(organizational development)의 영역의 하나로 자리잡히게 되었다(McLean, 2006). 이후 Mary Crossan 등의 캐나다 일부 학자들에 의해 조직학습이 사회심리학적 과정으로 개념화되고 모델링되면서 구성원들의 학습활동에 대한 실증연구가 본격화되었으며, Russ Vince, John Coopey, Mark Easterby-Smith 등의 사회학적 관점의 유럽학자들에 의해 조직 내 정치, 권력과의 관계가 학습활동에 미치는 영향까지 고려되어 연구되는 등 일터학습의 현실적 문제까지 포괄적으로 논의되며 개념이 성숙되어 발전되어 왔다. 이후 조직학습은 조직 구성원들의 참여를 통한 학습과정이 조직의 특성을 어떻게 구성해가는가에 대한 구성주의적 입장이나(Chia, 2017), 어떻게 하면 올바로 구성할 수 있을까에 대한 비판주의적 입장을 갖고 성장하였다(Popova-Nowak & Cseh, 2015).

한편 카네기 학파 중심의 조직학습은 조직 내 구성원들의 학습활동에 기초한 개념보다는 조직전략, 조직선택, 조직적응에 있어 조직의 내외적 경험이 주는 의미해석과정으로 보아, 조직학습에 개인학습의 특성이 다소 배재된 조직행동론적 관점에서 조직학습을 개념화하였다. James March와 Herbert Simon 등이 주축이 된 카네기 학파는 기존 조직이론이 가진 합리적 행위모델의 한계를 지적하며 제한된 합리성적 상황에서 의사결정이 이루어질 수밖에 없으며 제한된 상황 속에서 만족스러운 결정을 얻기까지 반복적으로 학습하며 조직의 행동을 결정한다고 주장하였다. 따라서 반복적인 경험은 환경에 적응하기 위한 조직의 행동을 형성하게 하고 규범이나 제도로 조직에게 내재된다. 다만 제한된 합리성은 맥락적 상황에 의존적이므로 불확실성이 높을수록 적극적으로 환경을 해석하는 능력을 발휘하지만 한계에 다다를 경우 내부적인 해석과정 없이 주변과 동화되어 조직구성원들의 학습활동이 배재된 체 조직이 행동하기도 한다. 또한 조직 내부에 이미 행동의 패턴으로 굳어진 일상의 습관(routine)이나 관행은 환경을 제대로 인식하고 해석할 수 없는 제약을 주기도 하여 조직학습은 환경을 해석하는 능력을 높이고 오래된 관행으로부터 벗어나는 학습적 메카니즘이라고도 할 수 있다(Simon, 1991).

이 두 가지 관점 모두 어떻게 조직이 변화에 대응하며 혁신하는가를 답하기 위해 연구된 이론적 관점을 지닌다. 전자는 구성원들의 학습과 지식형성에, 후자는 환경에 대응하는 의사결정 시스템(학습시스템)에 초점을 두지만 서로 다른 두 관점이 모두 조직의 혁신이라는 하나의 목표를 갖는다. 본 장에서는 이중 구성원들의 학습과 지식형성에 초점을 둔 조직학습관점에서 기술하며 후에 이를 후자의 관점과 어떻게 연결시킬지 논의하려 한다.

### 1) 조직학습과 유사개념: 학습조직, 지식경영, 조직지식

조직학습의 개념은 흔히 학습조직(learning organization), 지식경영(knowledge management), 조직지식(organizational knowledge) 등의 개념과 함께 논의되지만 이들 간의 개념을 구분하기는 쉽지 않다. Easterby-Smith 와 Lyles(2011)는 조직학습과 조직지식을 학습조직과 지식경영과 구분하여 전자를 이론(theory), 후자를 실천(practice)적 특성을 지니고 있다고 보았다. 또한 조직학습과 학습조직을 조직지식과 지식경영과 구분하여 전자는 과정(process)적 특성이 후자는 내용(content)적 특성이 높다고 보았다. 다시 말해 학습(조직학습, 학습조직)은 과정에 충실하며 지식(조직지식과 지식경영)은 학습을 통해 나온 결과 즉 내용으로 본다.

우리가 학습조직(LO)이라 부르는 조직은 학습을 최우선의 가치로 보고 구성원들의 학습이 잘 수행 되는 우수사례에서 도출된 조직의 특성이라 할 수 있다(Tsan, 1997). 따라서 학습활동(과정)을 중시하는 실천적 실체라 할 수 있다. 반면 조직학습(OL)은 조직 내 학습이 개인차원에서 시작되어 조직차원으로 전이되는 과정, 또는 조직차원에서 수집된 정보가 개인차원에서 학습되는 과정 등 조직 내 구성원들 간 학습하는 과정이자 학습 모델을 지칭한다. 따라서 학습조직을 조직학습을 잘하는 조직이라 하는 것도 이와 같은 특성을 반영한 것이다.

한편 조직지식(OK)은 Michael Polanyi와 Ikujiro Nonaka의 암묵지(tacit knowledge)과 명시지(explicit knowledge)의 개념으로 대표되는 학습의 결과들이다. 또한 경험으로 내재된 암묵지(暗默知)는 의식하고 객관화할 수 있는 지식인 명시지(明示知)로 발전될 수 있으며, 명시지는 또 다른 암묵지의 생성을 돕는다. 관습과 문화를 통해 나타나는 집단적 차원의 암묵지는 구성원들의 정체성 형성에 도움을 주고 조직고유의 가치를 지키기도 하지만 새로운 암묵지 형성을 저해하거나 구성원 개인의 행동에 제약을 주어 조직지식이 실행되는 것을 방해하기도 한다. 이와 같이 조직 내 지식의 형태의 특성과 지식을 소유하는 주체(예: 개인 또는 조직)에 따른 조직지식 형성을 개념화 한 것을 조직지식이라 할 수 있다.

반면 지식경영(KM)은 보다 실무적인 것으로 조직 내 암묵지를 어떻게 발굴하고, 어떻게 명시지화 시키며, 이를 어떻게 저장하고 활용하는가에 대한 실천적 사례를 발굴하는데 초점을 둔다. 조직 내 필요한 지식이 생성되는 공간이나 주체를 파악하여 데이터화 한다던지 생성된 지식이 상품이나 서비스로 변환되는 데 필요한 과정을 설계하는 것은 지식경영에서 중요하다. 또한 조직 내 지식을 공유하는 시스템을 구축하고 활용하는 방법을 발굴한다(Dalkir, 2018). 이처럼 조직학습과 유사한 학습조직, 조직지식, 지식경영은 학습과 지식, 또는 이론과 실천에 초점을 맞춰 개념화되어 구분될 수 있으며 이들 간의 관계를 아래 [그림 19-1]과 같이 도식화 할 수 있다.

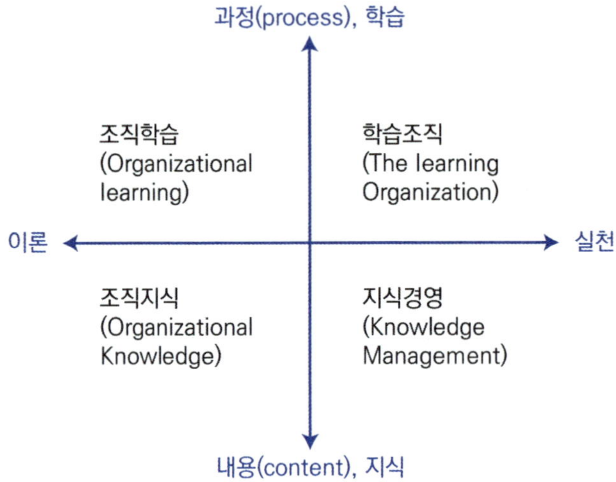


**[그림 19-1]** 조직학습, 학습조직, 지식경영, 조직지식의 특성(Easterby-Smith & Lyles, 2011, p.4)

## 2. 조직학습의 주요 모형

이번 절에서는 대표적인 조직학습 모형을 살펴본다. Argyris 와 Schön의 단일고리학습과 이중고리학습모형, Kim의 개인학습과 조직학습의 연계모형, Crossan과 동료들의 조직학습모형을 차례로 살펴본다.

### 1) Argyris 와 Schön의 조직학습 모형

Argyris와 Schön의 조직학습모형은 조직 구성원들의 개인학습 결과가 왜 조직차원의 지식으로 전환되지 못하는가에 대한 질문에서 시작되었다. 그들은 이러한 이유 중 하나로 조직 구성원들과 관리자 간의 의사소통의 차이에 문제가 있다고 보았다. 구성원들과 관리자는 각각 자신의 행위에 대한 설명을 타인에게 내보일 때 쓰는 신봉이론(espoused theory)와 실제 그들의 행동을 지배하는 사용이론(theory-in-use)

이 있으며 이 두 개가 서로 다를 경우 타집단에게 자신의 행동을 설명하는 신봉이론과 실제 행동이 달라 서로에게 믿음을 주지 못한다고 보았다.

Argyris와 Schön의 조직학습모형은 단일고리학습(single-loop learning)과 이중고리학습(double-loop learning)모형으로 설명된다. 단일고리학습은 기대되었던 학습결과를 갖지 못했을 경우 발생하며 정해진 목표를 달성하기 위한 학습이다. 반면 이중고리학습은 기대된 행동이 단일고리학습을 통해 얻어지지 못했을 경우 이를 지배하는 신념에 대해 의문을 품고 신념을 수정하는 과정에서 발행된다. 다시 말해, 조직의 전략이나 신념, 관행 등에 대한 비판적 이해와 수정을 통해 기대된 행동이 얻어질 수 있도록 하는 것이다. 예를 들어, 강의실 온도를 모두 25도로 설정하는 것이 학습의 효과성을 높일 수 있다고 결정하였을 때, 모든 강의실이 25도의 온도를 유지하게 하는 과정은 단일고리학습에 해당된다. 즉, 각 강의실에서는 각각의 학생수, 창문의 개수, 냉난방시설의 성능 등이 고려되어 25도의 적정온도를 유지하려 하는 다양한 방법을 구상할 것이다.

그러나 25도라는 온도가 학생들이 공부를 하는데 적절한 온도일까라는 의문은 수업이 진행되는 현장에서 나올 수 있다. 강의실의 온도가 25도로 유지가 되어도 학생들이 학습을 하는데 효과적이지 못하다고 느낀다면 '왜 온도설정이 25도인가'부터 다시 생각해야 할 것이며 온도설정이 변해야 학생들이 학습을 효과적으로 할 수 있다든지, 온도를 꼭 획일적으로 맞추지 않고 강의실마다 다르게 할 수는 없는지 생각하고 이를 실천하는 과정이 이중고리학습과정인 것이다. Argyris와 Schön은 관리자와 일반구성원 간의 소통의 차이는 관리자가 구성원들의 행동은 변화시키려 하면서 정작 자신의 행동을 변화시키지 않으려는 태도에서 온다고 보았다. 이들이 제시한 조직학습모형에서의 가장 중요한 점은 조직은 개인의 학습을 통해 학습할 수 있지만 조직이 가지고 있는 규범, 문화, 제도 등은 개인의 학습을 방해할 수도 있고 촉진할 수도 있다고 지적한 점이다.

다시 말해, 조직학습 시스템은 개인과 조직 학습간의 연결을 통해 이루어지지만,

서로의 학습을 방해 할 수 있는 딜레마를 함께 가지고 있다. 이를 최소화하기 위해 학습이 발생하기 좋은 상황과 조직학습모델을 제안했다(Argyris, 1977; 1993). 먼저 조직은 다음과 같은 학습상황이 있어야 한다; 1) 상대적으로 빠르게 대응하고 행동해야 하는 실생활의 문제점이 존재하는 상황, 2) 구성원들의 능력과 기술이 문제를 해결하는데 직접적으로 관련되어야 하는 상황, 3) 문제가 일상적인 관행으로 해결되지 않아 창의적 생각과 행동이 필요한 상황, 4) 학습참여자들이 권한을 부여받아 처리할 수 있는 상황, 5) 참여자들에게 문제해결에 도움이 되는 다양한 정보를 활용 할 수 있는 환경이 그것이다.

이러한 상황과 환경에서 발생될 수 있는 조직학습은 모델 1과 모델 2로 나뉘어 제시될 수 있다. 모델 1은 학습목표가 명확하고, 긍정적 성취동기를 극대화하며, 관리자와 구성원과의 일방적 관계(일방적으로 자신을 보호하거나 상대방을 의사에 수긍하는 관계)를 유지하며 학습하는 것이다. 모델 1의 학습환경은 합리적 사고에 기초하며 조직이 부여하는 의도된 목표를 달성하기 위한 학습활동을 계획하고 실행하는데 도움이 된다. 다만 학습목표가 조직으로부터(위로부터) 부여되므로 최초의 신념이 잘못된 것인지 알 수 없다는 점, 모두가 방어적 관계를 유지하므로 자신의 입장에 해가될 경우 상대방을 비난하여 근원적 문제상황을 올바로 해석하지 못하는 한계를 지닌다. 반면, 모델 2는 방어적 자세를 최소화하고 생산적이고 학습지향적인 태도로 문제를 보는 특성을 갖는다. 모델 2는 타당한 정보가 제공되고 자유롭게 정보를 선택하며 책임감을 가지고 그 선택의 실행여부를 지속적으로 모니터링하는 학습 환경을 갖는다. 관리자와 구성원과의 관계는 서로 협력적이되 자신을 방어하거나 일방적으로 타인의 의사에 수긍하는 태도를 버리고 문제해결을 목적으로 협력하며 학습한다. 이를 위해 위험을 감수하며 실험을 통해 새로운 규칙과 결과를 창조하는 과정에 높은 가치를 두기도 한다.

Argyris와 Schön은 조직학습과정이 모델 1과 2를 모두 포함하지만 조직의 혁신을 위해서 모델 1에서 2로 옮겨지는 과정이 필요하다고 주장한다. 아울러 모델 1에서

2로 옮겨지기 위해서는 이중고리학습이 발생하여야 하는데 이는 조직과 개인 모두에게 도전적일 수 있어 실천되기가 쉽지 않다. 하지만 조직과 개인이 서로의 학습을 방해할 수 있다는 딜레마적 상황이 해결되고 문제가 궁극적으로 해결되기 위해서는 구성원간의 협력적 관계의 경험이 선행되어야 하고 이중고리학습은 이러한 경험을 제공함으로써 조직과 개인 모두가 성숙하며 발전하는 것을 돕는다.

### 2) Kim의 조직학습 모형

Kim(1993)은 Argyris와 Schön과 마찬가지로 구성원의 개인학습이 어떻게 조직차원으로 전이시키는가를 조직학습 모형을 통해 밝히려 했다. 특히 개인학습의 이론을 조직학습과정과 접목하여 모형을 제안한 것이 특징이라 할 수 있다. Kim은 조직학습을 '효과적 행동을 취하기 위한 역량을 향상시키는 과정'으로 정의하여(p. 38) 행동주의적 관점에서 조직학습과정을 정의하였고, Kolb의 경험학습 이론을 조직학습모형에 접목하여 설명하였다. Kolb가 제시한 경험학습과정인 '구체적 경험-관찰과 성찰-추상적 개념화-실험을 통한 적용'은 구성원들이 무엇을 학습할 것인지(구체적 경험과 관찰과 성찰)와 어떻게 이를 적용할 것인지(추상적 개념화, 실험을 통한 적용)로 구분되어 설명될 수 있는데 전자는 '개념학습'(conceptual learning) 후자를 '운영학습'(operational learning)으로 명명하였다. 이 두 학습은 각각 개인의 세계관이자 의식적, 무의식적 행동을 지배하는 인지체계(mental model)에 영향을 주거나 영향을 받는데, 그 과정에서 '개념학습'은 개인이 현상을 이해하고 성찰하는 사고의 틀(frameworks)에 '운영학습'은 행동에 내재된 관행(routine)과 연계되어 개인차원의 학습을 일으킨다.

한편 개인의 인지체계는 조직차원의 인지체계, 즉 공유된 인지체계(shared mental models)와 영향을 주고받는다. 개인의 인제체계는 조직 내 작동하는 가치관과 제도에 영향을 받지만 조직이 지니고 있는 가치관과 제도가 더 이상 환경의 변화에 적절하게 대응하지 못할 경우 조직 구성원들은 조직차원의 제도와 가치관에 불만을 가지고 새로운 공유된 인지체계를 갖기 위해 노력한다. Kim은 공유된 인지체계는 환경에 대한 조직의 행동을 결정지을 조직 내 가치 및 문화를 대변하는 '조직 세계관'(독일어인 weltanschauung으로 명명함)과 조직 내 제도나 관습에 내제된 조직관행(organizational routines)으로 구성되어있으며 개인의 사고의 틀(frameworks)과 내재된 관행(routine)과 끊임없이 상호작용하며 조직의 공유된 인지체계를 형성한다. 공유된 인지체계는 조직 메모리 또는 해석 시스템으로 지속적으로 환경을 분석하고 해석하며 조직 구성원들의 행동에 영향을 주는데 이러한 해석 시스템이 더 이상 환경을 해석하지 못하거나 잘못된 해석을 할 경우 조직 구성원들의 개인학습의 결과가 이를 변화시킨다는 것이다. Kim 역시 이를 개인과 조직의 이중고리학습과정으로 보았고 이를 통해 조직 행동의 변화를 야기한다고 보았다. 일상적 관행에 기초한 개인행동과 조직행동은 환경이 요구하는 수준을 만족시키기 위해 단일고리학습을 통한 대응행동을 하지만 신기술의 개발, 경쟁업체의 출현 등 예상치 못한 환경의 변화가 발생하고 기존의 조직이 지니고 있는 시스템으로 대응하지 못할 경우 이중고리학습을 통해 조직의 인지체계를 변화시킨다고 본 것이다.

Kim 역시 개인학습이 조직학습으로 연계되는 과정에 다음과 같은 딜레마가 있음을 경고한다. 첫째, 개인이 할 수 있는 업무역할이 지나치게 제한적일 때 개인의 학습결과는 새로운 실천으로 이행되지 않는다. 둘째, 조직이 명확히 방향을 제시하지 못할 때 개인의 학습결과는 조직의 행동으로 이어지지 못한다. 셋째, 조직 내 산재되어 있는 개인의 학습결과를 논의할 수 있는 대화의 장이 부족할 때 개인의 인지체계는 공유된 인지체계로 전환되지 못한다. 넷째, 조직 구성원이 합의하는 과정을 통해 결정된 행동이 아니라 일부 관리자의 독단적인 의사결정으로 조직행동이 일어날 때 그 실행이 전사적으로 일어나기 힘들다. 따라서 개인이 자유롭게 학습할 수 있는 작업환경과 그 내용이 공유될 수 있는 제도적 보장, 합리적인 합의 과정이 보장된 의사결정 체계 등은 개인학습을 조직차원으로 연결시키는데 중요한 요소들이라 할 수 있다.

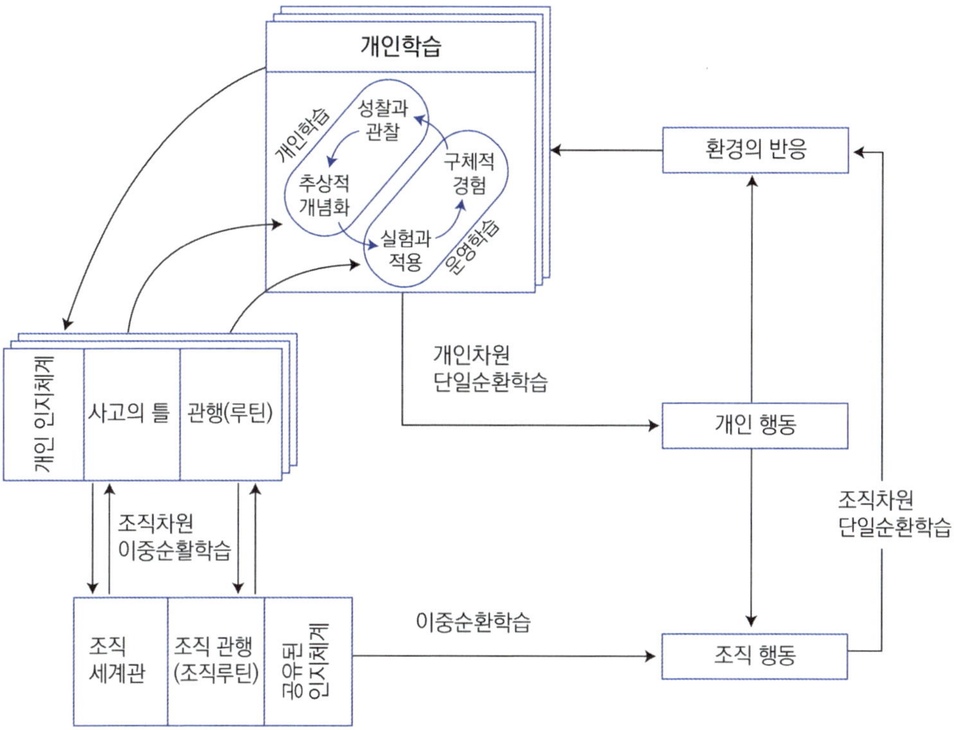


**[그림 19-2]** Kim(1993)의 조직학습 모형 (p.44)

### 3) Crossan *et al.*의 조직학습 모형

한편 Crossan *et al.*(1999)은 조직학습을 보다 다차원적으로 발생하는 사회·심리적 과정으로 보았다. 그들은 조직학습을 '전략적 갱신(strategic renewals)을 이루기 위한 주요 수단'(p. 522)으로 정의하고 갱신의 개념을 March(1991)의 탐색(exploration)과 활용(exploitation)의 반복적 과정으로 보았다. 탐색은 조직이 새로운 지식을 창조하는 행위이고 활용은 기존에 가지고 있는 지식을 찾아내 상황에 맞게 활용하는 것이다. 흥미로운 점은 James March는 탐색과 활용은 상황 속에서 선택되는(trade-off) 대체적 개념으로 보았지만 Crossan은 이를 상호 균형을 이루며 함께 지니고 갈 수 있는 '양손잡이 관점(ambidextrous perspective)'으로 보았다. 다시 말해, 탐색과 활용을 둘 중 하나를 선택해야 하는 별개의 개념이 아니라 함께 균형을 이루며 공존할 수 있는 개념으로 본 것이다. Nonaka(1994)가 주장한 조직지식 창조이론(theory of organizational knowledge creation)에서도 조직 구성원들이 가지고 있는 암묵지가 새로운 명시지를 창출해 내는 근간이 되고 명시지의 활용이 또 다른 암묵지를 생산해 낸다고 주장했듯이 양손잡이 관점은 인간 또는 인간의 집합체인 조직이 가지고 있는 학습의 특성은 학습을 통해 조직이 지니고 있는 자원이 소비되어 새로운 학습을 하는데 한계를 갖는다는 것이 아니라(다시 말해 탐색과 활용 어느 하나만 선택되어야 하는 것이 아니라), 상호 균형 상태를 유지하며 서로의 학습에 긍정적 영향을 주어 함께 개발될 수 있는 양면적 특성을 지녔다고 주장한다. 이런 탐색과 활용의 양면적 특성은 함께 일하는 조직 구조, 학습을 장려하는 환경적 맥락이 둘을 함께 공존하게 하며 둘의 활동을 상호 촉진하여 조직성과를 올릴 수 있는 것이다.

Crossan은 탐색과 활용을 피드포워드(feed-forward)와 피드백(feedback) 학습이라 명명하였다. 이러한 학습은 직관(intuiting), 해석(interpreting), 통합(integrating), 제도화(institutionalizing) 과정을 통해 발생 되고 개인, 그룹, 조직 차원에서 일어난다. 조직이 새로워지는 과정(renewals)은 개인, 집단이나 팀과 같은 그룹, 그리고 조직 차원에서 발생하는 다차원적 학습주체에서 발생하며 이는 사회·심리적 과정 즉, 직관, 해석, 통합, 제도화의 과정을 통해 생성되는 것이다. 이러한 사회·심리적 과정은 Kim이 제시한 개인의 인지체계의 변화와 마찬가지로 학습주체의 인식(cognition)과 행동(behavior)의 변화를 수반한다. 또한 개인차원의 학습이 그룹으로 또는 조직차원으로 전이되는 피드포워드 학습이 일어나기도 하며 조직차원에서 발생하는 학습이 그룹 또는 개인차원의 학습으로 전이되는 피드백 학습이 일어나 개인, 그룹, 조직간 전후방위로 학습된 내용이 전이된다. 아울러 피드포워드와 피드백 학습은 직관, 해석, 통합, 제도화의 과정과 함께 서로 균형적 평형을 이루며 상호 촉진 시킨다. 아래 [그림 19-3]에 나타난 과정은 이러한 조직학습의 역동적 과정을 설명한다.

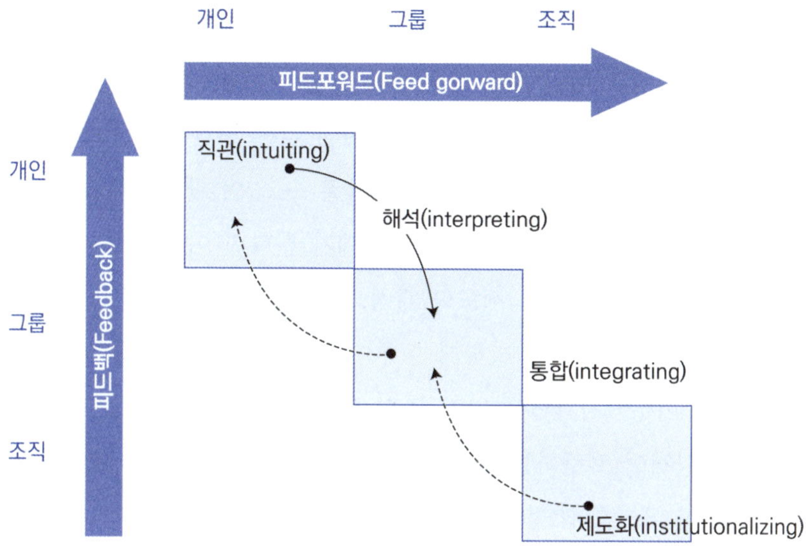


[그림 19-3] Crossan *et al.*(1999)의 조직학습 모형 (p.522)

직관은 개인차원에서 발생하는 개인학습의 기본이다. 직관은 상황을 의식적 또는 무의식적으로 인식하는 과정이다. 직관은 상황 속에서 나타나는 다양한 현상들이 기존의 인식체계와 다를 경우 새로운 사고의 가능성을 갖게 하고, 과거와 비슷한 형태를 보이고 있을 경우 자신의 생각과 행동을 더욱 견고하게 하는데 활용된다. 직관적으로 기존의 것과 다른 새로운 현상을 경험했을 때 조직구성원은 은유를 통한 언어적 표현이나 그림 등을 통해 이를 형상화하거나 묘사하며 타인과 함께 해석한다. 지각된 느낌을 언어로 표현하기 시작한다는 것은 모호성으로부터 얻은 다양한 의미를 상호 충돌시키는 과정이며 다른 사람들과의 교감을 통해 조정되고 정제되어 해석된다. 직관 단계가 잠재의식에서 시작되었다면 해석 단계는 의식적 활동을 통해 현상에 대한 의미를 명확히 하려는 활동이다. 집단(group) 차원에서 해석

작용이 활발하게 이루어지게 되면 모호한 개념이 하나의 개념으로 통일되거나 표준화된 행동으로 통합되는 단계를 경험한다. 통합단계는 공유된 다양한 해석을 기반으로 조직 전체가 받아들일 수 있는 객관화된 지식을 도출해 내는 과정이라 할 수 있다. 이 경우 조직 내 이해관계 집단들 사이에 상호 조정과 타협이 일어나거나 갈등이 발생하기도 한다. 이때 충분한 합의를 통해 갈등이 해소되지 않을 경우 구성원들이 개념적으로는 이해하나 행동으로는 실천하지 않는 차단학습(blocked learning)이 발생하거나 합리적으로 이해하지 않지만 어쩔 수 없이 행동하게 되는 강요학습(forced learning)으로 이어질 수 있다. 통합단계가 끝나면 이를 제도, 시스템, 전략, 관행 등으로 내재화하는 과정인 제도화 과정으로 넘어간다. 신생조직일 경우 오래된 조직 보다 제도화 과정이 활발하게 이루어진다. 이러한 제도화 과정은 내부적 합의과정을 통해 이루어지기도 하지만 조직 외부의 환경의 요구에 따라 이루어지기도 한다. 기업환경이 요구하는 규범이나 제도는 조직이 제도화 해야 하는 또 다른 신호다. 이러한 제도화 과정은 진단 시스템(diagnostic system)과 상호작용 시스템(interactive systems)적 성격을 가지고 있는데 전자는 일상적 행위로 표준화 시키고 운영하는 시스템이라고 한다면 후자는 구성원들과의 상호작용 또는 환경과의 상호작용을 촉진하고 구성원들의 상호학습을 가능하게 하는 조직적 노력이다(예; 주기적인 벤치마킹이나 조직 내 공식적 멘토링 제도 구축).

Crossan *et al.*은 후속연구에서 학습결과가 조직 전체로 전이되지 않을 경우 개인의 이직률이 높아지거나 집단이기주의가 조직에 팽배해져 조직성과를 향상시키지 못한다고 경고한다. 예를 들어 조직 내 일부 영업부서가 가지고 있는 노하우가 최고사례로 공유되지 않고 그들만의 전문성으로 머문다면 부서 간의 갈등과 경쟁이 심화되고 결국은 그 기업은 조직경쟁력을 잃게 될 것이다. 반면, 조직 구성원 몇 명이 가지고 있는 번뜩이는 아이디어가 조직의 지식으로 전이되어 새로운 제품 개발로 연결되는 경험을 가진 기업은 구성원들이 적극적으로 환경의 변화를 분석하고 대안을 제시하여 높은 기업경쟁력을 갖출 가능성이 높은 것이다. Oh(2012)는 개인,

그룹, 조직 내 학습 결과의 축적(learning stock)은 관리자의 변혁적 리더십이나 구성원들의 학습을 독려하는 조직문화에 기인하며 개인, 그룹, 조직 간의 학습결과의 상호 전이(learning flow)는 학습관리시스템 등 제도적 지원이 이루어 질 때 촉진되어 학습전이과정과 축적과정은 전략적으로 촉진될 수 있음을 경험적으로 증명하였다. 또한 학습결과의 전이과정은 학습결과의 축적과 조직성과를 매개하여 지식 공유가 조직성과에 미치는 중요성을 입증하였다.

## 3. 비판적 관점에서의 조직학습

지금까지 조직학습이 일어나는 과정을 세 가지 모형을 통해 살펴보았다. 세 모형에서 공통적으로 강조된 것은 개인차원의 학습과 조직차원의 원활한 연계이며 조직의 갱신 또는 조직 혁신을 위해 구성원 모두가 협력적 관계에서 학습결과를 공유할 경우 조직학습은 개인 학습의 단순 합이 아니라 그 이상의 시너지를 가질 수 있다는 것이다.

하지만 앞의 세 모형은 다음과 같은 의문을 갖게 한다. Argyris와 Schön이 주장한 이중고리학습의 대상으로 핵심관리자가 지목되었을 때 그들은 순순히 변화의 대상이 되겠는가? Kim이 주장한 개인의 인지체계의 변화가 조직의 공유된 인지체계의 변화에 영향을 준다고 하였지만 실제 조직에서는 공유되지 않은 인지체계가 더욱 강요되고 있지는 않은가? 또한 Crossan과 동료들이 직관, 해석, 통합, 제도화 과정을 통해 조직학습이 일어난다고 했는데 조직 내 특정 집단이 해석과 통합, 제도화 과정을 주도하고 있지는 않은가?

비판적으로 조직학습을 해석하는 관점에서는 이러한 질문에 대한 답이 기존 조직학습 문헌에서 충분히 논의되지 않았다고 주장한다. 기존의 조직학습 모형이 합리적 관점 치우쳐 조직 내 정보나 지식을 협력적으로 생성되고 공유되는데 초점이

맞춰져 있었지 조직이 가지고 있는 권력, 정치, 갈등 등의 다양한 특성이 고려되지 않은 것이다. Esterby-Smith *et al.*(1998)는 조직학습을 이해하는데 있어 기존의 경영과학이나 생산관리적 관점 외에 인간의 학습요구를 설명하는 인본주의적 관점, 정치적 상황이나 갈등적 관계가 내재된 사회적 관점, 인간의 생존과 번영을 위해 가치와 신념이 생성되고 해석되어지는 과정을 다룬 문화인류학적 관점 등도 함께 고려되어야 한다고 주장한다. Vince(2001) 역시 조직 내 정치권력작용이 조직학습을 방해하거나 본래의 의도를 왜곡할 수 있지만 그렇다고 이러한 정치적, 권력적 특성을 배재하고 조직학습을 논하는 것은 조직 내 학습활동이 일어나는 과정을 이해하는데 한계가 있다고 주장한다. 실재 조직학습은 조직의 전략을 실천하고 조직효과성을 증대시키기 위해 일어나기도 하지만, 때로는 '하면 된다' 식의 관리자의 강제가 '상황적 학습'을 일으켜 난관을 극복하게 하기도 하고, 관리자의 정치적 설득에 의해 충분한 동기부여 없이 한 행동이 조직성과로 이어지는 경우도 있기 때문이다. 다시 말해, 권력과 정치 행위가 학습을 억압시키고 학습결과를 왜곡시키기도 하지만 어떻게 권력과 정치행위를 통해 조직학습이 시행되고 표현될 수 있는지도 함께 생각해야 조직학습을 온전히 이해할 수 있다는 것이다.

그렇다면 이러한 권력행위가 갖는 학습에 대한 순기능이 있다면 무엇이며 어떻게 권력을 통해 학습이 일어날 수 있음을 설명할 수 있을까? Lawrence *et al.*(2005)는 조직학습과정에서 권력의 일화적 권력(episodic power)과 체제적 권력(systemic power)이 각각 조직원들의 학습을 돕고 학습결과를 조직차원으로 제도화하는 과정을 제시하였다. 이들의 권력에 대한 개념은 관리자가 독단적으로 획득하고 군림하는 권력의 개념보다는 특정 상황에 부여된 의미가 상징적으로 권력의 속성을 지녀 행사하거나, 조직 전체에 자연스럽게 형성되어 누적된 관습(habitus)의 형태를 띠며 이러한 권력은 갈등과 모순이 혼재한 상황에서 이를 완화하고 합의된 의사결정을 하도록 유도하는 준거가 된다. 이러한 일화적, 또는 제도적 권력은 관리자와 구성원들 또는 조직 시스템과 구성원 사이의 관계를 권력적 특성으로 구성원들의 학습을 유발시킨다. 실재로 오석영(2014)은 조직 내 권력적 행동이 상호 경쟁과 성과중심 활동 및 학습참여를 통해 지식전이에 미치는 효과에 대해 경험적으로 증명하기도 하였다. 그렇다면 어떤 상황에서 이러한 권력적 특성은 구성원들의 자발적 학습을 유발시킬까? Oh(2018)는 제도가 가진 공정성과 관리자가 가진 신뢰가 조직 내 지식의 공유를 촉진한다고 주장한다. 한국 기업의 지식축적과 전이과정이 조직성과에 미치는 영향관계에서 조직 제도가 공정하다는 믿음은 자신이 갖은 지식을 그룹이나 조직차원으로 전이하는데 결정적 역할을 하며(조절효과를 가지며), 반면 구성원들이 관리자들에게 갖는 신뢰는 조직이 의도적으로 전달하는 지식을 수용하고 받아들이는데 결정요인으로 작용한다는 것을 경험연구를 통해 입증했다.

그렇다면 어떻게 조직 내 신뢰가 형성될 수 있을까? 첫째, 조직원 구성원의 조직에 대한 신뢰 형성은 자신이 일방적으로 희생당하지 않을 것이라는 지속적인 경험을 통해 축적된 믿음에서 얻어진다. 다시 말해 관리자나 제도가 지닌 권력이 자신들을 위해 쓰이고 있다는 믿음이 선행되어야 한다. 둘째, 일을 수행하는 과정 속에서 겪은 정치적, 권력적 관계로부터 발생 되는 부산물(Vince는 감정(emotion)이라고 표현하기도 함)은 일이 수행된 후 조직에 대한 소속감이나 정체성으로 남을 수 있어 이를 어떻게 재해석하는가, 어떻게 의미를 부여하는 가에 대한 기회가 충분히 제공되어야 한다. 뜻하지 않게 발생된 갈등이 해소될 수 있는 것은 함께 의미를 부여하는 과정이 보장되어야 얻어질 수 있다. 마지막으로 조직 내 권력은 조직 구성원들이 함께 참여하여 형성된 것이라는 경험적 합의가 있어야 한다. 권력 자체가 갖는 의미가 강압적이거나 적대적이지 않게 하기 위함이다. Coopey(1998)는 이를 '개혁적 극장(radical theater)'을 통한 참여로 보았다. 학습은 학습자가 직접 또는 대리적으로 참여하는 상황이나 사건에서 추출한 경험을 적극적으로 사용함으로써 발생하는데 조직 구성원들이 자신의 경험에 대한 비유적인 표현을 만들고 이를 통해 '탐구적인 드라마' 즉 자발적이고 동등한 조건에서 서로의 역할을 이해하고 수행할 수 있는 장을 만든다. 아울러 이를 통해 공유된 미래의 행동을 제시할 수 있을 때 권력적, 정치적 행위는 학습으로 이어지는 것이다.

비판적 관점에서의 조직학습은 권력적 정치적 상황을 고려한다. 정치적 과정은 개혁의 가능성을 만들어내고 현재 존재하는 제도적 한계를 확장하는 과정으로 학습을 본다. 참여와 합의가 동등하게 보장된다는 믿음은 조직학습을 가능하게 할 것이다.

## 4. 조직학습의 도전과제

조직학습은 조직 구성원의 개인학습이나 구성원들 간의 협력학습을 통해 조직이 추구하는 목적을 달성하는 과정이라 할 수 있다. 일터에서 개인이 경험하는 학습은 개인이 주도적으로 학습을 계획하고 실천하는 자기주도적학습, 조직이 의도적으로 학습목표를 부여하고 체계적으로 지식, 스킬, 태도에 관한 교육과 훈련을 제공해주는 계획된 학습, 일터에서의 우연적인 상황에서 마주치는 경험 속에서 지식, 가치, 의미를 얻게 되는 우연 학습 등 다양하다. 하지만 구성원들이 경험하는 일터학습은 대부분 업무를 통해 개인 자신의 경험의 폭을 넓히고 전문가로 성장하는 것을 목적으로 한다. 때로는 개인의 성장에만 관련된 내용에 집중하기도 하고 때로는 개인 자신보다는 개인이 속한 부서 또는 조직 전체의 성과를 우선시하며 일에 참여한다. 개인의 학습이 때로는 조직 목적과 조화를 이루지만 때로는 충돌하며 갈등을 일으킨다.

조직학습 분야는 이러한 개인학습과 조직 간의 충돌을 최소화 하고 개인과 조직 모두의 성장을 이루기 위한 방법을 모색하며 성장해 왔다. 합리적 조직이론은 직무의 역할과 기능이 체계적으로 구조화될 때 개인과 조직이 모두 성장한다고 보았고, 제한된 합리성은 한정된 자원을 활용하며 대안을 찾아가는 과정을 조직학습으로 보았다. 사회적 관점에서는 권력을 통제의 수단보다는 참여와 합의를 통한 제도화

과정으로 갈등을 최소화 하자고 하였다. 심리학적인 관점에서는 개인간, 집단간의 지속적인 대화와 토론을 통해 그들의 인지체계를 공유하는 과정 속에서 학습을 극대화하고자 하였다. 이렇듯 조직학습은 다양하게 묘사될 수 있지만 결국은 개인이 조직이라는 학습의 장에서 서로 협력하며 성장하는 과정이라 할 수 있다. Chia(2017)은 조직학습을 '길을 찾는 자(wayfinder)'로서의 역할을 강조한다. 조직이 처한 환경은 지속적으로 변하고 조직이 학습하는 방법은 상황에 따라 다르게 발현되기 때문에 조직학습은 환경을 읽고 상황에 맞는 학습방법을 찾아 대안을 제시하는 전략적 도구로 활용해야 한다는 것이다.

조직학습은 영원하며 변하지 않는 진리를 지속적으로 계승하는 존재(being)에 대한 것이라기보다 유동적이며, 다차원적이고, 맥락에 따라 늘 변화하는 일상의 과정 즉 '되어지는 과정(becoming)'에 대한 것이다. 따라서 조직과 개인은 환경이 제공하는 문제적 상황을 어떻게 협력적으로 대응해야 할지를 학습을 통해 찾아가야 한다. 이러한 학습환경은 조직이 개인학습자에게 학습하고 싶은 다양한 동기를 줄 수 있는 제도나 환경(affordance)과 개인이 일터에서 지속적으로 전문성을 확보하며 실무를 통한 실천을 통해 조직성과를 향상시키는 노력이 만날 때 형성된다.

## 참고문헌


오석영 (2014). 조직 내 권력 형태와 조직학습활동간의 관계 탐색. 경영교육연구, 29(2), 305-335

Argyris, C. (1977). Double loop learning in organizations, *Harvard Business Review*, Sept.-Oct.115-125.

Argyris, C. (1993). Education for leading-learning, *Organizational Dynamics, 21*(3), 5-17.

Chia, R. (2017). A process-philosophical understanding of organizational learning as "wayfinding": Process, practices and sensitivity to environmental affordances, *The Learning Organization, 24*(2), 107-118,

Crossan, M. M., Lane, H. W., & White, R. E. (1999). An organizational learning framework: From intuition to institution. *The Academy of Management Review, 24*(3), 522-537.

Coopey, J. (1998). Learning to trust and trusting to learn: a role for radical theatre. *Management Learning, 29*(3), 365–82.

Dalkir, K. (2018). *Knowledge Management in Theory and Practice* (3rd ed.) Boston, MA: MIT press.

Easterby-Smith, M., & Lyles, M. A. (2011). *Handbook of Organizaitonal Learning and Knowledge Management* (2nd Ed.) Chichester: John Wiley & Sons.

Easterby-Smith, M., Snell, R., & Gherardi, S. (1998). Organizational learning: Diverging communities of practice? *Management Learning, 29*(3), 259-272.

Kim, D. H. (1993). The link between individual and organizational learning. *Sloan Management Review, 35*(1), 37-50.

Lawrence, T. B., Mauws, M. K., Dyck, B., & Kleysen, R. F. (2005). The politics of organizational learning: Integrating power into the 4I framework. *The Academy of Management Review, 30*(1), 180-191.

March, J. G. (1991). Exploration and exploitation in organizational learning. *Organization Science, 2*(1), 71-87.

McLean, G. N. (2006) *Organization Development: Principles, Processes, Performance,* San Francisco, CA: BerrettKoehler.

Nonaka, I. (1994). A dynamic theory of organizational knowledge creation. *Organization Science, 5*(1), 14-37.

Oh, S. Y. (2012). *The strategic use of QM practices for organizational learning and business performance*. Refereed paper presented at the UFHRD conference https://www.ufhrd.co.uk/wordpress/wp-content/uploads/2012/11/UFHRD2012KM10docx.pdf.

Oh, S. Y. (2018). Effects of organizational learning on performance: the moderating roles of trust in leaders and organizational justice. *Journal of Knowledge Management*, in press.

Popova-Nowak, I. V., & Cseh, M. (2015). The meaning of organizational learning: A meta-paradigm perspective. *Human Resource Development Review, 14*(3), 299-331.

Simon, H. A. (1991). Bounded Rationality and Organizational Learning, *Organization Science, 2*(1), 125-134.

Swanson, R. A., & Holton, E.F. (2001). *Foundation of human resource development*. San Franciso: Berrett-Koehler.

Tsan, W. K. (1997). Organizational Learning and the Learning Organization: A Dichotomy Between Descriptive and Prescriptive Research. *Human Relations, 50*(1), 73-89.

Vince, R. (2001). Power and emotion in organizational learning. *Human Relations, 54*(10), 1325–1351.

## 요약

HRD에서 조직학습의 개념은 '조직의 성장을 통한 구성원의 성장'이라는 인적자원개발의 목적과 부합하며 조직개발의 하위개념으로 발전해 왔다. 조직학습은 조직 내 구성원들 또는 구성단위간의 학습 과정에 초점을 둔 점에서 결과 즉 내용에 초점을 둔 조직지식, 지식경영과 구별되며, 개인, 그룹, 조직차원의 학습과정과 그 연계를 설명하는 이론적 내용에 초점을 두었다는 점에서 실천적 방법을 강조하는 학습조직과 구별된다. 조직학습은 다양한 모형으로 설명되는데 단일고리학습과 이중고리학습모형, 개인-조직 연계모형, 직관, 해석, 통합, 제도화로 이루어진 4I 모형이 학습과 연계된 대표 모형이라 할 수 있다. 비판적 관점에서의 조직학습은 조직 내 권력 및 정치행위를 통한 학습과정의 억압 및 학습결과의 왜곡을 지적하며 신뢰와 공정성이 선행되어야 한다고 주장한다. 아울러 조직학습의 향후 도전과제는 변화하는 환경에 대응하는 조직경쟁력으로 역할 하는 것이며 조직마다의 조직학습과정을 활성화시켜 환경에 선제적으로 대응하는 역량을 조직이 보유할 수 있도록 '길을 찾는 자'로서의 역할을 수행하는 것이다.

## 탐구 질문

1. 조직학습이 지식경영과 학습조직과 다른 점은 무엇인가?
2. 세 가지 조직학습모형이 설명하는 조직학습 과정의 특징은 무엇인가?
3. 비판적 관점에서 조직학습이 강조하는 것은 무엇인가?
4. 조직학습이 HRD에 기여할 수 있는 것은 무엇인가?


## / 저자 소개 /

**오석영(syoh@yonsei.ac.kr)**

현재 연세대학교 교육학부 교수로 재직 중이며 주요 관심영역으로 조직 내 일터학습 활성화 방안, 무형식학습, 팀 학습, 초기경력자 및 청소년 직장적응 등이 있다. 주요 경력으로는 한국직업능력개발원 부연구위원, 명지대 부교수를 역임하였다.

# 제20장

주영진(삼성전자)/정재삼(이화여자대학교)

# 비형식 학습의 전이설계

## 목표

1. 비형식 학습의 전이를 촉진하기 위한 주요 전략을 분석하고 제안할 수 있다.
2. 형식 학습에서 사용된 전이 전략을 비형식 학습에 어떻게 적용할 수 있는지 설명할 수 있다.
3. 70:20:10 프레임워크의 적용이 비형식 학습에 미치는 영향을 평가할 수 있다.
4. Baert(2018)의 일터 학습 프레임워크를 활용하여 비형식 학습의 전이를 설명할 수 있다.
5. 비형식 학습의 전이에 대한 실증 연구의 필요성을 논의하고 제언할 수 있다.

## 핵심용어

학습전이, 전이설계(transfer design), 형식학습, 비형식학습(informal learning), 비형식학습 전이, 경험학습, 사회적 학습

# 1. 서론

오늘날의 기업들은 경영의 불확실성이 가속화되고 변화의 속도가 급격히 빨라짐에 따라, 직원 육성과 개발에 더욱 많은 노력을 기울이고 있다. 특히 지식이 경영의 핵심 가치로 부각되는 지식기반 사회에서, 인적자원개발(Human Resource Development, HRD)은 기업 경쟁력 제고의 필수적인 요소로 자리 잡고 있다(McLagan, 2003). 많은 조직이 오랜 기간 동안 직원의 지식, 스킬, 능력을 향상시키기 위해 공식적인 교육훈련에 투자해 왔으나(Park & Jacobs, 2011; Enos, Kehrhahn, & Bell, 2003), 상당수의 연구에 따르면 이러한 형식 교육의 학습 전이 효과는 기대에 미치지 못하는 경우가 많다(Awoniyi, Griego, & Morgan, 2002; Baldwin & Ford, 1988; Kirwan & Birchall, 2006; Rabin, 2014). 예를 들어, Robinson과 Robinson(1989)은 교육훈련에서 배운 내용 중 30% 미만이 실제 업무에 활용된다고 보고했으며, Holton과 Baldwin (2003)은 조직의 훈련 투자비용 중 10%만이 업무 성과로 이어진다고 언급하였다. 또한, Burke와 Baldwin(1999)은 교육훈련에 대한 투자가 생산성 향상이나 기술 습득으로 이어지지 않으며, 조직원 중 10~15%만이 학습 내용을 작업 현장에 적용한다고 지적하였다.

Jacobs와 Park(2009)는 직장에서의 학습을 직원이 조직에서 배우는 다양한 방법으로 정의하며, 이는 단순히 형식적인 교육훈련 프로그램이나 구조화된 경력 개발 과정에 국한되지 않고, 조직 개발에 필요한 역량과 기술을 습득하고 구현하는 모든 체험 활동을 포함한다고 설명하였다. 이와 같은 다양한 형태의 일터 학습 개념은 McCall Jr., Lombardo, 그리고 Morrison(1988)이 제시한 70:20:10 프레임워크를 통해 더욱 공고해졌다. 70:20:10 프레임워크는 McCall Jr. 등이 6개 대기업의 성공한 임원 200명을 대상으로 실시한 연구를 통해 도출된 개념으로, 의미 있는 개발이 약 70%는 직무 중 경험을 통해, 20%는 상사 및 동료와의 관계를 통해, 10%는 형식적인 훈련을 통해 이루어진다고 주장하였다. 이 프레임워크는 기존의 형식 훈련에 치우친 교육훈련 유형에 큰 변화를 가져왔으며, 이후 많은 조직이 직무 경험과 사회적 학습 등 비형식 학습의 중요성에 집중하게 되는 계기가 되었다(Gaeta, Loia, Orciuoli, & Ritrovato, 2014).

70:20:10 프레임워크의 활발한 적용은 업무 맥락에서 발생하는 비형식 학습이 강화될수록 업무 성과가 더욱 향상될 것이라는 기대에서 비롯되었다(Enos, Karhrhahn, & Bell, 2003). 그러나 조직 내 학습의 상당 부분이 비형식 학습의 형태로 이루어지고 있음에도 불구하고(Loewenstein & Spletzer, 1999; Enos, Kehrhahn, & Bell, 2003), 비형식 학습의 전이에 대한 연구는 매우 부족한 상황이다(신은경, 2012). 특히, 비형식 학습이 학습 전이를 촉진할 수 있는 전략에 대한 연구는 매우 제한적이다. 이에 따라, 이 연구에서는 비형식 학습의 전이를 연구한 기존 문헌을 분석하여 전이 촉진 요인을 도출하고, 이러한 요인을 강화하기 위한 전략을 모색하고자 한다. 이를 통해 향후 더욱 활발하게 활용될 것으로 예상되는 비형식 학습의 전이를 촉진함으로써, 조직의 성과에 기여하고자 한다.

## 2. 이론적 배경

### 1) 비형식 학습(Informal Learning)

비형식 학습에 대한 정의는 다양하게 제시되고 있다. Lohman(2005)은 비형식 학습을 근로자가 직장에서 시작하여 신체적, 인지적, 정서적 노력을 기울이며 전문 지식과 기술을 발전시키는 학습 활동으로 정의하였다. Garavan, Morley, Gunnigle, 및 McGuire(2002)는 비형식 학습을 특정한 조직 상황에서 발생하는 일련의 과정으로 정의하며, 이 과정에서 개인과 팀이 행동을 재조정하고 근본적으로 변화시키는 지식, 스킬, 가치, 감정을 통합적으로 습득하고 내재화하는 것을 강조하였다. Dale과 Bell(1999)은 비형식 학습을 업무 맥락에서 발생하며, 개인의 직무수행이나 고용 가능성과 관련되어 있지만, 고용주에 의해 공식적으로 구성된 프로그램이나 커리큘럼의 형태는 아니어야 한다고 정의하였다. 이들의 연구에 따르면 비형식 학습은 융통성, 고용 가능성, 상황에 대한 학습 적응력, 실제 업무로의 신속한 전이와 긍정적 상관관계를 가진다.

비형식 학습의 정의 중 가장 널리 인용되는 것은 Marsick과 Watkins(2001)에 의한 것이다. 이들은 비형식 학습을 사람들이 학습의 필요성과 동기, 학습 기회를 가지고 있을 때 발생하는 것으로 정의하며, 일반적으로 의도적이지만 고도로 구조화되지 않은 학습으로서 자기주도 학습, 네트워킹, 코칭, 멘토링, 수행 계획 등을 포함한다고 설명한다. 이 정의는 비형식 학습의 의도성을 인정하며, 조직 내 관계적 측면을 구체적으로 강조하고 있다. 이러한 정의는 70:20:10 프레임워크에서 구체적으로 반영되어 조직 현장에서 널리 활용되고 있다.

70:20:10 프레임워크는 과거 형식 학습에 치우친 교육 방식에서 벗어나, 협업을 통한 학습과 비형식 학습의 중요성을 강조하는 개념이다(Arets, Jennings, & Heijnen, 2016). 이 프레임워크에 따르면, 약 70%의 학습은 경험, 실험, 성찰을 통해 이루어지고, 약 20%는 타인과 함께 일하는 과정을 통해, 나머지 10%는 계획된 학습 솔루션이나 관련 자료의 탐독을 통해 이루어진다고 주장한다. 이 프레임워크는 조직 내 학습이 구조화된 형식 학습에만 의존한다는 고정관념을 깨뜨리고, 업무 중 발생하는 경험과 사회적 관계 등 모든 부분을 학습으로 포괄하는 점에서 그 의미가 크다. 이 프레임워크는 일터 학습, 경험 학습, 사회적 학습의 이론적 틀을 바탕으로 개념을 공고히 하며, 많은 조직에서 활용되고 있다(Manuti, Pastore, Scardigno, Giancaspro, & Morciano, 2015).

70:20:10 프레임워크의 기본 원리는 효과적인 학습 전이를 위해 개인에게 사회적 및 경험적 지원이 필요하다는 전제를 반영한다(Baldwin & Ford, 1988; Kirwan &

Birchall, 2006). 경험적 지원은 새로운 기술과 지식을 직장에서 적용할 수 있는 여지를 만들어 주며, 지속적으로 학습을 적용할 수 있도록 신뢰를 구축하는 상사의 지원과 피드백을 요구한다(Bandura & Cervone, 1983; Sparr, Knipfer, & Willems, 2016). 사회적 지원은 동료들과의 협력, 지원, 그리고 코칭과 멘토링을 통해 이루어진다(Burke & Hutchins, 2008; Chiaburu & Marinova, 2005; Facteau, Dobbins, Russell, Ladd, & Kudisch, 1995). 따라서 70:20:10 프레임워크가 성공적인 전이로 이어지기 위해서는 경험 학습과 사회적 학습을 지원할 수 있는 전략이 필수적이다.

### 2) 학습 전이

학습 전이는 학습자가 습득한 지식, 기술, 태도 및 전략을 실제 업무에서 효과적으로 적용하는 과정을 의미한다. Noe(1986)는 학습 전이를 학습자가 습득한 지식, 기술, 태도 및 전략을 행동의 변화로 이어지게 하고, 이를 업무에 지속적으로 적용하는 것으로 정의하였다. Holton, Bates, 및 Ruona(2000) 역시 학습 전이를 교육이나 훈련을 통해 획득한 지식을 업무 상황에서 다른 형태로 적용하는 능력으로 정의하였다. 김진모(1997) 또한 이를 습득한 지식, 기술, 태도를 실제 업무에 효과적으로 적용하는 과정으로 설명하였다. 가장 널리 인용되는 정의는 Baldwin과 Ford(1988)의 정의로, 이들은 교육훈련 전이를 훈련된 기술과 행동이 직무 상황에 적용되는 정도인 일반화와 훈련된 기술과 행동들이 직무에 계속 사용되는 기간인 유지로 구분하여 정의하였다.

교육훈련 전이의 개념은 단순히 학습자가 배운 지식, 기술, 태도를 업무에 적용하는 것을 넘어서, 이를 응용하고 지속적으로 확장하는 것까지 포함해야 한다. 이를 위해서는 학습자, 훈련과 개입, 환경 등 다양한 요인으로부터의 영향을 입체적으로 고려할 필요가 있다. 예를 들어, Poell(2017)은 업무와 동떨어진 환경에서 진행된 형식 학습이 실제 업무와 맥락이 다를 수 있음을 지적하며, 이러한 전이의 한계를 극복하기 위해서는 비형식 학습이 더 효과적일 수 있다고 주장하였다.

많은 연구자들이 교육훈련 전이를 측정하기 위한 통합적 접근의 시도로 전이 모형을 개발하였다. 이 중 가장 대표적으로 언급되는 모형은 Noe와 Schmitt(1986), Baldwin과 Ford(1988), 그리고 Holton과 Baldwin(2003)의 모형이다. Noe와 Schmitt(1986)의 전이 모형은 학습자 특성 요인이 교육훈련 전이에 미치는 영향을 강조하며, 특히 학습자의 태도적 변인들이 교육성과에 어떻게 영향을 미치는지를 상세히 설명한다. 그러나 이 모형은 교육 설계나 조직 환경과 같은 교육훈련의 성과에 영향을 미치는 다른 중요한 변인들에 대한 고려가 부족하다는 한계를 가지고 있다. Baldwin과 Ford(1988)의 모형은 학습자 특성, 전이 설계, 조직 환경 등 다양한 요인이 교육훈련 전이에 미치는 영향을 포괄적이고 통합적인 관점에서 설명한다. 이 모형은 전이 과정의 전반적인 이해를 돕기 위해, 각 요인이 전이에 미치는 세부적인 영향을 체계적으로 분석한다. 이를 통해 학습자 특성과 더불어, 교육훈련의 설계와 조직 환경이 학습 전이에 미치는 복합적인 영향력을 이해하는 데 기여한다. Holton과 Baldwin(2003)의 모형은 기존 훈련 전이 모형에서 다루는 핵심 변인들을 유지하면서, 교육훈련의 다양한 전개 시점에 따라 이러한 변인들이 어떻게 영향을 미치는지를 추가적으로 고려한다. 이를 통해, 단순히 훈련 전이에 영향을 미치는 요인만을 확인하는 데 그치지 않고, 현장에서 구체적으로 어떤 전략이 필요한지를 탐색할 수 있는 보다 구체적인 접근을 가능하게 한다.

이처럼 학습 전이를 다룬 많은 모형들이 있지만, 대부분은 형식 학습에 초점을 맞추고 있다. 이로 인해 비형식 학습의 전이를 효과적으로 확인하는 데에는 한계가 있다. 이러한 한계를 극복하기 위해 최근 일부 학자들에 의해 형식 및 비형식 학습을 포괄하는 전이 모형이 등장하고 있다. 예를 들어, Gaeta, Loia, Orciuoli 및 Ritrovato(2014)는 시멘틱 기술을 활용한 전이 모형을 통해 개별 학습 경로, 근로자 니즈, 경력 계획 및 기타 조직 요구에 따른 지식 기반 전이를 활성화하는 포괄적 프레임워크를 제안하였다. 이 모형은 광범위한 현장 학습을 허용하며, 특히 비형식 학습과 조직 학습을 연결하는 데 중점을 둔다. 그러나, 이러한 모형을 활용한 실증 연구는 아직 부족한 실정이다.

따라서, 비형식 학습의 전이를 촉진하기 위해서는 기존 전이 모형을 바탕으로 한 새로운 접근이 필요하다. 이를 통해 비형식 학습의 전이를 효과적으로 측정하고 촉진할 수 있는 방법을 개발하는 것이 중요하다.

## 3. 연구방법

### 1) 자료선정 기준 및 연구절차

본 연구는 최근 10년간 비형식 학습의 전이에 관한 문헌을 분석하고, 이를 통해 비형식 학습에 최적화된 전이 전략을 도출하고자 한다. 이를 위해 Broad와 Newstrom (1992)의 3×3 전이전략 매트릭스와 Broad(2005)의 3×5 전이전략 매트릭스를 활용하여 기존 형식 학습의 전이 전략과 비교 분석을 진행하였다.

우선, 70:20:10 프레임워크가 본격적으로 도입된 이후 발표된 비형식 학습 전이 연구를 분석하기 위해 2010년부터 2019년까지 발표된 문헌을 조사하였다. 이 과정에서 국내외 데이터베이스를 통해 문헌을 수집했으며, 검색어로는 “Informal learning transfer”, “Informal training transfer”, “Transfer of informal learning”, “Transfer of informal training”, “Experiential learning transfer”, “Transfer of experiential learning”, “Social learning transfer”, “Transfer of social learning”, “Workplace informal learning transfer”, “Workplace informal training transfer” 등을 사용하였다. 검색된 문헌 중 학술지 등재 논문만을 대상으로 하였으며, 잡지나 비검증된 연구 방법을 사용한 문헌은 제외하였다. 이러한 기준에 따라 2010년 이후 발표된 관련 문헌 15편을 선정하여 분석에 활용하였다.

다음으로, 기존 형식 학습의 전이 전략을 파악하기 위해 Broad와 Newstrom(1992) 및 Broad(2005)의 학습 전이 모형을 분석하였다. 이 분석을 통해 학습 전이와 관련된 이해당사자별 요구 사항을 도출하고, 비형식 학습에 최적화된 전이 전략을 도출하기 위해 기존 전이 전략 중 확대할 부분과 축소할 부분을 구분하였다.

마지막으로, Baert(2018)가 제안한 비형식 학습의 이론적 프레임워크를 바탕으로 기존 형식 학습의 전이 설계를 차용하여 비형식 학습의 전이 설계를 제시하였다.

## 2) 자료분류 및 분석범주

본 연구는 2010년 이후 발표된 비형식 학습의 전이에 관한 연구를 종합적으로 검토하여, 비형식 학습의 전이 촉진 요인과 그간의 성과를 분석하였다. 이를 통해 기존 형식 학습의 전이 설계 전략과 비형식 학습의 이론적 프레임워크를 도입하여, 비형식 학습의 전이를 확대할 수 있는 전략을 모색하고자 하였다.

비형식 학습의 전이에 관한 문헌을 분석할 때, 실증 연구 및 질적 연구 사례를 통해 학습 전이에 영향을 미치는 다양한 변인을 도출하고자 하였다. 이 과정에서 문헌의 키워드나 요약에 의존하지 않고, 문헌 전체를 검토하여 주요 변인을 식별하였다. 특히, 70:20:10 프레임워크를 기반으로 업무 경험(예: 정보 탐색, 업무량), 타인과의 학습(예: SNS, 멘토링, 네트워킹), 자기 성찰 등의 변인으로 범주화하였다. 또한, 전이에 직접적으로 영향을 주는 변인뿐만 아니라, 이들 요인을 강화하는 간접적인 변인도 분석에 포함하여 비형식 학습의 전이 촉진 전략을 다각적으로 살펴보았다.

아울러, 기존 학습 전이 모형에서 다루었던 다양한 이해관계자별 전이 설계 전략을 검토하고, 비형식 학습의 맥락에서 각 이해관계자가 요구하는 전이 설계 전략을 분석하였다. 이를 위해 Baert(2018)의 비형식 학습 프레임워크에 언급된 업무 환경 요인인 조직의 미션과 전략, 경영방식, 조직 구조, 커뮤니케이션 시스템, 조직 문화를 고려하여 이해관계자별 전이 설계를 제안하였다.

# 4. 분석결과

## 1) 비형식학습의 전이영향 요인

15개의 문헌을 분석한 결과, 14개의 문헌에서 비형식 학습의 전이를 촉진하는 요인이 확인되었으며, 1개의 문헌에서는 비형식 학습이 성공적으로 전이되지 못하는 원인이 기술되어 있었다. 비형식 학습의 전이를 촉진하는 요인은 크게 경험 학습, 사회적 학습, 개인의 성찰로 분류할 수 있다.

〈표 20-1〉 비형식 학습 전이 촉진 요인 분류

| 구분 | 빈도 | 세부항목 |
|---|---|---|
| 경험학습 | 11 | 정보활용, 직무성과, 해석과 의미부여로서의 학습과정, 업무활용, 외부탐색, 업무 중 학습, 새로운 직무의 빈도, 직무 중 획득한 지식/기술 활용, 적정수준의 도전과 지원 |
| 사회적 학습 | 22 | 상사지원, 동료지원, 타인과의 학습, 사회적인 상호의존적 학습과정, 네트워킹, 멘토링, 상호작용, 사회적 관계 및 지원 |
| 개인성찰 | 6 | 자기성찰, 개인성찰 |
| 기타 | 4 | 개인특성 - 피드백추구, 자신감과 의지<br>업무특성 - 직무만족, 개인선택 |

비형식 학습의 전이에 영향을 미치는 요인에 대한 분석 결과, 사회적 학습이 전이 촉진에 가장 중요한 역할을 하는 것으로 나타났다. 〈표 20-1〉과 같이, 비형식 학습을 촉진하는 변인의 약 50%가 사회적 학습과 관련되어 있으며, 이는 동료의 지원뿐만 아니라, 온오프라인 네트워킹을 통해 형성된 관계가 학습의 전이를 촉진하는 데 중요한 역할을 한다는 것을 시사한다.

경험 학습의 촉진 요인은 주어진 업무의 특성에 크게 좌우된다. 예를 들어, 학습자가 여러 방법을 통해 획득한 지식이나 기술을 실제로 활용할 수 있는 업무를 부여받았는지, 또는 새로운 업무를 통해 도전할 기회가 주어졌는지가 전이 촉진에 중요한 요소로 작용한다. 이외에도 피드백을 받고자 하는 개인의 의지, 전이에 대한 자신감과 의지, 업무에 대한 만족도와 선택의 자율성 등 개인적 및 업무적 요인들이 전이를 촉진하는 데 기여할 수 있다.

또한, 비형식 학습에 간접적으로 영향을 미치는 변인들도 중요한 역할을 한다. Johnson, Blackman, 그리고 Buick(2018)은 비형식 학습의 전이가 성공하지 못하는 원인을 분석하면서, 전이 성공을 위한 전략을 제시하였다. 그들은 구조화되지 않은 체험 학습과 협소한 사회적 학습 해석, 적극적인 관리와 지원의 부재, 그리고 경험 학습, 사회적 학습, 형식 학습 간의 통합 부족을 주요 과제로 지적하였다. 이를 통해 비형식 학습이라도 적절한 수준의 구조화가 필요하며, 사회적 학습이 단순한 조직 내 멘토링이나 코칭을 넘어, 일상적인 커뮤니케이션과 조직 외부로 확대된 학습 관계까지 포괄해야 한다는 점을 알 수 있다.

이외에도 학습이 이루어지는 모든 상황에서 전이가 성공적으로 이루어지려면 업무적, 관계적 지속성을 확보할 수 있는 환경이 필수적이다. 마지막으로, 긍정적 심리 자본이나 전이 동기와 같은 개인적 속성뿐만 아니라, 업무 구조와 맥락 등 조직 차원에서 제공할 수 있는 요소들 또한 비형식 학습 전이를 촉진하는 데 중요한 역할을 한다.

### 2) 형식학습의 전이설계

형식 학습의 전이 설계에 관한 연구는 학습이 효과적으로 전이되기 위한 다양한 전략들을 제시해 왔다. Broad와 Newstrom(1992)은 학습 시점과 역할에 따라 각각의 관련자가 취해야 할 전략을 제시한 전이 전략 매트릭스를 개발하였다. 이 매트릭스는 형식 교육의 전, 중, 후 단계에서 관리자, 훈련자, 학습자가 각각 전이를 촉진하기 위해 수행해야 하는 행동을 구체적으로 설명하고 있다. 이후 Broad(2005)는 이해관계자의 범주를 확장하여 임원(경영자), 관리자(팀리더), 수행자, 수행컨설턴트, 평가자가 교육 전, 중, 후에 전이를 촉진하기 위해 취할 수 있는 다양한 전략을 제시하였다.

또한, 정재삼(2010, 2011)은 이들의 전략을 기반으로 다양한 문헌연구를 추가하여 전이 촉진 설계 전략의 틀을 제안하였다. 그는 전이 요인을 개인, 훈련, 환경으로 구분하고, 학습 과정 및 업무 과정에서의 전이 거리를 Holton과 Baldwin(2003b)의 전이 거리 모형에 따라 나누어 각 시점에 필요한 설계 전략을 제시하고 있다. 정재삼(2011)은 전이 촉진에 영향을 주는 개인 특성으로 자기효능감, 학습 동기, 전이 동기를 주요 요인으로 고려하였으며, 교육훈련 설계와 관련하여 교육 내용, 전이 설계 및 강사의 능력을 주요 요인으로, 작업 환경에 있어서는 상사 지원, 동료 지원, 전이 기회 및 보상을 주요 요인으로 고려하여 설계 전략을 제시하고 있다(Chung, 2015).

형식 학습의 전이에 관한 다양한 연구에서 제시된 전이 전략을 열거하고, 이를 비형식 학습의 전이 전략에 적용함으로써 비형식 학습의 전이 설계 전략을 확장하는 것은 비형식 학습의 전이 설계에 대한 연구가 부족한 상황에서 매우 의미 있는 시도라고 할 수 있다. 따라서 본 연구에서는 Broad(2005)의 다양한 이해 관계자들의 전이 촉진 전략과 정재삼(2011, 2022)이 제안한 전이 촉진 설계 전략의 틀을 기반으로 형식 학습 전이 설계의 특징을 살펴봄으로써 비형식 학습의 전이 설계 전략을 수립하고자 한다.

앞선 두 연구에서 제시한 설계 전략의 가장 두드러진 특징은 대부분의 설계 전략이 집합 교육에 참여하는 학습자를 중심으로 제공된다는 점이다. 예를 들어, 학습자 선발, 학습자 참여 독려, 학습자 실천 계획 지원, 복귀 후 적용 환경 마련 등 구체적인 학습자를 대상으로 설계를 마련할 것을 강조하고 있다. 두 번째로, 학습이 이루어지는 시점보다 교육 전과 후에 대한 설계가 오히려 더 많다는 점이다. 이는 학습 자체의 설계보다는 구체적인 학습에 최적화된 전이 환경을 구축하는 데 더 많은 관심을 가지고 있음을 보여준다. 마지막으로, 이해 관계자인 임원, 관리자, 수행자, 수행컨설턴트 및 평가자가 설계 전략에서 상호적으로 많은 영향을 주고받는다는 점이다. 예를 들어, 임원은 관리자에게 수행자의 전이를 위한 지원을 요청하며, 관리자는 수행컨설턴트와의 협업을 통해 수행자의 학습 전이를 지원하게 된다. 또한, 임원은 평가자를 통해 학습 전이에 대한 구체적인 기대를 전달하며, 평가자는 이러한 성과에 대해 수행컨설턴트와 논의한다.

Chung(2015)은 이러한 형식 학습의 전이 설계 전략에 대해, 모든 전략이 복잡한 조직 내에서 모두 다 활용될 수는 없으며, 조직의 특성에 따라 새롭게 추가하거나 제외해야 하는 전략이 있다고 설명하고 있다. 정규 학습의 형태를 가지고 있더라도 조직적 맥락에 따라 각각의 이해 관계자들이 시도할 수 있는 전략이 다르다는 점을 알 수 있다. 또한 이러한 전이 전략을 다양하게 제시하고, 각각의 맥락에 최적화된 전략을 선택할 수 있게 하는 것 자체가 전이 확산에 매우 중요하다고 강조하고 있다(정재삼, 2022).

### 3) 비형식학습의 전이설계 전략

개발하는 과정에서 의도적으로 개입하도록 설계된다. 그러나 비형식 학습의 경우, 이러한 사전 설계가 어렵기 때문에 형식 학습에서 사용되는 전이 전략을 그대로 적용하기에는 무리가 있다. 따라서 기존의 전이 전략을 토대로 비형식 학습의 전이를 확대할 수 있는 새로운 전략을 제안하는 것이 필요하다.

이를 위해, 먼저 비형식 학습의 이론적 프레임워크를 확보하기 위해 Baert(2018)가 제안한 일터 학습의 이론적 프레임워크를 적용할 수 있다. Baert(2018)의 프레임워크는 맥락(Context), 투입(Input), 절차(Process), 결과(Output)의 네 가지 요소를 중심으로 일터 학습에 영향을 미치는 요인을 설명하고 있다. 이 프레임워크는 특히 비형식 학습이 이상적으로 수행되어 성과로 이어지기 위한 이론적 토대를 제공하는데, 주요 요인으로 학습자 특성, 직무 환경, 직무 특성을 강조하고 있다. 학습자 특성에는 학습 준비성, 학습 동기, 선행 학습 여부, 자기주도 학습 역량, 자기효능감, 팀워크와 팀 학습 역량, 피드백에 대한 개방성 등이 포함된다. 직무 환경에는 조직의 미션과 전략, 경영 방식, 조직 구조, 커뮤니케이션 시스템, 조직 문화 등이 포함되며, 직무 특성에는 직무 자율성, 직무 복합성 및 도전, 직무 강도, 정보 요구량 등이 포함된다.

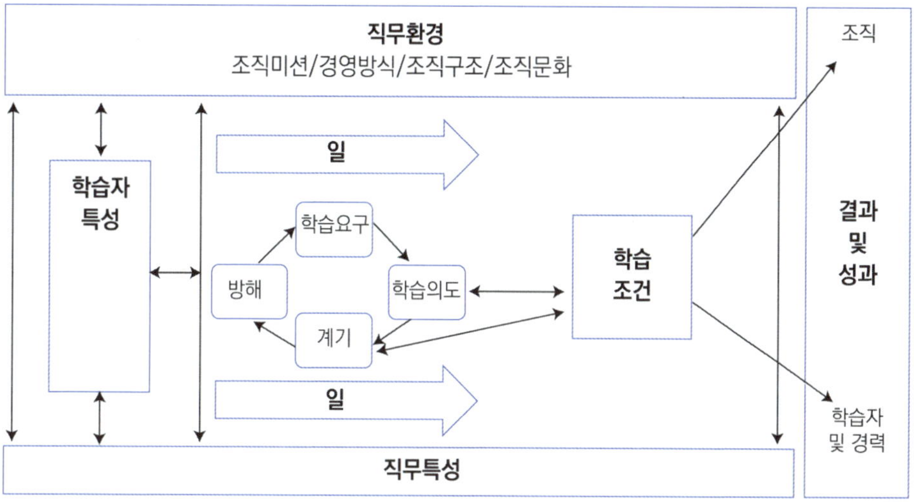


[그림 20-1] 일터학습: 이론적 프레임워크, Baert, H. (2018). Informal learning at work: What do we know more and understand better?. In Informal Learning at Work pp.178에서 인용

앞서 언급한 비형식 학습의 전이 관련 문헌을 검토한 결과, 비형식 학습의 전이는 학습 유형에 따라 경험 학습, 사회적 학습, 개인 성찰 등으로 나눌 수 있다. 특히, 70:20:10 프레임워크에서 강조하는 경험 학습과 사회적 학습은 비형식 학습의 전이와 밀접한 관련이 있다. 여러 문헌에 따르면, 경험 학습이 효과적으로 이루어지기 위해서는 상사의 지원과 피드백이 중요하며(Bandura & Cervone, 1983; Sparr, Knipfer, & Willems, 2016), 사회적 학습에서는 동료와의 협업, 코칭 및 멘토링 등

이 중요한 역할을 한다(Burke & Hutchins, 2008; Chiaburu & Marinova, 2005; Facteau, Dobbins, Russell, Ladd, & Kudisch, 1995). 이는 Baert(2018)가 언급한 직무 환경과 밀접한 관련이 있다고 할 수 있다. 예를 들어, 조직의 미션과 전략에서 학습을 조직 전략의 중요한 요소로 포함하고, 지속적인 학습 지원이 가능한지 여부는 비형식 학습을 장려하는 데 중요한 역할을 한다. 경영 방식에서는 분석과 성찰을 위한 시간을 제공하고, 경영진이 자기주도 학습의 역할 모델로서의 역할을 수행하며, 핵심 경험을 공유하는 것이 경험 학습의 주요 성공 요인이 될 수 있다. 또한, 조직 구조에서는 다양성과 상호보완성을 가진 팀 구성, 자기주도적 팀, 학습 자원 확보 등이 사회적 학습과 밀접한 관련이 있다. 회사의 커뮤니케이션 시스템은 지식 순환을 장려하고, 정보와 지식에 대한 개방성을 높이며, 조직 간 개방된 커뮤니케이션을 촉진하며, 임직원 간 사회적 교류를 위한 장소와 시간을 제공함으로써 사회적 학습을 촉진할 수 있다. 마지막으로, 조직 문화에서는 개방된 학습 풍토, 신뢰, 그리고 필요한 리스크를 장려하는 문화가 비형식 학습의 성공적 전이에 중요한 역할을 한다.

〈표 20-2〉 비형식학습의 전이촉진을 위한 설계 전략의 틀

| | 1. 미션/전략 | 2. 경영방식 | 3. 조직구조 | 4. 커뮤니케이션 시스템 | 5. 조직문화 |
|---|---|---|---|---|---|
| A. 경영진 | A1 | A2 | A3 | A4 | A5 |
| B. 상사 | B1 | B2 | B3 | B4 | B5 |
| C. 동료 | C1 | C2 | C3 | C4 | C5 |
| D. 본인 | D1 | D2 | D3 | D4 | D5 |
| E. 유관 부서 | E1 | E2 | E3 | E4 | E5 |
| F. HRD 담당자 | F1 | F2 | F3 | F4 | F5 |

따라서, 본 연구에서는 Broad(2005)와 정재삼(2010, 2011)이 형식 학습에서 제안한 전이 설계 전략을 토대로, 다양한 이해 관계자를 한 축으로 하여 전이 설계 전략을 제시하고자 한다. Broad(2005)가 언급한 이해 관계자에 동료와 타 부서 담당자를 추가하여 경영진, 상사, 동료, 본인, 유관 부서 및 HRD 담당자로 구분한다. 다른 축으로는 Baert(2018)가 제안한 조직 환경, 즉 조직 미션 및 전략, 경영 방식, 조직 구조, 커뮤니케이션 시스템 및 조직 문화를 고려하여 〈표 20-3〉과 같이 조직 맥락 내에서 비형식 학습의 전이 촉진을 위한 30개의 전이 촉진 전략 틀을 구축하였다.

**〈표 20-3〉 이해관계자별 조직환경 구축을 위한 설계 전략**

| 구분 | | 전이촉진전략 |
|---|---|---|
| 경영진 | A1 | • 조직의 명확한 사명과 전략적 비전 제시(Baert, 2018)<br>• 전략 방향을 결정하는 데 대한 참여와 헌신(Baert, 2018)<br>• 조직 역동성의 원천으로 학습을 활용하고, 조직학습을 지원(Baert, 2018; Chung, 2015; Yorks, 2003) |
| | A2 | • 팀워크를 장려하는 지원 분위기 형성(Barling, Moutinho, & Kelloway, 1996; Cannon-Bowers, Salas, & Milham, 2003; Sutherland & Dodd, 2008; Weiss & Shenette, 2008; 정재삼, 2011)<br>• 건설적 피드백 제공 카운슬링(Kelloway, Barling, & Helleuer, 2000; Kyndt, Govaerts, Smet, & Dochy, 2018; Sutherland & Dodd, 2008)<br>• 성공 경험 공유(Grohnert, Meuwissen, & Gijselaers, 2018)<br>• 혁신적 시도 장려(Baert, 2018) |
| | A3 | • 구성원 직무수행 자율성 보장(Kyndt, Govaerts, Smet, & Dochy, 2018)<br>• 조직 내 다양성과 상호보완성을 강조한 조직 구축(Baert, 2018)<br>• 학습전이를 지원하는 자원 제공(Broad, 2005; Broad & Newstrom, 1992; Chung, 2015; Leberman, McDonald, & Doyle, 2006) |
| | A4 | • 지식순환시스템, 학습전이시스템 제공(Broad, 2005; Broad & Newstrom, 1992; Chung, 2015; Kyndt, Govaerts, Smet, & Dochy, 2018; Sutherland & Dodd, 2008)<br>• 조직 내외부로부터의 지식과 정보에 대한 개방성 표명(Baert, 2018)<br>• 상사의 피드백 지원 조언(Baert, 2018; Kelloway, Barling, & Helleuer, 2000; Sutherland & Dodd, 2008) |

| 구분 | | 전이촉진전략 |
|---|---|---|
| | | • 조직 내 모든 부서와의 커뮤니케이션 채널 제공(Baert, 2018; Sutherland & Dodd, 2008; Yorks, 2003) |
| | A5 | • 개방된 학습풍토 조성(Grohnert, Meuwissen, & Gijselaers, 2018; Watkins & Dirani, 2013)<br>• 조직구성원과 신뢰구축(Kelloway, Barling, & Helleuer, 2000; Broad, 2005; Broad & Newstrom, 1992; Kyndt, Govaerts, Smet, & Dochy, 2018)<br>• 마땅한 실수 및 리스크에 대한 장려(Baert, 2018) |
| 상사 | B1 | • 성장과 학습을 지지하는 철학 표명(Yorks, 2003)<br>• 팀의 명확한 사명과 전략적 비전 제시(Baert, 2018) |
| | B2 | • 상사 본인이 구성원들의 모범 사례로 역할(Grohnert, Meuwissen, & Gijselaers, 2018)<br>• 상사의 실수나 도전에 대한 경험 공유(Grohnert, Meuwissen, & Gijselaers, 2018)<br>• 건설적 피드백 제공(정재삼, 2010, 2022; Kyndt, Govaerts, Smet, & Dochy, 2018; Grohnert, Meuwissen, & Gijselaers, 2018)<br>• 동료들과의 협력을 통한 의사결정 장려(Baert, 2018)<br>• 학습을 위한 노력에 대한 인정 및 지지(Kyndt, Govaerts, Smet, & Dochy, 2018) |
| | B3 | • 직무부담 경감(Kyndt, Govaerts, Smet, & Dochy, 2018)<br>• 복잡한 직무를 제시할 때 학습에 더 많이 집중(Hirschmann & Mulder, 2018; Kyndt, Govaerts, Smet, & Dochy, 2018)<br>• 팀 내 다양성과 상호보완성을 강조(Baert, 2018)<br>• 학습전이를 지원하는 자원 제공(Broad, 2005; Broad & Newstrom, 1992; Leberman, McDonald, & Doyle, 2006) |
| | B4 | • 팀원들 간 사회적 접촉을 가능하게 하는 시간 및 공간 제공(Kyndt, Govaerts, Smet, & Dochy, 2018)<br>• 조직 내외부로부터의 지식과 정보에 대한 개방성 표명(Baert, 2018)<br>• 확실한 권한위임을 빈번하고 명확하게 표명(Analoui, 1993; Sutherland & Dodd, 2008) |
| | B5 | • 그럴만한 리스크에 대한 장려(Baert, 2018)<br>• 실수로부터 배우는 것에 대해 칭찬(Baert, 2018; Barling, Moutinho, & Kelloway, 1996)<br>• 핵심적인 질문을 했을 때 인정하고 칭찬하기(Baert, 2018)<br>• 최소한의 규제 및 통제, 최대한의 대화와 주도권 제공(Baert, 2018) |

| 구분 | | 전이촉진전략 |
|---|---|---|
| 동료 | C1 | • 회사 전략에 필요한 이슈를 공동으로 파악하도록 유도(이성, 2006; 정재삼, 2011, 2020; Broad, 2005; Broad & Newstrom, 1992) |
| | C2 | • 본인의 성공, 실패 경험 공유 장려(Grohnert, Meuwissen, & Gijselaers, 2018)<br>• 네트워크를 통해 서로 간에 긍정적이면서 비판적인 피드백 지원(김도헌, 최우재, 2003; 정재삼, 2011; Broad, 2005; Broad & Newstrom, 1992; Chung, 2015) |
| | C3 | • 팀 내 업무전문가, 지식주도자, 학습추진자 등을 지정하여 적시에 적절한 동료 지원 가능(Matthews, 2013)<br>• 동료 간 새로운 지식과 전문성을 적용할 수 있는 기회 제공(정재삼, 2010, 2011; Broad, 2005; Broad & Newstrom, 1992; Sutherland & Dodd, 2008)<br>• 동료 간 학습에서 제외되거나 소외된 인력은 없는지 점검하고 원인 파악(Matthews, 2013) |
| | C4 | • 조직 내외부로부터의 지식과 정보에 대한 개방성 표명(Baert, 2018)<br>• 동료 간 적극적 커뮤니케이션 수행(Baert, 2018)<br>• 새롭게 알게 된 정보를 적극 공유(Baert, 2018)<br>• 비공식적 커뮤니케이션 채널 확대(Matthews, 2013) |
| | C5 | • 동료 간 교류, 학습이 전이에 도움이 될 것이라는 기대 공유(정재삼, 2011, 2020; Barling, Moutinho, & Kelloway, 1996)<br>• 실수로부터 배우는 것에 대한 지지(Baert, 2018)<br>• 핵심적인 질문을 던졌을 때 지지하고 칭찬(Baert, 2018; Chung, 2015)<br>• 정보 및 지식공유에 소요되는 시간에 대한 불평 금지(Baert, 2018) |
| 본인 | D1 | • 혁신 의지 확보(Baert, 2018)<br>• 팀/조직 전략 선정에 참여하고 이를 도달하기 위한 학습 의지 제고(Baert, 2018) |
| | D2 | • 동료 간 상호교류 기회 확대(Nawab, 2011)<br>• 프로젝트 팀 등을 통해 관련 업무 전문가와 협업(Ashton, 2004; Ha, 2008)<br>• 피드백에 개방적 태도 유지(김도헌, 최우재, 2003; 정재삼, 2011, 2022; Broad, 2005; Broad & Newstrom, 1992) |
| | D3 | • 관리자, 유관 부서 및 외부 네트워크와의 접근성 보장(Ashton, 2004)<br>• 전문가 집단과의 교류 기회 확대(Lohman, 2005; Nobel & Hassel, 2008) |
| | D4 | • 조직 내외적인 커뮤니티 참여를 통한 지식 네트워크 강화(Doornbos, Simons, & Denessen, 2008) |

| 구분 | | 전이촉진전략 |
|---|---|---|
| | | • 조직 내외부로부터의 지식과 정보에 대한 개방성 표명(Baert, 2018)<br>• 동료들의 업무에 대한 관심과 호기심 유지(Kyndt, Govaerts, Smet, & Dochy, 2018) |
| | D5 | • 실패로부터 배우고자 하는 자세 독려<br>• 상사 및 동료와 돈독한 신뢰 구축(Kyndt, Govaerts, Smet, & Dochy, 2018)<br>• 상사 및 동료의 지원에 대한 감사와 수용(Kyndt, Govaerts, Smet, & Dochy, 2018) |
| 유관 부서 | E1 | • 회사 전략에 필요한 이슈를 공동으로 파악하도록 유도(이성, 2006; 정재삼, 2011; Broad, 2005; Broad & Newstrom, 1992; Chung, 2015)<br>• 전략수행을 위하여 함께 참여하고 몰입한다는 데 의미 부여(Baert, 2018) |
| | E2 | • 해당 업무에 관한 핵심적 경험 및 지식 공유(Grohnert, Meuwissen, & Gijselaers, 2018)<br>• 의사결정 과정에 협업 및 참여 유도(Baert, 2018)<br>• 숙련도 향상에 대한 긍정적 치하(Skule, 2004; Kyndt, Govaerts, Smet, & Dochy, 2018에서 재인용)<br>• 프로젝트 팀 등을 통해 관련 업무 전문가와 협업(Ashton, 2004; Ha, 2008) |
| | E3 | • 다양성을 선호하고 상호 간 도움이 될 수 있다는 믿음 확보(Baert, 2018)<br>• 학습에 도움이 될 수 있는 자원과 조건의 제공(Baert, 2018) |
| | E4 | • 시니컬한 커뮤니케이션, 정보공유 억제 등 협업을 저해하는 요소 제거(Ellinger, 2005; Kyndt, Govaerts, Smet, & Dochy, 2018에서 재인용)<br>• 지식순환시스템, 학습전이시스템 제공(Broad, 2005; Broad & Newstrom, 1992; Kyndt, Govaerts, Smet, & Dochy, 2018; Sutherland & Dodd, 2008)<br>• 조직 내외부로부터의 지식과 정보에 대한 개방성 표명(Baert, 2018) |
| | E5 | • 동료 간 교류, 학습이 전이에 도움이 될 것이라는 기대 공유(정재삼, 2011; Barling, Moutinho, & Kelloway, 1996)<br>• 협업, 관점 토론, 도전적 업무 해결을 위한 교류의 중요성 인정(Ashton, 2004; Ha, 2008)<br>• 정보 및 지식공유에 소요되는 시간에 대한 불평 금지(Baert, 2018) |
| HRD 담당자 | F1 | • 업무를 통한 학습이 조직의 전략과 비전을 달성하는 데 도움이 된다는 인식 제공(Baert, 2018)<br>• 전략을 수립하는 데 있어 구성원의 적극적 참여 유도 및 이를 실행해 낼 수 있는 방법으로서의 무형식학습 권장(Baert, 2018) |

| 구분 | | 전이촉진전략 |
|---|---|---|
| | F2 | • 구성원 스스로 현 수준에 대한 분석 및 개인적 성찰을 위한 시간 마련(Kyndt, Govaerts, Smet, & Dochy, 2018; Sutherland & Dodd, 2008)<br>• 학습을 위한 노력에 대한 치하 및 성과보상 체계 마련(Kyndt, Govaerts, Smet, & Dochy, 2018; Sutherland & Dodd, 2008)<br>• 숙련도 향상, 성과 향상 등에 대한 상사의 인정 및 지지 유도(Kyndt, Govaerts, Smet, & Dochy, 2018; Sutherland & Dodd, 2008) |
| | F3 | • 직원들이 쉽게 접근 가능하도록 HRD 정보 공유(Kyndt, Govaerts, Smet, & Dochy, 2018)<br>• 전문가 집단, 지식전파자 집단 등 정보를 얻을 수 있는 그룹을 조성하여 쉽게 정보를 얻을 기회 제공(Lohman, 2005; Nobel & Hassel, 2008)<br>• 수평적이고 개방적인 조직문화 구축을 위한 노력(Gerken, Messmann, Froehlich, Beausaert, Mulder, & Segers, 2018) |
| | F4 | • 지식순환을 독려할 수 있는 시스템 발굴 및 홍보(Kyndt, Govaerts, Smet, & Dochy, 2018; Sutherland & Dodd, 2008)<br>• 조직 내외부의 정보에 쉽게 접근할 수 있도록 지원(Baert, 2018)<br>• 조직 내 모든 부서와 커뮤니케이션함으로써 협업, 비공식 학습을 지원할 수 있는 방안 모색(Baert, 2018)<br>• 무형식 학습을 위한 장소 및 시간 지원(Baert, 2018) |
| | F5 | • 실수에 관대하고 학습으로 인식시킬 수 있도록 캠페인(Baert, 2018)<br>• 학습에 있어 최소한의 규정을 적용하되 최대한의 주도권 보장(Baert, 2018)<br>• 무형식 학습을 장려하고 지원하는 보상체계 마련(Baert, 2018) |

## 5. 결론 및 논의

본 연구에서는 최근 조직들이 70:20:10 프레임워크를 적용하여 직원 학습을 강화하고 있는 추세에 주목하여, 조직 내에서 점점 더 확산되고 있는 비형식 학습을 효과적으로 전이시키기 위한 전략을 모색하였다. 이를 위해, 비형식 학습의 전이에 관한 실천적 사례들을 분석하고, 기존의 형식 학습에서 사용된 전이 전략을 검토하여 비형식 학습에 적합한 전략을 도출하고자 하였다.

비형식 학습은 경험 학습, 사회적 학습, 개인 성찰 등 형식 학습과는 다른 방식으로 이루어진다. Poell(2017)은 비형식 학습이 실제 업무 맥락에서 이루어지기 때문에, 형식 학습보다 전이 효과가 훨씬 클 것으로 예상하였다. 따라서, 본 연구는 비형식 학습의 전이를 촉진하기 위한 주요 전략을 수립하는 데 초점을 맞추었으며, 〈표 6-3〉을 통해 비형식 학습 촉진 전략과 전이 촉진 전략을 정리하였다.

특히, Broad(2005)와 정재삼(2011, 2022)이 형식 학습에서 제안했던 이해관계자별 전이 촉진 전략을 비형식 학습 맥락에서 어떻게 적용할 수 있는지 분석하고, 이를 Baert(2018)의 조직 환경 프레임워크와 결합하여 제시한 점에서 본 연구는 중요한 의의를 가진다. 총 30개의 전이 촉진 전략 틀 안에서 각각의 이해관계자들이 비형식 학습의 전이를 촉발할 수 있는 방안을 제시함으로써, HRD 담당자의 새로운 역할을 모색할 수 있는 기초를 마련하였다. 그러나, 비형식 학습의 전이에 관한 실증적 연구가 아직 부족한 상황에서, 본 연구에서 활용한 Baert(2018)의 일터 학습 이론적 프레임워크는 실증적 검증이 필요하다는 한계를 가지고 있다.

이에 따라, 다음과 같은 후속 연구를 제언하고자 한다. 첫째, Baert가 제안한 일터 학습의 이론적 프레임워크는 학습자 특성, 직무 특성, 직무 환경 등의 요인을 포괄적으로 다루고 있다. 향후 연구에서는 이 프레임워크를 다양한 산업군과 학습 대상에 적용하여, 실증적으로 검증하고, 전이에 영향을 미치는 핵심 변인을 식별할 필요가 있다. 전이는 맥락, 즉 환경적 요인의 영향을 크게 받기 때문에, 다양한 산업과 조직 환경에서의 연구가 필요하다.

둘째, 본 연구에서 제시한 설계 전략은 다양한 이해관계자의 전략을 포괄적으로 다루고 있지만, 모든 전략을 포함하고 있다고 할 수는 없다. 따라서, 향후 연구에서는 교육 실천가와 학자들이 Coaching, CoP(Community of Practice)와 같은 다양한 형태의 비형식 학습 전이 전략을 추가로 제시하여, 더욱 구체적이고 실천적인 전이 촉진 방안을 마련할 필요가 있다.

마지막으로, 많은 기업들이 70:20:10 프레임워크를 적용하고 비형식 학습을 시도하고 있지만, 그 성과에 대한 보고는 아직 제한적이다. 특히, 비형식 학습의 전이 전략을 온전히 다룬 연구가 부족한 상황에서, 본 연구는 이러한 전략의 필요성과 확장성을 논의한 점에서 의의를 찾을 수 있다. 본 연구를 바탕으로 더 많은 실증 연구가 이루어져, 비형식 학습의 전이를 위한 탄탄한 이론적 토대가 수립되기를 기대한다.

## 참고문헌

김경숙, 이성엽 (2011). SNS를 활용한 직장인의 무[비]형식학습 사례 연구: Facebook 활용을 중심으로. HRD 연구 (구 인력개발연구), 13(4), 31-61.

김도헌, 최우재 (2003). Blended Learning을 통한 리더십 훈련 프로그램의 개발 및 평가 연구. 한국교육정보미디어학회, 9(1), 147-176.

김은희 (2016). 기업의 무[비]형식학습의 특성에 관한 고찰-사회적 구성주의 관점에서. 인문사회 21, 7(1), 291-310.

김주연 (2016). 뷰티서비스종사자의 무[비]형식학습이 학습전이에 미치는 영향-성취목표지향성의 매개효과를 중심으로. 한국미용학회지, 22(6), 1376-1385.

김진모 (1997). 기업교육훈련 참가자의 개인 및 상황적 특성이 교육훈련 유효성에 미치는 영향. 평생교육학연구, 3, 217-253.

배을규, 이형우, 강명구 (2011). 중소기업 근로자의 무[비]형식 학습 활동과 학습전이의 관계에서 사회적 네트워크 접근성의 조절효과. 산업교육연구, 23, 1-25.

배을규, 최영선, 최지영, 김대영 (2014). 방과후학교 강사의 무[비]형식 학습 활동과 학습 전이의 관계에 대한 사회적 네트워크 접근성의 조절 효과. Andragogy Today, 17, 1-24.

신은경 (2012). 기업내 무[비]형식학습의 구성요소, 결과, 학습전이동기 간의 구조적 관계. HRD 연구 (구 인력개발연구), 14(3), 25-59.

이도형 (1996). 조직내 교육 훈련의 학습 및 전이 효과 모델 검증 연구. 한국심리학회지: 산업 및 조직, 9(1), 59-88.

이성 (2006). 실천 중심의 리더십 개발교육 프로그램이 리더십 행동변화에 미치는 영향. 농업교육과 인적자원개발, 38(3), 305-326.

정재삼 (2010). 학습과 지식의 전이. 이화여자대학교.

정재삼 (2011). 전이거리 모형기반의 전이촉진전략 탐구: 보다 효과적인 학습과 수행성과의 연계를 추구하며. 교육공학연구, 27(1), 147-175.

정재삼 (2022). 교육-인재개발을 위한 프로그램 평가의 과정. 파주: 교육과학사.

한수진, 나기환 (2015). 신입사원의 사회적 비공식/공식 네트워크가 개인의 흡수역량과 학습전이에 미치는 영향. 대한경영학회지, 28(7), 1835-1857.

함현정, 최원설 (2015). 기업 내 R&D 분야 엔지니어의 무[비]형식학습방법과 학습전이 관계에서 긍정심리자본의 매개효과. HRD 연구 (구 인력개발연구), 17(4), 105-132.

Analoui, F. (1993). *Training and transfer of learning*. Brookfield, VT: Ashgate.

Arets, J., Jennings, C., & Heijnen, V. (2015). *702010: Towards 100% Performance*. Sutler Media.

Ashton, D. N. (2004). The impact of organisational structure and practices on learning in the workplace. *International Journal of Training and Development, 8*(1), 43-53.

Awoniyi, E. A., Griego, O. V., & Morgan, G. A. (2002). Person-environment fit and transfer of training. *International Journal of Training and Development, 6*(1), 25-35.

Baert, H. (2018). Informal learning at work: What do we know more and understand better?. In M. Dale & J. Bell, *Informal Learning at Work* (pp. 153-187). Routledge.

Baldwin, T. T. & Ford, J. K. (1988). Transfer of training: A review and directions for future research. *Personnel Psychology, 41*(1), 63-105.

Bandura, A. & Cervone, D. (1983). Self-evaluative and self-efficacy mechanisms governing the motivational effects of goal systems. *Journal of Personality and Social Psychology, 45*(5), 1017.

Barling, J., Moutinho, S., & Kelloway, E. K. (1996). Effects of transformational leadership training on attitudinal and financial outcomes: a field experiment. *Journal of Applied Psychology, 81*, 827-832.

Broad, M. L. & Newstrom, J. W. (1992). *Transfer of training: Action-packed strategies to ensure high payoff from training investments*. Corporate and Professional Publishing Group, Addison-Wesley Publishing Co., One Jacob Way, Reading, MA 01867 (discount on quantity orders)

Broad, M. L. (2005). *Beyond transfer of training: Engaging systems to improve performance*. John Wiley & Sons.

Burke, L. A. & Baldwin, T. T. (1999). Workforce training transfer: A study of the effect of relapse prevention training and transfer climate. Human Resource Management: Published in Cooperation with the School of Business Administration. *The University of Michigan and in alliance with the Society of Human Resources Management, 38*(3), 227-241.

Burke, L. A. & Hutchins, H. M. (2008). A study of best practices in training transfer and proposed model of transfer. *Human Resource Development Quarterly, 19*(2), 107-128.

Cannon-Bowers, J., Salas, E., & Milham, L. (2003). The Transfer of Team Training:

Recommendations for Practice. *Research in organization*(195-226). San Fransicco: Berret-Koehler.

Chiaburu, D. S. & Marinova, S. V. (2005). What predicts skill transfer? An exploratory study of goal orientation, training self-efficacy and organizational supports. *International Journal of Training and Development, 9*(2), 110-123.

Chung, J. (2015). *Transfer design: Improving individual and organizational performance*. Seoul, Korea: Ewha Womans University.

Dale, M. & Bell, J. (1999). *Informal learning in the workplace*. London: Department for Education and Employment.

Doornbos, A. J., Simons, R. J., & Denessen, E. (2008). Relations between characteristics of workplace practices and types of informal work-related learning: A survey study among Dutch Police. *Human Resource Development Quarterly, 19*(2), 129-151.

Enos, M. D., Kehrhahn, M. T., & Bell, A. (2003). Informal learning and the transfer of learning: How managers develop proficiency. *Human Resource Development Quarterly, 14*(4), 369-387.

Eraut, M. (2010). Knowledge, working practices, and learning. In *Learning through practice* (pp. 37-58). Springer, Dordrecht.

Facteau, J. D., Dobbins, G. H., Russell, J. E., Ladd, R. T., & Kudisch, J. D. (1995). The influence of general perceptions of the training environment on pretraining motivation and perceived training transfer. *Journal of Management, 21*(1), 1-25.

Gaeta, M., Loia, V., Orciuoli, F., & Ritrovato, P. (2014). S-WOLF: Semantic workplace learning framework. *IEEE Transactions on Systems, Man, and Cybernetics: Systems, 45*(1), 56-72.

Garavan, T. N., Morley, M., Gunnigle, P., & McGuire, D. (2002). Human resource development and workplace learning: emerging theoretical perspectives and organisational practices. *Journal of European Industrial Training, 26*(2/3/4), 60-71.

Gerken, M., Messmann, G., Froehlich, D. E., Beausaert, S. A., Mulder, R. H., & Segers, M. (2018). Informal learning at work as a facilitator of employees' innovative work behaviour. In *Informal Learning at Work* (pp. 80-99). Routledge.

Ha, T. S. (2008). How IT workers learn in the workplace. *Studies in Continuing Education, 30*(2), 129-143.

Holton III, E. F. & Baldwin, T. T. (2003). *Improving learning transfer in organizations*. John Wiley & Sons.

Holton III, E. F., Bates, R. A., & Ruona, W. E. (2000). Development of a generalized learning transfer system inventory. *Human Resource Development Quarterly, 11*(4), 333-360.

Holton, E. F. & Baldwin, T. T. (2003). Making transfer happen: An action perspective on learning transfer systems. *Improving Learning Transfer in Organizations, 3*(5).

Jacobs, R. L. & Park, Y. (2009). A proposed conceptual framework of workplace learning: Implications for theory development and research in human resource development. *Human Resource Development Review, 8*(2), 133-150.

Jeon, K. S. & Kim, K. N. (2012). How do organizational and task factors influence informal learning in the workplace?. *Human Resource Development International, 15*(2), 209-226.

Johnson, S. J., Blackman, D. A., & Buick, F. (2018). The 70: 20: 10 framework and the transfer of learning. *Human Resource Development Quarterly, 29*(4), 383-402.

Kevin Kelloway, E., Barling, J., & Helleur, J. (2000). Enhancing transformational leadership: The roles of training and feedback. *Leadership & Organization Development Journal, 21*(3), 145-149.

Kirwan, C. & Birchall, D. (2006). Transfer of learning from management development programmes: testing the Holton model. *International Journal of Training and Development, 10*(4), 252-268.

Kyndt, E., Govaerts, N., Smet, K., & Dochy, F. (2018). Antecedents of informal workplace learning: A theoretical study. In *Informal Learning at Work* (pp. 12-39). Routledge.

Leberman, S., McDonald, L., & Doyle, S. (2006). *The transfer of learning*. Burlington, VT: Gower.

Loewenstein, M. A. & Spletzer, J. R. (1999). General and specific training: Evidence and implications. *Journal of Human Resources*, 710-733.

Lohman, M. C. (2005). A survey of factors influencing the engagement of two professional groups in informal workplace learning activities. *Human Resource Development Quarterly, 16*(4), 501-527.

Manuti, A., Pastore, S., Scardigno, A. F., Giancaspro, M. L., & Morciano, D. (2015). Formal and informal learning in the workplace: a research review. *International Journal of Training and Development, 19*(1), 1-17.

Marsick, V. J. & Watkins, K. E. (2001). Informal and incidental learning. *New directions for adult and continuing education, 2001*(89), 25-34.

Matthews, P. (2013). *Informal learning at work: How to boost performance in tough times*. Three Faces Publishing.

McCall Jr, M. W., Lombardo, M. M., & Morrison, A. M. (1988). *The lessons of experience: How successful individuals develop on the job*.

McLagan, P. (2003). New organizational forces affecting learning transfer. In Holton, E. & Baldwin, T., *Improving learning transfer in organizations*, 39-56.

Nawab, A. (2011). Workplace learning in Pakistani schools: a myth or reality?. *Journal of Workplace Learning, 23*(7), 421-434.

Noble, C. & Hassell, K. (2008). Informal learning in the workplace: what are the environmental barriers for junior hospital pharmacists?. *International Journal of Pharmacy Practice, 16*(4), 257-263.

Noe, R. A. (1986). Trainees' attributes and attitudes: Neglected influences on training effectiveness. *Academy of Management Review, 11*(4), 736-749.

Noe, R. A. & Schmitt, N. (1986). The influence of trainee attitudes on training effectiveness: Test of a model. *Personnel Psychology, 39*(3), 497-523.

Park, Y. & Jacobs, R. L. (2011). The influence of investment in workplace learning on learning outcomes and organizational performance. *Human Resource Development Quarterly, 22*(4), 437-458.

Poell, R. F. (2017). Time to 'flip' the training transfer tradition: Employees create learning paths strategically. *Human Resource Development Quarterly*.

Rabin, R. (2014). *Blended learning for leadership: The CCL approach. Center for Creative Leadership*. www.ccl.org/wp-content/uploads/2015/04/BlendedLearningLeadership.pdf.

Rakštelienė, A. & Ruževičius, J. (2018). Performance Quality: Influence of Work Environment Factors for Informal Training Transfer. *Quality-Access to Success, 19*(165).

Robinson, D. G. & Robinson, J. (1989). Training for impact. *Training & Development Journal, 43*(8), 34-43.

Skule, S. (2004). Learning conditions at work: a framework to understand and assess informal learning in the workplace. *International Journal of Training and Development, 8*(1), 8-20.

Sparr, J. L., Knipfer, K., & Willems, F. (2017). How leaders can get the most out of formal training: The significance of feedback-seeking and reflection as informal learning behaviors. *Human Resource Development Quarterly, 28*(1), 29-54.

Sutherland, A. M. & Dodd, F. (2008). NHS Lanarkshire's leadership development programme's impact on clinical practice, *International Journal of Healthcare, 21*(6), 569-585.

Van den Bossche, P. & Segers, M. (2013). Transfer of training: Adding insight through social network analysis. *Educational Research Review, 8*, 37-47.

Watkins, K. E., & Dirani, K. M. (2013). A meta-analysis of the dimensions of a learning organization questionnaire: Looking across cultures, ranks, and industries. *Advances in Developing Human Resources, 15*(2), 148-162.

Weiss, J. & Shenette, J. (2008). 360-degree Strategic Leadership Team Alignment Profile of an Intervention Program. *Proceeding of the 41st Hawaii International Conference on Systems Sciences, 8*.

Yorks, L. (2003). Beyond the classroom: Transfer from work-based learning initiatives. *Research in organization*(138-160). San Francisco: Berret-Koehler.

Yun, J. M., Kim, D. H., & Park, Y. C. (2019). The influence of informal learning and learning transfer on nurses' clinical performance: A descriptive cross-sectional study. *Nurse Education Today*.

## 요약

본 원고는 최근 조직에서 70:20:10 프레임워크의 적용이 증가하고 비형식 학습(informal learning)의 중요성이 강조됨에 따라, 비형식 학습의 전이를 촉진하기 위한 설계 전략을 도출하는 데 목적을 두고 있다. 이를 위해, 최근 10년간의 비형식 학습 전이에 관한 연구를 분석하여 전이에 영향을 미치는 요인을 경험학습, 사회적 학습, 개인 성찰 등으로 분류하였다. 또한, Baert(2018)의 일터학습 이론적 프레임워크와 Broad와 Newstrom(1992), Broad(2005)가 제안한 형식학습 전이모형을 바탕으로, 경영자, 상사, 동료, 본인, 유관부서, HRD 담당자 등 이해관계자별로 적용 가능한 전이설계 전략을 제시하였다. 연구 결과, 비형식 학습의 성과에 영향을 미치는 주요 요인으로 학습자 특성, 직무 특성, 직무 환경이 확인되었으며, 특히 직무 환경의 설계가 전이에 중요한 역할을 한다는 점이 강조되었다. 본 연구는 비형식 학습이 조직 내에서 효과적으로 전이되기 위한 이론적 틀을 제시했다는 점에서 의의가 있으며, 향후 각 세부 요인에 대한 실증적 연구를 통해 추가적인 설계 전략이 제시되기를 기대한다.

## 탐구 질문

1. 비형식 학습의 전이가 조직 내에서 중요한 이유는 무엇이라고 생각하는가?
2. 70:20:10 프레임워크가 비형식 학습에 효과적으로 적용되기 위해 어떤 조건들이 필요할까?
3. 비형식 학습의 전이를 촉진하기 위해 HRD 담당자가 수행해야 할 핵심 역할은 무엇일까?
4. 비형식 학습의 전이에 대한 실증 연구가 부족한 상황에서, 어떤 방법으로 이러한 연구를 촉진할 수 있을까?
5. 비형식 학습과 형식 학습의 전이 전략을 어떻게 통합하여 조직의 학습 효과를 극대화할 수 있을까?

## / 저자 소개 /


### 주영진(jzeroj@naver.com)

2001년 삼성전자 리더십개발센터 입사 이후 현장 교육담당자로 교수설계, 리더십 과정개발 및 강의, 어세스먼트 센터, 교육행정기획 등을 현장에서 실천함. 현재 삼성전자 인재개발원 리더십스쿨장을 맡아 핵심리더 승계, 승격, 코칭리더십, 리더십 역량개발 및 조직개발과 관련한 프로그램을 주도하고 있으며, 다양한 리더십교육방법과 학습전이에 관심을 가지고 다양한 시도를 기울이고 있음.

### 정재삼(chungj@ewha.ac.kr)

1995년 이후 이화여자대학교 교수로 교수설계, 프로그램평가, 인재개발 분야를 연구지도해 옴. 한국교육공학회(KSET) 회장, 한국기업교육학회(KSLP) 회장, 대한리더십학회(KAL) 부회장을 역임함. 한국인재경영대상 심사위원, 한국인재경영연구원 전문위원으로 활동 중이며 NHRD 프로젝트 책임연구자, 정부와 민간부문 인재개발 정책심의 및 평가위원 역할 수행함. 관심 분야는 적응적 학습(adaptive learning)과 신속한 수행성과(agile performance), 전략적 인재개발(strategic talent development)임. 최근 저서로는 교수의 으뜸원리, 리더십개론, 모두를 위한 인재개발, 교육·인재개발을 위한 프로그램 평가의 과정, 미래사회를 위한 교육의 방법과 테크놀로지, 모두를 위한 교수설계와 프로그램개발, 애자일 퍼포먼스 테크놀로지 등이 포함됨

제21장

송해덕(중앙대학교)

# 몰입 연구의 이슈와 방향

### 목표

1. 사회경제 패러다임 전환에 따른 몰입의 검토배경을 이해하고 중요성과 가치를 설명할 수 있다.
2. 주요 접근방법에 따른 몰입의 개념과 특성을 이해할 수 있다.
3. 몰입과 유관개념 간 구별적 특성을 파악하고 목적에 맞는 적절한 구인을 선정할 수 있다.
4. 몰입에 대한 주요 이론적 근거를 확인하고 설명할 수 있다.
5. 국내 외 몰입 연구 경향과 특성을 파악하고, 연구 시사점을 도출할 수 있다.

### 핵심용어

몰입(Job engagement, Employee engagement, Work engagement, Learning engagement, Academic engagement, Student engagement, Organizational engagement, Attitude engagement), 욕구-만족 이론, 직무-요구자원 이론, 정서변화 이론, 사회적 교환 이론

## 1. 몰입 출현 배경

자신이 맡은 일에 대해 높은 수준으로 몰입하는 것은 새로운 사회경제 패러다임에 진입하게 되면서 중요성이 더해지고 있다(표 21-1 참조). Gig 경제와 디지털 플랫폼의 출현은 노동시장에 전환적이고 파괴적인 영향을 미치는데, 이러한 일 세계 맥락에서는 무엇보다도 구성원들의 몰입을 통해 실질적이고 지속적인 성과 창출을 기대할 수 있기 때문이다(Diamantopoulou, 2018). 고용형태에 있어서도 기업과 근로자 간 고용관계의 근본적이고 혁신적인 변화가 일어나게 되면서 각 조직은 우수한 인적자원을 확보, 활용을 통해 경쟁력을 높이고 새로운 고용을 창출할 수 있는 선순환 구조를 수립하는 것이 무엇보다도 중요하다(이승철, 2017). 이에 우수한 인적자원을 효과적으로 확보하고 조직의 성과를 담보할 수 있는 핵심 요인으로서 몰입이 새로운 조직 패러다임에 따른 노동시장 변화에 선제적으로 대응하기 위한 동인으로 각광받고 있다.

〈표 21-1〉 일 세계 변화 양상

| 구분 | 전통적 상황 | 현대 상황 |
|---|---|---|
| 환경 | 안정적 환경 | 끊임없는 변화 환경 |
| 고용형태 | 평생 고용 | 불안정(precarious) 고용 |
| 수행 | 개별적 일 수행 | 협력적 일 수행 |
| 위계구조 | 수직적 구조 | 수평적 구조 |
| 관리방식 | 외부 통제와 감독 | 자기 통제와 자기 관리 |
| 조직과의 관계 | 조직에 의존 | 스스로 책임감과 책무성 강조 |
| 직무수행 | 세부적인 직무명세서 기반 | 직무재창조(job crafting) |
| 자원 | 경험 | 지속학습 |
| 일 방식 | working hard | working smart |

미래사회 조직은 우수한 핵심인재를 고용하는 것을 넘어 각 개인들이 자신이 맡은 일에 모든 역량을 쏟을 수 있도록 고무시키는 전략이 필요하다(Leiter & Bakker, 2010). 구체적으로 조직에서는 구성원들이 일에 대하여 수동적 성향이 아닌 선제적(proactive)이고 진취적인 태도를 보이고, 타인과의 협력을 중요시하며, 끊임없이 자신의 전문성 개발을 위해 노력하며, 주어진 기준 이상의 높은 성과를 지향하고 전념하기를 기대하게 된다. 이에 자신의 일을 활력적으로 수행하고, 몰두하며, 깊이 전념하는 몰입(engagement) 된 종업원을 더욱 필요로 하게 되었다(Bakker & Schaufeli, 2008).

한편 미래사회 일 세계는 혁신과 창의성을 통해 질적 우수성과 효과성을 담보하는 특징을 보인다. 실제로 2016년 1월에 개최된 세계경제포럼에서는 제4차 산업혁명에 따른 기술·산업 측면의 변화와 일자리 지형의 변화는 산업분야가 요구하는 주요 능력 및 역량에도 영향을 미치며, 특히 복합적 문제해결능력(Complex Problem Solving Skills) 및 인지능력 등에 대한 요구가 높아질 것으로 전망하고 있다(World Economic Forum, 2016). 이 중에서 창의성의 경우 미래사회 핵심기술로 선정된 16개 기술 중 유일하게 역량과 인성자질 두 영역에 중복하여 제시된 바 있다(국가평생교육진흥원, 2016). 이러한 창의성을 제고하기 위해서는 무엇보다도 자신이 현재 수행하고 있는 일과 직무에 몰두하고 몰입하는 것이 전제되어야 한다. 실제로 몰입 수준이 높은 개인은 일과 관련 문제에 직면하였을 때 보다 더 다양하고 창의적인 방식으로 문제를 해결하고 다양한 사고를 활용할 수 있다(Bakker & Demerouti, 2008; Bartlett, 2015).

요컨대 몰입을 담보하는 구성원들의 인적자원 수행이 다양한 수준에서 창의성과 혁신성을 증가시키며, 긍정적 일터 환경을 조성할 수 있음을 인식하게 되었다. 특히 인적자원개발은 몰입된 구성원을 육성하는 책무성을 갖게 되면서 핵심적 역할을 수행하게 되었다(Li, 2017). 미래사회 일자리 변화에 대해 선도적으로 대응하는 한편 국가, 지역사회, 조직, 팀, 개인의 성장과 발달을 위해 구성원 몰입에 관한 효과적인 인적자원개발 활동이 필요하게 된 것이다.

학계와 실천현장에서 몰입의 중요성을 강조하는 주된 이유는 몰입을 통하여 다양한 긍정적 효과를 기대할 수 있기 때문이다. 실제로 현재까지 다양한 조직을 대상으로 한 조사와 실증연구를 통해 구성원들의 몰입은 긍정적 성과를 창출할 수 있는 것으로 보고되고 있다.

- 몰입된 종업원의 비율이 높은 조직의 경우 그렇지 않은 조직보다 영업 이익이 19% 더 높은 반면, 몰입된 종업원의 비율이 낮은 조직의 경우 영업이익이 33% 감소한 것으로 나타났으며, 이것은 몰입을 통해 9천 5백만 달러의 수익 증가로 환산될 수 있는 수치이다(Irvine, 2009).
- 영국의 경우 몰입되지 못한 종업원들로 인해 매해 5천 8백 8십만 달러에서 최대 6천 1백 5십만 달러의 경제적 비용이 소요되고 있는 실정이다(Flade, 2003).
- 몰입 수준이 높은 기업은 영업 이익률이 전체적으로 3.74% 증가하고 1년 동안 2.06%의 순이익이 증가한 반면, 몰입 수준이 낮은 기업은 영업 이익률이 2%, 순이익이 1.38% 하락한 것으로 나타났다(Gibbons, 2006).
- 몰입이 상위 25%, 하위 25% 수준인 사업 단위(business units)들의 성과를 비교한 결과, 몰입 수준이 높은 경우 고객 만족도가 2~4%, 수익성의 경우 1~4% 증가하였고, 종업원 이직률은 13~36% 감소한 것으로 나타났으며, 금액으로는 월평균 8만에서 12만 달러의 매출이 더 높은 수준이었다(Harter, Schmidt, & Hayes, 2002).
- 종업원의 몰입을 통해 결근 감소 및 초과근무로 인한 연간 8백 8십만 달러의 비용 절감, 70%의 생산량 증가, 약 50%의 손익분기점 감소, 2백만 달러의 이익 증가와 34%의 고객만족도 증가, 안전사고 1/5 감소 등의 효과가 있었다(Vance, 2006).
- 몰입 수준이 높은 기업의 경우(상위 25%) 총 자산 이익(return on assets)이 7%, 수익성이 7%, 증가하였으나, 몰입 수준이 낮은 기업의 경우(하위 25%) 총

자산 이익률이 5%, 수익성이 4%, 감소하는 것으로 나타났다(Macey, Schneider, Barbera, & Young, 2011).

다양한 실증연구를 통해 연구자들은 몰입이 성과요인에 강력한 영향을 미친다는 사실을 제시하고 있는데, 몰입은 대표적으로 아래와 같은 요인에 영향을 미치는 것으로 나타났다.

- 조직헌신(Hakanen, Schaufeli, & Ahola, 2008; Llorens, Bakker, Schaufeli, & Salanova, 2006)
- 조직시민행동(Rich, Lepine, & Crawford, 2010; Sulea, Virga, Maricutoiu, Schaufeli, Dumitru,, & Sava, 2012)
- 팀 혁신행동(Hakanen, Perhoniemi, & Toppinen-Tanner, 2008)
- 창의성(Zhang & Bartol, 2010).
- 역할 수행(Xanthopoulou, Baker, Heuven, Demerouti, & Schaufeli, 2008)
- 안전행동(Hansez & Chmiel, 2010)
- 서비스 질(Salanova, Agut, & Peiró, 2005)
- 이직의도(Saks, 2006; Schaufeli & Bakker, 2004).
- 직무만족(Wefald, Reichard, & Serrano, 2011).

이상의 사례조사와 실증연구는 몰입이 개인과 팀, 조직 수준에서 다양한 긍정적 결과를 이끌 수 있다는 강력한 근거를 제공하고 있다.

## 2. 몰입의 개념

### 1) 실천현장에서 몰입의 정의와 이해적 접근

몰입이 일과 연관되어 사용하기 시작한 명확한 시기와 주체가 밝혀지지 않았지만, 일반적으로 1990년대 Gallup에서 사용한 것을 시초로 보고 있다(Schaufeli, 2014). Gallup은 1988년부터 조직 구성원 100,000명을 대상으로 일터에 대한 조직 구성원들의 인식을 측정, 조사한 결과를 발표하였는데, 이때 조사에 사용한 문항이 향후 Gallup의 몰입 척도 문항으로 알려진 Q12이다. 이후 HR(human resource) 관련 조직과 부서에서는 조직 구성원의 몰입 수준을 높이기 위한 관련 사업을 지속적으로 진행함으로써 조직의 성과 제고와 지속적 성장 가능성을 향상시키기 위해 노력하고 있다. 대표적으로 실천현장에서 이해하고 있는 몰입 관한 정의는 다음과 같다.

- Dell Inc: 특별한 노력을 이끄는 조직 구성원들의 정신(이성적 헌신)과 마음(감정적 헌신)
- Development Dimensions International: 조직의 목표와 가치를 믿고 지지하는 인지적 차원, 조직에 대한 자부심과 애착, 소속감 등의 정서적 차원, 좋은 결과를 얻기 위해 특별히 더 노력하고 조직에 남고자 하는 의도와 관련된 행동적 차원 등 총 세 개의 차원으로 이루어진 개념
- Gallup: 일에 대한 관여(involvement)와 열정
- Hewitt Associates:(Say) 동료, 내/외부 고객들에게 조직에 관하여 긍정적으로 일관되게 말하고, (Stay) 다른 곳에서 일할 기회가 있음에도 불구하고 이 조직에 구성원으로써 남고자 하는 열의와 의도가 있으며, (Strive) 비즈니스 성공을 위하여 추가적인 시간과 노력, 이니셔티브를 투자하는 성향
- Intuit Inc: 자신의 직무, 일 경험과 회사에 대해 어떻게 생각하고 느끼며 행동하는지 설명할 수 있는 개념

- Mercer: 종업원이 자신이 속한 조직의 성공에 대해 관심을 갖고 직무 완수에 요구되는 요건 이상의 높은 기준을 수행하려는 심리적 상태
- Towers Perrin: 직원들이 해당 직무를 완수하는데 요구되는 최소한의 것을 넘어 자유의지로 자신의 여분의 시간과 지적 능력, 에너지를 일에 투입하고자 노력하는 정도

## 2) 학문영역에서 몰입의 정의와 이해적 접근

학계 차원에서 논의되고 있는 몰입에 관한 정의와 개념적 특성을 확인하기 위하여 인적자원관리, 심리학, 경영학 기반 데이터베이스에서 몰입을 주제로 한 연구물을 검색/선정하고 이를 대상으로 체계적 문헌고찰 연구가 진행된 바 있다. Schuck(2011)는 총 213개의 문헌을 검토한 결과 몰입을 ① 역할 수행과의 관련, ② 소진의 반대적 개념이자 종업원 웰빙과 관련된 긍정적 특성, ③ 직무자원으로서의 역할, ④ 직무 및 조직과의 관련된 특성으로 구분하였으며, 다음과 같이 총 네 가지의 주요 접근 방식을 제시하였다.

### (1) 욕구-만족 접근(The needs-satisfying approach)

대표적으로 Kahn(1990)은 몰입을 조직 구성원이 역할을 수행함에 있어 자신의 육체, 인지, 정신을 활용하고 표현하는 상태로 정의하였으며, 탈몰입(disengagement)에 대해서는 일 역할 수행동안 자기 자신을 일과 육체적, 인지적, 정신적으로 분리하고 방어하는 것으로 설명하였다. 특히 그는 개인들이 경험하는 심리적 경험이 그 사람의 태도와 행동을 유도하며, 개인, 대인, 집단, 조직 요인에 의해 영향을 받는다고 하였다. 이러한 심리적 경험은 개인의 몰입 또는 탈몰입에 결정적 영향을 미치는 심리적 조건(psychological conditions)으로 명명하였고 의미성, 안정성, 가용

성으로 분류, 제시하였다. 즉, 일 상황에 있어서 개인들은 심리적 의미성, 안정성, 가용성에 대한 욕구가 존재하며, 이에 대한 욕구가 충족되는 경우 자신이 수행하는 일에 대해 몰입하게 된다는 것이다.

### (2) 소진-반제 접근(The burnout-antithesis approach)

이 접근은 직업건강심리학에 근거를 두며 몰입을 소진에 대한 긍정적 반제(antithesis)로 이해하고자 하는데 공통점이 있지만 구체적인 특성에 따라 다시 두 가지 관점으로 분류된다. 첫 번째는 몰입과 소진이 동일 연속선상(continuum)에서 각각 긍정적 부분과 부정적 부분으로 위치한다는 관점으로서 이때 몰입의 특성은 에너지, 참여, 효능감이고 그 반대는 소진의 세 가지 차원이다(Maslach & Leiter, 1997). 즉 에너지는 탈진, 참여는 냉소, 효능감은 무능감로 각각 대비된다. 두 번째는 소진에 반대되는 구별적이고 독립적 개념으로서 이해하는 관점이다. 이 관점에서 몰입은 일과 관련하여 활력, 헌신, 몰두를 특징으로 하는 긍정적이고 성취적인 마음의 상태로 정의한다(Schaufeli, Salanova, González-Romá, & Bakker, 2002). 활력은 업무동안 높은 수준의 에너지와 정신적 회복력을 지니고, 노력을 투자하고자 하는 의지를 보이며 어려움에 처하더라도 끈기를 보이는 특성이다. 헌신은 자신의 일과 강력하게 연결되고 유의성, 열정, 영감, 자부심과 도전감을 경험하는 것과 관련되어 있다. 몰두는 일에 완전히 집중하고 열중하여, 시간이 빠르게 흐르고 일과 자신을 떼어놓기 힘든 상태를 의미한다.

### (3) 만족-몰입 접근(The satisfaction-engagement approach)

이 접근은 비교적 실천현장에서의 실용적 사용에 초점을 맞추며, 주된 접근 양상은 몰입과 기업 성과 간 관계성을 확인하는 것이다. 이 접근에서 몰입은 개인의 일에 대한 열망뿐 아니라 관여(involvement)와 만족이 포함된 개념으로 정의한다

(Harter, Schmidt, & Hayes, 2002). 따라서 다른 접근에서와는 달리 직무관여, 직무만족과 개념적으로 중복되는 것으로 본다. 이러한 특성을 반영하는 대표적인 측정도구인 Q12는 일 특성과 이에 대한 만족의 인식 정도를 묻는 총 12개의 문항으로 개발되었으며, 전 세계 36개 기업을 대상으로 몰입과 성과와의 관계를 구명하는 연구를 진행하였다(Harter, Schmidt, & Hayes, 2002). 분석 결과 직원의 만족과 몰입은 성과와 의미 있는 관계가 존재하는 것으로 나타났으며, 이러한 경향은 대부분의 조직에서 일반적인 특성으로 밝혀졌다. 이와 같이 구성원들의 몰입과 성과와의 의미있는 연계성을 밝힌 실증연구들은 만족-몰입 접근이 비단 실천현장에 국한되는 것이 아니라 몰입과 성과 사이의 관계를 설명하기 위한 이론적 설명과 논의를 확장하였다는 점에서 이론적 시사점을 제공한다.

### (4) 다차원 접근(The multidimensional approach)

다차원 접근은 기존의 욕구-만족접근(Kahn, 1990)이나 소진-반제접근(Maslach & Leiter, 1997)의 경우 몰입에 필요한 심리적 조건이나 선행 조건은 제시하고 있으나, 이러한 접근방식들은 왜 심리적 조건이나 선행 조건에 따라 몰입 수준이 다양하게 나타나는 지는 설명하지 못한다는 한계점을 비판하면서 제기되었다(Saks, 2006). 이 접근에서는 사회적교환 이론을 근거로 하여 몰입은 개인의 조직에 대한 보상이며, 보상으로써 몰입은 다양한 수준을 지닐 수 있다고 설명하였다. 따라서 이 접근방식에서의 몰입은 개인의 역할 수행과 관련된 인지적, 감정적, 행동적 요소로 구성된 구별적이고 독특한 구인으로 정의한다(Saks, 2006). 특히 몰입을 직무몰입(job engagement)과 조직몰입(organizational engagement)로 구분하였으며, 비록 두 종류의 몰입이 어느 정도 상관관계가 있지만 각기 다른 선행요인과 결과요인을 지니고 있음을 주장하였다. 또한 몰입을 유관개념인 조직헌신, 조직시민행동, 직무관여 등과 구분되는 별개의 개념으로 명확하였다. 이러한 접근은 몰입이 다른 직무/조직 관련 변인과의 구별적 특성을 지닌 온전한 별도의 구인임을 인정하는 한편 몰입의 다양한 차원을 구명하여 제시하였다는 점에서 의의가 있다.

몰입을 정의와 특성을 포괄적으로 정리한 또 다른 연구에서는 몰입을 ① 특성 몰입(긍정적 정서, 선제적 성향), ② 상태 몰입(만족, 관여, 임파워먼트), ③ 행동적 몰입(역할확대, 역할 외 수행)으로 구분하여 제시하기도 하였다(Macey & Schneider, 2008). 그러나 이와 같은 구분양식은 매우 협소하다는 비판을 받게 되면서 몰입은 포괄적인 용어로서 사용되는 특성을 보인다는 주장이 제기되었다(Saks, 2008). 이에 몰입의 정의와 특성에 따른 다양한 관점을 인정하고 다양한 관점 중에서 현재 맥락과 밀접한 몰입의 양상을 확인하는 것이 합리적인 자세일 것이다.

추가적으로 고려할 것은 학계나 실천현장에서 몰입을 의미하는 용어가 몰두(Flow), 관여(Involvement), 헌신(Commitment), 몰입(Engagement) 등과 혼용하여 사용되고 있다는 점이다. 하지만 이러한 용어들은 모두 몰입과 유사한 성격을 지닌 용어들이나 세부적인 차원에서 차별적 특성을 지니고 있다.

- 몰두(flow): 몰두는 초점화 된 집중, 맑은 정신, 정신과 육체의 조화, 수월한 집중, 완전한 통제, 자의식 상실, 시간 왜곡 및 본질적인 즐거움으로 특징되는 최적의 경험 상태를 의미한다(Csikszentmihalyi, 1990). 몰두는 짧은 시간 극적인 경험을 의미하지만 몰입은 좀 더 폭 넓고 지속적인 정신의 상태를 의미한다. 또한 몰두가 자신의 목적을 위해서 직무나 과업을 수행하는 것과는 대조적으로 몰입은 개인적 목적보다는 일 자체에 대한 의미감을 형성하고 목표달성 가능성을 인식한다는 차원에서 차이가 있다(Nakamura & Csikszentmihalyi, 2002). 또한 도전적 요소와 이를 해결하기 위한 특정 기술과의 균형이 필요한 몰두와는 달리 몰입의 경우 몰입 상태로 진행되기 위한 특정한 기술이 필요하지 않다(Csikszentmihalyi, Abuhamdeh, & Nakamura, 2005).
- 관여(involvement): 관여란 일의 선의(goodness) 또는 일의 중요성에 관한 가치의 내면화를 의미하며, 개인의 삶에 있어서 일의 중심성, 일의 중요성, 자기

자신의 핵심 자아상(self-image)과의 연결 정도를 나타낸다(Lodahl, & Kejnar, 1965). 이와 같은 관여는 냉소주의의 반대적 의미로 볼 수 있으며, 몰입과는 밀접하게 관련되어 있으나 동일한 개념은 아니다. 실제로 직무관여와 몰입을 포함하여 요인분석을 진행한 결과 두 개의 요인은 구별적으로 분류되는 것으로 나타났으며(Hallberg, & Schaufeli, 2006), 과업 수행에 있어 몰입이 직무관여보다 좀 더 많은 분산을 설명하는 것으로 밝혀졌다(Dalal, Baysinger, Brummel, & LeBreton, 2012). 개념적으로도 몰입은 직무에 관한 인지, 감정, 행동을 동시에 강조하는 반면에, 관여는 직무와 관련된 정체성을 유지하기 위해 사용하는 인지적 에너지에 초점을 맞춘다는 점에서 차이가 있다(박노윤, 2011).

• 헌신(commitment): 헌신은 특정 조직에 대하여 감정적으로 애착을 지니고, 조직과 자신을 동일시하며, 비교적 강력하게 관여하고자 하는 특성을 의미한다(Mowday, Steers, & Porter, 1979). 헌신의 경우 조직에 대한 구성원들의 행동과 애착에 초점을 두는 반면 이와는 대조적으로 몰입의 경우 일 역할이나 일 자체에 관여한다는 점에서 차이가 있다. 또한 헌신이 몰입의 특정 차원으로써 인정될 수 있지만 그 자체가 온전히 몰입을 충분히 반영할 수 없고(Macey, & Schneider, 2008), 몰입이 직무에 초점을 두고 있다면, 헌신은 조직에 초점을 두고 있다는 점에서도 구분된다(Armstrong ,2009). 실증연구에서는 몰입이 헌신의 선행요인으로 설정되고 관계성이 검증되면, 일반적으로 몰입이 헌신에 선행하는 것으로 여겨지고 있다(Demerouti, Bakker, De Jonge, Janssen, & Schaufeli, 2001; Hakanen, chaufeli, & Ahola, 2008; Hallberg & Schaufeli, 2006). 이밖에도 몇 가지 기준에 따라 아래와 같이 헌신과 몰입의 특성을 구분할 수 있다(Schohat & Vigoda-Gadot, 2010).

## 3. 몰입의 이론적 기초

### 1) 욕구-만족 이론(The needs-satisfying theory)

몰입에 관한 초기 연구에서는 욕구-만족 접근법에 기반하여 몰입의 정의와 특성을 이해하고자 하였다. 이 접근은 사람들의 업무에 대한 내적 동기부여에 중요한 영향을 미치는 심리적 상태가 존재한다는 전제를 두고 있다(Hackman & Oldham, 1980). 대표적으로 Kahn(1990)은 인간이 몰입된 상태로 전환되기 위해서는 세 가지 심리적 조건(또는 욕구)이 충족되어야 하며, 반대로 충족되지 않는 경우에는 탈몰입을 경험하게 된다고 설명하였다. 여기서 세 가지 심리적 조건이란 의미성(일을 수행하는데 있어 내 자신을 투자하는 것이 얼마나 의미있는가?), 안정성(이 일을 수행하는 것이 안전한가?), 가용성(일에 몰입하는데 있어 육체적이고 정신적인 자원을 충분이 가지고 있는가?)으로 구분하여 제시하였다.

먼저 의미성은 직무수행에 있어 스스로 가치있고 존중받으며, 타인과의 적절한 상호작용을 경험하는 경우 형성될 수 있다고 설명하였다. 이러한 의미성에 영향을 주는 요소로는 과업특성(과업이 도전적이고, 명확하게 규정되어 있으며, 이 일을 다양하고 자율적으로 수행할 수 있는가?), 역할특성(영향력을 발휘하고 체제 내에서 중요한 위치를 얻을 수 있는가?) 등 직무특성에 의해 영향을 받는다. 심리적 안정성은 일 수행의 결과가 지위, 경력에 부정적 영향을 미칠 수 있다는 두려움 없이 자신을 고용하는 것을 의미한다. 이러한 심리적 안정감의 경우 대인관계(주변인들과 지지적이고 신뢰적인 관계를 맺고 있는가?), 그룹 및 그룹 간 역동성(비공식적이거나 무의식적으로 자신의 여러 모습을 안전하게 보여줄 수 있는 맥락이 형성되어 있는가?), 경영스타일(지지적이고 일관적인 신뢰성을 보여주는 경영방식인가?) 등에 의해 영향을 받는다. 가용성은 업무역할을 수행하는데 있어 필요한 신체적, 정신적, 심리적 자원 보유 여부를 의미하며 신체적 에너지(업무역할 수행에 투입할 수 있는 신체적 자원 수준이 얼마나 있는가?), 정신적 에너지(업무역할 수행에 투입할 수 있는 정신적 에너지가 얼마나 있는가?) 등의 요소에 의해 영향을 받는다.

해당 모형은 이후 May, Gilson과 Harter(2004)에 의해 설문조사를 통한 실증연구로 이어졌다. 연구결과, 예측된 바와 같이 의미성, 안정성, 가용성은 몰입과 정적인 관계가 있는 것으로 나타났다. 요컨대 욕구-만족 접근에서는 직무가 도전적이고 의미가 있으며, 일 수행 환경이 안정적이고 개인적 자원이 사용 가능할 때 몰입이 발생할 수 있음을 설명하고 있다.

### 2) 직무-요구자원 이론(The job demands-resource theory)

JD-R모형의 기원은 요구-통제모형(Demand-Control Model, DCM)과 같은 직무스트레스 균형모형에서 찾을 수 있다(Karasek, 1979). 균형모형에 의하면 직무스트레스는 높은 직무요구 대비 낮은 직무통제와 같은 직무요구와 직무통제 수준 간 불균형에 의해 야기된다고 설명하고 있다. Hakanen, Bakker와 Schaufeli(2006)은 스트레스와 관련된 문헌에서는 일반적으로 직무와 관련하여 구성원에게 요구되는 요구수준과 그들이 실제로 가지고 있는 자원 사이의 균형이 깨지게 되면서 스트레스가 발생한다는 관점을 기본적으로 가지고 있다고 주장하였다. 즉, 이 이론에서는 직무요구와 직무 통제사이의 균형이 낮은 직무스트레스로 귀결될 것이라는 예측을 가능하게 한다.

Bakker와 Demerouti(2007)는 요구-통제모형이 실제로 매우 복잡한 일 상황을 단순이 두 개의 변인으로 축소한다는 한계를 지적하면서 직무자원과 직무요구의 다양한 내용과 일 수행 맥락을 고려한 직무요구-자원 모델을 개발하였다(Demerouti, Bakker, Nachreiner, & Schaufeli, 2001). 이 모형은 일 종류와 집단에 관계없이 구성원의 웰빙을 예측할 수 있는 두 가지 일 조건인 직무요구와 직무자원을 포함시킨 모형으로 제시되었다.

- 직무요구: 직무요구는 해당 직무를 수행하는 구성원에게 압력을 가할 수 있는 직무 특성을 의미하는데 대체적으로 종업원의 능력 이상을 요구하는 상황에서 발생한다. 직무요구 그 자체는 부정적 의미를 지니고 있지 않지만 이 직무요구가 구성원으로 하여금 높은 수준의 육체적, 사회적, 심리적 노력을 요구하는 경우 직무스트레스를 발현시키며, 이것이 결국 피로, 소진과 같은 부정적 결과로 이어지게 된다(Schaufeli & Bakker, 2004). 직무 복잡성, 직무 불안정성, 대인 간 갈등, 조직변화, 역할 모호성, 역할 갈등, 시간적 압박, 일 압력, 일-가정 갈등 등이 대표적인 직무요구 요소들이다.
- 직무자원: 직무자원은 직무요구와 육체적, 심리적 비용을 감소키시고 직무 목표를 성취할 수 있도록 기능하며 개인의 성장, 학습, 개발을 자극하는 직무와 관련된 물리적, 심리적, 조직적 측면을 의미한다(Demerouti et al., 2001). 일반적으로 직무요구와 직무자원은 서로 부적 관계를 형성하고 있는데, 그 이유는 높은 수준의 직무요구는 직무자원의 활용성을 떨어뜨리기 때문이다(Bakker & Demerouti, 2007). 직무자원의 경우 자율성, 재정적 보상, 목표명확성, 리더십, 심리적 안정성, 사회적 분위기, 사회적 지원, 기술 다양성, 코칭, 팀 조화성 등이 대표적인 요소이다.
- 개인자원: 인간의 행동은 개인적 요인과 환경적 요인사이의 상호작용에 기인한다는 접근방식을 고려하게 되면서 초기 직무요구자원 모형의 경우 직무요구, 직무자원과 같은 일과 관련된 특성으로 한정하여 몰입의 발현요소로써 설명하였으나 직무요구자원 모형이 수정되면서 개인자원 영역이 포함되었다. 개인자원은 일반적으로 탄력성과 관련된 요소들을 포함하는데, 자신의 환경을 성공적으로 제어하고 영향을 미치는 능력에 대한 자사의 심리적 특성 또는 측면으로 정의된다(Schaufeli & Taris, 2014). 개인자원도 직무자원과 마찬가지로 업무목표를 달성하는데 기능하며, 개인 성장과 발달을 촉진한다. 개인자원의 경우 희망, 내재적 동기, 긍정성, 탄력성, 자기효능감 등이 포함된다.

이와 같은 직무요구자원 모형에 따르면 직무자원, 개인자원과 같은 자원 요소들은 조직구성원에게 직무수행을 위한 활력을 제공하며, 힘든 상황에 처하는 경우에도 일을 지속할 수 있도록 지원한다. 이러한 경향은 직무수행에 있어 구성원들이 해당 직무를 활력적으로 수행하고 헌신하며 몰두하는 몰입 상태로 전환하도록 하며, 이러한 몰입 상태를 지속함으로써 다양한 긍정적 성과로 이어지게 만든다. 즉, 이 과정에서 몰입은 직무자원, 개인자원과 긍정적 성과 간 관계를 매개하는 매개자 역할을 하며, 이러한 발현 과정을 동기적 과정(motivational process)로 부른다. 동기적 과정과는 반대로 직무요구에 의해 촉발되어 다양한 부정적 결과로 이어지는 기제에 대해서는 건강장애과정(health impairment process)으로 설명한다. 직무요구가 높은 경우 일 목표를 성취하기 위한 추가적인 노력이 필요하게 되는데, 이러한 보완적 노력은 피로와 같은 육체적, 정신적 비용으로 이어진다. 이러한 부정적 요인이 적절히 회복되지 않는 경우 구성원은 탈진과 소진을 겪게 되고 이것이 지속되면 우울, 신체적 질병 등과 같은 부정적 결과를 야기하게 되는 것이다(Melamed, Shirom, Toker, Berliner, & Shapira, 2006).

### 3) 정서변화 이론(The affective shift theory)

높은 몰입 상태는 업무를 수행하는 동안 행복, 열정과 같은 일과 관련된 긍정적인 감정 상태로 나타난다(Kahn, 1990). 긍정적 정서와 몰입사이의 관계성은 자기조절이론(self-regulation theory)에 의해 설명될 수 있는데 이 이론에서는 인간이 일련의 행동을 하는데 있어 긍정적 정서가 신호역할을 할 수 있다고 본다. 따라서 긍정적 정서를 경험할 때 개인들은 과업에 대한 높은 목표를 설정하고, 일에 몰입하는 것이 긍정적인 결과로 이어질 것으로 기대한다. 반대로 부정적인 감정은 현재 진행하고 있는 활동에 몰입하고, 일에 대한 활력과 헌신을 방해한다. 부정적 감정이 증가하게 되면 현재 정신적으로 압박을 받게 되고 인지적 자원과 행동의 선택을 할 수 없도록 만든다(Fredrickson, Tugade, Waugh, & Larkin, 2003; Koole & Jostmann, 2004). 이와 같은 정서와 몰입의 밀접한 관계성에 근거하여 정서변화모형이 제시되었다.

정서변화모형은 긍정적 정서와 부정적 정서가 몰입에 대해 중요한 기능을 한다고 말하고 있다. 이 모형의 핵심기제는 높은 몰입이 나타나기 위해서는 부정적 정서가 긍정적 정서로의 변화가 필요하다고 본다. 즉, 긍정적 정서에 대한 경험 없이 부정적 정서 상태가 지속되는 경우 낮은 수준의 몰입이 나타나게 되지만, 만약 긍정적인 상태로 변화하게 되면 기존의 부정적 정서들은 몰입 수준이 증가할 수 있도록 동기부여 될 수 있다고 본다(Lyubomirsky, King, & Diener, 2005). 이와 같은 몰입 발현에 있어서 정서변화모형은 성격체계 상호작용(personality systems interaction) 이론을 통해 구체적으로 설명된다(Kuhl, 2000). 이 이론에 따르면 정서변화의 밑바탕을 이루는 두 개의 과정들이 서로 얽혀 있는데, 하나는 긍정적 정서의 상향 조절(up-regulation)이며, 나머지 하나는 부정적 정서의 하향 조절(down-regulation)이다. 긍정적 정서의 상향 조절은 새로운 활동을 시작하게 하고 그 활동에 대해 몰입하도록 하며(Kazén, Kaschel, & Kuhl, 2008), 부정적 정서의 하향 조절은 해당 개인이 정보를 처리함에 있어 부정적 정서를 감소시킴으로써 좀 더 광범위한 정보를 처리할 수 있는 상태로의 변화이다. 이 이론에 따르면 긍정적 정서 상향 조절과 부정적 정서 하향 조절 이후의 상황에서 몰입이 가장 두드러지게 나타난다고 설명한다. 즉, 일 상황에 있어 긍정적 정서와 부정적 정서가 역동적으로 상호작용함으로써 몰입이 나타날 수 있다고 보고 있다.

### 4) 사회적 교환 이론(Social exchange theory)

사회적 교환 이론에서는 일 상황에서 개인들이 상호호혜 또는 상환규칙(repayment rules)을 지지하고 지킬수록 시간이 지남에 따라 신뢰, 충성도, 상호 간 헌신이 발전할 수 있음을 설명한다(Cropanzano & Mitchell, 2005). 예를 들어 조직 구성원이 자신이 속한 조직으로부터 인정, 기회와 같은 특별한 자원을 얻게 되면, 해당 개인은 이에 대한 감사함과 조직에 되갚으려고 하는 부채감을 느끼면서 조직에 순기능적인 태도와 정서를 보이게 된다. 대표적으로 조직 구성원은 자신이 조직에서 받는 자원에 대한 급부로서 자신 스스로를 몰입하는 경향을 보이게 된다. 즉, 조직 구성원은 자원과 혜택에 대한 교환으로써 그들의 고용주에게 자신들의 몰입을 제공한다는 것이다(Saks, 2006). 반대로 조직이 이와 같은 자원을 제공하지 못하는 경우 구성원들은 직무를 수행하는데 있어 몰입을 철회하게 된다. 따라서 구성원들이 각자 자신들의 직무 수행에 몰입할 수 있도록 하는 인지적, 정서적, 물리적 자원은 조직으로부터 얻게 되는 경제적, 사회정서적(socioemotional) 자원에 의해 결정될 수 있다고 볼 수 있다(Kahn, 1990).

## 4. 국내외 몰입 연구 현황

Kahn(1990)에 의해 몰입의 개념이 처음 학계에 소개된 이후 1990년대 후반 일 세계의 변화와 함께 긍정심리학 운동이 나타나면서 일에 대한 의미와 일 수행에서 느낄 수 있는 행복감, 정신건강과 관련된 논의들이 활성화 되면서 몰입에 대한 관심과 연구가 급격하게 증가하게 되었다. 실제로 2017년 한 해 동안 온라인상에서 몰입을 검색한 수는 총 10,468건이었으며, 국내의 경우 총 153건, 국외의 경우 총 484,300건의 연구물이 등록된 것으로 조사되었다.

〈표 21-2〉 Engagement 검색 건 수 및 연구물 등록 현황(2017년)

| | 검색 | 연구물 | |
|---|---|---|---|
| | | 국내 | 국외 |
| job engagement | 603 | 68 | 57,000 |
| employee engagement | 4,093 | 8 | 32,200 |
| work engagement | 965 | 41 | 101,000 |
| learning engagement | 468 | 5 | 82,800 |
| academic engagement | 141 | 16 | 69,100 |
| student engagement | 3,736 | 14 | 55,900 |
| organizational engagement | 361 | 1 | 45,900 |
| attitude engagement | 101 | 0 | 40,400 |
| total | 10,468 | 153 | 484,300 |

몰입을 주제로 한 연구증가 추세는 앞으로 이어질 전망이다. 실제로 최근 10년간 국내에서 몰입을 대상으로 진행된 연구물의 등록 건수를 확인한 결과 2009년 7건에 불과하던 것이, 2015년에 100건을 상회하였으며 2017년의 경우 가장 많은 153건이 등록되었다. 이와 같이 국내에서 몰입을 주제로 한 연구가 급속한 증가추세를 보이고 있으며, 4차 산업사회 일자리 지형과 일터맥락의 변화로 인해 이와 같은 몰입을 주제로 한 연구는 앞으로 더욱 확산될 전망이다.

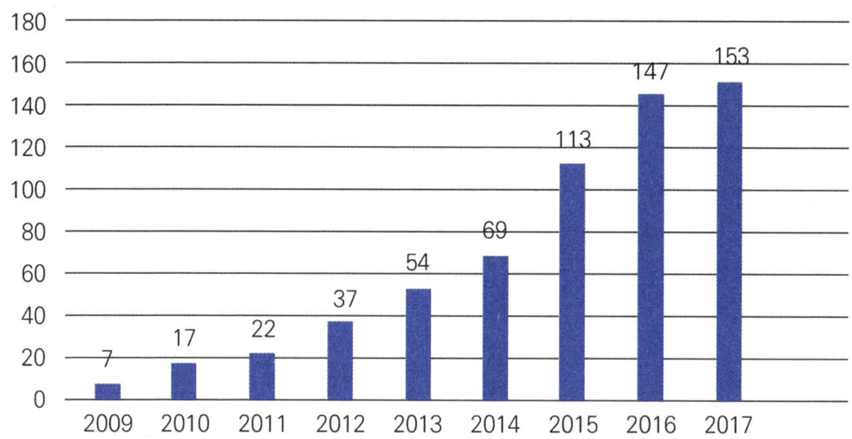


[그림 21-1] 최근 10년 간 국내 몰입연구 추세

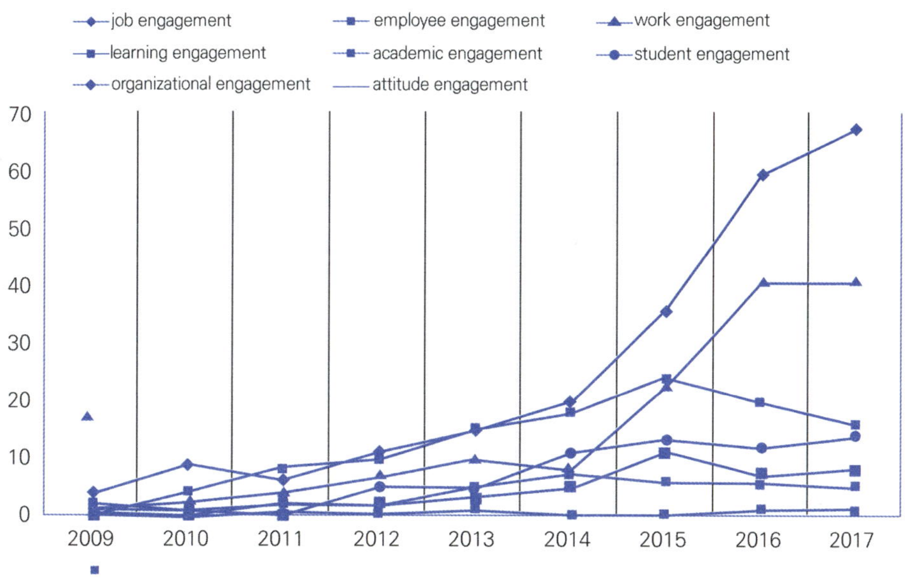


[그림 21-2] 최근 10년 간 몰입 유형별 국내 연구 수행 추세

2009년부터 최근 2017년까지 진행된 몰입연구의 연구대상을 조사한 결과 전체 연구의 절반 이상인 52%가 사기업을 대상으로 몰입 연구를 진행하였으며, 그 다음

으로 교육기관(28%), 특수조직[군대, 병원 등](11%), 공기업 8%, 사회적 기업 1% 등의 순으로 나타났다(그림 21-3 참조).

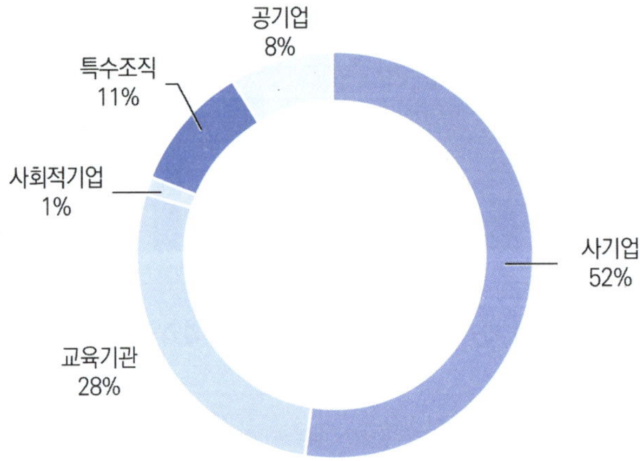


[그림 21-3] 몰입연구 대상 조직유형 분포

최근 10년 간 진행되었던 몰입 관련 연구물을 대상으로 해당 연구가 실증한 몰입의 선행요인과 결과요인을 확인한 결과는 다음 [그림 21-4]와 같이 나타났다. 선행요인의 경우 개인배경차원(예, 성별, 나이, 성격 등), 가정배경차원(부모지지, 배우자 지지, 가정 지원 등), 조직차원(조직공정성, 인사관리제도, 조직문화 등), 리더차원(리더행동양식, 리더십, 상사지원 등), 직무차원(자율성, 직무요구, 직무특성 등), 학습차원(교수학습전략, 수업방식, 학습지향성 등), 인지차원(자아효능감, 심리적 안전감, 전문성 인식 등), 정서차원(정서지능, 긍정성, 정서조절능력 등), 동기차원(내적동기, 성장욕구, 자기개발동기 등)과 같이 나타났다. 몰입에 따른 결과요인의 경우에는 학습성과(학업성취, 학업몰입, 학업소진 등), 역할 내 수행/성과(과업행동, 직무성과, 판매성과, 혁신행동 등) 역할 내 수행/성과(조직시민행동, 창의성, 팀 몰입, 심리적 안녕감 등)와 같이 나타났다.

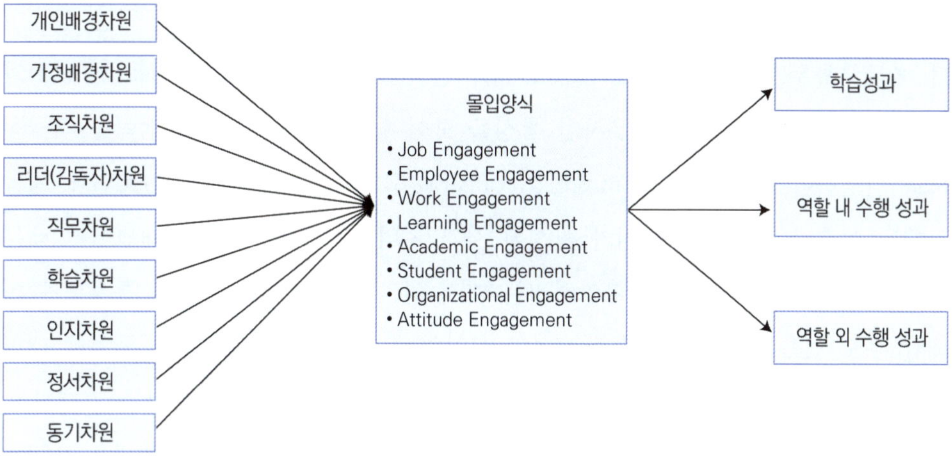


[그림 21-4] 몰입의 선행요인과 결과요인('09~'17 국내 연구 기준)

## 5. 결론

새로운 사회 환경 패러다임의 전환으로 각 조직은 사업 구조 전환, 신기술 개발, 신사업 확대 압력을 받게 되었으며, 이에 부응하기 위해 기존과는 차별화된 새로운 인력 양성 및 활용에 관한 인적자원개발의 전략적 변화를 요구하게 되었다. 대표적인 전략은 조직 구성원으로 하여금 자신의 직무에 적극 몰입할 수 있도록 일터 환경을 구축함으로써, 유능한 인적자원 확보 지속성을 담보하고 이들이 보유한 역량을 최대한 발휘할 수 있도록 운영하는 것이다. 또한 노동시장과 일자리 지형이 급격하게 변화할 것으로 예측되면서 자신의 일에 효율적이고 효과적으로 몰입하고 이를 통해 성과를 창출하는 일 방식이 중요해졌다. 본 장에서는 몰입의 중요성을 확인하고, 몰입의 기본적인 개념과 특성을 파악함으로써 향후 몰입에 관한 연구 시사점과 실천적 논의를 활성화하고자 하였다. 현재까지의 몰입 연구 양상과 특성 파악을 통해 향후 연구 시사점을 다음과 같이 제시하였다.

첫째, 몰입 개념에 대한 명료화가 이루어질 필요가 있다. 전술하듯이 학계나 실천현장에서 몰입에 대한 정의와 특성이 아직 명확하게 특정되어 있지 않은 상태이다. 이는 몰두(Flow), 관여(Involvement), 헌신(Commitment), 만족(satisfaction)과 같은 유관개념과 일정 부분 유사한 특성을 보이며, 몰입 자체가 상황맥락을 적극적으로 반영하는 포괄적 개념(umbrella concept)이기 때문이다. 또한 1990년대 처음 소개된 이후 본격적으로 논의가 활성된 시기가 비교적 짧은 새로운 개념이기 때문에 몰입을 이해하고 특성을 확인하려는 기저 연구가 활발한 과도기적 특성으로 이해할 수도 있을 것이다. 그러나 학계와 실천현장, 학문적 기반에 따라 몰입에 대한 다양한 개념들이 논의되는 것은 자칫 몰입에 대한 학계-사회적 합의를 저해하고, 일원화 된 담론을 형성하는데 장애가 될 수 있다. 최근 들어 몰입의 개념을 포괄적으로 탐색하는 한편, 정의와 특성을 구체화하기 위해 진행된 연구들은 이와 같은 부정적 측면을 해소하고 명확한 구인으로써 몰입을 조형함으로써 핵심개념 단서를 제공한다는 점에서 중요한 의의를 지닌다(Macey & Schneider, 2008; Schaufeli & Bakker, 2010; Shuck, 2011). 특히 국내연구에서는 'engagement'의 용어가 몰입, 열의, 참여 등 다양한 용어로 사용되고 있으며, 더욱이 Job engagement, employee engagement, work engagement 등 몰입 유형별 용어는 직무열의, 직무몰입, 일 몰입, 일 열의, 종업원 몰입 등 용어가 일원화 되지 못한 채 사용되고 있는 실정이다. 이에 국내 학계에서도 몰입 개념에 대한 명료화를 제고하기 위한 연구와 함께 용어의 사용을 일치하기 위한 노력이 필요하겠다.

둘째, 국내 연구에서 몰입의 선행/결과 요인 탐색에 대한 확장 노력이 필요하다. 현재까지의 국내 연구경향에서 몰입의 선행/결과 요인을 탐색하기 위한 근거모형은 주로 직무-요구자원 모형을 사용하고 있으며 이 중에서도 특히 직무특성과 개인자원에 한정하여 연구가 진행되고 있는 실정이다. 이는 실제 일터맥락에서 나타나고 있는 다양한 몰입 발현 양식의 일부분만을 포착하고 협소한 이해를 야기할 수 있다. 따라서 학습양식과 몰입, 정서적 변화모형에 근거한 몰입 발생 기제와 같이 다양한 이론적 모형을 근거로 몰입 발현 요인과 결과 양태를 확인함으로써 몰입을 좀 더 다양하고 심층적으로 이해할 수 있을 것이다.

셋째, 몰입 연구의 대상을 확대할 필요가 있다. 국내 몰입 연구의 경우 대부분 사기업, 교육기관을 대상으로 이루어지고 있는 것으로 나타났다. 그러나 몰입이 해당 조직의 성격, 특성, 문화 등에 영향을 받는다는 점을 고려할 때 기업유형, 조직문화 등 집단적 특성에 따른 몰입의 차별적 기제를 확인하기 위해 다양한 조직맥락을 대상으로 몰입이 연구될 필요가 있다.

넷째, 몰입의 개념과 구조는 개인적 특성뿐 아니라 사회, 조직, 세대의 특성이 반영된 포괄적이고 다차원적인 요인이다(Saks, 2006). 기존에 제시되는 몰입의 이론적 모형과 이에 기반한 진단 및 평가 진행 양상은 다분히 서구적 문화, 경제, 조직맥락에 배태되었다. 조직 내 구성원으로서 조직에 대한 직원몰입 개념을 측정하는데 한계를 보이고 있다. 이와 같이 특정 맥락에 치우친 구성 체계는 현상의 잘못된 해석을 야기하고 신뢰롭지 못한 결과를 제시하는 등 다양한 문제의 발생소지가 존재한다(Berry, 2002). 즉 서구적 문화, 경제, 조직맥락이 배태되어 있는 기존 몰입의 개념과 구조를 한국 맥락에 적용하는데 있어 많은 한계를 지니게 된다. 이에 추후에는 한국적 맥락에서 몰입에 대한 재개념화를 시도하는 한편 궁극적으로 한국형 통합몰입 모형을 개발하여 한국형 통합몰입에 대한 논의를 활성화하고, 가치를 환기시키기 위한 연구가 진행될 필요가 있다.

## 참고문헌


국가평생교육진흥원. (2016). 4차 산업혁명의 시대에서 묻는 교육의 미래: 세계경제포럼의 교육을 위한 새로운 비전. 서울: 국가평생교육진흥원.

박노윤 (2011). 직무열의의 선행요인과 효과. 경영교육연구, 26(5), 543-573.

이승철 (2017). 4차 산업혁명과 기업 조직의 변화: 조직운영 및 인적자원관리 대응과제. 임금연구, 25(1), 4-32.

Armstrong, M. (2009). *Handbook of human resource management practice*. London: Kogan Page.

Bakker, A. B., & Demerouti, E. (2007). The job demands-resources model: State of the art. *Journal of managerial psychology, 22*(3), 309-328.

Bakker, A. B., & Demerouti, E. (2008). Towards a model of work engagement. *Career Development International, 13*(3), 209-223.

Bakker, A. B., & Schaufeli, W. B. (2008). Positive organizational behavior: Engaged employees in flourishing organizations. *Journal of Organizational Behavior 29*(2), 147-154.

Bartlett, S. (2015). *The relationship between emotional intelligence, work engagement, creativity and demographic variables* (Doctoral dissertation).

Berry, J. W. (2002). *Cross-cultural psychology: Research and applications*. Cambridge, England: Cambridge University Press.

Csikszentmihalyi, M. (1990). *Flow: The psychology of optimal performance*. New York, NY: Cambridge University Press

Csikszentmihalyi, M., Abuhamdeh, S., & Nakamura, J. (2005). Flow. In A. Elliot & C. S. Dweck (Eds.), *Handbook of competence and motivation* (pp. 598-608). New York, NY: Guilford Press.

Cropanzano, R., & Mitchell, M. S. (2005). Social exchange theory: An interdisciplinary review. *Journal of Management, 31*(6), 874-900.

Dalal, R. S., Baysinger, M., Brummel, B. J., & LeBreton, J. M. (2012). The relative importance of employee engagement, other job attitudes, and trait affect as predictors of job performance. *Journal of Applied Social Psychology, 42*, E295-E325.

Demerouti, E., Bakker, A. B., De Jonge, J., Janssen, P. P., & Schaufeli, W. B. (2001). Burnout and engagement at work as a function of demands and control. *Scandinavian Journal of Work, Environment & Health, 27*(4), 279-286.

Demerouti, E., Bakker, A. B., Nachreiner, F., & Schaufeli, W. B. (2001). The job demands-resources model of burnout. *Journal of Applied Psychology, 86*(3), 499-512.

Diamantopoulou, A. (2018). *The emergence of new technologies and the future of economic, social and cultural rights*. 제4회 국제인권심포지엄 자료집(pp. 81-89). 서울: 고려대학교.

Flade, P. (2003). Great Britain`s workforce lacks inspiration. *Gallup Management Journal, 11*, 1-3.

Fredrickson, B. L., Tugade, M. M., Waugh, C. E., & Larkin, G. (2003). What good are positive emotions in crises? A prospective study of resilience and emotions following the terrorist attacks on the United States on September 11th, 2001. *Journal of Personality and Social Psychology, 84*, 365–376.

Gibbons, J. M. (2006). *Employee engagement: A review of current research and its implications*. Retrieved from https://www.conferenceboard.ca/

Hackman, J. R., & Oldham, G. R. (1980). *Work redesign*. Reading, Mass: Addison-Wesley.

Hakanen, J. J., Bakker, A. B., & Schaufeli, W. B. (2006). Burnout and work engagement among teachers. *Journal of School Psychology, 43*(6), 495-513.

Hakanen, J. J., Schaufeli, W. B., & Ahola, K. (2008). The Job Demands-Resources model: A three-year cross-lagged study of burnout, depression, commitment, and work engagement. *Work & Stress, 22*(3), 224-241.

Hakanen, J. J., Perhoniemi, R., & Toppinen-Tanner, S. (2008). Positive gain spirals at work: From job resources to work engagement, personal initiative and work-unit innovativeness. *Journal of Vocational Behavior, 73*(1), 78-91.

Hallberg, U. E., & Schaufeli, W. B. (2006). "Same same" but different? Can work engagement be discriminated from job involvement and organizational commitment? *European Psychologist, 11*(2), 119-127.

Hansez, I., & Chmiel, N. (2010). Safety behavior: Job demands, job resources, and perceived management commitment to safety. *Journal of Occupational Health Psychology, 15*(3), 267-287.

Harter, J. K., Schmidt, F. L., & Hayes, T. L. (2002). Business-unit-level relationship between employee satisfaction, employee engagement, and business outcomes: A meta-analysis. *Journal of Applied Psychology, 87*(2), 268-279.

Irvine, D. (2009). *Employee engagement: What it is and why you need it*. Retrieved from https://www.bloomberg.com/news/articles/2009-05-08/employee-engagement-wha

t-it-is-and-why-you-need-it

Kahn, W. A. (1990). Psychological conditions of personal engagement and disengagement at work. *Academy of Management Journal, 33*(4), 692-724.

Karasek Jr, R. A. (1979). Job demands, job decision latitude, and mental strain: Implications for job redesign. *Administrative Science Quarterly, 24*, 285-308.

Kazén, M., Kaschel, R., & Kuhl, J. (2008). Individual differences in intention initiation under demanding conditions: Interactive effects of state vs. action orientation and enactment difficulty. *Journal of Research in Personality, 42*(3), 693-715.

Koole, S. L., & Jostmann, N. B. (2004). Getting a grip on your feelings: Effects of action orientation and external demands on intuitive affect regulation. *Journal of Personality and Social Psychology, 87*(6), 974–990.

Kuhl, J. (2000). A functional-design approach to motivation and selfregulation: The dynamics of personality systems interactions. In M. Boekaerts, P. R. Pintrich, & M. Zeidner (Eds.), *Handbook of self regulation* (pp. 111–169). San Diego, CA: Academic Press.

Leiter, M. P., & Bakker, A. B. (2010). Work engagement: introduction. In A. B. Bakker & M. P. Leiter (Eds.), *Work engagement: A handbook of essential theory and research* (pp. 1-9). New York, NY: Psychology Press.

Li, L. (2017). *China's manufacturing locus in 2025: With a comparison of "Made-in-China 2025" and "Industry 4.0"*. Technological Forecasting and Social Change. Retrieved from http://dx.doi.org/10.1016/j.techfore.2017.05.028

Llorens, S., Bakker, A. B., Schaufeli, W., & Salanova, M. (2006). Testing the robustness of the job demands-resources model. *International Journal of Stress Management, 13*(3), 378-391.

Lodahl, T. M., & Kejnar, M. (1965). The definition and measurement of job involvement. *Journal of Applied Psychology, 49*(1), 24-33.

Lyubomirsky, S., King, L., & Diener, E. (2005). The benefits of frequent positive affect: Does happiness lead to success? *Psychological Bulletin, 131*(6), 803-855.

Macey, W. H., & Schneider, B. (2008). The meaning of employee engagement. *Industrial and organizational Psychology, 1*(1), 3-30.

Macey, W. H., Schneider, B., Barbera, K. M., & Young, S. A. (2011). *Employee engagement: Tools for analysis, practice, and competitive advantage*. UK: John Wiley & Sons.

Maslach, C., & Leiter, M. P. (1997). *The truth about burnout: How organizations cause stress and what to do about it*. San Francisco, CA: Jossey-Bass.

May, D. R., Gilson, R. L., & Harter, L. M. (2004). The psychological conditions of meaningfulness, safety and availability and the engagement of the human spirit at work. *Journal of Occupational and Organizational Psychology, 77*(1), 11-37.

Melamed, S., Shirom, A., Toker, S., Berliner, S., & Shapira, I. (2006). Burnout and risk of cardiovascular disease: Evidence, possible causal paths, and promising research directions. *Psychological Bulletin, 132*(3), 327-353.

Mowday, R. T., Steers, R. M., & Porter, L. W. (1979). The measurement of organizational commitment. *Journal of Vocational Behavior, 14*(2), 224-247.

Nakamura, J., & Csikszentmihalyi, M. (2002). The concept of flow. In C. R. Snyder & S. J. Lopez (Eds.), *Handbook of positive psychology* (pp. 89-105). New York, NY: Oxford University Press.

Rich, B. L., Lepine, J. A., & Crawford, E. R. (2010). Job engagement: Antecedents and effects on job performance. *Academy of Management Journal, 53*(3), 617-635.

Saks, A. M. (2006). Antecedents and consequences of employee engagement. *Journal of Managerial Psychology, 21*(7), 600-619.

Saks, A. M. (2008). The meaning and bleeding of employee engagement: How muddy is the water? *Industrial and Organizational Psychology, 1*(1), 40-43.

Salanova, M., Agut, S., & Peiró, J. M. (2005). Linking organizational resources and work engagement to employee performance and customer loyalty: The mediation of service climate. *Journal of Applied Psychology, 90*(6), 1217-1227.

Schaufeli, W. B. (2014). What is engagement? In C. Truss., R. Delbridge., K. Alfes., A. Shantz., & E. Soane (Eds.), *Employee engagement in theory and practice* (pp. 15-35). New York, NY: Routledge.

Schaufeli, W. B., & Bakker, A. B. (2010). Work engagement: introduction. In A. B. Bakker & M. P. Leiter (Eds.), *Work engagement: A handbook of essential theory and research* (pp. 10-24). New York, NY: Psychology Press.

Schaufeli, W. B., Salanova, M., González-Romá, V., & Bakker, A. B. (2002). The measurement of engagement and burnout: A two sample confirmatory factor analytic approach. *Journal of Happiness studies, 3*(1), 71-92.

Schaufeli, W. B., & Taris, T. W. (2014). A critical review of the Job Demands-Resources Model: Implications for improving work and health. In G. F. Bauer & O. Hämmig (Eds.), *Bridging occupational, organizational and public health* (pp. 43-68). Dordrecht, Netherlands: Springer.

Schohat, L. M., & Vigoda-Gadot, E. (2010). "Engage me once again": Is employee engagement for real, or is it "same lady–different dress?" In S. L. Albrecht (Ed.), *Handbook of employee engagement: Perspectives, issues, research and practice* (98-107). Nothampton, MA: Edward Elgar Publishing.

Shuck, B. (2011). Integrative literature review: four emerging perspectives of employee engagement: an integrative literature review. *Human Resource Development Review, 10*(3), 304-328.

Sulea, C., Virga, D., Maricutoiu, L. P., Schaufeli, W., Dumitru, C. Z., & Sava, F. A. (2012). Work engagement as mediator between job characteristics and positive and negative extra-role behaviors. *Career Development International, 17*(3), 188-207.

Vance, R. J. (2006). *Employee engagement and commitment: A guide to understanding, measuring and increasing engagement in your organization*. Retrieved from https://www.shrm.org/foundation/ourwork/initiatives/resources-from-past-initiatives/Documents/Employee%20Engagement%20and%20Commitment.pdf

Wefald, A. J., Reichard, R. J., & Serrano, S. A. (2011). Fitting engagement into a nomological network: The relationship of engagement to leadership and personality. *Journal of Leadership & Organizational Studies, 18*(4), 522-537.

World Economic Forum. (2016). *The Future of Jobs*. Retrieved from http://www3.weforum.org/docs/WEF_FOJ_Executive_Summary_Jobs.pdf

Xanthopoulou, D., Baker, A. B., Heuven, E., Demerouti, E., & Schaufeli, W. B. (2008). Working in the sky: A diary study on work engagement among flight attendants. *Journal of occupational health psychology, 13*(4), 345-356.

Zhang, X., & Bartol, K. M. (2010). Linking empowering leadership and employee creativity: The influence of psychological empowerment, intrinsic motivation, and creative process engagement. *Academy of Management Journal, 53*(1), 107-128.

# 부록

## -몰입 선행요인-

WLB
가정지원
배우자 지지
부모의 지원활동
여가활동
일-가정 갈등
개인배경
개인성향
성격특성
성별
수면질
완벽주의
우울
이타주의
주도적 성격
LMX
갈등
고객불량행동
고객불평행동
고객접촉
관계에너지
대인관계 스트레스
동료교환관계
사회적 관계 질
사회적자본
언어폭력
역기능적 분노표현
학생-교사애착관계
내재적 자기애 성향
내적동기
동기유형
성장욕구
성취목표
성취욕구
자기계발동기
자기관리전략
전문성개발
조직헌신
참여 동기
감독자신뢰
감성리더십
거래적 리더십
공유리더십
긍정리더십
지도력
리더코칭
변혁적리더십
상사비인격적행동
상사신뢰
상사의 공감
상사완벽주의
상사지원
서번트리더십
셀프리더십
신뢰
여성적 리더십
영성리더십
윤리적 리더십
임파워링 행동
임파워링리더십
진성리더십
집합적 리더십
코칭
코칭리더십
피그말리온리더십
공감능력
과업중요성
교육관
기업가정신
문제해결방식
브랜딩
사회적지지
소명의식
시간관점
심리적 소진
심리적 안전감
심리적분리
심리적임파워먼트
심리적자본
심리적주인의식
영성
인성
일터영성
임파워먼트
자기효능감
자아존중감
전문성인식
조직 동일시
조직기반자아존중감
조직동일시
조직지원인식
조직효능감
직업가치
집단효능감
팀만족
팀지향
학습된 무력감
핵심자기평가
핵심직무특성
감성지능
감정노동
감정소모
감정조절능력
긍정성
긍정심리자본
스트레스
자아고갈
정서노동
정서노동전략
정서특성
직무소진
직무스트레스
회복성
희망
CSR
경력관리시스템
공정성
교육환경
근무환경
다양성 수용
다양성 풍토
심리적 계약
의사소통
인사관리제도
인적자원관리
조직 내 인정
조직공정성
조직문화
조직신뢰
참여적의사결정
커뮤니케이션능력
피드백
학습문화
학습조직
학습지원인식
효과적 평가
가치일치성
개인-환경적합
고용안정성
업무가치감
업무과부하
업무자율성
업무환경
역할갈등
역할과부하
자율성
자율성 지지
잡크래프팅
적응능력
직무만족
직무안정성
직무역량
직무요구
직무의미성
직무자원
직무자율성
직무특성
직무환경
교사지지
교사효능감
교수법
교수전략
무형식학습활동
서비스 교육훈련
수업방식
수업설계
수업전략
자기주도학습
지식공유
학습 만족도
학습목표지향성
학습지향성
학습참여

## -몰입 결과요인-

| | | | |
|---|---|---|---|
| 고객지향성 | 경력계획 | 이직의도 | 학업소진 |
| 과업행동 | 경력만족 | 일중독 | 자기주도적학습능력 |
| 서비스 지향성 | 내재적 동기 | 정서적 조직 헌신 | 프레젠티즘 |
| 서비스 행동 | 마음챙김 | 조직몰입 | 학습성과 |
| 수행 | 멘토행동 | 조직일탈행동 | 학업몰입 |
| 업무성과 | 목표지향성 | 조직헌신 | 학업성취 |
| 조직성과 | 발언행동 | 지식공유 | |
| 조직시민행동 | 사기 | 직무 스트레스 | |
| 조직유효성 | 선제적 행동 | 직무만족 | |
| 직무성과 | 소진 | 직무소진 | |
| 직무수행 | 스트레스 | 직무탈진 | |
| 창의적 역할수행 | 심리적 소진 | 직장-가정 갈등 | |
| 판매성과 | 심리적 안녕감 | 창의성 | |
| 혁신업무행동 | 우울 | 팀 몰입 | |
| 혁신행동 | 위험인식 | 팀 혁신 | |

## 요약

몰입은 우수한 인적자원을 효과적으로 확보하고 조직의 성과를 담보할 수 있는 핵심 요인이며, 새로운 조직 패러다임에 따른 노동시장 변화에 선제적으로 대응하기 위해 동인으로써 각광받고 있다. 실제로 몰입된 조직 구성원은 자신이 맡은 일에 대하여 선제적(proactive)이고 진취적인 태도를 보이고, 타인과의 협력을 중요시하며, 끊임없이 자신의 전문성 개발을 위해 노력하며, 주어진 기준 이상의 높은 성과를 지향하고 전념하는 특성을 보이며 다양한 긍정적 성과를 창출하게 된다.

다양한 맥락에서 몰입의 중요성이 지속적으로 제기되고 있음에도 불구하고 학계나 실천현장에서 몰입에 대한 정의와 특성에 대해서 여전히 의견이 분분한 상황이다. 최근에는 이러한 몰입에 대하여 욕구-만족 접근, 소진-반제 접근, 만족-몰입 접근, 다차원 접근 방식을 통해 몰입을 이해하고 특성을 파악하고 있다. 또한 몰입을 지지하는 이론적 근거로는 욕구-만족 이론, 직무-요구자원 이론, 정서변화 이론, 사회적 교환 이론으로 구분하여 제시할 수 있다. 최근 10년 간 국내에서도 몰입과 관련된 연구가 급격히 증가하고 있는 실정이며, 향후 연구를 위한 제언으로는 (1) 몰입 개념에 대한 명료화와 용어 사용의 일치, (2) 몰입 선행/결과 요인의 확장적 탐색 (3) 몰입 연구 대상의 확대 (4) 한국형 몰입모형 개발 등이 있다.

## 탐구 질문

1. 당신의 조직에서 몰입된 종업원이 필요한 이유는 무엇인가?
2. 몰입을 촉진/방해하는 요소들은 무엇이 있을까?
3. 과연 몰입은 긍정적 효과만을 창출할 것인가? 부정적 효과는 없는가?
4. 몰입을 측정하기 위한 요소에는 무엇이 있을까?
5. 국내 조직맥락에서만 나타날 수 있는 고유한 몰입 요소는 무엇이 있을까?

## / 저자 소개 /

**송해덕(hsong@cau.ac.kr)**

미 펜실베니아 주립대학교에서 교육공학 박사학위를 취득하고 현재 중앙대학교 교육학과 교수로 재직 중이다. 주요 연구관심 분야는 교수설계, 이러닝, 직무분석, 수행공학, 역량기반 HRD, 직무몰입 관련 주제이다.

## 제22장

임두헌(미국 오클라호마대학교)

# 뇌과학기반 학습

### 목표

1. 교육 및 인력개발 분야 뇌과학의 적용가능성을 탐색할 수 있다.
2. 뇌의 구조 및 기능에 따른 학습 및 행동원리를 탐색 파악할 수 있다.
3. 뇌과학 기반 학습유형 분류 및 특징을 분석할 수 있다.
4. 뇌과학 기반 학습자 유형 분류 및 학습모형을 탐색할 수 있다.
5. 뇌과학 기반 체계적인 학습원리 및 전략을 파악할 수 있다.

### 핵심용어

뇌과학, 뇌과학주의, 뇌의 구조, 뇌의 기능, 기억의 원리, 의식의 원리, 뇌 호르몬 기능, 정서학습, 뇌과학 기반 학습, 뇌과학 기반 학습자 유형, 뇌과학 기반 학습모형, 뇌과학 기반 학습원리, 뇌과학 기반 학습전략

## 1. 뇌과학 개요

4차 산업혁명(The 4th Industry Revolution, 4IR)을 선도하기 위해서는 국가 및 조직의 경쟁력 강화와 사회 제 분야의 변화와 혁신을 필요로 한다. 이에 따라 4차 산업혁명 시대에는 급변하는 직업 환경에 대비하고 변화를 선도하기 위한 새로운 핵심역량 및 인재양성이 크게 요구되고 있다(김현철 · 이민석 · 윤일규, 2017). 특히 4차 산업의 여러 분야 가운데 뇌과학은 인공지능, 기계학습과 같은 연계 분야에 영향을 주는 핵심 분야로 여겨져 왔다. 이러한 추세를 반영하는 증거 가운데 하나로 2016년 G-사이언스는 제42회 G7 정상회담을 위해 발표한 3대 과학의제 공동성명을 통해 미래 과학인력 양성을 위한 주요전략으로서 뇌의 이해 및 국제적인 뇌 관련 자원의 개발을 제시하였다(미래창조과학부 · KISTEP, 2016). 우리나라에서도 1998년 제정된 뇌연구촉진법을 기반으로 단계별 뇌연구촉진기본계획 수립과 뇌과학원천기술개발 등 관련 R&D사업을 통해 뇌연구 육성정책을 추진해 오고 있다. 특히 최근에는 미래 뇌연구 분야 국제적 경쟁력 강화 및 뇌산업 창출을 목적으로 하는 제3차 뇌연구촉진기본계획(2018년~2027년) 수립을 위한 각 정부부처 및 관련분야의 다양한 논의가 이루어지고 있다.

뇌과학(neuroscience)은 뇌신경생물과 인지과학적 연구를 바탕으로 인간의 뇌에 대한 이해 증진 및 뇌작동의 근본원리를 밝히고자 하는 연구분야를 의미한다(Schwartz-Hebron, 2012). 뇌과학은 인간의 사고과정을 감각기관과 두뇌 안의 미시적인 세포들 간의 전기적 및 화학적 작용으로 보고 그러한 인지과정을 과학적으로 측정하는 연구방법을 사용한다. 과거에는 체내의 화학작용을 일으키는 뇌의 특정 부위의 구조와 기능에 대한 연구가 중점적으로 이루어진 반면(Bresciani Ludvik, 2016), 기술적 진보에 따라 최근 뇌과학자들은 뇌를 하나의 전산시스템(computerized system)으로 보고 신경 네트워크(neural network)로서 뇌 내의 신경세포 간의 복잡한 연결

패턴을 연구하고 있다(Schwartz-Hebron, 2012). 이러한 시도는 전체적 관점에서 뇌의 활동양식을 파악함으로써 인간의 인지 및 학습능력을 촉진하기 위한 구체적 방안을 모색하는 방식이라 할 수 있다.

한 마디로 뇌기반 학습이란 뇌의 구조 및 기능에 대한 과학적 이해를 바탕으로 학습자들이 자신의 뇌기능을 최대 활용하여 주도적으로 학습을 계획, 수행할 수 있도록 하는 새로운 교육 패러다임이다(Jensen, 2007). 이에 비해 뇌기반 학습과학(brain-based learning science)이란 학습자의 뇌를 효율적으로 활용할 수 있는 최적의 교수학습 환경을 디자인하는 과학적·체계적 접근방법으로서(김성일, 2003), 뇌의 신경경로(neural pathway)가 인지과정 및 행동양식에 어떠한 영향을 미치는지를 파악하고자 한다. 이러한 관점에서, 본 장에서는 교육 및 인력개발 분야에 뇌과학적 원리의 적용가능성을 탐색하기 위해 뇌의 구조와 기능을 소개하고 인력개발의 여러 요소와 관련된 뇌과학 기반 학습 및 행동원리에 대해 소개하고자 한다.

## 1) 뇌의 구조 및 기능

최근 많은 신경 해부학자들에 의해 뇌의 구조 및 기능과 관련하여 뉴런과 뇌구조의 연결성, 즉 뇌신경망(connectome)에 대한 연구가 활발히 시도되어 왔다(Seung, 2012). 이러한 연구결과를 바탕으로 뇌의 특정 부위가 담당하는 역할과 기능이 어떠한 지를 살펴보면 다음과 같다.

우선 대뇌의 엽(Lobe)과 기타 부분으로 구성된 대뇌피질(cerebral cortex)은 감각을 통해 얻은 정보를 통합하고, 감정을 통제하며, 기억력, 사고력 등의 고등행동을 관장한다(Womens International, 2013). 대뇌의 엽은 아래와 같이 크게 네 부분으로 구성되어 있으며(그림 22-1 참고), 각각의 엽이 담당하는 기능을 세분화하면 다음과 같다(Bresciani Ludvik, 2016). 먼저 전두엽(frontal lobe)은 대뇌반구(cerebral hemisphere)의 전면에 위치하며 비판적 사고, 문제해결, 계획 및 의사결정 등 인간의 고차원적 사고를 담당한다. 두정엽(parietal lobe)은 체감각 처리 및 감각정보에 대한 수용과 통합을 통해 입체·공간적 사고와 인식기능, 계산 및 연산기능 등을 담당한다. 후두엽(occipital lobe)은 시각중추를 통해 시각정보를 분석·통합함으로써 시각영상 처리, 색상 및 동작 인식 등과 같은 기능을 수행한다. 마지막으로 측두엽(temporal lobe)은 청각정보의 처리와 감정, 시각적 정보 등 감각정보를 수용하고 처리하며, 언어의 형성과 기억 등에도 관여한다.

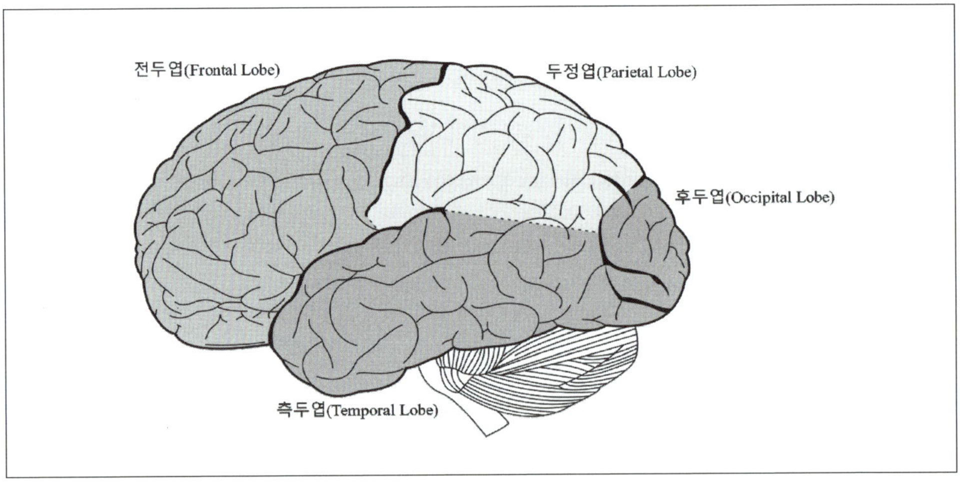


**[그림 22-1] 대뇌피질의 구조**

출처: Carter & Gray(1918) 재구성

한편 뇌의 구조는 중뇌(midbrain), 후뇌(hindbrain), 뇌도(insula) 및 대뇌변연계(limbic system) 등 인간의 인지과정과 기억에 영향을 미치는 다양한 세부구조로 구성되어 있다(Toga, 2013). 특히 대뇌피질과 시상하부 사이의 경계에 위치한 대뇌변연계는 감정, 행동, 동기부여, 학습, 기억 등 여러 가지 기능을 담당하는 것으로 알려져 있으며, 최근에는 편도체(amygdala), 해마(hippocampus), 대상엽(cingulate cortex), 시상(thalamus), 시상하부(hypothalamus) 등 대뇌변연계의 구성 부위에 따른 기능의 차이를 밝히는 연구가 활발히 수행되고 있다. 학습과 관련한 뇌의 구조에 따른 세부적인 기능은 아래 〈표 22-1〉에 제시되었다.

〈표 22-1〉 뇌구조에 따른 세부기능

| 뇌구조 | 위치 | 기능 |
|---|---|---|
| 편도체 (amygdala) | 대뇌변연계 | 주의집중, 감정처리 |
| 해마 (hippocampus) | 대뇌변연계 | 공간기억, 기억고착 (중요한 단기기억의 장기기억화) |
| 전액골피질 (prefrontal cortex) | 전두엽 | 집행기능, 주의집중, 의사결정 |
| 시상 (thalamus) | 대뇌변연계 | 감성적 행동, 신체적 안전조절 |
| 시상하부 (hypothalamus) | 대뇌변연계 | 의식적 행동, 감정처리 |
| 기저핵 (basal ganglia) | 피질하부 | 동기부여, 감정조절, 학습 |
| 뇌도 (insula) | 피질하부 | 감정조절 및 항상성 유지 |

출처: Bresciani Ludvik(2016: 46) 재구성

## 2) 기억 및 의식의 원리

뇌과학에서 알아야 할 가장 기본적이며 핵심적인 내용 가운데 하나는 기억의 원리와 의식과정이다. 먼저 기억이란 인간의 뇌를 구성하는 뉴런(neuron)과 뉴런들 간의 연결, 즉 시냅스(synapses)에 존재하는 전기적, 화학적 자극패턴이라 할 수 있다(Seung, 2012). 인간의 뇌는 대략 1천억 개의 뉴런으로 구성되어 있으며 뉴런들 간의 연결을 이루고 있는 총 시냅스의 수는 1,000조 개에 달한다(Chageux, 1985).

우리의 감각신경을 통해 감각 자극이 전기적 자극(주파수 5Hz~2,000Hz)으로 뇌의 특정부위의 뉴런에 전달되면 이 자극은 연결된 수많은 뉴런들에게 화학적 전류(칼륨 기반의 내향 전류 50mV)를 통한 연결과정을 거치면서 하나의 자극 전달패턴이 만들어진다. 같은 감각이 이러한 과정을 반복하게 되면 전기적·화학적 전달패턴이 강화되면서 해당 감각의 기억이 형성된다. 또한 뇌를 구성하는 각 부위의 뇌세포들은 서로 다른 신경전달물질(neurotransmitter)을 생산하며, 이에 대한 반응 또한 서로 다른 양상을 보인다. 이처럼 기억이란 뇌세포(brain cells) 간의 정보교환 및 의사소통 방식이며 신경전달(neurotransmission)은 인간의 사고, 감정, 행동양식을 결정하는 주요 요인으로 기능한다(Klaiber, 2001). 뉴런들 간의 연결, 즉 신경망 분석을 통해 뇌과학자들은 뉴런과 뇌를 구성하는 각 부위의 상호작용이 인간의 기억 및 학습에 어떻게 영향을 미치는지를 연구해 왔다. 뉴런과 시냅스, 신경전달 등에 대한 개념은 아래 [그림 22-2]에 제시되었다.

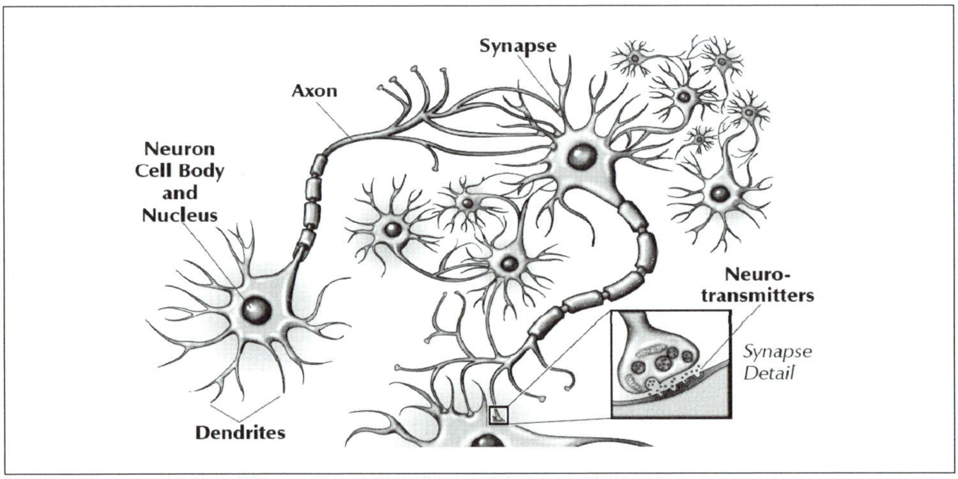


[그림 22-2] 뉴런, 시냅스 및 신경전달

흥미로운 점은 인간의 뇌는 새로운 뉴런을 생산함으로써 뉴런들 간의 구조적 연결을 변화시킬 수 있는 능력을 가지고 있다는 것이다(Taupin, 2006). 뇌발달에 있어 신경계 가소성(neuroplasticity)이라 일컬어지는 이러한 현상은 특정 뇌의 영역이 특정 기능과 관련은 있으나 뇌기능은 환경의 영향에 따라 가변적일 수 있음을 의미한다(김성일, 2006). 결론적으로, 뇌의 구조에 따른 기능은 사전에 결정된 것이 아니며 아동기부터 성인기에 이르기까지 개인의 학습과 경험에 의해 변화될 수 있으므로, 뇌의 신경계 가소성 개념은 뇌의 구조와 기능에 대한 포괄적 이해를 바탕으로 학습자 개개인의 특성과 발달단계에 따른 학습자 중심(learner-centered)의 교육적 처방의 필요성을 시사한다.

인간 의식의 작동에 관해서는 많은 연구들이 진행되었지만 최근에 와서야 뇌의 특정부위가 인간의 의식을 켜거나 끄는 작동에 관여하고 있음이 밝혀졌다. 뇌과학자들에 의하면 인간의 뇌 안에는 클라우스트룸(claustrum insula)이라 불리는 특정 부위가 존재하는데 이 부위가 인간 의식과 밀접한 관련이 있다고 한다(Deuch & Mathur, 2015). 클라우스트룸이라 불리는 부위는 뇌의 양쪽 회색질 깊숙한 곳에 있는 얇고 길게 띠 모양으로 생긴 신경세포 무리인데 뇌과학자들은 일련의 실험들을 통해 피실험자들에게 이곳에 전기적 자극을 주었을 때 일시적으로 의식적 활동이 멈추는 것을 발견하면서 이 부위를 찾게 되었다고 한다. 흥미로운 사실은 이 클라우스트룸은 뇌의 활동을 관장하는 특정 영역들과 골고루 연결되어 있으며 뇌 전반의 반응을 컨트롤할 수 있는 연결구조를 가지고 있다는 점이다(Baizer, 2013). 예를 들면, 편도체, 시각중추, 시간을 관장하는 부위들과 긴밀히 연결되어 있다. 최근에는 이 부위가 켜지거나 꺼짐에 따라서 우리의 의식이 작동하거나 멈추게 된다는 가설이 여러 실험들을 통해 증명되면서 정설로 받아들여지고 있는 추세이다(Smytheies, Edelstein, & Ramachandran, 2013). 클라우스트룸의 작용에는 또한 세로토닌, 아드레날린, 콜린, 도파민과 같은 호르몬이 관여하고 있다(Baizer, 2013). 클라우스트룸의 뇌 부위에 대한 위치는 아래 [그림 22-3]에서 찾아볼 수 있다.

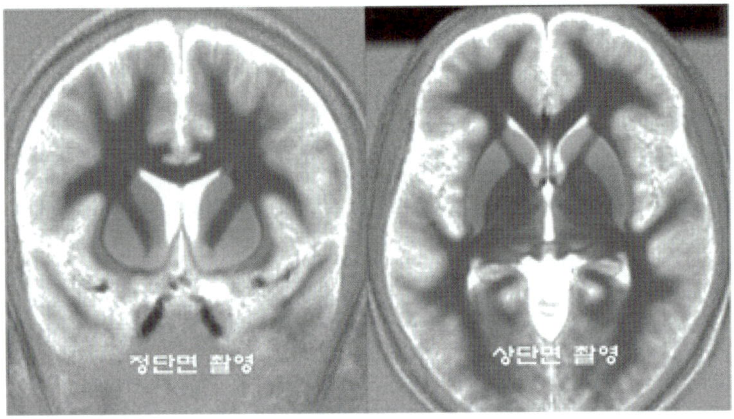


[그림 22-3] 뉴런, 시냅스 및 신경전달

### 3) 뇌와 호르몬의 기능

뇌발달에 있어 신경전달 과정은 다양한 내·외부적 요인에 의해 영향을 받는다. 예를 들어, 신경전달물질 분자의 양적·질적인 차이, 신경전달물질 분자의 세포 내 수용과정, 그리고 신경전달을 원활하게 하는 충분한 양의 수용체(receptor)의 존재 유무에 따라 신경전달의 강화 혹은 약화가 일어나게 된다(Womens International, 2013). 최근의 연구는 이러한 요소들이 개인의 식습관, 운동량, 수분공급, 그리고 호르몬 균형에 의해 결정됨을 보여주고 있다. 특히 호르몬 균형(hormone balance)은 뇌기능의 광범위한 영역과 밀접히 연관되어 있으며, Warga(1999)는 'hormonal misconnection syndrome'이라는 개념을 통해 사고, 언어, 주의집중, 기억, 행동적 증상에 있어 호르몬의 중요성을 강조하였다. 호르몬 불균형 상태가 지속될 경우, 사고과정 및 주의집중 결여, 기억, 기술 및 행동양식의 망각 등의 증상이 일어날 수 있다는 것이다.

호르몬과 뇌발달의 관계를 설명하는 조직화-활성화 이론(organization-activation

theory)에 따르면, 호르몬은 뇌의 구조를 형성하는데 길잡이 역할을 할 뿐만 아니라 뇌기능을 일시적으로 변화시키기도 한다(Arnold & Breedlove, 1985). 또한 뇌에는 호르몬의 수용체가 광범위한 영역에 퍼져 있으며, 따라서 호르몬은 뇌의 구조와 기능을 조절하는 기능을 수행한다는 것이다(박재홍 · 김성환, 2011). 이러한 호르몬 수용체들은 지각과 감정을 담당하는 시상하부(hypothalamus), 편도체(amygdala), 해마(hippocampus) 등에 다수 분포하고 있다. Klaiber(2001)는 뇌화학작용, 뇌세포 간 상호작용을 통한 인지학습능력의 발달에 있어 에스트로겐(estrogen), 프로게스테론(progesterone), 테스토스테론(testosterone), 갑상선 호르몬(thyroid hormones) 등이 중요한 역할을 수행한다고 밝혔으며, Hertoghe(2002)는 이러한 호르몬들의 불균형 또는 결핍은 기억손실, 주의집중 결여, 착란, 중독 등 뇌관련 증상에 부정적으로 기능한다고 하였다. 즉, 신경전달 물질의 영양분을 공급하고 유지함으로써 최적의 호르몬 균형을 유지하는 것은 뇌발달 및 뇌건강 향상을 위한 중요한 요소로 기능한다. 인지 및 기억 등 뇌발달에 영향을 미치는 특정 호르몬의 종류 및 기능은 다음의 〈표 22-2〉에 제시되었다.

〈표 22-2〉 뇌발달에 영향을 미치는 호르몬의 종류, 역할 및 기능

| 호르몬 | 역할 및 기능 |
|---|---|
| 에스트로겐<br>(estrogen) | • 수상돌기(dendritic branches) 및 잠재적 시냅스의 수를 증가시킴으로써 뇌세포 간의 네트워킹 촉진 및 네트워크의 유지 · 강화<br>• 호르몬 수용체의 밀도를 증가시킴으로써 더 나은 신경전달 및 정신적 안정 촉진<br>• 신경성장을 촉진하고 활성산소(free radicals)의 축적을 방지하여 신경세포의 건강 유지<br>• 손상이 발생하였을 때 염증을 줄이고 뇌세포의 복구를 촉진하여 뇌손상 방지<br>• 뇌의 혈액순환 증가를 통해 뇌의 활력 촉진 |
| 테스토스테론<br>(testosterone) | • 근육, 동맥 및 신경 강화를 통한 공간지각 및 운동능력 촉진<br>• 뇌의 혈액순환 촉진을 통해 기억력, 사고력 등 인지과정 강화<br>• 테스토스테론의 결핍은 혈전 및 뇌졸중, 고혈압 및 뇌출혈의 위험 야기 |

| 호르몬 | 역할 및 기능 |
|---|---|
| 갑상선호르몬 (thyroid hormones) | • 뇌세포간 네트워킹(수상돌기 및 시냅스)을 증가시킴으로써 뇌세포의 건강 유지 · 강화<br>• 뉴런에 충분한 양의 산소와 영양을 제공하여 신경전달 향상에 관여하며, 이를 통해 명확한 사고와 기억 유도 |
| 프레그네놀론 (pregnenolone) | • 뇌에서 가장 풍부한 호르몬으로서 다른 호르몬 간의 전구체(precusor) 역할 수행<br>• 사고 및 집중력 촉진, 기억손실 예방 및 색채감각 강화에 관여 |

출처: Womens International (2013)

## 2. 뇌과학과 학습

뇌과학 기술의 진보는 뇌의 신경 네트워크에 대한 보다 포괄적인 연구를 가능하게 하였으며, 특히 최근의 연구들은 인간의 인지과정 및 행동을 결정하는 주요 구성요소들이 뇌의 특정 영역에 국한되어 있지 않다는 새로운 결과를 보여주고 있다. 지속적인 학습과 실행을 통해 기존의 신경경로를 대체하여 새로운 경로를 구성함으로써 가변적 뇌발달과 새로운 학습이 가능하다는 연구결과들은(예: Hinton, Miyamoto, & Della-Chiesa, 2008) 인간의 학습에 있어 뇌과학주의(Neuroscientism)라는 용어의 등장을(임두헌, 2016) 촉발하는 계기로 작용하였다. 뇌과학주의란 전통적 학습이론으로서의 행동주의(Behaviorism), 인지주의(Cognitivism), 구성주의(Constructivism)를 보완하는 제 4의 학습이론으로 아직 밝혀지지 않은 영역들에 대한 지속적인 연구를 통해 새로운 학습이론을 완성하는데 목적을 두고 있다(임두헌, 2016). 뇌과학의 발전을 통해 개별 인간의 인지과정 및 행동원리를 구체적으로 탐구함으로써 사회 및 조직문화의 변화를 촉진하는 새로운 개념적 틀로 작동할 수 있다는 점에서 뇌과학주의 및 뇌기반 학습과학은 뇌와 학습에 대한 혁신적 교육 패러다임의 형성을 가능케 한다.

### 1) 뇌과학과 인지학습

학습과 관련된 최근의 뇌과학 연구 분야에서는 발달, 학습, 기억, 언어, 수학, 사고과정 등에 대한 연구뿐만 아니라 지능, 창의성, 인지적 조절(cognitive regulation) 등에 대한 새로운 연구가 활발히 진행되고 있다(김성일, 2006). 이 중 인지적 조절은 학습자들의 인지 및 탐구과정을 활성화 시키고 학습에 대한 요구조절 및 인지학습을 촉진하는 기제로 작동한다는 점에서, 실제 학습장면에서 뇌기반 인지학습전략 구성을 위한 원리로 활용될 수 있다. Bresciani Ludvik, Evrard, & Goldin(2016)에 따르면, 주의조절(attention regulation) 및 인지조절의 과정에는 전전두엽피질(medial prefrontal cortex), 후측대상피질(posterior cingulate cortex), 측두정엽(temporoparietal junction), 해마, 편도체, 뇌도 등 다양한 영역들이 복합적으로 관여한다고 한다. 따라서 인지발달에 있어 이러한 뇌 영역들과 연계되는 탐구, 언어 및 정서조절의 사용, 정적인 형태의 자기감각에서의 분리, 내·외적 경험의 관계식별 등은 뇌기반 인지학습의 주요전략으로 활용될 수 있다.

최근 미국에서는 인간의 뇌 성장 단계에 따른 뇌 교육을 통해 학습자의 학력부진, 집중력 저하 등의 문제점을 해결하려는 다양한 시도가 이루어지고 있다. 먼저, Jensen (2008)은 인지학습에 있어 최적의 학습단계를 획득(acquisition)－정교화(elaboration)－기억형성(memory formation) 등의 순차적 과정으로 설명하였다. 이 과정에서 반복적인 경험을 통한 실행과 연습은 학습자의 효율적 뇌 활용을 가능하게 하며, 이러한 맥락에서 Geake & Cooper(2003)은 인지학습을 위한 교육과정의 구성에 있어 학습의 범위보다는 깊이가 우선적으로 고려되어야 할 사항으로 강조하였다.

중요한 점은, 인지학습의 향상을 도모하는데 다양한 경험의 제공이 결정적인 역할을 수행한다는 점이다. 즉, 학습자의 주도적 학습과정 참여 및 자기계발을 위한 의사결정 촉진 등을 통한 학습자의 기억과 사고력 증진을 위해서는 풍부한 경험의 제공과 학습자 간 상호작용이 수반되어야 한다(Goldberg, Harel, & Malach, 2006).

이는 기계적인 반복이나 암기는 전이를 어렵게 하고 학습자의 흥미를 떨어뜨리므로 다양한 활동(예: 실험, 토론, 프로젝트 학습, 협동학습 등)을 바탕으로 학습내용을 구성함으로써 학습자의 인지발달을 촉진해야 함을 의미한다(김성일, 2006).

한편 뇌과학과 상위인지(metacognition)의 관계를 규명한 연구들은 인간의 고차적 사고 발달에 있어 통합적인 접근의 필요성을 요구한다. 상위인지란 사고, 기억 및 행위에 영향을 미치는 의식적, 수의적인 조절기능을 의미하며, 계획, 모니터링, 학습전략 활용 및 평가 등으로 구성된 정보를 수합함으로써 정보처리 과정을 조절하는 기능을 일컫는다(김성일, 2006). 추리 및 추상적 문제해결 등 고차적 사고를 담당하는 상위인지의 기능은 주로 대뇌피질의 전두엽이 관여하는 것으로 보고되고 있는데(정봉영 외, 2011), 전두엽은 구조상 감정과 정서를 담당하는 대뇌변연계와 밀접하게 연결되어 있다. 즉, 전두엽의 원활한 작용을 통한 상위인지의 활성화를 위해서는 대뇌변연계의 과도한 활동을 야기케 하는 부정적 감정의 조절 및 긍정적 정서의 강화를 위한 인지적 훈련이 매우 중요하다. 즉, 상위인지의 발달은 인지적 조절과 정서적·동기적 조절을 포괄하는 개념으로서 자기조절(self-regulation)을 통해 확장될 수 있다(김성일, 2006). 이는 학습자의 부정적 감정을 최소화하기 위한 노력은 분석적 사고 및 반성적 통찰 등 상위인지의 발달을 가능하게 하는 주요기제로 작동할 수 있음을 의미한다(Kabat-Zinn, 2013; Segal, Williams, & Teasdale, 2013).

### 2) 뇌과학과 정서학습

뇌기반 학습이론은 기존의 전통적 학습이론들이 개념의 이해와 기억, 집중 등 인지학습에 초점을 두었던 것과는 달리, 정서와 동기, 능동적 의미학습 및 풍부한 경험 제공 등을 강조한다(김성일, 2006; Jane, 2001). 뇌기반 학습이론은 뇌의 작동원리에 기초하여 전통적인 학습이론에서 간과해왔던 감정, 정서, 동기 등에 대한 시각을 넓히는데 기여해 왔다(Caine & Caine, 1994). 정서는 사고나 기억을 비롯한 인지학습에 강력한 영향을 주며, 따라서 학습수행에 있어 과도한 스트레스를 효과적으로 조절·관리하는 정서조절(emotion regulation)은 학습능력 향상을 위한 중요한 학습전략으로 작용한다(정봉영 외, 2011). 또한 긍정적 정서는 인지 구성요소를 증가시키며, 복잡한 학습상황에서도 집중력 등 인지과정을 향상시킴으로써 창의성과 같은 상위인지에도 커다란 영향을 미칠 수 있다.

정서와 관련된 뇌부위는 시상, 전전두엽피질, 대상피질, 편도체, 시상하부 등이며, 이 중 편도체는 모든 정서기억의 처리에 관여한다는 점에 주목할 필요가 있다. 다시 말해, 뇌는 기억을 처리하는데 있어 혈류가 운반해 주는 산소와 당을 필요로 하는데 편도체에 강한 정서기억의 처리로 부하가 걸려있다면 뇌로 가는 혈류가 편도체에서 많이 소모됨으로써 뇌의 다른 부위로의 이동이 제한된다. 이에 대해 학자들은 정서기억이 다른 형태의 기억들보다 강한 특성을 가지고 있으며 자원 소모적이라고 설명한다(LeDoux, 1996; 김유미, 2003). 따라서 학습상황에서 부정적 정서는 기억의 장기기억으로의 부호화와 인출을 방해한다. 정서조절이 개인이 느끼는 감정적 강도 또는 중요성에 따라 의식 기억의 강도를 조절하는 편도체의 작동에 결정적으로 작용한다는 점에서, 기억의 저장, 인출과정에서의 정서조절을 통한 학습의 중요성은 매우 강조되고 있다. 또한 구체적 학습환경에서 정서적 조절은 학습자의 주의집중과 기억력 증진 등 두뇌의 활용에 밀접하게 작용한다(Kompus et al., 2009).

이처럼 학습과 기억을 촉진하는데 있어 정서의 중요성이 강조되면서, 교수학습과정에서 정서를 활용하는 방안에 대한 논의가 활발히 이루어지고 있다. 예를 들면, 스트레스가 높은 상황에서는 뇌의 모든 자원이 부정적 감정을 처리하는데 먼저 소비되기 때문에 학습자의 복잡하고 창의적인 사고를 방해한다(임두헌, 2016). 또한 LeDoux(1996)는 학습자가 학습상황을 위험하고 통제적인 것으로 인식할수록 학습은 효율적으로 일어나지 않는다고 설명하였다. 이러한 논의는 뇌기반 학습의 기본 원리가 위협이 없는 상황에서 출발해야 한다는 Jenson(1998)의 견해와 일치한다. 반면, 긍정적인 정서는 전두엽과 전대상회(anterior cingulate cortex)의 활성화를 촉진하며, 정서적 지원이 풍부한 학습환경은 기억과 언어능력, 사고의 유연성, 의사결정, 사회적 상호작용 및 창의적 사고와 같은 인지기능의 향상을 수반한다는 점에서 효과적이며(Caine & Caine, 1997), 능률적 학습은 정서를 매개로 이루어진다는 점에 주목할 필요가 있다(Wolfe & Brandt, 1998). 따라서 정서와 인지를 독립적 개념으로 간주하는 전통적 관점에서 벗어나 이들을 통합적 시스템으로 간주하는 접근방법이 필요하다. 즉, 학습의 효율성 증진과 학습자의 인지적 기능 향상을 위해서는 학습자의 부정적 정서를 최소화하고 긍정적 정서(예: 학습동기, 가기효능감 등)를 유발하는 학습환경의 조성 및 학습자의 개별적 정서를 고려한 교육방법의 적용이 필요하다. 구체적인 방법으로써 Sprenger(2002)는 역할놀이, 마음읽기 활동, 래포(rapport) 활동, 신체 활동 등을 통해 학습자의 정서를 긍정적으로 촉진하는 교수학습방법을 소개하고 있다. 이외에도 학습정서의 조절을 위해 안정감을 느끼는 학습장소의 확보, 자의적 미소짓기를 통한 부적감정 컨트롤, 감정노트 적기, 주기적 감정 체크하기, 마인드컨트롤(상상노출법, 마음투사법, 회피요법, 자극통제법, 감정스위치기법) 등도 유용한 정서학습 방법이라 할 수 있다(임두헌, 2016).

한편 뇌기반 정서학습은 마음-몸 훈련을 통한 정서조절 및 인지기능의 향상을 강조한다. 최근 마음과 몸의 건강이 주의집중, 단기기억력(short-term memory), 작업기억력(working memory), 집행기능(executive function) 등의 다양한 인지기능의 향상을 수반한다는 연구결과들이 보고되고 있다(Doraiswamy & Xiong, 2007). 지각과정이나 지속적 주의력과 관련된 뇌 영역의 활성화를 동반한다는 점에서(Posner & Rothbart, 2005) 그리고 주의유도를 통한 학습자의 의미형성에 있어서 마음-몸 훈련은 유효한 정서학습 방법이 된다 하겠다. 의미형성은 학습자의 기대, 성향, 자아존중감 및 상호작용 욕구 등을 기반으로 한 정서의 영향을 받는다는 점에서(김유미, 2003) 뇌기반 학습에 있어 중요한 학습전략 결정요소이다.

### 3) 뇌과학과 심체학습

교수학습설계 및 교육과정 구성의 주요목표 중 하나인 심체적 영역과 관련하여, 뇌기반 학습은 인지적 학습과정에 있어서 인간의 신체적 기능이 포괄적으로 고려될 필요가 있음을 강조한다. 블룸(B. S. Bloom)의 교육목표분류에서 심체적 영역은 인간의 학습결과로서 인지적, 정의적 영역과 함께 제시되었으며, 이는 다시 반사동작, 초보적 기초동작, 운동지각 능력, 신체적 능력, 동작적 의사소통 등으로 구분된다(서울대학교 교육연구소, 2009). 임채성(2005)은 뇌기반 학습에 있어서 관찰, 분류, 측정, 의사소통 등과 같은 신체적 기능의 비중이 높은 영역을 신체적 과정기능(physical process skill), 그리고 예상, 추리, 가설설정, 실험, 의사결정 등 인지적 요소가 포함된 영역을 인지적 과정기능(cognitive process skill)으로 나누어 심체적 영역을 분류하였다. 또한 Mayne과 Ramsey(2001)는 중추신경계의 신경전달물질과 신경내분비계의 호르몬 등이 직·간접적으로 인간의 정서와 신체에 영향을 미치므로 정서조절에 있어 신체운동과의 상호관련성에 대한 적극적 인식이 필요하다고 주장하였다. 이처럼 뇌과학 측면에서 학습은 기억, 사고, 추론 등 인지적 요소, 감정반응에 따른 정서적 요소의 작용 및 조절, 그리고 신체활동에 따른 신경생리학적 변화 등의 유기적 상호작용의 결과로 설명된다는 점에서(정봉영 외, 2011), 뇌기반 학습설계에 있어 학습을 구성하는 하나의 기저로서 심체적 영역의 중요성은 강조된다.

인간의 두뇌는 신경계(중추신경계, 말초신경계)와 신경내분비계(신경전달물질, 호르몬)를 바탕으로 종합적인 뇌기능을 한다(정봉영 외, 2011). 특히 인간의 정서는 자율신경계 중에서도 교감신경계(sympathetic nervous system)에 영향을 주는데, 감각기관에서 오는 모든 입력정보는 시상에 있는 신경세포체에서 분류된 후 편도와 피질의 각 영역으로 전달된다(Carter, 1999). 편도는 해당 정보가 해로울 수 있다고 판단될 경우 시상하부를 자극하고, 시상하부는 신체에 호르몬 메시지를 전달함으로써 신체적 변화가 일어나게 된다(김유미, 2003). 또한 정서는 신경내분비계에도 영향을 미치는데, 이 과정에서 신경전달물질은 시냅스 경로를 통해, 그리고 호르몬은 혈관으로 직접 분비됨으로써 신체에 영향을 미치게 된다(Henry, 1986). 인간의 신체기능에 관여하는 대표적 신경전달물질과 그 특성은 아래 〈표 22-3〉에 제시되었다.

〈표 22-3〉 대표적 신경전달물질과 그 특성

| 호르몬 | 역할 및 기능 |
|---|---|
| 아드레날린 | • 공포나 긴장을 느낄 때 방출<br>• 독성물질, 활성산소 발생시킴<br>• 공격성 자극 |
| 노르아드레날린 | • 화, 분노 등의 감정에 동반<br>• 동공 확대, 맥박 증가, 소화 억제<br>• 연결통로: 시상하부, 소뇌 및 전두엽 |
| 도파민 | • 의식적 동작활동 조절<br>• 뇌의 보상체계 자극 및 즐거운 감정 촉진<br>• 학습동기에 영향<br>• 연결통로: 시상하부, 전두엽 |
| 세로토닌 | • 정서 안정, 기억 · 수면 · 식욕 및 체온 조절<br>• 스트레스 상황에서 감소<br>• 연결통로: 대뇌피질, 시상하부, 해마 |
| 코르티솔 | • 학습과 기억 감소시킴<br>• 스트레스 상황에서 농도 증가 |

출처: 정봉영 외(2011: 117) 재구성

학습상황에서 이러한 심체적 영역은 1차적인 신체적 과정을 바탕으로 2차적 과정으로서 이해, 적용, 분석, 평가 등 인지적 기능 변화에 영향을 미치는 기제로 작용한다. 예를 들면, 어떠한 대상을 직접적으로 관찰, 측정, 비교하는 활동은 시각령이 위치한 후두엽과, 청각령과 언어이해령(베르니케 영역)이 위치한 측두엽, 그리고 언어생성령(브로카 영역)이 위치한 전두엽이 활성화되는 과정을 통하여(임채성, 2005)

이루어진다. 즉, 효과적인 학습을 위해서는 학습자의 학습동기와 참여를 유도하는 학습환경의 제공이 중요한데, 이러한 맥락에서 현장학습은 뇌기반 심체학습을 위한 적절한 대안이 될 수 있다. 또한 명상, 휴식, 음악감상, 마음챙김(mindfulness) 활동 등은 문제해결, 창의성, 주의집중 및 기억 등 뇌기능의 향상에 긍정적이라는 연구결과(Bekkar, 2016; Konnikova, 2012)도 있다.

### 4) 뇌과학 기반 학습스타일

뇌과학 기반의 원리들을 토대로 학습자 유형을 구분하기 위해서는 뇌의 기억처리 과정인 Input-Process-Output의 3단계 과정에 근거하여 학습유형을 설명하는 것이 적합하다. 다시 말해, 학습자의 다양한 유형은 뇌의 외부자극에 대한 반응 및 처리방식에 따라 수용적(receptive), 처리적(processing), 표현적(expressive) 관점 등으로 구분할 수 있다. 먼저 수용적 관점에 의거한 분류방법은 다중지능 방식(Gardner, 1993)에 의한 유형 구분에 가장 근접한 방식이다. 즉, 학습자가 학습을 할 때는 언어적, 논리적, 시각적, 공간적, 음악적, 대인관계적, 환경적 방식 가운데 자신이 선호하는 방식에 따라 학습하게 되면 효과적이다. 수용적 관점에서 학습자의 학습스타일을 뇌의 정보처리 부위에 따라 잘 설명하고 있는 또 하나의 방식은 Kolb(1984)의 학습스타일 분류법이다. Kolb는 학습자의 유형을 분산자(diverger), 융화자(assimilator), 수렴자(converger), 그리고 조절자(accommodator)로 구분하고 있는데 이 각각의 학습유형은 뇌의 네 가지 기능적 영역인 전두엽, 두정엽, 후두엽, 그리고 변연계의 뇌 분포와 밀접한 관계가 있다. 즉, 전두엽은 우리의 추상적 사고를, 두정엽은 심체적 학습을, 후두엽은 시각적 학습을, 그리고 변연계는 정서적 학습을 담당하고 있다. 이를 Kolb의 학습패턴과 연결시키면 다음과 같다.

- 전두엽: Thinking(Abstract Conceptualization)
- 두정엽: Doing(Active Experimentation)

- 후두엽: Watching(Reflective Observation)
- 변연계: Feeling(Concrete Experience)

처리적 관점에 의거한 분류방법에는 좌, 우뇌 구분에 따른 세 가지 유형(좌뇌형, 우뇌형, 중도형)으로 나누는 것이 적합하다. 여러 학자들의 연구에 의하면 좌뇌형 사람은 논리적, 절차적, 수학적, 언어적 사고능력이 특징적으로 나타나며 우뇌형 사람은 시각적, 감각적, 창의적, 전체적, 음악적 사고능력이 특징적으로 나타나는 것으로 밝혀지고 있다(Hines, 1987). 그리고 좌우뇌가 모두 발달한 중도형은 두 가지 뇌유형의 특징들 가운데 몇 가지 특징들을 골고루 가지고 있다. 또 하나의 처리적 관점에 따른 분류방법은 무의식적·의식적 학습자 유형이다(Petty & Cacioppo, 1986). 먼저 무의식적 유형은 학습자가 학습내용을 암묵적, 자동적, 반사적, 맥락적, 비언어적으로 처리하면서 작업기억을 거의 사용하지 않는 비선형적 학습유형이다. 반면 의식적 유형은 학습자가 학습내용을 명시적, 조절적, 논리적, 절차적, 언어적으로 처리하면서 작업기억의 의존을 통해 학습에 의식적으로 집중을 해야 하는 유형이다.

마지막으로 표현적 관점에 근거한 분류방법으로는 기억하기, 말하기, 쓰기, 동작하기, 만들기 등의 다섯 가지 유형으로 구분할 수 있다. 이 다섯 가지 표현유형은 학습자의 숙련도에 따라 그 레벨이 좀 더 세분화 될 수 있다. 결론적으로, 뇌과학적 관점에서는 학습자가 왜 정보를 받아들이고 그것을 어떻게 처리하는지 그리고 무엇을 위해 정보를 사용할 것인지에 따라 학습자의 유형을 구분할 수 있다.

### 5) 뇌과학 기반 학습모형

MacLean(1990)이 제시한 삼위일체(triune brain) 이론은 뇌가 뇌간(brainstem), 대뇌변연계, 피질(cortex) 등의 3개 영역으로 구성되어 있으며, 이 중 정서는 중뇌, 고차원적 사고는 대뇌(upper brain)과 관련되어 있으며, 과제에 따라 개별적 혹은 상호적으로 작용한다고 본다. 한편 최근의 뇌과학 연구는 뇌의 다양한 영역이 인간의 인지적, 정서적, 신체학적인 모든 기능에 직・간접적으로 관여하며(Jenson, 1996), 따라서 뇌기반 학습은 보다 종합적인 관점에서 설계・운영되어야 함을 강조하고 있다. 뇌과학 측면에서 학습이라는 현상은 사고, 기억, 집중, 추론 등 인지적 요소뿐만 아니라 감정반응에 따른 정서상태의 인식 및 조절, 신체활동에 따른 신경생리학적 변화 등 다양한 요소 간의 상호작용을 통해 이루어진다. 그동안 교육현장에서는 인간의 인지, 정서 및 운동기능을 분리된 것으로 가정하고 교수학습과정에 정서와 신체활동 등을 활용하지 못했다는 점에서(김유미, 2003), 앞으로는 뇌의 실제 기제에 부합하는 교수학습모형이 절실히 요구되는 상황이다. 따라서 뇌과학 기반 학습모형은 인지학습, 정서학습 및 심체학습의 통합적 적용을 통해 인간의 학습에 대한 체계적・과학적 분석 및 적용을 목표로 한다(정봉영 외, 2011).

뇌의 기능과 학습원리에 따른 적절한 교육방법의 적용과 실행을 위한 뇌과학 기반 학습모델의 몇 가지 사례를 제시하면 다음과 같다. 먼저 임채성(2005)은 인지적, 정의적, 심체적 영역의 구분을 근거로 뇌기반 과학 교수학습모형을 제안하였는데, 대뇌변연계(정의적 영역) → 후두엽, 측두엽, 두정엽(심체적 영역) → 전두엽연합령(인지적 영역)의 뇌발달 단계를 고려하여, 흥미・관심갖기(Interesting) → 해보기(Doing) → 이해하기(Understaning) 등 IDU 접근법을 통해 뇌과학 기반 학습이 이루어져야 함을 주장하였다([그림 22-4] 참고). 주목할 점은 뇌의 각 신경세포들은 일방향적 배열이 아닌 상호적 네트워크로 구성되어 있으므로, 뇌기반 학습모형은 순환적・체계적 특성을 가지고 있다는 점이다. 또한 뇌기반 학습모형에서는 인지적・정의적・심체적 영역이 모두 동일하게 중요한 비중을 차지하므로 이들을 포괄하는 평가의 구체성을 강조한다(최지영, 2010). 즉, 실제 학습은 세 영역을 모두 포함하는 형태로 이루어지되, 학습과정 및 결과에 대한 평가는 내용특이적(content- specific)이어야 한다는 것이다(임채성, 2005).

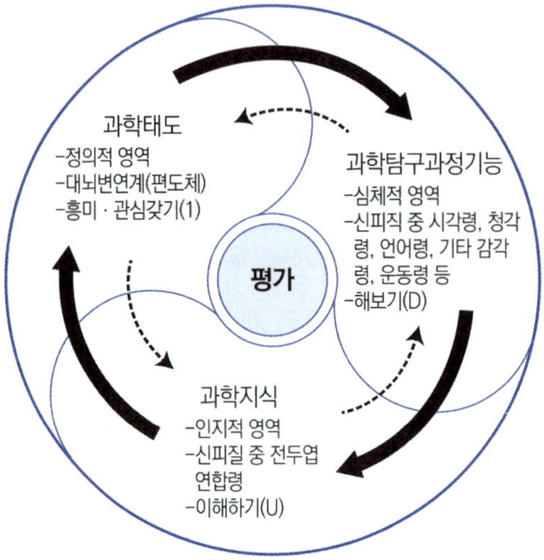


**[그림 22-4] 뇌기반 과학 교수학습 모형의 주요요소 및 단계**

출처: 임채성(2005: 94)

한편 뇌기반 교육은 개별 학습자의 뇌과학적 특성에 기반한 교육과정의 개발을 요구하는 움직임으로도 나타나고 있다. 김유미(2002)는 뇌기능에 기초한 교육과정 개발을 위해서는 유의미한 내용 구성, 학습자의 선택권 부여, 뇌기능을 자극할 수 있는 적정 시간, 학습자의 선호를 고려한 풍요로운 환경, 협동적 학습 분위기, 학습 활동에 대한 즉각적인 피드백 등이 반영되어야 한다고 설명하고 있다. 또한 김용진 등(2000)은 학습자의 뇌과학적 반응을 고려한 교수학습모형 개발이 필요하다고 강조하였으며, 김경철 · 홍정선(2005)은 그동안 교수자들이 개인적인 경험 또는 상식에 입각해 실행해 오던 학습원리에 대한 뇌과학적 근거를 마련하였다는 점에서 뇌기반 학습의 확장은 의의를 갖는다고 하였다. 이처럼 뇌기반 학습은 단순한 학습모형의 하나가 아니라 기존 교육 패러다임을 전환하는 커다란 흐름으로 기능할 수 있다는 점에서(신동훈, 2017), 뇌과학적 연구에 근거한 선별적인 교수학습방법 및 내용의 구성이 필요하다(임채성 · 하지연 · 김재영 · 김남일, 2008). 즉, 뇌의 구조와 영역에 대한 전반적인 이해를 바탕으로 뇌의 기능을 균등하게 발달시킬 수 있는 통합된 교수학습모형의 설계가 필요한 것이다.

### 6) 뇌과학 기반 학습원리 및 전략

교육시스템공학 분야에서는 여러 가지 다양한 학습원리들이 제시되고 있지만 기존의 학습원리를 보강하고 좀 더 체계적인 뇌과학적 원리에 기반한 핵심 학습원리 및 전략 몇 가지를 소개하면 다음과 같다.

- 긍정적 정서의 유지: 앞서 강조한 바와 같이 학습자의 정서는 가장 중요한 학습동기 및 촉진요인이 된다. 긍정적 정서를 유지하기 위한 중요한 원칙으로는 편안한 각성상태의 유지이다. 이는 학습자가 "안락한 상태, 도전이 요구되지만 저(低)위협적인 상태, 실수의 만회가 허락되는 상태, 정서적·사회적 자신감이 가능한 상태, 그리고 개인의 학습목표가 명확한 상태"로서 학습을 위한 최적의 정서적 상태를 의미한다. 특히, 교실수업에 있어서 수업 초기에 학습자들이 자신의 정서를 체크하게 하거나 긍정적 정서를 유발하기 위한 일련의 학습활동들을 실시하는 것은 매우 유효한 뇌과학 기반 학습전략이라 할 수 있다.
- 학습몰입의 유도: 학습몰입은 학습에 있어 중요한 원리이자 인지적 능력을 극대화시키는 방법이다. 학습몰입은 "학습의 흥미가 있을 때, 맥락이 있을 때(학습맥락은 시냅스의 연결에서 강화를 시키는 중요한 요소이다), 적절한 복잡성이 있을 때(시도해볼 만한 과제, 분석, 종합, 적용 등), 그리고 안내적 가이드나 모델이 있을 때(가이드된 연습, 개별 연습, 실제 사례 등의 사용)" 증대된다. 특히 학습몰입은 감각적 몰입 → 육체 동작적 몰입 → 인지적 몰입 → 추상적 몰입의 과정을 거치면서 유형화(patterning)를 통한 학습의 의미를 발견하게 하는 촉진요인이다. 학습몰입을 촉진하기 위한 기법들로는 (1) 보상의 방법을 활용하는 도구적 조건화 기법, (2) 후각, 시각, 청각을 활성화시키는 감각적 활성화

기법, (3) 센 자극에서 약한 자극으로(점진적 둔감화) 또는 적극적 강화에서 소극적 강화로 변화를 주는(강화의 하향화) 방식의 역조건화 기법, 그리고 (4) 학습환경이나 학습내용을 조절 및 활성화시키는 맥락조건화 기법 등이 있다.

- 관계적 환경의 조성: 뇌과학자들에 따르면 학습에 유용한 호르몬은 세로토닌이라고 한다. 그 이유는 세로토닌이 심신의 안정상태 및 인지몰입을 조절하는 호르몬이기 때문이다. 실험에 의하면 세로토닌이 활성화되는 조건은 여러 가지가 있지만 그 중에서도 타인과 좋은 환경에서 대화를 할 때 많이 발현된다고 한다(이시형, 2016). 따라서 학습자들의 관계를 활성화시키는 그룹 학습활동이나 그룹토의 및 그룹과제들을 잘 활용하게 되면 효과적인 학습이 일어날 수 있다.
- 육체활동 및 감각의 활성화: 뇌가 생각을 하는데 필요한 영양분은 산소와 포도당이다. 그런데 이러한 영양분을 전달해주는 것은 혈류이다. 따라서 뇌를 활성화시키기 위해 적절한 운동과 동작들을 통해 뇌로 가는 혈류를 증대시키는 것은 매우 주요한 학습원리가 될 수 있다. 미국의 여러 고등학교에서는 고정된 의자가 아닌 움직일 수 있는 의자를 제공함으로써 학생들의 학습결과가 증진되었다고 한다. 또한 뇌를 활성화시키는 가장 중요한 신체부위는 바로 손이다. 뇌과학 실험에 의하면 손과 팔 부위를 관장하는 뇌의 부위는 거의 30%에 이르며 손 필기 방식이 학습을 증진한다는 사실은 이미 여러 연구를 통해 밝혀졌다(Mueller & Oppenheimer, 2014). 최근에 와서는 가상 및 증강현실을 사용해 시각, 청각을 최대한 활성화시켜 학습자를 학습에 몰입하게 하는 방식들도 많이 활용되고 있다.

## 3. 결론

본 장에서는 교육 및 인력개발 분야에 뇌과학적 원리의 적용가능성을 탐색하기 위해 뇌과학적 관점에서 뇌의 구조 및 기능, 기억 및 의식의 원리, 그리고 뇌와 호르몬의 기능 등을 포괄적으로 소개하였다. 또한 뇌과학과 인지학습, 정서학습, 심체학습 등의 관계를 규명하는 뇌기반 학습이론의 원리를 바탕으로 학습자의 효율적인 학습을 위한 뇌과학 기반 학습스타일, 학습모형, 학습원리 및 전략 등을 제시하였다. 뇌과학 기반 학습의 핵심은 뇌의 구조 및 기능에 대한 심층적인 이해를 바탕으로 개별 학습자의 인지과정 및 행동원리를 구체적으로 탐구하는데 있다. 즉, 전통적 학습이론으로는 설명이 어려운 영역들에 대한 지속적인 연구를 통해 기존의 학습이론을 보완하고 새로운 학습이론을 완성하는데 주된 목적을 두고 있다(임두헌, 2016). 뇌기반 학습과학은 학습자 중심적 접근을 통해 실제 학습자의 뇌에서 발생하는 변화를 분석하여 각종 교수학습방법을 포함한 학습환경 최적화를 목적으로 한다(김성일, 2006). 이러한 맥락에서 뇌기반 학습과학은 뇌와 학습에 대한 혁신적 교육 패러다임의 형성을 가능케 할 것으로 기대되며, 나아가 뇌융합 인력양성을 위한 사회 및 조직문화의 변화를 촉진하는 새로운 개념적 틀로 작동할 수 있다는 점에서 그 의의를 찾을 수 있다.

4차 산업혁명은 기술·산업구조의 재편 및 직업의 변화에 따른 고등교육 체제의 변화를 가속화하고 있으며, 이러한 급격한 변화에 대비하여 미래 융합인재 양성을 위한 정책 수립의 필요성이 제기되고 있다(김현철·이민석·윤일규, 2017). 뇌영상 기법의 발달은 교수학습에 대한 학제간 접근을 가능하게 하였으며, 인지과학 분야의 연구의 축적에 따라 실제 교육현장에서 뇌맞춤 교육과정(brain-compatible curriculum) 개발 등 뇌와 학습을 연결하는 접근이 시도되고 있다(Caine & Caine, 1997; Jensen, 2000). 이처럼 뇌기반 학습과학은 인지과학의 전통적 연구주제를 뇌과학적 접근과 접목함으로써 미래 전문인력 양성을 위한 새로운 패러다임으로 각광받고 있다. 이에 따라 교육현장에서는 다양한 뇌기반 학습원리들이 제안되고 있으며, 개인 및 조직의 변화 관리 및 기업의 조직문화 혁신 등 뇌과학을 인력개발 분야에 적용하려는 시도 또한 이루어지고 있다.

중요한 제안사항은, 뇌기반 학습과학이 교육현장에 효과적으로 정착되기 위해서는 뇌과학의 연구결과를 일부 교과 또는 특정 교육과정 영역에 부분적으로 적용하는 기존의 관행에서 탈피하여 뇌기반 학습이론에 기초한 통합적·분석적인 개념적 틀의 구성이 요청된다는 것이다(김두정, 2010). 4차 산업혁명 시대 미래 인력개발을 위한 교육의 목표는 지식의 기계적 습득이 아닌 창의적 문제해결 등 지식생성능력을 키우는 것이며, 이를 위한 뇌기반 교육의 조건은 (1) 뇌기반 학습환경의 제공, (2) 교수학습활동에 대한 관점의 전환, (3) 뇌기반 교육과정의 개발 등으로 구분할 수 있다(신동훈, 2017). 즉, 뇌기반 학습원리의 적용가능성 및 실효성을 높이기 위해서는 긍정적·협동적 학습환경의 조성, 학습자 중심 교육내용 구성 및 학습활동에 있어 선택권 부여 등 교수학습방법에 대한 관점의 전환, 그리고 학습자의 인지적·정의적 측면에서 뇌의 균형적 발달을 위한 통합적 교육과정의 개발이 선행되어야 할 것이다.

최근 교육적 맥락에서 뇌과학이 부각되는 것은 다양한 관련 연구의 축적으로 뇌의 활동유형 및 기능이 학습자의 특정 행위와 밀접한 관계가 있음이 드러나고 있기 때문이다. 뇌기반 학습원리의 핵심은 개별 학습자의 특성과 발달단계를 고려한 학습자 중심 학습환경의 제공에 있다. 따라서 인간의 뇌에 대한 포괄적인 이해를 바탕으로 뇌의 기능을 균등하게 발달시킬 수 있는 통합적 교수학습 설계가 요구된다. 이를 위해 교육과 관련된 모든 구성원들의 뇌에 대한 이해를 증진하기 위한 교육 및 훈련 프로그램의 도입이 필요하며 나아가 뇌기반 학습전략의 개발 및 적용을 위한 교육환경의 조성이 필요하며, 또한 뇌기반 학습과학에 기초한 학제간 연구 및 이에 근거한 국가 차원의 인적자원개발 정책이 수립·실행되어야 할 것이다.

# 참고문헌


서울대학교 교육연구소(2009). 교육학용어사전. 서울: 하우동설.

김경철 · 홍정선(2005). 유아 교수-학습 원리의 뇌 과학적 의의. 열린유아교육연구, 10(4), 199-224.

김두정(2010). 뇌 과학: 학교 교육과 교육과정에의 시사점. 교육과정연구, 28(3), 127-145.

김성일(2003). 뇌기반 학습과학과 과학/수학교육. 제1회 뇌기반 학습과학 심포지움 발표 논문집. 83-101.

김성일(2006). 뇌기반 학습과학: 뇌과학이 교육에 대해 말해 주는 것은 무엇인가? 인지과학, 17(4), 375-398.

김용진 외(2000). 문제풀이 활동에서 뇌파 측정에 의한 두뇌 기능 상태의 평가. 생물교육, 28(3), 291-301.

김유미(2002). 두뇌 기반 교수-학습의 원리와 적용 방안 탐색. 교육학연구, 40(3), 247-270.

김유미(2003). 교수-학습에서 정서의 중요성과 활용: 뇌과학적 접근을 중심으로. 한국교육, 30(1), 155-176.

김현철 · 이민석 · 윤일규(2017). 4차 산업혁명에 대비한 SW 융합인재 양성 방안(정책연구-2017-01). 서울: 국가과학기술자문회의.

미래창조과학부(2016). 뇌과학 발전전략.

미래창조과학부 · KISTEP(2016). 과학기술 & ICT 정책 · 기술동향 제 70호.

박재홍 · 김성환(2011). 청소년기 뇌 발달과 인지, 행동 특성. 생물치료정신의학, 17(1), 11-20.

신동훈(2017). 제4차 산업혁명과 뇌-기반 교육. 교육비평, 39, 386-421.

이시형(2016). 세로토닌의 힘. 서울: 이지북.

임두헌(2016). 뇌과학과 HRD: 인력개발 분야의 활용 동향. HRD Issue Paper, 1(1), 고려대학교 HRD 정책중점연구소.

임채성(2005). 뇌 기능에 기초한 과학 교수학습: 뇌기능과 학교 과학의 정의적 · 심체적 · 인지적 영역의 연계적 통합 모형. 초등과학교육, 24(1), 86-101.

임채성 · 하지연 · 김재영 · 김남일(2008). 뇌 기반 과학 교수 학습 모형을 적용한 「슬기로운 생활」 수업의 효과. 초등과학교육, 27(1), 60-74.

정봉영 외(2011). 뇌과학에 기반한 학생 창의 · 인성 함양 및 학습력 증진 방안 연구(정책연구과제 2011-7). 서울: 교육과학기술부.

최지영(2010). 뇌기반 과학 교수학습 모형을 적용한 과학 수업이 창의성과 학습에 미치는 영향. 서울교육대학교 박사학위논문.

Arnold, A. P. & Breedlove, S. M. (1985). Organizational and activational effects of sex steroids on brain and behavior: A re-analysis. *Hormone Behavior, 19*, 469-498.

Baizer, J. S. (2013). The neurochemical organization of the claustrum. In J. R. Smythies, Edelstein, L., & V. S. Ramachandran, (Eds.). *The claustrum: Structural, functional, and clinical neuroscience* (pp.85-118). Cambridge, MA: Academic Press.

Bekkar, B. (2016).Balance begets integration: Exploring the importance of sleep, movement, and nature. In M. J. Bresciani Ludvik, (Ed.). *The neuroscience of learning and development: Enhancing creativity, compassion, critical thinking, and peace in higher education* (pp.218-233). Sterling, VA: Stylus Publishing.

Bresciani Ludvik, M. J. (2016). Introduction: Rethinking how we design, deliver, and evaluate higher edcation. In M. J. Bresciani Ludvik, (Ed.). *The neuroscience of learning and development: Enhancing creativity, compassion, critical thinking, and peace in higher education* (pp.1-26). Sterling, VA: Stylus Publishing.

Bresciani Ludvik, M. J., Evrard, M. R., & Goldin, P. (2016). Strategies that intentionally change the brain. In M. J. Bresciani Ludvik, (Ed.). *The neuroscience of learning and development: Enhancing creativity, compassion, critical thinking, and peace in higher education* (pp.73-97). Sterling, VA: Stylus Publishing.

Caine, G., & Caine, R. N. (1994). *Making connections: Teaching and the human brain*. NJ: Dale Seymour Publication.

Caine, G., & Caine, R. N. (1997). *Unleasing the power of perceptual change: The potential of brain-based teaching*. Alexandria, VA: Association for Supervision and Educational Development.

Carter, R. (1999). *Mapping the mind*. CA: University of California Press.

Carter, H. V., & Gray, H. (1918). *Anatomy of the human body* (20th ed.). New York: Lea and Febiger.

Chageux, J. P. (1985). *Neuronal Man: The biology of mind*. Princeton, NJ: Princeton University Press.

Deutch, A. Y., & Mathur, B. N. (2015). *The claustrum: Charting a way forward for the brain's most mysterious nucleus*. Lausanne, Switzerland: Frontiers Media.

Doraiswamy, P. M. & Xiong, G. L. (2007). *Does meditation enhance cognition and brain longevity?* Ann N Y Acad Sci.

Gardner, H. (1993). *Multiple intelligence: The theory in practice*. New York: Basic Books.

Geake, J., & Cooper, P. (2003). Cognitive Neuroscience: Implications for education? *Westminster Studies in Education, 26*(1), 7-20.

Goldberg, I. I., Harel, M., & Malach, R. (2006). When the brian loses its self: Prefrontal inactivation during sensorimotor processing, *Neuron, 50*(2), 329-339.

Hertoghe, T. (2002). *The hormone solution: Stay younger and longer*. New York, NY: Harmony books.

Hines, T. (1987). Left brain/right brain mythology and implications for management and training. *The Academy of Management Review, 12*(4), 600-606.

Hinton, C., Miyamto, K., & Della-Chiesa, B. (2008). Brain research, learning and emotions: Implications for education research, policy and practice. *European Journal of Education, 43*(1), 87-103.

Jane, M. (2001). Brain-compatible learning. *Green Teacher, 64*, 7-12.

Jenson, E. (1996). *Brain-based learning*. CA: Turning Point Publishing.

Jenson, E. (1998). How Julie's brain learns. *Educational Leadership, 56*(3), 41-45.

Jensen, E. (2000). Brain-based learning: A reality check. *Educational Leadership, 57*(7), 76-80.

Jensen, E. (2007). *Introduction to brain-compatible learning*. Sage Publications.

Jensen, E. (2008). *Brain-based learning*. Corwin press.

Kabat-Zinn, J. (2013). *Full catastrophe living, revised edition: How to cope with stress, pain and illness using mindfulness mediation*. New York, NY: Bantam Books.

Klaiber, E. L. (2001). *Hormones and the mind: A women's guide to mood, mental sharpness, and sexual vitality*. New York, NY: HarperCollings.

Kolb, D. A. (1984). *Experiential learning: Experience as the source of learning and development*. New Jersey: Prentice-Hall.

Konnikova, M. (2012). *The power of concentration*. Retrieved from http://www.nytimes.com/2012/12/16/opinion/sunday/the-power-of-concentration.html

LeDoux, J. E. (1996). *The emotional brain*. New York, NY: Simon & Schuster.

Mayne, T. J., & Ramsey, J. (2001). The sturcture of emotion: A nonlinear dynamics systems approach. In T. J. Mayne & G. A. Bonanno (Eds.). *Emotions: Current issues and future direction* (pp.1-37). New York: NY: Guilford Press.

MacLean, P. D. (1990). *The triune brain in evolution*. New York, NY: Plenum Press.

Mueller, P. A., & Oppenheimer, D. M. (2014). The pen is mightier than the keyboard: Advantage of longhand over laptop note taking. *Psychological Science, 25*(6), 1159-1168.

Petty, R. E., & Cacioppo, J. T. (1986). The elaboration likelihood model of persuasion. *Advances in Experimental Social Psychology, 19*, 123-205.

Posner, M. I., & Rothbart, M. K. (2005). Influencing brain network: Implication for education. *TRENDS in Cognitive Science, 9*(3), 99-103.

Schwartz-Hebron, R. (2012). Using neuroscience to effect change in the workforce. *Employee Relations Today, Summer*. 11-15.

Segal, Z. V., Williams, M. G., & Teasdale, J. D. (2013). *Mindfulness-based cognitive theraph for depression* (2nd Ed.). New York, NY: Guilford Press.

Seung, S. (2012). *Connectome: How the brain's wiring makes us who we are*. Boston, MA: Houghton Mifflin Harcourt.

Smythies, J. R., Edelstein, L., & Ramachandran, V. S. (2013). *The claustrum: Structural, functional, and clinical neuroscience*. Cambridge, MA: Academic Press.

Sprenger, M. B. (2002). *Becoming a "wiz" at brain-based teaching*. CA: Corwin Press.

Taupin, P. (2006). Adult neurogenesis and neuroplasticity. *Retrorative Neurology and Neuroscience, 24*(1), 9-15.

Toga, A. W. (2013). Anatomy of the brain. In A. L. C. Runehov, L. Oviedo, (Eds.). *Encyclopedia of Sciences and Religions*. London, UK: Routledge.

Warga, C. (1999). *Menopause and the mind*. New York, NY: 2001.

Wolfe, P., & Brandt, R. (1998). What do we know from brain research? *Educational Leadership, 56*(3), 8-13.

Womens International. (2013). *Cognition & Memory: How Hormones Influence Our Minds*. Retrieved from ConnenctionsWomen's International Pharmacy: http://www.womensinternational.com/connections/cognition.html

## 요약

본 장에서는 교육 및 인력개발 분야에 대한 뇌과학의 적용가능성을 탐색하였다. 이를 위해 뇌의 구조와 기능에 대한 이해를 바탕으로 인력개발의 여러 요소와 관련된 뇌과학 기반 학습 및 행동원리를 제시하였다. 인력개발 관점에서 뇌과학 기반 학습원리 및 전략은 학습자의 특성과 발달단계를 고려한 학습자 중심 학습환경 설계 및 이를 위한 교육정책 수립의 필요성을 시사한다.

## 탐구 질문

1. 본장의 내용을 토대로 개인 학습에 적용 가능한 뇌과학 기반 학습의 중요원리 3~5가지를 선택해 보고 그 이유를 설명해 보자.
2. 뇌과학 기반 학습에서는 정서학습의 중요성에 대해 많은 강조를 하고 있다. 효과적 정서 조절을 위한 구체적 기법을 나열해 보고 어떤 방법이 개인적으로 효과적이었는지 나누어 보자.
3. 뇌과학 기반 학습의 원리 또는 전략들 가운데 자신이 진행하고 있거나 해보고 싶은 교육과정에 효과적일 것 같은 방법을 선택해보자. 선택한 기준이나 이유를 설명해 보자.
4. 본장을 읽고 난 후 뇌과학 기반 학습에 관한 추가적인 질문이 있다면 만들어 보고 그 답을 인터넷을 통해 또는 수업 중 질의를 통해 알아보자.

## / 저자 소개 /

**임두헌(dhlim@ou.edu)**

University of Oklahoma 성인인력개발 프로그램 주임교수로 재직 중이다. 연구관심 영역은 뇌과학 기반 인력개발, 창의성, 리더십, 조직개발이며, 주요저서는 뇌과학 기반 스마트 학습법, 가상/증강현실의 기초 및 응용 등 이다. 주요경력으로는 Indiana State University 전임강사, University of Tennessee 조교수 등이다.

# 제23장

이성흠(지석문화원)

# 긍정심리학과 긍정탐구

## 목표

1. 긍정심리학과 긍정탐구와 관련되는 기본과 전문 용어를 설명할 수 있다.
2. 긍정심리학의 이론(예: PERMA, 성격 강점과 덕목, 몰입 등)을 설명하고 장·단점을 기술할 수 있다.
3. 긍정탐구의 실행과정을 설명할 수 있다.
4. 긍정조직학을 조직의 성과극대화를 위한 실천전략으로 활용할 수 있다.
5. 긍정조직행동에 알맞은 주제를 선정하여 조직개발에 실천할 수 있다.
6. 긍정심리학(긍정탐구)이 인적자원개발에 주는 시사점을 토론할 수 있다.
7. 긍정심리학(긍정탐구)과 연계된 인적자원개발의 실천에서 제기되는 쟁점사항에 대하여 토론할 수 있다.

## 핵심용어

긍정심리학, 긍정탐구, 행복, 행복의 조건(PERMA), 성격 강점과 덕목, 몰입, 긍정조직학, 긍정조직행동

일반적으로 인적자원개발(Human Resource Development: HRD)의 사명, 즉 HRD의 담당업무는 조직 구성원의 현재 업무수행의 개선에 초점을 두고 진행되는 개인개발, 미래의 업무와 관련된 수행개선에 초점을 두고 진행되는 경력개발, 그리고 조직의 수행역량과 능력 강화에 활용되는 수행관리체제개발, 조직의 문화와 효과(율)성을 강화함으로써 인간의 잠재력을 최대한 활용하고 수행을 개선하는 조직개발 등과 관련된다(Gilley, Eggland, & Gilley, 2002). 이와 같이 조직의 목적을 달성하기 위한 다양한 HRD 업무활동은 조직이 추구하는 근본 목적과 HRD를 둘러싸고 있는 시대정신에 따라서 관심 분야와 강조점은 다르게 진행되는 것이 일반적이다. 최근 HRD 활동에서 긍정심리학의 이론에 기초하여 긍정탐구, 긍정심리자본, 긍정조직학 등에 관한 관심이 증대되고 있다. 이와 같은 관점에서 이 장에서는 긍정심리학과 긍정탐구에 대한 이론적 기초를 약술한다. 다음으로 긍정심리학의 이론과 방법을 약술하고 조직에서 긍정탐구 실행을 위한 이론과 조직개발에서 적용과 관련하여 긍정조직학과 긍정조직행동에 대하여 약술한다. 마지막으로 HRD에서 긍정심리학과 긍정탐구의 시사점에 대하여 살펴본다.

## 1. 긍정심리학과 긍정탐구 개관

전통적으로 심리학의 주요 탐구영역은 인간의 부정적 측면 또는 정신질환의 치료, 사람들의 삶을 보다 생산적이고 충만하게 살도록 도와주는 것, 그리고 개인이 타고난 재능을 발견·육성하는 것과 관련되어 있다(권석만, 2008; 이희경, 2006; Seligman, 2002). 제2차 세계대전 후, 심리학은 질병모형에 기초하여 정신질환과 정신 병리의 이해와 치료에 대한 엄청난 진보를 통하여 정신분열증, 우울증 등과 같은 정신장애를 이해하게 되었고, 그 결과 여러 정신질환을 치료하거나 완화함으로써 개인의 행복증진에 일정 부분은 공헌하였다. 그러나 이러한 심리학의 접근은 사람들의 삶을 보다 풍요롭게 하는 것과 개인의 타고난 재능을 개발하는 것은 등한시하는 역효과를 초래하였다. 이에 대한 반성으로 인간 본성의 보다 긍정적이고 자비로운 성질에 기초하여 연구하는 긍정심리학은 삶을 가치 있게 하는 강점 발견과 자원 활용에 관한 과학적 접근으로 새롭게 부각되고 있다. 이와 비슷한 맥락에서 조직에서 변화를 통한 조직개발을 위한 새로운 패러다임으로 긍정탐구 기법이 사용되고 있다(Barrett & Fry, 2005). 긍정탐구는 조직을 구성하는 개인이나 이들과 관련되는 체제에서 성과를 위한 최고의 경험과 강점의 가치를 높게 평가하는 부분인 긍정과 탐구라는 진정한 호기심을 내포한 질문을 통하여 최고의 경험과 가치를 탐색하고 발견하는 과정의 부분을 통합하는 변화관리의 기법이다.

### 1) 긍정심리학

긍정심리학(肯定心理學, positive psychology)은 '인간의 긍정적인 심리적 측면을 과학적으로 연구하고 인간의 행복과 성장을 지원하는 학문'으로 정의되고 있으며(권석만, 2011; 장환영, 2012; 한국기업교육학회, 2010; Linley et al, 2006; Meyers et al., 2013; Mills et al., 2013; Seligman, 2002), 우리 사회와 문화가 '무엇이 개인의 삶을 가치 있고 보람되게 하는가'라는 근본 질문에 대한 과학적 증거에 기초한 대답을 제공하고자 노력하고 있다. 그 동안 심리학은 삶을 불행하게 하는 여러 가지 심리상태를 완화하는 데 관심을 치중하다 보니, 삶의 긍정 가치를 부각시키는 노력은 상대적으로 미약할 수밖에 없었다. 이와 같은 관점은 심리학에서 삶을 불행하게 하는 부정 심리상태의 원인 규명과 예방·치료가 아니라 긍정 정서에 대하여 연구하면서 개인의 강점과 미덕을 추구하여 일찍이 Aristotle이 주장한 행복한 삶의 상태, 즉 에우다이모니아(eudaimonia)을 추구하는 삶으로 안내하는 역할의 중요성을 강조하고 있다. 일반적으로 '행복'으로 번역되는 에우다이모니아는 번영하는 완전한 삶의 형태로서 지속적인 진정한 행복감을 주게 되는 것으로 욕구충족을 위한 쾌락적 경험을 추구하는 것이 아니라 어떤 이상적 목표를 지속적으로 지향하는 삶이다. 이러한 이상적 목표는 도덕적 완성이나 덕성을 구현하는 것으로 인생의 중요한 영역에서 중용을 이루는 삶이라고 할 수 있다(김대오, 2000). 우리는 가까운 미래에 인간에게 내재하고 있는 긍정과 부정의 두 가지 심리 사이에서 균형을 찾아 행복한 삶을 설계하는 데 요구되는 심리특성의 측정에 대한 정확성이 새로운 연구과제로 제시되고 있다(이희경, 2006).

긍정심리학에서 주장하는 개인의 강점과 미덕은 불행과 심리적 장애의 고통을 완화할 수 있기 때문에 활력을 되찾는 데 핵심적인 역할을 한다. 인간의 심리 상담과 치료에서 가장 훌륭한 치료사는 환자의 상처를 치유하는 데 그치는 것이 아니라, 개인의 강점과 미덕을 찾아주고 계발할 수 있도록 이끌어주는 사람이다. 이와 같은 이유로 긍정심리학은 일시적인 쾌락을 맛보고 최소한의 만족을 느끼는 것을 벗어나서는 어떠한 의미도 찾을 수 없는 삶을 초월하는 길을 안내하는 밝은 희망의 메시지, 즉 진정한 행복을 찾아주는 삶의 의미와 목적이라는 봉우리, 즉 행복과 참살이(번영)을 제시하는 역할을 담당하고 있다.

긍정심리학은 매우 광범위한 주제에 대하여 관심을 가지고 탐구되고 있지만, 일반적으로 삶을 보다 행복하고 풍요롭게 하는 세 가지 주제—긍정 상태(positive states), 긍정 특질(positive traits), 긍정 기관/조직(positive institutions)—에 초점을 맞추고 있다(권석만, 2008: 24-5). 첫째, 긍정심리학은 인간이 주관적으로 경험하는 다양한 긍정 심리상태, 즉 행복감, 안락감, 만족감, 사랑, 친밀감 등과 같은 긍정 정서를 비롯하여 자신과 미래에 대한 낙관적 생각과 희망, 열정, 활기, 확신 등에 대하여 탐구한다. 둘째, 긍정심리학은 개인이 지니는 긍정적인 특질, 즉 개인의 긍정적인 성격특성과 강점에 초점을 맞추어 탐구한다. 긍정 특성은 일시적인 심리상태가 아니라 개인이 지속적으로 나타내는 긍정적인 행동양식이나 탁월한 성품과 덕목을 말하며, 창의성, 지혜, 끈기, 진실성, 겸손, 용기, 열정, 리더십, 낙관성, 유머, 영성(靈性) 등이 포함된다. 셋째, 긍정심리학은 구성원의 행복과 자아실현을 지원하는 긍정적인 기관(조직)에 대하여 탐구한다. 인간 개인은 자신이 소속된 조직의 영향을 받을 수밖에 없으며, 이러한 조직이 구성원의 행복과 능력발휘를 효과적으로 지원할 수 있어야 개인이 행복할 수 있으며 조직도 발전할 있다.

이와 같은 관점에서 긍정심리학은 행복하고 건강한 가족, 학교, 조직(직장), 지역사회의 특성과 실천방법을 탐구한다. 이상에서 약술한 것과 같이 긍정심리학은 긍정 상태, 긍정 특질, 긍정 조직의 세 가지 영역을 다양한 차원—개인, 집단, 사회—에서 이론과 실제, 연구와 실천, 분석과 개입(해결책) 등에 관심을 가지고 탐구한다. 긍정심리학은 개인차원에만 초점을 맞추는 것이 아니라 긍정조직, 긍정적인 사회에도 많은 관심을 가지고 연구를 진행한다. 따라서 긍정심리학과 인적자원개발(HRD)의 관련성은 개인의 주관적인 긍정 상태에 대한 이해는 조직구성원, 긍정적 성격 특질은 조직(직장)에서 인적자원개발 담당자, 그리고 긍정 조직과 관련하여서는 인적자원개발 기관의 최고 경영자와 직·간접적으로 연계시킬 수 있을 것이다. 이들 관계는 〈표 23-1〉과 요약할 수 있으며, 긍정심리학의 탐구영역과 조직구성원, 인적자원개발 담당자, 기관의 최고경영자와 연계되는 핵심 쟁점사항은 삶의 목적으로서 행복, 인적자원개발 담당자의 진성 리더십, 조직의 최고경영자의 심리적 자본의 축적 등이다.

〈표 23-1〉 긍정심리학과 인적자원개발 핵심 쟁점사항

| 긍정심리학 | | HRD 주체 | 핵심 쟁점사항 |
|---|---|---|---|
| 연구분야 | 주요이론 | | |
| 긍정 상태 | • 주관적 안녕<br>• 심리적 안녕 | • 조직구성원 | • 행복 |
| 긍정 특질 | • 대표 강점<br>• 진정성 | • HRD 담당자 | • 진성 리더십 |
| 긍정 기관 | • 긍정조직학 | • 조직 최고경영자 | • 심리적 자본 |

### 2) 긍정탐구

긍정탐구(肯定探究, appreciative inquiry: AI)는 긍정심리학의 이론적 기초를 중심으로 조직의 문제점이나 한계가 아니라 최고의 모습이나 생명력을 유지하는 요인 등과 같은 조직의 긍정성에 주목하는 의식의 전환으로 조직개발 분야에서 새롭게 등장하여 활발하게 연구되고 있다(장영철 · 남궁은정, 2013; 정종원 · 이종원, 2010; Avey et al., 2011; Barrett & Fry, 2005; Coghlan et al., 2003; Forman, 2010; Luthans, 2012). AI는 '조직구성원들의 담론을 이용하여 조직의 긍정적 측면을 탐구하여 조직의 전환을 이끄는 틀인 동시에 하나의 방법론으로 정의'할 수 있다(남궁은정, 2015; Cooperrider & Srivastva, 1987). 이와 같은 정의에 따르면, 긍정탐구는 기존의 변화관리에 익숙하게 적용되었던 문제중심적 접근(Craig, 1996; Langdon et al., 1999; Tracey, 1994)에서 조직의 가치와 장점을 발견하는 긍정적 접근으로 조직변화의 관점을 바꾸는 것이다. 지금까지 대부분 조직은 조직변화를 통한 발전을 위하여 문제중심적인 접근을 통하여 조직의 성과향상을 위한 변화가 요구되는 문제가 무엇인가를 정확하게 파악하여 그 문제의 원인을 제거하거나 개선하는 방법으로 해결책을 강구하였다(Gilley, Eggland, & Gilley, 2002). 그러나 이러한 문제중심적인 조직개발은 많은 성과도 가져왔지만, 한계와 제한점도 분명하게 보여주고 있다.

그러나 조직개발을 위한 문제해결 접근과는 다르게 AI는 조직환경에 긍정적인 정서를 유도하여 미래지향적인 관점에서 조직 내부의 참여를 적극적으로 유도하고 조직구성원들의 담론과 관련되는 언어를 반영하여 변화의 영역과 방향성을 도출한다는 점에서 조직발전을 위한 기회포착에 많은 공헌이 예상된다. 긍정탐구는 인간에게 잠재되어 있는 최고와 최선의 것에 대한 공유된 이미지를 지향하여 강점기반, 역량구축을 위주로 접근해 나가는 방법으로 조직을 구성하는 구성원들의 공유된 경험에서 가장 최고의 순간이 무엇인가를 우선적으로 발견하게 한다(Barrett & Fry, 2005). 긍정탐구는 어떤 목표한 지점에 이르기 위한 변화실행에 관한 것이 아니라 모든 조직에 본래부터 내재되어 있는 협력과 변화 역량을 활용하기 위하여 서로 만나서 대화하고 관계를 맺어 가는 일련의 변화 과정에 관한 것이다. AI의 핵심은 자기생성적(generative) 대화 역량을 증진하고, 우리의 대화, 특히 은유(metaphor)와 이야기(story)가 구성원이 가지고 있는 가장 높은 가치와 잠재력을 일깨우는 방식에 유념하도록 구성원을 불러 모우는 것이다. 조직개발에서 AI의 시도는 현상유지에 매몰되어 있는 빗장을 풀 수 있는 은유, 이야기, 자기생성적 대화 역량을 창출하여 가장 높은 단계의 인간 가치와 열망을 촉진하는 새로운 미래 개척을 위한 조직구성원의 협력역량을 확대·강화와 관련되는 특성을 가지고 있다.

이상에서 약술한 것과 같이 새로운 조직개발의 방법으로 사용되는 AI는 긍정적 사고, 긍정적 질문, 자기생성적 대화 방법을 통한 조직변화의 방법에만 국한된 것이 아니라, 조직변화를 인간의 상호작용을 통한 현실 상황의 구성과 창조의 과정으로 보려는 하나의 패러다임의 전환이라고 할 수 있다(남궁은정, 2015; 장영철·남궁은정, 2013). 그러나 국내에서의 AI 탐구는 시작 단계에 있는 실정으로 이와 관련된 현장 연구를 통한 경험 축적으로 우리나라의 전통 조직문화와 국제화 관점에 기초한 이론 탐구와 현장에서 실험 연구를 통한 경험 축적이 요구된다.

## 2. 긍정심리학의 이론과 방법

인간이 경험하는 진정한 행복(authentic happiness)은 개인의 강점을 파악하고 계발하여 삶의 현장에서 실천함으로써 완성된다(권석만, 2011; Seligman, 2002). 긍정심리학에서 일반적으로 사용되는 표준이론(standard theory)은 없지만, 긍정심리학을 떠받치는 세 가지 기둥인 긍정 상태, 긍정 특질, 긍정 조직에 대한 연구를 지원하는 이론과 방법을 행복의 다섯 가지 조건: PERMA, 성격 강점과 덕목, 몰입으로 나누어 간략하게 고찰한다.

### 1) 행복의 다섯 가지 조건: PERMA

긍정심리학에서 추구하는 행복한 삶은 즐거운 삶, 참여적인 삶, 의미 있는 삶으로 구성된다(Seligman et al., 2009: 296). 즐거운 삶은 긍정적인 정서를 느끼면서 사는 삶이며, 참여적인 삶 또는 훌륭한 삶(good life)은 자신이 추구하는 활동에 열정적으로 참여하고 몰입함으로써 자신의 성격 강점과 잠재력을 발휘하여 자아실현을 완성하는 삶이며, 그리고 의미 있는 삶은 자신보다 더 크고 영속적인 무엇을 위하여 자신의 대표 강점과 미덕들을 활용하는 삶이다. 이와 같은 관점을 종합하면, 긍정심리학에서 추구하는 완전한 삶은 긍정 정서를 경험하는 삶, 자신의 대표 강점으로부터 풍부한 만족을 이끌어내는 삶, 의미 추구를 위하여 자신보다 더 큰 무엇을 위하여 대표 강점과 덕목을 활용·실천하는 삶이라고 할 수 있다(추병완, 2013).

Seligman(2011)은 행복한 삶의 마지막 범주인 '의미 있는 삶'을 3가지 범주로 나누어 행복에 관한 관점을 수정하였다. 긍정심리학의 초창기 주제는 행복(happiness)이었으며, 행복을 측정하기 위한 기준은 삶의 만족(life satisfaction)이었다. 그러나 Seligman(2011)에 의하여 수정·보완된 긍정심리학의 주제는 안녕(well-being)이며, 안녕의 측정기준은 번영(flourishing)이며, 긍정심리학의 목표는 번영을 증가시키는 것이다. 그가 주장하는 진정한 행복, 즉 번영은 '행복하며 풍족한 삶, 더 바랄 것도 없고, 더 올라 갈 데도 없고, 더 채울 것도 없는 번성한 상태'를 말한다. 그는 이러한 생각의 변화를 〈표 23-2〉와 같이 요약한다.

〈표 23-2〉 Seligman의 진정한 행복과 안녕 이론 비교

| 분류 | 진정한 행복 | 안녕 |
|---|---|---|
| 주제 | • 행복(happiness) | • 안녕(well-being) |
| 측정기준 | • 삶의 만족 | • PERMA(긍정적 정서, 몰입, 관계, 의미, 성취) |
| 목표 | • 삶의 만족 증가 | • PERMA의 증가에 의한 번영(flourishing) 증가 |

Seligman(2011)의 수정된 행복이론에서 안녕의 다섯 가지 구성요소는 긍정적 정서(Positive emotion), 몰입(Engagement), 관계(Relationship), 의미(Meaning), 성취(Accomplishment)이다. 그는 이들 다섯 가지의 영어 머리글자를 따서 'PERMA'를 풍요로운 삶을 위한 이론(공식)이라고 하며, 구체적인 내용은 다음과 같이 요약된다.

- 긍정적 정서: 기쁨, 희열, 따뜻함, 자신감, 낙관성을 말한다.
- 몰입: 시간 가는 줄 모르는 것, 어떤 활동에 빠져든 동안 자각하지 못하는 것, 자발적으로 업무에 헌신하는 것을 말한다.
- 관계: 타인과 함께 하는 것을 말한다. 말할 수 없이 기뻤던 순간, 자신의 성취에 엄청난 자긍심을 느꼈을 때를 생각해 보면 거의 타인과 함께 했을 때이다.
- 의미: 자신보다 더 중요하다고 믿는 어떤 것에 소속되고 거기에 기여하는 것에 기초한다.
- 성취: 남에게 이기기 위해서이거나 돈을 벌기 위해서가 아니라 성취 그 자체가 좋아서 추구하는 것을 말한다.

## 2) 성격 강점과 덕목

우리의 삶에서 진정한 행복은 개인의 강점을 찾고 계발하여 일, 사랑, 자녀 양육, 여가 활동 등의 삶의 현장에서 활용함으로써 실현된다. 이와 같은 관점은 긍정심리학의 기본 가정은 인간에게는 질병, 고통, 정서적 불안정이 발생하는 것과 같이 강점, 미덕, 탁월함도 동시에 주어진다는 것이다. Seligman(2002)은 사람마다 나름대로의 다양한 강점과 재능을 지니고 있다고 하면서 그러한 강점들 가운데 개인의 독특성을 가장 잘 보여주는 것들을 대표 강점(signature strengths)이라고 지칭하면서, 진정한 행복은 이러한 대표 강점을 찾아내고 계발하여 생활 과정에서 활용할 수 있을 때, 우리는 활기와 열정을 느끼게 되며 '진정한 자기'가 표현되고 있다는 느낌을 가지게 된다는 것이다. 긍정심리학자들은 인간의 긍정적 성품과 강점에 대한 이해를 중시하면서 과학으로서의 긍정심리학은 모든 사람이 삶의 궁극적 목표로서 반드시 행복을 중시하여야 한다거나 특정한 성품을 갖추어야 한다거나 어떤 가치가 최선이라고 주장하지는 않는다(권석만, 2008). 그러나 긍정심리학은 개인의 삶을 행복하고 풍요롭게 만드는 긍정적 성품과 강점을 이해하고 함양하는 이론과 방법 개발에 많은 관심을 가지고 있다.

그동안 심리학 연구에서 정신장애 진단 및 통계편람(Diagnostic and Statistical Manual of Metal Disorder: DMS)과 관련하여서는 체계적인 분류체계가 구성되어 여러 차례 수정·보완을 통하여 발전하고 있다. 그러나 인간의 강점과 미덕에 대한 체계적인 분류체계에 대한 연구는 이루어지 않았다. 이러한 관점에서 긍정심리학자들은 인간의 긍정적 성품에 대한 체계적인 과학적 연구의 방향을 제시하기 위하여 성품에 대한 분류체계와 측정도구를 개발하는 노력을 기울이고 있다. Peterson과 Seligman(2004)는 역사, 문화, 철학, 심리학의 학문적 토대에 기초하여 추출된 6가지 덕목, 24가지 성격 강점의 범주와 위계를 행동가치(Values-In-Action: VIA)를 중심으로 구체화하는 '정신건강 편람(Manual of the Sanities)' 분류체계를 구축함으로써 긍정심리학 연구를 위한 이론 체제를 구축하였다. 이 분류체계는 각각의 성격 강점과 관련된 전통적인 관점에서부터 현대의 최신 이론과 연구 결과를 포괄적으로 종합하고 있다(Peterson & Seligman, 2004). 다음 〈표 23-3〉은 긍정심리학 관점에서 종합한 성격 강점과 덕목 분류체계의 종합이다(Peterson & Seligman, 2004).

〈표 23-3〉 덕목과 성격 강점의 분류

| 덕목(virtues) | 성격 강점(character strength) |
|---|---|
| • **지혜와 지식**(wisdom & knowledge): 지식을 획득·활용하는 것과 관련된 인지적 덕목 | • 창의성 • 호기심 • 개방성 • 학구열 • 지혜 |
| • **용기**(courage): 내·외적 난관에도 불구하고 목표를 성취하려는 의지적 덕목 | • 용감함 • 끈기 • 진실성 • 활력 |

| 덕목(virtues) | 성격 강점(character strength) | | |
|---|---|---|---|
| • **인간애**(humanity): 다른 사람을 돌보고 친구가 되어주는 것과 관련된 대인 관계 덕목 | • 사랑 | • 이타성 | • 사회지능 |
| • **정의**(justice): 건강한 공동체 생활의 바탕이 되는 시민적 덕목 | • 시민의식 | • 공정성 | • 리더십 |
| • **절제**(temperance): 지나침으로 인하여 발생하는 문제로부터 보호해 주는 덕목 | • 용서<br>• 자기조절 | • 겸손 | • 신중성 |
| • **초월성**(transcendence): 현상과 행위에 의미를 부여하고 더 큰 세계와 연결해 주는 덕목 | • 심미안<br>• 유머 | • 감사<br>• 영성 | • 낙관성 |

〈표 23-3〉에 종합된 것과 같이 VIA 분류체계는 6가지 덕목을 중심으로 24가지 성격 강점을 덕목별로 분류한 계층구조를 가지고 있다. 이 분류체계에서 덕목(德目, virtues)은 포괄적이고 추상적인 상위의 덕에 해당하고, 성격 강점(性格 强點, character strength)은 구체적인 것으로 심리학적으로 측정 가능한 하위의 덕이다. 그러나 이들 분류체계에서 덕목에 따른 강점 분류는 고정되거나 덕목들 간에 상호배타적인 것이 아니라는 것에 유의할 필요가 있으며, DSM의 초기 개발 단계에서와 같이 VIA 분류체계도 불완전하며 앞으로 덕목이나 성격 강점이 추가, 또는 삭제될 수도 있다(권석만, 2011; 윤병오, 2012; Peterson & Seligman, 2004). 즉, 이 분류체계는 고정불변한 것이 아니며, 관점과 문화에 따라서 동일한 성격 강점을 다르게 해석하면서 계속 수정·보완이 가능할 것이다.

### 3) 몰입

몰입(沒入, flow)은 사람들이 어떤 활동에 깊이 빠져 있는 '심리적 상태'를 의미하고 현재 하고 있는 일에 심취한 '무아지경의 의식 상태'라고 할 수 있다(권석만,

2008, 김창대, 2002; Csikszentmihalyi, 1990). 이와 같은 몰입상태에 있을 때, 우리는 모든 의식과 신체의 각 기관은 하나의 목표에 초점을 맞추며, 이러한 몰입의 과정을 통하여 즐거움과 자기충족감을 맛보게 된다. Csikszentmihalyi(1990, 김창대, 2002; 김춘식, 2014)는 몰입 경험의 특징을 몰입경험이 촉진되는 상황조건을 (1) 도전과제의 난이도가 개인의 기술과 능력 수준의 균형, (2) 명확한 목표, (3) 분명하고 즉각적인 송환(feedback)과 몰입상태에서 개인이 경험하는 현상, (4) 현재 과업에 대한 주의집중, (5) 자신과 과제에 대한 통제감과 자신감, (6) 행위와 인식의 융합으로 자기경계의 확장, (7) 과제에 대한 집중력 강화, (8) 자신과 환경 구분의 상실로 인한 시간감각의 왜곡, (9) 활동 그 자체가 목적을 가지게 되는, 즉 자기충족적 속성으로 구분하여 설명하고 있다.

긍정심리학에서 다양한 연구가 이루어지는 긍정적 체험이 몰입경험이다. 앞에서 몰입경험이 촉진되는 상황조건과 몰입상태에서 개인이 경험하는 현상을 약술한 것과 같이 몰입은 어떤 일을 하면서 고도의 집중상태에서 즐겁게 몰입하는 긍정적인 심리상태이다. 몰입경험은 '어떤 일을 하는 과정에서 거기에 푹 빠져 시간 감각도 잃어버리고 어떤 잡념도 없이 그 일에 완전히 몰두하는 상태'로 보상이 없더라도 일 자체를 즐기는 상태를 말한다. 몰입은 즐거운 경험이며 우리 삶의 질을 높이지만, 조직의 업무수행 과정에서 몰입을 통한 즐거움만으로는 변화를 통한 문제해결과 기회포착을 위한 HRD 전략과 방향설정을 실천하기 어려운 경우도 있다.

몰입이론은 조직에서 개인적인 깨달음과 실천으로도 적용이 가능하지만, HRD 활동을 개인-직무 적합성과 조직몰입을 연계하는 활용이 더욱 효과적일 것이다. 조직구성원의 업무수행에서 개인-직무 적합성은 개인이 조직 내에서 담당 업무를 수행하는 데 있어서 얼마나 개인이 지닌 특성 및 능력이 그 업무와 부합하는가를 의미하며, 이와 관련하여 개인-직무 적합성과 조직몰입을 연계한 연구결과는 개인이 조직 내에서 얼마나 자신과 적절한 업무를 수행하고 있는가, 또는 능력에 맞는 업무를 지시받고 있는가의 정도는 조직에서 개인의 만족과 성과극대화를 뛰어넘어

주어진 업무 상황에 헌신하고 책임을 다하는 열정으로 이어질 수 있다고 보고하고 있다(오현규·박성민, 2015). 조직몰입은 조직구성원이 소속된 조직에 대한 심리적 애착으로 표현할 수 있으며, Allen과 Meyer(1990, 오현규·박성민, 2015: 5에서 재인용)는 조직몰입을 (1) 조직에 노력과 충성을 바치고자 하는 의욕인 정서적 몰입(affective commitment), (2) 구성원이 조직에 남고자 하는 지속적 몰입(continuance commitment), (3) 의무감과 책임을 수행하고자 하는 규범적 몰입(normative commitment)으로 구분하고 있다. 이와 같은 조직몰입은 조직 구성원이 조직의 가치를 지향하고 조직에 강한 자긍심을 느끼고자 하는 태도, 조직에 남아서 조직발전에 공헌하고자 하는 헌신의 정신은 조직성과를 결정하는 하나의 핵심 자산이다.

## 3. 긍정탐구의 실행과 조직개발

긍정탐구(AI)는 문제가 아니라 개인과 조직의 강점에서 출발하는 긍정적인 조직의 변화과정이며 철학이다. AI는 긍정적인 관점에서 개인과 조직의 강점과 경험, 희망 등을 공유하고 꿈꾸게 함으로써 조직 구성원이 사고하는 방식과 조직변화에 대한 접근방법을 긍정적으로 변화시켜주는 긍정적 조직개발 기법이다. 이러한 AI는 강점에 기반을 두고, 기교 있는 탐구이며, 모든 측면에서 협력적이며, 포괄적이며, 자기생성적인 특성을 가지고 있다(정종진, 2014). 다음에서 긍정탐구의 실행 과정과 긍정심리학에 기초한 긍정조직학과 긍정조직행동에 대하여 살펴보고자 한다.

### 1) 긍정탐구 실행 과정

AI기반의 긍정 조직개발 기법은 조직을 하나의 살아 움직이는 관계의 연결로 보고 있으며, 아직 발견되지 않은 긍정적인 요소들을 이미 충분히 가지고 있는 놀라운 가능성의 존재로 인식한다. 이와 같은 관점에서 AI에서는 조직이 이미 가지고 있는 다양한 긍정 요소들을 발견하기 위하여 과거의 성공 경험과 성공에 대한 가치를 부여하고 조직이 진정으로 원하는 모습에 대한 질문과 상상, 변화와 혁신을 통하여 긍정적인 변화를 성취할 수 있다고 설명한다. 이론과 실천을 통합한 AI의 실행 과정은 [그림 23-1]과 같이 발견-상상-설계-집행(실현)의 단계로 구성된다. 〈표 23-4〉는 AI의 실행 과정별 핵심 내용에 대한 요약이다.

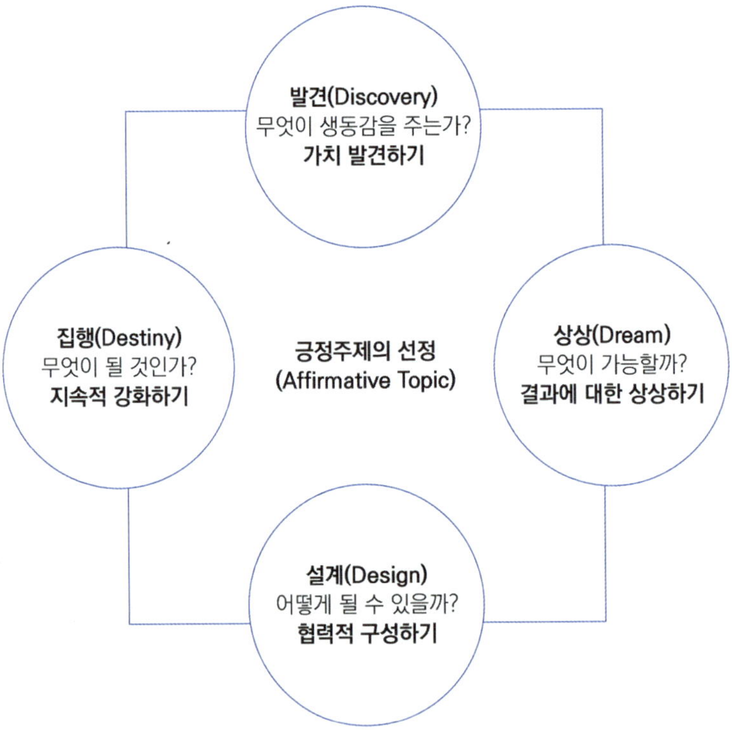


[그림 23-1] 긍정탐구(AI)의 실행 과정 4D 모형

〈표 23-4〉 긍정탐구(AI)의 실행 과정과 핵심 내용

| 실행 과정 | 핵심 내용 |
| --- | --- |
| • **발견**(discovery): 무엇이 생동감을 주는가? | • 참가자들이 서로 면담을 통하여 자신이 경험한 최고의 순간(예: 조직성과, 업무몰입)을 공유하는 활동으로 조직성과 향상을 위한 가치의 방향성 발견과 탐구<br>• 핵심긍정 도출을 위한 심층토론과 집단면접<br>• 주제와 관련된 사전조사와 면접이 필요 |
| • **상상**(dream): 무엇이 가능할까? | • 발견단계의 면담에서 수집된 정보를 활용하여 현재의 상태를 뛰어넘는 미래가치를 계획하고 조직성과 향상을 위한 조직지도 제작<br>• 브레인스토밍과 스토리텔링 기법을 활용하여 자신의 경험과 미래가치의 가능성에 대한 비전 제시 |
| • **설계**(design): 어떻게 될 수 있을까? | • 상상단계에서 논의된 미래 가치와 핵심 긍정을 현실화하기 위한 조직구조, 업무재설계, 정책방향, 이해당사자 및 네트워크상의 구조적 문제에 관한 변화 논의, 추진 전략 등을 탐색하고 학습하는 단계<br>• 구성원의 '목표선언문' 채택과 미래가치의 달성과 관련된 전략의 구체화 |
| • **집행**(destiny): 무엇이 될 것인가? | • 지속가능한 변화와 AI를 통한 미래가치의 학습이 연결될 수 있도록 조직문화를 정착시키는 과정<br>• 지속적 학습을 위한 실행과정의 순차적 적용과 송환(feedback)을 활용한 탄력적인 AI 조직학습 |

[그림 23-1]과 〈표 23-4〉의 AI의 실행 과정은 역동적인 과정이고 D로 시작되는 각 단계는 단순히 AI의 주제(예: 팀워크, 높은 수익률, 혁신, 고객감동 등)에 연계된 일련의 활동들과 대화들을 상이한 성격에 따라 구분한 것이다. 따라서 AI 실행 과정은 선형적인 순환이 필요한 것이 아니며, 각 단계는 AI에 꼭 필요한 초점화된 활동과 협력적 대화를 나타내고 있다. 대화의 형태는 2인으로 구성되는 코칭형태, 단일 팀, 두 부서가 함께하는 형태, 조직 전체 또는 조직/기관의 연합이 될 수도 있다. AI는 단지 긍정적인 피드백에 가담하거나, 스토리텔링 하는 것이거나, 미래를 상상하는 것이거나, 무엇이 옳고 그른지에 대해 생각하고 말하는 것에 그치는

것이 아니다. AI는 다양한 이해당사자들 간에 대화, 성찰, 분석, 상상 등의 연마된 활동들의 체계이다(장영철 · 남궁은정, 2013; 정종원 · 이종원, 2010; Barrett & Fry, 2005).

## 2) 긍정탐구와 조직개발

인적자원개발(HRD)과 직 · 간접적으로 관련되는 조직연구에서도 긍정심리학의 기초 이론을 적용한 긍정탐구(AI)에 대한 관심이 증대되고 있다. 특히, 조직개발 분야에서는 AI를 어떻게 응용할 것인가에 대한 논의와 함께 연구방향은 크게 긍정조직학과 긍정조직행동의 두 가지 흐름으로 발전되고 있다(이동섭 외, 2009; 이지영 · 김명언, 2008; 하미승, 2015). 이들 연구는 인간을 포함한 조직의 부정적인 측면보다는 긍정적인 측면에 초점을 맞추어 연구를 진행하고 있으며 과학적인 연구접근법과 방법론을 통하여 연구결과를 축적하는 공통점을 가지고 있지만, 구체적인 연구영역에서는 차이를 보이고 있다. 다음에서 긍정조직학과 긍정조직행동에 대한 강조점을 약술한다.

### (1) 긍정 조직학

긍정 조직학(Positive Organizational Scholarship: POS)은 일반적으로 긍정적이고 활력을 주는 조직의 여러 가지 현상을 연구하는 학문으로 "조직과 조직 구성원들의 긍정적인 특성(attributes), 과정(processes), 결과물(outcomes)에 대한 체계적인 연구"(Cameron, Dutton, & Quinn, 2003, 이지영 · 김명언, 2008; 678에서 재인용)로 정의되고 있다. '긍정조직학'에서 '긍정(肯定)'은 조직의 과정을 효과(율)적으로 운영하여 결과를 제고 · 고양시키기 위한 전략에 초점을 두는 것을 의미한다. '조직(組織)'은 개인에 초점을 두는 긍정심리학에 비하여 상대적으로 긍정조직학에서는 긍정적 조직의 개인, 개인 간 또는 개인과 조직 간의 역동성 및 영향 등과 관련된 조직의 구조적인 측면을 강조한다. 마지막으로 '학(學)'은 긍정적 조직현상에 대하여 엄격하고, 체계적이며, 이론에 기초하여 엄격한 과학적 방법론에 입각한 연구를 강조하는 개념이다(이지영 · 김명언, 2008; 678-688).

이상에서 약술한 것과 같이 POS는 조직에서 발생하는 긍정적인 결과, 이들 결과가 이루어지는 과정, 그리고 긍정적인 결과와 과정을 가능하게 하는 조직 및 조직 구성원들의 긍정적인 특성을 연구 대상으로 하며, 이들 전체 과정에서 종합되는 변인별 다양한 긍정적인 특성은 HRD를 위한 기초 자료로 활용될 수 있다. 이와 관련하여 출중한 개인과 조직의 공통적인 특성을 규명한 연구(Park & Peterson, 2003, 이동섭 외, 2009에서 재인용)에서는 긍정적 조직의 미덕으로 목표공유, 위협요소를 보호하는 안전성, 규칙적용의 공정성, 구성원 간의 인간애, 개인 존엄성에 대한 존중을 예시하고 있다. 또한, 긍정적 결과에 대한 연구에서는 긍정적 일탈(positive deviance)과 긍정적 조직화(positive organization)라는 새로운 개념이 등장하고 있다. 즉, '긍정적 일탈'은 보통 수준을 넘어선 탁월한 결과를 초래한 선행요인과 과정 변수에 대한 탐구이며, '긍정적 조직화'는 실수가 불가피한 조직 환경에서 보통 수준의 정상적인 상태를 유지하는 것 자체가 긍정적인 조직화로 인한 놀라운 수행으로 이와 관련된 핵심 요소를 파악하는 연구이다(이지영 · 김명언, 2008; Cameron, Dutton, & Quinn, 2003).

### (2) 긍정 조직행동

긍정 조직행동(Positive Organizational Behavior: POB)은 '조직의 성과향상을 위하여 측정이 될 수 있고, 개발이 가능하며, 효과적으로 관리될 수 있는 인적자원의 긍정적인 강점들과 심리적 역량에 대한 연구와 응용'으로 정의된다(한국행정학회, 2018). POB는 조직구성원의 직무태도와 조직성과에 긍정적인 영향을 미칠 수 있는 요인으로 인적자원의 강점과 심리적 역량에 관한 연구이며, 이러한 심리적 역량은 조직에서 구성원의 업무수행을 향상시키는 데 도움이 되는 요소이며, 측정 가능하고 그 효과적 개발을 가능하게 하는 정신적, 행동적 요소이다(하미승, 2015). 긍정탐구와 조직개발의 관점에서 POB는 인간의 긍정적인 정서와 강점, 긍정적인 제도에 초점을 두고 조직 구성원의 행복과 자아실현을 지원하는 행복하고 건강한 가족, 학교, 직장 및 지역사회를 중심으로 하는 긍정제도(positive institutes)에 많은 관심을 두면서 긍정심리학의 긍정적 심리와 강점에 대한 강조와 긍정적 접근법을 조직개발의 차원으로 확대시키고 있다.

이와 같은 관점에서 POB는 조직에서 인적자원개발(HRD)과 연계하여 다양한 주제를 연구주제로 다루고 있다. POB의 주요 연구주제는 심리적 자본, 긍정 강점과 정서, 리더십, 심리적 주인의식과 권한위임 등이다. 이들 다양한 주제 가운데 POB는 긍정심리학의 이론에 기초하여 조직 구성원의 정서와 관련하여 (1) 도전적인 업무에 대하여 자신의 지식, 직무수행능력, 학습가능성을 통하여 성공할 수 있다는 믿음인 자기효능감(self-efficacy), (2) 장래에 대한 꿈과 목표의 달성가능성에 대한 믿음인 희망(hope), (3) 조직 내에서 직무수행 및 업무환경과 관련하여 발생하는 어려운 문제로부터 그러한 상황을 슬기롭게 극복하는 능력과 자세인 회복탄력성(resilience), (4) 현재와 미래의 상황이 자신이나 조직에게 유리하고 긍정적인 방향으로 전개될 것으로 전망하는 심리와 자세인 낙관주의(optimism) 등의 핵심 주제를 중심으로 연구를 수행하고 있다(이동섭 외, 2009; 하미승, 2015; 한국행정학회, 2018). 그러나 POB는 긍정탐구 이론을 HRM과 연계하는 채용과 선발, 직무중심의 인적자원관리, 인사평가, 협상, 조직(문화)변화 등의 영역으로 적용 범위를 넓혀갈 수 있을 것으로 전망된다.

## 4. 인적자원개발에서 긍정심리학의 시사점

이상에서 조직이 추구하는 목적 달성을 위하여 다양한 인적자원개발(HRD) 활동과 관련하여 시대정신으로 탐구되고 있는 긍정심리학과 긍정탐구와 관련된 기초이론을 간략하게 살펴보았다. HRD 활동과 직·간접적으로 연계되는 경제학·경영학은 그동안 경제적 인간(Homo Economicus)을 가정하고 학문적인 연구를 진행하였다. 그러나 인간은 합리적이면서도 비합리적이거나 감정적인 선택을 하는 경우가 자주 목격된다. 결국 경제학과 경영학은 (긍정)심리학과 손을 잡고 사회·경제적 현상을 개인의 심리현상과 연계하여 분석하면서 성과향상에 노력하고 있으며(조선일보, 2018), 이러한 경향은 교육학과 인적자원개발 분야에서도 마찬가지이다. 앞에서도 약술한 긍정탐구와 연계한 조직개발에서도 긍정조직학과 긍정조직행동이 최근 조직개발에서 핵심 탐구주제 가운데 하나로 부각되고 있다. 다음에서 긍정심리학(긍정탐구)의 이론이 HRD 활동에 주는 시사점을 긍정심리학의 HRD 적용을 위한 이론탐구와 이론탐구에 기초한 현장 적용을 통한 효과검증의 측면에서 살펴보고자 한다.

첫째, 긍정심리학의 핵심이론을 HRD의 다양한 활동에 도입·적용하기 위한 체계적이고 심층적인 이론탐구가 필수적이다. 긍정심리학은 우리의 삶에서 최악의 상황을 치료하는 데에 초점을 맞추는 편향된 기존 심리학의 연구 초점을 긍정적인 성격 강점과 덕목을 개발하는 방향으로 바꾸기 위한 시도로 희망, 지혜, 창조성, 미래지향성, 용기, 영성, 책임 등과 관련되는 덕목 개발을 가능하게 요소들, 즉 삶의 긍정적 특징들에 초점을 맞추고 있다(이동섭 외, 2009). 이와 관련하여 국내에서는 Seligman(2000), Peterson과 Seligman(2004), Barrett와 Fry(2005) 등의 이론적 기초를 중심으로 교육학 분야에서 긍정심리학을 상담에 적용한 이론 구축 연구(김창대, 2002; 정종진, 2014), 긍정탐구 과정의 재구조화 연구(박수홍·김효정·박진영,

2015), 평생교육에서 긍정심리학의 적용을 위한 이론구축 탐색연구(장환영, 2012)를 비롯하여 조직개발 분야에서 긍정심리학의 적용을 통한 긍정조직학에 대한 심층적인 이론 탐색(이지영·김명언, 2008) 등이 있다. 그러나 인적자원개발(HRD) 분야에서는 긍정심리학을 연계하는 이론구축을 위한 시도는 시작단계에 불과한 실정이다. 긍정심리학에서 사용하는 핵심이론을 중심으로 HRD 활용을 위한 체계적이고 심층적인 이론구축에는 최근 긍정조직학에서 새롭게 등장하는 '긍정적 일탈'과 '긍정적 조직화'의 특성 요인도 활용할 수 있을 것이다. 긍정심리학의 핵심이론을 중심으로 우리의 전통에 기초한 조직환경의 요인을 포함하는 '한국형 긍정인적자원개발(Positive HRD)' 이론 구축을 기대된다.

둘째, 앞에서 살펴본 긍정심리학의 HRD 활용과 관련된 이론 구축을 중심으로 과학적 연구방법을 적용한 현장 적용을 통한 효과검증이 요구된다. 특정한 분야에서 새롭게 구축된 이론체계는 과학적 연구방법을 통한 효과가 검증되어야 한다. 그러나 국내에서 '긍정인적자원개발'과 관련된 이론 구축 연구는 시작단계에 있는 실정으로 현장 적용 연구는 이론 구축 연구에서 지적한 것과 같이 긍정심리학(긍정탐구)의 주요 이론에 기초하여 이루어지고 있다. 이와 관련된 연구는 긍정탐구의 효과성을 높이기 위한 요소 확인과 긍정탐구 역량 측정도구 개발(김창희·이찬, 2013), 조직에 적용하고 효과를 검증한 사례 소개(김권수·손성문, 2017; 김진수, 2012; 오현규·박성민, 2015; 장환영·박경연, 2012) 등의 연구가 있다. 긍정심리학(긍정탐구)를 조직개발에 적용하여 효과검증을 위한 향후 연구과제는 우리나라의 전통적인 조직문화와 국제화의 관점에서 지능정보사회에서 요구되는 조직구성원의 역량개발을 위한 이론구축에서 출발하여 조직에서 구성원의 역량개발을 위한 실제적 경험연구의 필요성이 요구된다.

마지막으로 긍정심리학에서 탐구되는 특정한 세부 영역에 대한 심층연구를 통한 현장연구와 긍정심리학에 대한 이론탐구와 현장 적용을 통한 경험 자료를 활용하여 HRD 이론과 긍정심리학의 이론이 결합된 특화된 긍정 인적자원개발 연구영역을 초월하는 새로운 탐구영역의 탄생을 기대한다. 먼저, 긍정심리학의 세부 영역에 대한 심층연구를 통한 응용연구에서 '긍정'의 의미가 문화적 맥락에 따라서 다르게 해석될 수 있음을 고려하여야 한다(이동섭 외, 2009). 일반적으로 (긍정)심리학은 사회·문화적 맥락이 개인의 행위에 미치는 영향에 대한 연구는 상대적으로 간과하는 경향이 있다. 그러나 사회과학 연구에서 문화적 맥락은 개인의 행동에 영향을 미칠 수 있으며, 자신의 본질과 행복, 만족, 안녕, 번영 등을 위하여 추구하는 목표들을 인식하는 데 영향을 미친다(Diener, Oishi, & Lucas, 2003). 이와 관련하여 우리나라에서 인적자원개발 분야에서 긍정심리학 연구는 한국적 맥락에서 사회·문화적 변인의 적용을 고려하는 연구가 요청된다. 다음으로 긍정인적자원개발 연구영역을 초월하는 새로운 탐구영역으로 인간 존엄성의 개발과 관련되는 연구이다. 최근 HRD와 관련된 직장 민주주의(workplace democracy)의 역할과 인적자원관리(HRM)에 관한 인간의 존엄성 관점이 부각되면서 인간 존엄성 개발(human dignity development)에 대한 연구가 시작되고 있다(Bal & de Jong, 2017). 이와 같이 새롭게 탐구되는 분야는 인적자원개발(HRD) 분야에서 긍정심리학과 연계하는 탐구를 초월하는 새로운 분야로 이와 관련되는 이론과 경험연구는 HRD의 새로운 지평을 열어 갈 것으로 기대된다.

## 참고문헌


권석만 (2008). 긍정심리학: 행복의 과학적 탐구. 서울: 학지사.

권석만 (2011). 인간의 긍정적 성품: 긍정 심리학의 관점: 파주, 경기: 집문당.

김권수, 손성문 (2017). 긍정심리자본 향상을 위한 액션러닝 활용에 관한 실증연구. 경영컨설팅연구, 17(4), 235-246.

김대오 (2000). 아리스토텔레스의 행복론. 서양고전학연구, 15, 47-72.

김진수 (2012). 긍정심리학에 근거한 기업관리자의 코칭역량 증진 프로그램의 개발과 효과. 미간행 박사학위논문. 부산: 경성대학교 대학원.

김창대 (2002). 몰입(Flow)이론을 적용한 진로상담 모형. 청소년상담연구, 10(1), 5-30.

김창희, 이찬 (2013). 사례연구 분석결과를 통한 긍정적 탐구(Appreciative Inquiry)의 적용방안에 관한 연구. 경영교육연구, 28(2), 77-103.

김춘식 (2014). 퇴계의 경사상과 칙센트미하이의 몰입이론 비교연구. 한국행정사학지, 35, 285-306.

남궁은정 (2015). 조직의 변화를 위한 긍정 커뮤니케이션 연구: 긍정탐구(Appreciative Inquiry) 사례연구. 미간행 박사학위논문. 서울: 경희대학교 대학원.

박수홍, 김효정, 박진영 (2015). 시스템 이론에 기반 한 긍정탐색(appreciative inquiry) 프로세스 재구조화: 지속가능한 학교공동체 형성을 위한 방법론으로. 한국산학기술학회논문지, 16(5), 3180-3187.

오현규, 박성민 (2015). 공사 조직 구성원들의 개인-직무 적합성과 조직몰입에 대한 소고(소고): 직무 및 생활만족의 조절효과를 중심으로. 한국조직학회보, 12(2), 1-35.

윤병오 (2012). 긍정심리학의 VIA 성격 강점 및 덕목 분류체계의 윤리학적 특성. 도덕윤리과교육, 37, 467-499.

이동섭, 조봉순, 김기태, 김성국, 이인석, 최용득 (2009). 긍정심리학의 응용을 통한 인사조직연구의 새로운 접근. 인사 · 조직연구, 17(2), 307-339.

이지영, 김명언 (2008). 조직에서의 긍정 심리학의 적용: 긍정 조직학의 현주소와 지향점. 한국심리학지: 산업 및 조직, 21(4), 677-703.

이희경 (2006). 부정에서 긍정으로: 심리학의 새로운 접근. 한국심리학회 학술대회 자료집, 40-41.

장영철, 남궁은정 (2013). 긍정 탐구(Appreciative Inquiry)를 통한 조직변화/혁신. 대한경영학회지, 26(10), 2627-2649.

장환영 (2012). 평생교육을 위한 긍정심리학의 시사점: 행복, 진정성, 심리자본에 대한 탐구.

Interdisciplinary Journal of Adult & Continuing Education, 15(1), 141-169.

장환영, 박경연 (2012). 중소조직의 긍정적 탐구(Appreciative Inquiry)를 통한 조직개발 사례 연구. 상업교육연구, 26(2), 107-128.

정종원, 이종원 (2010). 조직성과와 변화관리를 위한 새로운 가치학습관리로서의 긍정적 탐구(Appreciative Inquiry) 방법의 함의. 한국사회와 행정연구, 21(2), 297-319.

정종진 (2014). 긍정탐구(AI)와 상담에의 적용. 초등상담연구, 13(4), 537-560.

조선일보 (2018. 6. 30. - 7. 1.). [Weekly Biz] 경제학 · 경영학의 심장을 쏜 심리학: 인간 행동의 진실이 드러난다. 1, 6-9면.

추병완 (2013). 도덕 교과에서 행복교육: 긍정심리학과 긍정교육의 시사점. 도덕윤리교육, 40, 53-76.

하미승 (2015). 긍정조직행태의 영향요인 연구. 한국사회와 행정연구, 26(2), 77-113.

한국기업교육학회 (2010). HRD 용어사전. 서울: ㈜중앙경제.

한국행정학회 (2018). 행정학 전자사전 [http://www.kapa21.or.kr/data/kapa_dictionary_view.php?num=757&page=1&term_cate=&term_word=긍정조직행태(Positive Organization&term_key=&term_auth=](2018년 8월 3일 검색)

Avey, J. B., Reichard, R. J., Luthans, F., & Mhatre, K. (2011).Meta-analysis of the impact of positive psychology capital on employee attitudes, behaviors, and performance. *Human Resource Development Quarterly, 22*(2), 127-152.

Bal, P. M., & de Jong, S. B. (2017). From human resource management to human dignity development: A dignity perspective on HRM and the role of workplace democracy. In M. Kostera & M. Pirson (Eds.), *Dignity and the organization* (pp. 173-195). London: Palgrave Macmillan.

Barrett, F. J., & Fry, R. E. (2005). *Appreciative inquiry: A positive approach to building cooperative capacity*. Chagrin Falls: OH: A Taos Institute Publications; 장영철, 허연 (옮김)(2014). 긍정탐구(AI) 조직변화: 조직의 협력역량 구축을 위한 긍정적 접근. 서울: 이프레스.

Cameron, K. S., Dutton, J. E., & Quinn, R. E. (2003). *Positive organizational scholarship*. San Francisco, CA: Berrett-Koehler; 박래효, 조영만(옮김)(2009). 탁월한 성과를 창출하는 긍정조직학(POS). 서울: POS북스.

Cooperrider, D. L., & Srivastva, S. (1987). Appreciative inquiry in organizational life. *Research in Organizational Change and Development, 1*, 129-169.

Csikszentmihalyi, M. (1990). *Flow: The psychology of optimal experience*. New York, NY:

Harper & Row; 최인수(옮김)(2004). 미치도록 행복한 나를 만난다. 서울: 한울림.

Coghlan, A. T., Preskill, H., & Catsambas, T. T. (2003). An overview of appreciative inquiry in evaluation. *New Directions for Evaluation, 100*, 5-22.

Craig, R. L. (Ed.)(1996). *The ASTD training & development handbook: S guide to human resource development*. New York, NY: McGraw-Hill.

Diener, E., Oishi, S., & Lucas, R. E. (2003). Personality, culture, and subjective well-being: Emotional and cognitive evaluations of life. *Annual Review of Psychology, 54*, 403-425.

Froman, L. (2010). Positive psychology in the workplace. *Journal of Adult Development, 17*, 59-69.

Gilley, J. W., Eggland, S. A., & Gilley, A. M. (2002). *Principles of human resource development* (2nd ed.). Cambridge, MA: Persus Books; 장원섭 (역)(2003). 인적자원개발. 서울: 학지사.

Langdon, D. G., Whiteside, K. S., & McKenna, M. M. (Eds.)(1999), *Intervention resource guide: 50 performance improvement tools*. San Francisco, CA: Jossey-Bass.

Linley, P. A., Joseph, S., Harrington, S., & Wood, A. M. (2006). Positive psychology: Past, present, and (possible) future. *The Journal of Positive Psychology, 1*(1), 3-16.

Luthans, F. (2012). Psychological capital: Implications for HRD, retrospective analysis, and future directions. *Human Resource Development Quarterly, 23*(1), 1-8.

Luthans, F., Avey, J. B., Avolio, B. J., & Peterson, S. J. (2010). The development and resulting performance impact of positive psychological capital. *Human Resource Development Quarterly, 21*(1), 41-67.

Meyers, M. C., van Woerkpm, M, & Bakker, A. B. (2013). The added value of the positive: A literature review of positive psychology interventions in organizations. *European Journal of Work and Organizational Psychology, 22*(5), 618-632.

Mills, M. J., Fleck, C. R., & Kozikowski, A. (2013). Positive psychology at work: A conceptual review, state-of-practice assessment, and a look ahead. The *Journal of Positive Psychology, 8*(2), 153-164.

Peterson, C., & Seligman, M. E. P. (2004). *Character strengths and virtues: A handbook and Classification*. Oxford, United Kingdom: Oxford University Press; 문용린, 김인자, 원현주, 백수현, 안성연 (역)(2009). 긍정심리학의 입장에서 본 성격 강점과 덕목의 분류. 서울: 한국심리상담연구소.

Seligman, M. E. P. (2000). Positive psychology: An introduction. *American Psychologist, 55*(1), 5-14.

Seligman, M. E. P. (2002). *Authentic happiness: Using the new positive psychology to realize your potential for lasting fulfillment*. New York, NY: Free Press; 김인자, 우문식 (옮김)(2014). 마틴 셀리그만의 긍정심리학 (개정판). 안양, 경기: 물푸레.

Seligman, M. E. P. (2011). *Flourish: A visionary new understanding of happiness and well-being*. New York, NY: Free Press; 우문식, 윤상운 (옮김)(2011). 플로리시: 웰빙과 행복에 대한 새로운 이해. 안양, 경기: 물푸레.

Seligman, M. E. P., Ernst, R. M., Gillham, J., Reivich, K., & Kinkins, M. (2009). Positive education: Positive psychology and classroom interventions. *Oxford Review of Education, 35*(3), 293-311.

Tracey, W. R. (Ed.)(1994). *Human resources management & development handbook* (2nd ed.). New York, NY: American Management Association.

## 요약

인적자원개발 분야에서 긍정심리학과 긍정탐구 이론을 활용하여 조직개발에 대한 관심이 증대되고 있다. 긍정심리학은 인간의 긍정적인 심리적 측면을 과학적으로 연구하고 인간의 행복과 성장을 지원하는 학문으로 매우 광범위한 주제에 대하여 탐구되고 있지만, 일반적으로 삶을 보다 행복하고 풍요롭게 하는 세 가지 주제-긍정상태, 긍정 특질, 긍정기관-에 초점을 맞추고 있으며, 긍정탐구는 긍정심리학의 이론적 기초를 중심으로 조직의 문제점이나 한계가 아니라 최고의 모습이나 생명력을 유지하는 요인 등과 같은 조직의 긍정성에 주목하여 조직개발 분야에서 의식전환으로 새롭게 등장하고 있다.

긍정심리학의 세 가지 기둥인 긍정 상태, 긍정 특질, 긍정 조직에 대한 연구를 지원하는 이론과 방법은 행복의 다섯 가지 조건(PERMA), 성격강점과 덕목, 몰입을 중심으로 고찰하였다. 긍정탐구의 실행은 발견-상상-설계-집행의 네 단계를 중심으로 살펴보았으며, 긍정탐구에 기초한 조직개발을 긍정조직학과 긍정조직행동을 중심으로 약술하였다. 긍정심리학과 긍정탐구의 이론과 방법이 인적자원개발(HRD) 분야의 연구와 실천에 주는 시사점을 HRD 적용을 위한 긍정심리학의 심층적인 이론탐구와 이론탐구에 기초한 현장적용을 통한 효과검증의 측면으로 나누어 살펴보았으며, 긍정심리학에 기초한 HRD 이론탐구와 현장 적용을 통한 경험 자료를 활용하여 특화된 긍정인적자원개발을 초월하는 새로운 탐구영역의 개발을 제안하였다.

## 탐구 질문

1. 긍정심리학의 세 가지 기둥인 긍정 상태, 긍정 특질, 긍정 조직에 대한 연구를 지원하는 이론과 방법으로 제시되는 행복의 다섯 가지 조건(PERMA), 성격 강점과 덕목, 몰입의 핵심 내용은 무엇인가? 각 이론의 장점과 단점은 무엇인가? 독자(학습자)의 미래 (가상)과제와 연결하여 동료(학습자)와 토론하시오.
2. 인적자원개발 활용에서 문제중심적 접근에서 조직의 가치와 장점을 발견하는 긍정적 접근으로 조직개발의 관점을 바꾸는 긍정탐구의 장점과 단점은 무엇인가? 독자(학습자)의 현장 경험을 중심으로 구체적으로 설명하시오.
3. 조직개발의 방법으로 탐구 · 실천되는 긍정심리학(긍정탐구)에 기초한 긍정조직학과 긍정조직행동의 핵심 내용은 무엇인가? 조직개발의 방법으로 긍정조직학과 긍정조직행동의 장점과 단점은 무엇인가?

## / 저자 소개 /

**이성흠(suhlee17@hanmail.net)**

현재 도서출판 [사람과삶]과 [지석문화원] 대표로 재직 중. 경기대학교 대학원 교육학 전공 교수를 역임함. 한국과학기술연구소(KIST) 슈퍼컴퓨터센터 책임기술기사, Indiana대학교 교육 · 훈련센터 연구위원(Research Associate), 중앙공무원교육원(현 국가공무원인재개발원) 사이버교육팀장을 역임함. 관심영역과 연구주제는 교육(공)학에 기초한 인적자원개발과 수행공학을 통섭적 관점에서 접근하면서 수행향상, 교과와 연계된 인성교육, 혁신단계별 테크놀로지가 교육에 미치는 영향, 학문적 글쓰기 등임. 주요 저서로는 교육방법 및 교육공학: 의사소통, 교수설계 그리고 매체활용(제4판, 2017, 교육과학사), 미래세대를 위한 인성교육(2017, 학지사), 학문적 글쓰기의 이해(2011, 교육과학사), 학습자 만족도 확인을 위한 교육 · 훈련프로그램 반응평가(2005, 교육과학사) 등이 있음.

에필로그

# 나의 인생 그리고 새로운 HRD

금혜진 (백석대학교)

HRD 분야에서 일한 지 30여 년,

기업체의 HRD 실무자로서, 미국에서 연구자로서, 다시 한국의 대학교수로서 삶의 자리는 계속 바뀌었지만 나는 사람을 길러내는 일을 계속 해왔던 것 같다. 그 시대의 사회상과 몸 담고 있는 환경과 조직이 어디이냐에 따라 인재개발(HRD)의 목적과 강조점이 많이 다르기에 내가 경험한 교육 현장의 이야기는 매우 다양한 모습으로 그려질 것이다. 돌이켜보면 이전의 HRD 경험에서 얻어진 시행착오와 깨달음이 새롭게 만나는 HRD 현장에서 혁신을 시도하게 된 이유와 방향성으로 작용한 것 같다. 그런 점에서 나의 HRD 경험들은 새로우면서도 계속 이어지는 이야기라고 할 수 있다.

이 자리를 빌어서 그간에 몸소 경험한 교육 현장의 이야기를 나눔으로써 다양한 HRD분야에 대한 생생한 이해뿐 아니라 한 사람의 인생 여정에서 HRD가 어떤 의미로 연결되는지도 느낄 수 있기를 바란다. 또한 '온전한 인간의 삶과 사회를 위해 인재개발 분야는 어떤 변화가 필요할 지'에 대한 고민과 논의에 도움이 되었으면 좋겠다.

자, 그럼 과거 1994년에서 현재 2024년에 이르기까지의 이야기를 시작해 보겠다.

## 1. 기업체(삼성전자) HRD 현장의 이야기

### 역량기반 교육과정 개발 프로젝트

1994년, 첫 번째 나의 HRD 현장인 삼성전자에서는 ISD(Instructional Systems Design)모델을 활용한 다양한 직무능력 교육체계 수립과 과정개발을 수행했다. 그 전까지는 통상적으로 기업의 직무교육은 해당 분야 전문교수를 초빙해 관련된 이론과 트렌드에 대한 특강을 듣는 수준이었다. 이 프로젝트를 통해 현장의 Best Practicer(예: 마케팅실무의 전문가)를 발굴해 그들의 노하우를 역량으로 도출해 직무전문가 커리큘럼과 교재를 개발하였다. 지식전달위주의 교육이 아닌 현장의 Practice를 기반으로 역량을 도출하고 교수설계한 선구자적인 프로젝트로 인정되어 1995년 한국능률협회(KMA)주관 인재개발대회에서 삼성전자를 대표하는 과정개발 우수사례로 선정되기도 하였다. 지식기반이 아닌 역량기반 교육과정 개발을 통해 교육내용과 교육방법의 혁신이 이루어졌던 것이다.

### PBL방식의 리더십 개발 프로젝트

1997년, 삼성전자는 보다 전문화된 리더십 훈련을 위해 삼성전자 리더십개발센터를 설립하였고 프로젝트 리더로서 개발과 운영에 참여한 리더십 프로그램인 Team Leader Course(TLC)는 기업체 리더 양성에 PBL(Problem Based Learning)방식을 국내 최초로 적용한 교육과정으로서 99년에는 Linkage Inc.(세계적인 리더십 개발기관)주관 The International Executive Development Conference에 초청받아 사례발표를 하였으며, ASTD(American Society for Training & Development) Conference에서도 사례로 선정되는 영광을 얻었다. 변화유도형 리더십 원리의 이해와 훈련을 문제해결과정을 통해서 훈련받는 매우 독특하고 창의적인 프로그램으로서 리더십개발에서도 구성주의적 접근이 가능함을 확인할 수 있었다. 특히 교육의 기획, 운영, 평가의 전체 과정이 성공적일 수 있었던 것은 다양한 분야의 전문가 간의 시너지가 잘 발휘되었기 때문이었다. 경영진의 지원과 관심, 리더십전문가, PBL전문가, 현장의 리더들의 지원 등등 2년간 진행된 프로젝트이다 보니 그 때 같이 일한 동료와 지금도 만나면 수많은 이야기꺼리가 넘쳐난다. 나에게 가장 많은 도전과 배움 그리고 귀한 인연들을 만나게 한 프로젝트였다.

## Action Learning방식의 직문전문가 개발 프로젝트

1999년에 기획한 Strategic Human Resource Program은 삼성전자 인사/교육과장을 대상으로 한 HR 전문가과정으로서 삼성전자 인사혁신 프로젝트의 아이디어 산실로서 자리매김을 했다. Action Learning 방식을 도입한 것으로 HR전공 대학교수와 현장의 HR전문가가 공동 기획, 운영하여 실제 회사 내 인적자원관련 과제를 도출하여 솔루션을 개발하여 적용하는 것까지가 전 과정으로서 교육이면서 현장문제 해결이 동시에 이루어지는 접근이었다. 이후 다양한 직무분야의 교육프로그램들이 이와 같은 방식으로 개발되었으며 2018년 현재까지도 지속적으로 운영되어 조직변화의 구심점으로 자리매김하고 있다.

## 학습전이(learning transfer)에 관한 박사논문

성인교육, 특히 기업교육에서 교육의 존재 가치는 배운 것을 활용해 개인과 조직의 성과와 변화에 기여하는 것이다. 그러나 10여 년 기업현장에서 활동하면서 우수한 품질의 교육을 받은 교육생들조차 '교육 따로 실제 따로'로 하는 현상을 경험하였다. 교육을 통한 현장 변화를 도모하기 위해서는 교육 프로그램 개발에 대한 노력과 더불어 실제 현장의 학습전이(learning transfer)에 영향을 미치는 요인들에 대한 이해와 탐구가 필요함을 절감하였다. 이에 '학습전이'를 박사학위 논문주제로 선정, 연구를 수행하였다. 특별히 배운 내용을 보다 응용하여 광범위한 상황에 전이해야하는 원전이(far transfer)의 예측 변인은 초인지(metacognition), 근전이(near transfer)이고 근전이를 매개로 해서 원전이에 간접적 효과를 주는 변인은 자기효능감, 초인지 및 전이풍토의 사회적 지원인 것으로 분석되었다. 교육훈련을 통해 배운 내용들이 다양한 삶에 활용되는 원전이로 이루어지기 위해서는 교육훈련 프로그램 내에 자기효능감을 향상시킬 수 있는 성공경험과 초인지 개발을 촉진할 수 있는 성찰 기회를 가지는 것이 중요하고 실제 적용과정에서 현장의 동료와 상사의 지지가 원전이를 촉진할 수 있다는 결론을 내릴 수 있었다.

## 2. 미국의 교육현장 이야기

한국에서 삶을 뒤로 하고 미국에서 영유아와 초등학생 학부모로서, 개인연구가로서 교육현장을 경험하였다. 이전 한국에서 나의 교육 관심대상이 성인 직장인으로 제한되어 있었다면 미국에서 영유아, 부모, 노인까지 교육대상이 확장되었다. 성숙한 인간으로서 성장하기 위해 교육이 할 수 있는 것이 무엇인지, 인간에게 좋은 교육이란 어떤 것인지 답을 찾고자 치열하게 스스로에게 질문을 던지며 성찰하였다. 특별히 좋은 교육이란 어떤 것이어야 하는지 내게 특별히 강한 인상을 준 2014년의 기억을 떠올려 본다.

### 뉴욕 브루클린 어린이 정원 프로그램 사례연구

미국에 거주하던 시기인, 2014년 5월 나는 뉴욕의 브루클린 식물원을 방문했다. 그 때 브루클린 어린이 정원(Brooklyn Botanic Children Garden) 교육프로그램 100주년 행사가 대대적으로 진행되고 있었다. 미국 역사상 가장 오래된 어린이 정원 프로그램을 기념하는 현장이었다. 전시 홀에는 100년간 어린이 정원의 교육역사를 보여주는 교육사진, 학생들의 노트, 포스터, 정원도구, 상장들이 흥미롭게 전시되어 있었고 그 옆의 어린이 정원에서는 100년 전 교육장, 정원 모습 그대로 학생들과 교사만 바뀐 채 정원교육이 그 날도 여전히 진행되고 있었다.

하나의 교육프로그램이 100년 동안 지속될 수 있다는 사실이 놀라워서 그 비밀을 알고 싶은 순수한 탐구심으로 브루클린 보태닉 가든 도서관을 드나들면서 어린이 정원 교육프로그램의 자료를 수집하고 연구를 수행했다. 100년의 오랜 역사이기에 할머니, 어머니, 손녀까지 3대에 걸쳐 교육을 받는 가족들도 직접 인터뷰하는 행운도 누렸다. 100년간 교육이 지속가능한 데에는 리더들의 오랜 기간 헌신이 가장 큰 요인으로 작용하였다. 1대 디렉터인 Ellen Eddy Shaw와 2대 디렉터인 Frances M. Miner가 1914년 설립부터 1973년까지 그 프로그램을 위해 헌신한 것이다. 특별히 Miss Shaw는 열악한 가정환경을 가진 브루클린지역 어린이들에게 정원을 가꾸는 경험과 훈련을 통해 자연에 대한 이해, 정원 일을 배우는 것과 더불어 삶의 중요한 덕목인 다른 사람과 지내는 법, 존중하는 법, 일에 대한 책임감과 봉사정신을 익힘으로써 건강한 시민으로 성장하는 교육목적을 구현하기 위해 본인의 인생을 헌신하였다.

이 프로그램의 효과성 연구논문을 통해 뉴욕의 빈민지역 아동들이 프로그램 참여를 통해 인지적, 정서적 영역부문이 향상되었고 졸업생 가운데 환경 분야에 투신하는 연구자와 현장 실행가들이 상당히 많이 배출된 사실도 확인했다. 한 소박한 정원교육프로그램을 통해 불우한 환경의 아이들이 자신에 대한 자부심과 삶의 의욕과 꿈을 가지게 되고 그 아동의 가정까지 행복 바이러스가 전염됨으로 건강한 지역사회로까지 변화시킨 구심점이 되었음을 그 시절 학생들의 노트, 언론 자료, 연구논문들을 통해 확인할 수 있었다. 100년간 조그만 자투리땅에서 일군 기적이었다. 그해 여름, 100년이란 세월동안 지속된 그 교육프로그램을 초등학생인 우리 두 딸들도 직접 참여해 학부모로서 참관했던 감격스러운 기억은 지금도 생생하다. 45년 전에 사용했던 낫을 우리 아이들이 그대로 사용하고 있다는 선생님의 이야기 속에

소중한 가치들을 지키고 계승해가는 그들의 교육철학을 느낄 수 있었다.

그 해 여름의 경험들은 내가 생각한 '좋은 교육'에 대해 관점을 변화시키는 중요한 계기가 되었다. 흔히 '좋은 교육'이 이루어지기 위해서는 대단한 교육적 투자와 새로운 테크놀로지의 방법론들이 필요하다고 생각한다. 그 해 경험을 통해 생명력이 긴 좋은 교육이 되기 위해서는 한사람의 교육에 대한 '큰 비전과 포기하지 않는 작은 실천'이면 충분함을 깨달았다. 즉 인간됨의 가치를 전수시키고자하는 확고한 교육철학과 교육수월성(excellence)에 대한 헌신적인 리더십 그리고 교육의 결과로 지역사회에 선한 영향력이 지속적으로 확산될 때 좋은 교육이 완성될 수 있음을 깨달았다.

## 3. 대학 교육현장의 이야기

10년 전, 다시 한국으로 돌아오면서 백석대학교의 교수가 되면서 대학의 교육혁신을 위한 PBL(Project Based Learning)지원센터를 설립하여 PBL기반의 전공 교육과정의 혁신과 교수역량 개발에 헌신하였다.

이전의 HRD 경험들이 고등교육을 마친 직업인을 개발하기 위한 노력이었다면 대학에서의 나의 노력들은 직업인을 준비시키는 과정에 대한 것이라 할 수 있다. 인간의 성장과 발달과정을 계절의 변화에 비유하면 인생의 봄은 열매를 만들어 가는 인생의 여름, 그 열매를 완성시키는 인생의 가을, 그 다음에 맞게 되는 휴식의 계절인 인생의 겨울, 이 세 계절들의 첫 디딤돌이 된다. 인생의 봄에 해당하는 유아기, 청소년기, 청년기에 좀 더 비옥한 교육환경을 공급받을 수 있다면 인생의 여름에 풍성한 열매를 맺기가 더 수월하지 않을까 특별히 대학은 인생의 봄을 마무리하고 인생의 여름을 출발하기 직전의 시기다. 이러한 인생 발달과정에서 대학이 해야 할 역할은 무엇일까? 특별히 유아기, 청소년기의 성장과정 중에 건강한 한 인간으로서 성장하는 데 중요한 것들이 결핍되었다면 봄의 마무리단계에서 보충되면 더욱 좋을 것이다.

대학의 존재 목적에 대해 헤리 루이스 전 하버드대 학생처장은 '영혼 없는 우수성(Excellence Without a Soul'이라는 저서에서 "대학의 주요 목적이란 학생들로 하여금 자신이 누구인지 알게 하고, 삶의 더 큰 목적을 탐색하도록 돕는 일이다. 또 대학 문을 들어섰을 때보다 조금 더 나은 인간으로 대학 문을 나서게 하는 것이다." 라고 주장하였다. 파커 파머는 '대학의 영혼'이라는 저서에서 학문을 가르치는 것보다 인간성을 변화시키는 일이 더 중요할 수 있다고 강조하고 있다. 왜냐하면 졸업 후 대학에서 배운 내용을 잊어버린 뒤에도 대학에서 형성한 "인간됨"은 지속적으로 학생들의 인성에 영향을 미쳐 어떤 방식으로든 사회에 기여하고 어떤 식으로든 개인적인 삶의 의미를 찾을 것이기 때문이다. 대학의 중요한 목적은 결국 인간으로서의 자기 탐구라 요약할 수 있다.

한편, 현재 대학은 그 어느 때 보다 격동하는 변화의 전환기를 겪고 있다. 4차 산업혁명이라는 환경변화는 삶의 모든 영역의 익숙한 것들을 새롭게 세팅하도록 요구하고 있다. 변화하는 업무현장에서 가장 필요로 하는 인재는 어떤 인재일까? 한마디로 '창의적 융합인재'로 요약된다. 창의적 융합인재는 복잡한 사회현상, 일터에서 자신의 지식과 기술을 새로운 관점에서 재구성하고 융합하여 문제를 해결할 뿐 아니라 새로운 지식과 기술로 창조하는 인간일 것이다.

그러나 현재 고등교육은 현장이 필요로 하는 '창의적 융합인재'를 적절히 양성하지 못하는 것이 현실이다. 과거의 학문적 지식을 전수하는 고등교육으로는 창의적 융합인재를 배출하지 못한다. 화이트헤드도 이러한 대학교육의 문제점에 대해 다음과 같이 이야기하고 있다. "우리는 '죽은 지식'을 가르치지 않도록 주의해야 한다. 죽은 지식은 실제에 적응하거나 검증하거나 새롭게 연관 짓지 않고 그저 머리로만 받아들인 지식이다. 과거의 사상과 지식은 그 자체로 귀중하나 그것이 지금을 사는 우리의 상상력을 열어 주려면 검증해보고 재창조해 보고 또 거기에 우리의 창의적인 생각을 더하여 후손에 물려주어야 한다."

나의 HRD 현장 경험, 고등교육에 대한 전문가들의 통찰, 사회변화 등을 종합할 때 대학교육 혁신의 키워드는 '개방'과 '협력'으로 압축될 수 있다. 구체적으로 '학교와 현장 간의 개방과 협력', '학문 간의 개방과 협력', '지성, 감성, 인성, 영성발달 교육영역 간의 개방과 협력'이 될 수 있다. 이러한 개방과 협력을 구현할 수 있는 가장 최적의 교수학습환경은 어떤 것일까?

경험적으로 학문적으로 탐색한 개인적 결론은 Project Based Learning(PBL)을 기반으로 한 대학 교육과정과 교수학습방법의 혁신이라고 할 수 있다. 자신의 재능과 다른 사람들과 협력을 통해 지역사회의 실제 문제를 해결하는 프로젝트학습을 통해 진정한 자아발견과 전인적인 조화로운 창의적 융합인재로 성장 발달할 수 있을 것이다. 온전한 참인간은 앎과 삶이 분리되지 않아야 하며 앎과 삶이 통합되는 가장 좋은 배움의 한 방식은 프로젝트학습이다.

## 이야기를 마치며

'나의 인생, 그리고 새로운 HRD'의 긴 여정 가운데 내가 놓치지 않으려고 했던 것은 '실천하는 배움'이었다. 그래서 프로젝트학습(PBL)이나 학습전이(Learning Transfer)에 관심을 가졌는지도 모른다.

'실천하는 배움'은 HRD 교육 프로그램의 모토일 뿐 아니라 나의 인생의 모토이기도 하다.

구체적으로 몇 년 전부터 교육자로서 전문성을 지역사회와 나누기 위해 나의 고향인 경상북도 봉화 지역에서 후세대를 위한 교육을 실천하고 있다. 봉화는 천혜의 자연과 전통 문화유적지가 풍부한 지역이지만 전국적으로 인구소멸의 위기가 가장 심각한 농촌 지역이다. 후세대들이 지역의 가치를 제대로 알고 소중히 느끼고 세대 간의 친밀감이 더 강해진다면 지역이 활성화되고 발전될 수 있으리라는 믿음을 가지고 봉화지역에서 '세대통합학습'을 추진하고 있다.

이 모든 과정을 거치면서 인재개발의 방향성에 대해 '온전한 한 인간으로서 잠재력을 충분히 꽃피움을 통해 개인도 행복하고 사회도 행복할 수 있는 환경을 지원해야 한다'는 믿음을 가지고 있다. 앞으로의 삶에도 이 믿음을 실천하는 한 사람이 되고자 다짐을 해 본다.

* **참고: 세대통합학습이란** 세대간의 교류와 연대를 통해 배우는 방식으로서 1970~80년대 이후 서구사회를 중심으로 고령화 사회, 세대간의 갈등 등의 사회문제의 해결 방안으로서 연구하고 실천하기 시작했다. 국내의 경우, '세대통합학습'과 관련된 연구와 현장 실천 사례가 부족한 상황이다.

# 찾아보기

## [인명]

## [내용]

**[기타]**

## 집필자(가나다순)


**금혜진** (백석대학교 교수. hjkeum@bu.ac.kr)
**김나리** (미국 위스콘신대학교 교수. kimn@uwosh.edu)
**김동호** (성균관대학교 교수. webest7@gmail.com)
**김상준** (이화여자대학교 교수. s.kim@ewha.ac.kr)
**문경림** (푸른빛어린이집 원장. bluemkate@hanmail.net)
**박성훈** (사회적가치연구원. seonghoon@cses.re.kr)
**송지훈** (한양대학교 교수. jhsong77@hanyang.ac.kr)
**송해덕** (중앙대학교 교수. hsong@cau.ac.kr)
**양은하** (코칭클릭 대표. eunahany@gmail.com)
**오석영** (연세대학교 교수. syoh@yonsei.ac.kr)
**오은정** (미국 일리노이대학교 교수. egraceoh@illinois.edu)
**이성흠** (지석문화원 원장. suhlee17@hanmail.net)
**이세영** (구글 이노베이터. ljk230@gmail.com)
**이유진** (EduD&D 대표. orchid8924@gmail.com)
**이재영** (이화여자대학교 교수. jaelee@ewha.ac.kr)
**이현영** (인사혁신처 사무관. hyunda@korea.kr)
**임두헌** (미국 오클라호마대 교수. dlkim@ou.edu)
**정재삼** (이화여자대학교 교수. chungj@ewha.ac.kr)
**조은혜** (교수설계 프리랜서. grace0994094@gmail.com)
**주영진** (삼성전자 인재개발원 리더십스쿨장. jzeroj@naver.com)
**최민선** (EBS 연구위원. mschoi@ebs.co.kr)
**최 욱** (경인교육대학교 교수. kwkchoi@ginue.ac.kr)
**하지은** (비커넥티드 대표. janeha0209@gmail.com)
**한정란** (한서대학교 교수. hjr@hanseo.ac.kr)

**인재개발의 이슈와 동향**

Exploring HRD 2

2024년 10월 15일 1판 1쇄 인쇄
2024년 10월 20일 1판 1쇄 발행

편저자 : 정 재 삼
발행자 : 한 정 주
발행처 : 교 육 과 학 사

경기도 파주시 광인사길 71
전화 (031)955-6956~8 / 팩스 (031)955-6037
Home-page : www.kyoyookbook.co.kr
E-mail : kyoyookbook@daum.net
등록 : 1970년 5월 18일 제2-73호



정가 37,000 원
ISBN 978-89-254-1995-4